交通运输行业高层次人才培养项目著作书系

李献民　编著

# 隧道施工动态风险管理与监控评估

Dynamic Risk Management and Monitoring & Evaluation of Tunnel Construction

人民交通出版社股份有限公司
China Communications Press Co.,Ltd.

## 内 容 提 要

本书采用理论分析、现场试验测试、工程实例分析等综合研究方法，较系统地介绍了隧道施工动态风险管理与监控评估技术体系，提出了隧道施工中风险辨识、风险估计、风险评价、风险应对、风险监控和风险再分析各个风险管理环节的理论要点、技术关键，希望能为隧道施工动态风险的预警防范与规避、施工风险管理与技术决策提供帮助。

本书可供从事交通运输、建筑、地矿、水利等行业的科研、设计、检测、施工管理与工程技术工作的人员和高等院校师生参考使用。

**图书在版编目(CIP)数据**

隧道施工动态风险管理与监控评估 / 李献民编著.
— 北京:人民交通出版社股份有限公司, 2015.3
交通运输行业高层次人才培养项目著作书系
ISBN 978-7-114-11964-4

Ⅰ.①隧… Ⅱ.①李… Ⅲ.①隧道施工—风险管理②隧道施工—风险评估 Ⅳ.①U455.1

中国版本图书馆 CIP 数据核字(2015)第 006700 号

交通运输行业高层次人才培养项目著作书系

**书　　名:隧道施工动态风险管理与监控评估**
**著 作 者:**李献民
**责任编辑:**周　宇　李　瑞
**出版发行:**人民交通出版社股份有限公司
**地　　址:**(100011)北京市朝阳区安定门外外馆斜街3号
**网　　址:**http://www.ccpress.com.cn
**销售电话:**(010)59757973
**总 经 销:**人民交通出版社股份有限公司发行部
**经　　销:**各地新华书店
**印　　刷:**北京盈盛恒通印刷有限公司
**开　　本:**787×1092　1/16
**印　　张:**32.5
**字　　数:**745千
**版　　次:**2015年3月　第1版
**印　　次:**2015年3月　第1次印刷
**书　　号:**ISBN 978-7-114-11964-4
**定　　价:**95.00元

# 交通运输行业高层次人才培养项目著作书系
# 编审委员会

# 作者简介

Author Introduction

李献民，博士后，教授级高工，主要从事岩土工程、隧道与地下工程等学科方向的研究。1999～2004年获中南大学理学硕士学位、工学博士学位。2010～2014年在北京交通大学土木工程博士后流动站从事博士后研究工作，师从我国著名隧道与地下工程专家——中国工程院王梦恕院士。2004年至今在河南省交通科学技术研究院任职，现任隧道与地下工程研究所所长。河南省岩土与地下工程学科带头人、河南省交通运输协会会员。获"交通运输部交通青年科技英才""十一五河南省交通运输行业科技创新优秀科技英才""茅以升铁路教育专项奖"等称号。参加或主持完成国家级、省部级科研课题17项，获省部级科学技术进步奖励6次；出版专著1部，发表论文60余篇，其中SCI、EI收录18篇。

参加或主持完成的科研课题有：原铁道部科技攻关项目"秦沈客运专线路桥（涵）过渡段设置方式试验研究""长衡客运专线软质岩块填筑路基的试验研究"等；国家自然科学基金资助项目"高速铁路无碴轨道高密集度过渡段路基的动力特性与变形控制研究"；交通运输部西部交通建设科技项目"膨胀土地区公路修筑成套技术研究"。针对新建与运营隧道、岩土与地下工程方面突出的新问题和疑难杂症，如隧道与地下工程在结构安全、信息化施工、智能监控、防灾减灾等，目前正在开展相关科研课题的研究，以寻求工程实践中解决这些技术难题的有效途径或适用方法。

# 书系前言

Preface of Series

进入21世纪以来,党中央、国务院高度重视人才工作,提出人才资源是第一资源的战略思想,先后两次召开全国人才工作会议,围绕人才强国战略实施做出一系列重大决策部署。党的十八大着眼于全面建成小康社会的奋斗目标,提出要进一步深入实践人才强国战略,加快推动我国由人才大国迈向人才强国,将人才工作作为"全面提高党的建设科学化水平"八项任务之一。十八届三中全会强调指出,全面深化改革,需要有力的组织保证和人才支撑。要建立集聚人才体制机制,择天下英才而用之。这些都充分体现了党中央、国务院对人才工作的高度重视,为人才成长发展进一步营造出良好的政策和舆论环境,极大地激发了人才干事创业的积极性。

国以才立,业以才兴。面对风云变幻的国际形势,综合国力竞争日趋激烈,我国在全面建成社会主义小康社会的历史进程中机遇和挑战并存,人才作为第一资源的特征和作用日益凸显。只有深入实施人才强国战略,确立国家人才竞争优势,充分发挥人才对国民经济和社会发展的重要支撑作用,才能在国际形势、国内条件深刻变化中赢得主动、赢得优势、赢得未来。

近年来,交通运输行业深入贯彻落实人才强交战略,围绕建设综合交通、智慧交通、绿色交通、平安交通的战略部署和中心任务,加大人才发展体制机制改革与政策创新力度,行业人才工作不断取得新进展,逐步形成了一支专业结构日趋合理、整体素质基本适应的人才队伍,为交通运输事业全面、协调、可持续发展提供了有力的人才保障与智力支持。

"交通青年科技英才"是交通运输行业优秀青年科技人才的代表群体,培养选拔"交通青年科技英才"是交通运输行业实施人才强交战略的"品牌工程"之一,1999年至今已培养选拔283人。他们活跃在科研、生产、教学一线,奋发有为、锐意进取,取得了突出业绩,创造了显著效益,形成了一系列较高水平的科研成果。为加大行业高层次人才培养力度,"十二五"期间,交通运输部设立人才培养专项经费,重点资助包含"交通青年科技英才"在内的高层次人才。

人民交通出版社以服务交通运输行业改革创新、促进交通科技成果推广应用、支持交通行业高端人才发展为目的,配合人才强交战略设立"交通运输行业高层次人才培养项目著作书系(以下简称“著作书系”)。该书系面向包括“交通青年科技英才”在内的交通运输行业高层次人才,旨在为行业人才培养搭建一个学术交流、成果展示和技术积累的平台,是推动加强交通运输人才队伍建设的重要载体,在推动科技创新、技术交流、加强高层次人才培养力度等方面均将起到积极作用。凡在“交通青年科技英才培养项目”和“交通运输部新世纪十百千人才培养项目”申请中获得资助的出版项目,均可列入“著作书系”。对于虽然未列入培养项目,但同样能代表行业水平的著作,经申请、评审后,也可酌情纳入“著作书系”。

高层次人才是创新驱动的核心要素,创新驱动是推动科学发展的不懈动力。希望“著作书系”能够充分发挥服务行业、服务社会、服务国家的积极作用,助力科技创新步伐,促进行业高层次人才特别是中青年人才健康快速成长,为建设综合交通、智慧交通、绿色交通、平安交通做出不懈努力和突出贡献。

**交通运输行业高层次人才培养项目**
**著作书系编审委员会**
**2014 年 3 月**

# 序

Foreword

近年来,随着我国基础建设规模的增长,用于交通目的的隧道里程正以每年数千公里的速度增长。我国是世界上拥有隧道运营里程最长的国家,也是隧道建设速度增长最快的国家。由于隧道与地下工程规模大、发展快,技术和管理力量难以充分保证等客观原因,加之管理者对地下工程安全风险认识不客观、风险管理不科学、风险管理投入不到位等主观原因,造成隧道与地下工程建设中事故频发,施工安全形势严峻。

隧道与地下工程风险可定义为:在建设过程中可能发生的不利后果或负面影响的集合,即工程风险是与预期利益相悖的可能损失、不利影响,或由各种不确定性所引起的涉及建设各方及源于建设影响的第三方的不利后果及影响。风险必须具备不确定性和产生损失后果两个条件。

当今世界各国都在加强风险管理研究,并为风险管理制订了指导性法规,如国际隧道工程和地下空间协会2004年发布的《隧道工程风险管理指南》,英国隧道协会和保险业协会2003年联合发布的《英国隧道工程建设风险管理》等。我国隧道与地下工程风险管理和实践时间都比较短,还处于起步阶段,风险分析和管理应用刚刚开始,所以对风险管理理论、风险控制技术方法以及风险评估体系的研究具有重大工程实践意义。目前,许多风险管理问题一直困扰着风险管理人员,例如:如何整合隧道与地下工程风险管理的各种资源;如何减少风险源以及确定各风险因素权值;如何实现全寿命周期风险损失最小化;如何利用模糊数学理论描述隧道及地下工程施工期的风险;如何分析个人、社会及方法环境等风险接受准则的计算方法和确定标准;如何对风险的类型、性质、大小进行量化分析和风险评估;如何建立完善、正确的隧道施工风险评估体系;如何把风险管理和评估的理念、评估理念体系和新的技术方法广泛推广应用到海底隧道、水底隧道、越江隧道以及城市地铁隧道的施工中,对隧道与地下工程施工面临的风险问题做出客观准确的施工动态风险管理、评估和控制等。风险管理人员所面临的这些问题,说明了目前我国隧道与地下工程建设面临着风险管理、风险评估和风险监控的严峻形势;在工程实践中,迫切需要提高和加强隧道施工动态风险管理与监控的理论研究和应用技术水平。

本书的作者在多年的工作实践经验和科研成果积累的基础上，通过对隧道与地下工程建设过程中风险监控技术和评估理论方法的总结和研究，较系统地论述了隧道施工过程中风险辨识、风险估计、风险评价、风险应对、风险监控和风险再分析各个环节的风险管理理论及风险监控评估技术体系的关键技术。本书主要研究成果如下，其中部分研究成果达到国际先进水平。

(1)提出风险源 WBS-RBS 分类方法，将复杂的隧道施工过程分解为基本风险因素。

(2)运用模糊数学理论将隧道施工复杂的动态风险评估存在的模糊性加以解析化和定量化，建立了新奥法隧道施工多层次模糊动态风险管理与评估模型。

(3)提出隧道施工动态风险评估体系、监控方案、技术方法、具体防范措施，并建立了应急预案体系。

(4)基于风险监控监测理论，提出监控量测、地质超前预报、质量检测、爆破振动、视频监控等风险监控与风险评估新技术，建立了隧道施工风险监控技术与风险评估之间的联系。

(5)基于工程实(案)例，将风险监控评估技术与工程应用紧密结合，达到理论与实践相统一。

本书的研究成果对规范和管理隧道与地下工程施工中工程监测监控，指导隧道与地下工程的安全施工，建立规范的安全风险管理体系，以及最终提高风险管理水平从而达到有效防范风险并规避的目的，提供了理论依据和技术指南。希望本书所提出的风险管理理念、风险监控新技术、风险评估技术体系，能在公路、铁路、水利水电、市政交通等行业的规划、设计、施工、监测部门得以应用和推广。

**中国工程院院士：**

**2014 年 3 月于北京**

# 前　言

Preface

我国是个多山的国家，将近四分之三的国土是山地或丘陵。近年来，伴随着我国国民经济的发展以及西部大开发战略的推进，山区高速铁路、高速公路的建设也进入大发展时期，长大、特长公路铁路隧道、地铁隧道、输水隧道不断出现，隧道工程在整个工程项目中所占的比重也越来越大，通常是工程项目的控制性节点工程。同时，隧道施工不但具有隐蔽性大、施工工艺复杂、地质状况多变、建设周期长等特点，而且隧道施工是一个动态过程，面临着大量的风险和不确定因素，这些风险具有复杂性、多样性、综合性、突发性和偶然性等特点。隧道施工阶段存在大量不确定性活动或事件，造成了隧道施工风险的频繁发生。针对隧道施工动态风险特点并建立风险监控系统，制定科学合理的风险控制标准，采用信息化施工及动态控制等措施，运用风险管理技术方法，实施全面的风险源监测控制，进行正确的风险评估，达到有效的风险预警与规避控制，具有重要的工程实践意义。

最近十年来，作者参与了省内外诸多高速公路建设期的隧道信息化施工风险监测与评估，以及运营期隧道工程病害快速检测及评价的技术咨询工程实践，如在福建宁武高速公路、甘肃成武高速公路、内蒙古赤朝高速公路、河南三淅高速公路灵卢段、河南洛栾高速公路、河南三淅高速公路卢西段、河南焦桐高速公路巩登段和登汝段、太澳高速公路岭南段、连霍高速公路郑洛段等工程建设项目中从事过大量的隧道监控量测、地质超前预报、质量检测、视频监控、爆破振动测试、运营健康检测与工程质量评定等技术服务咨询。由此深刻认识到：坚持正确的风险管理理念、实施恰当的风险监控手段，进行正确的风险评估决策，对防范、规避隧道施工过程中的动态风险极其重要。

2010 年，在院领导支持下，隧道与地下工程研究所成立。同时，聘请中国工程院王梦恕、周丰峻两位院士为我院首批专家，成立了河南省交通建设领域第一个院士工作站——“河南省岩土与隧道工程院士工作站”，作为高层次科技人才创新平台，组成了隧道与地下工程领域的专业研究团队。近年来，我带领研究团队已完成省部级科研课题十余个，如“重复动载作用下加筋膨胀土动力特性研究”“公路隧道施工动态风险监测与评估关键技术”“基于隧道监控量测的围岩稳定性信息管理分析系统研究”“隧道围岩稳定性智能预警监控系统研究”“基于电磁法与地震法的隧道超前地质预报综合技术应用研究”“浅埋软岩隧道优化支护设计与施工关键技术”“地下隧道对三维空间构筑物影响及分析评价系统”“基于物联网技术的公路交通重点基础设施健康监测系统研究”等。

在总结近百座新建隧道施工建设期风险监控评估、既有运营隧道健康监测与质量评定工程实践经验以及多个省部级隧道与地下工程方向科研课题的研究成果的基础上，从诸多实体工程中提炼出可供借鉴的理念、方法、技术要点，历经4年时间的反复修改，本书最终编写而成。

全书共包括9章内容，系统地分析了隧道施工过程中风险管理各环节如“风险辨识”“风险估计”“风险评价”“风险应对”“风险监控”和“风险再分析”的理论方法和风险监测评估技术体系，提出了隧道施工过程中动态风险预警防范规避的监控评估新技术、新方法。目前，有关隧道风险管理方面的专著较少，把风险管理与风险监控评估新技术相结合并应用于工程实践的更不多见。本书作者及其团队做的很多开创性工作，使本书有着坚实的工程背景支持和理念提升，希望读者在实际应用中有更进一步的理解、提高。

本书由李献民构思、编著。参与本书编写的人员有：第1章由李献民撰写；第2章由李献民、于品登、池静共同撰写；第3章由李献民、于品登、曾凡强共同撰写；第4章由李献民、于品登撰写；第8章由李献民、李海威、梁艳慧共同撰写；第5~7章、第9章由李献民撰写。此外，刘江、张光杰、梁志庭、姚伟、周嘉宾、张小旺、魏道平、闫卫红、张子学、何华、周斌、李新功、刘成永、高利伟、刘文辉、史建平、刘军、李东峰、卢俊卿、张建龙、李文、李会磊等同志也参加了部分研究和编写工作。

本书主审胡霞光、副主审田国华。参考本书审校的人员有：王平让、王利明、侯腾飞、黄利明、任永杰、王亮亮、郭文明、吴俊浩、刘永军、王雪红、王玉莹、张腾飞、陈帅、巴卫强、张晓玉、王力兵。

本书的撰写和出版工作得到交通运输部“交通运输行业高层次人才培养项目”专项经费资助，同时也得到了河南省交通运输厅厅领导、河南省交通科学技术研究院院领导的帮助和支持，研究过程中也得到了中国工程院院士王梦恕等专家、前辈的关心和指导，在此表示衷心的感谢！

**2014年3月于郑州**

# 目　　录

Contents

# 第1章　隧道技术现状与施工风险管理

## 1.1　隧道技术发展研究现状

### 1.1.1　隧道定义与分类

1）兴建隧道的必然趋势

中国地形的显著特征是山区面积占全国总面积的69%，且地势西高东低，大致呈三级阶梯状分布。地势的第一级阶梯是青藏高原，平均海拔在4 000m以上，其北部与东部边缘分布的昆仑山脉、祁连山脉、横断山脉是地势第一、二级阶梯的分界线；地势的第二级阶梯上分布着很多盆地和高原，平均海拔在1 000～2 000m之间，其东面的大兴安岭、太行山脉、巫山、雪峰山是地势的第二、三级阶梯的分界线；地势的第三级阶梯上分布着广阔的平原，其间有丘陵和低山，海拔多在500m以下，如图1-1所示。

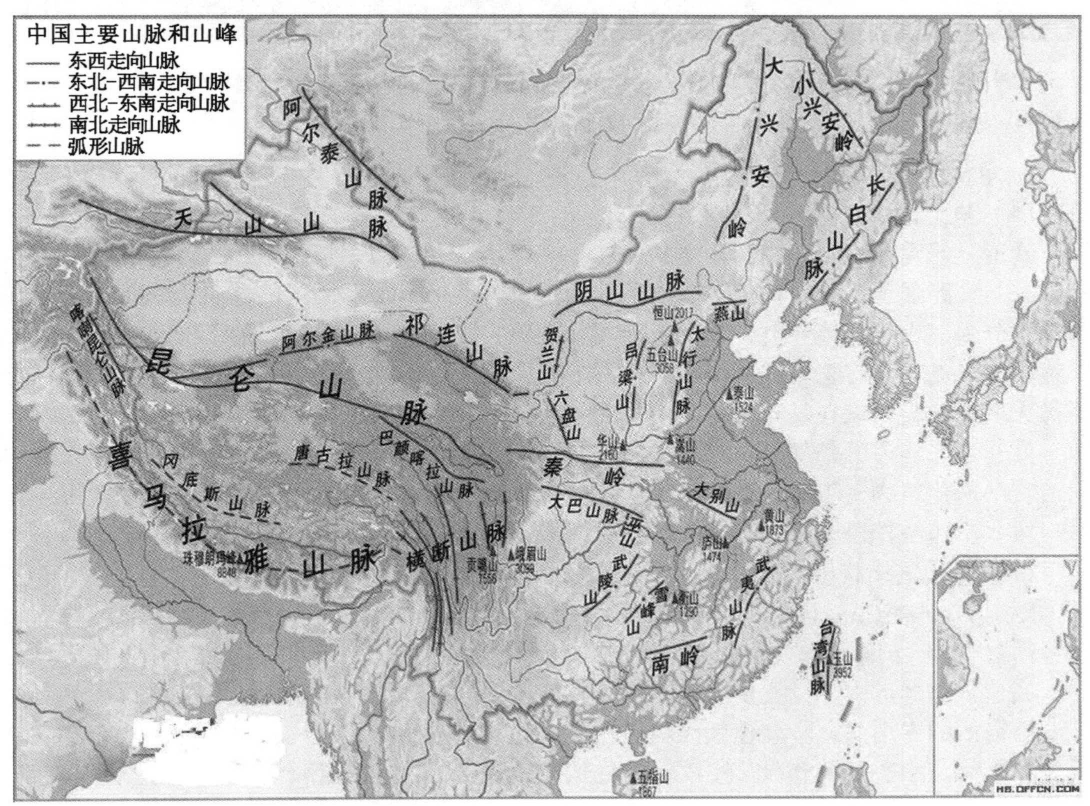


图1-1　中国主要山脉分布图

我国幅员辽阔，山地众多，山地面积占全国总面积的2/3以上，高低起伏、群山连绵、崇山峻岭密布，水系发育，江河纵横，地质复杂，海域辽阔。为发展交通基础建设，公路、铁路正向崇山峻岭穿越，向离岸深水延伸，需要修建大量隧道，而且势必修建许多特长隧道、长隧道、过江隧道、跨海隧道，因此隧道建设任务极其艰巨复杂。隧道修建技术是涵盖多种专业、交叉性很强的综合技术。“逢山开道、遇水架桥”是传统的理念和历史上的做法，因为劈山开道，形成大量路堑边坡，破坏了大自然的生态环境，还诱发诸多边坡失稳事故和自然灾害的发生，甚至造成车翻人亡的重大交通事故，严重危害了国家和人民的生命财产安全，如图1-2所示。有鉴于此，“逢山遇水隧道穿越”逐渐成为共识，山岭隧道、水下隧道、越江跨海隧道成为穿越山岭江海的优先选择方案，这样既保护了自然生态环境，又节约了大量土地。据不完全统计，近30年来，随着我国交通基础建设的发展，公路交通持续向山区延伸，使我国公路隧道、铁路隧道以每年700km的速度递增。

a)阶梯状盘山公路

b)蛇形状盘山公路

c)盘山公路水毁严重

图1-2　山区盘山公路现状

2）隧道的定义和分类

（1）隧道的定义

隧道是修建在地下、内部净空断面在$2m^2$以上，两端有出口，供行人车辆等通行的工程建筑。铁路隧道是修建在地下或水下并铺筑铁路供机车车辆通行的建筑物。根据其所在位置可分为三大类：第一类，为缩短距离和避免大坡道而从山岭或丘陵下穿越的称为山岭隧道；第二类，为穿越河流或海峡而从河下或海底通过的水下隧道；第三类，为适应铁路通过大城市的需要而在城市地下穿越的称为城市隧道。三类隧道中修建最多的是山岭隧道。修建水底隧道的条件是，在有大吨位船舶航行的水域，而陆上车流量很大，或在城市内河流两岸建筑物密集区，经技术经济比较，可考虑修建水底隧道。水底隧道一般由岸边敞口段、岸边暗挖段和水底暗埋段三部分组成，容许纵坡不应大于该线的限制坡度。

（2）隧道的结构组成

隧道的结构包括主体建筑物和附属设备两部分。主体建筑物由洞身和洞门组成，附属设备包括避车洞、消防设施、应急通信和防排水设施，长大隧道还有专门的通风和照明设备。

高速铁路隧道内不设置供养护维修人员待避的洞室，但应考虑设置存放维修工具和其他业务需要的专用洞室。高速铁路隧道内应设置安全空间和贯通的救援通道。安全空间应设置在距线路中心处3.0m以外，单线隧道在救援通道一侧设置，多线隧道在双侧设置。安全空间的高度不应小于2.2m，宽度不应小于0.8m。救援通道设置在安全空间一侧，距线路中心不应小于2.3m。救援通道的宽度不宜小于1.5m，高度不应小于2.2m。

高速铁路中长度大于 50m 的隧道，应在洞内设置余长电缆腔，并应与专用洞室结合设置。余长电缆腔沿隧道两侧交错布置，每侧间距宜为 500m。长度 500 ~ 1 000m 的隧道，可只在其中部设置一处。余长电缆腔长度 500m 以上的隧道应设置作业照明设施，长度 5km 及以上的隧道还应设置应急照明。高速铁路长隧道及特长隧道应结合辅助坑道情况设置紧急出口，紧急出口上方应设标示牌和紧急照明设施。紧急出口通道的设置应符合相关规定。

（3）隧道的分类

隧道的种类很多，主要有如下分类方法：

①按用途，可分为交通类隧道（铁路隧道、公路隧道、地下铁道、人行通道、公铁两用隧道）、水工隧道（引水隧洞、尾水隧洞、导流隧洞、泄洪隧洞、排沙隧洞）、市政隧道（给水隧道、污水隧道、人防隧道、管路隧道、线路隧道，地下共同管沟）、矿山隧道（采矿巷道、运输巷道、通风巷道）。

②按断面形状，可分为圆形隧道、拱形隧道、卵形隧道、矩形隧道等。

③按所处地理位置，可分为山岭隧道（傍山隧道、越岭隧道）、水底隧道（海底隧道、过江隧道、运河隧道）、城市隧道等。

④按衬砌结构，可分为直墙式衬砌隧道、曲墙式衬砌隧道、曲边墙脚仰拱衬砌隧道等。

⑤按隧道内铁路线路数，可分为单线隧道、双线隧道和多线隧道等。

⑥按隧道所处地质条件，可分为土质隧道、石质隧道。

⑦按隧道埋置深度，可分为浅埋隧道、深埋隧道。一般情况下，应以隧道顶部覆盖层能否形成“自然拱”为原则，实际中用经验估算法，分界深度 $H_p=(2\sim2.5)h_q$（$h_q$ 为等效荷载高度值），隧道覆盖层厚度 $h\geqslant H_p$ 深埋；$h<H_p$ 浅埋。

⑧按国际隧道协会（ITA）定义的隧道的横断面面积大小划分标准，可分为极小断面隧道（$2\sim3\text{m}^2$）、小断面隧道（$3\sim10\text{m}^2$）、中等断面隧道（$10\sim50\text{m}^2$）、大断面隧道（$50\sim100\text{m}^2$）和特大断面隧道（大于 $100\text{m}^2$）。

⑨按隧道长度，可分为特长隧道、长隧道、中隧道、短隧道等，但铁路隧道和公路隧道的分类有一定的差异，具体见表 1-1。

**隧道按长度分类**　　表 1-1

| 序号 | 铁路隧道 | | 公路隧道 | |
|---|---|---|---|---|
| | 分类 | 长度（m） | 分类 | 长度（m） |
| 1 | 特长隧道 | $l>10\,000$ | 特长隧道 | $l>3\,000$ |
| 2 | 长隧道 | $3\,000<l\leqslant10\,000$ | 长隧道 | $1\,000<l\leqslant3\,000$ |
| 3 | 中隧道 | $500<l\leqslant3\,000$ | 中隧道 | $500<l\leqslant1\,000$ |
| 4 | 短隧道 | $l\leqslant500$ | 短隧道 | $l\leqslant500$ |

### 1.1.2　铁路隧道发展概况

1）国外隧道技术发展历程

自英国于 1826 年在蒸汽机车牵引的铁路上修建长 770m 的泰勒山单线隧道和长 2 474m 的维多利亚双线隧道以来，英、美、法等国相继修建了大量铁路隧道。19 世纪共建成长度超过 5km 的铁路隧道 11 座，有 3 座长度超过 10km，其中最长的为瑞士的圣哥达铁路隧道，长14 998m。1892年通车的秘鲁加莱拉铁路隧道，海拔4 782m，是现今世界最高的标准轨距铁路隧道。在19世纪60年代以前，修建隧道都用人工凿孔和黑火药爆破方法施工。1861年修建穿越阿尔卑斯山脉的仙尼斯峰铁路隧道时，首次应用风动凿岩机代替人工凿孔。1867年修建美国胡萨克铁路隧道时，开始采用硝化甘油炸药代替黑火药，使隧道施工技术及速度得到进一步发展。

在20世纪初期，欧洲和北美洲一些国家的铁路形成铁路网，建成的5km以上的长隧道有20座，其中最长的瑞士和意大利间的辛普朗铁路隧道长19.8km，美国长约12.5km的新喀斯喀特铁路隧道和加拿大长约8.1km的康诺特铁路隧道都采用中央导坑法施工，其施工平均年进度分别为4.1km和4.5km，是当时最快的施工进度。至1950年，世界铁路隧道最多的国家是意大利、日本、法国和美国。日本至20世纪70年代末共建成铁路隧道约3 800座，总延长约1 850km，其中5km以上的长隧道达60座，为世界上铁路长隧道最多的国家。1974年建成的新关门双线隧道，长18 675m，为当时世界上最长的海底铁路隧道。1981年建成的大清水双线隧道，位于日本上越新干线，长22 228m，为世界上最长的山岭铁路隧道。连接本州和北海道的青函海底隧道长达53 850m，是当今世界上最长的海底铁路隧道。目前，已建成的世界著名铁路隧道见表1-2，已建成、建设中、规划中的世界著名铁路隧道详见附表“世界上的隧道与地下工程列表”。

**世界著名铁路隧道** 表1-2

| 序号 | 隧道名称 | 国度 | 长度（m） | 位置 | 建成年份 | 备注 |
|---|---|---|---|---|---|---|
| 1 | 青函海底隧道 | 日本 | 53 850 | 津轻海峡 | 1988 | 双线隧道 |
| 2 | 英法海底隧道 | 英国—法国 | 50 450 | 英吉利海峡 | 1994 | 双洞单线隧道 |
| 3 | 新关角隧道 | 中国 | 32 645 | 西格铁路二线 | 2014 | 双洞单线隧道 |
| 4 | 西秦岭隧道左线 | 中国 | 28 236 | 兰渝铁路 | 2013 | 双洞单线隧道 |
| 5 | 太行山隧道 | 中国 | 27 839/27 848 | 石太客专 | 2007 | 双洞单线隧道 |
| 6 | 大清水隧道 | 日本 | 22 228 | 上越新干线 | 1979 | 双洞单线隧道 |
| 7 | 吕梁山隧道 | 中国 | 20 700 | 太中银铁路 | 2009 | 双洞单线隧道 |
| 8 | 乌鞘岭特长隧道 | 中国 | 20 050 | 兰新铁路 | 2006 | 单线隧道 |
| 9 | 辛普朗隧道 | 瑞士—意大利 | 19 800 | 阿尔卑斯山 | 1906/1921 | 双洞单线隧道 |
| 10 | 新关门海底隧道 | 日本 | 18 700 | 山阳新干线 | 1975 | 双洞单线隧道 |
| 11 | 亚平宁隧道 | 意大利 | 18 500 | 亚平宁山脉 | 1934 | 双线隧道 |
| 12 | 秦岭隧道Ⅰ/Ⅱ线 | 中国 | 18 460/18 456 | 西康铁路 | 2000 | 单线隧道 |
| 13 | 六甲隧道 | 日本 | 16 250 | 山阳新干线 | 1972 | 双洞单线隧道 |
| 14 | 榛名隧道 | 日本 | 15 350 | 上越新干线 | 1982 | 双洞单线隧道 |
| 15 | 圣哥达铁路隧道 | 瑞士 | 14 980 | 阿尔卑斯山 | 1982 | 双线隧道 |
| 16 | 中山隧道 | 日本 | 14 900 | 上越新干线 | 1982 | 双洞单线隧道 |
| 17 | 列奇堡隧道 | 瑞士 | 14 600 | 阿尔卑斯山 | 1913 | 单线隧道 |
| 18 | 京广线大瑶山隧道 | 中国 | 14 295 | 京广铁路 | 1989 | 双线隧道 |
| 19 | 仙尼斯峰隧道 | 法国—意大利 | 12 900 | 阿尔卑斯山 | 1871 | 双线隧道 |
| 20 | 长梁山隧道 | 中国 | 12 782 | 朔黄铁路 | 2000 | 双线隧道 |

续上表

| 序号 | 隧道名称 | 国度 | 长度（m） | 位置 | 建成年份 | 备注 |
|---|---|---|---|---|---|---|
| 21 | 东秦岭隧道 | 中国 | 12 668 | 西南铁路 | 2007 | 双线隧道 |
| 22 | 喀斯喀特隧道 | 美国 | 12 450 | 喀斯喀特山脉 | 1928 | 单线隧道 |
| 23 | 武广客专大瑶山隧道 | 中国 | 10 081 | 武广客专 | 2008 | 双线隧道 |

20 世纪 60 年代以来，隧道机械化施工水平有了很大提高。全断面液压凿岩台车和其他大型施工机具相继用于隧道施工。喷锚技术的发展和新奥法的应用为隧道工程开辟了新的途径。掘进机的采用彻底改变了隧道开挖的钻爆方式。盾构构造不断完善，已成为松软、含水地层修建隧道最有效的工具。

日本青函海底隧道、英法海底隧道是当今世界最著名的海底铁路隧道，下面作简要介绍。

（1）日本青函海底隧道如图 1-3 所示，是世界上最长的一条双线隧道，跨越津轻海峡，把北海道和本州铁路连了起来。隧道由本州的青森穿过津轻海峡到北海道的函馆，全长达 53. 8km，其中海底部分为 23. 3km，陆上部分本州端 13. 55km，北海道端 17km。1964 年开挖坑道施工，1988 年 3 月 13 日运营。隧道主坑道宽 11. 9m，高 9m，断面面积为 $80m^2$。除主隧道外，还有两条辅助坑道，其作用一是调查海底地质用的先导坑道，二是搬运器材和运出砂石的作业坑道。

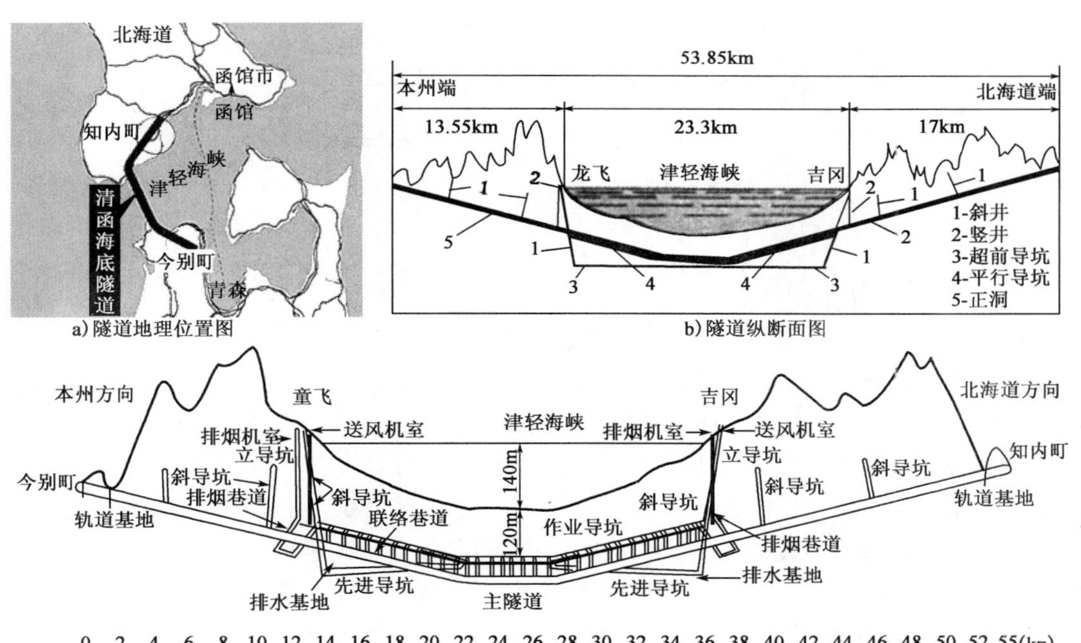


图 1-3 日本青函海底隧道

（2）英法海底隧道如图 1-4 所示，是世界第二长的铁路隧道，又称英吉利海峡隧道或欧洲隧道，是一条把英国英伦三岛与欧洲法国连接的铁路隧道，是世界海底长度最长的海底隧道，1987 年 12 月 1 日动工，1994 年 5 月 6 日通车。隧道跨越英吉利海峡连接英国的多佛尔和法国的加来，由 3 条长 51km 的平行隧洞组成，总长度 153km，其中海底段 3 × 37.9km。南北两条铁路隧洞相距 30m，洞衬砌后直径为 7.6m，开挖洞径 8.36 ~ 8.78m，是单线单向铁路隧道。中间一条后勤服务洞衬砌后的直径为 4.8m，开挖洞径 5.38 ~ 5.77m，用于维修、救援和应急通道，且每隔 375m 与两侧主隧道连通，供通风维修使用。

当高速列车通过时，巨大的压力和空气阻力会使隧道内的温度升高至 49 ~ 55℃，如此高的温度会造成钢轨变形、设备发生故障，使旅客难以忍受，故科技人员在隧道间加设了一条冷却管道，并在海峡两端建造了巨型水冷却设备，水温在此被降低 3℃，然后流经管道以降低隧道内的温度。

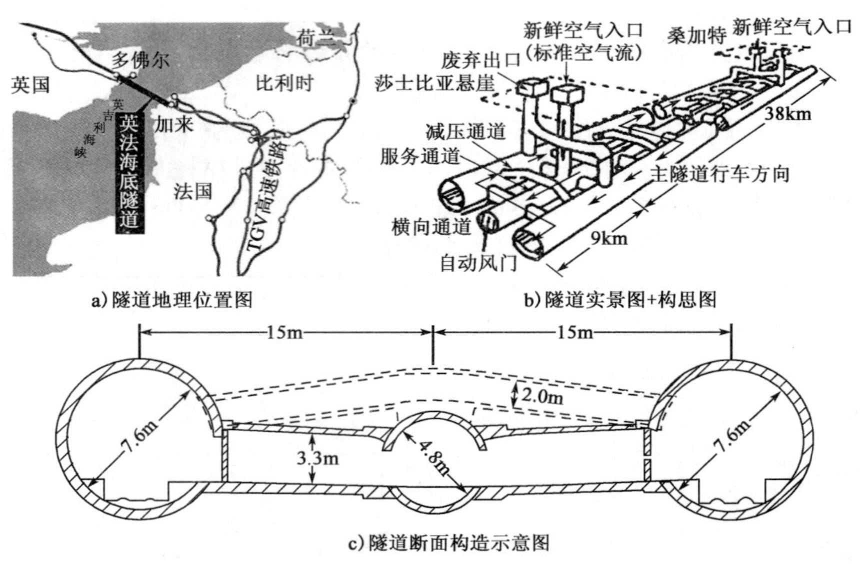


a) 隧道地理位置图　　b) 隧道实景图+构思图

c) 隧道断面构造示意图

图 1-4　英法海底隧道

2）中国隧道技术发展历程

中国铁路隧道的修建经历了从清朝末年到现在一百多年的时间，隧道建设技术取得巨大发展。隧道勘测技术、控制测量，从使用光学经纬仪到光电测距仪，现已推广应用了 GPS（全球定位系统）技术；地质勘探从单纯钻探技术，到利用遥感、物探和综合勘探技术；围岩分类从按土石分类、地层坚固性系数分类，到以坑道围岩稳定性为基础的分类，后又改为围岩分级；围岩压力计算方法，从按垂直均布荷载为主计算，到按马鞍形、偏载、局部集中荷载等形式计算。设计理念从过去单纯依靠衬砌承载观点，转变为主要依靠围岩，即充分利用围岩自身承载能力的观点；设计手段从人工计算、手工绘图，发展到广泛应用 CAD 技术。施工工法从矿山法施工，利用导坑先行、分部开挖，到现在利用新奥法原理设计与施工，充分利用支护和围岩自身的承载作用，大大提高了隧道施工的安全性；施工机械从手工小型机械化施工，到配套成龙的钻岩装运、喷锚支护、衬砌注浆等大型机械化作业线，以及到 20 世纪 90 年代采用全断面掘进机（TBM），使隧道的施工从手工化到工厂化。建设标准也在不断提高，初期支护、混凝土衬砌、防排水、轨下结构、防灾救援、通风照明等技术水平都有不同程度提高。

中国铁路隧道按地区分布，以西南、西北居多，约占70%；华北和东北次之，约占25%；华南和中南较少，约占5%。我国已建铁路隧道密度较大，累计长度超过200km的铁路有，西安安康线，隧道比率为45.9%，居全国之首。其次是襄渝线为33.4%。第三是成昆线为31.5%。除此以外，侯月线、丰沙线、京原线、南昆线、枝柳线等隧道比率也都在20%以上。一个多世纪以来，中国铁路隧道修建技术的发展，大体可划分为三个时期。

（1）中华人民共和国成立前（1888～1949年），基本上是人力开挖、手工操作、机具简单、技术落后的时期。

当时铁路隧道建设既没有专业技术队伍，又没有完整的设计、施工规范，机具设备少，方法简单，工人劳动强度大，效率很低，建成的隧道长度超3km的仅有3座。中国于1887～1889年在中国台湾省台北至基隆窄轨铁路上修建的狮球岭隧道，是中国的第一座铁路隧道，长261m。此后，又在京汉、中东、正太等铁路线修建了一些隧道。京张铁路关沟段修建的五桂头隧道、石佛寺隧道、居庸关隧道、八达岭隧道4座隧道，是我国采用自己技术力量修建的第一批铁路隧道。其中最长的八达岭铁路隧道长为1 091m，于1908年建成。中国在1950年以前，仅建成标准轨距铁路隧道238座，总延长89km。

（2）中华人民共和国成立后（1950～1970年），铁路迅速发展，隧道施工由人力为主转为中小机械施工，是隧道设计、施工技术有较大发展的时期。

自20世纪50年代以来，铁道部（现已并入交通运输部）十分重视隧道建设专业队伍的组建，并逐步制定了铁路隧道勘测设计、施工规范和隧道建筑限界标准，编制了一些隧道建筑标准设计图。对平面控制测量做出测量设计，提出贯通误差计算公式，测量方法采用两条基线的三角网和导线法，初步建立贯通误差理论。辅助坑道采用横洞、斜井、竖井和平行导坑，竖井最深达136m。施工方法以上、下导坑法为主，开始采用平行导坑和管道进行施工通风。从1957年开始，较长隧道试用后翻式装渣，用蓄电池牵引轨道运输出渣，逐步采用水泥砂浆注浆防水。20世纪50年代受当时技术条件及工期限制，修建的长隧道不多，3km以上的隧道只有北同蒲线的断家岭（Ⅰ线、Ⅱ线）隧道和川黔线的凉风垭隧道。

20世纪60～70年代，通过实践和实验研究，改进提高了勘测设计手段和施工组织方法。推广采用机械设备，从西南铁路建设开始，以成昆线为代表，购进了一批新的勘测和施工设备。勘测逐步应用航测遥感和工程物探技术，注意按隧道建设要求进行选线和选址，平面控制测量开始采用闭合导线法和一条基线的三角网。在施工方面开始推广漏斗棚架法，部分采用全断面开挖，研究试用光面爆破，对整治岩溶、岩爆、坍塌、涌水和瓦斯突出等也逐步积累经验，使铁路隧道的修建技术得到迅速提高，山区铁路长隧道显著增多。20世纪60年代建成3km以上隧道20座，20世纪70年代建成3km以上隧道33座，其中有5座隧道长度超过5km。

（3）20世纪80年代以来，铁路大发展，长大隧道大量修建。隧道修建从传统的矿山法向采用以“新奥法”原则指导下的一系列新技术、新设备发展，隧道施工进入大型机械配套阶段，是隧道修建技术追赶世界先进水平的时期。

修建长隧道可降低线路越岭高度和避免采用短隧道群，使线路状态得到改善，有利于消除和确保运营安全。为适应特长隧道修建的需要，在隧道工程中大量引进国外先进技术和设备，促进铁路隧道修建技术快速提高。20世纪80年代以衡广复线大瑶山隧道为代表，攻克了双线特长隧道设计施工中的难题，解决了双线长隧道施工大型机械化配套问题，应用“新奥法”原则指导大断面和全断面施工取得成功，是中国隧道建设史上的新突破，标志着双线隧道施工技术和设备达到国际先进水平。20 世纪 80 年代共建成 3km 以上隧道 10 座，其中双线隧道 8 座，长度超过 8km 的隧道 2 座。衡广复线的大瑶山隧道是当时我国第一座长度超过 10km 的特长隧道，也是国内已建成最长的双线隧道。

隧道修建数量大幅度增加，1950 ~ 1984 年间共建成标准轨距铁路隧道 4 247 座，总延长 2 014. 5km，成为世界上铁路隧道最多的国家之一。此外，中国还建有窄轨距铁路隧道 191 座，总延长 23km。截至 1984 年，中国共建成 5km 以上长隧道 10 座，最长者为京原铁路的驿马岭铁路隧道，长 7 032m。京广铁路衡韶段大瑶山双线隧道，长 14. 3km，最大埋深约 910m。中国海拔最高的铁路隧道是青藏铁路关角铁路隧道，长 4 010m，海拔 3 690m。

20 世纪 90 年代，我国加强了西部路网大通道建设。通过工程实践表明，由于修建两个单线隧道在投资、防灾与运营等方面都优于单洞双线，山区铁路单线长隧道不断增多。在大双线长隧道已实现机械化配套的带动下，针对单线铁路隧道施工技术较为落后的状况，20 世纪 90 年代铁道部立项研究单线铁路长隧道快速施工配套技术与设备。这些成果在米花岭隧道施工中实施，取得了单口月成洞最高达 515. 9m，双口月成洞 769m 的全国最好成绩。随后又在西康线秦岭 Ⅰ 线隧道，采用隧道掘进机（TBM）施工，标志着我国单线铁路长隧道的修建技术也达到了国际先进水平。与此同时，长隧道的地质勘探、地质超前预报、全球定位系统（GPS）等先进技术的应用，均取得显著成果，使铁路隧道修建技术跨上又一个新台阶。20 世纪 90 年代共建成 3km 以上隧道 9 座，其中 67 座为单线隧道，10km 以上特长隧道 2 座。西安安康线的秦岭Ⅰ线隧道长 18. 46km，最大埋深达 1 600m，是全国目前最长的单线隧道。朔黄线长梁山隧道长 12. 78km，是全国第二长的双线隧道。铁路长隧道的成功修建，标志着我国铁路隧道建设的新水平，也是现代隧道工程技术进步的集中体现。

3） 中国铁路隧道发展前景展望

（1） 铁路隧道建设面临的问题和挑战

近半个世纪以来，中国铁路隧道修建技术有很大发展，并成为名副其实的隧道大国。目前在建的铁路、公路隧道项目很多，长度在 10km 以上的隧道就有几十座；输水输气项目的隧道工程规模也很大，有已建成和在建的 LPG 储油储气工程；已通车的城市地铁隧道总长不断增大；下穿江河湖泊的各类用途的隧道已有几十条……综上可知，我国在隧道与地下工程技术上有了较大的进步，并克服了许多不良地质难题，甚至在地质禁区也能成功建成隧道，形成了门类齐全的工法技术，更可贵的是培养和造就了相当数量的隧道及地下工程建设的管理技术骨干和专业设计、施工队伍。

尽管在工程实践中积累了丰富的隧道建设经验并培养了隧道专业技术人才，但同时我们应该看到发展中所存在的问题和不足。尤其在隧道与地下工程技术的运用程度和建设管理水平上与先进国家相比还有较大差距，在隧道工程建设质量和技术水平上与世界先进水平也存在差距，与当代世界铁路隧道长度之最的不断刷新并向水域发展的趋势比较还有一定差距。比如工程决策缺乏长远和全面的考虑；缺少环境保护和工程经济的合理比较；产业化程度较低，施工机具、设备和建筑材料品种稀少、品质低劣；大型施工专用设备如盾构机、TBM 掘进机、液压凿岩台车及其关键配件等仍依赖于国外进口；建设管理水平十分落后，表现为工程质量水平不高，质量稳定性差，施工安全没有保证，人身伤亡事故率高；施工队伍专业化水平低，尤其在施工现场较高素质的管理技术人才奇缺，施工机械化水平、信息化水平普遍偏低等。以上种种不足与国家快速发展的经济形势对隧道及地下工程建设的需求是不相适应的。

中国当前铁路隧道修建的数量已名列世界前茅，但 10km 以上的隧道为数并不多，只有大瑶山、长梁山双线隧道和秦岭Ⅰ、Ⅱ线单线隧道等。20km 以上的长大隧道有石太客专的太行山隧道（长度达 27. 8km）、兰新铁路线上的乌鞘岭特长隧道（长度达 20. 05km），20km 以上的水下铁路隧道目前还是空白。因此，特长和超长隧道的设计理论和施工技术还有待开发、研究和提高。同时，对于为数众多的 500m 以下的短隧道，施工机械化程度还不高。对于隧道环境工程、防灾技术以及山区铁路隧道普遍存在的各种地质灾害防治技术也要研究和加强。隧道建设组织管理水平亟待提高，以适应铁路隧道，高质量高效率建设发展的需要。

中国铁路隧道建设经过了一个多世纪的风雨历程，又面临着 21 世纪更大的挑战。国家已做出决策，加强铁路基础设施建设、拉动国民经济发展和实施西部大开发战略。云、贵、川、藏铁路，沿江铁路，以及南部沿海铁路等，都有大山阻隔，长隧道和隧道群不可避免，铁路隧道建设任重道远。西安南京铁路东秦岭隧道长 12 268m，是我国第三长的双线隧道。京沪高速铁路南京过长江的水下隧道，黄河水下隧道，以及穿越胶州湾、渤海湾、杭州湾、琼州海峡和台湾海峡的海底隧道也正在修建和规划中。中国铁路隧道向超长和水域发展势在必行。铁道部（现已并入交通运输部）在《铁路科技发展“十五”计划和 2015 年长远规划纲要》中强调，未来 5 ~ 15 年铁路科技发展的重点任务是：发展高新技术，实现技术跨越；加强地质勘探和新技术、新设备的应用研究，发展隧道工程地质学，加强施工地质勘测和超前预报工作，改进和完善施工机械配套技术，加强对隧道灾害的防治及环境保护等方面的研究，努力提高隧道建设组织管理水平，把铁路隧道修建技术的发展推向新阶段。

（2）铁路隧道发展趋势和方向

21 世纪将是我国隧道与地下工程建设、隧道施工技术取得新的飞跃发展的时期，所以在未来的工程实践中，要不断探索、开拓创新、积极学习吸收国外隧道先进技术。坚持科学发展观，创建服务运输体系和以人为本的设计理念，大力推进我国铁路隧道建设技术的进步。

一是推进城市隧道和水下隧道技术的发展。顺应我国经济大发展的形势，对交通隧道建设的需求呈现出三个明显趋势：其一是需修建的长大隧道越来越多，长度越来越长；其二是以隧道方式跨越江、河、湖、海水域的工程越来越多；其三是城市隧道和地下工程的建设将迎来高潮。原因如下：采用隧道穿越城市区域，可大量减少城市拆迁，减少对既有建筑物影响，大大降低铁路噪声，促进铁路和城市的和谐发展等，有诸多优越性。铁路采用隧道方案跨越江河、海湾，对河道的环境、通航能力均无影响，在能保证列车的全天候运营等方面具有明显优势，应大力推进城市隧道和水下隧道技术的发展。

二是提高隧道机械化施工水平，降低劳动强度。在隧道施工技术方面，从 20 世纪 60 ~ 70 年代钢钎大锤作业的施工工法发展到 20 世纪 80 年代推广应用“新奥法”，20 世纪末又引进了大型隧道掘进机（TBM），从液压凿岩台车的应用到隧道掘进机的引进，以及在城市地铁隧道中广泛采用盾构法，隧道施工技术有了很大的进步，在一些方面达到甚至超过了国际先进水平。

隧道施工中较为广泛地采用新奥法技术，其改进和发展的方向是：提高开挖成洞速度；提高工程应变能力，降低工程成本；改善施工作业环境条件和提高安全技术水平。隧道掘进机和盾构施工方法具有施工速度快、隧道成型好、机械化强度高及对周边环境影响小等显著优点。沉管隧道适用于水底地形平坦、水深及跨度不太大的情况。这些施工方法在 21 世纪的隧道与地下工程建设中也将逐渐得到大力推广和广泛应用。

隧道工程的现代化必须通过主要工序施工的机械化来实现，研究开发适合中国隧道作业的专用设备，以先进的机械设备代替大量的人工作业，降低隧道施工人员的劳动强度，实现隧道施工的工厂化，大大改善隧道工程的施工作业环境，实现文明施工和快速施工，从而保证施工安全和质量。未来的隧道建设工程，对有条件的特长隧道宜优先采用掘进机法施工，对其他长隧道或特长隧道也应采用配套的大型机械化施工，研制开发适合喷射混凝土、架设钢拱架、铺设防水板、钻孔注浆等小型机械进行辅助施工。在有可能的隧道中，积极采用皮带机出渣技术，减少施工干扰并提高施工效率。

三是提高隧道防排水技术，减少隧道病害。要进行合理的防排水系统设计，严把防排水材料质量关，并提高防排水系统施工工艺，积极推广应用可维护防排水系统，确保铁路隧道工程做到“不渗、不漏”，减少隧道病害。

四是推进隧道信息化施工，发展隧道超前地质预报技术，加强现场动态设计与科学施工管理。隧道工程的特点是修建环境和地质条件等不确定因素较多，需要在施工过程中不断优化调整，所以应利用超前地质预报技术，加强不良地质条件的详细探测，实现动态反馈设计和信息化施工。

五是隧道防灾救援措施系统化。目前我国铁路隧道的运营防灾系统还不完善，随着高速铁路的长隧道或特长隧道的建设，应加强铁路隧道防灾技术的研究，使隧道的防灾救援措施系统化。

六是做好隧道洞口的景观设计。隧道的建设应尽量降低对周围环境的影响，减少洞口仰坡的开挖，保护洞口植被和生态，并选择简洁的洞口结构形式，做好洞口与周围景观的协调设计。

### 1.1.3　中国铁路隧道典型工程实例

中国是多山的国家，且地质状况十分复杂，经过山区的铁路上分布着众多隧道。从 1887 年中国台湾省建成第一座铁路隧道起，截至目前，中国铁路线上已建成并正式交付运营的隧道达 5 500 余座，总长度超过 2 700km，占铁路网总长度的 4.69%，成为世界上铁路隧道数量最多、长度最大的国家。其中 1970 年建成的全长 1 085km 的成昆铁路，隧道总长达 340km；1997 年建成的全长 889km 的南昆铁路，桥隧总长占全线的 31%，隧道有 258 座。中国近代修建的著名铁路隧道，主要是中国台湾省的狮球岭隧道和北京的八达岭隧道。

1）最早建成的铁道隧道——狮球岭隧道

如图 1-5 所示，狮球岭隧道又称“刘铭传隧道”，是中国最早建成的铁道隧道，位于中国台湾省基隆经台北至新竹窄轨铁路的基隆市七堵区，全长 261m。隧道通过页岩、砂岩和黏土地层，最大埋深 61m。在地层压力较大处，拱部用砖衬砌，边墙用石料作衬砌；岩层较好处，用木料作衬砌。因土质结构复杂，北段为坚硬岩石，南段为潮湿的软土，开凿极为困难，洞内共分七段，以不同材质堆砌或开凿而成，隧道南口外观以红砖砌成并由刘铭传题额“旷宇天开”。隧道在 1887 年从南北两端同时开工，前后共花了 30 个月才完成，外国工程师定出线路方向及中心桩的开挖高度，清政府军队负责施工。筑路官兵用粗笨工具开挖，克服了大塌方等不少困难，终于在 1890 年建成，目前该隧道已成为中国台湾省基隆旅游景点供游人瞻仰。

a) 隧道南口

b) 隧道北口

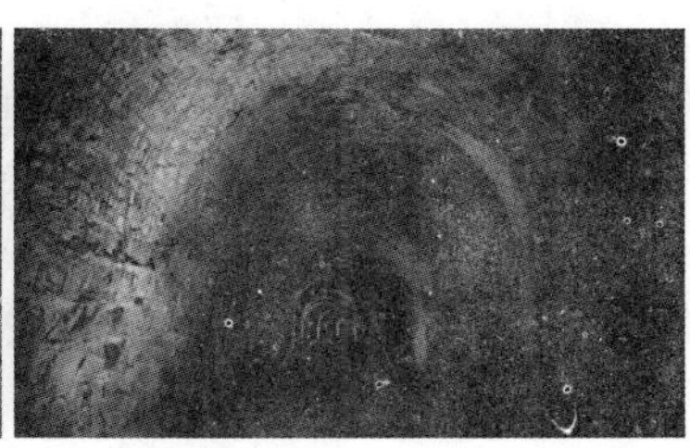
c) 隧道洞内

图 1-5　狮球岭隧道

2）中国自行设计施工的第一座单线越岭隧道——八达岭隧道

八达岭隧道位于京包铁路青龙桥车站附近，为全长 1 091.2m 的单线隧道，由詹天佑亲自规划督造，历时 18 个月于 1908 年竣工。隧道位于直线上，进口端外线路坡度为 3.23%，内线路最大坡度 2.15%。隧道穿越岩层主要为较坚硬的片麻岩，还有部分角闪岩、页岩、砂岩等，风化呈破碎和泥质状态。隧道衬砌拱圈采用预制混凝土砖砌筑，边墙用混凝土现场浇筑，隧道底部采用厚约 9.987cm 的石灰三合土铺筑。为增加工作面，采用“竖井开凿法”，又名“中部凿井法”，在隧道中部开凿了一座深 25.587m 的竖井，形成了四个工作面，开凿的竖井形成一个天然通风口，竖井上面建通风楼供行车时排烟和通风，如图 1-6 所示。

a) 隧道洞口

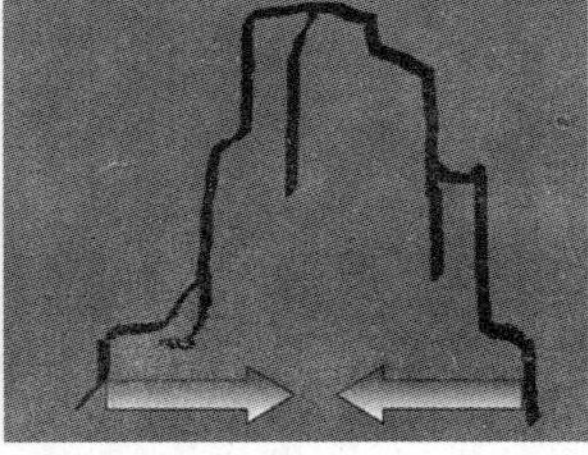
b) 两端开凿法示意图

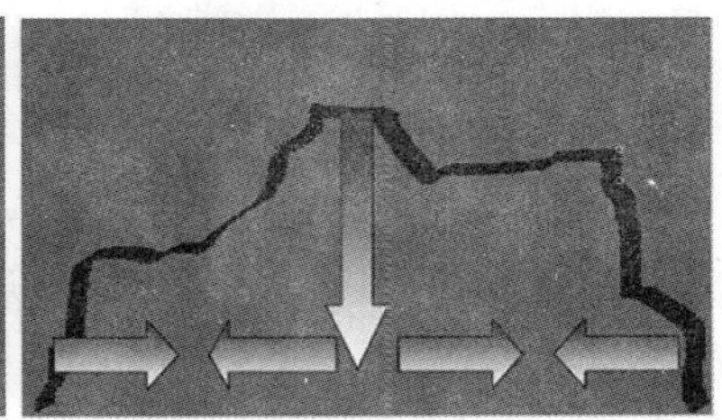
c) 中部凿井法示意图

图 1-6　八达岭隧道

3）中国第一座采用平行导坑施工的铁路隧道——凉风垭隧道

凉风垭隧道位于川黔铁路干线上黔北桐梓县境内，直穿娄山山脉，为单线电气化铁路隧道，如图 1-7 所示，于 1957 年 11 月开工，1960 年竣工，全长 4 270m（包括北口明洞 5m 和南口明洞 15m），隧道两端各有 80 多米线路是半径分别为 250m 和 300m 的曲线，其余均为直线，隧道内线路坡度采用折减后最大坡度为 1.65%。隧道穿越地层主要为志留系和奥陶系石灰岩，地质复杂，断层构造和节理发育，岩层破碎，开挖中遇到大小断层十余处，还有丰富的地下水。

隧道衬砌采用混凝土就地整体浇筑，小部分边墙用片石以水泥砂浆砌筑，隧道运营通风采用无帘幕洞口风道吹入式，风机分设于低洞口两侧。隧道施工采用上下导坑先拱后墙方法，施工过程中在距线路西侧20m处设置长3 437m的平行导坑（中部未贯通），作为施工辅助坑道，增加工作面，加速施工进度，并起到地质勘探、施工通风、排水、运输以及减少工序间干扰等作用。施工通风是利用平行导坑作为风道，采用巷道式通风，通风断面大，通风效果良好。后来贵昆、成昆等几条铁路上的长隧道，依据凉风垭隧道经验，相继采用平行导坑施工，所以凉风垭隧道在我国隧道建设史上起到了开拓创新的作用。

4）中国以“难”著称的铁路隧道——南岭隧道

南岭隧道如图1-8所示，位于京广铁路衡广复线郴州与坪石之间，隧道全长6 666.33m，为双线电气化牵引，1989年底竣工。隧道在湖南省郴县邓家塘镇附近穿越南岭山脉的五盖山和骑田岭挟持地带，地形地貌为剥蚀低山丘陵地区，连溪河辗转曲折两次流经隧道顶部，原有京广铁路在下连溪和隧道出口两次与隧道立交，隧道穿越5处溶蚀洼地，埋深最浅地段为39～45m。此地区属著名的南岭构造带，构造运动强烈，岩溶极为发育，地下水富集，地质条件十分复杂。在隧道施工过程中，采用地面和隧道底钻探、物探和洞内超前钻探，结合岩溶发育规律，摸清岩溶具体形态，为施工提供可靠依据。

图1-7　凉风垭铁路隧道

图1-8　南岭隧道

隧道洞内岩溶突水涌泥量和地表塌陷规模之大及其对施工的危害程度，在国内外隧道建设史上均属罕见。自1979年9月开工至1988年11月主体工程竣工，共发生大小突水涌泥24次，涌出泥沙量近30 000m$^3$；发生大小陷穴52处，最深达20m；沿连溪河两岸塌陷19处，河床先后因塌陷而断流，大量河水泥沙涌入隧道，堵塞坑道，阻碍施工。采取的处治措施：对突泥地段施加高压注浆，使稀泥在高压作用下劈裂，在缝隙中充入水泥和水玻璃浆液，凝固后呈坚硬固结的水泥水玻璃网络，使稀泥固结、压缩、脱水并被部分置换，形成有一定强度的结石体。为保证施工安全，在注浆固结基础钻孔，每隔60cm顶进一根无缝钢管，形成管棚，使稀泥和管棚构成统一的加固支护体系。针对地下水特点制定“以堵为主、堵排结合、浑水要堵，清水可排”的治水原则，采取“河填地面陷穴，改道断流河渠，地下地面注浆，衬砌防水防漏”的综合治水措施，以从根本上阻止地下水向隧道泄漏，保护地面环境，防止农田及其他设施因地面变形受损。

5）中国开通运营海拔最高的铁路隧道——关角隧道

（1）（老）关角隧道

老关角隧道如图1-9a）所示，位于青藏铁路一期工程西格段的青海省天峻县西南的关角山中，全长4 010m，是一期工程的咽喉工程。洞内轨面最高处海拔3 692m。因地处高海拔地区，气候寒冷，空气稀薄，长冬无夏，年平均气温0°C，最低气温为－37. 5°C，隧道附近气候变化剧烈，一日之内几度雨雪经常发生，施工及运营管理条件艰苦。隧道地质构造复杂，穿越11个大断裂层，围岩为含大量泥灰岩、高岭岩、蒙脱石等膨胀性矿物的膨胀岩层。隧道掘进过程中发生多次塌方和大量涌水，最大时涌水量达10 000$m^3$。关角隧道施工前后历时30多年，中间停工13年，开挖建设5年，整治病害9年多，反映出围岩地层、地质构造复杂、气候条件恶劣和病害严重的客观现实情况。隧道1958年开工，1961年停工，1974年复工，1978年隧道通车。隧道通车后发现整体道床开裂上鼓，不到两年道床抬高达30cm，水沟破裂，边墙脱落变形，拱顶裂纹掉块，局部边墙侵限等病害，威胁行车安全，后来此类病害多次出现。采取病害整治措施为：拆除上鼓地段整体道床，增加钢筋混凝土仰拱，铺设轨枕板；同时拆除部分边墙，再次衬砌后压浆补强，对部分边墙拱顶进行小锚杆挂网喷浆加固，为根除隧道两端路基冻害，对进出口段路堑内道床下路基土质彻底换填，并增设防寒保温排水沟。

a）老关角隧道洞口

b）新关角隧道洞口

c）钻爆法施工

图1-9　关角隧道

（2）新关角隧道

新关角隧道如图1-9b）所示，位于青海省天峻县和乌兰县境内的关角山，青藏铁路天棚站至察汗诺站之间，是世界高海拔第一长隧道，是西格铁路二线工程的控制性工程，全长32. 645km，平均海拔3 500m，2007年11月6日开工，2014年4月15日贯通。隧道设计为两座平行的单线隧道，进口高程3 380. 97m，出口轨面高程为3 323. 58m，设计速度为160km/h，两线间距40m，均位于直线段上；采用钻爆法施工如图1-9c）所示，设置了11座斜井（合计15. 26km）分割通风排烟，还有9. 8km的平行导坑辅助正洞掘进。隧道位于地质板块挤压的结合部，具有高地应力、变形控制难度大、地下水极其发育等特点，共通过17个大小断裂带，其中长达2 355m的二郎洞断层素有“隧道地质博物馆”之称，隧道必须通过的地质断层和岭脊地段超过10km长，面临着围岩变形失稳、突泥涌水、施工通风等诸多工程技术难题，特别是岭脊地段涌水处理及板岩地段大变形控制为该隧道的最大难点，建设规模和难度为世界罕见。

6）中国已通车最长双线电气化铁路隧道——大瑶山隧道

大瑶山隧道如图1-10所示，位于京广铁路广东省粤北部大瑶山的坪石至乐昌间，自北向南穿越大瑶山，全长 14 295m，隧道埋深 70 ~ 910m，为双线铁路电力牵引线路，由于采用裁弯取直的长隧道设计方案，缩短里程 15km。采用国外最先进的设计和施工方法——“新奥法”，首次运用大型机械联合施工，隧道于 1981 年 11 月开工，1987 年建成通车。

隧道施工全部机械化，采用大型机械进行全断面和大断面开挖，采用复合衬砌技术，施工时进行光面爆破后，采用锚喷初期支护和二次模筑混凝土衬砌，中间加一层厚 2mm 的软聚氯乙烯塑料板作为防水层，对隧道运营期间起到有效防漏水作用。实现了主要工序钻爆、支护、装运三条机械化作业线。

a) 隧道洞口

b) 洞内机械施工

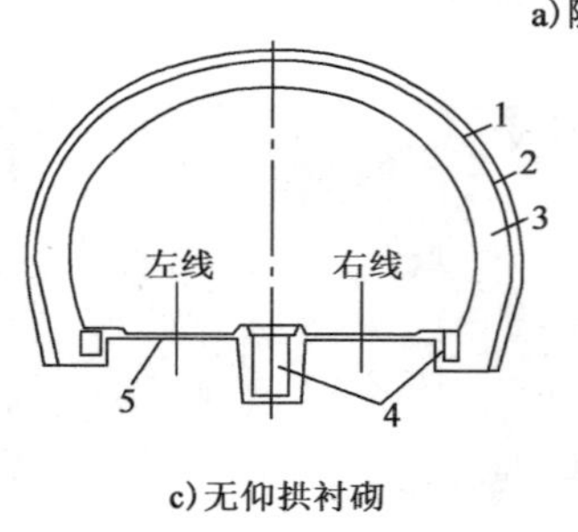


c) 无仰拱衬砌

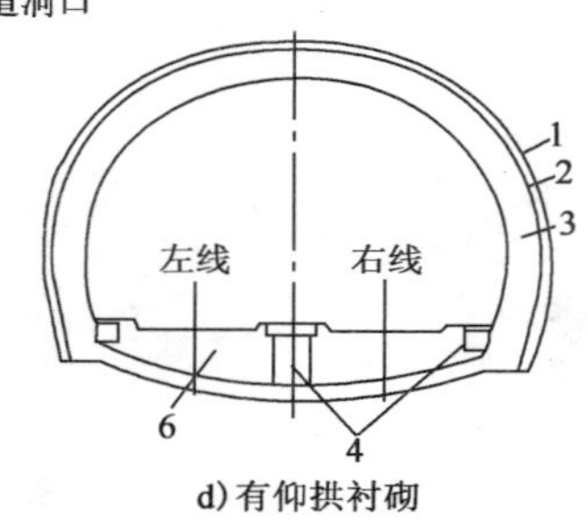


d) 有仰拱衬砌

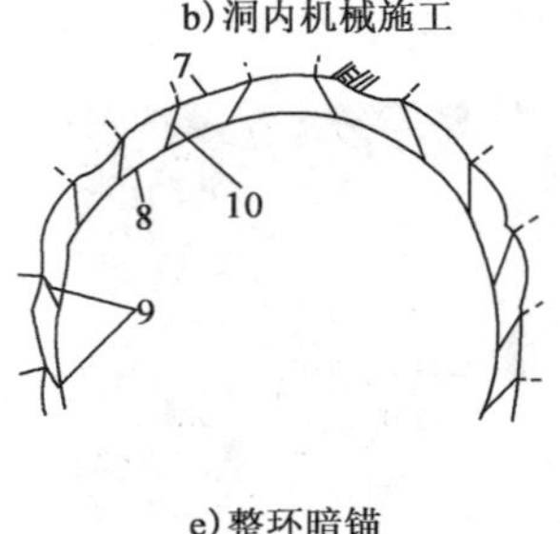


e) 整环暗锚

图 1-10　大瑶山隧道

1-喷锚支护；2-塑料；3-混凝土衬砌；4-排水沟；5-铺底；6-混凝土基床；7-喷混凝土断面轮廓；8-聚乙烯板（2mm）；9-聚乙烯板锚固带（100mm × 80mm）；10-塑料螺栓

（1）第一次使用从国外引进的全液压钻孔台车，其 4 个臂膀上装有 4 台高效液压凿岩机，电力驱动液压传动，自动进退，有自动平行机构和外插角机构，以确保钻孔质量，台车具备工效高、噪声低、粉尘浓度低、操作简便，作业灵活等特点，每班需 4 人操作且一机多用。开挖断面面积 86 ~ 118$m^2$，钻孔 175 ~ 200 个，钻孔时间 4 ~ 5h，爆破一次进尺约 4.8m。

（2）隧道的两次支护都采用大型机械——喷射混凝土三联机，对开挖后的岩面及时喷射混凝土；由四臂全液压台车打眼，安装钢筋砂浆锚杆，施作第一次支护；待围岩变形基本稳定后，在第一次支护面上粘贴聚氯乙烯防水层；然后用全断面轨行式钢模板台车，浇筑第二次衬砌混凝土。

（3）隧道采用全断面开挖，一次爆破渣石约 600$m^3$，采用 2.7$m^3$ 的轮胎式装载机装渣，载质量 20t 的自卸货车运渣，两台机械紧密配合，8 ~ 10h 就能将一次爆破渣石清理干净。

7）已通车的最长单线电气化铁路隧道——米花岭隧道

米花岭隧道如图 1-11 所示，位于南昆铁路广西田林县板桃乡境内，全长 9 392m，隧道穿越右江与南盘江两水系分水岭——九巍峨山脉，区内山脉绵延，峰峦起伏，山坡陡峻，沟谷深切。隧道于 1992 年 11 月 1 日开工，1996 年 9 月 6 日竣工。

a）隧道洞口

b）凿岩台车施工

图 1-11　米花岭隧道

隧道穿越山体地质复杂，对隧道威胁大的主干断层有 3 条，有一定影响的小断层 16 条，并有 6 个褶曲，10 个蓄水带，其中有 4 个富水带可能突水突泥。全隧道每昼夜涌水量为 17 000m$^3$。隧道线路平面为 S 形，进出口各设一段曲线，进口曲线进洞长度 258m，曲线半径 1 000m。进出口设曲线主要是为了方便隧道两端设站及地形条件所限。隧道支护结构按新奥法原理设计，采用曲墙复合式衬砌断面。隧道涌水量较大，设计坚持以排为主，堵排结合的治水原则，对可能突水突泥的围岩地段，用长导管全断面注浆堵水后再行开挖，隧道支护结构采用上堵下排治水措施，即拱部与二次支护间设无纺布加聚乙烯防水板，墙部间隔设置排水盲沟，隧道纵向设置双侧排水沟。

隧道中部偏出口段的 3 个主干断层，其断层破碎带及影响带总长度 575m，嵌入隧道深部，大大增加了施工难度，为处理这三条主干断层，采用“两斜一平”的施工辅助坑道方案。隧道采用轨行门架式四臂凿岩台车，立爪装渣机，配合 14m$^3$梭式矿车运输，模板台车配合混凝土输送泵衬砌等先进施工设备，为隧道快速施工创造了条件。根据地质情况，隧道采用正断面开挖为主，软弱围岩段采用短台阶法开挖。

8）第一座重载铁路双线隧道——军都山隧道

军都山隧道如图 1-12 所示，位于北京市延庆县东南，燕山北麓，大秦铁路延庆车站与铁炉村之间，全长 8 460m，是我国已运营的第三座长大铁路隧道，于 1985 年 1 月开工，1989 年通车。隧道地质构造较为复杂，进口端有 670m 黄土砂质黏土段，埋深 12 ~ 23m，最浅埋深只有 3. 6m；出口端上覆地层为 70m 厚洪积块石土堆积层，有长度 500m 的风化花岗岩，夹有煌斑岩脉侵入，节理发育，有地下水；其余地段为岩浆岩，岩体较完整，但隧道穿越 4 条较大断层带。隧道最大埋深 640m，开挖后岩体应力重新平衡，有轻微岩爆伴随小块岩石坠落。隧道每昼夜涌水量约为 13 200m$^3$。由于隧道长、工期短、施工难度大，除进出口正洞工区外，采用“三斜一平”施工方案，以增加作业面，实现长洞短做。为解决 3 号斜井至出口段长达 4 083m 地段的通风、排水和施工问题，在出口设置 2km 长的平行导坑。

隧道采用新奥法原则指导设计与施工，充分调动围岩自承能力，实现大断面快速掘进，并为大型施工机械提供操作空间。本着先进、高效、实用的原则，引进一批大型设备并完善系列配套。组成破岩、装运、支护3条流水作业线：以单臂每分钟1.5~2m的全液压两臂、三臂、四臂凿岩台车钻爆开挖，采用1.4~5$m^3$大斗装载机，配20t自卸汽车及6~8$m^3$矿车、梭式矿车等出渣；全断面或半断面掘进，正洞用无轨运输，斜井用有轨运输；用机械手进行喷射混凝土初期支护；二次衬砌，是在洞外工厂拌和混凝土，用6$m^3$混凝土输送车运至作业面，再用混凝土泵泵进12$m^3$全液压模板衬砌台车内，使隧道边墙、拱部一次成型。

隧道进口端670m长的浅埋和黄土砂层区段，其中170m范围长的拱部还通过中等密实细砂层，地下水位在边墙中部，就地质条件而言，不能形成自然拱，在国内隧道修建史上没有先例，是施工中难度较大的关键节点之一。采取的处治措施：对于黄土地段，采用小导管超前支护法、小导管注浆超前支护法、插板法施工，三种支护法使隧道顶部形成一个低强度的混凝土保护拱后，再进行开挖。对黄土层含水地段，用洞外井点降水，共设置降水钻孔18个，安装9台深井潜水泵抽水，截挡地下水补给来源，降低地下水位，保证含水段施工时基本干燥，顺利通过了覆盖仅3.6m的隧道浅埋地段。对其他断层和破碎带，坚持“短进尺、弱爆破、强支护、勤测量、及时衬砌”原则组织施工；对于复杂地质区段采用钎探、物探等手段，进行工程地质和水文地质预测预报，指导隧道施工。

9）瓦斯含量最高的长大铁路隧道——家竹箐隧道

家竹箐隧道如图1-13所示，有“天下第一险洞”之称，位于南昆铁路威红段的鲁番站与上西铺站之间，隧道全长4 975m，于1993年开工，1996年5月11日铺轨通过。隧道洞身有1 085m是煤系地层，主要煤层共14层，各煤层瓦斯压力测算值多超过0.6MPa，最高的达到1.34MPa。据《防治煤与瓦斯突出细则》规定，当煤层瓦斯压力超过0.6MPa时，已存在煤与瓦斯发生突出的危险。据测算，隧道施工通过煤层，瓦斯涌出量最多达到349$m^3/h$，因此，该隧道属瓦斯含量高有突出危险的隧道，其施工难度和危险性在我国铁路隧道建设史上尚属首例。

图1-12　军都山隧道

图1-13　家竹箐隧道

隧道设计采取了预抽预排、封闭坑壁、加强通风、杜绝火源、喷洒清扫、降低煤尘等一系列安全防范措施。为降低通风阻力和降低瓦斯浓度，在隧道的进口工区和斜井工区各设置一个平行导坑和两座斜井，通过大型通风机抽吸作用形成强大的巷道式通风，使施工中掘进工作面的瓦斯浓度通风后不大于 1%，回风道（平行导坑）瓦斯浓度不大于 0.75%，洞内风速不小于 0.5m/s。为防止瓦斯在坑道角隅聚集停留，掘进工作面配置风水喷雾器，驱散瓦斯并降低煤尘浓度。家竹箐隧道施工中采用了“一探二测三排四验，振动放炮，安全避难”的防突措施。

南昆铁路采用电力机车牵引，机车受电弓与接触网之间产生的高压电弧火花，列车制动闸瓦产生的摩擦火花、客车餐车产生的明火等对瓦斯都是危险的火源。对于家竹箐高瓦斯隧道，在衬砌结构上采取一系列封闭措施，考虑到设计施工可能存在不完善之处，会导致瓦斯气体渗漏到隧道中并积累，以及特长隧道自然风不足以冲淡和带出洞内瓦斯，对行车造成的威胁。利用隧道中部的斜井进行抽出式机械通风，隧道内每隔一定距离，在隧道拱顶部位设置瓦斯探头，当中央控制室发现洞内瓦斯浓度上升至危险值时，开动斜井风机进行通风。

10）穿越武夷山脉的长大越岭铁路隧道——分水关隧道

分水关隧道如图 1-14 所示，是横南铁路穿越武夷山脉的长大越岭单线隧道，全长 7 252m，隧道于 1993 年开工，1996 年建成通车。隧道进出口位于线路曲线上，洞身全部在直线上，纵坡为 0.99% 的人字坡，隧道穿过花岗岩地层的不同风化带，并与 6 条岩脉和 5 条大小不等的断层相交。隧道进口端穿过泥石流沟底，地下水较发育，对混凝土具有弱至中等溶出和弱酸性侵蚀，工程地质条件复杂。设计隧道近期为内燃机车牵引，远期为电气化。隧道建筑限界“隧限-2A”，施工支护采用喷锚技术，永久支护为混凝土整体式衬砌。洞内轨道为次重型，按预留重型设计，洞内铺设混凝土宽枕道床，设双侧水沟与双侧电缆槽，建筑材料为防水混凝土。

a) 隧道洞口

b) 隧道洞内

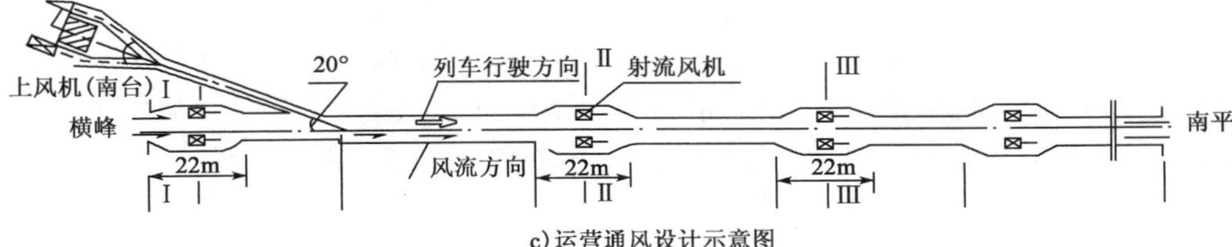

c) 运营通风设计示意图

图 1-14　分水关隧道

根据列车在洞内上坡运行速度 22km/h，允许通风时间 8.85min 等要求，分别作了有帘幕洞口风道吹入式（列车出洞关帘幕吹风、车尾进洞关帘幕提前吹风）通风方案、无帘幕洞口风道吹入式（列车车尾出洞开风机吹风、列车进洞列车提前吹风）通风方案，全射流纵向通风、全射流提前通风及射流加洞口风道式通风方案。“射流加洞口风道式纵向通风”方案为用两台主风机通过风道向洞内吹风，利用射流风机的升压产生纵向气流，新鲜空气从隧道进口和主风机进入，污浊空气从隧道出口排出。其具体做法是在距隧道进口50m处，以20°夹角做46m长风道，安装两台主风机。在隧道内作四处射流风机安装段，每段长22m。该通风方案的技术可行性、独特性、先进性和经济安全性以及两步到位、分期实施的措施合理，是对7km以上长隧道（不设帘幕）运营通风的新尝试和探索，在我国尚属首次，为以后工程的应用积累了理论和工程实践经验。

11）最长的铁路隧道——秦岭隧道

（1）秦岭隧道

秦岭隧道如图1-15所示，是中国最长的铁路隧道，位于西康铁路青岔车站和营盘车站之间，由两座基本平行的单线隧道组成，两线间距30m，其中Ⅰ线隧道全长18 460m，Ⅱ线隧道全长18 456m，隧道于1995年1月18日开工，1999年9月6日贯通。隧道北洞口高程约870m，南洞口高程约1 025m，隧道两端高差约155m。Ⅰ、Ⅱ线隧道纵坡基本相同，由西安端进洞约14.7km范围为1.1%上坡，然后3.2km范围为0.3%下坡出洞。隧道最大埋深约1 600m，埋深超过1 000m地段长约3.8km。隧道通过地段地质条件十分复杂，岩层主要为混合片麻岩、混合花岗岩、含绿色矿物混合花岗岩；洞身穿过13条断层，其中3条大断层为区域断层。施工时有高地应力、岩爆、地热、断裂带、涌水、围岩失稳等不良地质灾害发生，工程建设风险极大。

a）隧道洞口

b）掘进机施工

图1-15　秦岭特长隧道

秦岭隧道Ⅰ、Ⅱ线均为单线电气化铁路隧道，全部采用支承块式整体道床，超长无缝线路。Ⅰ线（左线）隧道使用2台8.8m敞开式掘进机（TBM）由隧道两端相向施工。Ⅱ线隧道（右线）采用新奥法施工，初期支护为锚喷，二次支护为马蹄形带仰拱的模筑混凝土复合衬砌。秦岭隧道地质复杂，工程巨大，在设计、施工、运营安全和维修管理方面克服了许多技术难关，且Ⅰ线隧道采用掘进机施工，在我国铁路隧道施工尚属首次，秦岭隧道的修建，使我国隧道工程建设从整体上提高到一个新的技术水平。

（2）兰渝铁路西秦岭隧道

西秦岭隧道如图1-16所示，为我国第二长铁路隧道，仅次于新关角隧道，隧道位于甘肃省陇南市武都区，为双洞单线隧道（两线间距约 40m），是兰渝线全线的控制性工程，起讫里程为 DK395 + 122 ~ DK423 + 358，全长 28 236m，隧道最大埋深约 1 400m，水文地质条件复杂，围岩地层主要为砂质千枚岩，存在岩溶、断层破碎带、高地应力、岩爆等地质问题，属典型的深埋长大隧道。西秦岭隧道左线于 2013 年 11 月 29 日贯通。

该隧道采用目前世界上最先进的两台 TBM 掘进机和钻爆法施工，掘进机长 180m，重达1 800t，开挖直径达 10. 23m，是目前我国采用掘进机修建的最大直径的干线铁路隧道，采用“工厂化”的隧道开挖现代作业设备和技术，保证工程质量和施工安全，最大限度地改善了作业环境，降低了粉尘等有害气体的污染，减少了对生态环境的影响和破坏。该隧道的建成标志着我国在特殊地质条件下，铁路隧道的施工技术已达到世界领先水平。

a)洞口施工　　b)洞内施工　　c)敞开式全断面掘进机

图 1-16　西秦岭隧道

12）世界高原多年冻土区第一长大铁路隧道——昆仑山隧道

昆仑山隧道如图 1-17 所示，是世界高原多年冻土区第一长隧道，位于青藏铁路青海境内，全长 1 686m，于 2001 年 9 月开工，2002 年 9 月 26 日贯通。隧址区海拔 4 600 ~ 4 700m，位于高原腹地，具有独特的冰缘干寒气候特征，且随海拔增高具有明显的气候垂直分带性，年均气温 -3. 6℃，极端最高和最低温分别为 23. 7℃、-27. 7℃。隧道洞身穿越岩层为三叠系板岩夹片岩，强风化层厚 1. 7 ~ 4m，板岩呈碎块状，片岩为碎片状，局部呈粉土状，含较多裂隙冰；洞身围岩级别为Ⅳ ~ Ⅴ级。由于隧道所处独特的地理位置、严酷的自然环境、复杂的地质条件、穿越多条断裂带，使其结构、施工工艺、施工工法不同于一般地区隧道。昆仑山隧道被列为青藏线头号控制工程，设计采用了大量新技术、新材料、新工艺。

（1）采取湿喷混凝土临时支护并确保足够支护强度，是事关昆仑山隧道施工安全、质量、工期和效益的一个至关重要的环节。实践证明了湿喷混凝土在高原多年冻土区隧道施工中是可行性的，填补了国内研究的空白。

（2）隧道防排水及衬砌隔热保温层选用 PVC-PE 复合防水板、聚氨酯（PU）保温板、TN-1 型聚氨酯黏结剂等新材料，采用粘贴工艺施工，真正做到无钉铺设，有效地提高了防水保温层的防水隔热效果，防水层接缝采用热合焊机双焊缝焊接，确保了施工质量。

（3）施作仰拱对掘进干扰大一直是国内隧道钻爆法施工中未解决的重大难题，隧道采用半侧施工仰拱或简易栈桥方法，仰拱施工质量差，劳动强度高，工效低，运营后容易产生病害。为此，昆仑山隧道进行了仰拱作业桥的研制及配套施工技术研究，于 2002 年 3 月 25 日完成样机制造，该仰拱作业桥支撑构件全部采用液压装置，全长 27. 55m，宽 3. 2m，重 24t，能通过重载运输车辆和三臂轮式凿岩台车，一次施工长度 8.5～10m。投入使用后的实践证明，仰拱作业桥设计合理、操作灵活，对其他工序干扰小，且施工安全，移动方便，大大降低了作业强度，提高了仰拱施工进度，尤其在高原缺氧环境下效果突出，彻底解决了仰拱施工这一长期困扰国内隧道施工的难题。

a)隧道洞口

b)洞内施工

一次横筑混凝土支护
复合防水板
5cm隔热保温层
复合防水板
二次钢筋混凝土衬砌

c)隧道结构设计示意图

图 1-17　昆仑关隧道

13）世界海拔第一高的铁路隧道——风火山隧道

风火山隧道如图 1-18 所示，位于青藏铁路青海境内青藏高原可可西里“无人区”边缘，隧道全长 1 338m，进口轨面海拔 4 905m，当时被称为世界上海拔最高、穿越冻土里程最长的高原铁路隧道，也是青藏铁路重点控制工程，于 2001 年 10 月 18 日开工，2002 年 10 月 19 日贯通。风火山隧道为单线隧道，最大埋深 100m，最小埋深 8m，进出口设计为明洞，进洞 35m，出口 23m，洞门形式采用斜切式结构，隧道结构为复合式衬砌，采用 5 层先后施作的隧道支护衬砌结构形式。隧道所处风火山垭口高寒缺氧、气温低、昼夜温差大，平均海拔 4 900m，年均气温 -7°C，寒季最低气温达 -41°C，空气中 $O_2$ 含量只有平原地区的 50% 左右，被喻为“生命禁区”。隧道洞身全部位于冻土、冻岩中，地质岩层复杂，集含土冰层、饱冰冻土、富冰冻土、裂隙冰、融冻泥岩等病害性地质于一体。隧道冻土层最厚达 150m，覆盖层最薄处仅有 8m，施工稍有不慎就会导致大塌方，工程难度之大前所未遇。

隧道设计施工中，研制、使用了适应冻土隧道施工的低温早强混凝土，采用了防水、保温等新技术和新工艺，攻克了浅埋冻土隧道进洞、冰岩光面爆破等技术难关，掌握了高原冻土路基和隧道施工的有效方法，达到了国内外冻土隧道施工的领先水平。解决了不同冻土地质条件下隧道围岩热融问题，借鉴国内外冻土隧道施工经验，研制投产了两台特大型隧道空调机组，形成洞内空气冷冻室和冷气空调室，把洞内温度控制在±5℃以内，为确保工程顺利进展探索出了新路。隧道的施工一般采用短台阶法或全断面法开挖，支护及时，仰拱领先，二次衬砌紧跟。短台阶法施工工序如图1-18d）所示，施工过程中，洞内开挖平台、初期支护平台、初次衬砌台车、防水保温层施作平台、二次衬砌钢筋网平台、二次衬砌台车流水作业，依次跟进，使洞内结构及时完成，以减少施工期冻土热融。隧道进洞及洞身开挖前，先完成洞口防排水系统与边坡防护，进洞采用小导管超前支护，格栅钢架支撑，采用弧形开挖留核心土法，开挖选择在寒季，以减小围岩扰动，详如图1-18e）所示。

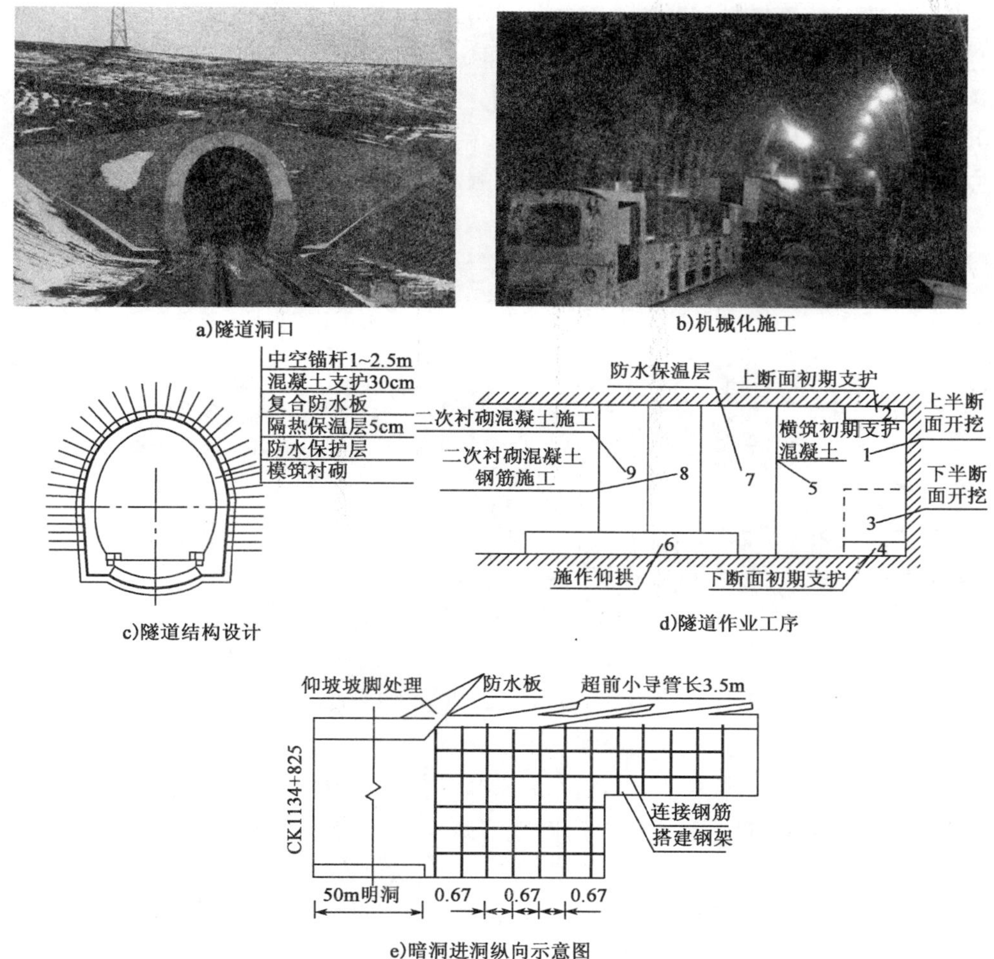


图1-18　风火山隧道

该项目使用400余台套一流的高原施工机械施工，实现了机械化作业，大大降低了工作人员的劳动强度，提高了生产效率。风火山隧道是青藏线上浅埋层最长的隧道，为避免出现塌方，针对不同地质的喷护和支护提出了一系列工法方案。在富冰冻土地段，采用大管棚加小管棚的双层超前超强支护法，利用中空锚杆和加温后的水泥浆锚注，使围岩上层形成一种相对稳定的保护层，同时实行“弱爆破、快支护、快初衬”，使富冰冻区段得以安全通过。对裂隙冰地质，采用“先抢格栅架、快焊钢筋网、边焊边喷护”的方法，取得了良好效果。对融冻泥岩地质，采取了“用水玻璃进行双液注浆，首先稳定山体结构，待水玻璃与水泥浆凝固后，再进行谨慎开挖”，很快制止了融冻泥岩的塌落，保证了施工的正常进行。

14）中国第三长铁路隧道——乌鞘岭特长隧道

乌鞘岭特长隧道如图1-19所示，位于兰新线兰武段打柴沟车站和龙沟车站之间，是中国第三长的铁路隧道，因乌鞘岭海拔高、自然环境恶劣、地质情况复杂、施工难度大、而隧道工期紧、质量标准高、任务艰巨，被称为兰武二线“咽喉工程”。于2006年8月23日双线开通。设计为两座单线隧道，隧道长20 050m，隧道出口段线路位于半径1 200m的曲线上，右、左缓和曲线伸入隧道分别为68.84m和127.29m，隧道其余地段均位于直线上，隧道两线间距40m，两隧道线路纵坡相同，为1.1%的单面下坡，右线隧道较左线隧道高0.56～0.73m，洞身最大埋深1 100m左右。隧道左右线均采用钻爆法施工，隧道辅助坑道共15座，其中斜井13座，竖井1座，横洞1座。

a）隧道洞口

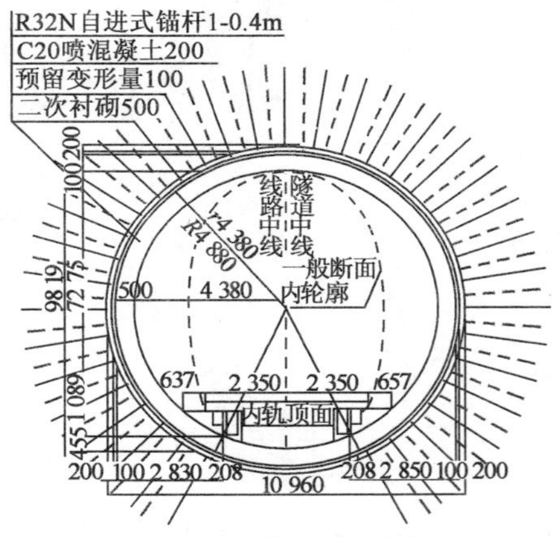


b）活性断层带衬砌结构设计（尺寸单位：cm）

图1-19　乌鞘岭特长隧道

隧道地层岩性复杂，分布受区域断裂构造控制，出露地层主要有第四系、第三系、白垩系及三叠系沉积岩，志留系、奥陶系变质岩，并伴有加里东晚期闪长岩侵入体。隧道横穿祁连褶皱系的北祁连伏地褶皱带和走廊过渡带两个次级构造单元，褶皱及断裂构造发育，隧道穿越了四条大区域断层，处在7 535m长的越岭断层，断层带累计长1 565m。施工中可能发生围岩失稳、涌水、涌泥、岩爆、热害、含煤层有害气体等地质灾害。主要不良地质为有害气体、湿陷性黄土和膨胀岩。隧道通过中等富水区、弱富水区与贫水区三大水文地质分区。因工程地质、水文地质条件复杂，施工难度和风险大，被地质专家称为“地质迷宫”、“地质博物馆”。隧道结构设计充分考虑了不同洞身的地质情况和特殊施工环境，设计了各型衬砌结构类型供选用，针对性较强。

15）中国第一长铁路隧道——太行山隧道

太行山隧道如图1-20所示，位于石家庄至太原铁路客运专线上，是目前我国最长的山岭铁路隧道，于 2007 年底贯通。隧道穿过海拔为 1 311m 的太行山山脉主峰越宵山，最大埋深 445m。设计为双洞单线隧道，两线间距 35m，下行线长 27 839m，上行线长 27 848m。隧道位于直线上，左右线纵向设计坡度基本一致，进口段长 95m 为 1.34% 的上坡，出口段长 594m 为坡度 0.6% 的上坡，其余部分均为 1.43% 的上坡。隧道质量标准要求高。要求隧道衬砌内实外光，结构轮廓线线条顺直美观，隧道防水等级为一级，混凝土耐久性达 100 年，衬砌混凝土不渗漏、不裂。

a) 隧道洞口

b) 洞内施工

图 1-20　太行山隧道

太行山隧道地质结构复杂，穿越累计长 4 410m 的奥陶系膏溶角砾岩地段，极易发生坍塌和大变形，主要不良地质有岩爆、岩溶、断层、高地应力及膨胀性围岩、突水突泥、坍塌冒落等。隧道采用钻爆法施工，全隧设进口 1 个、斜井 9 个、出口 1 个共 11 处施工通道、24 个工作面同时展开施工。

16）中国第二长铁路隧道——吕梁山隧道

吕梁山隧道如图 1-21 所示，为太中银铁路重点控制工程，是中国第二长电气化铁路隧道，于 2009 年 9 月 16 日贯通，为双洞单线隧道，两线间距 30m，左线长 20 785m，右线长 20 787m，隧道最大埋深 595m。隧道在汾阳—离石区间穿越吕梁山脉，起点海拔高程1 105m，低于地下水位 20m，出口高程 1 330m，低于地下水位 20m，进口到出口连续上坡，坡度为1.1%，共设 2 处横洞和 5 处斜井，总长度 10 264m，隧道开挖和衬砌断面为马蹄形，高 8m、宽 6.6m，隧道内衬砌厚度为 30 ~ 40cm 的混凝土，内加防水布。

图 1-21　吕梁山隧道

隧道主要穿越页岩、灰岩、砂岩层，出口段为湿陷性黄土地段，最小埋深 16m，并下穿青银高速公路。隧道穿越吴城断裂带，断层上盘岩性为石英砂岩、花岗片麻岩夹伟晶岩脉，岩体破碎；断层下盘灰岩岩体破碎。隧道穿过全风化花岗岩、砂土岩层、2.2km 长的砂粒层、220m 长的吴城断裂带等不良地质地段，施工过程异常艰难。主要地下水类型有第四系孔隙潜水、基岩裂隙水、岩溶水、断层水等。在吴城断裂带采用的施工顺序为：超前地质预报→超前帷幕注浆→超前支护→隧道开挖→初期支护→围岩变形量测→径向补充注浆→仰拱及填充混凝土施工→防水层铺设→拱墙衬砌混凝土施工。吴城破碎带开挖采取三台阶法施工，施工中坚持“先预防、早治水、管超前、严注浆、短进尺、弱爆破、强支护、早封闭、勤量测、控变形”的施工原则。锚喷支护采用湿喷机喷混凝土，混凝土衬砌利用仰拱栈桥先行施工仰拱与填充，确保围岩收敛及下沉变形满足要求。

### 1.1.4 公路隧道发展概况

1）世界公路隧道发展现状

人类公路隧道的修建已有几百年的历史，建成的公路隧道不计其数，附表1为世界上已建成的隧道与地下工程列表。有关现代公路隧道的修建，始于1927年美国纽约哈德逊河底的荷兰盾隧道，该隧道双洞单向交通，长度分别为2 680m和2 551m，高峰时每小时交通量为2 000辆，盾构法施工，并且首次采用机械全横向式强迫通风。其后，随着隧道施工技术新奥法、挪威法以及TBM等方法的确立，许多伴随有全横向式、半横向式、纵向式、混合式的通风方式，以及现代照明和监控的长大公路隧道相继建成。总结世界长大公路隧道的建设经验，分析现代公路隧道存在的问题和发展趋势，对长大公路隧道的成功修建和提高运营服务水平有着重要的工程实践价值和现实意义。

（1）现代公路隧道的特点

①隧道长度不断加大。随着道路等级标准的逐渐提高、隧道设计理论和施工技术的不断改进，公路隧道的长度从20世纪初的二、三公里发展到现在的数十公里。国外比较著名的公路隧道有：位于挪威西部的洛达尔和艾于兰之间的洛达尔隧道，2000年正式通车，是当时世界上最长的公路隧道，长度24.51km；瑞士的圣哥达隧道，是世界上第二长公路隧道，长16.82km，连接瑞士的乌里州和提契诺州；日本的关越隧道，长度为11.05km；意大利的勃朗峰隧道，长度为11.6km；奥地利的阿尔贝铭隧道，长度13.972km；挪威奥尔兰隧道长达24.5km。国外著名的海（水）底公路隧道有：美国的林肯隧道，是世界上最繁忙的公路隧道之一，跨越哈德逊河连接纽约市和新泽西州，长2.4km；英国的默西隧道，长3.43km；美国的布鲁克林隧道，长2.78km；美国的霍兰德隧道，长2.61km等。国内修建通车有代表性的隧道是秦岭终南山公路隧道，长度达18.004km。这些长大公路隧道的成功修建，除了道路等级标准要求的提高，设计理念宁绕勿穿观念改变外，新的施工工艺、现代通风监控技术和成功工程经验起着决定性作用。

②曲线隧道逐渐增多。在新的隧道设计理论和施工技术的推动下，特别是总结公路隧道运营管理的实践经验后，现代公路隧道的选线已完全打破了过去宁直勿弯的规则，曲线隧道逐渐增多，国外更是到处可见，如奥地利的巴拉斯基复线隧道，结合地形和环境条件设计了一段长达1.2km的曲线。曲线隧道的设计，对避开不良地质、促使行驶中的驾驶员提高警惕、不受出口“白洞”影响，从而避免引起交通事故起着至关重要的作用。

③隧道双洞取代单洞趋势。由于单洞双向交通不能充分利用汽车交通风，并且要求通风设备装机容量增加，特别是单洞双向交通的事故率远远高于双洞单向交通，因此近年来双洞单向交通隧道逐渐取单洞双向交通隧道。国外目前正将早期一百多座单洞双向交通隧道改变为双洞单向隧道，这对降低通风难度、节约能源、减少事故、提高交通量、满足防灾救灾和备战要求有着重要意义。有代表性的隧道工程实例有奥地利的巴拉斯隧道和陶恩

隧道等。

④隧道纵向通风方式占主导地位。根据 2000 年的统计结果，全世界建成的近 400 座长度在 3km 以上的公路隧道，20 世纪 80 年代前的多为全横向式通风或半横向式通风，以欧洲的瑞士、奥地利和意大利为代表。纵向通风方式出现后，公路隧道通风方式基本分为两大的派系，欧洲仍以全横向、半横向方式居多，而亚洲以日本为代表，全为纵向方式。近年来随着汽车排污限制标准的提高，控制公路隧道通风量的因素已从 CO 逐渐过渡为烟雾浓度，加之双洞方案逐渐取代单洞方案，所以分段纵向通风方式已经占主导地位。近年来欧洲各国也逐步转变传统设计观念，在许多新建或加宽增修复线长大公路隧道中，用分段纵向通风方式取代过去的半横向或全横向通风方式。

⑤隧道向更高服务水平发展。随着公路隧道通风、照明、监控等项技术的不断完善和智能化，现代公路隧道的服务水平逐渐提高。特别是在一些长大公路隧道中，高质量的照明效果、适应不同交通工况和防灾救灾的通风系统、完善的交通标识、不同模式的监控方法、尽可能详细的防灾救灾预案、齐备的基础管理系统以及定期的检测维护技术，这些都是保证公路隧道具有一个很高服务水平的必要条件。

⑥跨海隧道成为共识。继英法海底隧道成功穿越英吉利海峡后，隧道方案已成为跨海交通的主要形式。原因如下：海底隧道不但避免了桥梁方案所带来的海浪、台风等一系列结构力学问题，而且丝毫不影响海面航道交通和自然景观。目前国内香港的海底隧道、厦门翔安海底隧道、琼州海峡海底隧道、渤海湾海底隧道等就是代表性实例；国外的第二条英吉利海峡海底隧道（长 37.5km），北欧的大、小海带海峡海底隧道等是典型实例。对于较长的海底隧道，毫无疑问，利用铁路的摆渡方案明显优于公路的直通方案。

⑦隧道由单功能向多功能转变。旅游观光是现代长大公路隧道的另一显著特点，突出的例子有英吉利海峡隧道、东京湾隧道、香港湾隧道、上海延安东路隧道等。隧道不仅是交通通道，而且也是旅游观光场所。据统计，川藏公路二郎山隧道通车仅半年，在洞口观光照像的游人已达近两万人次。这些隧道在设计过程中，就把隧道的交通功能和隧道区域的地理人文环境融为一体如秦岭终南山公路隧道，在工程可行性研究阶段，陕西省政府就提出了将该隧道的通行功能和隧道区域的自然环境、旅游观光融为一体的设想。

（2）隧道施工关键技术

①地质超前预报方面。翔实的地质勘察资料是进行隧道设计的基础，故除了进行常规地质勘察外，施工过程中的地质超前预报也十分重要，目前所采用的地震波超前地质预报法（如 TSP、TGP，后文详述）、TBM 施工中的超前钻孔探测法以及配合整个工程规模所采用的超前导洞法，都是相当有效的方法，但是后两种方法受岩石类别和工程规模所限，而前一种方法探测结果的可靠性完全依赖于事先设定的判读指标的准确性和合理性，并且有一定的适用范围。

②隧道结构支护方面。公路隧道支护涉及支护结构和支护时间两方面的问题。新奥法支护结构包括初期支护形式和厚度、二次支护结构形式和厚度、仰拱的形状和厚度等方面的内容；而支护时间主要是指实施两次支护的时机，特别是对地质条件较差的情况，初期支护和掌子面的距离、二次支护的实施时间、仰拱的成环作用时间等，都是关系到隧道支

护成败的关键。另外，通过对已经成功修建的隧道支护结构的合理评价，得出一些对今后公路隧道支护优化设计有指导意义的量化指标，是目前值得重视的研究课题。

③隧道施工技术方面。隧道施工技术已有新奥法、挪威法、TBM 法、盾构法和沉埋法等，各个方法也自成体系，但是，一些关键技术和参数仍是制约这些方法发展的障碍，如新奥法中不同类型围岩和埋深时围岩的变形控制指标，挪威法中岩体 Q 值的准确计算，TBM 法中围岩物性参数的确定，盾构法中的防水技术，沉埋法中的深水施工技术等。

④隧道通风技术方面。隧道卫生标准是计算隧道通风量的前提。目前关于长大公路隧道的卫生标准没有统一的规范可循。卫生标准高、运营环境好，但投资和运营费用自然会增大。以秦岭终南山公路隧道为例，CO 允许浓度取 $200\times10^{-6}$和 $150\times10^{-6}$时，风量相差35.11%，这是一个相当大的数字。因此，对于长大公路隧道卫生标准的制定，必须兼顾国家环境卫生法规和投资成本两方面的因素，仔细研究并慎重取值。隧道通风的另一个关键是通风方式的确定和方案的设计，其中包括分段长度、通风方式、斜竖井位置、局部效应、通风控制、防火区段划分、火灾时的排烟灭火、风机的优化配置等。

⑤运营隧道高效智能监控方面。运营监控除了整体监控方案的适当选择外，高敏感的检测元器件和适时信息反馈传输技术是关键，并且应在监视的基础上，完善突发事件的控制能力。如何提升监控在隧道运营中的地位，变被动监控为主动监控将成为今后监控方案设计的重点。

⑥隧道防灾救灾预案方面。公路隧道防灾救灾最大的困难是火灾的预防和救援。而火灾的预防和救援必须和通风方案综合考虑。防火区段的划分、消防措施的采取、火灾的准确检测与及时报警、逃生路线设置、避难洞的预留、风机的配置、防火救灾预案的制订等，都是必须研究的关键课题。

2）国内公路隧道发展现状

（1）我国公路隧道的发展概况

我国山地、丘陵和高原面积约占国土总面积的69%。过去在山区修筑公路，由于建设资金严重短缺，多以盘山绕行为主，公路隧道建设速度非常缓慢。20 世纪 50 年代，我国仅有 30 多座总长约 2.5km 的公路隧道。在 20 世纪 60 ~ 70 年代，我国干线公路上曾修建了百米以上的公路隧道。例如，1964 年修建的北京至山西原平公路（四级公路）有两座200m 以上的隧道，这在当时已是非常大的工程。据统计，1979 年我国公路隧道通车里程仅为 52km（374 座）。20 世纪 80 年代后，随着国民经济的迅速发展，公路交通建设规模日益扩大、技术达到新的水平，公路隧道发展速度加快。公路隧道建设不仅在山区和丘陵地区公路建设中，而且在东部江河桥隧跨越方案比选中，日益引起人们的重视，并得到很大发展。2000 年年底，我国公路隧道通车里程已达 628km（1 684 座），比 1979 年增长了12 倍。进入 21 世纪以来，随着国民经济的快速发展，特别是在“7918”国家高速公路网规划和西部大开发的历史机遇下，公路隧道建设进入了一个高速发展的时期，截至 2010年年底，已通车公路隧道达 5 122.6km（7 384 座），比 1979 年增长了近 100 倍。近 5 年来，公路隧道通车里程以平均每年 700 多公里的速度迅速增长。近 10 年来，公路隧道年均增长率达 24%，远高于路与桥的增长率，公路隧道的重要性日益凸显。随着我国公路网交通线不断向崇山峻岭、离岸深水延伸，公路隧道的总量和建设规模还会增大。截至 2012

年底，全国公路隧道为 10 022 座，里程 8 052.7km。同比 2011 年年底，公路隧道净增 1 500座、1 799.3km。已建成湖北龙潭隧道、浙江苍岭隧道、重庆方斗山隧道和白云隧道等一批长 7 ~ 8km 的山岭隧道，以及陕西终南山隧道、甘肃麦积山隧道、四川泥巴山隧道等若干长 10km 以上的超长山岭隧道，还建成上海崇明长江隧道、厦门翔安海底隧道、胶州湾海底隧道等水下隧道；在城市附近，还建成了一批八车道宽体隧道和地下立交隧道，以及正在建设的还有港珠澳大桥沉管隧道。目前，我国已是世界上公路隧道最多、发展最快的国家。

（2）国内公路隧道设计与修建技术现状

在隧道数量和建设规模得到迅速发展的同时，我国山区公路隧道修建技术取得长足的进步。20 世纪 80 年代后，随着新奥法的推广，以钻爆法开挖为主的山区公路隧道修筑技术在我国日趋成熟。我国隧道建设者完全掌握了山岭双洞四车道隧道、双洞六车道隧道、双洞八车道隧道、连拱隧道、分岔隧道、大跨连拱隧道（双洞六车道、八车道隧道）、小净距隧道、大跨小净距隧道（双洞六车道、八车道隧道）以及隧道改扩建等修筑技术和大型地下立交建设技术。

由于我国地域广阔，自然气候、地质和环境条件的千差万别，公路隧道在建设过程中遇到了各种各样的技术问题，其中部分难题在世界范围也极为罕见。除了广泛吸取瑞士、奥地利、挪威和日本等公路隧道技术先进国家的成功经验外，我国从业人员也展开了大量自主创新的科技攻关，使我国在公路隧道建设技术方面取得了长足进步，形成了一系列具有我国自主知识产权的隧道建设技术，如高承压水环境、岩溶地区、黄土地区、高海拔、高寒、高地震烈度地区隧道建设技术，环保型洞口建设工法，长洞短打快速施工方法等。各种建设技术的日趋成熟，极大地提高了我国隧道的建设速度和建设质量。2007 年 1 月 20 日，世界上最长的山岭高速公路隧道——秦岭终南山公路隧道建成通车，标志着我国山区公路隧道修建技术达到世界领先水平。

我国水下隧道建设起步较晚，且在江海河底修建公路隧道的技术难度大，尚没有成熟的经验和技术。随着我国交通事业的蓬勃发展，为使线路直达快捷，不仅在穿越崇山峻岭时修建了众多山岭隧道，在一些跨海湾、海峡、大江大河处也正在修建或规划了修建公路水下隧道或公铁两用水下隧道。截至目前，我国境内建成和在建的水下公路隧道已达 30 多座，其中上海已建有 8 座穿越黄浦江的水下隧道，广州、上海、南京、武汉、宁波、青岛、长沙等还在计划或正在修建更多的越江隧道工程，我国境内第一条海底隧道——厦门翔安海底隧道于 2005 年 8 月动工，并于 2010 年 4 月建成通车。我国大陆第二条海底隧道——青岛胶州湾海底隧道，全长 6.17km，2006 年年底动工并于 2011 年 6 月建成通车。在上海沪崇苏通道中的崇明越江通道工程，长江隧道长 8.89km，于 2004 年 9 月奠基动工，2009 年 10 月建成通车。这些工程的建设为我国水下隧道建设技术的发展提供了良好的契机。国家、行业和地方投入大量资金，依托这些水下隧道工程引进国外先进技术，开展重点科技攻关，取得的科技成果极大地推动了我国水下隧道技术的发展。截至目前，我国已经熟练或基本掌握了钻爆法、盾构法和沉管法水下隧道修筑技术，集成并创新出了具有我国自主知识产权的水下隧道建设技术，并达到了国际先进水平，为我国庞大的水下隧道建设计划储备了技术和人才资源，具备了参与国际重大隧道工程项目的实力。

(3) 公路隧道养护管理现状

目前，我国公路隧道养护技术正处于起步阶段，随着公路隧道建设的跨越式发展，提高公路隧道的运营养护管理水平刻不容缓。有关调查表明，相当比例的运营公路隧道存在渗漏水和衬砌裂缝等病害现象。这些病害直接威胁着隧道内的行车安全、通行能力、维护周期和使用寿命。为减少隧道病害对隧道和公路交通运营的影响，在公路隧道养护方面做了一些基础性研究工作。但公路隧道养护在隧道结构快速健康诊断与病害机理研究，隧道结构的安全性、耐久性评价，病害处治，新材料、新设备、新工艺的研发和集成方面还有很多工作要做，要形成隧道病害处治设计和对策的标准化与统一化，还有很长的路要走。

(4) 公路隧道工程技术成果

为了解决公路隧道技术难题，“十一五”以来，交通运输行业从设计施工、检测评价、维修加固、养护管理及防灾减灾等环节开展了100多项研究，在隧道地质勘察、支护结构、施工技术、围岩稳定、防水排水、通风照明、防火减灾、交通监控、运营管理九个方面取得长足的科技进步，主要包括如下方面：①在山岭公路隧道设计与施工方面，开展了围岩稳定和预警理论及方法、环保型隧道设计与施工技术、隧道抗震及减震技术、高寒地域隧道防冻设计与施工技术、地下立交隧道/分岔式隧道/螺旋状隧道设计与施工技术、隧道结构扩宽设计与施工技术等研究。②在水下隧道方面，开展了多项钻爆法、沉管法和盾构法水下隧道设计与施工技术的研究。③在公路隧道运营节能与环保方面，开展了变频式通风、无机械动力通风、逆光照明、节能光源、高反射率涂装、供配电节能、隧道内空气净化等研究。④在运营安全管理与养护检测方面，开展了隧道群运营安全及防灾救援技术、隧道结构耐火技术，火灾独立排烟系统、整体结构安全监控系统、隧道病害检测评估、维修加固与养护技术、安全运营与养护管理系统等研究。以上研究都取得了很好的成果。

科技进步推动了技术标准化工作。近五年来，交通运输行业组织修订了《公路隧道设计规范》(JTG D70—2004)、《公路隧道施工技术规范》(JTG/T F60—2009)、《公路隧道交通工程与附属设施设计规范》(JTG/T F72—2011)、《公路隧道通风照明设计规范》(JTG 026.1—1999)、《公路隧道养护技术规范》(JTG H112—2003)等多部现行规范。这推动了公路隧道技术与标准体系的建设和完善。同时，交通运输部还加大了实验室等科技平台的建设力度，已建成“隧道建设与养护技术交通行业重点实验室”，并正在建设“公路隧道建设技术国家工程实验室”，为行业开展公路隧道科学试验和技术开发奠定了基础。经过隧道科技工作者30多年来的努力拼搏和协同攻关，我国公路隧道技术有了很大发展，但按隧道发达国家的指标和标准，尚存在不小差距，所以我国隧道科技之路任重而道远。

(5) 国内公路隧道建设面临的问题与技术难题

随着技术的不断发展和运营的需要，公路隧道越修越长、越修越宽，技术越来越难且越复杂。公路隧道的修建涉及结构、防排水、岩土、地质、地下水、空气动力、光学、消防、交通工程、自动控制、环境保护、工程机械等多种学科，是综合复合技术，需要多学科进行联合研究与攻关。目前，我国公路隧道修筑技术已有长足的发展，对围岩动态量测反馈分析技术、组合式通风技术、运营交通简易监控技术、新型防堵排水技术、围岩稳定技术、支护及衬砌结构技术等都有许多成功实例，一些成果已达到国际先进水平。在大规模的建设过程中，国内隧道建设也暴露出一些不足。主要表现在如下方面：

其一，规范落后于现实，公路中的许多规范已经陈旧，编写规范的人多属脱离现场较长，深刻了解内在规律的人不多，理论不结合实际的多，因此，不要急于制定规范。中国之大，隧道地处情况之复杂，用一本规范是打不了天下的，所以，要看清目前规范的局限性，要在发展中去总结，有量的积累，才能有质的提高，才能有好的规范产生。当前，国家要求各行各业每5年必须修改规范的原因也在于此。

其二，要重视隧道设计前的水文地质调查、勘测的预设计（工可）工作，必须进行施工中的地质超前预报及监控量测工作，及时进行信息化反馈施工设计。这种动态设计、动态施工、动态管理是符合地下工程不确定性客观规律的，是克服施工中不确定性因素的重要手段，是确保安全、可靠、适用、优质工程的关键。

其三，必须减少公路隧道运营通风、防灾、照明、监控的投入量。首先要客观确定汽车的类型和通过量，根据隧道不同长度确定设备投入规模，本着低投入、高产出、不管理的原则建设。通过调查实践建议：对小于1km长的短隧道不设任何运营设备，照明用反光石代替、运营靠自然通风；对1～3km的中长隧道，只设简单照明加反光石，采用在洞口设2～3组纵向射流式通风机，隧道侧墙每隔200m左右设报警电话或接通维修班的报警按钮；对3～10km的长隧道仍采用多组纵向射流通风，增设一条口径200mm的消防水管和消防栓（每60m）、设手机通信线及报警电话，照明可适当加强，山区隧道不设监控系统；大于10km的特长隧道可另行研究。总之运营设备的投入要慎重，要因地制宜。设备可预留，缓上，必须通过运营现场监测以确定规模和时间。

其四，重视TBM和盾构机的引入和应用。大于6km的长隧道，今后将日益增多，应把小型TBM＋钻爆施工技术、过江公路隧道盾构施工技术引入公路修建领域，以加速公路网的快速合理修建。当前我国已有成功的直径8.8m TBM在硬岩、软弱围岩施工的实例；有直径6.23m复合式土压平衡盾构修建地铁，穿越铁路、江河、房屋的施工实例。铁路、地下铁道的修建技术应在公路隧道修建中引用。“十一五”期间，我国铁路、公路等领域合计约有总长3 000km的隧道工程需要修建，隧道长度大于10km的约占10%。上述问题如果得以及时解决，我国隧道建设将会有一个更大的飞跃。

当前，公路隧道正由重丘延伸至深山，由陆地延伸至水下，由山区延伸至城市。面对保护环境和节约资源等日益增强的理念和要求，面对火灾、暴雨和地震等灾害的日益频发，面对高寒、高海拔、高地应力、活动断裂、岩溶富水和深水浅埋等越来越复杂的地质条件或自然条件，广大隧道工程技术人员亟需研究和解决这些技术难题。伴随着隧道设计理论和施工技术的发展，现代公路隧道的一些前所未有的特点日益凸显，其中一些关键技术问题仍是制约现代公路隧道建设发展的障碍，而这些关键技术问题所依托的基础理论和应用技术仍是今后公路隧道研究的重要课题。

公路隧道理论研究方面存在的疑难问题有：

①隧道地质的模糊评判、隧道岩土材料的本构关系、黄土软岩隧道的力学机理、神经网络技术在工程类比法中的应用、隧道虚拟设计等；非线性有限元位移反分析、隧道围岩变形控制指标、支护衬砌强度增长和围岩变形的关系、支护结构的评价、人工冻结隧道围

岩的温度场、人工冻结围岩的力学机理；隧道路面结构理论；隧道施工机器人技术的工作原理、隧道施工过程的数值模拟仿真分析等。

②隧道火灾的成因和发展机理、隧道火灾模型、隧道火灾过程的数值模拟、隧道结构火灾损伤评价；隧道通风多元瞬态空气动力学数值模拟、隧道通风局部效应数学与物理模拟；隧道环境污染模型、隧道废气污染的扩散过程数值模拟等。

③海洋流体动力学、深海悬浮隧道的结构理论、海洋流体动力对悬浮隧道的作用、深海悬浮隧道的结构特性等。

④“合理车速”“合理密度”“极限车速”“极限密度”的理论研究与探讨，合理车速和合理密度与交通量、隧道通风、隧道安全的关系。

⑤隧道环境卫生标准、纵向通风最大污染控制点、隧道安全等级、隧道质量检测评定指标、隧道基础信息管理系统等。

⑥隧道噪声污染、隧道照明光学效应、隧道装饰效应、长大公路隧道中驾驶员的心理适应等。

公路隧道应用技术方面存在的技术难题有：

①隧道地质勘察技术、隧道地质超前预报技术、地质类别评判技术等。

②隧道优化设计、曲线隧道设计、隧道支护技术、隧道路面结构设计、隧道防噪设计等。

③隧道施工工艺、隧道围岩变形自动检测预警技术、隧道灾害处理技术、神经网络技术在隧道施工中的应用、机械喷射混凝土技术、现场衬砌拼装技术、防排水技术、长竖井施工技术、深水施工技术、富水和软岩隧道的人工冻结施工技术等。

④“合理车速”“合理密度”的应用；运营监控技术、高效节能照明技术、最佳自动风机调控技术、静电除尘技术等。

⑤隧道安全标准、隧道内交通标志设置技术、隧道灾害检测技术、隧道防渗漏技术、隧道降噪防光污染技术、隧道防火救灾预案、隧道救援逃生技术、灾害处理技术等。

⑥隧道废气处理技术、隧道废水回收处理技术、隧道区域环境及生态保护技术等。

现代公路隧道技术创新的重点难点的研发方向表现为：

①在山岭隧道方面，重点解决高地应力岩爆、大变形、活动断裂带、松散地层、冻土围岩等不良地质条件下的隧道建设技术问题。

②在水下隧道方面，重点解决特殊环境下钻爆隧道、盾构隧道、沉管隧道的相应关键技术问题，并研究深海悬浮隧道方案。

③在隧道安全、节能与环保方面，重点解决对火灾/水灾/地震灾害的防减灾及救援、降低隧道运行能耗、净化隧道内空气和地下水保护等技术问题。

④在隧道养护管理方面，重点解决智能化养护管理、检测信息化、病害有效处治等技术问题。

⑤在特殊结构方面，重点研究解决隧道改扩建、地下立交、近接结构、公轨组合结构等技术问题。

对于施工阶段公路隧道，技术难点主要表现为：隧道高宽比小，断面扁而宽，围岩自稳能力差；隧道断面较大，一般为多洞结构，且隧道间距很小；隧道埋深较浅，路线长，地质差，工程施工风险大。

对于运营阶段公路隧道，技术难点主要表现为：汽车尾排气污染严重，含多种污染物，对人体有害；交通不规则，车辆轮迹线复杂，事故较多；火灾风险高，对特长隧道，防灾救援困难；隧道照明未解决驾驶员视觉适应问题，存在安全隐患。运营阶段存在的技术难点问题如图 1-22 所示。

a)汽车尾排气污染严重

b)交通不规则，事故频发

c)火灾风险高，防灾预警困难

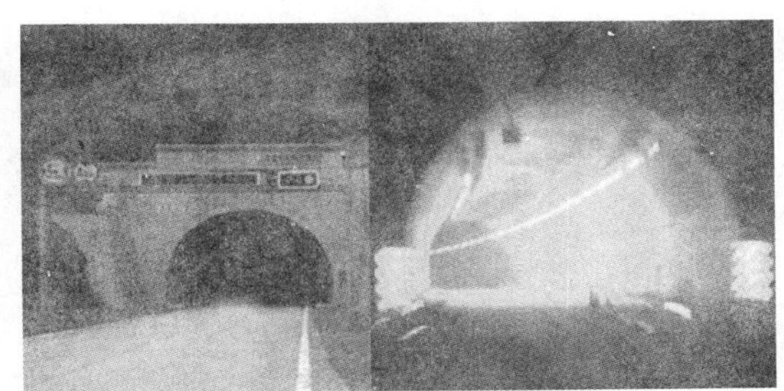

d)隧道照明黑白洞效应，存在安全隐患

图 1-22　运营隧道存在技术难点问题

（6）隧道与地下工程发展趋势和前景

随着进一步加大基础设施建设政策的落实，我国中西部地区还将建设大量特长、地质条件复杂、难度大的公路隧道，这也为公路隧道工程建设事业发展带来新的挑战和机遇。从可持续性发展战略来看，今后我国隧道工程技术发展的重点有两方面：一方面是隧道工程质量，包括工程质量的控制和检测；另一方面是隧道工程与生态环境的协调，如洞口环境的保护、围岩变形和地表沉降控制、地下水资源的保护等。这些问题不但涉及施工新技术的开发，而且关系到设计理念的转变。综上所述，未来我国公路隧道建设技术必将有一个更大的发展，将是一个集高精尖工程技术于一体的更高水平和更快速度的大发展。所以为社会贡献出一座座更安全、更快捷、更节能、更环保的公路隧道，是摆在广大隧道工程技术人员面前的艰巨任务和重大责任。

目前，我国隧道的发展将会呈现出如下三大趋势：

①西部尤其是西南高速公路网比较落后，随着国家对西部大开发力度的加大，高速公路建设将迎来新高潮，西南地区、西北地区、闽浙地区属山岭重丘区，山岭隧道建设比例较重。

②伴随着厦门海底隧道、青岛海底隧道全线贯通，开启了海底隧道的工程大门，沿海诸多城市将开始大量修建海底隧道。

③伴随着北京、南京、上海、广州、杭州、深圳等一线城市地铁的修建成功，全国各地省会及各大城市纷纷开始修建地下铁道，积极开展城市三维立体化交通，以缓解城市地面交通的极大压力。

随着我国经济建设发展的迅猛态势和交通基础建设大的快速发展，我国隧道与地下工程建设的发展的前景巨大，将向着如下方向发展：

一是隧道工程向长大化和微型化发展。20 世纪 80 年代前，受技术限制，我国隧道工程规模都不大，直到 1987 年 14.3km 的大瑶山隧道建成，标志着我国长大隧道建设的开始，之后长大隧道如雨后春笋般发展起来。未来隧道工程将随着技术的更新与经验的积累，继续向着长大化深度发展，大型山岭隧道、大跨度高深度海底隧道、多功能复杂铁路隧道编组等工程将成为下一代长大隧道建设的方向。同时，微型隧道工程将加速发展，此项新技术的加速发展，将应用于高层建筑、历史名胜古迹、高速公路和铁路、河道下部安设管道等，具有快速、正确、经济、安全等优点。

二是城市地下空间利用的综合化、分层化与深层化。未来城市地下铁道等轨道交通网络将由隧道工程承载。21 世纪城市地下综合体将会大量出现，地下步行道系统、地下快速轨道系统、地下高速道路系统结合体，以及地下综合体与地下交通换乘枢纽的结合等。从地面到地下，地面、地下协调发展，空间的充分利用，功能互补将是不可抵挡的趋势。同时，大都市由于地下浅层空间基本开发完毕，为了综合利用地下空间资源，深层开挖技术和装备将会加速发展并逐步完善。这将在城市地下形成多层面的空间结构，以服务功能区为中心向外辐射，人、车分流，市政工程、污水和垃圾处理分层而治。

三是效率工程与高新技术的强强结合。快速施工（TBM）将是未来隧道修建的主攻方向，隧道机械化是快速施工的主要措施，隧道掘进机（TBM）和盾构机将成为地下隧道快速开挖的利器。3S 技术在地下空间开发中的应用将得到加强，由于地下空间开挖中定位和对地质地理信息的需求，全球定位系统（GPS）、遥感技术（RS）、地理信息系统（GIS）3S 技术在地下空间开发中将会得到广泛应用。

### 1.1.5 中国公路隧道典型工程实例

近 30 年来，围绕我国公路隧道的技术需求，隧道工程建设、设计、科研单位的工程技术人员攻克了公路隧道规划、建设、运营、养护中的若干技术难题，在地质勘察、结构设计、地质预报、防水排水、通风照明、防灾减灾、交通监控、运营管理 8 个方面的技术取得了长足进步和发展，我国公路隧道建设技术水平已跻身世界先进行列，成为世界上公路隧道最多、最复杂、发展最快的国家之一。虽然我国在隧道建设方面取得了巨大飞跃，但与技术强国的规范标准相比，还存在一定差距，在隧道设计、修建、运营管理等方面仍需更上一层楼。

建国 60 年来，我国在公路隧道交通勘察设计方面取得了重大突破和发展，主要表现在隧道长度、车道数量、通风形式等方面取得了重大突破。在隧道建设过程中，对特殊条件下隧道修建的关键技术取得了长足的突破性进展，通过几十年的建设，我国先后建成了一批具有显著特色的隧道经典工程（表 1-3），主要反映在建设规模和环境条件复杂之

“最”以及建设时期之“早”等方面，下面对部分已建经典公路隧道工程进行简单介绍。

**我国已建公路隧道经典工程**　　表 1-3

| 序号 | 隧道名称 | 位置 | 长度（m） | 车道×洞数 | 通风方式 | 备　注 |
|---|---|---|---|---|---|---|
| 1 | 秦岭终南山隧道 | 陕西 | 18 020 | 2×2 | 三竖井送排纵向式 | 山岭隧道 |
| 2 | 大坪里隧道 | 甘肃 | 12 290 | 2×2 | 二竖井分段纵向式 | 山岭隧道 |
| 3 | 麦积山隧道 | 甘肃 | 12 288 | 2×2 | 二竖井送排纵向式 | 山岭隧道 |
| 4 | 包家山隧道 | 陕西 | 11 500 | 2×2 | 三斜井分段纵向式 | 山岭隧道 |
| 5 | 宝塔山隧道 | 山西 | 10 391 | 2×2 | 竖斜井送排式纵向通风 | 山岭隧道 |
| 6 | 泥巴山隧道 | 四川 | 9 985 | 2×2 | 斜井 + 竖井分段纵向式 | 山岭隧道 |
| 7 | 麻崖子隧道 | 甘肃 | 9 000 | 2×2 | 斜竖井送排 + 射流风机纵向 | 山岭隧道 |
| 8 | 龙潭隧道 | 湖北 | 8 700 | 2×2 | 立坑送排 + 射流风机纵向式 | 山岭隧道 |
| 9 | 括苍山隧道 | 浙江 | 7 930 | 2×2 | 纵向式 + 半横流式（排烟） | 山岭隧道 |
| 10 | 米溪梁隧道 | 陕西 | 7 923 | 2×2 | 左（右）洞单井送排式通风 | 山岭隧道 |
| 11 | 方斗山隧道 | 重庆 | 7 581 | 2×2 | 二斜井送排纵向式 | 山岭隧道 |
| 12 | 苍岭隧道 | 浙江 | 7 571 | 2×2 | 纵向式 + 半横流式（排烟） | 山岭隧道 |
| 13 | 白云山隧道 | 重庆 | 7 109 | 2×2 | 斜井送排纵向式 | 山岭隧道 |
| 14 | 雪峰山隧道 | 湖南 | 6 951 | 2×2 | 竖井 + 斜井送排纵向式 | 山岭隧道 |
| 15 | 美菰岭隧道 | 福建 | 5 574 | 2×2 | 斜井送排纵向式 | 山岭隧道 |
| 16 | 雁门关隧道 | 山西 | 5 198 | 2×2 | 竖井送排纵向式 | 山岭隧道 |
| 17 | 鹧鸪山隧道 | 四川 | 4 448 | 2×1 | 射流风机纵向式 | 山岭隧道 |
| 18 | 二郎山隧道 | 四川 | 4 176 | 2×1 | 射流风机纵向式 | 山岭隧道 |
| 19 | 大溪—湖雾岭隧道 | 浙江 | 4 116 | 2×2 | 竖井送排纵向式 | 山岭隧道 |
| 20 | 厦门海底隧道（钻爆法） | 福建 | 5 960 | 3×2 | 竖井送排 + 射流风机纵向式 | 水下隧道 |
| 21 | 崇明长江隧道（盾构） | 上海 | 8 955 | 3×2 | 纵向式 + 半横流式（排烟） | 水下隧道 |
| 22 | 武汉长江隧道（盾构） | 湖北 | 3 630 | 2×2 | 横向式 | 水下隧道 |
| 23 | 上中路隧道（盾构） | 上海 | 2 800 | 2×2 | 横向式（双层双向） | 水下隧道 |
| 24 | 复兴东路隧道（盾构） | 上海 | 2 785 | 2×2 | 横向式（双层双向） | 水下隧道 |
| 25 | 南京玄武湖隧道（盾构） | 南京 | 2 660 | 3×2 | 射流风机纵向式 | 水下隧道 |
| 26 | 大连路隧道（盾构） | 上海 | 2 566 | 2×2 | 横向式 | 水下隧道 |
| 27 | 外环越江隧道（沉管） | 上海 | 2 882 | 4×2 | 纵向式 | 水下隧道 |
| 28 | 珠江隧道（沉管） | 广东 | 1 238 | 3 + 3 | 纵向式（公铁两用） | 水下隧道 |
| 29 | 宁波常洪隧道（沉管） | 浙江 | 1 053 | 2×1 | 纵向式 | 水下隧道 |
| 30 | 白鹤嘴隧道 | 重庆 | 1 240 | 4×2 |  | 大跨径隧道 |
| 31 | 龙头山隧道 | 广东 | 1 020 | 4×2 |  | 大跨径隧道 |
| 32 | 大阁山隧道 | 贵州 | 496 | 4×1 |  | 大跨径隧道 |
| 33 | 金州隧道 | 辽宁 | 521 | 4×1 |  | 大跨径隧道 |

续上表

| 序号 | 隧道名称 | 位置 | 长度（m） | 车道×洞数 | 通风方式 | 备　注 |
|---|---|---|---|---|---|---|
| 34 | 雅宝隧道 | 广东 | 260 | 4×2 | | 大跨径隧道 |
| 35 | 金鸡山隧道 | 福建 | 200 | 4×2 | | 大跨径连拱隧道 |
| 36 | 罗汉山隧道 | 福建 | 300 | 4×2 | | 大跨径连拱隧道 |
| 37 | 魁岐2号隧道 | 福建 | 737 | 4×2 | | 地下立交（27.42m） |

1）最长的公路隧道

如图1-23所示，秦岭终南山公路隧道于2007年1月20日通车，位于国家高速公路网包茂线陕西境内，长度为2×18.02km，最大埋深超过1 700m，建设规模世界第一，为世界最长的双洞高速公路隧道。隧道按双向车道高速公路标准建设，隧道净宽10.5m，限高5m；设计车速80km/h。通风与防灾采取竖井送排式纵向通风方式，设置3座排风竖井及地下机房，竖井直径为11.5m，井深为661m。通风主要按照正常运营和火灾工况下需风量设计。交通量按2025年交通量$N$=25 849辆/日、2035年交通量$N$=45 000辆/日设计。为了降低驾驶员长时间的疲劳，在洞内3处采用了特殊照明技术，每处特殊照明区段轴长150m，宽20.9m（隧道标准宽为10.5m），高11.9m（隧道标准高为7.6m）。特殊照明段的间距为4.5m。

a）隧道北侧洞门

b）洞内照明

c）通风构造设计

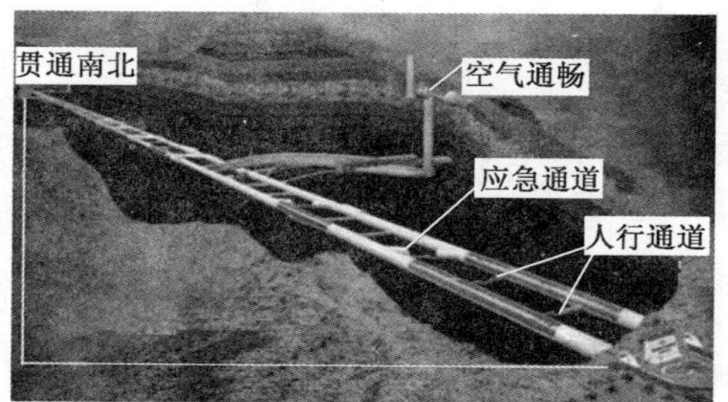

d）隧道结构整体布局

图1-23　秦岭终南山公路隧道

秦岭终南山公路隧道采用了当今山岭隧道建设的最新技术，是全世界工程技术人员智慧的结晶。2007年7月全国公路隧道学术大会上220多位隧道工作者称它为“人类文明的伟大作品，世界交通的重大工程”“天下第一隧道”。它创造了我国高速公路隧道建设的 6 项之最：世界第一座双洞高速公路隧道，单洞全长 18. 02km；第一座由我国自行设计、施工、监理、管理、综合水平最高的隧道；世界口径最大、深度最高的竖井通风工程；拥有世界高速公路最完备的监控系统；世界上最先进的高速公路隧道特殊灯光带；首次提出策略管理理论，运用首套策略自动生成软件，对火灾、交通事故、养护等到方面进行自动监测和管理。

2） 最大宽度的分离式公路隧道

如图 1-24 所示，深圳雅宝隧道位于深圳南坪快速路主线，2006 年 2 月建成通车，是中国第一座投入运营的双洞八车道公路隧道，被誉为“华南第一洞”。隧道穿越地层为人工填土层、第四系坡洪积层、第四系残积层等。隧道设计按上下线分离形式布置，左线长度为 225. 5m，右线长度为 262. 5m，最大埋深 70m。采用暗挖方案，隧道开挖宽度 21. 1m，高度为 13. 7m。隧道内轮廓净宽为 18. 8m，净高为 9. 2m，净空面积为 136. 4m$^2$，隧道扁平率为 0. 45。

a）隧道出口

b）隧道施工中

图 1-24　深圳雅宝隧道

3） 首例建成的分岔式隧道

湖北八字岭隧道是我国首例建成的一座分岔式特长隧道，位于沪蓉西高速公路主干线湖北长阳县及巴东县境内，采用双向四车道高速公路标准设计与施工，隧道左洞长 3 521m，右洞长 3 544m，于 2007 年建成通车。隧道地形地质条件复杂，同时存在岩溶、突泥、煤层瓦斯、采空区、断层破碎带等多种不良地质条件。隧道进口位于 318 国道下，最小埋深仅为 0. 5m，采用暗挖法施工，进口端与八字岭特大桥西桥台相连；出口端为国内公路隧道中首次采用的分岔隧道形式，是分岔式隧道的典型代表，分岔段总长约 500m，断面形式依次采用四车道大拱段、双连拱段、小净距段、标准间距分离式段进行过渡，其中最大单洞开挖宽度超过 26m。

如图 1-25 所示，八字岭隧道四车道大拱段长 58. 6m，属Ⅲ类和Ⅳ类围岩，开挖面跨度 24. 7m，高度 12m。开挖方法采用正台阶法与多部开挖法相结合，形成最优化的 4 部开挖断面法，效果良好。4 车道大拱段在 28m 长管棚施工完成后，采用上下导坑台阶法，即先开挖上半断面，初期支护后再开挖下半断面并支护，施工工序步骤如图 1-25b）所示：①开挖上半断面拱部→②施作拱部初期支护→③开挖中槽→④开挖下半断面左侧壁→⑤施作左侧边墙初期支护→⑥开挖下半断面右侧壁→⑦施作右侧边墙初期支护→⑧全断面施作二次衬砌→⑨施作中隔墙→⑩施作内部衬砌。

a）隧道出口施工

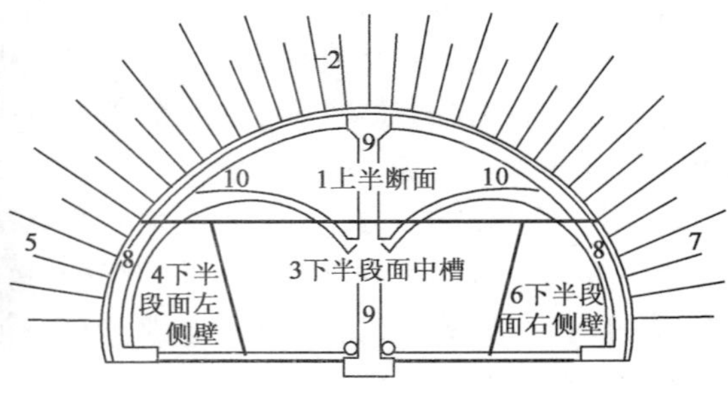


b）大拱段施工工序

图 1-25　湖北八字岭隧道（分岔式）

4）最大规模的小净距公路隧道群

如图 1-26 所示，福建京福路小净距隧道群位于京福高速公路一期三明至福州段，于 2004 年 11 月 3 日建成通车。京福高速沿线主要为鸡爪形地形，路线展布十分困难，将全线原设计的 14 座连拱隧道均变更为小净距隧道，直接节约工程投资 1.04 亿，这是国内首次大规模推广“小净距隧道”建设理念的成果，小净距隧道更能体现新奥法修筑隧道的特点，是一种施工性很强的隧道结构形式。为了保证结构和施工安全，小净距隧道的施工要针对不同围岩制订不同施工方法：对Ⅱ、Ⅲ类围岩条件，推荐采用正向单侧壁导坑的开挖方法，技术要点是光面爆破和控制爆破、在先行洞开挖后要求立即施作拉锚杆、杜绝左右洞在同一桩号都是毛洞现象，小净距隧道设计净距一般不要过小（ $<3$m）；对于Ⅳ、Ⅴ类围岩，要求采用超前导坑预留光爆层的开挖方法，对围岩扰动小，开挖效率较高，技术要点是要求尽可能减小对围岩的扰动，后行洞爆破时对先行洞进行振速测定，试掌握振动规律，加强隧道施工过程中监控量测中必测项目和选测项目工作，实现信息化动态设计及施工。

a）东楼隧道（最小净距3.2m）

b）跃村隧道

图 1-26　福建京福高速公路小净距隧道群

5）最大跨度的双连拱隧道

福州机场高速公路二期金鸡山隧道入口位于晋安区岳峰镇登云路旁，出口在新店镇西园村。如图 1-27a）所示，隧道全长 295m，为双向八车道连拱隧道，单洞净跨为 18.198m，开挖总跨度达 41.498m，设计行车速度为 100km/h，是我国目前开挖跨径最大的高速公路八车道双连拱隧道。另外在隧道两侧 10m 处，各建一条车道的福州市三环路辅路隧道，形成了“小净距 + 连拱 + 小净距”的复杂多孔隧道群，在国际上也非常罕见。

目前国内对连拱隧道制定的最高标准仅是双向六车道，而双向八车道的连拱隧道相关的设计、施工规范及技术标准尚未出台，施工技术难度大。该隧道洞身经过的地层相当复杂，主要以碎块强风化、弱风化花岗岩为主，并穿过两条相距约 100m 的断层断裂带，开挖时极易出现涌水、拱顶坍塌、侧壁失稳等现象，施工风险和难度巨大，所以施工开挖支护根据地层采用双层、单层初期支护，并紧跟着进行二次衬砌支护。

金鸡山隧道采用 3 层复合式曲中墙，中墙总厚度为 3.1m，其中中部中隔墙最小厚度为 2m。洞室支护结构按新奥法原理设计，采用复合式支护，以锚杆、湿喷混凝土（钢筋挂网）、钢拱架等为初期支护，大管棚、超前注浆小导管、超前锚杆等为施工辅助措施，在监控量测信息指导下施作初期支护和二次模筑衬砌。LZ5-1 型复合支护采用双层初期支护，拱部为土质围岩段取消拱部 90°范围内系统锚杆。中导洞宽 8m，高 6.8m，将中导洞锚杆杆体伸入中墙 1m，使中墙与顶部围岩连接紧密。

如图 1-27b）所示，隧道进口段为Ⅴ级围岩，采用双侧壁导洞法施工，开挖顺序为：①中导洞开挖→②左（右）洞外侧导洞上台阶开挖→③左（右）洞外侧导洞下台阶开挖→④左洞内侧导洞上台阶开挖→⑤左洞内侧导洞下台阶开挖→⑥右洞内侧导洞上台阶开挖→⑦右洞内侧导洞下台阶开挖→⑧左洞中部上台阶开挖→⑨左洞中部中台阶开挖→⑩左洞中部下台阶开挖→⑪右洞中部上台阶开挖→⑫右洞中部中台阶开挖→⑬右洞中部下台阶开挖。

a)隧道效果图

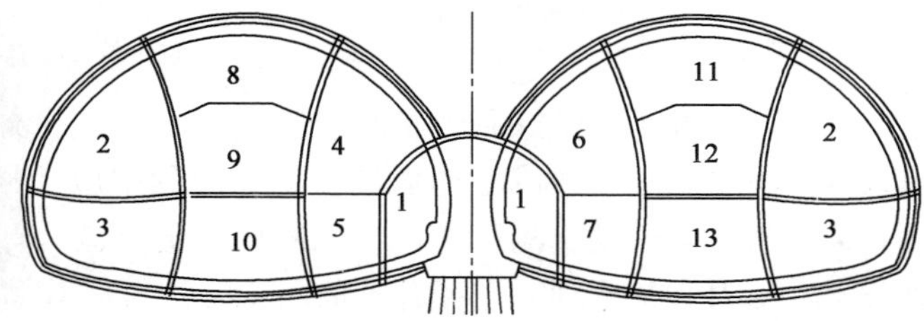


b)双侧壁导洞法施工工序

图 1-27　金鸡山双连拱隧道

6）黄土地区的典型隧道

甘肃黄土隧道群——连霍主干线甘肃天巉公路黄土隧道群、巉柳公路黄土隧道群、平凉至定西高速公路黄土隧道群、宝鸡至天水高速公路黄土隧道群等，解决了黄土隧道防排水、软弱地基加固、塌方、湿陷、渗漏等技术难题，建设与营运情况总体良好。

如图 1-28 所示，白虎山隧道是国道连云港至霍尔果斯高速谗口至兰州柳河段隧道群之一，隧道左洞长 1 277m，右洞长 1 235m，纵坡 -0.3%，为单向行驶的双车道双洞隧道，主线按重丘高速公路标准设计，设计行车速度 80km/h，隧道净高 5.0m，隧道内设置一处车行横洞，车行横道净空4.0m，净宽4.5m。隧道地处陇西黄土高原极强湿陷区，自重湿陷性黄土广泛分布，沟壑陷穴极为发育，多呈竖井状、串珠状，在黄土台地或冲沟边缘分布，地下连通性较好，地表有塌陷呈黄土天生桥或陷穴凹沟，山体表层为15～35m厚风积黄土、冲积黄土，空隙较大，垂直节理发育，土质疏松，湿陷级为Ⅲ～Ⅳ级，下部为老黄土，节理发育，极易坍塌。该隧道开挖采用的施工方案：对洞门段仰坡洞穴进行封闭处理，同时施作边坡两侧及洞顶截水沟，防止雨水对土体侵蚀；洞口浅埋段采用WTD27超前锚杆配合全断面钢拱架支撑支护，双侧壁导坑先墙后拱法开挖；洞身深埋段采用WTD27超前锚杆配合钢拱架支撑支护，拱部采用双眼镜法开挖，墙部采用左右错开式双侧壁导坑法开挖。

a)百虎山隧道

b)洞口双侧壁导洞法施工

c)单侧壁导坑法

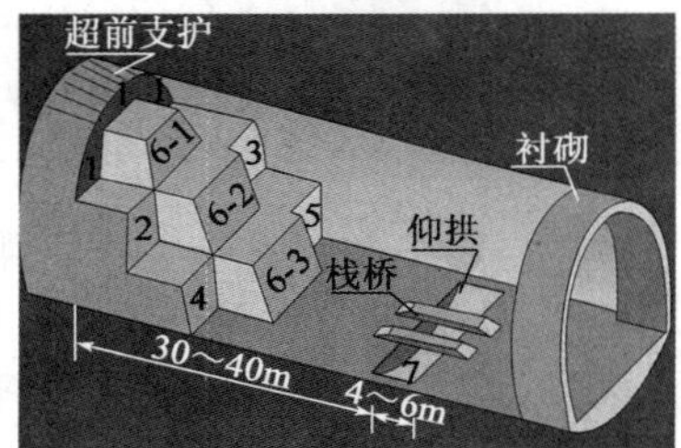

d)三台阶法工序示意图

图1-28　白虎山黄土隧道

黄土隧道首先要做好洞中、洞门、洞顶的排水系统，妥善处理陷穴、裂缝，以免地面积水侵蚀洞体周围，造成土体坍塌。施工过程中应严格遵循“短进尺、快循环、少扰动、强支护、紧封闭、勤量测”原则。大断面黄土隧道具有扁平的拱形结构，开挖后应力重分布对围岩受力非常不利，选择合理的施工工法可有效缩小一次开挖断面。采取及时封闭成环的方法、重视优化锁脚锚杆施工、控制仰拱与掌子面间距离，可有效控制施工变形。对于大断面湿陷土隧道，要针对不同地质地形情况，在浅埋段采用双侧壁导坑法开挖，深埋段围岩条件较好时可采用三台阶法开挖，围岩条件较差时采用单侧壁和双侧壁导坑法进行开挖。双侧壁导坑法预留了开挖掌子面核心土，保证了掌子面稳定，操作安全系数高，适应性相对较强，特别是控制围岩松弛效果明显；单侧壁导坑法安全可靠，坑道暴露时间短，开挖面小，对围岩扰动小，但施工进度慢，造价较高；三台阶法开挖工序少，有利于机械化作业，施工进度有明显优势，但在地质较差地段变形难以控制。

7）桥隧混合结构形式隧道

拍盘隧道位于山西、河南两省的晋济高速公路上，为双洞四车道分岔式特长隧道，2008年建成通车。隧址区为崇山峻岭，隧道进口处地形陡峻，场地狭窄，隧道进口端紧连整幅式独塔斜拉桥——仙神河大桥，形成特殊的桥隧相连结构景观。鉴于地形地质条件，设计依次采用了双洞单跨上下双层桥隧混合结构（长度 6m）、双洞连拱上下双层桥隧混合结构（长度 19m）、双洞连拱结构（长度 197. 47m）、双洞小净距结构（长度 529. 85m）、双洞分离式结构（长度 2 726. 68m），形成了复杂的分岔隧道，如图 1-29a）所示。隧道左洞长为 3 447. 45m，右洞长为 3 479m，隧道宽为 9. 75m（单洞），高 5. 0m，设计行车速度 80km/h，隧道内轮廓采用曲墙半圆拱断面，拱半径 5. 3m，曲墙半径 7. 8m，净空面积 60. 98$m^2$，如图 1-29b）所示。

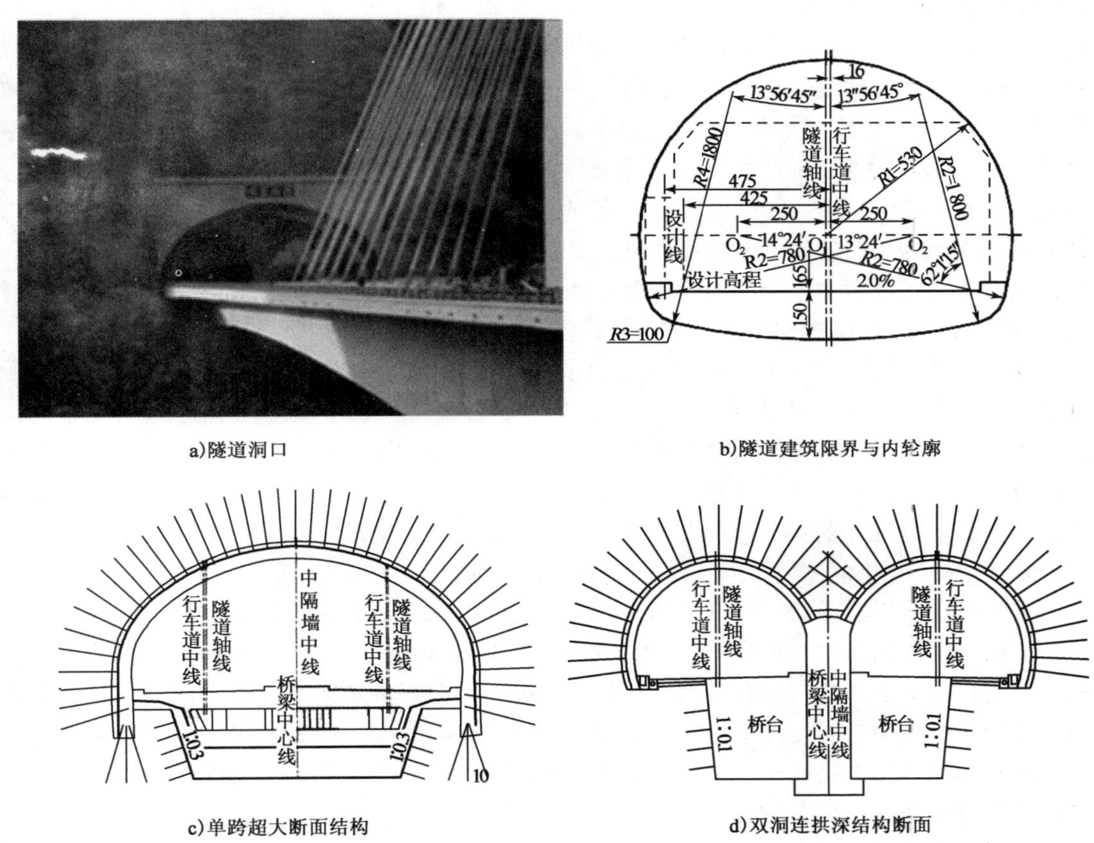


a)隧道洞口　　b)隧道建筑限界与内轮廓

c)单跨超大断面结构　　d)双洞连拱深结构断面

图 1-29　山西拍盘隧道（尺寸单位：cm）

如图 1-29c）所示，对于双洞单跨上下双层桥隧混合结构，采用“双洞单跨隧道（上层）+ 箱梁（下层）”的桥隧混合异型结构，将原双洞连拱结构变为单跨超大断面结构，隧道路面 6. 5m 以下开挖基坑并浇筑箱梁，开挖最大跨径 25. 77m，开挖高度 17. 25m，矢跨比为 0. 35m，断面面积为 346. 6$m^2$。超大断面支护措施：超前支护采用长 6m 的 $\phi$42mm 小导管，环向间距 0. 45m，纵向间距 20m；初期支护采用厚度 30cm 的 C20 喷射混凝土，隧道路面设置长 5m 的 $\phi$22mm 锚杆，路面以下设置长 6m 的 $\phi$22mm 锚杆，且锚杆端部嵌入二次衬砌 80cm，间距@ 1m × 1m，梅花形布置；同时布设 20b 工字钢，纵向间距 0. 5m；二次衬砌为拱圈厚 85cm 的 C30 模筑钢筋混凝土，开挖完成后一次性整体浇筑。

如图 1-29d）所示，对于双洞连拱上下双层桥隧混合结构，采用“双洞连拱隧道（上层）+桥台（下层）”的桥隧混合异型结构，是将原复合式中隔墙连拱隧道变更为整体式中隔墙连拱隧道，并形成中墙独立基础，且隧道路面以下 6.43m 开挖基坑并浇筑桥台。

8）国内首例无中墙连拱隧道

厦门机场路（成功大道）一期工程梧村隧道下穿浦南段（浦南下穿隧道）是国内罕见的下穿密集建筑群的城市大跨连拱隧道，为无中导洞的整体式暗挖连拱隧道。梧村隧道全长 3 700m，由明挖隧道、连拱隧道、小净距隧道、分离式隧道组成，其中连拱隧道段（浦南下穿隧道）长 615m，结构形式为 3 车道连拱隧道，开挖跨度 34m，高 12.5m。隧址区工程条件：下穿隧道地段房屋密集，受施工影响的房屋达 95 栋，多为扩大条形基础或独立基础，主体为砖混结构，地下管线纵横交错；地质条件差，隧道主要穿越围岩以松散残积亚黏土、全风化、强风化花岗岩为主，地下水埋深 2～4m，隧道围岩为Ⅴ级，具有泡水易软化、崩解特性，易产生流沙、流泥等不良地质现象，开挖难度极大。隧道下穿段进口端 415m，开挖跨度为 34m，埋深 9～27m，属浅埋。总之，此隧道施工的高风险在国内外罕见，因此为保证隧道顺利穿越该地段，对施工风险实施 24h 实时施工监控量测预警预报，同时在施工过程中采用了对房屋基础注浆加固和抬升、无中墙连拱隧道结构、连拱隧道 CRD 施工法、双层初期支护、地下长管棚等有效措施。

如图 1-30 所示，无中墙连拱隧道施工简化了连拱隧道中导洞的施工工序，与小净距隧道施工工序相类似，但其对施工工序的控制更为严格。无中墙连拱隧道施工工序具体为：①左洞左侧上台阶开挖→②左洞左侧上台阶第 1 层初期支护及临时支护→③左洞左侧下台阶开挖→④左洞左侧下台阶第 1 层初期支护及临时支护→⑤左洞左侧第 2 层初期支护→⑥左洞右侧上台阶开挖→⑦左洞右侧上台阶第 1 层初期支护及临时仰拱施作→⑧左洞右侧下台阶开挖→⑨左洞右侧下台阶第 1 层初期支护及临时支护→⑩左洞右侧第 2 层初期支护→⑪左洞临时中壁拆除→⑫左洞仰拱第 2 次衬砌浇筑→⑬右洞右侧上台阶开挖→⑭右洞右侧上台阶第 1 层初期支护及临时支护→⑮右洞右侧下台阶开挖→⑯右洞右侧下台阶第 1 层初期支护及临时支护→⑰右洞右侧第 2 层初期支护→⑱右洞拱墙第 1 次衬砌浇筑→⑲右洞左侧上台阶开挖→⑳右洞左侧上台阶第 1 层初期支护及临时支护→㉑右洞左侧下台阶开挖→㉒右洞左侧仰拱第 1 层初期支护→㉓右洞左侧第 2 层初期支护→㉔右洞临时支撑拆除→㉕右洞仰拱衬砌浇筑→㉖右洞拱墙第 2 次衬砌浇筑。

9）第一座地下立交隧道

如图 1-31 所示，厦门万石山地下立交隧道于 2008 年 5 月 1 日建成通车，是目前我国第一座大型暗挖地下互通式立交，既有平面分岔结构，又有上下交叉结构。单洞最大开挖跨度达 25.89m，小净距段中夹岩厚度仅 1.42m，连拱段为不对称结构，其结构种类繁多，设计难度大，施工工序复杂。匝道汇合处的大跨隧道的断面设计没有采用常规的喇叭式渐变结构，而是以隧道内轮廓为基础，以一侧边墙为基准，采用单侧分段扩大的结构形式，并逐渐过渡至连拱隧道和小净距隧道，最后过渡至正常的分离式隧道。

隧道立交处施工工法采用先开挖上行隧道至设计开挖线，施作完成初期支护，再开挖隧道下穿段，浇筑下穿隧道二次衬砌，设防水板并回填后，最后浇筑上行隧道边梁及二次衬砌。

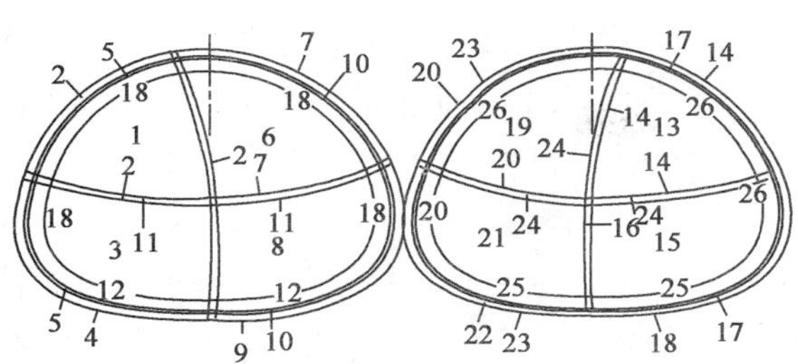

a) 施工工序图

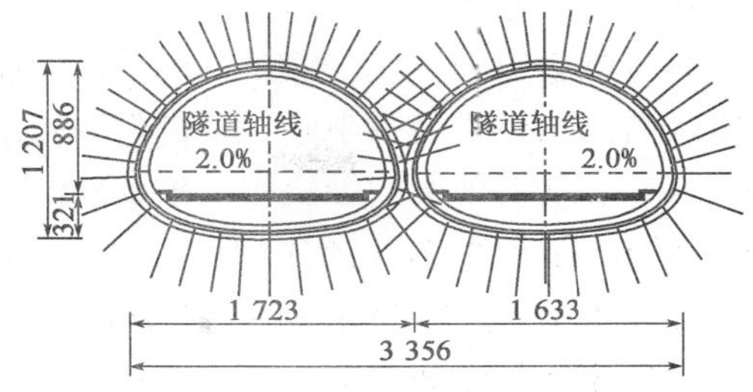


b) 横断面图

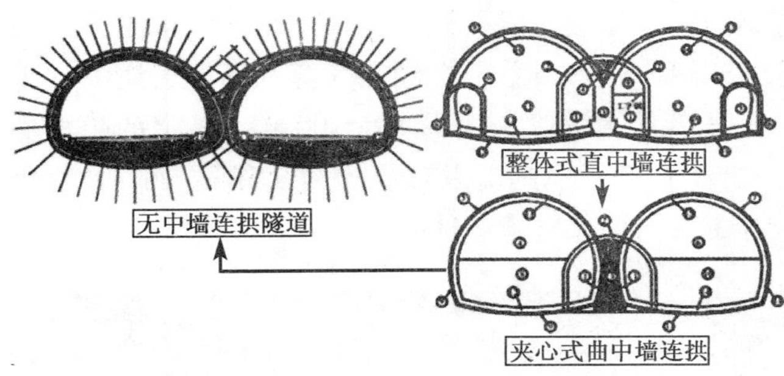


c) 连拱隧道变形

d) 施工中的浦南隧道

图 1-30　无中墙连拱浦南下穿隧道（尺寸单位：cm）

a) 隧道效果图

b) 汇合处开挖掌子面

c) 洞内分流

d) 洞内合流

图 1-31　厦门万石山地下立交隧道

10）第一座水下地下立交隧道

长沙营盘路湘江水下隧道，位于过湘江通道的中部走廊区，处于湘江银盆岭大桥和橘子洲大桥两条过江通道中间，是目前我国第一座大型暗挖江底地下互通式立交，既有平面分岔结构，又有上下交叉结构，也是湘江上第一条过江隧道，号称“湘江第一隧道”，于2011 年 10 月工 29 日正式通车。

如图 1-32 所示，过江隧道主线设计为双向四车道，东起营盘路，下穿湘江大道、橘子洲、傅家洲和潇湘大道，至咸嘉湖路，设计时速 50km/h，设计通行能力为 6 253 辆/h；隧道分南、北两线，其中北线全线 3 001m，南线全长 2 702. 084m；设 A、B、C、D 共四条匝道分别连接潇湘路和湘江路，A、C 匝道与南线相通，B、D 匝道与北线相通，东岸两匝道南北向分别与湘江中路相连，西岸进出两匝道均接主线北侧的潇湘北路；除了主线，湘江两岸各设了一进一出两条单向单车道的匝道，出入口分别在湘江大道和潇湘大道上，匝道总长 2 732m；抗震设防烈度为 7 级，防水等级为 2 级，使用寿命 100 年。隧道的防水贯彻“以防为主，多道设防，因地制宜，综合治理”原则，以混凝土衬砌结构自防水为根本，以结构施工缝、变形缝等薄弱部位为重点，确保隧道整体防水。

a）洞内分流

b）隧道效果图

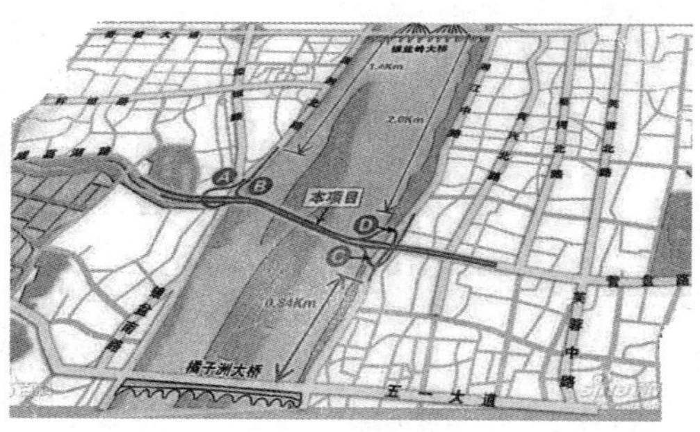


c）平面设计图

d）隧道洞口

图 1-32　长沙营盘路湘江水下立交隧道

长沙营盘路湘江水下隧道攻克了不少技术难题，8 次穿越湘江大堤，8 次穿越断层破碎带，除双向四车道的主线外，还在东西两岸各设了一进一出两条两车道匝道用于车辆分流，在湘江底部形成地下隧道立体交通体系，施工难度、技术含量、风险系数在目前国内外过江隧道中极为罕见，填补了世界同类江底隧道施工技术的空白。

11）最高海拔高寒地区的典型隧道

如图1-33所示，青海大坂山隧道位于国道227线上，地处青藏高原东北部多年冻土与季节冻土的衔接带上，隧道进口路面中心高程3 792.75m，是海拔高度居亚洲第一、世界第二的公路隧道，于1998年11月28日贯通。隧道按三级公路标准设计施工，隧道净宽8.5m，其中行车道宽7m，净高4.5m，隧道长1 530m，引线长2 852m（包括7×30m大桥1座），设计行车速度45km/h。主要是为避免大坂山垭口长年雪害而修建，全隧道由1 530m正洞和其下平行设置的1 865m防寒泄水洞组成，并在隧道正洞进出口设置300m防雪棚。

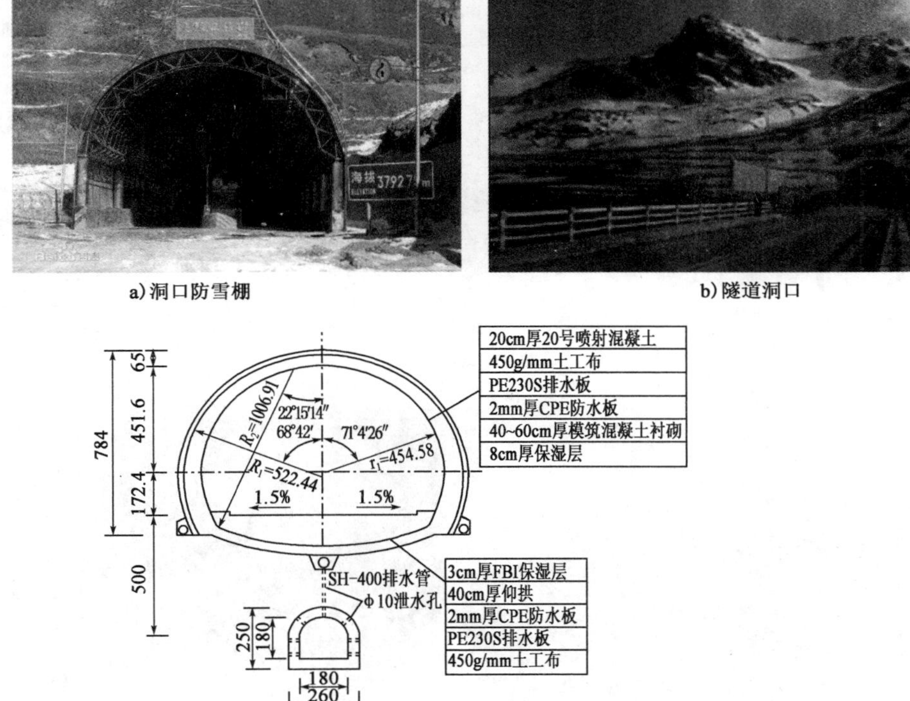


a）洞口防雪棚

b）隧道洞口

c）隧道结构设计形式

图1-33 青海大坂山隧道（尺寸单位：cm）

施工中第一次应用国际通用FIDIC管理模式，并采用了防洪泄水洞、排水板、土工布、保温层、防风保温门等多项先进防冻胀措施。隧道正洞为C25单心圆混凝土衬砌，喷混凝土支护，支护与衬砌间设置由排水板、无纺土工布、防水板组成的复合防水层，并通过竖向泄水钻孔和纵向盲沟与防寒泄水孔相通。在衬砌表面设置由PU干法硅酸铝纤维板和玻璃钢组成的复合保温层，采用无压防排水和主动与被动相结合的结构保温。

隧道地处祁吕贺山字形两翼褶皱带与秦昆东西向构造带之复合部位，地质构造异常发育，组合形式复杂，三大断层横贯其中，多处涌水，故施工中制定以遥感技术解释区域地质构造，以综合物探法勘察断裂构造、岩性特征和水文地质特征，以钻孔方法提示验证关键部位地质特征，建立合适的气象观测站，收集隧道进出口气象资料，采用探井了解冻土分布及冻隔特征，用深孔地温观测、了解地温变化规律，解决冻土预报、风吹雪雪害和防治方案。

12）最早建设的钻爆水下公路隧道

如图 1-34 所示，厦门翔安隧道于 2010 年 4 月 26 日建成通车，是我国大陆第一座采用钻爆法开挖的六车道公路海底隧道。工程全长 8 695m，其中海底隧道 6 050m，跨越海域宽度约 4. 2km。设计采用三孔隧道方案，两侧为行车主洞各设置三车道，中孔为服务隧道。主洞隧道建筑限界净宽 13. 5m，净高 5. 0m。服务隧道建筑限界净宽 6. 5m，净高 6m。主洞隧道测设线间距为 52m，服务隧道与主洞隧道间距为 22m。设计行车速度 80km/h。隧道最深处位于海平面下约 70m，最大纵坡 3%。左右线隧道各设通风竖井 1 座，全线共设 12 处行人横通道和 5 处行车横通道，横通道间距为 300m。通风与防灾采取竖井送排式纵向通风方式，在浅海区域设置两座排风竖井。厦门翔安隧道是由我国完全自主设计、施工，代表了我国隧道建设技术的进步和发展，如图 1-34c）所示。

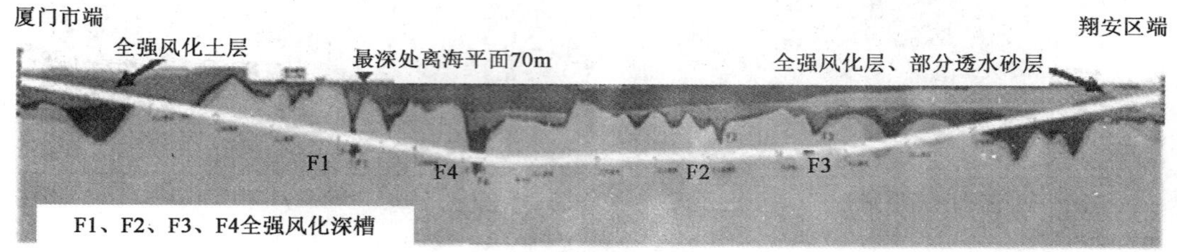


a）地质纵剖面图

b）隧道洞口

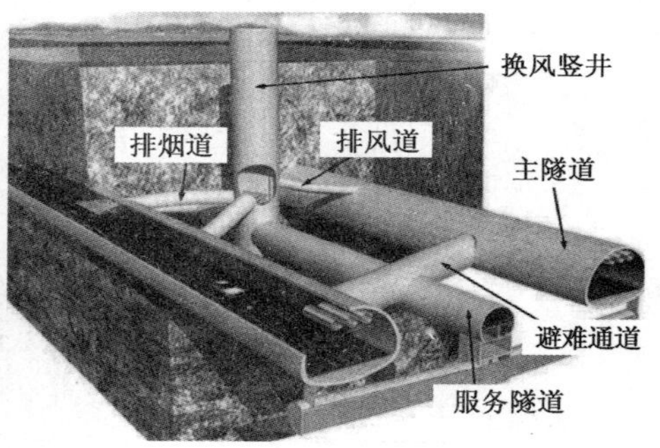


c）结构构成

d）洞口施工

e）CRD作业工法

图 1-34　厦门翔安隧道

翔安隧道具有地质条件复杂、工程经验少、技术难度高、施工风险大、社会影响大等特点。施工过程中遇到大量软弱地层和分化槽（囊）不良地质段等世界级难题，建设者依靠科技，加强地质超前预报，使用传统与创新相结合的方法，秉承“有险必探，无险也探，先探后干”的原则，为规避隧道施工风险，采用综合超前地质预报技术。综合超前地质预报技术包括五部分内容：隧道地质分析与宏观预报技术、长期超前地质预报技术、短期超前地质预报技术、超前钻探技术和重大施工地质灾害临近警报技术。在施工技术方面，采取了超前预注浆加固围岩，在隧道进口创新性地采用了改造 CRD 工法控制围岩变形，在主隧道洞身采用双侧壁导坑法开挖和支护等多种施工作业法，如图 1-34e）所示。

13）最长断面最大的盾构水下公路隧道

上海崇明长江隧道——上海长江隧桥工程全长 25. 5km，为六车道高速公路，采用“南隧北桥”方案，是世界上最大的隧桥结合工程之一。南侧长江隧道长 2 ×8 955m，盾构隧道长 7 470m，是世界上最大直径的盾构隧道，也是世界上最长的水底隧道之一，隧道于 2008 年 9 月 5 日贯通。盾构隧道为直径 15m、内径 13. 7m 的圆形隧道，具备多种功能，上下分隔为三层结构：最上层是用于火灾时的排烟通道；中间层为 3 条公路车行道，净高 6. 6m，可通行 5. 0m 高的车辆；下层最为复杂，中间为轨道交通预留空间，左侧是避难疏散通道，右侧为电缆通道。长江隧道横截面积为 177$m^2$，被分划成五个不同的功能区域。从整个隧道功能布置看，长江隧道具备汽车过江通道、轨道交通通道、高压电缆过江通道“三合一”的功能，如图 1-35 所示。

14）最大规模的沉管水下公路隧道

如图 1-36 所示，上海外环隧道于 2003 年 6 月 21 日建成通车，是除香港、台湾外中国内地规模最大的沉管水下公路隧道，其建设规模为亚洲第一，世界第二。上海外环越江沉管隧道位于距吴淞口约 2km 的吴淞公园附近，工程西起浦西同泰北路西侧，东至浦东三岔港，为双向八车道公路沉管隧道，设计车速 80km/h。

地层复杂的黄浦江吴淞口水域，是整个外环线北端的越江点，越江地点江面宽度为 780m。工程总长 2 882. 8m，包括江中沉管段 736m、浦西暗埋段 457m、浦西引道段 282. 7m、浦东暗埋段 177m、浦东引道段 207. 3m、连接道路 1 022. 8m。浦东设有隧道管理中心大楼；浦西设有风塔 1 座。全线降压变电所、雨水泵房、消防泵房、江中泵房各 2 座。

工程建设中涉及干坞施工、管段制作、基槽浚挖和回填覆盖、岸壁保护工程、管段基础处理、管段接头和管段拖运沉放等一系列关键技术，直接关系到整个工程的成败。采用沉管法施工的每一节管段在岸上干坞内预先制作完成，再用大船从水上拖至沉放点沉到水底，然后在水下拼装。沉管工艺要求极高，江中沉管段全长 736m，共由 7 节管段相接而成，每节管段宽 43m，长 100m 至 108m 不等，高 9. 55m。沉放的第一节段管长 108m，自重 4. 5 万吨。

15）高地应力地区典型隧道

川藏公路二郎山隧道地处四川省雅安市和甘孜州交界的二郎山国道 318 线上，是高地应力地区的典型公路隧道，于 1999 年 12 月开通，隧道的通车缩短线路里程 25km，保证了全天候通车。隧道轴线分水岭海拔 2 948m，隧道海拔 2 200m，隧道主洞长 4 176m，最大埋深 748m，1996 年 7 月开工时是国内最长、埋藏最深、海拔最高、地应力最大、地质条件极为复杂的特长山岭公路隧道。

如图 1-37 所示，隧道设计为直线隧道，单洞双向行车，中部设变坡点，采用单心圆轮廓，其内轮廓半径为 4. 83m，净宽 9m，净高 6. 85m。路面横坡采用双向人字坡，坡度为

1.5%；设置双车道，行车道净宽7.5m。平行导洞长4 155m，主要作用是通风和紧急通道，通过14个横通道与主洞连接，平行导洞横断面采用三心圆，总高度5.325m，净宽、净高都为4.5m，单车道路面宽度4.0m。隧道洞门采用仿汉阙式门结构并兼有藏族建筑韵味，洞门墙外表面采用花岗岩料石砌筑，内层为钢筋混凝土结构。

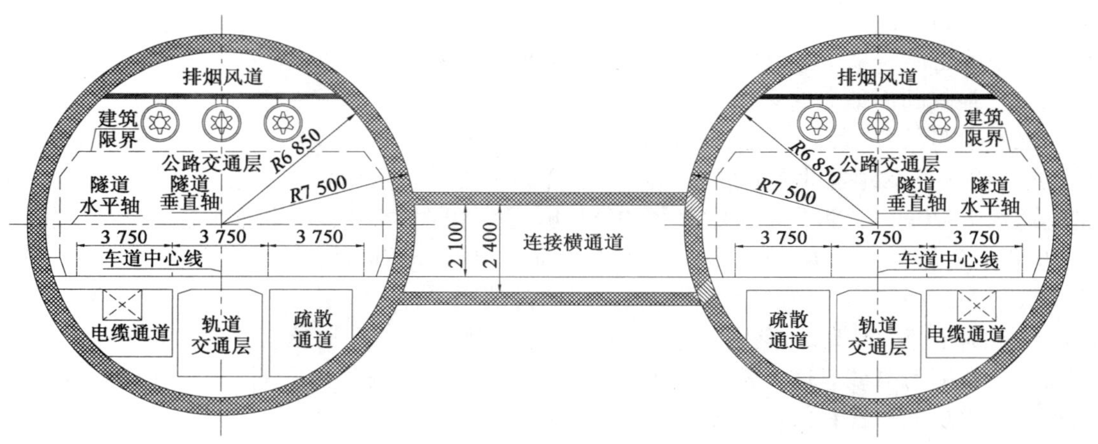


a）洞内横断面设计图

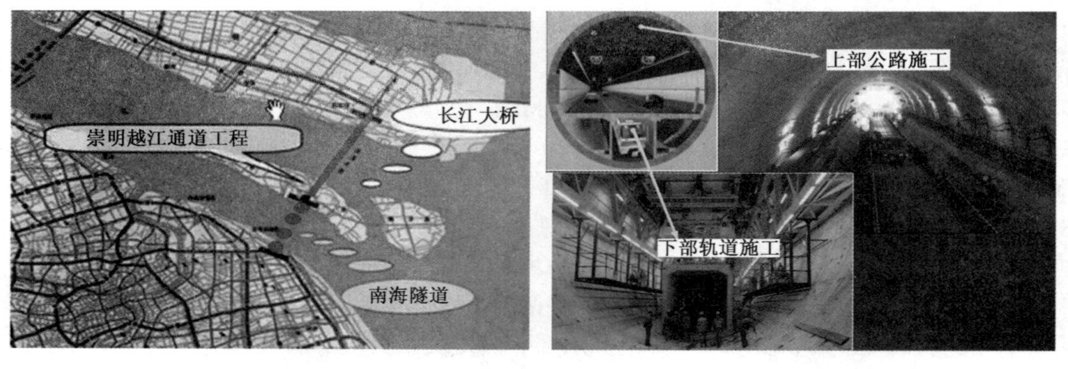


b）平面设计图

c）洞内施工手法

图1-35　上海崇明长江盾构隧道

a）外环沉管隧道进出口

b）干坞内预制管段

图1-36　上海外环水下公路沉管隧道

二郎山隧道采用新奥法施工，复合式衬砌，属高地应力特长隧道，设计最大水平应力 50MPa，施工实测最大水平应力也超过 32.7MPa，其岩爆和大变形占隧道全长的 60%，西口段穿越 79 处浅埋偏压崩坡积层及暗河岩溶地段，隧道施工风险巨大。

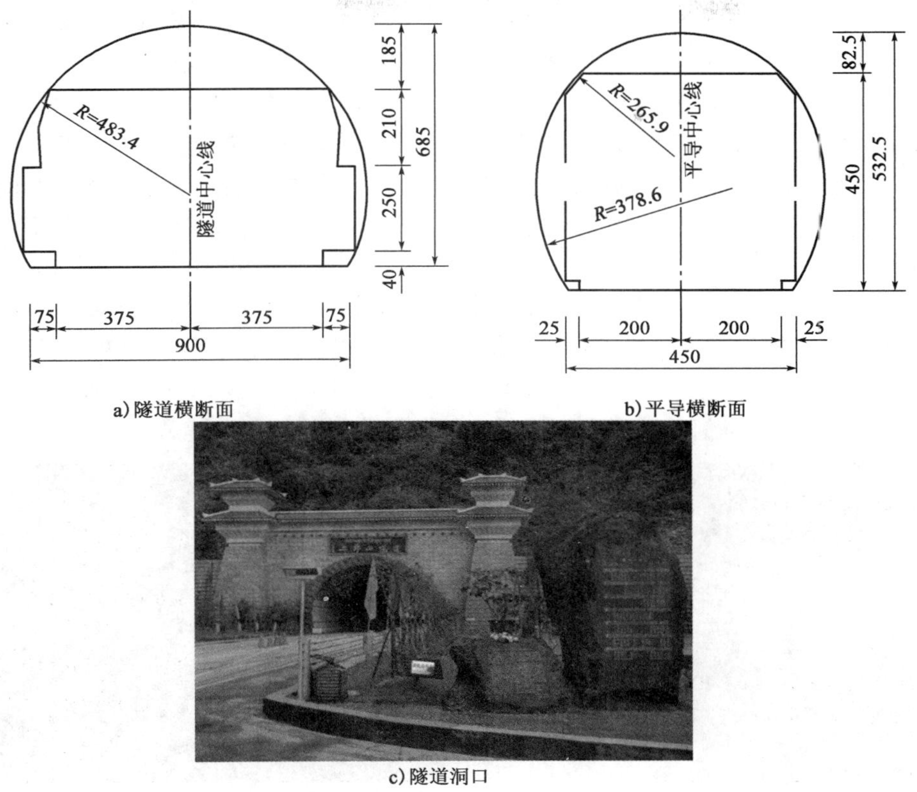


a）隧道横断面　　b）平导横断面

c）隧道洞口

图 1-37　二郎山隧道（尺寸单位：cm）

对隧道岩爆区段采用的综合治理措施如下。

（1）加强监测预报，严控施工程序，包括：加强岩体初始应力测试及岩爆预测分析；超前平导对正洞施工预报；光面爆破、预裂（弱）爆破；分部开挖、短进尺、多循环、及时支护；勤检查、及时找顶与喷洒水，提高安全防范意识。

（2）加固措施，包括：掌子面周边采用 $\phi$40mm 缝管式锚杆超前加固，周边采用 $\phi$40mm、$\phi$22mm 径向锚杆加固，径向锚杆尾部均设垫板；喷 C20 混凝土或钢纤维混凝土并敷设钢筋网；喷、锚、网、格栅支撑联合支护。

（3）改善围岩应力条件，包括：爆破后及时对开挖面和洞壁喷洒水；利用缝管式锚杆压注高压水；掌子面喷射混凝土封闭。

（4）临时防护与待避，增加防护网棚；在循环作业过程中增加待避时间。

对隧道大变形区段采取综合治理措施的原则是：遵从围岩变形规律，通过预留合适变形量，采用喷锚复合衬砌，利用量测反馈信息指导施工，恰当地分配支护刚度，适时追加支护抗力，正确掌握支护时机，才能最终实现隧道的稳定。采取措施包括：加强地质超前预报与大变形预测分析；采用喷锚复合衬砌结构，适当预留变形量；分部开挖、及时支护、及时封闭、刚柔并举、底部加强；初期喷、锚、网联合支护，突出使用缝管式屈服锚杆，系统锚杆端头均加垫板并施加合理滞后的部分预应力；喷射混凝土分层施作，变形大时采用喷钢纤维混凝土，预留纵向变形缝；超前锚杆或长、短管棚预加固围岩，增加格栅钢架；变形严重时采用可缩性锚杆、可缩性钢架，增打 8 ~ 10m 长自进式锚杆；二次衬砌在“围岩—初期支护”体系变形速度率明显下降，达到收敛稳定标准后施作；建立日常量测管理机制与控制基准，预测变形最终位移，实现支护动态设计与动态施工。

16）高海拔高寒低氧隧道

如图 1-38 所示，国道 317 线鹧鸪山隧道，位于四川省阿坝藏族羌族自治州理县与马尔康交界处，是川藏公路北线的控制性工程，于 2004 年 12 月竣工。主隧道与平导洞间通过 9 条横通道相连，采用平导压入分段纵向式通风，隧道设计技术标准为山岭重丘二级公路。按单洞双向两车道设计，隧道全长 4 448m，设计行车速度 40km/h，净宽 9m、净高 5m、路面宽度 7.5m。设平行导洞作为运营通风及安全救援通道，平行导洞长 4 446m，高 4.5m、宽 5m。隧道轴线平均海拔 3 300m，隧底高程 3 400m，最低气温 -30 ~ -31℃，历年平均气温 3.3 ~ 3.8℃，冻结最大深度 1.01m，最大积雪厚度 47m，空气含氧量仅为海平面的 60%，属典型的“高海拔、高严寒、低含氧”的高原特长公路隧道。

a）隧道洞口

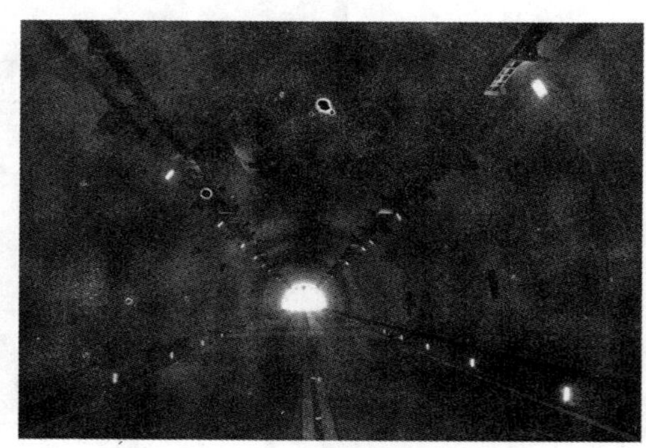

b）洞内通风照明

图 1-38　鹧鸪山隧道

隧道沿线地处断层破碎带，地质异常复杂，气候环境条件恶劣，营运环境条件特殊，地应力高、岩爆、大变形、泥石流、滑坡、塌方、冰雪、浓雾、大风等地质和气象灾害频发，曾被视为“隧道工程的禁区”，该隧道几乎集中了世界上高海拔地带隧道施工的所有疑难杂症，被隧道专家形象地称为生命禁区的高原隧道病害博物馆。施工过程中，采用先进的开挖设备和钻爆技术，针对冰川泥石流堆积体、大塌方、大涌水、大变形等诸多世界性难题，运用先进工艺，保证了隧道开挖、初期支护、二次衬砌三大工序的有效衔接，形成管棚注浆、混凝土抗冻融施工等多项科技成果。还采用重型结构支顶、注浆加固和搭桥等技术，开创了我国高原公路隧道施工治理特大滑塌的先河，在此基础上，积极应用全断面快速掘进、机械化出渣运输、整体衬砌等多项隧道施工新技术，采用全封闭深孔注浆等多项支护措施，总结出高原地质条件下“管超前、短开挖、弱爆破、强支护、紧衬砌、勤量测”的隧道施工新理念，并创造了安全施工“零伤亡”、隧道洞口交接“零偏差”的奇迹。

17）第一座大跨公路棚洞隧道

如图 1-39 所示，江苏老山隧道是宁淮高速公路南京段的控制性工程，位于宁淮高速起点，与南京长江三桥北相接，是我国建成的首座大跨公路棚洞隧道，于 2006 年 11 月全面建成。老山隧道为双向六车道分离式隧道，由一号、二号隧道和棚洞三部分组成，总长 3 595m，净宽 14m、净高 5m。隧道内轮廓采用三心曲墙式断面，隧道最大开挖宽度 19.2m，最浅埋深 1.5m，最大埋深 251m。为了减少挖方，保护自然景观，洞口段一般设一段明洞，隧道右线出口设置 376m 棚洞，其规模属国内最大。隧道左线长 1 425m，右线长 1 800m，设计行车速度 100km/h。隧道设置四处车行横洞、六处人行横洞、四处紧急停车带。隧道面临环保要求高、地质条件差、技术风险大三大挑战，老山隧道成功实践前置式洞门施工工法，攻克半拱—斜柱棚洞结构施工关键技术。

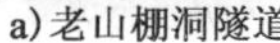

a) 老山棚洞隧道

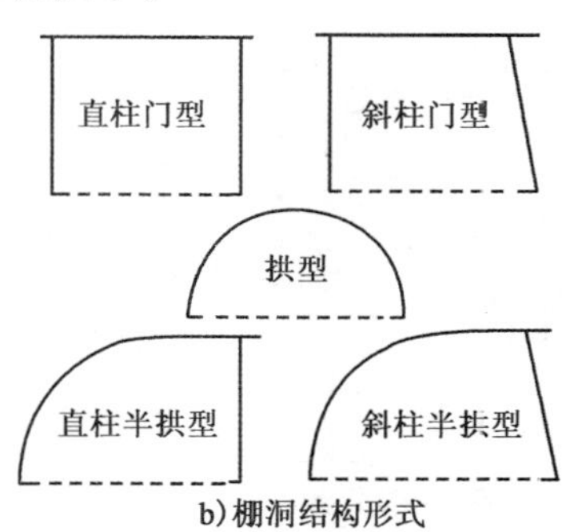



b) 棚洞结构形式

图 1-39　老山棚洞隧道与选型

老山隧道施工首次采用公路隧道前置式洞门工法，采取不切坡进洞方法，实现隧道洞口零仰坡施工，避免了隧道洞口高大边坡开挖，保护了自然植被，减小了对原位地质体的扰动。前置式洞门工法原理为：在洞外不开挖山脚土体情况下，采用两侧开槽逐榀施工工字钢拱架，随着钢拱架逐渐推进接触山体，拱架间以纵向钢筋连接为整体，浇筑混凝土形成临时衬砌，在进洞前以临时衬砌成洞，回填反压后再进行临时衬砌内暗挖施工。施工工序为：①右洞施工槽开挖→②右洞施工槽喷锚支护→③右洞前置式支护钢拱架架立→④右洞前置支护混凝土浇筑→⑤右洞回填→⑥右洞前置支护内开挖→⑦左洞施工槽开挖→⑧左洞施工槽喷锚支护→⑨左洞前置式支护钢拱架架立→⑩左洞前置支护混凝土浇筑→⑪左洞回填→⑫左洞前置支护内开挖→⑬右洞衬砌→⑭左洞衬砌。首创“傍山棚洞结构形式”并应用，建成全长 376m 傍山棚洞与大山融为一体，一侧与山体相连，另一侧以间距 12m 的 33 根方形斜柱支撑着山体对棚洞结构产生的侧压力，棚洞顶部覆土植被完全融入自然景观，充分践行贯彻了“原生态”“绿色交通”的建设理念。

## 1.2　隧道风险的起因来源

### 1.2.1　隧道设计方面风险来源

1）断面大

公路隧道与铁路隧道、水工隧洞、矿山地下巷道相比，断面较大，两车道公路隧道的标准断面面积为 65m$^2$、三车道为 96m$^2$、四车道为 136m$^2$，如图 1-40 ~ 图 1-42 所示。考虑隧道开挖时超挖现象或塌方事故的发生，隧道开挖断面轮廓面积两车道有时可达 80m$^2$ 以上。公路隧道围岩受扰动范围较大，其轮廓对围岩块体的不利切割增多，围岩内的拉伸区与塑性区加大，导致施工难度增大。若公路隧道位于土层或软弱岩体内，施工难度更大，通常需要采用特殊的施工方法来建造。

2）形状扁平

在满足使用功能和施工安全的前提下，尽可能地降低工程造价是隧道设计的基本要求。由于公路隧道的建筑限界基本上是一个宽度大于高度的截角矩形断面，在设计开挖断面、衬砌结构时，总是在保证施工安全和结构长期稳定的条件下，尽量围绕建筑限界设计

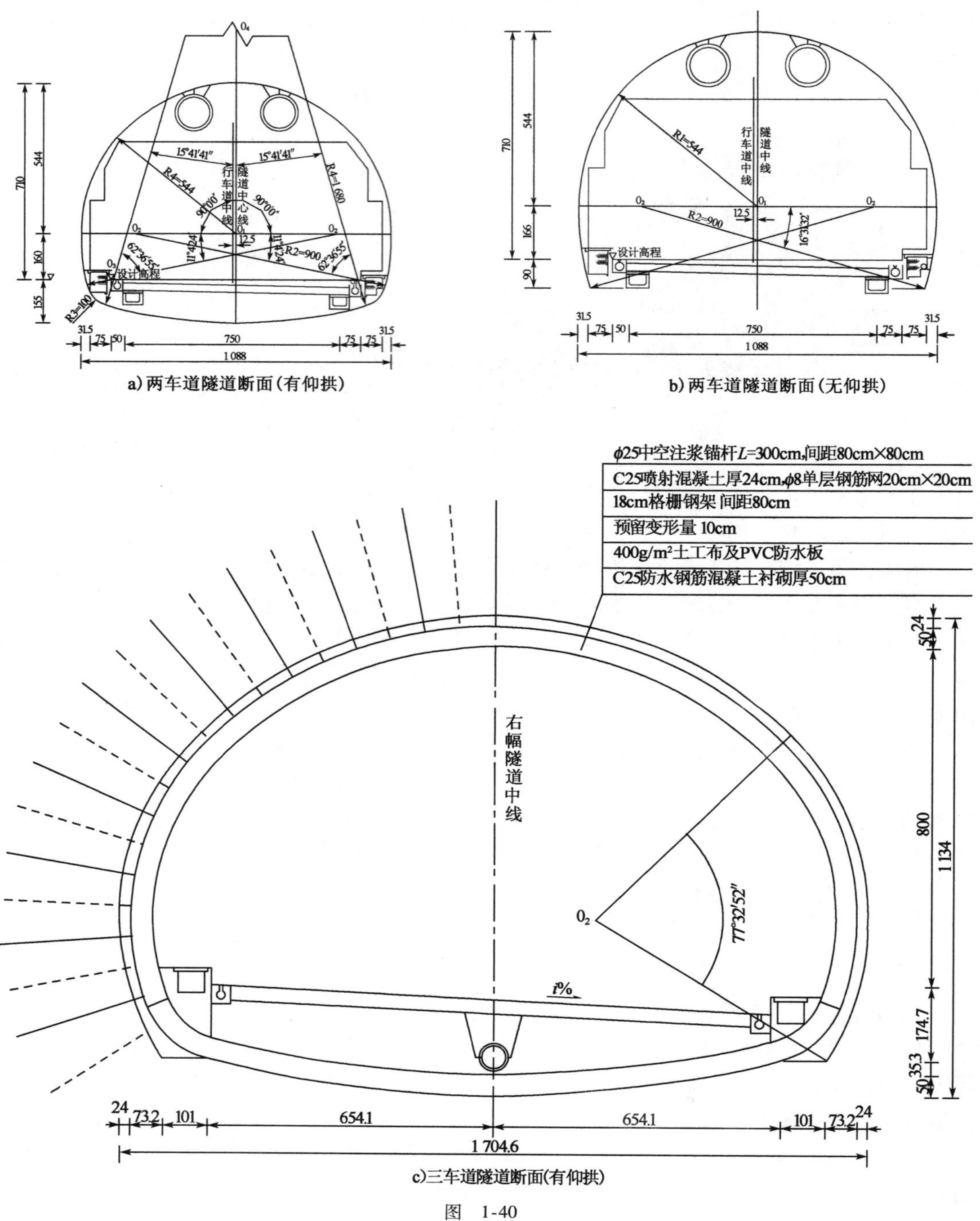


a）两车道隧道断面（有仰拱）

b）两车道隧道断面（无仰拱）

c）三车道隧道断面（有仰拱）

图 1-40

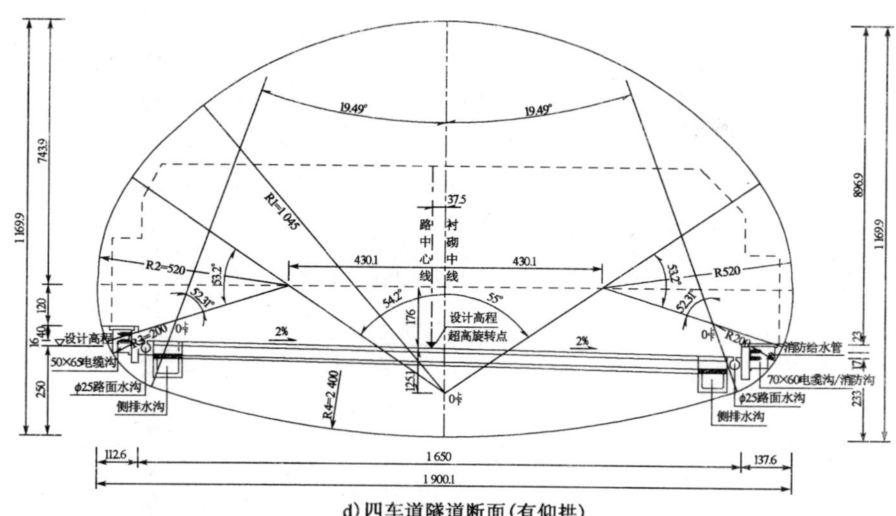


d) 四车道隧道断面（有仰拱）

图 1-40　分离式公路隧道标准断面设计形式（尺寸单位：cm）

开挖断面和净空断面，因此公路隧道的断面常为形状扁平的马蹄形或直墙拱顶形。断面形状扁平容易在拱顶围岩内出现拉伸区，而岩土之类的天然材料，其抗拉强度较低，施工中隧道顶部容易崩落，威胁人身安全。由于断面呈扁平状，在断面面积相同的情况下，公路隧道较之铁路隧道、水工隧洞和矿山巷道施工难度要大。

3）需要运营通风

机动车辆通过隧道时，要不断地向隧道内排放废气。对于短隧道，由于受自然风和交通风影响，有害气体的浓度不会积聚太高，不会对驾乘人员的身体健康和行车安全构成威胁。但是，对于较长和特长隧道，自然风和交通风对隧道内空气的置换作用相对较小，隧道内有害气体的浓度会逐渐升高。其中，汽车排放的 CO 浓度达到一定量值，会使人感到不适，甚至窒息，柴油车排出的烟尘将不断恶化行车环境，使隧道内能见度降低。因此，较长隧道和特长隧道需采用适当的通风方式，将新鲜空气随风流一起送入隧道，稀释有害气体，使其浓度降至安全指标以内。

4）需要运营照明

高速行驶的车辆在白天接近并穿过隧道时，行车环境要经历一个“亮—暗—亮”的变化过程，驾驶员的视觉在此过程中也会发生微妙的变化以适应环境。为了减小通过隧道时驾驶员的生理和心理压力，消除车辆进洞时的黑框或黑洞效应以及出洞时的眩光现象，从有利于安全行车的角度考虑，高等级公路上的隧道一般要根据具体情况，对隧道进行合理有效的照明。

5）防水要求高

在高等级公路上，车辆行驶速度较快，若隧道出现渗漏或路面溢水，则会造成路面湿滑，不利于安全行车，特别是在严寒地区，冬季隧道内渗漏水或隧道上部吊挂的冰柱，或在路面形成“冰湖”，常会诱发交通事故。此外，长期或大量的渗漏水，还会对隧道内的机电设备、动力及通信线路构成威胁。因此，我国《公路隧道设计规范》（JTG D70—2004）要求，汽车专用公路隧道应达到拱部、墙部及设备箱洞室处均不渗水。公路隧道目前的发展对防水工程的要求也会越来越高。

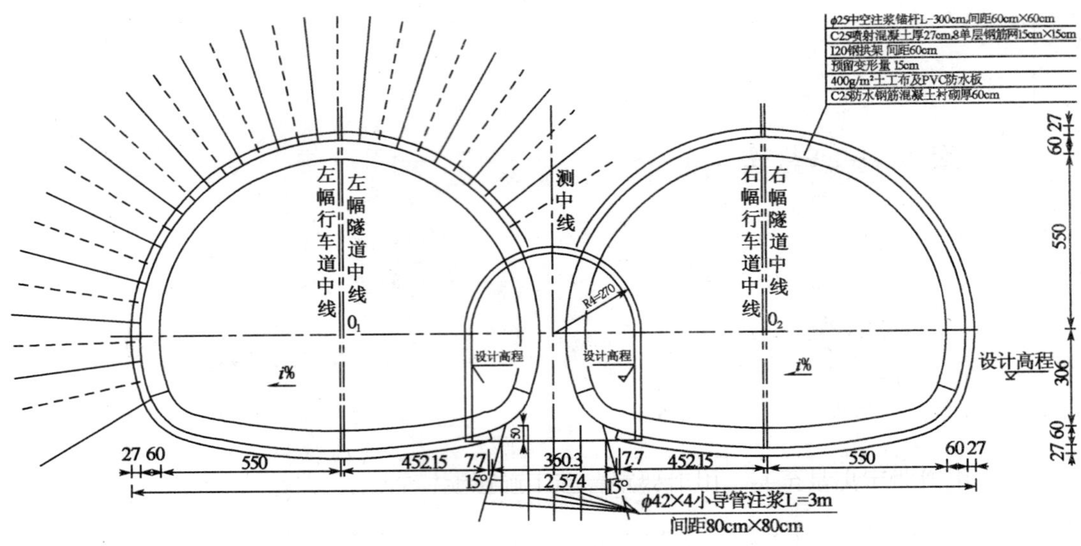


a) 两车道(有仰拱)

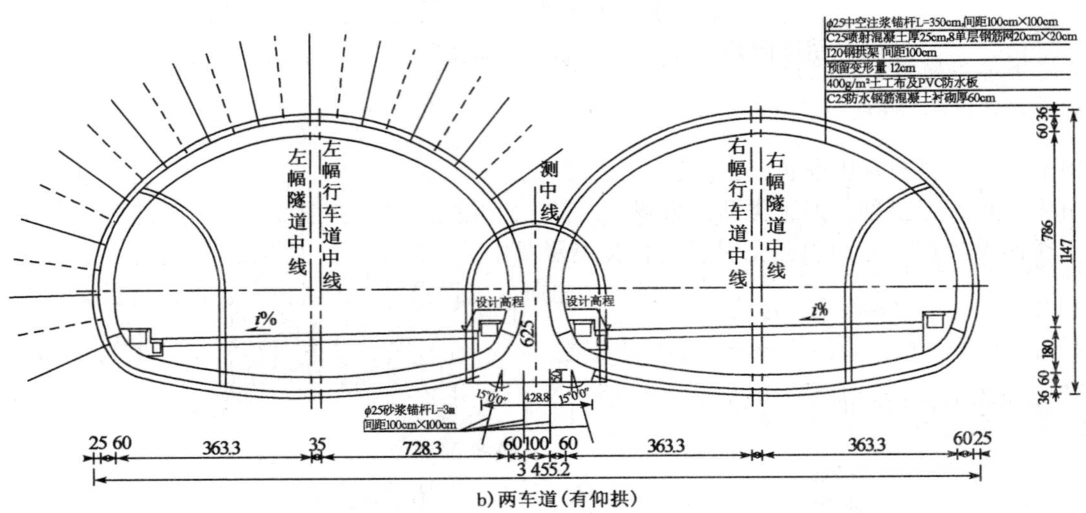


b) 两车道(有仰拱)

图 1-41　公路连拱隧道标准断面形式（尺寸单位：cm）

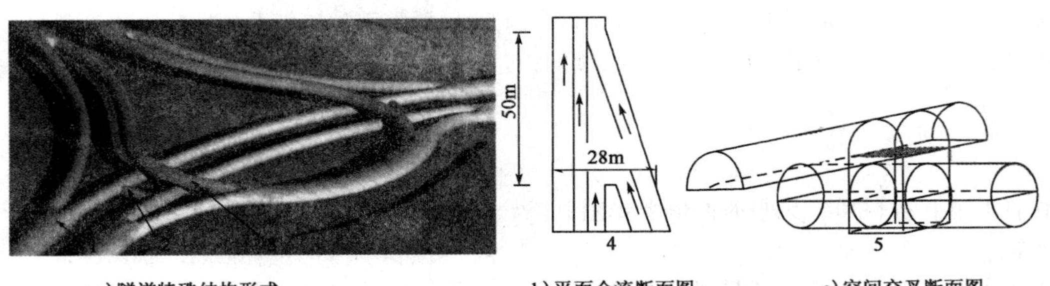

a) 隧道特殊结构形式　　b) 平面合流断面图　　c) 空间交叉断面图

图 1-42　公路隧道非标准断面形式与特殊结构形式

1-分岔结构;2-三通结构;3-交叉结构;4-平面合流;5-空间交叉

### 1.2.2　隧道施工方面风险来源

在隧道施工过程中，施工情况复杂，各种风险、有害因素相互交织，工伤事故屡见不鲜。通常是作业中的人员、设备和设施处于诸多不安全因素的威胁之下，具有一般系统的特点，也具有自己的特殊性。

1）隧道围岩稳定性的不确定性

在凿岩、爆破后，对围岩的支护和衬砌是否及时，直接影响到围岩的稳定性。另外，我国现行的公路隧道围岩按其坑道围岩稳定性分为五类，由于围岩类别的不同，往往采用不同的施工方法。在遇到特殊地质（如膨胀性围岩、黄土、流沙、断层破碎带、岩溶、岩爆等）的情况下，围岩的稳定性很难保证，在强大的地压作用下，可能导致冒顶、片帮、底鼓和支护、衬砌变形，甚至塌方。

近年来，我国隧道工程建设施工中屡屡发生安全事故。2007 年 7 月，甘肃静宁隧道发生塌方事故，造成人员 3 死 5 伤；2007 年 9 月，合宁铁路亭子山隧道发生塌方事故，导致 5 人被埋；2007 年 11 月，宜万铁路高阳寨隧道发生岩崩事故，造成 35 人死亡、1 人受伤。2011 年 4 月，甘肃张掖市山丹县军马场境内的小平羌口隧道出口掌子面坍塌，造成 12 人被困，其中 3 人死亡。2007 年 8 月，宜万铁路野三关隧道发生透水事故，52 人被困井下。2009 年 3 月，福建向莆铁路宝台山隧道施工现场出现塌方，有 3 名施工人员被埋压，造成 2 死 1 伤。2010 年 1 月，南宁至广州高速铁路广东云安县境内隧道因塌方、泥石流冲击发生事故，造成 5 死 4 伤，1 人被埋失踪。2009 年 6 月，海南省三亚市绕城高速公路正在施工的迎宾隧道发生塌方事故，有 8 名工人被困，迎宾隧道塌方情况如图 1-43a)。2010 年 3 月，内蒙古自治区新旗下营铁路隧道塌方情况，10 人被困，新旗下营铁路隧道塌方情况如图 1-43b) 所示。蒙新高速湾田 3 号隧道施工中遇到溶洞群，其中一个位于隧道轴线上的溶洞宽度达 17m，由于提前采取了措施，未发生安全事故，湾田 3 号隧道溶洞群情况如图 1-43c) 所示。某隧道长度 3 500m 左右，于 2007 年 1 月发生山体滑动与隧道洞口段坍塌，隧道洞口坍塌情况如图 1-43d) 所示。

2）施工机械化程度较低

机械化施工是现代生产所追求的目标，我国隧道建设起步较晚，机械化水平和程度相对比较低，还存在大量的手工操作作业。机械的可靠性高于人的可靠性，人受主观因素的影响较大，而机械会遵循设计模式进行规范化的工作，是实现施工操作规范化、质量标准化的保证。目前，隧道施工的机械化、自动化程度还不能达到要求，甚至有些机械管理还不够完善，可能造成重大的工伤事故。在现有的机械程度条件下，加之物质条件的不安全性和管理的缺陷，形成隧道施工安全事故多发的潜在因素。

3）施工环境条件恶劣

随着隧道施工的不断纵向深入，作业场所在时间和空间上经常发生变化，洞内的环境条件也随之不断改变和恶化。主要表现在：工作空间狭小；工作照明造成的视觉环境差，灰尘和噪声污染严重；有些隧道还存在着温度高和湿度大的危害。这些情况不但易发生事故，而且易导致职业病。另外，隧道内还存在一些多发性事故，如物体打击、坠落伤害、车辆伤害等，给工作人员带来一些精神上的压抑感。隧道施工环境是一个恶劣多变的动态系统。因此，隧道施工中环境条件恶劣以及多变的固有属性是引起隧道施工安全事故多发的潜在风险因素。

a)海南三亚绕城高速迎宾隧道塌方

b)内蒙古新旗下营铁道隧道塌方

c)蒙新高速湾田3号隧道溶洞群

d)某小净距隧道洞口坍塌

图 1-43　隧道施工风险事故

4）职工素质不高

由于隧道中作业环境差，工作空间狭小，劳动强度大，工资水平又不太高，难以吸引和稳定文化素质较高的工人在隧道施工企业长期工作。从事隧道施工的人员大多是分包企业招收的农民轮换工、合同工和临时工。这些人员总体文化及素质水平较低，一旦发生事故，往往惊慌失措，避灾能力薄弱，在很多情况下难以自救，甚至有可能造成二次事故。这样的施工企业难以形成较好的安全文化氛围，给隧道施工安全工作带来了重大的安全隐患，成为隧道施工事故多发的一个重要因素。

### 1.2.3　运营隧道质量风险来源

随着我国公路隧道工程数量的增加和建设速度的加快，由于设计、施工等方面风险源客观存在等原因，在隧道施工过程中未能很好地规避这些风险，从而造成新建隧道和运营隧道都出现了不同程度的质量问题，导致隧道出现严重病害和质量风险。最常见的公路隧道病害如下。

1）隧道渗漏

与其他地下工程一样，公路隧道在施工和建成后，一直受到地下水的影响，特别是建成后的隧道，更是处于地下水的包围之中。当水压较大且防水工程质量欠佳时，地下水便会通过一定的通道渗入或流入隧道内部，对行车安全及衬砌结构构成威胁。例如，辽宁八盘岭隧道、吉林密江隧道都在建成不久，隧道内部便出现大量渗漏，冬季成“冰湖”，春夏秋成“水帘洞”，由于反复冻融导致衬砌结构开裂，使隧道不得不提前大修，在原衬砌内部加设套拱解决渗漏水问题，使得隧道断面减小侵限，影响通行能力。

隧道渗漏水可根据出水的情况分以下四种形式，如图 1-44 所示。

a）涌水：水从裂缝和渗漏点有压喷涌出水。

b）漏水：水从裂缝和渗漏点持续连续出水（淋水）。

c）滴水：水从裂缝和渗漏点成滴不连续状出水。

d）渗水：裂缝附近表面潮湿起水膜，用手摸有水分，采用渗水面积大小衡量。

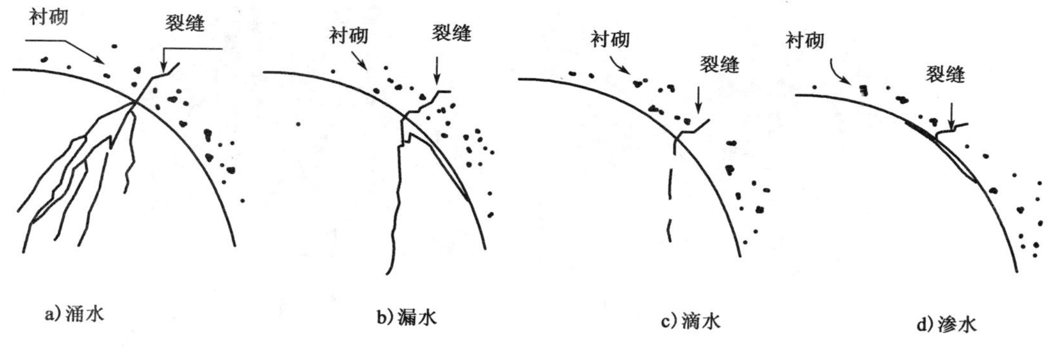


图 1-44　渗漏水的形式

2）衬砌开裂

作用在隧道衬砌结构上的压力与隧道围岩的性质、地应力的大小以及施工方法等因素有关。由于受技术和资金条件限制，一些因素在设计前很难确定，故隧道衬砌结构设计中常带有一定的盲目性，结果导致结构强度不够或与围岩压力不协调，造成衬砌结构开裂、破坏，如图 1-45 所示。但更多衬砌开裂情况，则是由施工管理不当造成，或是因为衬砌厚度不足，或是混凝土强度不够。如宁夏某隧道衬砌做完后混凝土出现大量裂缝，在 1.5km 范围内有 5 段裂缝发育区，其中一条连续纵向裂缝长达 33m，缝宽最大达 20mm，最大水平错距达 40mm。这些裂缝的存在，对结构稳定及建成后安全运营构成了潜在威胁。又如陕西某黄土隧道由于土压力大，施工中衬砌混凝土存在质量问题，隧道尚未通车，衬砌先由局部开裂发展为结构失稳，最终导致大范围塌方。

3）限界受侵

建筑限界是保证车辆安全通过隧道的必要断面。公路隧道施工过程中，有时遇到松软地层时，由于地压较大造成围岩变形量很大。如果施工方法不当或支护形式欠妥或支护不及时，容易导致隧道冒顶塌方。为了保证施工安全和避免塌方，容易形成仓促衬砌，而忽视断面界限，造成建筑限界受侵。另一种施工中常见现象是衬砌混凝土在浇筑过程中，模板强度和刚度不足，出现走模导致限界受侵。

4）衬砌结构与围岩结合不密实

支护结构与围岩的紧密接触是地下结构区别于地面结构的主要特征。所谓“新奥法”的出发点，正是支护结构要与围岩共同变形。在施工中由于岩石隧道光面爆破效果不理

a）衬砌劣化

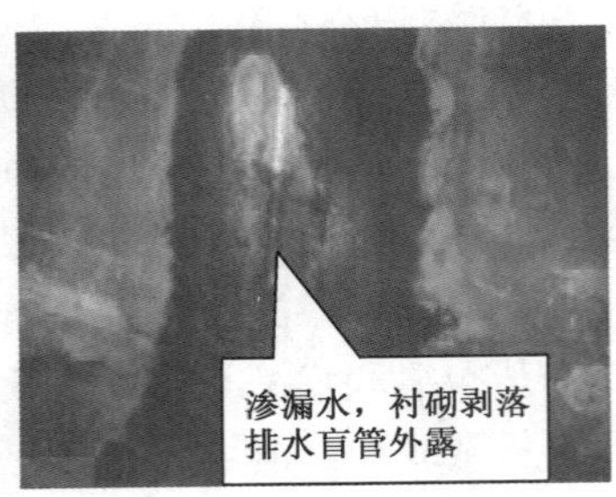


b）衬砌剥落

c）衬砌开裂

d）衬砌裂缝

图 1-45　隧道衬砌病害

想，有的承包人通过钢筋网在作为初期支护的喷射混凝土层背后设置石块或其他异物取代混凝土充填空间，造成围岩与初期支护之间不密实或存在大的空洞。在二次衬砌施工过程中，由于泵送混凝土压力不足、流动性不好、重力作用、抽拔泵送管过早过快等原因，拱顶混凝土往往难以饱满，造成模筑混凝土厚度不足，甚至形成较大空洞，由此常诱发拱顶上鼓，衬砌内缘压裂、掉块现象，如图 1-46 所示。

a）初次衬砌病害

b）施工中二次衬砌病害

图 1-46　隧道施工中质量病害

5）通风照明不良

部分运营隧道中有害气体超限，洞内照明昏暗，影响驾驶人员健康，威胁行车安全。造成通风照明不良的原因有三个，即设计欠妥、器材质量存在问题和运营管理不当。对于设计方面的问题，应从加强理论与试验研究着手，不断总结经验，提高设计水平。对于器材，应在安装前对其性能指标加以检测，对不符合要求者不予采用。目前，造成隧道通风与照明不良的主要原因是隧道管理部门资金不足、管理不善、风机与灯具开启强度不足。

## 1.3　隧道施工风险管理研究现状

### 1.3.1　风险管理的起源和发展

人类历史上最早对风险问题的研究可追溯到公元前 916 年的共同海损制度，以及公元前 400 年的船货押贷制度，当时欧洲地中海沿岸各港口的海上保险揭开了人类探索风险的序幕。18 世纪产业革命时期，法国的经营管理理论创始人亨瑞・法约尔（Henri Fayol）在《一般管理和工业管理》一书中第一次把面临风险的管理列为企业管理的重要职能之一，自此风险管理思想才被正式引进企业经营领域。1931 年美国管理协会成立，其保险部最先倡导风险管理，并开展风险管理的研究和咨询活动。1932 年成立的纽约经纪人协会标志着风险管理的兴起。1953 年 8 月 13 日，美国通用汽车公司的自动变速装置发生大火，导致该公司蒙受了高达 5 000 万美元的损失，这场大火震动了世界企业界和学术界，使风险管理的研究开始进入了一个新的阶段。1963 年，梅尔（Mehr）和赫奇斯（Hedges）合著《Risk Management in Business Enterprise》成为该学科领域影响最为深远的历史文献，引起欧美各国的普遍重视，此后，对风险管理的研究逐步趋向系统化、专门化，风险管理逐渐成为企业管理中的一门独立学科，风险管理得到了迅猛的发展。

风险管理研究中堪称里程碑的事件当属 1975 年美国保险管理协会更名为风险与保险管理协会（Risk & Insurance Management Society，简称 RIMS），它拥有 3 500 多家大型工商企业会员，标志着风险管理从原来意义上的用保险方式处置风险转变到真正按照风险管理的方式处置风险。协会的活动为风险管理在工商企业界的推广、风险管理教育的普及和人才培养诸方面做出了突出的贡献，促进了全球风险管理运动的发展。时至今日，RIMS 仍然是世界上最重要的风险管理协会。自此，在西方发达国家，风险管理协会纷纷成立，各大企业也相继建立风险管理机构，专门负责风险分析和处理风险方面的工作。1978 年日本风险管理协会（JRMS）成立。英国也成立了工商企业风险管理与保险协会（AIRMIC）。同时，风险管理方面的课程及论著数量大增。20 世纪 70 年代中期，全美大多数大学的工商管理学院均普遍开设风险管理课程。美国还设立了 ARM（Associate in Risk Management）证书，授予通过风险管理资格考试者，该证书具有相当的权威性，获得证书即表明已在风险管理领域取得一定的资格，为全美和西方国家所认可，是从业的重要依据。

1983 年在美国风险与保险管理协会年会上，各国的风险管理领域的专家学者们讨论并通过了“101 条风险管理准则”，作为各国风险管理的一般原则（其中包括风险识别和衡量、风险控制、风险财务处理、索赔管理、职工福利、退休年金、国际风险管理、行政事务处理、保险单条款安排技巧、管理哲学等）。这标志着风险管理已达到一个新的水平。

风险管理是应急管理实现预防为主，关口前移的强大动力和重要基础。在过去几十年的发展过程中，有关风险和风险管理的研究逐渐成为国际社会高度关注的一个焦点和热点问题，风险管理由此成为世界各国政府共同面临的重大挑战。在理论和实践相互作用、相互促进的过程中，全球风险管理已经超越了以往传统概念，超出了单学科、纯学术研究的范畴，具有跨学科、集自然科学与社会科学、研究与管理为一体的特点。尤其是进入 21

世纪以来，在全球经济一体化的过程中，“9·11”事件等恐怖袭击、SARS疫情等新发传染病，各种新风险不断涌现。同时，各种风险越来越具有持续变化的动态特征，风险源、风险发生的背景条件、风险演变特性、风险后果以及社会管理能力等都在不断发生变化，表现出错综复杂的特征，并且各种风险相互交织，这给全球风险治理带来了巨大的挑战。

在我国，党的十六届五中全会明确提出，要坚持预防与应急并重、常态管理与非常态管理结合，以有效应对各种风险。党的十六届六中全会明确提出，要“完善应急管理体制机制，有效应对自然灾害、事故灾难、公共卫生事件、社会安全事件，提高危机管理和抗风险能力”。2006年7月，《国务院关于全面加强应急管理工作的意见》提出，要“开展对各类突发公共事件风险隐患的普查和监控”。风险管理强调的是应急管理工作的“关口前移”，要求重视做好日常的应急准备、预备和预警等基础性工作，通过提高政府对突发公共事件预警和防范能力，充分实现日常预防与应急处置、常态管理与非常态管理的有机结合。随着国家应急管理体系建设工作的稳步推进，未来的国家应急管理工作必须实现从应急管理到风险管理的“关口前移”，从根源上有效控制各种危险因素。在以预防为主、标本兼治的基础上，风险管理从事后被动管理变为事前主动保障，从而在更基础的层面上有效控制各种风险因素，积极加强和改善应急管理工作。

### 1.3.2 风险管理的研究现状

风险是对人类财产、健康、生命或者环境安全产生不利后果的可能，它是根据最终结果及可能性进行测度的。所谓风险管理，是根据风险评估和对法律、政治、社会、经济等综合考虑所采取的一种风险控制措施，是面临风险者进行风险识别、风险估测、风险评价，对风险实施有效的控制和妥善处理风险所致损失，期望达到以最小的成本获得最大安全保障的一项管理活动。风险管理的关键环节，是在辨识风险的基础上，建立解决问题的系统模型，对风险因素的影响进行定量分析，并估算各种风险的发生概率及其可能导致的损失大小，从而找到该项目的关键风险，为重点处置这些风险提供科学依据。

作为系统性的科学，风险管理产生于20世纪初的西方工业化国家。20世纪30年代以来，风险管理作为一门新兴的管理学科得到了长足的发展，受到世界各国政府、企业和学术界的高度重视，并逐步在企业和政府管理中得到广泛运用。有关风险管理领域的研究，在时间和内容上大体可分为三个阶段。

1）理论探索与学科发展阶段

20世纪30～70年代是风险管理理论探索和学科发展时期。自20世纪30年代风险管理的思想理论开始萌芽后，风险管理逐渐以学科的形式发展起来，并形成了独立的理论体系。在此阶段，风险管理主要运用于企业管理领域，主要目的是对企业的人员、财产和自然、财务资源进行适当保护，民间和企业是此阶段风险管理的主角，风险管理以保险为核心。

实际上，风险管理的思想可以追溯到远古时期，人类从那时起开始关注风险和风险管理问题。面对自然灾害、疾病和外部侵扰，史前人类结为部落，互助互济，共同承担责任，并对各种风险提供保障的方式，渗透着最朴素的风险管理意识和简单的风险管理实践。与风险抗争的长期实践，使人们明白了“居安思危”“防患于未然”的道理，由此产生了早期风险意识和风险管理行为的萌芽。例如，古代中国、巴比伦、埃及、希腊和罗马等文明古国，很早就有互助共济、损失分摊的风险处理方法，并逐渐演变成现代保险。

19 世纪末 20 世纪初，随着工业革命的诞生，企业风险管理的思想开始萌芽。1906 年，美国钢铁公司从多次事故教训中提出了“安全第一”的思想。1913 年，芝加哥创立了全美工业安全协会（The National Council for Industrial Safety，NCIS），并于 1914 年改名为全美安全协会（The National Safety Council，NSC），研究制定了有关企业安全管理的法律草案。1916 年，法国的管理科学大师亨利·法约尔（Henri Fayol）首次把风险管理的思想引入企业经营中，认为安全职能是企业经营六种职能（技术职能、营业职能、财务职能、安全职能、会计职能及管理职能）的基础和保证。1917 年，英国伦敦成立了英国安全第一协会（The London “Safety First” Council）。1929 ~ 1933 年发生的全球经济危机，促使人们开始思考如何采取有效的风险处置措施，减少或消除风险发生的可能性及其给人们造成的种种灾难性后果。1931 年，美国管理协会（American Management Association，AMA）发起的第一次关于保险问题的会议，明确了对企业风险进行管理的重要意义，并设立保险部门作为美国管理协会的独立机构，管理企业的人此后开始被称为风险经理（risk manager）。1932 年，企业风险经理共同组成了纽约投保人协会（Insurance Buyers of New York），后来逐渐发展为全美范围的风险研究所。该协会的成立标志着风险管理的逐步兴起，但此时风险管理主要还局限于理论探讨，只有少部分大企业开始试行。

20 世纪 50 年代，风险管理开始在美国以学科的形式发展起来，产生了风险管理的基本思路，并逐步形成了独立的理论体系。1950 年，美国学者格拉尔（Russell B. Gallagher）首次使用“风险管理”一词，风险管理的概念开始广为传播。在此期间，保险成为企业处理风险的主要方法。1955 年，美国全国“保险购买者协会（NAIB）”更名为“美国保险管理协会”，表明保险开始得到实业界的重视。20 世纪 60 年代，企业风险管理的方法进一步扩大，很多学者开始系统研究风险管理方法，开始寻求风险管理方法的多样化，并取得了丰硕的成果。1962 年，美国管理协会出版了一本有关风险管理的专著《风险管理的兴起》（The Rising of Risk Management）。1963 年和 1964 年，梅尔（Robert I · Mehr）和赫奇斯（Bob A. Hedges）、威廉姆斯（Williams C. Arthur Jr. ）和赫汉斯（Richard M. Heins）分别出版了《企业风险管理》（Risk Management in the Business Enterprise）和《风险管理与保险》（Risk Management and Insurance）。这两本著作的出版引起了欧美各国的广泛重视，标志着风险管理研究系统化、专业化的开始，风险管理由此成为企业管理领域的一门独立学科。

在风险管理学科稳步发展的同时，有关风险管理的教育和培训也陆续展开。1960 年，乌普萨拉（Uppsala）大学企业管理系率先开设“公司风险管理”课程。1966 年，美国保险学会和美国保险管理学会执行了风险管理准会员（ARM）的培训计划，培养合格的企业风险经理。70 年代初期开始，保险经纪人主动开展风险管理服务，风险管理咨询公司开始出现，推动了风险管理的普及。同时，美国许多大学的工商管理学院和保险系都普遍讲授风险管理课程，将风险管理的教育和培训贯穿于经济管理课程中，许多大学将传统的保险系更名为风险管理与保险系，有关的保险团体也纷纷改名。例如，1961 年，“全美大学保险学教师协会”更名为“全美风险与保险学协会”（American Risk and Insurance Association，ARIA），其著名的期刊《保险》（The Journal of Insurance）也于 1964 年更名为

《风险与保险》（The Journal of Risk and Insurance）。1975 年，“美国保险管理协会”更名为“风险与保险管理协会”（Risk and Insurance Management Society，RIMS），并开始出版著名的《风险管理》（Risk Management）期刊。业界也开始广泛用“风险经理”的职称来代替“保险经理”。

2）从企业开始到广泛应用

20 世纪 70 年代至 90 年代，风险管理在欧洲、亚洲、拉丁美洲等一些国家和地区获得了广泛的传播，被公认为企业管理领域内的一项重要内容，控制企业环境中的风险和不确定性已成为企业管理的核心问题。同时，风险管理逐步规范化、标准化和程序化，管理方法不断丰富，管理领域不断扩大。在这一阶段，风险管理从企业管理领域逐渐扩大到了社会管理领域，成为政府管理和制定政策的重要方面，科学家成为风险管理的主角。

研究领域方面：20 世纪 70 年代开始，风险管理逐渐从经济风险、自然风险等传统风险领域扩大到环境（如核泄漏、臭氧层破坏，水资源污染等）、技术风险（如基因研究与克隆技术风险等）、公共健康风险（如食品和药品安全、传染疾病、癌症和艾滋病等）以及社会不公平风险（如贫困、失业和犯罪）等其他领域。在 20 世纪 70 年代以前，风险管理主要研究工矿企业的生产安全、投资风险、保险等以及地震、海啸、暴风雨、洪水、火灾等自然风险，并涉及核电站设计安全、飞机设计安全等重大工程项目的可靠性和相关风险问题。从 20 世纪 70 年代开始，由于技术进步和技术应用的不确定性涉及环境、公共安全和健康问题，引起了社会公众的关注，学术界开始从环境和社会结构的角度来研究技术风险、健康风险等，并逐步扩大到社会风险等其他领域。自 1970 年美国庆祝第一个地球日并设立环境保护署（U. S. Environmental Protection Agency，EPA）以来，美国政府开始大力资助科学家们研究如何在不确定性的条件下进行风险分析和做出合理的决策。在此期间，随着人口、资源与环境矛盾的加大，除了深化技术风险的研究外，人们开始研究涉及人类生存的重大风险问题，贫困、全球气候变化、能源短缺、核技术和生物技术的控制、全球化、自然灾害中的生命线安全、环境污染、转基因食品安全、禁止克隆人类等成为该时期的研究热点和焦点问题。在风险管理的应用范围上，由于风险管理中损失控制技术具有极强的普遍性，所以国外企业界、金融界以及政界和军界都在应用风险管理的知识来进行风险规避，许多跨国大公司均运用国际风险管理来进行营运操作。特别是在核能管制、环境、能源、公众健康等公共政策制定过程中，公共部门决策者也开始探索使用风险分析的理论与方法。

研究方法方面：该时期各种风险分析方法和准则不断出台，风险管理更趋科学化和规范化。自 20 世纪 70 年代以来，人们对风险的复杂性、多样性、交叉性和不确定性有了进一步的了解。人们从各种技术风险问题中抽象出一些共性，在分析恶化的环境、潜在的威胁、不稳定的世界时看到了一些带规律性的东西，形成了风险科学的雏形。风险学是一门以概率统计和模糊系统等研究不确定现象的理论为基础，以风险系统的专门知识为支撑，以风险分析和风险管理为主要研究内容，以通过降低风险间接创造效益为研究目标的综合性交叉学科。在风险管理方面，人们不仅研究了风险事件发生概率的组合，而且更加深入地研究了各种风险值模型，计算复杂性系统中各种风险事件出现的可能性。与此同时，在风险管理的技术上，随着计算机技术和高灵敏度测量仪器功能的不断增强，越来越多的研究者和实务部门根据实际问题的环境条件建立数学模型进行模拟试验，用模拟来进行风险分析。

研究内容方面：理论界开始把风险管理看作是自然科学、社会科学交叉的综合学科，自然科学家们在风险管理领域取得丰富的研究成果，社会学家们开始积极介入风险管理领域。自然科学家们坚持风险客观说理论，试图寻找量化、度量、具体化、计算、科学化来明确风险的途径，他们认为风险可以而且应该被精确和准确地量化。1983 年，美国科学院公布了风险评价的四段法：危险识别、暴露评估、剂量—反应评估、风险描述。1983 年，风险与保险管理协会（RIMS）通过了“101 条风险管理准则”，作为各国风险管理的一般原则，成为风险管理科学化、规范化的标志。从澳大利亚/新西兰风险管理标准（Risk Management，AS/NZS4360）的实施开始，一些发达国家纷纷效仿，制订全国性风险管理标准，指导和推动风险管理的发展。相反，社会学家们则提出风险主观说的理论，将风险当作有机的文化结构，认为对风险的测量、理解和管理行为同时也改变了风险本身。切尔诺贝利核泄漏事故浮现的安全文化观念说明，管理风险不应只注重技术与财务，还应该注重个人行为与社会文化背景的影响。为此，英国学者道格拉斯（Mary Douglas）和拉什（Scott Lash）提出了风险文化理论，强调根据不同的价值观和信念可以把人们划分成若干文化群体；吉登斯（Anthony Giddens）提出了“失控的世界”和“人造风险”的观点；德国学者贝克（Ulrich Beck）提出了风险社会理论。这些学者从社会科学的角度来研究风险，强调要将公众的风险观点引入到政策实施中来，理解和接纳公众的风险意识作为有效的风险管理策略的基础，而且还研究风险意识与性别、种族、政治观点、从属关系、情感以及信任程度等的关系。这些风险主观说的理论对风险管理的传统思维冲击很大。

研究队伍方面：风险管理在美国兴起后很快扩展到世界各地，成为全球性运动。20 世纪 70 年代中期之后，风险管理的概念、原理和实践已从它的起源地美国传播到加拿大和欧洲、亚洲、拉丁美洲的一些国家，美、英、日、法、德等国纷纷建立全国性和地区性风险管理协会。美国的风险管理起步较早，理论研究与应用范围也非常广泛。1970 年，联邦德国引入美国风险管理理论，重点从风险管理政策的角度来开展研究，并形成了自己独特的理论体系。20 世纪 70 年代以后，法国引入了风险管理理论，在国内广泛传播的同时，逐渐形成经营管理型模式。1980 年，风险分析学会（The Society for Risk Analysis，SRA）成立。目前，SRA 除总部设在美国首都华盛顿外，还成立了两个分部，即欧洲分部和日本分部。1986 年，欧洲 11 个国家共同成立了欧洲风险研究会，进一步将风险管理研究扩大到国际交流范围。1986 年，英国成立了“工商企业风险管理与保护协会”（AIRMIIC），开始将风险分析的研究成果应用于大型工程项目。风险研究在亚洲也得到了广泛的传播和发展。1986 年 10 月，在新加坡召开了风险管理国际学术研讨会。1986 年，日本风险研究会成立。中国台湾和香港的学者也先后对风险管理进行了理论研究和实际应用。中国台湾宋明哲出版过《风险管理》专著。中国香港保险业总会于 1993 年首次出版了《风险管理手册》，阐述了财务风险的有关理论。这些活动表明风险管理逐步从发源地美国走向世界，成为全球性运动。

3）各国政府全方位普遍重视

21 世纪初至今，风险管理得到各国政府全方位普遍重视。2001 年“9 · 11”事件后，风险管理进入了一个新的阶段，开始得到各国政府全方位的普遍重视。各国纷纷投入大量的人力、物力和财力，强调政、研、企多方合作，开展风险管理的理论研究和实际运作。在此过程中，政府、企业、社会等不同利益主体之间就风险管理理论研究和实践操作形成了新颖的合作关系——民间和企业是风险技术的使用者，科学家是风险科学的研究者，而政府则是风险事务的管理者。

风险管理研究报告：自20世纪90年代以来，世界各国和国际组织纷纷发表风险管理报告，提出风险管理的综合分析框架。例如，1998年，德国全球变化咨询理事会（German Advisory Council on Global Change）发布《转型中的世界——全球环境风险管理战略》（World in Transition-Strategies for Managing Global Environmental Risks）报告。2001年7月，英国首相布莱尔宣布成立“战略小组”（Strategy Unit），以研究风险和不确定性（Risk and Uncertainty）。2002年，英国内阁办公室发布《风险：提高政府应对风险和不确定性的能力》（Risk：Improving government’s capability to handle risk and uncertainty），提出政府风险管理的范围和总体方法。2003年，经济合作与发展组织（OECD）发布题为《21世纪面临的风险：一项行动议程》（Emerging Risks in the 21st Century：An Agenda for Action）的报告，强调风险具有持续变化的动态特征。该报告以一些重要系统在未来变得更加脆弱的可能性为重点，分析了21世纪可能显现的风险。2004年，联合国发布了《与风险共存：全球减灾情况回顾》（Living with Risk：A Global Review of Disaster Reduction Initiatives）和《减少灾害风险：发展面临的挑战》（Reducing Disaster Risk：A Challenge for Development）报告，强调要将风险管理战略全面纳入国家可持续发展的主流规划之中。2005年，国际风险管理理事会（IRGC）发表了《风险治理白皮书——面向一体化的解决方案》（White Paper on Risk Governance：Towards an Integrative Approach），提出了风险管理的综合分析框架。

跨国的综合风险管理机构：在此期间，各种国家层面的以及跨国的、国际性的综合风险管理机构纷纷成立。例如，1999年年底，在联合国国际减灾十年活动结束之后，联合国建立了一个减灾战略特别工作组，在联合国内部实施《国际减灾战略》（International Strategy for Disaster Reduction，ISDR），主要从事自然灾害风险管理的国际协调工作。2001年成立的联合国信息通信技术工作组（United Nations Information and Communication Technologies Task Force），从信息与通信技术这个具体领域，探讨信息通信技术对全球发展和稳定的影响。2003年成立的科学技术与人类未来国际论坛（Science and Technology for Society Forum）则倾向于从科技的角度探讨科技发展对社会可能带来的不利影响。综合风险管理机构最具代表性的是“国际风险治理理事会”（International Risk Governance Council，IRGC）和“欧洲诚信网络”（Trust net）。2003年，由有影响国家的政府官员、科学家和其他领域专业人士组成了国际风险治理理事会（IRGC），将风险管理从民间学术交流和企业自发推动的层次上升到政府行为层次，标志着政府将在关系国计民生的风险评价和风险管理中发挥更大作用。成立于1997年的“欧洲诚信网络”（Trust net），是一个多元化和跨学科的欧洲风险管理网络。此外，在国家层面上，许多国家开始建立自己的综合风险管理机构。例如，2001年，韩国成立了综合性风险管理学会“韩国风险治理学会”（Korean Society for Risk Governance，KSRG），该学会由全职的相关领域的专家组成，包括自然灾害、意外事故、核能、环境、气候、信息系统、公共卫生和健康、生物工程（转基因食品）、食品安全、药物、纳米材料、年龄老化、犯罪、风险心理学和认知学等社会科学和自然科学领域的专家。

全面风险管理和风险治理：在此期间，“全面整合型风险管理”（Integrated Risk Management）和“风险治理”（Risk Governance）开始得到理论界和实务部门的重视。欧洲诚信网络（Trust Net）较早提出“风险治理”（Risk Governance）一词，并着重探讨了该词的含义。2003 年，国际风险治理理事会（IRGC）将“风险治理”（Risk Governance）一词提到最为显著的位置，并较系统地探讨了该词的含义。2004 年 2 月，联合国开发计划署下属的危机预防与恢复局（Bureau of Crisis Prevention and Recovery）发布了一份名为《减少灾害风险：发展面临的挑战》（Reducing Disaster Risk：A Challenge for Development）报告，其中使用了“风险治理”（Risk Governance）。这是联合国在自然灾害领域首次使用该词。与“风险管理”相比，“风险治理”这个概念主要强调的是风险管理主体的多元性、社会因素和心理因素（如风险认知、社会风险放大等）、风险利益相关者和公众的参与性、风险沟通等方面的作用。

风险管理发展趋势：当前，风险管理的理论研究和实践工作蓬勃兴起，并呈现出方兴未艾的发展势头。就其发展趋势来看，主要表现出如下三个特点：一是从单一风险管理走向综合风险管理。风险管理已成为多学科交叉的前沿管理领域，综合了自然科学与社会科学、工程技术与管理科学等多学科和多领域。二是强调将风险管理纳入国家的可持续发展规划中，提出将防范各种潜在的风险因素整合到发展规划和日常管理决策中，从而能从更础的层面改善风险管理，防患于未然。三是关注重点由传统风险因素转向新风险因素。当前，特别是对全球环境变化、全球化与区域化影响、能源与淡水短缺、新技术风险等新型综合风险予以高度关注。

### 1.3.3 国内外隧道风险管理研究现状

1）隧道施工风险管理的意义

我国在隧道与地下工程建设方面已取得快速发展，并成为世界上隧道数量最多、建设规模最大、发展速度最快的国家，公路隧道、城市隧道也进入了快速发展的新时期。与此同时，也暴露了许多问题，隧道施工安全问题尤为突出，但重大风险事故时有发生。如果能够做好风险管理工作，就可能在施工中减少风险事故发生的概率，一旦有事故发生及时执行补救措施，以降低事故所造成的损失。

由于我国在 20 世纪 80 年代引进项目管理理论、方法及体系时，没有将风险管理的理论、方法及体系同时引入，致使我国在风险管理理论研究方面起步较晚．过去那些分散的、孤立的风险评估与管理理念和方法不适合于城市隧道工程建设，无法满足生产实践的需要。技术人员对施工过程中的风险认识不够，没有科学风险评估工具，缺乏科学的风险管理体系。再加上公路隧道工程具有项目投资大、技术复杂、建设工期长、地质条件复杂、施工环境差等特点，使其成为一个开放的复杂系统，所以，建设中的风险具有多样性和多层次性，时间跨度大，动态变化大，管理难度大。因此，研究适合于隧道与地下工程建设的风险分析、评估和管理的理论和方法已迫在眉睫，研究公路隧道施工过程中的风险评估与管理，以及施工对临近建筑物、临近水源的风险评估与管理，具有重要的现实意义。

交通运输部2010～2020年发布的《公路、水运交通主要技术政策》中，已将交通基础设施建设项目安全风险评价列为重点研究课题。公路隧道施工具有其自身独特的安全生产特征。在现有的施工技术条件下，没有完善的公路隧道施工风险监控手段，没有明确的公路隧道施工风险监控管理制度，没有清晰的公路隧道施工安全风险预警理念，因此，为有效规避和防范隧道施工风险的发生，开展隧道施工风险管理评估和风险控制具有重大的工程实践价值。

2）国外隧道风险管理研究现状

在隧道及地下工程领域，自20世纪70年代以后，风险分析的应用研究取得了一定的成果，然而主要多以理念的建立和定性的研究为主，定量的研究主要侧重结构和岩土体介质材料的可靠度计算方法。

美国MIT的Esnstein教授是较早从事隧道工程风险分析的代表人物，主要贡献是指出了隧道工程风险分析的特点和应遵循的理念，具体见《Geological Model of Tunnel Cost Model》《Risk Analysis in Rock Engineering》《Decision Aids in Tunneling》。

Nilsen等对复杂地层条件下海底隧道的风险进行了相对深入的研究。

Heinz对穿越海峡隧道、穿越阿尔卑斯山的隧道如何进行风险评估进行了探讨。

Sturk等给出了几种地下工程风险评估与决策中可用的评估方法，有故障树法、危险和可操作性分析法、专家调查法等，并且将风险分析技术应用于斯德哥尔摩环形公路隧道。

Kampmann运用风险评估技术为哥本哈根地铁工程提出了包括40多种灾害的10种风险类型，对事件发生的可能性、影响结果提出了具体的分类体系；提出了48个风险减轻措施，然后使用蒙特卡罗方法和计算机电子表格来构建风险模型。

日本的佐藤久等在隧道工程的事故统计方面做了大量细致的工作，给出了矿山法、盾构法和顶管法三种工法施工中发生灾害事故的统计资料。

Burland从工程项目角度出发，从风险评估的项目实施中寻求规律，其主要贡献在于隧道工程项目对环境影响的评估，给出了对环境影响的评估方法和程序，并将该研究成果应用于伦敦Jubilee线路延伸工程中，在线路规划阶段就计算出了沿线建筑物可能造成的损伤情况，并给出了相应的加固措施。

Snel和Van Hasselt在考虑投资、工期和工程质量的前提下，研究了阿姆斯特丹南北地铁线路设计和施工中的风险管理问题，提出了“IPB”风险管理模型（Inventory of Critical aspects；Preventive Measures；Backup Measures），来控制复杂的技术性的地下工程设计施工过程中的工期、造价和质量方面的风险，从而达到以下两个目标：通过实施具体的工程解决方案利用了（有利的）机会；通过实施预防措施和规划备份措施达到连续降低风险的目的。

Clark采用风险指数的评估方法对美国西雅图地下交通线工程规划和初步设计阶段进行了地质风险、合同风险、设计和施工风险的分析工作。

Woude对Betuweroute盾构隧道在初步设计和投标阶段进行了广泛的风险分析，并通过详细分析设计和监控隧道工程的施工来进行风险控制，介绍了风险管理在Betuweroute

隧道各个阶段的应用过程及各阶段风险管理的任务和责任的主要承担者。

Robert d. Smith，P. E. 阐述了建设工程中内在的风险类型、风险分配怎样使项目各方和项目受益，风险分配学原理以及如何把风险分配方式与合同文件和程序相整合。Robert d. Smith，P. E. 还论述了执行风险分配措施和程序的八个步骤：①建立目标；②委托事项—时间进度、概预算、工作人员；③范围与目标会议；④查看以往的文件和程序；⑤准备和提交草案；⑥修改讨论会；⑦交付使用；⑧执行。

H. Ishioka 讨论了风险分析和安全管理结构，指出某种情况下地下空间的安全管理跟地面建筑物的安全管理相似，而一些地下工程可能存在严重的危险，这些危险是由两种以上风险共同作用的结果。

J. J. Reilly 阐述了地下结构及地铁工程的风险种类、风险来源以及减轻风险的模型，指出风险辨认和减轻尽管能减小工程成本或加快工期建设，但是其效果不是十分明显。他也指出对风险的讨论能快速地辨识、量化以及估计潜在的威胁；提出可能的风险减轻措施；确定基于这些措施的成本和利润；确定谨慎的行动。

S. N. Jonkman，J. K. Vrijling 提出了隧道安全性评估的框架。阐述了隧道安全性分析的两种方法（概率和确定性方法）以及两种方法的特点。建议个人、社会、经济风险的概率标准。此外，还讨论了一些另外的方法来分析成本效益（额外）安全管理措施。

T. Isaksson，H. Stille 研究了机械开挖隧道的不同风险因素和这些因素对隧道工程成本和工期的不同影响，提出了投标价格和预算的估计模型。

Chungsik Yoo 等介绍了基于信息技术（IT）风险评估系统（IT-TURISK）的应用和发展情况。IT-TURISK 是在地理信息系统（GIS）的环境中发展起来的，它能够在人工智能技术（AI）的框架下对隧道对周边环境产生的第三方影响进行最初的评估。通过 GIS 和 AI 技术可以对隧道引起的第三方影响进行精细计算，这个改进的程序能够帮助使用者辨识潜在的风险区域。

Milan Holicky 考虑了三种公路隧道的风险：具体运行条件下的个体风险 Rind，期望风险 Rexp，根据每个隧道每年发生事故的数量来表述；社会风险，根据累计频度 $F=P$（$Rm \geq N$）来表达，一般用每个隧道（或每 1km 隧道）每年的 $F-N$ 曲线体现。建议的风险指标上下限来自普遍接受的安全要求。他指出期望风险 Rexp 可以用来优化隧道功能和确定适宜的风险等级。

Kourosh Shahriar 等基于岩土风险最小化条件下探讨岩石掘进机的选型问题。在决策分析的基础上提出了新的决策树。认为根据这个方法，最合适的 TBM 就是不管在风险减轻措施实施之前还是之后风险水平最低的那个。根据 Nosoud 输水隧道掘进机效果的评估，证明了所选择方法是合适的。

另外，国际隧协在 2004 年发表了《隧道风险管理指南》为隧道工程的风险管理提供了一整套的参照标准和方法。2004 年，英国隧道协会和英国保险协会组织编写完成了隧道工程风险管理的联合规范，为隧道工程的风险管理提供了一整套参照标准和方法，对隧道工程的风险评估模型、评估需要考虑的问题做了系统的讨论。可以看出，风险管理在隧道工程的应用研究在欧美已经相当普遍，并已经成为隧道及地下工程领域必须实施的一项重要内容。

3）国内隧道风险管理研究现状

我国台湾省于20世纪80年代中期从美国引入风险管理思想，早期代表人物是美籍华人段开龄博士，在台湾省内推动了风险管理运动，其后宋明哲等做出了非常大的贡献，撰写了《风险管理》等著作。

我国香港地区的风险管理研究成果主要集中在岩土工程的应用方面。由于香港的特定地质条件，岩土工程问题非常严重，尤其滑坡等地质灾害发生率高。因此，如何对岩土工程病害进行防治，成了风险研究的热点，相关研究成果很多，但主要是以可靠度理论作为依托，没有很好地实现环境、经济、技术相结合的风险定量研究。

风险管理和风险分析引入我国比较晚，我国在19世纪70年代末80年代初才引进项目管理的理论和方法，但受我国经济发展水平的制约及计划经济思想的束缚，当时只引进了项目管理的基本理论、方法与程序，未能同时引入风险管理。随着改革开放的进一步深化及社会主义市场经济体制的不断完善，对风险管理的研究开始在学术界成为热点，在工程项目、国际工程、金融、房地产等领域逐步开展应用研究，取得了重大的进展。同时，随着我国轨道交通的发展，以及西部地区所遇到的隧道建设问题，使得这一领域受到了前所未有的关注，各大设计院、保险公司以及高校都在近几年开始了相关研究。

毛儒是国内最早接触隧道风险理论的学者，他写了不少论文介绍发达国家隧道工程风险管理的动态和经验，简述风险管理的理念以及各项过程的具体操作方法。

丁士昭对我国广州地铁首期工程、上海地铁一号线工程等地铁建设中的风险和保险模型进行了研究。

范益群以可靠度理论为基础，提出了地下结构的抗风险设计概念，计算出基坑、隧道等地下结构风险发生的概率以及定性评价风险造成的损失，并提出了改进的层次分析方法。

王梦恕院士基于中国城市地下工程发展迅速、事故频发的现状，结合具体工程事故案例，分析了城市地下工程建设中事故发生的主要原因，并提出了相应的控制对策，主要包括：构建城市地下工程建设安全风险管理体系，实施安全风险管理；制定科学合理的地表及建（构）筑物的变形控制标准，使安全风险控制有据可依；采用信息化施工技术，并利用变位分配原理实施施工安全的分阶段控制。

黄宏伟等开展了在地铁建设和运营阶段的风险管理研究，给出了地铁不同阶段中的风险因素、分析和控制的整体思路，以及在风险接受准则模型计算、风险数据库的建立和风险管理软件的开发等方面进行研究，取得了初步成果。

陈亮对盾构隧道中主要的风险事故、规避措施等进行归类、存储，收集和积累，建立风险数据库，为风险辨识、评估和决策等工程风险管理各环节提供信息的存储、计算和分析。

袁勇在盾构隧道进行防水风险等级划分和主要风险因素识别的基础上，对风险因素进行合理模糊化，利用模糊识别理论研究了盾构隧道全寿命防水风险评价，可在一定程度上客观、量化地评价盾构隧道全寿命防水风险。

胡志平等从基于敏感度分析的风险因子识别入手，讨论了盾构隧道管片衬砌结构稳定性风险分析的梁—弹性铰—地基系统结构分析计算简图、风险评估矩阵和基于一次二阶矩法的灾害事件失效概率的计算，并提出了盾构隧道管片衬砌结构稳定性风险分析的基本思路和整体框架。

吴贤国等采用 $R = P \times C$ 法评价长江盾构隧道施工风险，提出一种对水下隧道工程的施工风险进行定级评估的方法，将定性和定量结合起来，正确定位各个风险因素，从而指导风险控制和管理。

贾剑青等全面分析了隧道工程中的风险因素，总结隧道工程施工中事故易发生的时间、部位，支护体变形破坏的种类以及开挖方法与隧道工程事故之间的关系，在此基础上，提出了基于可靠度的隧道风险评价与基于工效的隧道风险评价相结合的观点。

白云、汤镜阐述了推广软土地下工程风险管理的重要性，对风险管理的基本步骤（风险辨识、风险评估、风险决策）以及对风险评估的方法进行了简要的介绍，并对上海市轨道交通四号线修复工程以及轨道交通十号线进行了风险评估的实践。

陈龙在其博士论文中提出了风险值与风险指标两个评价指标，并给出了相应的计算方法和评价标准。他在德尔菲法的基础上改进成信心指数法，得到软土地区盾构隧道施工期主要风险事故的发生概率及损失，给出了耐久性损失、工期损失、直接费用损失、环境影响损失等重大损失风险的概率分布曲线。另外，他在上海市上中路盾构工程中进行了风险分析方法和管理模型的探索。

范益群、沈秀芳、乔宗昭将隧道及地下工程设计系统的风险管理工作分为预可行性研究、工程可行性研究、方案优化研究、初步设计、施工图设计、运营组织维护设计 6 道“管理门（SS-Gate）”。通过为每道管理门设立相应的风险管理任务和分配风险管理工作内容，建立了“隧道及地下工程设计系统的风险管理体系（SS-Gate system）”。

李锋以翔安隧道强风化层施工的风险管理全过程为研究对象，运用模糊数学方法对地质条件风险、设计风险、施工技术风险、施工管理风险、环境保护风险、自然灾害风险进行了全面的评估，提出了翔安隧道强风化层施工的风险管理模型，并结合多种风险应对方法，针对各个风险因素的具体情况，提出相应的应对措施。

在应用方面，2002 年以同济大学为主进行的沪崇通道的风险评估项目更是为这一学科的发展做出了新的贡献。整个沪崇通道的风险评估研究共提交了 17 个专题报告，涉及工程建设的各个方面，包括前期选线、施工风险管理、环境保护、运营事故控制以及财务分析等，可以说是国内风险分析技术应用在隧道工程上的第一个大型项目。

2004 年，中铁西南科学研究院对宜万铁路野山关隧道进行了全面的施工期风险评估，这是国内首次对大型山岭隧道进行的风险评估研究，由于涉及面很广、问题复杂、工作量很大，很难在短期内对隧道工程进行全面的风险分析和评估。根据野三关隧道工程的特点和目前的进展情况，这次风险评估和控制主要针对施工阶段的“安全风险”和“环境风险”进行。对野三关隧道各基本风险做出评估后，认为涌突水、突泥为第一重点风险；岩溶洞穴及充填物对隧道的危害、围岩失稳和衬砌结构破损等为次重点风险。遗憾的是，在随后的隧道施工过程中出现了重大突水突泥风险事故，这也验证了隧道风险评估的必要性。

中国土木工程学会隧道及地下工程分会风险管理专业委员会在 2004 年 11 月成立，标志着我国隧道及地下工程的风险管理逐渐进入稳步发展的轨道。

### 1.3.4 隧道风险管理研究存在的问题

综合分析以上国内外研究现状发现：虽然隧道工程风险管理起步较晚，却因其特有的生命力得到了各国学者的高度关注，已经取得了较多的阶段研究成果。但在隧道工程施工阶段的风险研究中，还存在以下问题。

1）缺乏规范的安全风险管理体系

目前，国家对地下工程项目建设风险管理还没有合适的、操作性强的、具有一定强制意义的法规体系，因而风险管理在项目建设中的地位没有明确。项目建设预算中没有明确必须列入风险管理费用，从而造成风险管理投入不够，风险管理得不到应有重视的状况；项目建设各阶段风险管理责任主体不明，管理程序不清。这些因素使得国内隧道及地下工程安全风险管理尚处于无序状态，表现为实施安全风险管理的内容和流程不完善、不规范。

2）风险管理专业队伍不够规范，专业水平参差不齐

在工程中加强工程监测，进行必要的安全风险评估咨询工作是规避工程风险的重要手段。实践表明，在工程中加强工程监测及安全风险评估咨询工作，可以最大限度地保证施工安全。但目前随着地下空间开发的日益加大，专业规范的监测队伍紧缺，使得国内工程监测市场鱼龙混杂，这样直接影响监测数据的准确性，以及信息化指导施工的有效性。目前，国内对于监测单位资质、监测人员技术素质没有相应的管理和评价体系，使得监测队伍不够规范。

3）基于地质预报及监控量测等监控手段的风险评估较少

风险管理起源于保险行业，在商业、保险等领域已有较完善的理论与评价体系，并有着广泛的应用实例，但是在隧道工程应用中绝对不能照搬。隧道工程的一大特点就是围岩地质条件的不确定性，而这可以通过超前地质预报、现场监控量测等手段而进一步判定，从而减少围岩不确定性的风险。隧道工程施工阶段的风险评估是在超前地质预报和围岩量测基础上进行的，这也是用数据（定量）进行说话，用数据进行评估，但综合分析已有相关隧道风险的研究进展现状可知，关于结合地质超前预报和监控量测等施工动态风险评估方面的研究甚少。

4）风险评价定量化难及可信度低

由于我国隧道风险研究起步晚，缺乏隧道风险管理案例的收集和统计，造成目前进行隧道风险分析时无历史资料可借鉴，因此只能靠专家或技术人员的经验，将定性分析结果凭经验进行分类，然后运用层次分析法或模糊综合评判法等方法将定性结果定量化，充其量只能称为半定量方法，评价结果也往往难以令人信服。如隧道风险事故（事件）在没有发生之前，谁也不知道会有多少损失，谁也不知道其发生概率具体是多少，因为概率是基于众多统计而来的，在不知道多少概率发生的条件下，进行损失统计特别是事故前损失估计则显得有些苍白；这不同于事故后损失，事故后对损失进行统计即可。因此，真正的风险定量分析研究是否能够进行？如何进行？能进行到什么程度？这些问题还有待进行深层次的思考和研究。

## 1.4 本书主要内容

本书共分九章，分别阐述如下内容：

（1）概述了国内外隧道工程的发展历程、研究现状和面临的技术难题，以及隧道工程风险特点、隧道风险管理的意义、国内外隧道风险管理研究现状和存在问题。

（2）分析隧道风险管理理论和方法、隧道施工风险发生机理、风险源辨识原则和分类方法、常用风险源辨识方法的优缺点及适用范围。

（3）分析隧道围岩开挖支护结构稳定性理论，论述了隧道施工风险评价模型与评估方法，建立隧道施工动态风险评价指标体系和评价标准，建立了隧道施工风险多层次模糊评估模型，并辅以工程实例详细说明应用隧道施工风险多层次模糊评估模型对依托工程进行风险评估的方法步骤与技术要点。

（4）论述风险监控与防范规避的意义，提出了隧道施工动态风险的监控方案、应对策略以及隧道施工主要风险的具体防范措施和应急预案。

（5）较全面地论述了隧道施工监控量测技术理论、方法、技术要点，分析了监控量测技术对隧道施工动态风险监控与规避和防范的重要意义，并辅以工程实例说明监控量测对规避隧道施工动态风险的作用。

（6）较全面地论述了隧道施工风险地质超前探测技术理论、方法、技术要点，重点探讨电磁法和地震波超前探测的原理和关键技术，分析了隧道地质超前预报工作对隧道施工动态风险的探测预报与规避和防范的重要意义，并辅以工程实例说明地质超前预报对规避隧道施工动态风险的作用。

（7）较全面地论述了隧道施工风险质量检测与控制技术理论、方法、技术要点，重点分析了隧道无损检测工作对隧道施工动态风险的监控与规避和防范的重要意义，并辅以工程实例说明隧道施工质量检测与控制对规避隧道施工动态风险的作用。

（8）阐述了隧道爆破机理和爆破地震波传播的基本理论，隧道爆破振动测试的方法、实施方案、技术要点和爆破振动的破坏判据，并辅以工程实例说明隧道爆破振动控制对防范规避隧道施工动态风险的作用和意义。

（9）详细阐述了隧道施工风险可视化监控新技术的功能、意义、设计方案、技术实施要点，并形成隧道视频监控系统手册，辅以工程实例说明隧道施工可视化监控新技术对防范规避隧道施工动态风险的作用。

## 1.5 本章小结

（1）概述隧道工程在国内外的发展历程、研究现状，以及目前隧道施二面临的问题和存在的关键技术难题，同时，简介了已经成功地修建完成的隧道经典工程的特点。分析了公路隧道工程具有开挖断面大、形状扁平、需要通风照明、防水要求高等特点，并分析了新建隧道面临着各种各样的施工风险，从而会导致运营隧道同样面临着多种多样的运营安全风险。

（2）论述了隧道施工风险管理的意义，回顾了风险管理起源和发展历程，以及国内外隧道风险管理研究现状，并提出了隧道风险研究存在的问题。

（3）介绍了在风险管理过程中，对隧道施工风险辨识、风险估计、风险评价、风险应对、风险监控和风险再分析多个环节的循环总体框架和研究内容。

# 第 2 章　隧道施工风险源辨识与分析

## 2.1　风险管理理论概述

### 2.1.1　风险的特性与分类

1）风险定义

风险，总体来说需具备两方面要素：一是不确定性，风险的出现、发生的时间与概率、发生后的损失规模都不确定；二是肯定会带来损失，正因为给工程各方可能带来经济、工期、质量和安全等方面的损失，所以才需要进行风险管理。风险不等于危险，也不等于不确定性。目前最常用的是用数学函数定义风险，见式（2-1）。

$$R = f(p,c) \tag{2-1}$$

式中：$R$——风险；

$p$——风险概率；

$c$——风险损失（人员伤亡或货币）。

在隧道工程中，风险是指对人身安全、财产、环境有潜在损害和对工程有潜在经济损失或延期，或有损工程质量的不利事件发生的概率和影响结果的综合体。风险分析是指对影响这一差异的因素进行识别，对这些因素的发生频率和危害性做出估计，以便于采取有效措施来减少或避免损失。

2）风险分类

风险类别的划分方法很多，一般有以下几种。

（1）按后果分类

按后果进行风险类别划分，可分为如下两类。

①纯风险：指仅造成损失而不会带来收益的风险。

②投机风险：指可能造成损失也可能创造额外收益的风险。

（2）按产生原因分类

按风险产生原因进行风险类别划分，可分为如下三类。

①自然风险：由自然力造成财产损失或人员伤亡的风险叫自然风险。

②人为风险：指由于人的活动而带来的风险。

③社会风险：指由于政策变化、政局变化、战争、社会关系变化等社会活动所带来的风险。

（3）按风险影响范围分类

按风险的影响范围可将风险划分为两类。

①基本风险：指作用于整个经济或大多数人群的风险，如战争、自然灾害等。

②特殊风险：指作用于某一特定单位（如个人或企业）的风险。

风险还有很多其他划分方法，如隧道工程中按风险来源划分可分为合同风险、设计风险、施工风险、运营风险等。本书主要分析研究公路隧道施工中的风险。

3）风险的特性

风险具有以下特性。

（1）客观性和普遍性

风险的存在取决于决定风险的各种因素的存在。也就是说，不管人们是否意识到风险，只要决定风险的各种因素出现了，风险就会出现，它是不以人的意志为转移的客观实在，是人们不能拒绝与否定的。客观性和普遍性表明风险时时处处都存在，它是人类社会实践活动中一种普遍存在的现象。我们所要做的就是充分认识风险，不断提高对风险规律性的认识，采取相应的管理措施，以尽可能降低或化解风险。

（2）不确定性

虽然风险是客观存在的，但由于人们受到各种条件的限制而无法充分认识客观事物及其未来的发展变化，不可能准确预测风险的发生，即风险事件的发生及其后果都具有不确定性。也就是说，风险的存在是确定的，但其发生是不确定的。风险的不确定性表现在：风险事件是否发生、何时发生、发生之后会造成什么样的后果等均是不确定的。

（3）危害性

风险的危害性是指风险引致的所有可能损失即潜在损失对行为主体造成的威胁，这种威胁致使行为人焦虑、恐惧，并由此而导致行动选择的非理性和资源配置的低效性。

（4）行为相关性

行为相关性是指决策者面临的风险与其决策行为是紧密关联的；不同的决策者对同一风险事件会有不同的决策行为，具体反映在其采取的不同策略和不同的管理方法，也因此会面临不同的风险结果。传统上的研究将风险环境中的决策行为称为风险态度，也叫风险偏好特性。实质上任何一种风险都是由决策行为与风险状态结合而成的，风险状态是客观的，但其结果会因不同风险态度的决策行为而不同。

（5）潜在性

尽管风险是一种客观存在，但它的不确定性决定了它的一种特定出现只是一种可能，这种可能离变成现实还有一段距离，还有赖于其他相关条件，这一特性可称为风险的潜在性。风险的潜在性使人类可以利用科学的方法，正确鉴别风险，改变风险发生的环境条件，从而减小风险，控制风险的负面结果。

### 2.1.2　风险管理与评价的程序

1）风险管理目标

风险管理和其他管理一样，是一项有目的的管理活动，只有目标明确，才能有效地进行管理；否则，风险评价就没有意义。

确定风险管理的目标原则有四点。

（1）风险管理目标与风险管理主体（如业主）总体目标一致。

（2）目标的现实性，即确定目标时应充分考虑其实现的客观可能性。

（3）目标的明确性，以便于正确选择和实施各种方案，并对其效果进行客观的评价。

（4）目标的层次性，从总体目标出发，根据目标的重要程度，区分风险管理目标的主次，以利于提高风险管理的综合效果。

风险管理的具体目标需与风险事件联系起来，而且风险管理的目标往往被作为风险评价指标，与经过评价出来的单个或整体风险水平进行比较。就建设工程而言，在风险事件发生之前，风险管理的首要目标是使潜在损失最小；在风险事件发生之后，风险管理的首要目标是将实际损失减到最小。

从风险管理目标与风险管理主体总体目标一致性的角度出发，隧道工程风险管理的目标通常具体地表述为：实际投资不超过计划投资；实际工期不超过计划工期；实际质量满足预期的质量要求；建设过程安全。因此，从风险管理的目标出发，隧道工程风险可分为投资风险、进度风险、质量风险和安全风险。

2）风险识别

风险识别是风险分析乃至整个风险管理最基本的步骤，是风险分析的前提。风险识别的任务是认识所有风险事件和风险因素的根源所在及其性质和范围，同时也包括导致损失的有效、积极方面的原因。风险事件是指造成损失的偶发事件，是造成损失的外在或直接原因；而风险因素是指能产生或增加损失概率和损失程度的条件或因素，是风险事件发生的潜在原因，是造成损失的内在或间接原因。

要区分风险事件和风险因素，如在隧道施工过程中因围岩破碎而发生大塌方，造成施工人员受伤，这里隧道塌方是风险事件，而围岩破碎是风险因素。

风险识别主要回答以下问题：

（1）风险是什么？

（2）风险事件有哪些？

（3）风险因素有哪些？

（4）风险事件的后果是什么？

（5）风险识别的方法是什么？

关于风险识别的步骤和方法将在第3章详细阐述。通过风险识别，认识所有的风险事件和因素，然后便可实施风险评估。

3）风险估计

风险估计是指在罗列出所有风险后，量化、具体化各种风险出现的可能性及其严重程度的过程，是对各种风险的深化认识。

风险估计的内容主要有以下两方面。

（1）概率的估计

风险事件和风险因素的出现往往不是连续的而是离散的，因此常常用其出现频率代替概率。风险单位数、损失的形态和损失原因三项因素的不同组合会使相应的损失频率高低不同。

（2）风险损失值的估计

风险损失值就是指具体的数值量化风险损失的程度。在隧道施工中，风险损失值可以用货币或人员伤亡表示。风险估计需要调查大量资料，根据类似工程、本工程内部资料、保险公司等各方面的资料对各风险因素和风险事件做出相应的概率统计和风险损失值的量化。

4）风险评价

风险评价是指在风险识别、估计之后采用一定的方法手段评价出项目的单个和整体的风险水平的过程，是风险管理中最重要的过程之一。风险评价的目的是确定项目的风险水平，并与预先制订的风险评价基准作比较，进而确定是否采取风险控制措施，采用何种措施。风险评价的一般流程如图 2-1 所示。

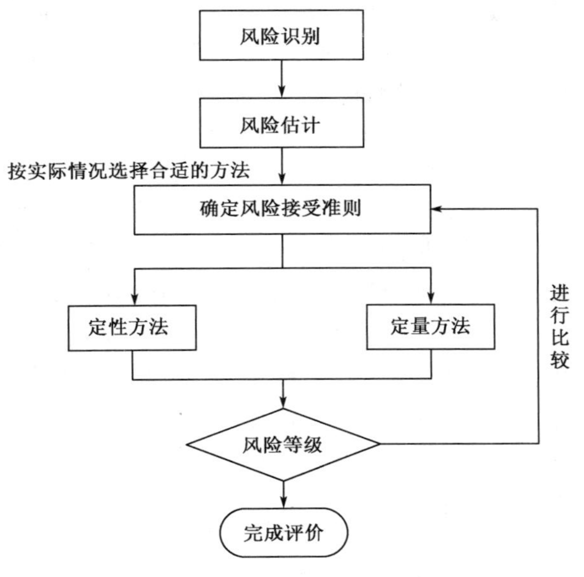


图 2-1　风险评价流程图

风险评价基准也叫风险评价指标，是在项目规定的时间内项目主体可接受或管理的风险等级水平，它直接决定了工程中各项风险控制对策，在进行风险分析时需预先制订。

5）风险应对

（1）风险应对的分类

风险应对可分为两类：一是在风险发生前，针对风险因素采取控制措施，以消除或减轻风险；二是在风险发生后，通过财务安排来减轻风险对项目目标实现所带来的影响及损失。前者具体的措施包括风险规避、缓解、分散、抑制和利用等；后者具体包括风险自留、转移等。

（2）风险应对措施

①风险规避（Risk Avoidance）就是通过变更工程项目计划，从而消除风险或消除风险产生的条件，或者是保护工程项目的目标不受风险的影响。这是一种最彻底的消除风险影响的方法。如在施工方案的制订过程中，尽可能采用一些成熟的施工工艺和方法，而不是去采用一些不成熟的新方法，这就在很大程度上防止了在施工方案选择上引发风险的可能性。

②风险缓解（Risk Mitigation）又称减轻风险，是指将工程项目风险的发生概率或后果降低到某一可以接受程度的过程。分散风险是指通过增加风险承担者，以达到减轻总体风险压力的目的。从减轻风险的功效看，分散风险属于缓解风险的措施之一。

③风险利用（Risk Speculation）是指在一定范围和条件下对那些具有投机性的风险加以利用。

④风险转移（Risk Transference）是设法将风险的结果连同应对风险的权利和责任转移给他方。这是必须面对风险时可以采取的一种有效的措施，它不能消除风险，仅仅是把风险的责任转移了，例如工程保险就是风险转移的措施。

⑤风险自留（Risk Retention）是由项目主体自行承担风险后果的一种风险应对策略。对一些不是很严重的风险，或者用其他措施应对不是很适合的，或者采用其他应对措施后残余的一些风险，管理者往往采取风险自留。

风险应对还有很多其他措施，这里不一一列出。

6）风险监控

风险监控就是对风险的监视和控制。风险监视是在采取风险应对措施后，对效果的观察和把握；风险控制则是在风险监视的基础上，采取的技术、作业或管理措施。风险监视和风险控制相辅相成，交替进行，即通过监视若发现原风险发生变化，应立即采取修改风险因素集、权重、损失，甚至重新评价等措施。风险监控应贯穿整个项目建设周期。

风险监控是风险管理的一项重要工作。在隧道施工过程中，风险的性质、规模都会不断变化，也可能有新风险出现，还有可能预期的风险会消失，因此，需要对项目的风险实施动态管理。风险监控就是风险动态管理最好的体现。

风险监控的必要性体现在以下三个方面。

（1）随着工程的进展，反映工程建设环境和工程实施方面的信息越来越多，原来不确定的因素也逐渐清晰，原来对风险的判断是否客观，需要用最新信息来做出评价，以便进一步采取更具体的应对措施。

（2）已经采取的风险应对措施是否适当，也需要通过风险监视对其做出客观的评价。如果发现已采取的应对措施是合理的，收到了较理想的风险控制效果，则继续控制；若发现已采取的应对措施是错误的，否则应尽早采取纠正行动，以减少可能的损失；若发现应对措施并不错，但其效果不理想，则不宜过早地改变正确的策略，而应寻找原因，并进行适当调整应对策略，争取收到理想的控制风险的效果。

（3）采取风险应对措施后，会留下残余风险和以前未识别的新风险，对这些风险需要在监控阶段进行评价和考虑应对措施。

7）风险管理程序

风险管理就是项目管理组利用风险识别、风险评价、风险对策及其他多种管理方法和技术手段，对项目活动涉及的风险实行有效的控制，采取主动行动，创造条件，尽量扩大风险事件的有利面，妥善处理风险事故造成的不利后果，以最少的成本保证安全、可靠地实现项目的总目标。通俗地讲，风险管理就是采取科学合理的手段，争取用最少的成本实现风险管理目标。

风险管理包括风险分析和狭义的风险管理，前者包括风险识别、风险估计和风险评价，后者就是对风险采取的控制和处理措施。

风险管理一般按以下程序进行：风险管理目标确定，风险辨识，风险估计，风险评价，风险处理方案，方案计划实施、检查和反馈等，如图 2-2 所示。

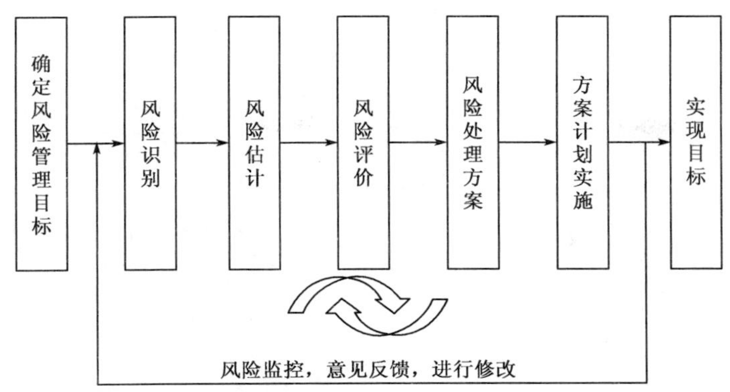


图 2-2　风险管理程序

### 2.1.3　隧道施工动态风险管理流程

传统意义上风险管理包括风险识别、风险评估、风险应对和风险监控四个相关阶段。这种管理理念是将风险管理视为一个线性过程，客观上把风险分析（识别、估计、评价）和风险应对从工程项目的施工阶段中剥离出去，与工程项目的投标阶段对应，作为项目初期可行性研究或制订投标策略的依据，只有风险监控阶段与工程项目施工阶段有关系。如此一来，风险管理过程只是将“项目投标阶段”拟定好的风险应对计划在“项目的施工阶段”实施，不能动态地根据项目的实施情况对风险应对方案做出及时修正。因此，传统风险管理是一种静态的管理，一旦项目风险与事前预测存在差异，或者出现先期没有预测到的新风险因素，必然导致工程项目对所面临的风险处于被动接受状态，从而影响工程项目的顺利实施，并有可能造成重大损失。

由于传统风险管理存在的不足，1992 年 A. B. Huseby 和 S. Skogen 提出了动态风险的概念。动态风险管理是一个贯穿于整个项目寿命期的活动，包括风险分析、风险对策、风险决策、决策方案执行、效果检查、重新开始下一循环等一系列连续环节。这种风险管理是一种连续的、动态的过程，它将风险管理看作是一个周而复始的循环过程。项目的风险管理不仅仅在项目前期决策阶段，而且还涉及项目运营阶段；同时各个阶段的风险管理还要进行流通。

隧道施工是一个动态过程，有些风险因素会随施工的进展而发生变化，包括其损失规模、重要程度和性态等都可能发生改变，从而导致风险因素集、风险估计和风险评价都随工程的进展而不断地改变，加上工程主体的利益出发点和目标安全指标的不同，势必改变风险管理策略。因此，对隧道施工实施动态管理是很有必要的，而且更科学合理。实行风险动态管理的大致过程跟静态管理相似，所不同的是在动态管理的施工组织计划中，风险分析和处理是作为预设计的，随着工程的进行，不断地修改风险因素集，对所有风险因素包括已意识到的和没意识到的、已出现的和尚未出现的都应该实施监控，从技术上说，所有的风险都是可监控的。隧道施工风险监控是指通过对施工不同阶段风险发展变化的观察和掌握，评估风险危险程度和风险处理策略和措施的效果，并针对出现的问题及时采取措施的过程。总之，动态与静态管理的不同之处在风险分析的环节上。图 2-3 是隧道施工动态分析的基本构架，此循环过程贯穿于整个施工过程。

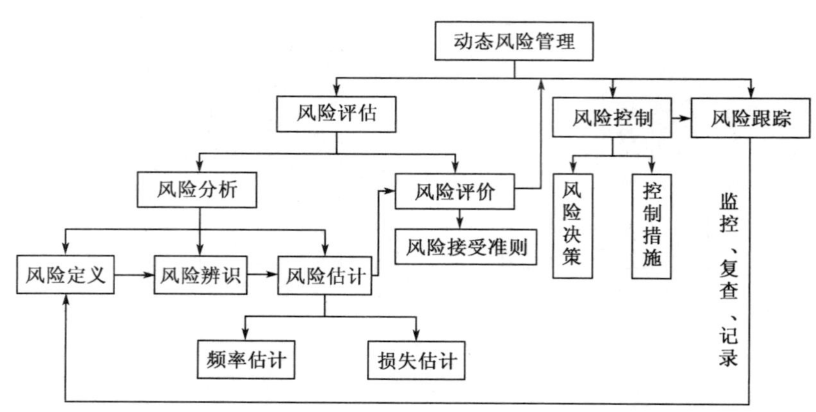


图 2-3　隧道施工动态风险管理流程

## 2.2　隧道施工风险源及风险发生机理

### 2.2.1　风险描述

风险分析是一个非常复杂的课题，应针对不同的问题采用不同的分析模式。而分析模式与风险的产生机理相关，首先来讨论风险的产生机理。对风险产生过程进行描述的术语定义如下。

1）孕险环境

所谓孕险环境，指可能会产生事故的区域和环境。在隧道施工中，存在不良地质状况的土层环境，地下水文情况，施工路段附近建筑物等均构成了孕险环境。如在地质状况较好地段施工的隧道，事故发生率将下降很多。如果周围没有那么多建筑物，也就不会牵涉到那么多的环境影响问题。因此，孕险环境是风险的客观基础，是决定风险事故是否发生的根本性因素，也可以称之为风险的内因。如果能在施工前期，通过规划选线尽量避开孕险环境，那么风险自然可以得到控制。

2）致险因子

致险因子是风险事故产生的直接原因，与孕险环境构成了风险事故的两个必备要素。如果说孕险环境是风险的基础，是一个火药桶，那么致险因子就可以说是风险的外因，是导火索。例如在隧道施工过程中遇到的坍方、断面大变形、岩爆、锚杆长度不够、注浆压力不足、格栅钢架间隔太大、衬砌背后填充不密实、防水质量差、基底出现翻浆冒泥现象、机械故障等，都是风险事故的致险因子。

3）风险事故

风险事故是在孕险环境和致险因子作用下，发生的偏离目标期望的事件。工程项目中，风险事故往往是指会给项目带来损失的事件。这些事件有时可能比较严重，会被称为工程事故，但更多的情况下，只是一些会造成损失的工程问题。风险一般用风险事故来命名，例如：隧道塌方，冒顶风险等。

4）承险体

承险体是指承担风险损失的对象，如机械设备，隧道结构，施工人员，建筑物，包括社会群体、生态环境等。各类承险体构成了整个项目的承险体系统。

5）易损性

承载体的易损性指承载体抵抗损失的能力，换句话说，就是风险一旦来临，可能发生的损坏程度。易损性分析的关键目标是得到承载体的最大损失可能。一般情况下，把超越某损失值的概率小于 5% 的损失作为承载体的最大损失可能。对于承载体的损失分布，即 0.95 分位数值为最大损失。

6）风险损失

风险损失是指风险事故发生后所产生的一系列问题，由于风险分析是事前进行，风险损失的分析就带有预测的成分。而且，风险损失也不一定就是一种，可能牵涉到承险体多方面的损失，例如工期、耐久性、环境影响。同一类风险事件在不同工程中所发生的风险损失往往带有很大的差异性，因此，风险损失的分析就变得异常复杂，也是影响风险分析可信度的最重要因素。

风险损失可分为直接损失和间接损失。直接损失是指对正在进行的工程项目所造成的损失，这种损失并不一定会马上表现出来，比如耐久性的损失可能要过很长一段时间才能发现。而间接损失是指由于工程的建设、运营对其他对象造成的损失，按照保险学里的观点，这属于第三者责任问题。

另外，在工程项目风险分析与管理中，决策者往往希望分析结果尽量简化，因此就需要将直接经济损失、工期损失、耐久性损失、环境影响损失、社会影响损失、生态环境破坏损失以及人员安全损失进行替换，以统一的标尺衡量各种风险损失（在这种情况下，假定项目是纯经济型的，不考虑政治影响等方面的价值）。其中，常用到的替代是以费用损失形式替代其他各项损失。如图 2-4 所示，这种替代可用转换系数或转换矩阵在数量上加以描述，见式（2-2）。

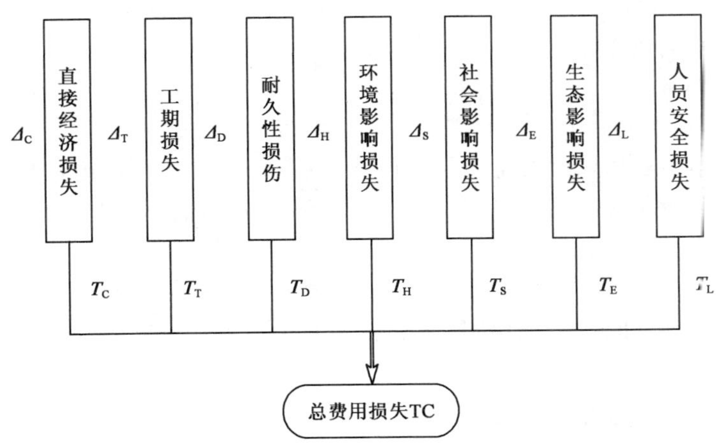


图 2-4　风险损失的替代

$$\mathrm{TC}=T_{\mathrm{C}}C_{\mathrm{C}}+T_{\mathrm{T}}C_{\mathrm{T}}+T_{\mathrm{D}}C_{\mathrm{D}}+T_{\mathrm{H}}C_{\mathrm{H}}+T_{\mathrm{S}}C_{\mathrm{S}}+T_{\mathrm{E}}C_{\mathrm{E}}+T_{\mathrm{L}}C_{\mathrm{L}} \tag{2-2}$$

式中：　TC——项目总费用潜在损失；

$C_{\mathrm{C}}$——直接经济损失；

$C_T$——工期损失；
$C_D$——耐久性损失；
$C_H$——环境影响损失；
$C_S$——社会影响损失；
$C_E$——生态环境影响损失；
$C_L$——人员安全损失；
$T_C$、$T_T$、$T_D$、$T_H$、$T_S$、$T_E$、$T_L$——各项损失的转换系数矩阵。

7）风险效益

所谓风险效益是指对风险事故采取某项措施而产生的风险改善效果，也即风险的减小程度。风险效益的产生来自两方面，一个是风险概率的降低，另一个是风险损失的减少。相对来说，后者比较难以控制，因此，风险效益主要来自对孕险环境和致险因子的控制，从而达到降低风险概率及风险损失的目的。

8）风险成本

风险成本可分为广义风险成本与狭义风险成本。

（1）广义风险成本

广义风险成本既包括风险本身造成的损失费用，也包括对风险的前期预防费用以及后续的风险处置费用，用式（2-3）表示为：

$$CR = CP + CL + CM \tag{2-3}$$

式中：CR——表示广义风险成本；
CP——表示预防费用；
CL——表示风险实际损失；
CM——表示风险处置费用。

广义风险成本的特点，是立足于考虑从风险产生到风险处理的全过程，分析和计算因风险而发生的全部费用。

（2）狭义风险成本

狭义风险成本仅仅指风险发生时引发的实际损失，即 CL。它建立在考察风险实际损失基础之上，只分析风险造成的实际损失，以局部为着眼点，表现出较强的针对性。其大小只取决于风险本身的影响程度和范围。

上述两种不同范围的风险成本有各自的特点和作用。在风险防范管理中，一般是从广义角度理解风险成本；而针对风险事故进行分析和评价时，主要是从狭义角度理解风险成本。

### 2.2.2 隧道风险源统计分析

随着科学技术的发展，隧道工程施工技术日趋自动化、信息化，隧道工程风险日益减少。但相对于其他行业来说，隧道工程中发生的重大事故仍然偏多。从日本 1976～1996 年 20 年间隧道工程事故调查研究来看，隧道施工期间事故率就高达 59.5%，占整个隧道工程事故的 3/5 以上。隧道工程事故统计如图 2-5 所示。

当然，在隧道工程施工过程中，不同的施工方法、不同的地质条件发生事故的概率也

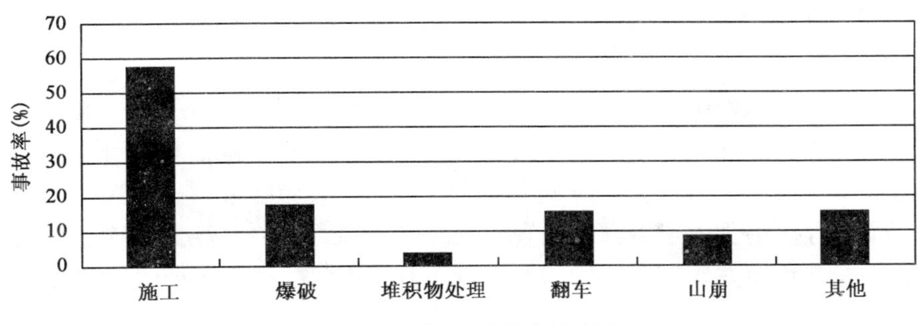


图2-5　隧道工程事故率统计图

不尽相同，甚至在同一地质条件下同一隧道的不同部位，事故发生的几率也相差很大。1990～1992年对日本隧道工程事故数的实际调查统计结果如图2-6所示。①开挖方法与发生事故数关系的统计结果是：不同的开挖方法事故发生的概率相差很大，其中台阶法出现事故次数最多，发生概率最大占48.3%；其次为上断面超前开挖出现事故次数，发生概率占22.4%；全断面开挖法事故发生概率也占12.4%左右，如图2-6 a）所示。②隧道空间位置与事故数关系的统计结果是：隧道拱顶发生事故的几率为44.4%左右；底板（仰拱）发生事故的几率也很大，占20%；工作面上发生事故的概率也占17. 8%，如图2-6 b）所示。③施工工法时间与事故数关系的统计结果是：从隧道开挖到支护过程中，隧道刚刚开挖后不久风险最大，其事故发生率约为61.7%，隧道开挖过程中和支护后事故发生的概率为38.2%左右，在这两个时间段中，事故多以变形破坏的形式发生，其中，开挖过程中变形破坏占其间事故率的23.4%，隧道支护后变形破坏占其间事故11.1%，如图2-6 c）所示。④隧道结构工程部位与事故数关系的统计结果是：隧道支护体中最容易发生事故的为喷射混凝土，占整个支护体系事故总数的35%左右，临时支撑和锚杆分别占27%和24.3%。这些隧道施工风险事故的统计为合理选择隧道施工安全风险监控内容提供了重要的线索和根据，如图2-6d）所示。

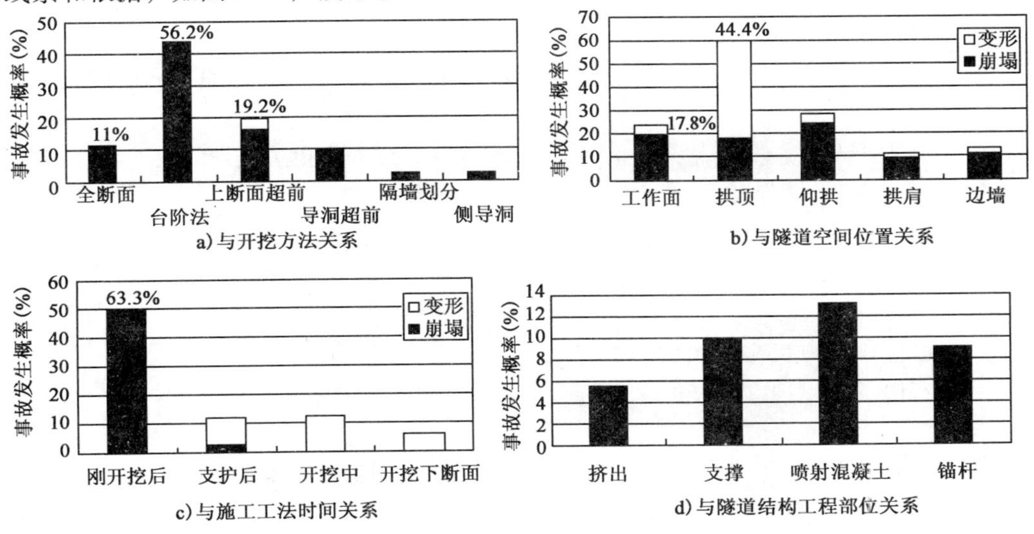


图2-6　不同条件下隧道工程事故数统计图

### 2.2.3 隧道施工风险源成因

1）塌方和崩塌

隧道塌方是隧道施工中最为常见、比较典型的一种事故。塌方事故会直接导致人员伤亡，伤亡人数不确定。隧道开挖时，导致塌方的原因有多种，概括起来可归结为：一是自然因素，即地质状态、受力状态、地下水变化等；二是人为因素，即不适当的设计，或不适当的施工作业方法等。由于塌方和崩塌后果的严重性，应尽量注意排除会导致塌方的各种因素，尽可能避免塌方或崩塌事故的发生。塌方或崩塌的原因主要是不良地质及水文地质条件，隧道设计考虑不周，施工方法或措施不当。

（1）不良地质及水文地质条件

①隧道穿过断层及其破碎带，或在薄层岩体的小曲褶、错动发育地段，一经开挖，潜在应力释放快、围岩失稳，小则引起围岩掉块、坍落，大则引起塌方。当通过各种堆积体时，由于结构松散，颗粒间无胶结或胶结差，开挖后引起坍塌。在软弱结构面发育或泥质充填物过多的情况下，均易产生较大的坍塌。

②隧道穿越断层破碎带、岩溶陷落柱、松散性围岩、地层覆盖过薄地段等地层时极易发生塌方和崩塌。地层覆盖过薄地段如沿河傍山、偏压地段，沟谷凹地浅埋和丘陵浅埋地段。

③水是造成塌方的重要原因之一。地下水的软化、浸泡、冲蚀、溶解等作用加剧岩体的失稳和坍落。岩层软硬相间或有软弱夹层的岩体，在地下水的作用下，软弱面的强度大为降低，因而发生滑塌。

（2）隧道设计考虑不周

①隧道选定位置时，地质调查不细，未能作详细的分析，或未能查明可能塌方的因素。没有绕开可以绕避的不良地质地段。

②缺乏较详细的隧道所处位置的地质及水文地质资料，引起施工指导或施工方案的失误。

（3）施工方法或措施不当

①施工方法与地质条件不相适应；地质条件发生变化时，没有及时改变施工方法。

②工序间距安排不当。

③施工支护不及时，支撑架立不合要求，或抽换不当“先拆后支”。

④地层暴露过久，引起围岩松动、风化、导致塌方。

⑤喷锚支护不及时；喷射混凝土的质量、厚度不符合要求。

⑥采用新奥法施工的隧道，没有按规定进行量测，或信息反馈不及时，决策失误，措施不力。

⑦围岩爆破用药量过多，因震动引起坍塌。

⑧对危石检查不重视、不及时，处理危石措施不当，引起岩层坍塌。

2）岩爆

在众多的地质灾害中，最主要的就是岩爆。岩爆是高地应力条件下地下工程开挖过程中，硬脆性围岩因开挖卸荷导致洞壁应力重新分布，储存于岩体中的弹性应变能突然释放，因而产生爆裂松脱、剥落、弹射甚至抛掷现象的一种动力失稳地质灾害。由于岩爆具有突发性，很难提前防备，极易将设备砸坏或砸毁，将人砸伤或砸死。它直接威胁施工人员、设备的安全，影响工程进度，还会造成超挖、初期支护失效，严重时还会诱发地震，已经成为硬岩隧道勘测设计及施工组织中必须考虑的重要问题，也是世界性的地下工程难题之一，受到世界各国相关学者的广泛关注。岩爆多发生在金属矿山；煤矿岩巷掘进过程中，也经常发生。

（1）岩爆产生需要具备的条件

①高储能体的存在，且其应力接近岩体强度是岩爆产生的内因。

②某些附加荷载的触发是其产生的外因。岩爆产生的机理是由于处于高地应力环境中的结构，在隧道开挖后，因为人为因素，切应力达到或接近围岩无侧限压缩强度，围岩便以岩爆的形式失稳，从而发生岩爆。

（2）隧道内岩爆的特点

①岩爆在未发生前并无明显的预兆（虽然经过仔细找顶并无空响声）。一般认为不会掉落石块的地方，也会突然发生岩石爆裂声响，石块有时应声而下，有时暂不坠落。这与塌顶和侧壁坍塌现象有明显的区别。

②岩爆时，岩块自洞壁围岩母体弹射出来，一般呈中厚边薄的不规则片状，块度大小多呈几厘米长宽的薄片，个别达几十厘米长宽。严重时，上吨重的岩石从拱部弹落，造成岩爆性塌方。

③岩爆发生的地点，多在新开挖工作面及其附近，有个别的距新开挖工作面较远。岩爆发生的频率随暴露后的时间延长而降低。一般岩爆发生在 16 天之内，但是也有滞后一个月甚至数月才发生岩爆。

3）突水突泥风险

突水突泥是隧道施工中仅次于塌方的最常见地质灾害之一。特别在我国降雨量较大的地区施工的隧道更为常见。发生突水后，由于大量的水涌入隧道，造成停工、设备被冲毁、人被冲走撞洞壁而死或被淹死等事故。突水突泥事故发生后不及时采取措施还会引发新的透水和塌方等事故。

造成突水突泥最为常见的不良地质是断层（断层裂隙水）、大型溶洞和暗河（岩溶水）、煤系地层中的采空区（老窑积水）和金属、非金属矿山等。

如果在施工过程中没有对这些特殊地质监测或监测不准确，就有可能毫无预防地触碰到这些有可能发生突水突泥的地带。

4）高地温风险

高地温事故也是一种地质灾害，但是发生的概率很小。隧道通过高温、高热地段，会给施工带来困难。高地温一般发生在有火山地带的地区，修建隧道或地下工程，一般会遇到比较高温高热的情况，地层可能会喷出热水或有害气体，使人烫伤或中毒，严重者甚至死亡。

人为因素也会使高地温事故发生。不按国家有关部门对隧道施工作业环境的卫生标准规定来安排作业；不对高地温地质进行监测；有高温、高热现象时不采取降温处理措施；没有加强对工人的健康管理，使得有高血压、心脏病的患者参与高温作业从而引起人员伤亡。这些风险因素在实际过程中都是可以避免的。

5）瓦斯爆炸和煤与瓦斯突出风险

（1）瓦斯爆炸

瓦斯爆炸是一种热—链式反应（也叫链锁反应）。瓦斯爆炸就其本质来说，是一定浓度的甲烷和空气中的氧气在一定温度作用下产生的激烈氧化反应。瓦斯爆炸的必备条件是：

①瓦斯含量达到爆炸的浓度界限；

②要有火源。

地层中的瓦斯，是古代地下有机物分解而产生的气体，其主要成分是甲烷（$CH_4$），又称沼气。甲烷是一种无色、无味、无臭、无毒的气体。在标准状态下，$1m^3$的瓦斯重0.716kg，比空气轻，因此常常聚集在隧道的顶部。瓦斯本身不助燃，但当与空气混合到一定程度，遇到火时，就能燃烧或爆炸。空气中瓦斯浓度为5%～16%时，遇明火可发生爆炸；瓦斯浓度为8%时，最易爆炸；瓦斯浓度为9.5%时，爆炸威力最猛；瓦斯浓度超过16%时，遇火仍可燃烧，但不会爆炸；瓦斯浓度超过40%（$O_2$浓度下降到12%以下）时，可以使人因严重缺氧而窒息死亡。

影响瓦斯浓度的地质因素：主要是煤的变质程度，围岩和煤层本身的渗透性，地质构造，地下水活动。一般情况下，煤变质程度高、围岩透气性差、压冲逆断层下盘和地下水活动差会使瓦斯浓度增加。

影响瓦斯爆炸的人为因素：在隧道施工中，如果不对工人进行专业培训和安全知识培训，带打火机、火柴等可能产生火源的物品进洞，会引起瓦斯爆炸；电工如果不按时检查电线路或及时更换老化的电线，出现电线漏电、电路短路产生火花也会引起瓦斯爆炸事故的发生。

（2）煤与瓦斯突出

在隧道施工过程中，瞬间（几分钟甚至几秒钟）有大量的煤与岩石被抛出，并喷出大量的瓦斯，这种现象叫煤与瓦斯突出，简称突出。因为煤与瓦斯突出发生时，煤和高压瓦斯在很短时间内突然大量喷出，伴随巨大声响和强大的冲击波。喷出的粉煤、碎煤可达几吨到几千吨。不仅采掘工作面和通风系统会遭到破坏，大量的煤与瓦斯还可能会充塞整个洞，造成人员窒息和瓦斯爆炸、燃烧及煤（岩）埋人事故。所以如果发生煤与瓦斯突出事故，其后果和瓦斯爆炸同等严重。煤与瓦斯突出的主要因素如下。

地质因素（即内因）：主要是高地应力、大量高压瓦斯、特殊构造部位和构造煤。绝大多数煤与瓦斯突出事故都是发生在具有这些特征的煤系地层施工的隧道中。

人为因素：穿层掘进和快速掘进均容易发生煤与瓦斯突出；还有矿井通风系统不合理，通风、瓦斯监测设施不完善、不健全，防突措施不落实等都是造成煤与瓦斯突出的人为因素。

6）冒顶、片帮与掉块风险

（1）冒顶风险

冒顶事故是一种特殊的崩塌事故，冒顶一般都发生在地质条件发生变化的地点，如有小断层、岩石破碎、顶板裂隙发育或有明显的极易离层的岩层软弱面存在。冒顶事故大多发生在掘进施工期间，大多发生在瞬间，随机性很大。冒顶事故的影响和一般的隧道塌方不同，一般隧道塌方仅仅造成隧道洞内人员伤亡和设备毁坏等后果。冒顶事故除了会造成隧道洞内的这些后果，还会导致隧道上方建筑物毁坏和人员伤亡。冒顶事故发生的原因主要是不良地质因素和人为因素。

不良地质因素主要包括小断层、岩石破碎、顶板裂隙发育或极易离层的岩层弱面等。

人为因素主要是在支护设计方面和施工管理方面。具体表现在支护材料质量不过关，导致支护效果不明显；施工方法不当；没有加强安全管理等。

（2）片帮与掉块风险

片帮与掉块是隧道施工过程中经常发生的、规模较小的一般地质灾害。片帮与掉块的最大特点是：规模小，塌落的岩体大多为一块，很少有两块或两块以上的情况出现。块度大，一块塌落的岩体，通常有 0.5 ~ $1m^3$，因而常常造成施工人员的伤亡。从片帮与掉块的特点就可以看出它与岩爆有着量变上的区别。

片帮与掉块的地质因素：不稳定岩体在重力作用下，向着隧道的悬空面滑塌。不稳定岩体主要有三大成因：

①由小断层交会形成的不稳定岩体；

②硬岩中的软弱夹层形成的不稳定岩体；

③节理或被破坏的软弱面组成不稳定岩体。

片帮与掉块的人为因素：没有及时支护；支护材料质量低劣，支护效果差；没有及时衬砌；没有对片帮与掉块进行判断等。

7）其他风险

（1）有害气体风险

有害气体突出是指在隧道施工过程中突发性地从地层中喷出大量的有害气体。如果事前没有准备，会造成人员中毒伤亡。地层中的有害气体比较难以监测，具有随机性和突发性的特点。有害气体突出的原因主要有地质因素和人为因素。地质因素主要包括高地温地层和含有有害气体的空洞等自然地质因素。人为因素主要是没有宣传安全知识；没有配备防毒设备；有防毒设备但只是形式，没有佩戴这些设备。

（2）自然因素风险

自然风险事故是指由于山洪、暴雨、泥石流、地震、台风、雷电、山体滑坡等导致人员伤亡和设备毁坏。自然事故还会间接引发隧道施工其他事故的发生，如塌方、突水、冒顶等。自然风险事故产生的原因主要是山洪、暴雨、泥石流、地震、台风、雷电、山体滑坡等这些风险源。但是一些人为因素也会导致自然事故的发生，例如没有关注隧道所在位置的气象情况，导致没有及时采取措施和安全疏导工作。

（3）炸药爆炸风险

炸药爆炸事故在隧道施工中不经常发生，即使发生也是因为人为因素引起炸药爆炸而导致人员的伤亡。炸药爆炸不但直接造成人员伤亡，还会引发岩石脱落砸伤、砸死下面的人。炸药爆炸的原因主要是雷电击中炸药引起炸药燃烧爆炸。人为因素，如把雷管和炸药混放，没有放在规定地方，导致运输车经过碾压引起爆炸；钻爆法施工中钻爆的方法不当，引起炸药的爆炸。

（4）火灾事故风险

隧道火灾事故在隧道施工过程中不是经常发生。但是一旦发生火灾就会造成人员伤亡和机械设备烧毁的严重安全事故。一般隧道施工火灾安全事故是由于人为的因素引起。隧道火灾事故发生的原因有：不可控的自然因素，如雷电击中现场的可燃物发生火灾；森林火灾得不到控制，蔓延到隧道洞内引发火灾；电工不按时检查电路，出现短路或电缆电线老化漏电发生火灾；施工现场没有配备消防设施，致使火灾发生时，无法控制火情引起严重的后果；在施工过程中，矿物岩石体内本身存在固态或液态的可燃物。

（5）机电事故风险

隧道施工中的事故是指机械设备伤人事故。如掘进机从人身上碾压致使人员伤亡；运渣车撞死人；运渣车运输过程中翻车导致岩石废渣将人掩埋或砸死；电线漏电出现工人触电身亡等。

发生机电事故的原因主要是人为因素：没有对机械操作人员进行专业培训，无证驾驶车辆和操作机械，导致车和机械碾压人的事故发生；设备质量不合格，在正常操作过程中不受控制撞人或碾压人；管理组织上的不合理，工作安排不合理，使得连续工作，出现疲劳操作有关机械和疲劳驾驶车辆，从而导致机械或车辆碾压或撞人事故的发生；电工不检查电线，不包扎裸露电线，出现触电伤人事故。

### 2.2.4 隧道施工风险产生机理

1）隧道风险事故产生机理

隧道工程的风险事故产生机理可以简单描述为：由于孕险环境的存在，加上致险因子的诱导，就有可能引发风险事故的发生，进一步对各种承载体造成损失。风险事故的损失分析由于是在事故发生前进行的，对项目决策者来说属于潜在损失。而这种潜在损失是不确定的，同时随着工程项目的不断进展，这种潜在损失的状态也会随着外界情况的变化而产生波动。那么，这种潜在损失的发生、发展、变化过程也就可以认为是工程项目风险发生、发展、变化的过程。即风险分析就是以潜在损失为主体目标的研究。隧道风险产生机理如图2-7所示。

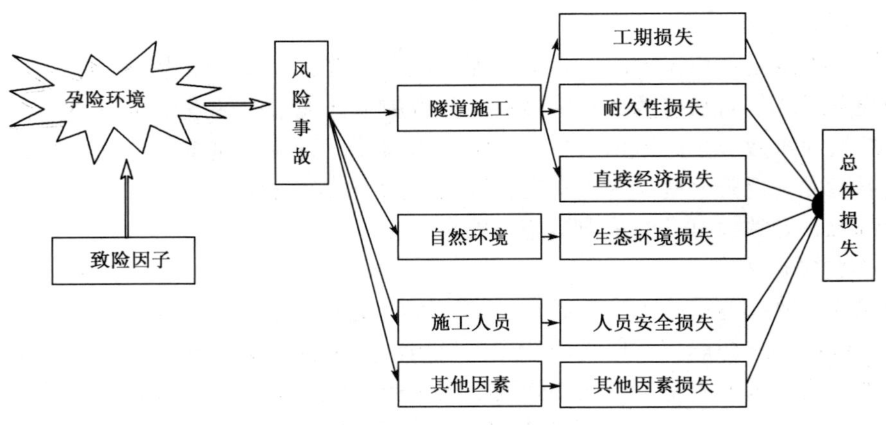


图2-7 隧道风险产生机理

2）隧道施工风险因素产生机理

施工期的风险由于其事故的高发性和对经济效益的制约性而成为工程风险分析研究的焦点，对隧道工程施工过程中的风险因素发生机理可以归纳为以下几个方面。

（1）工程地质及水文地质复杂性导致的自然风险和环境风险

工程水文地质条件的复杂性是地下工程风险的最主要的因素。工程水文地质的复杂性主要表现在：

①地层方面体现在地层层次分布情况、不同岩土介质材料的物理力学性质与参数、岩土介质在切削搅拌后的流动性、黏性和变形以及各种不良地质情况（如潜在有害气体的侵入）等。

②水文资料方面，主要包括：岩土的渗透性、含水率、流向与流速；水位、水压和水的冲刷力；水的腐蚀性；水的补给来源等。

③地层中的其他障碍物，主要包括：建筑或其他构筑物基础、各种管线设施、废弃构筑物、其他孤立物，如孤石或江底沉船等。

④在进行工程地质勘察时，地质勘察成果包含着不确定性。其不确定因素除了来源于上述土体的空间分布变异性外，还来自于试验方法的误差、计算公式的局限性（土的理论计算公式往往是对实际进行了很大的简化，故会带来较大误差）和土体特性参数的统计误差。

工程所在区域的水文地质条件是经过漫长的地质年代形成的，经历了各种各样的自然和人为因素作用，其介质特性表现出很大的随机变异性。同时，地层中还存在大量水的活动与作用，如地表径流、地下潜水和承压水等。由于地质勘探、现场和室内试验等设备条件的限制，人们只能通过个别测试点的现场试验和若干试样的室内试验对岩土性质和水文参数作近似的量测估计。大量的试验统计结果表明，岩土体的工程地质及水文地质参数是十分离散、不确定的，具有很高的空间变异性，这些复杂因素的存在给隧道及地下工程的建设带来了巨大的本质上的风险，如各种自然灾害，包括地震、滑坡、洪水、雷击、严寒、高温、雨季等，以及开挖造成的围岩扰动，岩土体内有毒气体释放，影响地下水流，引起噪声、废气、废渣污染等。

（2）建设中的机械设备、技术人员和技术方案的复杂性引起的施工风险

隧道及地下工程建设中，建设队伍、机械设备、施工操作技术水平等对工程的建设风险都有直接的影响。由于工程施工技术方案与工艺流程复杂，且不同的工法又有不同的适用条件，贸然采取某种方案、技术和设备势必会产生风险。同时，整个工程的建设周期长、施工环境条件差，这些对施工单位人员都很容易产生不良影响，容易导致出现各种意外风险事故。

施工风险因素主要包括如下几条。

①施工技术风险因素：新技术、新方法的应用困难或失败，施工工艺的落后，施工技术与方案不合理，施工进度慢，现场工作不均衡系数大，隧道施工技术问题的不确定性，隧道轴线定位偏差，隧道变形超出控制以及质量检测技术失误等。

②施工现场风险因素：地质资料的不确定性、工作面塌方、突涌水、施工用电事故、通信不畅以及安全措施不力等。

③设备风险因素：包括竖井电葫芦和钢架损坏、施工设备备件短缺、施工设备维修不当、设备安装调试失误以及机电设备安装事故等。

④原材料和成品、半成品材料风险因素：原材料和成品、半成品的订货或供应不足；原材料和成品、半成品品种和数量的差错；原材料和成品、半成品质量和规格不合格，运输存储和施工损耗以及特殊材料或新材料质量稳定性差等。

⑤进度施工管理及人员素质：施工控制计划不完善、施工控制计划可操作性差、施工控制计划组织机构人员不落实、施工控制信息不畅通、有效控制方法落后、管理人员素质差以及承包人和监理工程师不合作等。

（3）工程建设的决策、管理和组织方案的复杂性

在规划、设计、施工和运营期的全寿命周期内，最主要的问题就是建设的决策、管理和组织。隧道及地下工程与其他工程项目相比，由于具有隐蔽性、复杂性和不确定性等突出特点，工程投资风险很大，无论是哪个阶段，都会遇到很多决策、管理和组织问题。从工程立项规划开始，如何选择合理的工程建设地址、技术方案，如何减少工程对周围环境的影响，如何评估工程建设的经济效益和社会效益，如何保持整个工程建设的“绿色”和可持续性，每一个问题的决策与执行都需要综合各种风险和效益。

（4）周边环境的复杂性

工程建设周边环境往往受土层及水文地质条件的影响较大。所建工程周围的地面构筑物和周围环境设施一般都很复杂。

周边环境的复杂性主要体现在：

①地面构筑物的使用年限、结构类型（框架结构、砖混结构、砖结构）、基础形式（如条形基础、桩基等）和文物价值；

②构筑物与隧道的空间关系；

③临近已有的隧道和地下工程情况；

④周边道路及管线的类别、年限、材料及施工方法；

⑤周围生态环境状况和社会群体等。

在隧道的建设过程中，无论采用何种工法或工艺都会不可避免地对以上这些构筑物和人群造成直接的影响或一定程度的破坏。

（5）重大事故风险

重大事故风险，如火灾、爆炸以及可能的恐怖袭击等风险发生的可能性较小，但是隧道等大型地下工程发生上述事故往往会带来巨大损失和政治影响。

## 2.3 隧道风险源辨识

### 2.3.1 隧道风险源辨识依据和原则

1）隧道施工风险源辨识依据

隧道风险识别的方法很多，但识别风险的方法终究都离不开与项目有关的信息，任何有助于认识潜在项目风险的信息源均可作为风险识别的依据，隧道风险辨识的依据主要包括：

（1）工程项目规划概况；

（2）工程项目的水文、气象和工程地质条件；

（3）工程项目的勘察、设计方案；

（4）工程项目的施工计划和进度；

（5）工程临近区域的地下、地上财产、人员情况；

（6）工程合同及有关批文；

（7）资源、原材料及公用设施条件；

（8）贷款人对风险管理与保险的要求；

（9）工程项目的组织；

（10）承包人的施工经验和损失记录；

（11）同类工程项目的经验和数据。

在项目风险评估过程中能够获取的相关信息越全面，可靠性越高，则风险分析评估的过程以及最终的评估结论相对越具有参考价值。

2）隧道施工风险源辨识原则

隧道施工是一项工程，因此，隧道施工风险辨识必须遵循工程风险源辨识的基本原则。

（1）完整性原则

完整性原则是指在工程风险计划制定阶段应全面完整地辨识出工程所潜伏的风险。不能因为风险管理者的主观原因而遗漏某些工程风险，尤其是一些重要的工程风险。为了保证风险辨识的完整性，可以采用多种风险辨识方法，从多个角度进行分析和辨识。工程风险辨识的方法很多，各种方法之间具有相互补充的作用，可以根据工程项目的具体情况选取其中的几种配合使用。多角度的工程风险辨识也可以避免风险被遗漏。工程风险辨识可以选取的角度包括时间角度、空间角度和施工工艺角度等。工程风险的时间角度是指按照工程施工各个阶段的风险环境、施工特点等因素进行工程风险的辨识。工程风险辨识的空间角度是指从不同的标段、不同的分部工程或者分项工程识别工程风险。分部工程是工程的进一步分解，是按照工程的部位和专业性质划分的工程单位。分部工程可以进一步划分为分项工程。分项工程是指按工种、材料、施工工艺等因素划分的工程单位。工程项目尤其是一些复杂的大型项目，工程常常分成若干标段分包给不同的承包人，各标段的风险环境是有所区别的，这时可以按标段辨识风险。在工程概预算中，一般把工程分为若干分部和分项工程，各个分部工程的专业性质和施工工艺等有很大区别，风险环境和风险属性也是有区别的，因而按照各个分部工程逐一进行风险辨识可以使风险辨识比较完整。多种方法和多个角度变换和交叉的结果有助于全面而无遗漏地辨识工程风险。

（2）系统性原则与重要性原则

在风险辨识过程中，系统性原则与重要性原则是紧密联系在一起的一对重要的风险辨识原则，在系统性原则指导下辨识风险的同时，还应按照重要性原则有所侧重地辨识风险。只有系统性原则与重要性原则相互结合，才能保证风险辨识的效果和效率。

①工程风险辨识的系统性原则

就是要求在工程风险计划的制定阶段，应从工程全局的角度，系统辨识工程风险。工程风险辨识的系统性主要表现为按照工程的内在施工工艺顺序和内在结构关系辨识风险。

为了实现系统地辨识工程风险，风险管理人员应深入了解工程设计和施工工艺，清楚工程施工流程和施工进度，按照工程项目施工系统的自然发展过程进行工程风险辨识。

②工程风险辨识重要性原则

即指工程风险辨识应有所侧重。侧重点应放在两个方面：一是风险属性，着力把一些重要的工程风险即风险损失较大的风险辨识出来，对于影响较小的风险可以忽略，不必花费太多的时间和人力、物力进行风险分析，这样有利于节约成本，保证工程风险辨识的效率；二是风险载体，那些对整体工程项目都有重要影响的结构，必然是工程风险辨识的重点，从系统性原则与重要性原则的关系看，前者保证了工程风险辨识的效果，而后者保证了工程风险辨识的效率。从工程项目的总体目标来说，工程风险辨识的效率或效果都是同等重要、必不可少的。

③风险辨识要点

系统性原则与重要性原则应配合运用：在重要性原则指导下的工程风险辨识必须站在工程项目系统的高度来判断风险或风险载体的重要性，即重要性原则必须以系统性原则为指导，否则从非系统的角度判断重要性可能会造成遗漏一些原本很重要的风险；在系统性原则指导下的工程风险辨识应该在系统地辨识风险的同时，有所侧重地把重要风险载体的风险和一些比较重要的风险辨识出来。

### 2.3.2 隧道施工风险源辨识方法

常用的风险识别方法包括：德尔斐法、故障树分析法、检查表法、流程图法、幕景分析法、WBS-RBS 法等。

1） 德尔斐法

专家函询法亦称为德尔斐法，此法是利用专家的经验、知识、智慧等对不能数量化、带有较大模糊性的信息，发挥专家的集体智慧，通过多次的通信信息交换而解决某个复杂问题的方法。

（1） 德尔斐法的特点

①进行专家函询法的专家应匿名进行应答。

②应答专家只知道信息反馈是全体专家的倾向，而不知具体人的意见。

③此法是在统计评估的基础上确定集体的判断。

④多次复信应答反馈。

⑤可以修改意见。

（2） 德尔斐法的优点

①该方法与前面的专家评议法相似，但比专家评议法更精确、更合理，具有专家评议法本身的优点。

②防止了因专家多而产生的当面交流困难、效率低。

③避免因权威作用或人数众多而压倒其他意见。

④多次征询意见，专家可以修改意见，防止专家考虑错漏造成的误差。

（3） 德尔斐法的缺点

①该方法具有上述专家评议法所具有的缺点。

②还具有专家不能当面交流，缺乏沟通等缺点。

（4）德尔斐法的适用范围

①难以借助精确的分析技术而可以依靠集体的直观判断进行预测的问题。

②问题庞大复杂，专家代表不同的专业并没有交流的历史。

③受时间、经费限制，或因专家间有分歧、隔阂不宜当面交换意见。

④只适用于对已有方案进行决策和判断，或从已有的几种方案中选择一种，而不能形成方案。

2）故障树分析法（FTA 法）

故障树分析法是在 1961 年美国贝尔实验室对导弹发射系统进行安全分析时，由瓦特森提出来的，由于这种方法优点很多，之后被广泛应用于工业和其他复杂大型系统之中。该方法利用图解的形式（图 2-8），将大的故障分解成小的故障，同时对引起故障的原因进行分析。图的形式像树枝一样越分越多，故称故障树。故障树经常用于直接经验比较少的风险识别，该方法的主要优点是能比较全面地分析所有故障的原因，包括人为因素，而且比较形象、直观。不足之处在于，当应用于大系统时，容易产生遗漏和错误。

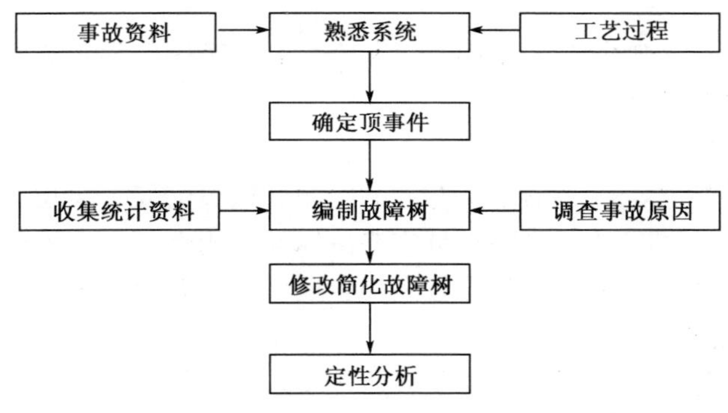


图 2-8　事故树流程图

（1）故障树分析法一般步骤

①定义工程项目的目标，此时应将影响项目目标的各种风险因素予以充分的考虑；

②做出风险效果图；

③全面考虑各种风险因素之间的相互关系，从而研究对工程项目风险所应采取的对策或行动方案。

（2）FTA 的优点

①它能识别导致事故的基本事件（基本的设备故障）与人为失误的组合，可为人们提供设法避免或减少事故发生的可能，从而降低事故发生的可能性。

②对导致灾害事故的各种因素及逻辑关系能做出全面、简洁和形象的描述。

③便于查明系统内固有的或潜在的各种危险因素，为设计、施工和管理提供科学依据。

④使有关人员全面了解和掌握各项防灾要点。

⑤便于进行逻辑运算，进行定性、定量分析和系统评价。

（3）FTA 的缺点

①FTA 步骤较多，计算也较复杂。

②在国内外数据较少，进行定量分析还需要做大量地工作。

③用 FTA 法编制的大型故障树不易理解，且与系统流程图毫无相似之点，同时在数学上往往非单一解，包含复杂的逻辑关系。

④用于大系统时，容易产生遗漏和错误。

3）检查表法

检查表（Check List）是管理中用来记录和整理数据常用的工具。用它进行风险识别，将项目可能发生的许多潜在风险列于一个表上，供识别人员进行检查核对，用来判别某项目是否存在表中所列或类似的风险。检查表中所列都是历史上类似项目曾发生过的风险，是项目风险管理经验的结晶，对项目管理人员具有开阔思路、启发联想、抛砖引玉的作用。一个成熟的项目公司或项目组织者要掌握丰富的风险识别检查表工具。

（1）检查表法的优点

检查表法的优点是检查范围明确，问题突出，容易发现工程项目内部系统中存在的缺陷，而且编制检查表省时省力。

（2）检查表法的缺点

检查表法的缺点是反映问题不全面，仅限于检查的范围，而且无法反映出内部细节的具体情况和风险源的轻重程度。

4）头脑风暴法

头脑风暴法又称智暴法，是借助于专家的经验，通过会议，集思广益获取信息的一种直观的预测和识别方法。参加讨论的人员主要由风险分析专家、风险管理专家和相关专业人员组成。该方法要求主持人必须具有较高的素质，思维敏捷，反应灵敏。

（1）头脑风暴法的一般步骤

①讨论之前，讨论人员应对讨论主题有所准备。

②讨论过程中，轮流发言、各抒己见，不进行判断性评论，并尽量将发言的原话记录完整。发言人应核对记录中自己的发言内容。

③讨论结束后，与会者共同评价讨论中的每一条意见。

④主持人对讨论意见进行总结，形成最终结论。

（2）头脑风暴法的优缺点

该方法简单易行，比较客观，所得出的结论比较充分、正确，但该方法受主观因素影响，可能存在偏差。

5）流程图法

流程图是又一种项目风险识别时常用的工具。流程图可以帮助项目识别人员分析和了解项目风险所处的具体项目环节、项目各个环节之间存在的风险以及项目风险的起因和影响。通过对项目流程的分析，可以发现和识别项目风险可能发生在项目的哪个环节或哪个地方，以及项目流程中各个环节对风险影响的大小。

项目流程图是用于给出一个项目的工作流程、项目各个不同部分之间的相互关系等信息的图表。项目流程图包括：项目系统流程图、项目实施流程图、项目作业流程图等多种形式。

流程图用来描述项目工作标准流程，它与网络图的不同之处在于：流程图的特色是判断点，而网络图不能出现闭环和判断点；流程图用来描述工作的逻辑步骤，而网络图用来排定项目工作时间。

（1）流程图法的优点

①便于从整体的角度，直观反映内部控制的特征。

②有利于审计人员对内部控制进行分析评价。

③便于审计人员根据控制程序的变化随时进行修改。

（2）流程图法的缺点

①绘制流程图有一定的技术难度，特别是比较复杂的业务，需具备较娴熟的技术和花费较多的时间。

②流程图有时很难将内部控制系统中的某些弱点明显地反映出来。

6）幕景分析法

幕景分析法是一种能够分析引起风险的关键因素及其影响的方法。一个幕景就是一个对事件未来状态的描述，它采用图标或曲线的形式来描述当影响项目的某种因素作各种变化时，整个项目的变化及其后果，供人们进行比较研究。当各种目标相互冲突排斥时，幕景分析就显得特别有用。但这种方法也有明显的局限性，即所谓的“隧道眼光”现象，即像在隧道中观察外界事务，看不到全面的情况。因为所有的幕景分析都是围绕着分析者目前的考虑、现实的价值观和信息水平进行的，容易产生偏差。

7）WBS-RBS 法

如图 2-9 所示，工作分解系统结构（WBS）是将整个工程项目进行系统分解，首先对工程项目进行分解（总工程—子工程—孙工程—……—基本活动），以分解后的最底层“基本活动”作为目标块。风险分解结构（RBS）是对风险因素按类别进行分解，最后分解到基本风险因素，如图 2-10 所示。

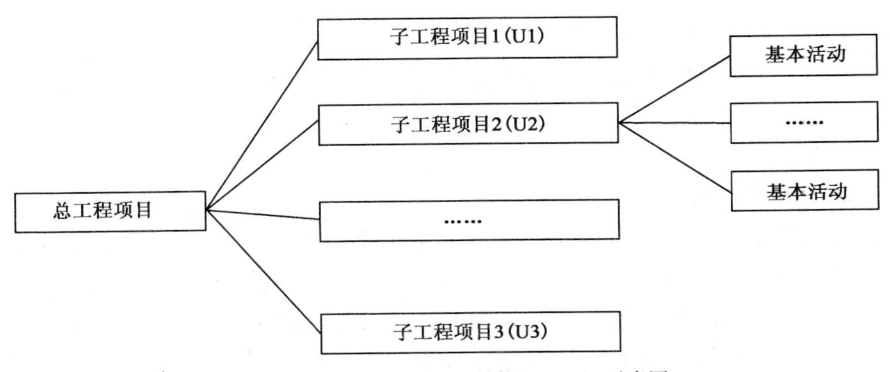


图 2-9　工程项目工作分解结构（WBS）示意图

（1）WBS-RBS 法的优点

①该方法符合风险辨识的系统性原则。在运用 WBS-RBS 法进行风险辨识时，首先要按照各项作业在施工工艺和工程结构上的关系逐级进行分解，形成作业分解树，这样风险源逐级呈现在作业分解树上，从而不容易漏掉某些重要的风险源，并且 WBS-RBS 法风险辨识也将风险进行了系统分解，这样可避免漏掉某些风险因素。总之，WBS-RBS 法风险辨识完全符合系统性原则。

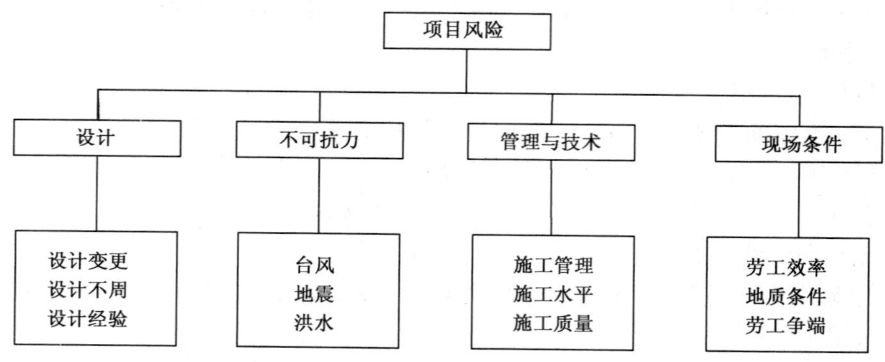


图 2-10　工程项目风险分解结构（RBS）示意图

②该方法满足风险辨识的权衡原则。在作业分解形成决策树的过程中，可以估计出各层次作业的相对权重。这样可以根据作业的相对重要程度（相对权重），有所侧重地辨识风险。因而 WBS-RBS 法风险辨识符合风险辨识的权衡原则。

③与其他风险辨识方法相比，WBS-RBS 法风险辨识使得定性分析过程更加细化，更加接近量化分析的模式。WBS-RBS 矩阵纵向（或横向）的作业分解树和横向（或纵向）的风险分解树，经过分解把作业和风险的初始状态细化了，在一定程度上规避了其他方法笼统地凭借主观判断辨识风险的弊端。

（2）WBS-RBS 法的缺点

WBS-RBS 法不够直观，分解方法不够细化。

### 2.3.3　隧道施工风险源的分类方法

从隧道工程项目风险来源和损失原因出发，可将隧道工程项目风险分为项目外风险和项目内风险。

1）隧道工程项目外风险

隧道工程项目外风险即由隧道工程项目建设环境（或条件）的不确定性而引起的风险。

（1）自然风险

自然风险通常由下列原因引起：

①恶劣的气象条件。如暴风雪、严寒等会造成新浇混凝土发生冻害，使钢材等变脆，给施工带来很大的困难；台风、龙卷风对建筑结构物和建筑机械设备作用很大的风荷载，造成建筑结构物和建筑机械设备的损坏或倒塌，还可能会造成物体坠落而引起进一步的财产损失和人员伤亡。台风、龙卷风往往伴有大雨，也会给施工带来困难或损失；酷热可能会造成混凝土质量事故，酷热会使新浇混凝土中的水分快速蒸发，影响混凝土的强度，使混凝土结构的安全度不够，另外酷热还可能使施工人员中暑而发生意外等。

②恶劣的现场条件。如施工用水用电供应的不稳定性，不利的工程地质条件；又如洪水、泥石流等。

③地震及地震引起的海啸等。

（2）社会环境风险

社会环境风险通常由下列因素引起。

①国家政治变动、战争影响。

②国家政策调整，如土地政策。

③建设法规和建设审批程序问题等。

（3）经济风险

经济风险主要产生于以下原因。

①宏观经济形势不利，如整个国家的经济发展不景气或不断滑坡。

②投资环境差。工程投资环境包括硬环境（如交通、电力供应、通信等条件）和软环境（如地方政府对工程开发建设的态度等）。

③原材料价格无规律上涨，如建筑钢材价格不断攀升、油价上涨等。

④投资回报期长或预期投资回报难以实现。

⑤通货膨胀幅度过大，税收提高过多。

2）隧道工程项目内风险

按技术因素对公路隧道工程项目风险的影响，可将隧道工程项目内风险分为技术风险和非技术风险。

（1）隧道工程项目的技术风险

隧道工程项目技术风险是指技术条件的不确定而引起的可能损失。主要表现在工程方案选择、设计、施工等过程中，在技术标准的选择、分析计算模型的采用、安全系数的确定等问题上出现偏差而形成的风险。表 2-1 给出了与技术风险因素相对应的风险事件。

**技术风险事件示例表**　　表 2-1

| 风险因素 | 典型风险事件 |
|---|---|
| 设计风险 | 设计内容不全；设计存在缺陷、错误和遗漏；规范、标准选择不当或没有执行国家的强制性规范和标准；安全系数选择不合理；地基勘察报告不详细、不准确；未考虑施工的可能性等 |
| 施工技术风险 | 施工工艺落后；施工质量差；施工技术方案不合理，施工安全措施不当；应用新技术、新方法失败；方案未考虑施工现场的实际情况等 |
| 其他 | 工艺设计未达到先进指标，工艺流程不合理，工程质量检验和工程验收未达到规定要求等 |

（2）隧道工程项目的非技术风险

隧道工程项目非技术风险是指计划、组织、管理、协调等非技术条件的不确定而引起工程项目质量、进度、成本和安全目标不能实现的可能性。表 2-2 给出了非技术风险事件示例。

## 2.4　基于 WBS-RBS 法的隧道风险源辨识

根据工程项目工作分解结构法（WBS）将隧道施工过程进行子阶段分解，结合项目风险分解结构法（RBS）分解的基本风险因素，总结先前公路隧道施工风险分析的资料和信息数据及现场实际情况，结合现场管理人员及相关专家的经验，在研究过程中，共邀请了 20 位专业工程技术人员，一类 5 位，二类 6 位，三类 6 位，四类 3 位，对公路隧道施工过程中潜在的风险因素进行辨识。

**非技术风险事件示例表** 表 2-2

| 风 险 因 素 | 典型风险事件 |
|---|---|
| 施工管理风险 | 进场前期准备不足；供水供电不稳定；材料设备供应不及时；对恶劣气候条件准备不足；施工组织和施工进度安排不合理；对外界和业内协调不及时；对监控量测数据不重视；安全预案不当等 |
| 材料风险 | 材料供应不足、供货出错以及质量不合格等；材料生产、运输、储存、施工中的损耗或浪费；设备不合格或不配套、设备生产能力不足，设备安装、调试失败、使用损坏等 |
| 合同风险 | 工程清单错误或遗漏、工程单价或总价错误；评标和决标不公平；施工合同不公平，如工期短和标价低；建设单位和分包商违约等 |

1）洞口段施工风险因素

洞口段施工风险因素详见表 2-3。

**洞口段施工风险因素** 表 2-3

| | |
|---|---|
| 设计风险 | 设计单位资质和管理水平影响 |
| | 设计资料的有效性和合法性影响 |
| | 设计资料的质量不符合要求，如设计规范性和合理性等 |
| | 设计与施工实际相脱离 |
| | 设计资料延误影响 |
| 施工技术风险 | 现场调查不充分 |
| | 把握设计资料的准确性和灵活性程度不足 |
| | 施工工艺、水平落后 |
| | 施工技术方案不合理 |
| | 临时设施的设计和施工失误 |
| 施工管理风险 | 进场前期准备不足影响 |
| | 场地使用权延误影响 |
| | 供水供电不稳定影响 |
| | 材料设备供应不及时 |
| | 对恶劣气候条件准备不足 |
| | 安全预案不当 |
| 材料设备风险 | 材料供应不足、供货出错以及质量不合格等 |
| | 材料生产、运输、储存、施工中的损耗或浪费 |
| | 设备进场延误、设备不合格或不配套、设备生产能力不足，设备安装、调试失败、使用损坏等 |

续上表

| | |
|---|---|
| 经济风险 | 建设单位延误工程款项 |
| | 在保险公司和银行信用度不足 |
| | 工程流动资金短缺、资金使用不合理 |
| | 国家税务变化、利息调整 |
| | 设备、原材料等费用上调 |
| | 施工管理费和员工工资福利上涨 |
| | 社会征费增加 |
| | 工期增加 |
| 合同风险 | 投标前期现场勘察工作不足 |
| | 工程清单错误或遗漏、工程单价或总价错误 |
| | 评标和决标不公平 |
| | 施工合同不公平，如工期短和标价低 |
| | 建设单位和分包商违约 |
| | 索赔条款不明或欠缺 |
| 人员风险 | 普通工人、技术人员、管理人员素质，如技术、效率、责任感等 |
| | 建设和监理单位的不合作 |
| | 人事变动或人员伤亡 |
| 社会环境风险 | 国家政治变动、战争影响 |
| | 国家政策调整，如土地政策 |
| | 建设法规和建设审批程序问题 |
| | 社会纠纷及不公正裁决 |
| 自然灾害风险 | 地表结构物被破坏 |
| | 地震、洪水、台风、暴雨、冰雪、火灾等自然灾害影响 |
| | 瘟疫和传染病等疾病影响 |
| | 生态被破坏影响 |
| | 废弃物处理问题 |

2）洞身正常段施工因素

洞身正常段施工因素详见表 2-4。

**洞身正常段施工风险因素**　　表 2-4

| | |
|---|---|
| 地质条件风险 | 节理裂隙发育 |
| | 地质勘探的不确定性，如未探明不良地质的发育情况或探测不准确、试验不当等 |
| 设计风险 | 设计单位资质和管理水平影响 |
| | 设计资料的有效性和合法性影响 |
| | 设计资料的质量不符合要求，如设计规范性和合理性等 |
| | 设计与施工实际相脱离 |
| | 设计资料延误影响 |
| | 设计变更、修改和审批延误影响 |

续上表

| | |
|---|---|
| 施工技术风险 | 现场调查不充分 |
| | 应用不成熟新材料、新技术、新方法等或应用失败 |
| | 对把握设计资料准确性和灵活性程度不足 |
| | 施工工艺、水平落后 |
| | 对由于施工造成的周围建筑或地表沉降控制不力 |
| | 施工技术方案不合理 |
| | 临时设施的设计和施工失误 |
| 施工管理风险 | 进场前期准备不足影响 |
| | 供水供电不稳定影响 |
| | 材料设备供应不及时 |
| | 对恶劣气候条件准备不足 |
| | 施工组织和施工进度安排不合理 |
| | 对外界和业内协调不及时 |
| | 对监控量测数据不重视 |
| | 安全预案不当 |
| 材料设备风险 | 材料供应不足、供货出错以及质量不合格等 |
| | 材料生产、运输、储存、施工中的损耗或浪费 |
| | 设备不合格或不配套、设备生产能力不足，设备安装、调试失败、使用损坏等 |
| 经济风险 | 建设单位延误工程款项 |
| | 在保险公司和银行信用度不足 |
| | 工程流动资金短缺、资金使用不合理 |
| | 国家税务变化、利息调整 |
| | 设备、原材料等费用上调 |
| | 施工管理费和员工工资福利上涨 |
| | 社会征费增加 |
| | 工期增加 |
| 合同风险 | 投标前期现场勘察工作不足 |
| | 工程清单错误或遗漏、工程单价或总价错误 |
| | 评标和决标不公平 |
| | 施工合同不公平，如工期短和标价低 |
| | 建设单位和分包商违约 |
| | 索赔条款不明或欠缺 |
| 人员风险 | 普通工人、技术人员、管理人员素质，如技术、效率、责任感等 |
| | 建设和监理单位的不合作 |
| | 人事变动或人员伤亡 |

续上表

| | |
|---|---|
| 社会环境风险 | 国家政治变动、战争影响 |
| | 国家政策调整，如土地政策 |
| | 建设法规和建设审批程序问题 |
| | 社会纠纷及不公正裁决 |
| 自然灾害风险 | 地表结构物被破坏 |
| | 地震、洪水、台风、暴雨、冰雪、火灾等自然灾害影响 |
| | 瘟疫和传染病等疾病影响 |
| | 生态被破坏影响 |
| | 废弃物处理问题 |

3）洞身不良地质段施工因素

洞身不良地质段施工风险因素详见表 2-5。

**洞身不良地质段施工风险因素**　　表 2-5

| | |
|---|---|
| 地质条件风险 | 不良地质发育，如节理裂隙、断层、溶洞、瓦斯以及特殊地层等 |
| | 地质勘探的不确定性，如未探明不良地质的发育情况或探测不准确、试验不当等 |
| 设计风险 | 设计单位资质和管理水平影响 |
| | 设计资料的有效性和合法性影响 |
| | 设计资料的质量不符合要求，如设计规范性和合理性等 |
| | 设计和施工实际相脱离 |
| | 设计资料延误影响 |
| | 设计变更、修改和审批延误影响 |
| 施工技术风险 | 现场调查不充分 |
| | 应用不成熟新材料、新技术、新方法等或应用失败 |
| | 对把握设计资料准确性和灵活性程度不足 |
| | 施工工艺、水平落后 |
| | 对由于施工造成的周围建筑或地表沉降控制不力 |
| | 施工技术方案不合理 |
| | 临时设施的设计和施工失误 |
| 施工管理风险 | 进场前期准备不足影响 |
| | 供水供电不稳定影响 |
| | 材料设备供应不及时 |
| | 对恶劣气候条件准备不足 |
| | 施工组织和施工进度安排不合理 |
| | 对外界和业内协调不及时 |
| | 对监控量测数据不重视 |
| | 安全预案不当 |

续上表

| | |
|---|---|
| 材料设备风险 | 材料供应不足、供货出错以及质量不合格等 |
| | 材料生产、运输、储存、施工中的损耗或浪费 |
| | 设备不合格或不配套、设备生产能力不足，设备安装、调试失败、使用损坏等 |
| 经济风险 | 建设单位延误工程款项 |
| | 在保险公司和银行信用度不足 |
| | 工程流动资金短缺、资金使用不合理 |
| | 国家税务变化、利息调整 |
| | 设备、原材料等费用上调 |
| | 施工管理费和员工工资福利上涨 |
| | 社会征费增加 |
| | 工期增加 |
| 合同风险 | 投标前期现场勘察工作不足 |
| | 工程清单错误或遗漏、工程单价或总价错误 |
| | 评标和决标不公平 |
| | 施工合同不公平，如工期短和标价低 |
| | 建设单位和分包商违约 |
| | 索赔条款不明或欠缺 |
| 人员风险 | 普通工人、技术人员、管理人员素质，如技术、效率、责任感等 |
| | 建设和监理单位的不合作 |
| | 人事变动或人员伤亡 |
| 社会环境风险 | 国家政治变动、战争影响 |
| | 国家政策调整，如土地政策 |
| | 建设法规和建设审批程序问题 |
| | 社会纠纷及不公正裁决 |
| 自然灾害风险 | 地表结构物被破坏 |
| | 地震、洪水、台风、暴雨、冰雪、火灾等自然灾害影响 |
| | 瘟疫和传染病等疾病影响 |
| | 生态被破坏影响 |
| | 废弃物处理问题 |

## 2.5 本章小结

（1）从风险的定义、分类和特性出发，分析并阐述风险的内涵、风险管理的各个环节、风险管理与评价的程序、隧道施工动态风险管理的流程。隧道施工是一个动态过程，对隧道施工实施动态管理，是风险辨识、风险估计、风险评价、风险应对、风险监控和风险再分析几个环节循环的过程。

（2）阐述隧道施工中各种风险源、风险源成因及产生机理。隧道施工风险发生机理：由于孕险环境的存在，加上致险因子的诱导，就有可能引发风险事故的发生，进一步对各种承载体造成损失。

（3）阐述隧道风险源辨识的依据和原则，风险辨识必须遵循完整性原则、系统性原则和重要性原则。分析了常用的风险源辨识方法如德尔斐法、故障树分析法、检查表法、流程图法、幕景分析法、WBS-RBS 法等的优缺点及适用范围，并从风险来源和损失原因出发，将隧道工程项目风险分为项目外风险和项目内风险。项目外风险主要包括自然风险、经济风险、社会环境风险。项目内风险又可分为技术风险和非技术风险，其中技术风险包括设计风险和施工技术风险，非技术风险包括施工管理风险、材料风险、人员风险等。

（4）根据 WBS 法，将公路隧道的施工分为洞口段、洞身正常段和洞身不良地质段三个阶段。然后运用 RBS 法，根据风险的类别不同进行分解分为地质条件风险、设计风险、施工技术风险、施工管理风险、材料风险、经济风险、合同风险、人员风险、社会环境风险、自然灾害风险，实现把复杂的施工过程分解为简单的风险因素。

# 第3章　隧道施工动态风险评估指标体系

## 3.1　隧道施工围岩支护与结构稳定

### 3.1.1　隧道修建技术概述

1）隧道施工特点

隧道施工具有如下特点：

（1）工程地质和水文地质条件对隧道施工起着重要作用，甚至是决定性作用。

（2）施工速度慢，工期较长。

（3）施工环境差。

（4）多位于山岭地区，远离交通线，运输不便，供应困难。

（5）隧道埋设于地下，一旦建成就难以更改，施工中应做到不留后患。

2）隧道施工方法及其选择

（1）隧道施工方法的分类

隧道施工方法大致可分为明挖法、暗挖法两大类。明挖法又可分为基坑挖开法、盖挖法、沉管法三类工法。而盖挖法又可细分为逆筑法、顺筑法两类工法。暗挖法又可分为钻爆法（矿山法）、非钻爆法两类工法。其中钻爆法又可分为传统的矿山法、新奥法两类工法；非钻爆法又可分为盾构法、掘进机法、顶进法三类工法。

（2）隧道施工工法的选择依据

选择隧道施工方案时要考虑如下因素：

①工程的重要性。一般由工程的规模、使用上的特殊要求以及工期的缓急体现出来。

②隧道所处的工程地质和水文地质条件。

③施工技术条件和机械装备状况。

④施工中动力和原材料供应情况。

⑤工程投资后的社会效益和经济效益。

⑥施工安全状况。

⑦有关污染、地面沉降等环境方面的要求和限制。

3）隧道开挖施工方法

（1）隧道开挖作业原则

①开挖断面尺寸要满足设计要求，确定合理开挖步骤和循环进尺，保持各开挖工序相互衔接及均衡施工。

②采用有效的测量手段控制开挖轮廓线，开挖宜预留变形量。

③开挖作业不得危及初期支护、衬砌和设备的安全，保护好量测用的测点；开挖后要做好地质构造的核对和监控量测工作，监控量测要及时，地质变化处和重要地段，要有相

应的照片和文字记录描述。

④开挖作业段保证安全，减少对围岩的扰动。

（2）隧道爆破

隧道爆破应采用光面爆破，隧道爆破在必要时可采用预裂爆破技术，施工中提高钻眼效率和爆破效果，降低工料消耗；开挖爆破应选用适当的炸药品种和型号，在漏水和涌水地段应采用非电导爆管起爆。双洞开挖时要根据两洞的轴线间距、洞口里程距离、地质条件及其他自然条件，选择适宜的开挖方法，确定好两洞开挖的时间差和距离差，并采取措施防止后行洞开挖对先行洞壁产生不良影响。隧道双向开挖接近贯通时，两端施工应加强联系并统一指挥。当两开挖面间距离剩下 15 ~30m 时，应改为单向开挖，并落实贯通面的安全措施，直到贯通为止。

（3）隧道开挖方法

隧道开挖方法主要有全断面法、台阶法、环形开挖留核心土法、中隔壁法、双侧壁导坑法、中导洞法等施工方法。应根据隧道长度、断面大小、结构形式、工期要求、机械设备、地质条件等选择适宜的开挖方案，并应具有较大适应性，变换开挖方法时应有过渡措施。新奥法施工工法基本可分为全断面法、台阶法、分部开挖法三类，分部开挖法包括三种开挖方案：台阶分部开挖法、单侧壁导坑法、双侧壁导坑法。新奥法施工的基本原则可概括为：少扰动、早喷锚、勤量测、紧封闭。隧道仰拱部位开挖要符合如下规定：挖至设计高程时，底面要圆顺、渣物应清除；做好排水设施，清除积水；隧道底两隅与侧墙连接处要圆顺；仰拱部开挖时，要采取措施保证施工交通安全。

常用几种施工开挖方法的适用性、规定要求、开挖支护顺序等项内容如下：

①全断面法。全断面法是按照隧道轮廓线一次爆破成型的施工方法。全断面法适用于岩质较均匀的Ⅰ ~ Ⅲ级围岩中小跨度隧道，Ⅳ级围岩中跨度隧道，Ⅲ级围岩大跨度隧道在采用了有效的预加固措施后，也可采用全断面开挖法。全断面法施工要符合下列规定：循环进尺宜控制在 3 ~4m；围岩自稳性好，无地下水出露或出露量不大；要求采用大型施工机械配套作业，施工长度和施工区段长度不宜过短；超前开挖导洞时，应控制开挖距离；对于邻近有建筑物需要控制爆破振动速度的隧道用全断面开挖时，可以选择导洞超前再全断面扩挖的方法施工，但应控制导洞超前距离。

隧道施工步骤主要为：钻孔→装药→爆破→排石→运渣→安装锚杆→喷混凝土。如图 3-1所示，隧道开挖施工顺序为：①全断面开挖→②初期支护→③全断面二次衬砌。

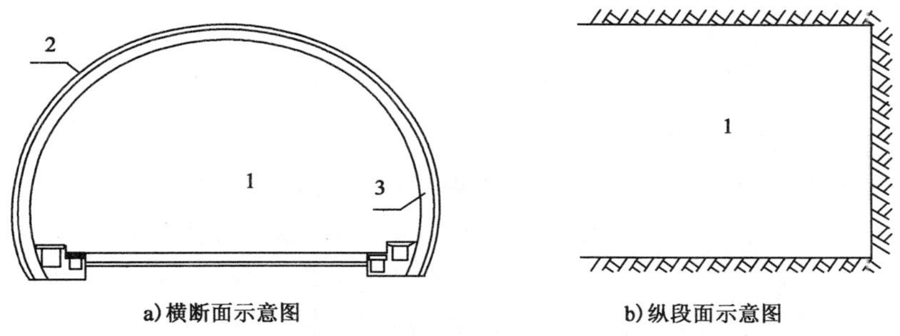


图 3-1　全断面法开挖支护工序

②台阶法。施工方法是先开挖上半断面，待开挖至一定长度后再开挖下半断面，上下半断面同时并进。台阶法可用于Ⅲ～Ⅳ级围岩的中小跨度隧道，Ⅴ级围岩的中小跨度隧道在采用了有效的预加固措施后也可采用台阶法开挖。台阶法施工要符合下列规定：上台阶高度宜为2.5m，装渣机械紧跟开挖面；台阶长度不宜超过隧道开挖宽度的1.5倍，台阶不宜多分层，上下台阶之间的距离尽可能满足机具正常作业，并减少翻渣工作量，当顶部围岩破碎需支护时，可适当延长台阶长度；施工应先支护后开挖，宜采用超前锚杆或超前小钢管辅助施工措施，开挖应尽量采用微震光面爆破技术；初期支护应紧跟开挖面，上台阶钢架施工时，应采取有效措施控制其下沉和变形，钢架底脚宜设锁脚锚杆和纵向槽钢托梁；下台阶应在上台阶喷射混凝土强度达到设计强度的70%后开挖；隧道两侧的沟槽及铺底部分应和下台阶一次开挖成型；台阶分界线不得超过起拱线，台阶长度不得大于隧道开挖宽度的1.5倍，下台阶马口落底长度不大于2榀钢拱架的长度，应一次落底并尽快封闭成环；台阶长度不宜过长，应尽快安排仰拱闭合，改善初期支护受力条件；岩体不稳定时应缩短进尺，先施工边墙支护后再开挖中间岩体，左右错开或拉中槽后再开挖边墙。

根据台阶的长度可分为：长台阶、短台阶、超短台阶。长台阶法上台阶超前50m以上或大于5倍洞跨，上、下台阶可以平行作业，也可以交替作业，只需配备中型钻孔台车，这种工法对维持开挖断面稳定十分有利，主要适用于Ⅲ～Ⅳ类围岩条件。短台阶法的上台阶超前小于5倍大于1～1.5倍洞跨，上下台阶平行作业，可缩短支护闭合时间，改善初次支护的受力条件，主要适用于Ⅳ～Ⅴ类围岩条件，尤其是Ⅳ类围岩所采用的主要方法。超短台阶法，上台阶仅超前3～5m，只能采用交替作业，全断面闭合时间更短，更有利于围岩变形。上下断面相互干扰较大，施工速度较慢。适用于膨胀性围岩和土质围岩；适用于机械化程度不高的各类围岩。

如图3-2所示，隧道开挖施工顺序：①上台阶开挖→②上台阶初期支护→③下台阶开挖→④下台阶初期支护→⑤全断面二次衬砌。

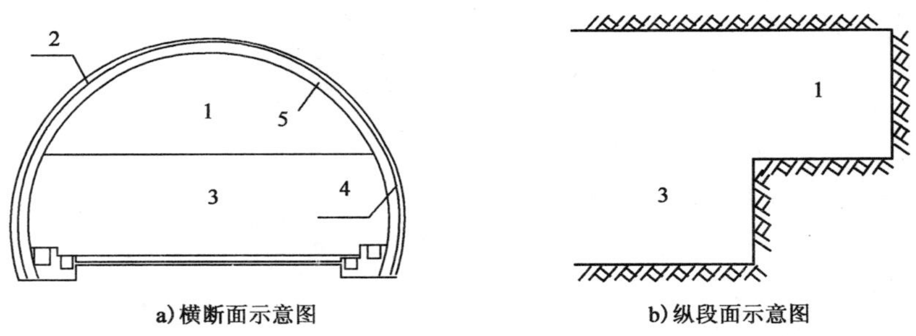


图3-2　台阶法开挖支护工序

采用台阶法要坚持如下规定：

a. 上台阶高度宜为2.5m，装渣机械应紧跟开挖面，减少扒渣距离；

b. 控制上台阶钢架下沉和变形，可采用扩大拱脚和加强锁脚锚杆，加设临时仰拱等措施；

c. 当岩体不稳定时，应缩短进尺，先施工边墙支护，后开挖中间土体，左右错开或拉中槽后再开挖边墙，并及时施工仰拱；

d. 应解决好上、下部施工干扰问题，下部应减少对上部围岩、支护的干扰和破坏。

③环形开挖留核心土法。施工方法是先开挖上部导坑，并进行初期支护，再分部开挖剩余部分。该法可用于Ⅳ～Ⅴ级围岩或一般土质围岩的中小跨度隧道。环形开挖留核心土法施工要符合以下规定：将开挖面分为上、中、下及底部四个部分逐级掘进施工，每循环开挖进尺控制在0.5～1.0m之间，核心土面积不小于整个断面面积的50%，上部宜超前中部3～5m，中部超前下部3～5m，下部超前底部10m左右，为方便机械作业，上部开挖高度控制在4.5m左右，中部台阶高度也控制在4.5m左右，下部台阶控制在3.5m左右。每一台阶开挖完成后，要及时喷射4cm厚混凝土对围岩进行封闭，施工喷错支护、安设钢架支撑和锁脚锚杆，分层复喷混凝土到设计厚度，必要时各台阶设临时仰拱加强支护，完成一个开挖循环，相邻钢架必须用钢筋连接，并应按设计要求施工锁脚锚杆。围岩地质条件差，自稳时间短时，开挖前按设计要求进行超前支护。核心土与下台阶开挖要在上台阶支护完成、喷锚混凝土强度达到设计强度的70%后进行。为防止上台阶初期支护下沉变形，其底部宜加设槽钢托梁，托梁与钢架连为一体，钢架底部应按要求设置锁脚锚杆，并与纵向槽钢焊接，锚杆布设俯角宜为45°。对土质隧道应以核心土为基础设立3根临时钢架竖撑以支撑拱顶和拱腰，核心土根据围岩量测结果适当滞后开挖。

如图3-3所示，隧道开挖施工顺序：①弧形导坑开挖→②拱部初期支护→③预留核心土开挖→④下台阶中部开挖→⑤下台阶侧壁开挖→⑥仰拱超前浇筑→⑦全断面二次衬砌。

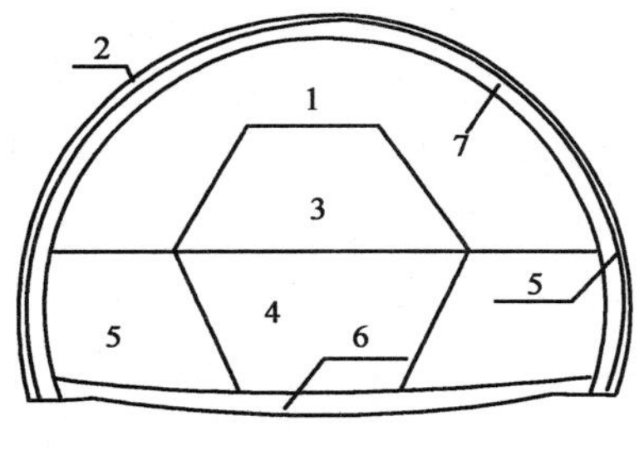


a）横断面示意图

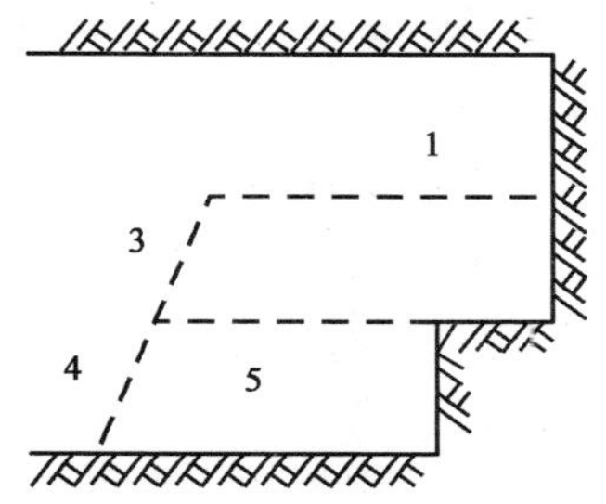


b）纵段面示意图

图3-3　环形开挖留核心土法开挖支护工序

④双侧壁导坑法。采用分部开挖隧道两侧的导坑，并进行初期支护，再分部开挖剩余部分的施工方法。双侧壁导坑法适用于浅埋大跨度隧道及地表下沉量要求严格而围岩条件很差的情况。采用该法施工要符合下列规定：围岩开挖应尽量采用挖掘机和人工配合无爆破施工，局部需爆破施工时宜采取弱爆破，尽量减少对地层的扰动；开挖应严格按规范做好监控量测工作，及时掌握围岩及支护的变形情况，以便及时修正支护参数，改变施工方法，同时做好地质超前预报工作；认真做好开挖时的排水工作，在保证排水畅通的同时，重点对两侧临时铺砌抹面，防止钢支撑基底软化；侧壁导坑开挖后，要及时施工初期支护并尽早封闭成环；侧壁导坑形状应近于椭圆形断面，导坑跨度宜为整个隧道跨度的1/3；左右导坑施工时，前后拉开距离不宜小于15m；导坑与中间土体同时施工时，导坑应超前30～50m。

如图3-4所示，双侧壁导坑法隧道开挖施工顺序为：①左（右）导坑开挖→②左（右）导坑初期支护→③右（左）导坑开挖→④右（左）导坑初期支护→⑤上台阶开挖→

⑥上台阶初期支护、导坑隔壁拆除→⑦下台阶开挖→⑧仰拱初期支护→⑨仰拱超前浇筑→⑩全断面二次衬砌。

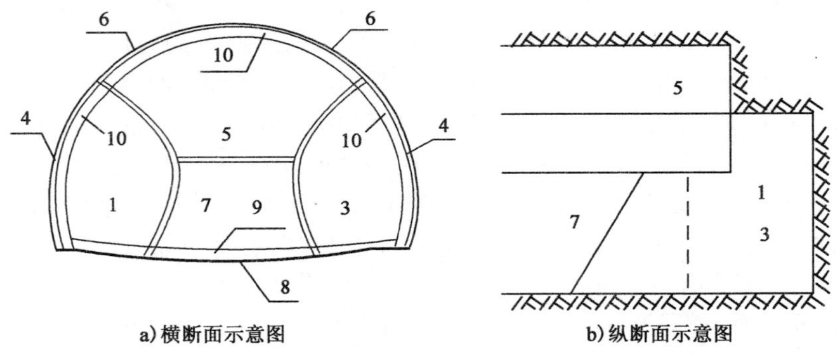


图 3-4 双侧壁导坑法开挖支护工序

⑤中隔壁法（CD 法）。CD 法是在软弱围岩大跨度隧道中先分部开挖隧道的一侧，并施作中隔壁，然后再分部开挖另一侧的施工方法。中隔壁法适用于围岩地质条件较差、跨度大、浅埋、地表沉降需要控制的情况。该法施工要符合下列规定：上部导坑的开挖循环进尺控制为 1 榀钢架间距（0.75 ~ 0.8m），下部导坑的开挖进尺可依据地质情况适当加大；初期支护完成后方可进行下一分部开挖，地质较差时，每个台阶底部均应按设计要求设临时钢架或临时仰拱；各部开挖时，周边轮廓应尽量圆顺；应在先开挖侧喷射混凝土，强度达到设计要求后再进行另一侧开挖；左右两侧导坑开挖工作面的纵向间距不宜小于 15m；当开挖形成全断面时，要及时完成全断面初期支护闭合；中隔壁及临时支撑应在浇筑二次衬砌时逐段拆除；导坑开挖孔径及台阶高度可根据施工机具、人员等安排进行适当调整，应配备适合导坑开挖的小型机械设备，提高导坑开挖效率；拱顶下沉 7d 内增量在 2mm 以下，可以拆除中隔壁，中隔壁拆除应滞后于仰拱，一次拆除长度应根据量测数据慎重确定，拆除后应立即施作二次衬砌。

如图 3-5 所示，隧道开挖施工顺序：①先行导坑上部开挖→②先行导坑上部初期支护→③先行导坑中部开挖→④先行导坑中部初期支护→⑤先行导坑下部开挖→⑥先行导坑下部初期支护→⑦后行导坑上部开挖→⑧后行导坑上部初期支护→⑨后行导坑中部开挖→⑩后行导坑中部初期支护→⑪后行导坑下部开挖→⑫后行导坑下部初期支护→⑬仰拱超前浇筑→⑭全断面二次衬砌。

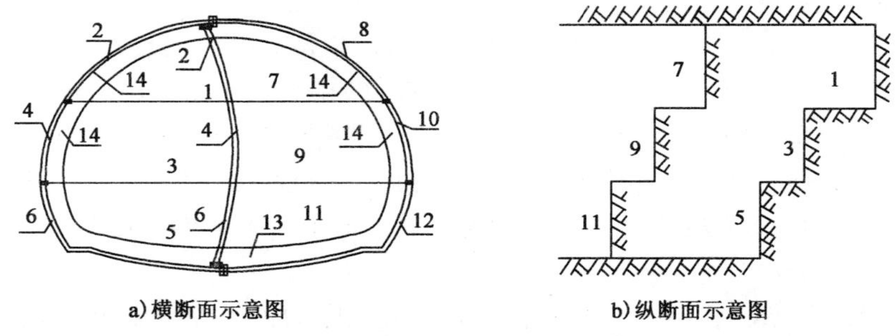


图 3-5 中隔壁法（CD 法）开挖支护工序

⑥交叉中隔壁法（CRD法）。CRD法是在软弱围岩大跨度隧道中，先分部开挖隧道一侧，施作中隔壁和横隔板，再分部开挖隧道另一侧并完成横隔板施工的施工方法。交叉中隔壁法适用于围岩地质条件较差、跨度大、浅埋、地表沉降需要控制的情况。采用该法施工要符合的规定与中隔壁法大体相同：为确保施工安全，上部导坑开挖循环进尺控制为1榀钢架间距（0.6～0.75m），下部开挖可依据地质情况适当加大，仰拱一次开挖长度依据监控量测数据结果、地质情况综合确定，一般不宜大于6m；中间支护系统的拆除时间应考虑其对后续工序的影响，当围岩变形达到设计允许的范围，并在严格考虑拆除的安全性后方可拆除。中隔壁混凝土拆除时，要防止对初期支护系统形成大的振动和扰动；中隔壁的拆除时间要求同CD法；要配备适合导坑开挖的小型机械设备。

如图3-6所示，隧道开挖施工顺序为：①左侧上部开挖→②左侧上部初期支护→③左侧中部开挖→④左侧中部初期支护→⑤右侧上部开挖→⑥右侧上部初期支护→⑦右侧中部开挖→⑧右侧中部初期支护→⑨左侧下部开挖→⑩左侧下部初期支护→⑪右侧下部开挖→⑫右侧下部初期支护→⑬仰拱超前浇筑→⑭全断面二次衬砌。

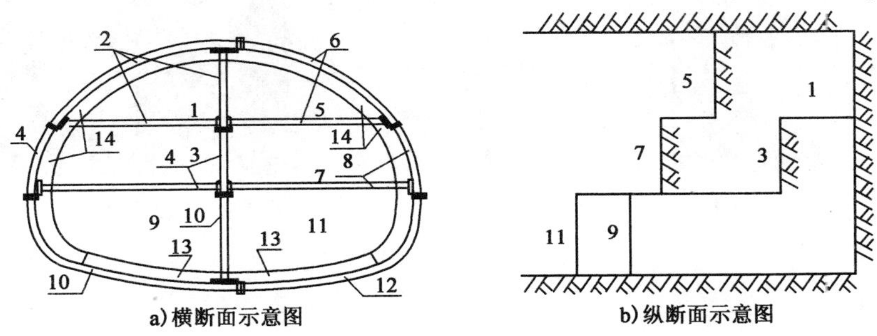


图3-6　交叉中隔壁法（CRD法）开挖支护工序

4）隧道掘进技术

隧道施工的掘进方式是指对坑道设计断面内岩土体的破碎及挖除方式和方法。目前，常用的隧道掘进技术大致可分三种：人工开挖掘进、钻眼爆破掘进、机械开挖掘进（单臂掘进机掘进、TBM掘进机掘进），如图3-7所示。一般山岭隧道最常用的是钻眼爆破并配合人工掘进。无论采用机械掘进或人工掘进，均应注意掌握掘进速度，要做到及时支护，不要让围岩暴露时间过长产生风化作用及变形过大。若开挖面不能自稳，则应同时采取相应而且有效的辅助稳定措施——支撑或支护。

隧道掘进方式选择要坚持如下原则：隧道施工中，掘进方式是影响围岩稳定的重要因素之一。因此，在选择掘进方式时，应根据坑道地质条件，岩体的坚硬程度、围岩的稳定性、不同掘进方式对围岩的扰动程度、支护条件、机械设备能力、经济性等相关因素进行综合分析，选用较为恰当的掘进方式。由于洞内地质情况千变万化，所以三种基本掘进方式要配合使用，要机动灵活。三种掘进方式和适应范围如下。

（1）人工掘进是采用十字镐、风镐等简易工具来开挖岩土体。人工掘进速度较慢，劳动强度很大。一般在不能采用爆破掘进的软弱破碎围岩和土质隧道中，若隧道工程量不太大，工期要求不太紧，又无机械或不宜采用机械掘进，或长大隧道机械掘进中的局部小工作面，则可以采用人工掘进。人工掘进施工中应做好安全防护措施，并应安排专人负责观

a）人工开挖

b）钻爆开挖

c）单臂掘进机掘进

d）TBM掘进机掘进

图 3-7　隧道施工掘进技术

察工作面的安全。

（2）机械掘进：单臂掘进机掘进是采用装在可移动式机械臂上的切削头来破碎岩体，并挖除坑道范围内的岩体，可连续掘进，但只适用于软岩及土质隧道。单臂掘进机可挖掘任意形状的坑道和大小跨度的隧道，对围岩的稳定性影响较小，扰动破坏性少。常用的单臂掘进机是铁盘式采矿机，挖斗式挖掘机和铲斗式装渣机也可用于隧道掘进，机动灵活，适应能力较强。

TBM 掘进机法是利用掘进机在岩石地层挖掘隧道的一种施工方法，它是一种集掘进、出渣、支护和通风、防尘等多功能为一体的高效隧道施工方法。掘进机是山岭隧道高度机械化的开挖设备，与钻爆法相比，掘进机法虽然投资多，但具有施工快速、质量好、安全、经济、环保等突出优点。掘进机的适用范围必须根据岩石的抗压强度、裂隙、节理发育状态、涌水状态等地层岩性条件的实际状况，机械构造，以及隧道的断面、长度、埋深、选址条件等进行判断和综合考虑。采用掘进机施工时，要明确地质条件及必要预处理措施，该法适用于中硬岩层的圆形断面隧道；在机械条件方面，要进行合理选型及完善配套系统；对作业场地和运输方案有特殊要求；对企业自身的实际能力如制造维修、经济实力、施工技术水平及管理水平等都有要求。

（3）钻眼爆破掘进是山岭隧道工程中最常用的掘进方式，它是用钻眼装炸药爆破坑道范围内的岩体。钻爆掘进前首先应进行钻爆设计，钻爆设计应根据地质条件、开挖断面、开挖方法、掘进循环进尺、钻眼机具、爆破材料和出渣能力等因素综合考虑。它一般只适用于石质隧道。硬岩宜采用光面爆破，软岩宜采用预裂爆破，分部开挖时可采用预留光爆层光面爆破。钻爆作业须按照钻爆设计进行钻眼、装药、接线和引爆，并应根据钻爆设计要求选定钻眼效益高的钻眼机械。采用钻爆掘进时，尤其应当实施控制爆破，以减少爆破振动对围岩破坏和对已作支护及衬砌结构的影响。山岭隧道工程中常用的凿岩机有风动、液压凿岩机两种，较少采用电动凿岩机和内燃凿岩机。将多台凿岩机安装在一个专门的移动设备上，实现多机同时作业，集中控制，称为多臂凿岩台车。

5）隧道支护技术

目前，锚喷支护技术得到广泛应用。锚喷支护是指由锚杆、喷射混凝土支护以及它们与其他支护结构的组合。锚喷支护类型主要有：

（1）锚杆支护。

（2）喷射混凝土支护。

（3）锚杆喷射混凝土支护。

（4）钢筋网喷射混凝土支护。

（5）锚杆、钢网、钢架喷射混凝土支护。

（6）锚杆、钢网喷射混凝土支护。

（7）预应力锚杆、钢网喷射混凝土支护。

（8）浇筑混凝土衬砌等。

### 3.1.2 隧道开挖后应力状态分析

由于岩体的自重和地质构造作用，在开挖隧道前岩体中就已经存在着一定的地应力场，人们称之为围岩的初始应力场（又称原始地应力场）。它是经历了漫长的应力历史而逐渐形成的，并处于相对稳定和平衡状态之中。隧道开挖后，使得围岩在开挖边界处解除了约束，应力失去平衡，此时洞室周边的法向应力和剪应力都变为零，即$\sigma_n=0$，$\tau=0$。其结果引起了洞室变形（这种变形系岩体卸载而发生的回弹变形），产生应力重分布，形成围岩的新的应力平衡状态（应力场），称为围岩二次应力场。由此可以看出，因开挖隧道而引起的围岩变形、破坏、应力传播等一切岩石力学现象无一不与围岩的初始应力场密切相关，都是初始应力场发展的延续。

影响围岩二次应力状态的因素有很多，如围岩的初应力状态、岩体的构造因素（结构面、岩块组合形态等）、坑道形状和尺寸、埋深以及坑道施工技术等。隧道开挖后周围岩体中的应力、位移，视围岩强度可分为两种情况：一种是隧道开挖后围岩仍处在弹性状态，此时，隧道围岩除产生稍许松弛外（由于爆破造成的）是稳定的，称之为弹性二次应力状态及位移状态；另一种是隧道开挖后，其周围一定范围内岩体的应力达到或超过岩体的屈服条件，此范围内的隧道围岩处于塑性甚至松弛状态，将产生塑性滑移、松弛或破坏，而在此范围以外的围岩仍处于弹性状态，称之为塑性二次应力状态及位移状态。

坑道稳定性是指隧道围岩在开挖过程中，在不设任何支护情况下所具有的稳定程度。因此，无支护地段的暴露岩体，在要求时间内不发生破坏、滑动，且其径向位移不超过允许值时是稳定的。无支护坑道围岩的失稳破坏有如下三种形式。

①由于破碎岩体的自重作用，超过了它们脱离岩体的阻力而多在顶部、较少在侧壁处造成局部崩塌。

②由围岩应力重分布所造成的应力集中区域内的岩体强度破坏而形成的崩塌。一般发生在脆性岩体中，且在多数情况下，岩体破坏从坑道侧壁开始，同时岩体的破坏和位移也可能发生在顶部和底部。

③在塑性岩体中，稳定的丧失是由于塑性变形，岩体产生了过度的位移，但无明显的破坏迹象。

隧道围岩丧失稳定乃是围岩二次应力与岩体强度特性矛盾过程的发展结果。围岩的二次应力场是客观存在的，但能否造成隧道围岩的失稳破坏，要具有一定的转化条件和转化过程。从工程设计的角度来看，这个转化条件就是所谓的判据。严格地说，破坏判据应该是根据物理实验所获得的破坏机理而建立起来的材料破坏的力学法则，它必须包含具有一定物理意义的基准值以及表示材料状态的特征值，如应力状态或变形状态。众所周知，隧道围岩破坏机理十分复杂，目前还没有从理论上建立起一个判别隧道围岩稳定性的标准方法。根据工程设计的实践经验，这个判据应包括三方面的内容。

1）围岩的二次应力状态与岩体强度的关系

实践证明，只有围岩的应力状态超过岩体的强度条件，才能造成岩体的塑性变形、剪切破坏、坍塌、滑动、弯曲变形等失稳的前兆。所以，满足岩体的强度条件是围岩失稳和破坏的必要条件。由于岩体中实际存在的不连续性和各向异性，岩体的强度必然不能直接引用岩石强度公式。岩石力学工作者虽经过多年努力，迄今仍未建立起一个完备而又实用的岩体强度的理论判据。

2）围岩位移状态和岩体变形能力的关系

隧道是高次超静定结构，围岩局部区域进入塑性状态或受拉破坏，都不一定意味着隧道围岩就将丧失整体的稳定性。除非渐进的强度损失引起岩体变形无法控制，使围岩极度松弛，才有可能导致隧道围岩发生整体坍塌。所以，满足围岩的变形条件是造成围岩失稳破坏的充分条件。

当然，从防止围岩侵入隧道净空出发，对最大位移量也有一定的限制。

3）围岩局部落石的稳定性

围岩的局部落石破坏是由于爆破开挖、风化等施工和地质原因，使不稳定岩块在自重作用下沿着软弱结构面塌落或滑落，这类破坏一般不会丧失隧道围岩的整体稳定性。但在镶嵌的块体围岩中，常常由于一块最不稳定的“关键块”坍落，而牵制带动邻近岩块的坍落，最后造成整个围岩坍塌。

### 3.1.3 隧道围岩与支护结构的相互作用机理

1）收敛和约束的概念

开挖隧道时，由于临空面的形成，围岩开始向洞内产生位移，这种位移我们称之为收敛。若岩体强度高，整体性好，断面形状有利，岩体变形到一定程度，就将自行停止，围岩是稳定的。反之，岩体的变形将自由地发展下去，最终导致隧道围岩整体失稳而破坏。在这种情况下，应在开挖后适时地沿隧道周边设置支护结构，对岩体的移动产生阻力，形成约束。相应，支护结构也将承受围岩所给予的反力，并产生变形。支护结构变形后所能提供的阻力会有所增加，而围岩却在变形过程中释放了部分能量，进一步变形的趋势有所减弱，需要支护结构提供的阻力以及支护结构所承受的反力都将降低。如果支护结构有一定的强度和刚度，这种隧道围岩和支护结构的相互作用会一直延续到支护所提供的阻力与围岩应力之间达到平衡为止，从而形成一个力学上稳定的隧道结构体系。这时的隧道围岩应力状态称为三次应力状态。

假定在开挖隧道的同时，支护结构立即施设并发挥作用，在支护结构具有极大刚度的情况下，围岩可以一点也不产生变形，但支护结构必须使围岩保持在原来的初始应力状态，因而支护结构所受到的反力也必然等于围岩中初始应力所形成的全部压力。反之，支护结构施设得过迟，或它的刚度过小，都将会引起围岩结构松弛，自承能力下降，所需的支护阻力或支护结构的受力又将增大。所以说，要经济合理地设计支护结构，必须进一步研究隧道围岩的收敛和支护结构的约束作用机理。上述的弹塑性平衡理论是解决这个问题的基础。

2）坑道支护后的围岩应力状态及位移状态

隧道开挖后，围岩应力状态出现两种情况：一种是开挖后的二次应力状态仍然是弹性的，隧道围岩除因爆破、地质状态、施工方法等原因可能引起稍许松弛掉块外，是稳定的，在这种情况下，坑道是稳定的，原则上无需支护，即使支护也是防护性的，支护方法一般可采用喷浆或者喷射混凝土；另一种是开挖后隧道围岩产生一定范围的塑性区，此时应采用承载型的支护结构，以维护坑道的稳定。在此重点分析承载型支护情况下隧道围岩的应力状态及位移状态。

坑道支护后，相当于在坑道周边施加了一个阻止隧道围岩变形的支护阻力（抗力），从而也改变了围岩的二次应力状态。支护阻力的大小和方向对围岩的应力状态有着很大的影响。为了简化，这里假定支护阻力是径向的，并沿隧道周边均匀分布，以 $P_a$ 表示，而且坑道开挖后立即发挥其作用。分析时，仍以 $\lambda=1$ 时的圆形隧道为研究对象，因此，它还是一个轴对称平面应变问题。

（1）弹性应力及位移状态

如图 3-8 所示，在弹性应力状态下，当坑道周边有径向阻力 $P_a$ 作用时，围岩径向应力 $\sigma_r$ 和切向应力 $\sigma_\theta$ 可由式（3-1）表示：

$$\left.\begin{aligned}\sigma_r &= \sigma_z(1-\alpha^2)+P_a\alpha^2\\ \sigma_\theta &= \sigma_z(1+\alpha^2)-P_a\alpha^2\end{aligned}\right\} \tag{3-1}$$

式中：$\alpha=\dfrac{a}{r}$，$a$ 为隧道半径 $r$ 为隧道开挖断面外的岩土空间中的任一点至隧道中心的距离；

当 $\alpha=1$，即 $r=a$ 时，有：

$$\sigma_r = P_a, \sigma_\theta = 2\sigma_z - P_a \tag{3-2}$$

由此可见，支护阻力 $P_a$ 的存在，使周边围岩的径向应力 $\sigma_r$ 增大，切向应力 $\sigma_\theta$ 减小。也就是说，使隧道周边的岩体应力状态从单向（或二向）应力状态转变为二向（或三向）应力状态，从而提高了隧道周边岩体的承载能力，如图 3-9 所示。

根据莫尔—库仑破坏准则，如使隧道围岩处于弹性状态，则有：

$$(2\sigma_z - P_a) - \xi P_a - R_b \leqslant 0$$

即：
$$P_a \geqslant \frac{2\sigma_z - R_b}{\xi + 1} \tag{3-3}$$

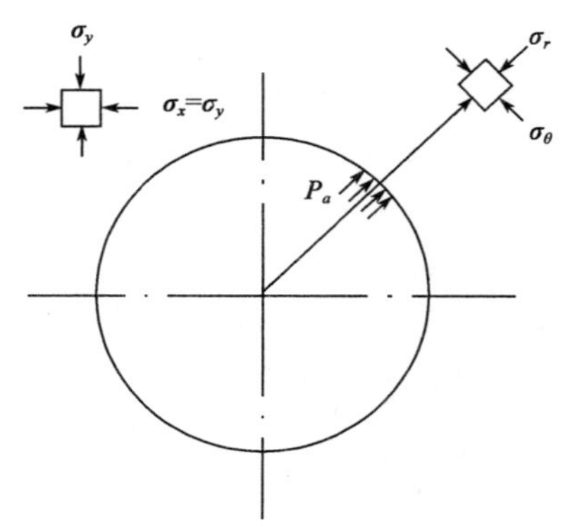


图 3-8 周边作用支护力的坑道力学模型

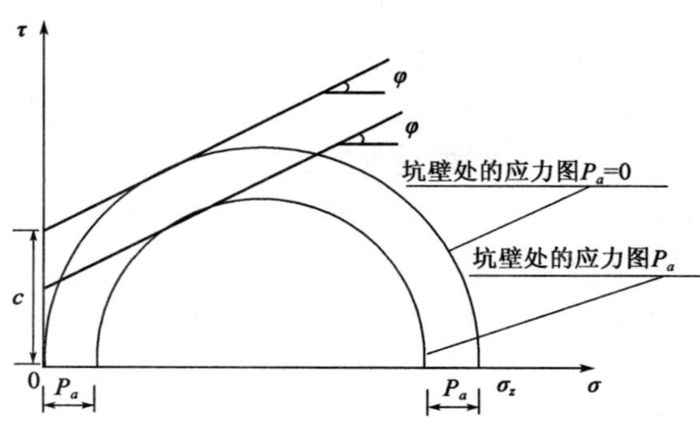


图 3-9 应力圆

因此，维持隧道围岩处于弹性应力状态所需的最小支护阻力为：$P_{\min} = \frac{2\sigma_z - R_b}{\xi + 1}$。它仅与初始应力场及岩性指标有关，而与坑道尺寸无关。

根据前面的分析结果，在支护阻力作用下，隧道周边向隧道内的弹性位移$u_a$用式(3-4)表示：

$$u_a = \frac{a}{2G}(\sigma_z - P_a) = \frac{(1+\mu)a}{E}(\sigma_z - P_a) \tag{3-4}$$

由式(3-4)可以看出，支护阻力$P_a$越大，隧道周边向隧道内的弹性位移$u_a$就越小。反之，$P_a$越小，$u_a$就越大，这一点说明了当允许围岩有较大的位移时所需的支护阻力是不大的。若$P_a = 0$，则有 $u_a = \frac{a}{2G}\sigma_z$（无支护隧道洞壁弹性位移值）。若要$u_a = 0$，则需$P_a = \sigma_z$，即要使隧道周边不产生径向位移，隧道周边必须恢复到初始应力状态，但实际上这是办不到的，也没有这个必要。

（2）塑性应力及位移状态

①塑性应力状态。

在塑性应力状态下，当坑道周边有径向支护阻力$P_a$作用时，其应力值可按前述方法确定。塑性区的应力分量由式（3-5）表示：

$$\left.\begin{aligned} \sigma_{rp} &= \frac{R_b}{\xi - 1}\left[\left(\frac{r}{a}\right)^{\xi-1} - 1\right] + \left(\frac{r}{a}\right)^{\xi-1} P_a \\ \sigma_{\theta p} &= \frac{R_b}{\xi - 1}\left[\left(\frac{r}{a}\right)^{\xi-1} - 1\right] + \left(\frac{r}{a}\right)^{\xi-1} \xi P_a \end{aligned}\right\} \tag{3-5}$$

②塑性区半径。

塑性区半径$r_0$用式（3-6）表示：

$$r_0 = a\left[\frac{2}{\xi + 1}\,\frac{(\xi - 1)\sigma_z + R_b}{(\xi - 1)P_a + R_b}\right]^{\frac{1}{\xi-1}} \tag{3-6}$$

由上式可以看出，隧道支护阻力$P_a$越大，其塑性区范围越小。这说明了径向支护阻力对限制围岩塑性区的发展起重要作用。这是因为支护阻力的存在，使围岩的应力状态由二维变为三维，从而提高了围岩的抗屈服能力。当支护阻力增加到一定程度，就有可能在围岩中不形成塑性区。若使坑道周围不存在塑性区，即$r_0 \leqslant a$，由式（3-6）可求得式（3-7）。

$$P_a \geqslant \frac{2\sigma_z - R_b}{\xi + 1} \tag{3-7}$$

这与上面的分析结果是一样的。

此外，由式（3-6）还可解出$P_a$，见式（3-8）。

$$P_a = -\frac{R_b}{\xi - 1} + \left(\frac{2\sigma_z}{\xi + 1} + \frac{2R_b}{\xi^2 - 1}\right)\left(\frac{a}{r_0}\right)^{\xi - 1} \tag{3-8}$$

上式清楚地说明了支护阻力（$P_a$）与初始应力（$\sigma_z$）、岩性指标（$R_b$、$\varphi$、$c$）以及隧道尺寸之间的关系。在其他条件相同时，支护阻力$P_a$随着塑性区半径$r_0$的增大而减小。同时说明了当允许岩体形成较大的塑性区时，所需的支护阻力是不大的。

③塑性位移状态。

隧道围岩应力重分布的结果，必然伴随着变形的发展，这种变形表现在隧道直径的减小，即坑道壁向坑道内的径向位移$u_a$。前已述，当支护阻力$P_a$作用时，在弹性应力状态下，坑道周边位移由式（3-9）表示：

$$u_{ae} = \frac{a}{2G}(\sigma_z - P_a) = \frac{(1 + \mu) \cdot a}{E}(\sigma_z - P_a) \tag{3-9}$$

而在塑性应力状态下，坑道周边位移由式（3-10）表示：

$$u_{ap} = \frac{1}{2G}(\sigma_z - \sigma_{r0})\frac{r_0^2}{a} \tag{3-10}$$

$$\sigma_{r0} = \frac{2\sigma_z - R_b}{\xi + 1} \tag{3-11}$$

式中：$\sigma_{r0}$——弹塑性区交界面上的径向应力。

将式（3-11）代入式（3-10）并考虑式（3-6）得坑道周边位移由式（3-12）表示：

$$\begin{aligned} u_{ap} &= \frac{1}{2G}\left(\sigma_z - \frac{2\sigma_z - R_b}{\xi + 1}\right)\frac{r_0^2}{a} \\ &= \frac{a}{2G}\left(\sigma_z - \frac{2\sigma_z - R_b}{\xi + 1}\right)\left[\frac{2}{\xi + 1}\frac{(\xi - 1)\sigma_z + R_b}{(\xi - 1)P_a + R_b}\right]^{\frac{2}{\xi - 1}} \end{aligned} \tag{3-12}$$

由此可见，在形成塑性区后，隧道周边位移$u_a$不仅与岩性指标、坑道尺寸、初始应力场有关，还与支护阻力有关。在一定条件下，允许变形（位移）$u_a$越大，塑性区范围也越大，而所需的支护阻力$P_a$就越小。

3）围岩特性曲线（支护需求曲线）

如图 3-10 所示，支护阻力$P_a$与隧道洞壁位移$u_a$的关系曲线应该由弹性状态和塑性状态两部分组成，可得到$P_a - u_a$关系曲线。从图中可

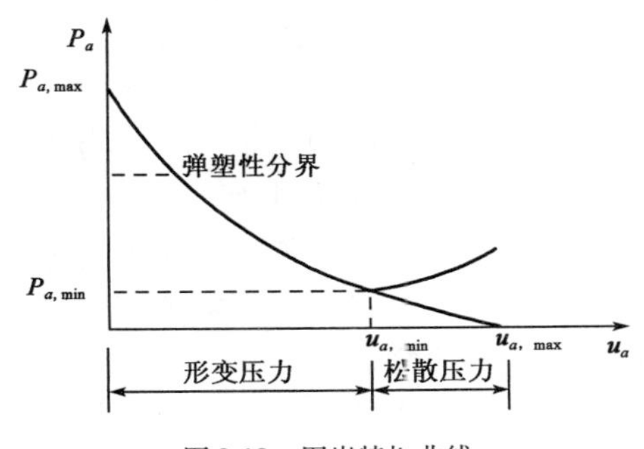


图 3-10　围岩特性曲线

以看出，随着$u_a$的增大，$P_a$逐渐减小，超过$u_{a,\min}$后，$P_a$又逐渐增大；反之，随着$P_a$的增大，$u_a$也逐渐减小。可以认为这条曲线形象地表达了支护结构与隧道围岩之间的相互作用：在极限位移范围内，围岩允许的位移大了，所需的支护阻力就小，而应力重分布所引起的后果大部分由围岩所承担；围岩允许的位移小了，所需的支护阻力就大，围岩的承载能力就得不到充分的发挥。$P_a-u_a$关系曲线，反映了隧道周边位移与坑道稳定所需的支护阻力之间的关系，所以这条曲线可以称为“支护需求曲线”或“围岩特性曲线”，这条曲线是研究隧道荷载的基础，也称之为“荷载特征曲线”。

综合上述，可以看出，支护阻力$P_a$的存在控制了隧道围岩的变形和位移。从而控制了围岩内塑性区的发展和应力变化，这就是支护结构的支护实质。同时由于支护阻力的存在也改善了周边岩体的承载条件，从而相应地提高了岩体的承载能力。

应该指出，上述分析是在理想条件下进行的，例如，假定洞壁各点的径向位移都相同、支护需求曲线与支护的刚度无关等。事实上，即使在标准固结的黏土中，洞壁各点的径向位移相差也很大，也就是说，洞壁的每一点都有自己的支护需求曲线。再说支护阻力是支护结构与隧道围岩相互作用的产物，而这种相互作用与围岩的力学性质有关，当然也取决于支护结构的刚度，不能认为支护结构只有阻力而无刚度。不过，尽管存在这样一些不准确的地方，但上述的隧道围岩与支护结构相互作用的机理仍是有效的。

4）支护补给特性曲线

以上所述乃是隧道围岩与支护结构共同作用的一个方面，即围岩对支护的需求情况。现在分析它的另一个方面，即支护结构可以提供的约束能力。任何一种支护结构，如钢拱支撑、锚杆、喷射混凝土层、模板灌注混凝土衬砌等，只要有一定的刚度，并和围岩紧密接触，总能对围岩变形提供一定的约束力，即支护阻力。但由于每一种支护形式都有自己的结构特点，因而可能提供的支护阻力大小与分布，以及它随支护变形而增加的情况都有很大的不同。

现仍以圆形隧道为研究对象，并假定围岩给支护结构的反力也是径向匀布的。因此，这还是一个轴对称问题。相对于围岩的力学特性而言，混凝土或钢支护结构的力学特性可以认为是线弹性的，也就是说，作用在支护结构上的径向均布压力$P_a$是和它的径向位移$u_a-u_0$呈线性关系，$P_a$由式（3-13）表示：

$$P_a = K_z(u_a - u_0) \tag{3-13}$$

式中：$P_a$——支护结构提供的支护阻力；

$u_a$——平衡时隧道洞周径向位移；

$u_0$——支护结构开始发挥作用时隧道周边位移值；

$K_z$——支护结构的刚度，因为这里只考虑径向均布压力，所以式中只包含支护结构受压（拉）刚度，若隧道周边的收敛不均匀，则支护结构的弯曲刚度就成为主要的，不同的支护结构形式有不同的$K_z$值。

如图3-11所示，表示锚喷联合支护、喷混凝土支护、锚杆支护三种支护结构形式的支护补给特性曲线。

有了围岩的支护需求曲线和支护结构的支护补给曲线，就可以进一步分析隧道围岩和支护结构如何在相互作用的过程中达到平衡状态，如图3-12所示。隧道开挖初期，围岩变形很小，其稳定所需的支护约束力很大，而一般支护结构所能供给的则很小。因此，围岩继续变形，在变形过程中由于支护结构与围岩一同变形，支护结构的约束阻力进一步增长。如果支护结构有足够的强度和刚度，则围岩的支护需求曲线和支护结构的支护补给曲线会相交一点，而达到平衡，这个交点都应在 $u_{a,\min}$ 和 $u_{a,\max}$ 之间。随着时间的推移，地下水位逐渐恢复，围岩物性指标恶化，锚杆锈蚀等，这个平衡状态还将调整。

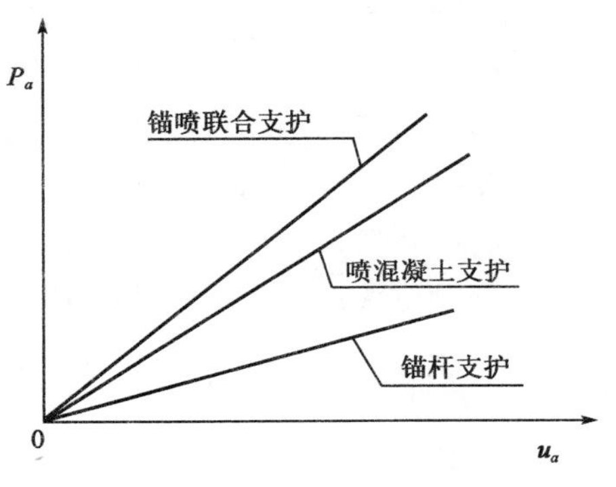


图 3-11　支护补给特性曲线

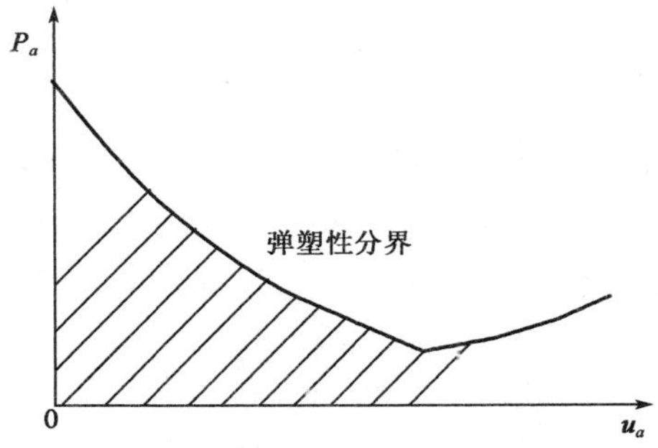

图 3-12　支护平衡特性曲线

图 3-12 支护平衡特性曲线中，清晰地表明支护结构和围岩变形之间的特征：

（1）不同刚度的支护结构与围岩达成平衡时的$P_a$和$u_a$是不同的。刚度大的支护结构承受较大的围岩反力（压力）；反之，柔性较好的支护结构所承受的围岩压力要小得多。

（2）同样刚度的支护结构，由于架设的时间不同，最后达成平衡的状态也是不同的。支护结构架设得越早，它所承受的围岩压力就越大。但这不等于说支护结构参与相互作用的时间越迟越好，因为初始变形不加控制会导致围岩迅速松弛而崩坍。因此，原则上要尽早地架设初次支护，以控制围岩的初始变形在适当的范围内。当然，这个范围的大小视岩体的特性和埋置深度而变。

### 3.1.4　隧道围岩稳定性影响因素分析

影响围岩稳定性的因素有两个方面：一是内在因素，即地质状态影响；二是人为因素，即施工带来的影响。内在因素有岩土体的结构状态、岩石的基本性质、地下水状态及其初始应力状态等。人为因素有施工方法、支护措施、坑道形状及尺寸等。

1）地质及地质结构

（1）围岩的完整状态及其结构面状态

围岩的完整状态，也即围岩的破碎程度，包含两个方面的含义：一是组成岩体的岩块大小；二是这些岩块的组合状态。破碎程度在一定程度上反映了岩土体在地质构造运动时的作用大小，岩体越破碎则坑道越不稳定，越容易坍塌。岩土体在形成过程中大都经历过许多次强烈程度不同的构造运动。这些地质构造运动在地层中形成了一系列的构造形迹，大型的如断层、褶曲等，小型的如构造节理、小型断裂、裂隙等。岩体中还有在成岩或变质过程中形成的间断面、接触面、片理、劈理、层理、夹层等结构面。这些各种类型的结构面是岩体中的薄弱部分，是围岩稳定与否的控制因素。中国科学院地质研究所将岩体结构类型划分为整体块状结构、层状结构、碎裂结构及散体结构四类。这些类型的结构岩体与不同类型地下工程在不同方位情况下，可形成不稳定、次稳定或稳定的围岩。

（2）岩石本身的强度及其岩性

当岩体结构状态不是影响围岩稳定性的主要因素时，则隧道工程所在位置围岩的性质成为影响围岩稳定性的一个重要因素。例如，在大块状岩体中，裂隙少，结构面强度高，此时岩石强度接近岩体强度，岩石越硬，本身强度越高，则围岩也越稳定。

同时，岩石的性质对围岩的稳定性具有重要的影响。如新鲜的火成岩大多强度较高，变形小，而沉积岩则因其层厚及胶结物的不同，力学性质就大不相同。对于隧道结构可能出现的一些失稳现象，如岩溶问题、蠕变问题、湿陷性问题以及遇水膨胀问题和大变形问题等也与岩性密切相关。如在硬岩中可能会由于节理切裂而引起岩块塌落，或因开挖引起的二次应力场积蓄较大的弹性位能而造成的岩爆，以及侧帮开裂、剥落等脆性破裂；而在软岩中则可能由于围岩应力重分布后出现较大的塑性区及松动区，从而引起随时间而增长的大变形挤压破坏等。

（3）岩体力学性质因素

工程岩体的破坏主要有拉破裂和剪破裂两种基本类型，所以其抗拉与抗剪强度很重要。但前者的测定很困难，由于尺度效应的原因，获得的数据往往也不太准确。

岩体还有许多特定的力学特性，如各向异性、脆性、塑性、膨胀性、流变性等对围岩的稳定有重要影响。许多层状岩体中的各向异性，使围岩的变形及失稳形态有很强的非对称性；岩石很脆时，易于发生岩爆或剥皮开裂；塑性明显时，会使洞周形成松散破碎区或挤压变形区；膨胀性会产生挤坏支护或形成严重底鼓；对有明显时间效应的黏土质岩石或盐岩则可能产生黏弹—塑性或黏弹性的形变压力。

（4）特殊地质条件

当地下工程穿越断层破碎带、强风化带、非常发育的岩溶区等特殊地质条件地区时，维护围岩的稳定往往比较困难，因为构造破碎带往往包含断层泥、糜棱岩、角砾岩、压碎岩等“断裂构造岩”。这时，岩层松软破碎，而临近地带的岩层节理裂隙也比较密集，地下水在这里往往活动性比较强，如再加以地应力较大，则会出现很强烈的地压现象。根据我国山区隧道的调查分析，一般来讲，强烈挤压的断层破碎带、紧密褶皱带和较宽的张性断裂带以及几条断层交会的地带，是工程的不良地质地段。如对于褶皱地区，向斜盆地部位一般对工程稳定不利，而背斜则问题少。

2）初始应力状态

岩体的初始应力状态一般包括两个方面：一是自重应力；二是构造应力或地应力。自重应力是指其上覆岩体自重产生的应力。构造应力是指地质构造运动过程中所积蓄的应力。初始应力会极大地影响坑道开挖后的稳定性。对某些岩体而言，在强大的地应力或自重应力作用下，还会有一些新的力学特征，如所谓的“挤入土”和“膨胀岩”等。

地下工程的失稳主要是由于开挖工作引起的应力重分布超过围岩强度或引起围岩过分变形而造成的，而应力重分布是否会达到危险的程度就要依初始应力的方向、量值和性质而定了。严格来讲，并不是地应力越大越不利，主要视主力的大小、方向、最大与最小主应力的差值，或各主应力值的构成特征如何而定，还要视它们与地下工程的方位、与岩层主要节理组的夹角如何而定。

3）工程因素

洞室施工是造成围岩丧失稳定的一个重要因素。挖掘洞室所采用的施工方法、洞室断面性状、断面尺寸、施工质量、支护形式及实施过程都会对围岩的稳定产生影响。跨度大小对围岩的稳定性有显著影响，实践证明，跨度越大，则洞室的稳定性越差。在同一围岩中，拱形洞室的围岩比较稳定。洞室性状不同，则稳定性也不同。支护结构的类型及修筑时间对围岩稳定有重要影响，一般情况下，洞室开挖后若不支护，围岩在一定时间能保持稳定（即自稳时间）。自稳时间是围岩允许在无支撑条件下暴露的最长时间。为减小围岩松动，应及时修筑与围岩类型适应的支护结构。施工对围岩的扰动有大有小，例如，在同一岩体中采用普通爆破法开挖与用控制爆破法开挖相比，后者对围岩扰动小；采用矿山法施工与用盾构法施工相比，后者对围岩扰动要小得多。显然，不同的施工方法对围岩稳定性的影响不同。

4）地下水因素

地下水的存在及活动往往也是影响围岩稳定的重要因素，它在洞室周围产生水利学的、力学的、物理和化学的作用几乎总是不利于洞室的稳定。这种不利的作用大体上有两个方面：一是由于洞室开挖形成了新的自由面，对有一定透水能力的围岩来讲，附近的地下水有了新的排泄通道，因此在洞周产生了渗压梯度。这属于一种指向洞内，而且经常是不对称的附加体积力，增加了围岩岩石向洞内运动的推动力。二是由于静水压力的作用，饱和水部分岩体的裂隙或有孔隙的岩石母体中有效压应力减小了，因此无论对裂隙或岩石母体，其应力状态都趋于恶化。

5）时间因素

随时间的恶化及地层压力的增加主要有两方面的原因：一是岩体的流变性质；二是时间的增长加剧了围岩的弱化过程，比如开洞后温度、湿度的变化，气流及地下水的风化侵蚀作用，施工爆破的冲击震动作用或机械振动引起的疲劳作用都可以逐渐地或大大地削弱围岩的刚度和强度，从而导致围岩变形的增加、塑性或松动破裂区的扩大等。

## 3.2　隧道施工风险评价模型与方法

### 3.2.1　隧道施工风险估计方法

一般情况下需对风险的概率和后果分别进行估计，但根据以往工程经验，对于那些具有突发性和灾难性的典型风险事件，其后果的严重程度可直接判定，这时，只需分析风险事件发生的可能性，就可得到风险等级。

风险估计和评价是风险评估的重点，风险评价中最关键的是风险因素概率和后果等级的取值。在进行概率和后果等级的取值时，一般有两条途径：一是通过对足够的已知数据的分析来找出风险发生的分布规律，从而预测出其发生概率和后果的严重程度；二是在缺少足够数据的情况下，由评估人员或专家根据隧道实际情况对风险等级进行综合判断。由于隧道风险评估刚刚起步，在缺少足够数据的情况下，主要采用主观估计的方法（如专家调查法）。目前常用的风险估计方法主要有以下几种。

1）风险矩阵法

风险矩阵法是采用概率理论对风险因素发生的概率和后果进行评估的方法，一般步骤为：

（1）确定风险评估指标；

（2）确定每个风险因素的后果等级；

（3）确定每个风险因素的概率等级；

（4）将风险发生的概率等级和后果等级分别列在风险矩阵图上，二者垂直标交点区域即为风险等级。

该方法操作简单，容易得到风险评估的结果。

2）层次分析法

层次分析法是按照一定的规律把决策过程层次化、数量化，是一种对多方案或多目标进行决策的方法，一般步骤为：

（1）建立系统的递阶层次结构；

（2）构造两两比较判断矩阵，从层次结构的第二层开始，对于从属于（或影响到）上一层某个因素的同层诸因素，用成对比较法和 1 ~9 比较尺度构造成对比较矩阵，直至最下层；

（3）针对某一标准，计算各风险因素的权重，对于每一个成对比较矩阵，计算最大特征根及对应特征向量，特征向量即为该比较矩阵中各因素权重值；

（4）计算当前一层风险相对总目标的排序权重；

（5）进行一致性检验。

该方法可以有效地对影响评估目标的风险因素进行定量化分析，并比较各因素之间的权重大小。

3）模糊估计法

模糊综合评估法是采用模糊理论和最大隶属度原则对多因素系统进行总体评价的一种方法。模糊集合的概念是美国学者 L. A. Zadeh 于 1965 年首次提出，对模糊的行为和活动建立模型。模糊数学从二值逻辑的基础上转移到连续逻辑上来，把绝对的“是”与“非”变为更加灵活的东西，在相当的限阈上相对地划分“是”与“非”，这并非让数学放弃它的严格性去迁就模糊性，相反，是以严格的数学方法去处理模糊现象。

利用模糊综合法的一般步骤为：

（1）对评估项目进行分析，找到影响评估目标的各风险因素，建立评估目标的评价指标体系；

（2）建立风险因素等级评估矩阵；

（3）确定各风险因素概率等级和后果等级；

（4）确定风险因素权重；

（5）总体评估风险。

该方法可以通过计算得出目标风险的量化指标，但计算较复杂，难度较大。其优势在于：它为现实世界中普遍存在的模糊、不清晰的问题提供了一种充分的概念化结构，并以数学的语言去分析和解决它们。它特别适合用于处理那些模糊、难以定义并难以用数字描述而易于用语言描述的变量。隧道施工中潜含的各种风险因素很大一部分难以用数字来准确地加以定量描述，但都可以利用历史经验或专家知识，用语言生动地描述出它们的性质及其可能的影响结果，并且，现有的绝大多数风险分析模型都是基于需要数字的定量技术，而与风险分析相关的大部分信息却是很难用数字表示的，但易于用文字或句子来描述，这种性质最适合于采用模糊数学模型来解决问题。

4）敏感性分析

敏感性分析是用来估计可量化的变量对项目决策结果影响的方法，一般步骤为：

（1）选定分析目标；

（2）确定可能对评价目标产生影响的因素；

（3）根据实际需要选定因素变动范围；

（4）按照不同的因素分别计算评价指标值；

（5）明确敏感因素；

（6）进行综合分析，根据分析结果采取相关措施，为决策者提供决策依据。

该方法能够预测各风险因素对项目的影响，从而判断项目可能容许的风险程度。但由于没有考虑影响因素发生变化的概率，具有相当大的主观随意性，故事先需做好调查研究工作，充分注意各因素之间的关联性。

除了以上几种方法，还有专家函调法、蒙特卡罗法等重要方法。

### 3.2.2　隧道施工风险评估模型特征

风险评价最简单的方法是在所有项目风险中找出最严重者，将其与评价基准相比，若高于评价基准则拒绝风险，即放弃该项目或项目方案；若低于其评价标准，则接受该风险，即实施该项目或项目方案。该方法简单易行，也最保守，其前提是在项目的实施过程中始终存在最严重的风险，忽略了时间因素和事物是处于始终发展变化的规律，在一定意义上也否定了风险管理的必要性。

1）综合评价模型

综合评价法，也称主观评分法、专家打分法，是一种吸收专家参加，根据事物的过去、现在及发展趋势，进行积极的创造性思维活动，对事物的未来进行分析、预测的方法。总结起来分三步进行：首先，识别与评价对象相关的风险因素、风险事件或发生风险的环节，列出风险调查表；其次，请工程经验丰富的专家对可能出现的风险因素或风险事件进行重要性评价；最后，综合整体风险水平。

（1）综合评价法过程

下面以某一隧道工程的建设为例详述综合评价法的过程，并对该隧道的整体风险进行评价，做出是否实施该项目的决策，见表 3-1。

第一步，将该隧道工程的建设分为 5 个过程，经识别在每个过程中存在的风险有费用、工期、质量、组织和技术 5 个方面。

第二步，请经验丰富的专家给每一建设过程的每一风险因素打分，并假设每一风险的分值为 0 ~9 共 10 个等级。0 分表示没有该风险，9 分表示风险最大。经打分得出该隧道各风险的分值。

第三步，计算每一建设过程中每一风险因素的分值之和；计算每一风险因素下不同建设过程的分值之和；然后计算总分值，其总分为114。

第四步，分析总体风险水平。由于每一风险因素的最大值为9，显然，表3-1中最大的风险分值之和为：$5\times5\times9=225$。而表3-1中的实际总分值为114，因此该隧道项目的整体风险水平为114/225=0.5067。

第五步，将该隧道项目的风险评价结果和评价基准进行比较。设定经专家评定采用该方法评价的工程项目整体风险的基准为0.6，显然，实际风险水平低于风险基准，则该项目的风险水平是可以接受的，即该工程项目是可以考虑实施的。

**工程项目风险综合评价表** 表3-1

| 风险因素 / 风险环节 | 费用风险 | 工期风险 | 质量风险 | 组织风险 | 技术风险 | Σ |
|---|---|---|---|---|---|---|
| 可行性研究 | 5 | 6 | 3 | 8 | 7 | 29 |
| 工程设计 | 4 | 5 | 7 | 2 | 8 | 26 |
| 工程招标 | 6 | 3 | 2 | 3 | 8 | 22 |
| 工程施工 | 9 | 7 | 5 | 2 | 2 | 25 |
| 工程试运行 | 2 | 2 | 3 | 1 | 4 | 12 |
| Σ | 26 | 23 | 20 | 16 | 29 | 114 |

（2）综合评价法特点

从以上实例可以看出，综合评价法简单，但其可靠性依赖于专家赋分的客观性、专家自身经验的丰富性和评价基准的合理性。然而，综合评价法同时考虑了多种因素对整体风险的影响，其评价结果的可靠性要比仅考虑单因素的评价结果的可靠性高。

优点：综合评价法简单易行，比较客观，所邀请的专家在专业理论上造诣较深，而且还涵括了专业、安全、评价、逻辑等方面专家的意见，将这些意见综合、归纳后，所得的结论一般是比较全面公正的。能够对各种模糊、不确定的问题做出解答。

缺点：专家们所做出的评价意见是根据他本人的知识水平和工程经验得到的，受本人主观影响大，往往会使结果造成较大的偏差。

适用范围：难以借助精确的分析技术而只能依靠集体的直观判断进行预测的问题，主要对已有方案进行决策和判断，或从已有的多个方案中选择一个。

2）层次分析模型

层次分析法（Analytic Hierarhy Process，AHP）是美国数学家A. L. Saaty在20世纪70年代提出的。其实它是一种定性与定量相结合的评价方法，但因其结论的质量依赖于使用者的知识、经验及判断，所以在这也把它划在定性分析法中。其评价的基本思路是：评价者将复杂的风险问题分解为若干层次和若干要素，并在同一层次的各要素间简单地进行比较、判断和计算，得到不同方案风险的水平，从而为方案的选择提供决策依据。

（1）层次分析法的特点：

①在项目风险评价中运用灵活，层次分明，易于理解，而又具有一定的精度；

②可细化工程项目风险评价因素体系和权重体系，使其更为合理；

③对方案进行评价，采用两两比较法可提高评价的准确程度；

④对结果的分析处理，可以对评判结果的逻辑性、合理性进行判别和筛选。

（2）优点：通过划分层次能够细化风险评价的因素体系，通过标度能够把模糊的事物逻辑量化，使结果易于比较而且更加准确。

（3）缺点：两两重要性的比较是根据判断者的主观意识来进行的，因此，其结果具有较大的主观性，也就造成了评价结果的偏差，不同判断者可能会得到不同的评价结果。

（4）适用范围：对结果精确性要求不高，只要求作大致判断的项目；目前工程实际中应用甚广，既可用于评价工程项目标段划分、工程投标风险、报价风险等单项风险水平，也可用于评价工程项目不同方案等综合风险水平。

3）等风险图模型

（1）等风险图法

等风险图法将风险分为低、中、高三类，具体定义如下。

①低风险是指对项目目标仅有轻微不利影响，发生概率也小（小于 0.3）的风险。

②中等风险是指发生概率较大（0.3 ~0.7），且影响项目目标实现的风险。

③高风险则指发生概率很大（0.7 以上），对项目目标的实现有非常不利影响的风险。

$P_f$和 $P_z$分别表示项目失败和成功的概率，于是有 $P_z = 1 - P_f$。用 $C_f$和 $C_z$分别表示项目失败的后果非效用值和成功的后果效用值。根据效用理论，$C_f$和 $C_z$满足关系：

$$C_f + C_z = 1，0 < C_f < 1，0 < C_z < 1，且\ C_z = q_z / (q_f + q_z) \tag{3-14}$$

式中：$q_z$——成功的收获额。

等风险图法用风险系数评价项目风险水平。项目风险系数 $R$ 由式（3-15）表示：

$$R = 1 - P_z C_z = 1 - (1 - P_f)(1 - C_f) = P_f + C_f - P_f C_f \tag{3-15}$$

显然，$0 < R < 1$。

（2）等风险图的绘制方法

先让 $R$ 取 0 ~1 之间的一个数，比如 0.1，接着，让 $P_f$和 $C_f$在 0 ~1 之间取多种不同的组合。然后把不同的组合点画在以 $C_f$ 为横轴，以 $P_f$ 为竖轴的平面直角坐标图上，把各点连起来就可以得到一条曲线。曲线连出后，让 $R$ 再取其他值，接着，再让 $P_f$和 $C_f$在 0 ~1 之间取多种不同的组合，然后再把这些不同的组合点画在同一平面直角坐标图上，把各点连起来可以得到一条曲线，如此循环下去，就可以得到等风险图。

有了等风险图，就可以把具体项目的风险系数拿来与之对照。项目的风险系数按式（3-15）计算。式（3-15）中的 $P_f$由式（3-16）表示，$C_f$由式（3-17）表示。

首先把项目各个风险的发生概率算出来，然后取其平均值，即：

$$P_f = (P_{f1} + P_{f2} + \cdots + P_{fn})/n(其中\ n\ 是风险个数) \tag{3-16}$$

对于 $C_f$，也同样处理。首先把项目的各风险后果非效用值计算出来，然后取其平均值，即：

$$C_f = (C_{f1} + C_{f2} + \cdots + C_{fm})/m(其中\ m\ 是风险的后果个数) \tag{3-17}$$

（3）等风险图法的特点

优点：该方法方便直观，简单有效，对任何一个具体项目，只要得到其风险的发生概率和损失后果，就可以直接得到其风险系统。

缺点：该方法需要得到风险的发生概率和损失后果两个变量的值，而这两个值在实际中很难得到，需要借助其他分析方法；同时，根据等风险图只能确定风险系统位于哪一个区间，得不到具体的数据。

适用范围：适应对结果精度要求不高、只需粗略分析的项目，尤其适用于多个项目同时分析或一个项目的多个方案进行比较时使用。

4）模糊综合层次模型

（1）模糊综合层次法

利用模糊数学法进行风险评价就是在风险因素的模糊衡量基础上和基于 $R = P \times C$ 模型，综合考虑风险发生概率及后果对风险评价的影响，建立风险评估矩阵及风险等级区域，得到基本风险因素的评价指标，采用加权平均的方法对评价指标进行处理，最终确定隧道施工中基本风险因素的风险水平等级，同时利用模糊分布法，得到基本风险因素的风险等级的分布状态。结合层次分析模型和模糊数学模型的特征就演化得到模糊综合层次模型。

（2）模糊综合层次法的特点

优点：过程清晰明了，容易掌握，是对多因素、多层次的复杂问题评判效果很好的方法，应用较广泛。

缺点：隶属度或隶属函数的确定、评价因素对评价对象权重的确定都具有较大的主观性，因此，其结果也存在较大的主观性。对多因素、多层次的复杂问题评价的计算较繁杂。

适用范围：适用于任何系统的任何环节，适用性广泛。

5）蒙特卡罗模型

（1）蒙特卡罗方法

蒙特卡罗方法（Monte-Carlo 方法），也称统计模拟方法，是 20 世纪 40 年代中期由于科学技术的发展和电子计算机的发明，而被提出的一种以概率统计理论为指导的一类非常重要的数值计算方法；是指使用随机数（或更常见的伪随机数）来解决很多计算问题的方法。与它对应的是确定性算法。蒙特卡罗方法在计算物理学以及相关的应用领域中非常重要。它在粒子输运计算、量子热力学计算、空气动力学等方面应用非常广泛。

蒙特卡罗方法的基本思想是：为了求解数学、物理、工程技术以及生产管理等方面的问题，首先建立一个概率模型或随机过程，使它的参数等于问题的解；然后通过对模型或过程的观察或抽样试验来计算所求参数的统计特征，最后给出所求解的近似值。而解的精度可用估计值的标准差来表示。

（2）蒙特卡罗法步骤

应用 Monte-Carlo 方法求解公路隧道施工风险问题的一般原理如下。

①建立概率模型。

对求解的问题建立简单而又便于实现的概率统计模型，使所求的解恰好是所建立模型的概率分布或数学期望。

②优化模型。

根据概率统计模型的特点和计算实践的需要，尽量改进模型，以便减小方差和降低费用，提高计算效率。比如在风险分析中，影响某一风险事件的因素很多，但是概率模型中不一定要体现所有因素，有些因素对事件的影响很小或甚微时，在模型中可以去除它的影响，而仅考虑影响力大的主要因素。

设有独立的随机变量 $X_1, X_2, \cdots, X_n$ ，其对应的概率密度函数分别为 $f_{X_1}, f_{X_2}, \cdots, f_{X_n}$ ，功能函数式 $Z$ 由式（3-18）表示：

$$Z = g(X_1, X_2, \cdots, X_n) \tag{3-18}$$

假设式（3-18）就是优化后的概率模型。

③建立抽样方法。

其中包括建立产生伪随机数的方法和建立对所遇到的分布产生随机变量的抽样方法。

用 Monte-Carlo 方法模拟某一过程时需要产生各种概率分布的随机变量。为了方便，通常将随机变量的抽样值称为随机数。当然，最简单、最基本而又最重要的分布是[0, 1]上均匀分布的随机变量，它的抽样值通常被用来实现其他分布的随机变量的抽样。

目前通常是在计算机上用数学方法产生随机数，它的优点是速度快、占用内存小、便于重复产生、不受计算机条件的限制。然而，这种随机数是根据确定的递推公式求得的，存在周期现象，初值确定后所有的随机数便一一确定了下来，不满足真正随机数的要求，所以常将用数学方法产生的随机数称为“伪随机数”。但是在实际应用中，只要这些伪随机数序列通过一系列的统计检验，就可以把它当作真正的随机数使用。

④求解估计值和方差或标准差。

给出获得所求解的统计估计值及其方差或标准差的方法。

（3）蒙特卡罗法特点

优点：蒙特卡罗法操作简单，模拟过程快速有效，模拟成本低廉，易于在计算机上编制程序，所得结果较为可靠，能够得到任何风险因素的概率和损失的具体值。

缺点：该方法需要建立评估目标的数学模型，并确定各参数变量的概率分布规律，比较复杂，实际上数学模型的建立和确定各参数变量的概率分布规律很困难。

适用范围：对结果要求较精确，需要得到风险因素的概率和损失的具体值的项目。

### 3.2.3 隧道施工风险多层次模糊评估模型特点

1）建立因素集

因素集是影响评价对象的各种风险因素所组成的一个普通集合。即 $U = \{u_1, u_2, \cdots, u_m\}$。式中，$U$ 是因素集，$u_i$（$i=1, 2, \cdots, m$）代表各风险因素。这些因素，通常都具有不同程度的模糊性，设风险因素集为 $U = \{u_1, u_2, \cdots, u_m\}$，$u_i$（$i=1, 2, \cdots, m$）为第一层次（最高层次）风险中的第 $i$ 个因素，它又是由第二层次风险中的几个因素决定，即 $u_i = \{u_{i1}, u_{i2}, \cdots, u_{in}\}$，$u_{ij}$（$j=1, 2, \cdots, n$）为第二层次风险因素，$u_{ij}$ 还可以由第三层次的风险因素决定。每个风险因素的下一层次因素的数目不一定相等。建立因素集时结合层次分析法。

2）建立风险因素权重集

在因素集中，各风险因素的重要程度是不一样的。为了反映各风险因素的重要程度，对各个风险因素 $u_i$（$i=1, 2, \cdots, m$）应赋予一个相应的权数 $a_i$（$i=1, 2, \cdots, m$）。由各权重数所组成的集合 $\tilde{A} = \{a_1, a_2, \cdots, a_m\}$ 称为因素权重集，简称权重集。

通常，各权数 $a_i$（$i=1$，2，…，$m$）应满足归一性和非负性条件，由式（3-19）表示：

$$\sum_{i=1}^{m} a_i = 1 \; ; a_i \geqslant 0 (i = 1,2,\cdots,m) \tag{3-19}$$

它们可视为各风险因素对 $a_i$（$i=1$，2，…，$m$）对“重要”的隶属度。因此，权重集可视为因素集上的模糊子集，权重集可由式（3-20）表示：

$$\widetilde{A} = \frac{a_1}{u_1} + \frac{a_2}{u_2} + \cdots + \frac{a_m}{u_m} \tag{3-20}$$

在层次分析法建立的评价指标体系上，利用 1 ~9 标度法确定各风险因素的权重 $a_i$ 。

3）建立备择集

备择集是评价者对评价对象可能做出的各种总的评价结果所组成的集合，通常用大写字母 $V$ 表示，即 $V=\{v_1, v_2, \cdots, v_n\}$，各元素 $v_i$（$i=1$，2，…，$n$）代表各种可能的总评价结果。模糊评价的目的，就是在综合考虑所有风险因素的基础上，从备择集中，得出一个最佳的评价结果。评价结果是从 $V$ 中得出一个最合理的风险等级。显然，$v_i$ 对 $V$ 的关系也是普通集合关系。因此，备择集也是一个普通集合。

4）单因素模糊评价

单独从一个基本风险因素出发进行评价，以确定评价对象对备择集元素的隶属程度，便称为单因素模糊评价。

设评价对象按因素集中第 $i$ 个因素 $u_i$（1，2，…，$m$）进行评价，备择集中第 $j$ 个元素 $v_{ij}$ 的隶属度为 $r_{ij}$，则是按第 $i$ 个因素 $u_i$（$i=1$，2，…，$m$）进行评价的结果，可用单因素评价集 $\widetilde{R}_i$ 表示，如式（2-21）所示：

$$\widetilde{R}_i = \{r_{i1}, r_{i2}, \cdots, r_{in}\} \tag{3-21}$$

各基本因素评价集的隶属度为行组成的矩阵为 $\widetilde{R}$，$\widetilde{R}$ 为单因素评价矩阵，由式（3-22）表示：

$$\widetilde{R} = \begin{bmatrix} r_{11} & r_{12} & \cdots & r_{1n} \\ r_{21} & r_{22} & \cdots & r_{2n} \\ \cdots & \cdots & \cdots & \cdots \\ r_{m1} & r_{m2} & \cdots & r_{mn} \end{bmatrix} \tag{3-22}$$

5）初级模糊综合评价

单因素模糊评价，仅反映了一个基本风险因素对评价对象的影响。这显然是不够的。综合考虑所有基本风险因素的影响，得出对上一层次风险因素科学的评价结果，这便是模糊综合评价。

从单因素评价矩阵 $\widetilde{R}$ 可以看出：$\widetilde{R}$ 的第 $i$ 行，反映了第 $i$ 个风险因素影响评价对象取各个备择元素的程度；$\widetilde{R}$ 的第 $j$ 列，则反映了所有风险因素影响评价对象取第 $j$ 个备择元素的程度。将 $\widetilde{R}$ 的各项作用赋予相应因数的权数 $a_i$（$i=1$，2，…，$m$），便能合理地反映所有风险因素的综合影响。因此，模糊综合评价可用式（3-23）表示为：

$$\widetilde{B} = \widetilde{A} \times \widetilde{R} \tag{3-23}$$

权重集 $\widetilde{A}$ 才可视为一行 $m$ 列的模糊矩阵，式（3-23）可按模糊矩阵乘法进行运算，即：

$$\widetilde{B} = (b_1, b_2, \cdots, b_n) = (a_1, a_2, \cdots, a_m) \times \begin{bmatrix} r_{11} & r_{12} & \cdots & r_{1n} \\ r_{21} & r_{22} & \cdots & r_{2n} \\ \cdots & \cdots & \cdots & \cdots \\ r_{m1} & r_{m2} & \cdots & r_{mn} \end{bmatrix} \tag{3-24}$$

式中，$\widetilde{B}$ 称为模糊综合评价集；$b_j$（$j=1, 2, \cdots, n$）是指综合考虑上一层次风险因素下面的所有基本风险因素的影响时，评价对象对备择集中第 $j$ 个元素的隶属度，称为模糊综合评价指标，简称评价指标。

6）多层次模糊综合评价

通过初级模糊综合评价，可以得到基本风险因素上一层次风险因素对备择集中第 $j$ 个元素的隶属度，再以上一层次数风险因素下的所有风险因素对备择集的隶属度为行组成新的矩阵为 $\widetilde{R}'$，再将 $\widetilde{R}_i'$ 的各项作用赋予相应因数的权数 $a_i$（$i=1, 2, \cdots, m$），得到该层次风险因素的评价指标。同理，可得到评价指标体系中各层次风险因素的评价指标。

7）评价指标的处理

得到评价指标 $b_j$（$j=1, 2, \cdots, n$）之后，便可根据以下几种方法确定评价对象的具体结果。

（1）最大隶属度法

取与最大的评价指标 $\max b_j$ 相对应的备择元素 $v_L$ 为评价的结果，由式（3-25）表示：

$$V = \{ v_L \mid v_L \rightarrow \max b_j \} \tag{3-25}$$

最大隶属度法仅考虑了最大评价指标的贡献，舍去了其他指标所提供的信息，这是很可惜的；另外，当最大的评价指标不止一个时，用最大隶属度法便很难决定具体的评价结果。因此，通常都采用加权平均法。

（2）加权平均法

$$V = \sum_{j=1}^{n} b_j v_j \tag{3-26}$$

（3）模糊分布法

这种方法直接把评价指标作为评价结果；或将评价指标归一化，用归一化的评价指标作为评价结果。归一化的具体做法如下：

先求各评价指标之和，由式（3-27）表示。

$$b = b_1 + b_2 + \cdots + b_n = \sum_{j=1}^{n} b_j \tag{3-27}$$

再用评价指标的和 $b$ 除原来的各个评价指标，由式（3-28）表示。

$$\widetilde{B}' = \left( \frac{b_1}{b} + \frac{b_2}{b} + \cdots + \frac{b_n}{b} \right) = (b'_1, b'_2 \cdots, b'_n) \tag{3-28}$$

式中，$\widetilde{R}'$为归一化的模糊综合评价集：$b'_j(j=1, 2, \cdots, n)$为归一化的模糊综合评价指标，且$\sum_{j=1}^{n} b'_j=1$。各个评价指标具体反映了评价对象在所评价的特性方面的分布状态，使评价者对评价对象有更深入的了解，并能作各种灵活的处理。

## 3.3 隧道施工动态风险评价指标体系

### 3.3.1 隧道施工风险评价指标体系理论

对工程的风险评估核心也就是对工程的安全效益和经济效益的评估，而要对安全效益和经济效益进行风险评估，就需要建立一整套科学合理的风险评估指标体系，也只有建立起科学合理的风险评估指标体系，才能充分发挥风险评估的积极作用，也才能使风险评估更加科学合理，具有实际意义。因此，从隧道风险评估的目的、作用和意义出发，结合隧道的特点和以人为本的工程建设思想，建立起一套以三大指标体系和三个层次组成的隧道风险评估的指标体系。

1）三大指标体系

（1）安全性评价指标体系；

（2）经济性评价指标体系；

（3）综合评价指标体系。

2）三个层次

三个层次指的是风险因素评估层、阶段风险评估层、总体风险评估层。

（1）第一层次（风险因素评估层）

以隧道各个阶段的各单项风险因素的安全风险系数、财产损失系统的综合风险系数作为主要的基础评估指标。

（2）第二层次（阶段风险评估层）

以隧道各阶段安全风险系数、财产损失系数和综合风险系数为主要评估指标。它们是通过对各个阶段中各风险因素的安全风险系数、财产损失系数和综合风险系数，进行对比分析、综合计算和评估后，分别形成各个阶段的安全风险系数、财产损失系数；再由各个阶段的安全风险系数、财产损失系数经对比分析、综合计算和评估后，形成各阶段综合风险系数的计算值与通过对各个阶段中各风险因素的综合风险系数进行对比分析、综合计算和评估后，所得的阶段综合风险系数的计算值，再次进行综合分析和计算，最终形成阶段的综合风险系数。

（3）第三层次（总体风险评估层）

以隧道总体安全风险系数、财产损失系数和综合风险系数为主要评估指标，最终形成工程总体的综合风险系数（最终评价值）。它们是通过对各个阶段的安全风险系数、财产损失系数和综合风险系数进行对比分析、综合计算和评估后，分别形成总体的安全风险系数、财产损失系数和综合风险系数（计算值）；再由总体的安全风险系数与财产损失系数经对比分析、综合计算和评估后，形成总体综合风险系数的计算值与通过对各个阶段的综合风险系数进行对比分析、综合计算和评估后，所得的总体综合风险系数的计算值，再次进行综合分析和计算，最终形成工程总体的综合风险系数（最终评价值）。

此指标体系的建立不仅可以对隧道建设的各步、各阶段、总体风险进行综合的评估，同时通过对风险系数的对比分析和敏感性分析，找出致险因子，实现对风险源的识别和管理，为科学决策提供可靠依据。

### 3.3.2　隧道施工风险评价指标体系框架

1）设计原则

风险评价指标体系的设计直接关系到评价结果的客观性、准确性和有效性，要构建一个合理的评价指标体系，必须坚持一定的原则。为此提出隧道施工风险评价指标体系设计原则如下。

（1）客观性原则

此原则是风险评价指标体系设计的首要原则，要求风险评价指标体系能公正、客观地反映实际情况，同时也能反映风险的频率、程度。

（2）系统性原则

此原则要求评价指标的设置、体系的构建要充分考虑风险因素的各个方面，要系统了解，整体把握，用联系的观点看问题，利用各种风险因素的分类、各自作用、相互关系、相互作用的规律，合理构建指标体系。

（3）可行性原则

即要考虑指标量化的可行性，指标资料的可查性。

（4）独立性与完备性原则

评价因素在同一层次上要相互独立，没有交叉，评价指标体系在总体上能全面反映评价对象的主要特征。

（5）全面性和代表性相统一的原则

指标体系应能反映影响施工风险的各个方面，从不同的角度反映被评价系统的主要特征和状况，同时指标选取应具代表性、典型性，避免意义相近、重复的指标。

2）评价指标的初选

在初步选取指标时，首先要遵循全面性原则，也就是要选取的指标体系能够反映出研究对象在所研究问题上的全部信息，避免一些重要指标遗漏。由于还需要对指标进行筛选，因此，在初选指标时，要充分考虑各个因素，尽量做到指标选取的全面性。指标的初选过程如下。

①对评价问题的内涵与外延做出合理解释，划分概念的侧面结构，明确评价的总目标与子目标。

②对每一个子目标或概念侧面进行细分解。

③重复上一步，知道每一个侧面或者子目标都可以直接用一个或几个明确的指标来反映。

④设计每一个子层次的指标。

3）评价指标测验与评价体系优化

从所选的风险元素上看，初选只是给出了指标体系的“指标可能全集”，也就是遵循了构建指标体系的“全面性”原则，但一般不是“充分必要的指标集合”；从结构上看，初选指标体系的结构更加强调的是目标与概念的划分，却没有体系指标之间数据上的亲疏关系与相似关系，也未必符合评价目标的要求。因此，必须对指标体系进行完善。

（1）评价指标测验

评价指标测验首先要明确指标体系设计的目标，这也是指标测验的依据。就测验内容而言，评价指标体系的测验不仅要保证指标体系中的每一个单个的评价指标的科学性，而且还要保证指标体系在整体上的科学性，因此，评价指标体系测验包含两部分内容：单体测验和整体测验。

就测验方法而言，可以是定性的，也可以是定量的。定性测验的优点是能够准确把握综合评价的本质，能充分发挥人的主观能动性，缺点是客观性差一些；定量测验的优点是其“客观性”，通过定量测验可以发现定性测验无法察觉的一些信息。

对评价体系中的元素进行单体测验，就是对整个评价体系中每一个元素（即单项评价指标）进行可行性、正确性、真实性三个方面的分析。

对评价体系中的元素进行整体测验主要是检查这个评价指标体系中指标之间的协调性、整体必要性和整体齐备性。协调性是指评价体系的所有评价指标之间在计算方法、计算范围方面协调一致而不能互相矛盾。必要性是指评价体系的所有评价指标从全局出发是否都是必要的，有无冗余。齐备性是指评价体系是否已全面地、毫无遗漏地反映了最初描述的评价目标与任务。

（2）评价指标体系结构优化

对于评价体系，结构优化也是相当重要的。优化的内容和方法如下。

指标体系结构完备性分析：结构完备性分析主要是对平行结点进行重叠性与独立性分析，检查是否存在平行的某一个子目标包含了另一个或几个子目标的部分或全部内容。

评价指标体系层次“深度”分析：评价指标体系的层次数（层次深度）与指标总个数、每一上层直接控制的下层的个数有关。评价对象概念的复杂程度较高，层数可以多一些，但层数过多，每一层次内部的指标个数就会减少。所以要根据评价的对象、目标，合理构建指标体系的层数。

指标体系结构的聚合情况分析：从系统结构看，综合评价指标体系中各个子体系的指标既然是一个类，就必须有合理的或科学的依据保证它们“可以聚合在一起”。

4）评价指标的筛选

从理论上说，与隧道工程项目有关的任何风险因素都有可能影响项目的目标，进而导致项目风险的发生。但是，并不是所有因素都会对项目产生显著影响。因此，风险因素识别的关键是识别那些对创新项目绩效有显著影响，即可能导致风险后果的关键风险因素。在初选指标时，遵循的是全面性原则，这种选择指标的方法很可能导致具有很强相关性的某些指标同时被选入，这些指标提供的信息存在着较大的重复，甚至有些指标所提供的信息完全包含在其他指标之中，为了避免指标的不必要重复，降低计算量，需要删除信息重复的指标，也就是对评价指标进行筛选。

5）基本评价指标体系的总体框架

国内外的一些研究机构和学者对项目风险评价指标体系的构建进行了比较广泛的研究，取得了一些有益的成果，见表3-2。

项目风险因素分类举例　　表 3-2

| 划分方法 | 作者 | 主要类别 |
| --- | --- | --- |
| 按风险来源划分 | Al-Sobiei | 项目自身性质、项目外部环境状况、项目内部环境状况、项目主要参与方 |
| | 王国钟、黄本笑 | 组织风险、质量风险、技术风险、合同风险、环境风险 |
| 按风险特征划分 | 丁香乾、石硕 | 技术风险和经济风险 |
| | 李海凌、宋吉荣 | 工期风险、费用风险、质量风险、安全性风险 |
| | 武乾、武海、李慧民 | 政策风险、自然条件风险、环境风险、业主风险、设计者风险、监理工程师风险、承包人风险 |
| | 姚水洪、朱立波 | 立项风险、合同风险、技术风险、管理风险、人力风险和环境风险 |
| 综合分类 | 祁世芳、贾月阳 | 政治风险、社会风险、经济风险、自然风险、技术风险、管理风险 |

Al-Sobiei 以风险源为分析依据，从 4 个方面选取了 23 个指标。风险指标体系应该从项目自身性质、项目外部环境状况、项目内部环境状况以及项目主要参与方 4 个方面来构造指标体系，二级指标有项目规模大小、项目持续时间长短、项目复杂程度、项目原材料的可获得性、项目劳动力的可获得性、灾害因素、工程地质因素、气候因素、政策法规因素、行政干预因素、社会因素、市场因素、金融风险因素、项目组织、管理制度、管理措施、团队合作精神、劳工士气、合同风险因素、工程参与方的资质经验、财务状况、装备条件、生产效率。

王国钟等设计的指标体系从项目内部和项目外部来考虑评价指标，从 5 个方面选取了 21 个指标。主因素层是：组织风险、质量风险、技术风险、合同风险以及环境风险。子因素层是：组织结构的合理性、组织分工与协调、组织文化、组织人事风验；采购设备质量、安装施工质量、产品质量、服务质量；技术的可行性、技术的适用性、技术的周期性、技术的费用；合同的执行进展、合同违约可能性、合同终止可能性、合同缺陷纠纷；政治风险、经济风险、社会影响、市场风险、意外事故。

丁香乾等认为，项目总风险可以从 2 方面来评价，技术风险和经济风险。然后构造了 8 个指标，分别是施工方案的变化、质量等级要求、设计质量、项目复杂程度；物价上涨、资金不到位、国际形势以及索赔与反索赔。

武乾等认为，工程项目通常存在的风险因素有以下几类：政策风险，如国家的经济政策变化、产业结构调整、投资方向改变、紧缩银根，国际经济形势变化、经济危机、物价涨跌等；自然条件风险，如地震、暴风、暴雪、暴雨等自然灾害，山体滑坡、泥石流、地下暗河、岩溶、岩爆、瓦斯等地质现象；环境风险，如地方政府风险、劳动力市场、经济发展程度、周围环境的干扰、水电的供应状况等；业主风险，如业主的支付能力、履行合同情况、计量支付情况、资金供应情况、项目暂定金动用情况等；设计者风险，如设计者的技术水平，设计的规范性、科学性、合理性、严肃性，设计的技术与经济专业的协调性，设计文件的完备性、交付图纸的及时性等；监理工程师风险，如监理工程师的技术水平、施工经验、组织能力、管理能力、授权及权力范围、工作积极性和公正性、职业道德和管理风格、是否执行合同、监理工作是否苛刻等；承包人风险，如项目部的管理水平和技术水平、组织能力和协调能力，后方派出机构的支持力度和作业层的施工能力，投标的施工方案和报价水平，合同条款的严密程度，有无错误理解业主意图等。

姚水洪等指出，项目风险体系包括立项风险、合同风险、技术风险、管理风险、人力风险和环境风险六大类内容。立项风险包括可研的准确性风险、投资风险和市场预测风险；合同风险包括监理风险、标书的不准确性、评标风险、承包引发风险和信用风险；技术风险包括设计风险、施工风险、原材料风险和设备风险；管理风险包括工期风险、成本风险、组织风险、质量风险和沟通协调风险；人力风险包括责任心风险、项目干系人员素质风险和项目干系人员稳定性风险；环境风险包括政治风险、经济风险、自然风险、市场风险、不可抗力风险和国际影响。

祁世芳等根据风险的分类，从 6 个方面来构建风险指标体系。这 6 个方面分别为政治风险、社会风险、经济风险、自然风险、技术风险和管理风险；然后又从 6 个方面构造了 31 个指标来构建风险评价体系。其中，政治风险包括政局稳定性、战争冲突、法律法规约束制度、获准的不确定性；社会风险包括区域发展水平、社会治安条件、项目协作配合支持条件；经济风险包括合同风险、建设成本风险、经营市场风险、项目竣工风险、税收政策风险；自然风险包括灾害风险、气候风险、工程地质；风险管理风险包括组织方式因素、管理制度因素、安全事故因素、质量事故因素、道德行为因素、管理措施因素、职业责任因素；技术风险包括预测技术风险、决策技术风险、评估技术风险、设计技术风险、施工技术风险、生产技术风险、维护保障风险、环保技术风险。

综上，现有评价指标体系设计基本上是遵循以定性分析方法来构建评价指标体系。在风险评价中，直觉、判断和经验是使用最频繁的方法。Akintoye 和 Machleod 也认为大多数的项目管理者都依据直觉、判断、经验来管理施工当中的风险问题，其次才是敏感性分析（53% 的承包人使用，38% 的项目管理公司使用），这与 Fayek 和 Rolla 的调查结论不谋而合，而很多的决策也多基于定性而不是定量的风险识别和评价结果。Kharbanda 和 Stallworthy 甚至提出 KISS（Keep It Simple，Stupid）法来告诫人们避免使用复杂的方法，数量方法也只是适当的时候才被采用。基于文献研究，现有的评价体系基本遵循以定性分析方法构建评价指标体系。指标的取舍没有严格科学标准，这样，一方面容易造成一些重要指标的漏选，而另一方面却使对项目影响很小的指标被选入以及信息有较大重复的多指标同时被选入，从而使评价结果不合理并可能使综合评价的计算趋于复杂。本书在现有文献的基础上，认为在选取评价指标时，为避免缺陷，可分两步来选取指标：首先依据指标选取的原则和基本理论知识经验对指标进行初选，然后在以往文献研究的结果、隧道工程项目风险的特征以及项目访谈的基础上，通过问卷调查和统计分析，对各指标进行再筛选，形成隧道工程项目风险评价指标体系。

对项目风险的评判，原则上应能科学、全面、客观和公正地反映其真实的内涵和水平。通过对影响项目风险的因素进行系统分析和合理整合。由第 2 章对隧道工程项目的风险产生的原因、风险的特征、风险的分类可得项目风险是由外部环境不确定性、项目本身难度和复杂性、管理者自身实力的制约以及能力的有限性等各种因素造成的。根据指标体系构建原则、筛选原则，考虑隧道工程项目风险管理涉及众多内在和外在的因素影响，在以往文献研究的基础上，按照以下逻辑路径来构造评价指标体系。

（1）确立目标层

建立这一指标体系是为了评价隧道工程项目中的风险，以采取有效的风险应对措施，更好地利用和防范风险，所以，各层面的指标都要集中体现项目中的关键风险因素。

（2）确立一级指标层和二级指标层

从总目标的构成因素确定评价要素。在风险研究领域，从概率（可能性）和影响（后果）两方面对风险进行评估是被普遍接受的。但这中间存在的一个主要问题是，这种风险评估方法都是以风险发生的可能性乘以风险后果来计算风险的大小（$R=P\cdot C$，其中，$R$代表风险大小，$P$代表风险发生的可能性，$C$代表风险后果）。而 Williams 则认为，这样计算出来的风险大小是有局限性的，按这种计算值对风险进行排序是不正确的。因为，对于一个发生可能性大但影响小的风险和一个发生可能性小但影响大的风险来说，虽然最后的风险值可能相同，但其性质是完全不同的。

鉴于此，Williams 指出，对风险评估的正确思路要求同时考虑其发生的可能性和产生的后果，但不能以风险发生的可能性乘以风险后果得出的值来对风险大小进行排序。对风险进行评估时，要分别给出其发生可能性的高低和所产生后果的大小。

Wiliiams 认为，以风险发生的可能性乘以风险后果计算风险大小来对风险进行量化描述的方法实际上是一种降低测度维度方法。与这种降低测度维度方法不同，一些学者采用了多维测度方法对风险大小进行描述。如 Davis 分别从可能性和后果两方面来刻画风险，Charette 从可能性、后果和可预测性三维来刻画风险的特征。

我国学者张建设在其博士论文中从五个方面来刻画风险特征，除了可能性、后果和可测性，又考虑了可控制性和可转移性两个特征，这样从五维来刻画风险的特征。

以隧道洞口段正常施工的风险因素为基础，建立隧道施工风险指标体系框架，具体内容如表3-3所示。

**隧道施工风险指标评估体系框架**　　表3-3

| 序号 | 类别 | 风险因素 | 风险事故 | | |
|---|---|---|---|---|---|
| | | | 塌方 | 大变形 | 其他 |
| 1 | 地质条件风险（$U_1$） | 节理裂隙发育（$U_{1-1}$） | ★ | ★ | |
| | | 地勘的不确定性（$U_{1-2}$） | ★ | ★ | |
| 2 | 设计风险（$U_2$） | 超前支护手段和参数不足（$U_{2-1}$） | ★ | ★ | |
| | | 开挖方式不当（$U_{2-2}$） | ★ | ★ | |
| | | 初期支护强度不够（$U_{2-3}$） | ★ | ★ | ★ |
| | | 防排水设计不当（$U_{2-4}$） | ★ | ★ | ★ |
| | | 设计变更、修改和审批延误（$U_{2-5}$） | ★ | ★ | |

续上表

| 序号 | 类别 | 风险因素 | 风险事故 | | |
|---|---|---|---|---|---|
| | | | 塌方 | 大变形 | 其他 |
| 3 | 施工技术风险（$U_3$） | 超前支护未按设计操作（$U_{3-1}$） | ★ | ★ | |
| | | 超前支护材料质量不合格（$U_{3-2}$） | ★ | ★ | |
| | | 注浆设备落后、工艺不成熟（$U_{3-3}$） | ★ | ★ | |
| | | 开挖工序不当（$U_{3-4}$） | ★ | ★ | |
| | | 开挖进尺不当（$U_{3-5}$） | ★ | ★ | |
| | | 爆破控制不当（$U_{3-6}$） | ★ | ★ | |
| | | 初期支护材料质量不合格（$U_{3-7}$） | ★ | ★ | ★ |
| | | 喷射混凝土达不到要求（$U_{3-8}$） | ★ | ★ | ★ |
| | | 工字钢连接处薄弱（$U_{3-9}$） | ★ | ★ | ★ |
| | | 隧道闭合成环周期太长（$U_{3-10}$） | ★ | ★ | |
| | | 施工缝、沉降缝处理不当（$U_{3-11}$） | | | ★ |
| | | 二次衬砌混凝土质量不合要求（$U_{3-12}$） | ★ | ★ | ★ |
| | | 二次衬砌施作时机不当（$U_{3-13}$） | ★ | ★ | |
| | | 二次衬砌不密实、开裂、厚度不足（$U_{3-14}$） | ★ | ★ | ★ |
| | | 注浆堵水效果差（$U_{3-15}$） | | | ★ |
| | | 防排水施作不规范（$U_{3-16}$） | | | ★ |
| | | 排水处理不及时或处理不当（$U_{3-17}$） | ★ | ★ | |
| 4 | 施工管理风险（$U_4$） | 场地前期准备不足影响（$U_{4-1}$） | | | ★ |
| | | 场地使用权延误影响（$U_{4-2}$） | | | ★ |
| | | 供水供电不稳定影响（$U_{4-3}$） | | | ★ |
| | | 材料设备供应不及时（$U_{4-4}$） | | | ★ |
| | | 对恶劣气候条件准备不足（$U_{4-5}$） | ★ | ★ | |
| | | 施工组织和施工进度安排不合理（$U_{4-6}$） | ★ | ★ | |
| | | 对外界和业内协调不及时（$U_{4-7}$） | | | ★ |
| | | 对监控量测数据不重视（$U_{4-8}$） | ★ | ★ | |
| | | 安全预案不当（$U_{4-9}$） | | | ★ |
| 5 | 材料设备风险（$U_5$） | 材料供应不足、供货出错以及质量不合格等（$U_{5-1}$） | ★ | ★ | ★ |
| | | 材料生产、运输、储存、施工中损耗或浪费（$U_{5-2}$） | | | ★ |
| | | 设备不配套、生产能力不足或设安装、调试失败、使用损坏（$U_{5-3}$） | ★ | ★ | |
| | | 设备进场延误、设备不合格（$U_{5-4}$） | ★ | ★ | |

续上表

| 序号 | 类　别 | 风 险 因 素 | 风 险 事 故 | | |
|---|---|---|---|---|---|
| | | | 塌方 | 大变形 | 其他 |
| 6 | 经济风险（$U_6$） | 建设单位延误工程款项（$U_{6-1}$） | | | ★ |
| | | 在保险公司和银行信用度不足（$U_{6-2}$） | | | ★ |
| | | 流动资金短缺、资金使用不合理（$U_{6-3}$） | | | ★ |
| | | 国家税务变化、利息调整（$U_{6-4}$） | | | ★ |
| | | 设备、原材料等费用上调（$U_{6-5}$） | | | ★ |
| | | 施工管理费和员工工资福利上涨（$U_{6-6}$） | | | ★ |
| | | 社会征费增加（$U_{6-7}$） | | | ★ |
| | | 工期变动（$U_{6-8}$） | | | ★ |
| 7 | 合同风险（$U_7$） | 投标前期现场勘察工作不足（$U_{7-1}$） | | | ★ |
| | | 工程清单错误或遗漏、工程单价或总价错误（$U_{7-2}$） | | | ★ |
| | | 评标和决标不公平（$U_{7-3}$） | | | ★ |
| | | 施工工期短、标价低（$U_{7-4}$） | | | ★ |
| | | 建设单位和分包商违约（$U_{7-5}$） | | | ★ |
| | | 索赔条款不明或欠缺（$U_{7-6}$） | | | ★ |
| 8 | 人员风险（$U_8$） | 普通工人素质（$U_{8-1}$） | | | ★ |
| | | 技术工人素质（$U_{8-2}$） | | | ★ |
| | | 管理人员素质（$U_{8-3}$） | | | ★ |
| | | 建设和监理单位的不合作（$U_{8-4}$） | | | ★ |
| | | 人事变动或人员伤亡（$U_{8-5}$） | | | ★ |
| 9 | 社会环境风险（$U_9$） | 国家政策调整，如土地政策（$U_{9-1}$） | | | ★ |
| | | 建设法规和建设审批程序问题（$U_{9-2}$） | | | ★ |
| | | 社会纠纷及不公正裁决（$U_{9-3}$） | | | ★ |
| | | 噪声、扬尘污染（$U_{9-4}$） | | | ★ |
| | | 施工机械对原有道路破坏（$U_{9-5}$） | | | ★ |
| | | 隧道爆破对周边建筑影响（$U_{9-6}$） | | | ★ |
| 10 | 自然灾害风险（$U_{10}$） | 地震影响（$U_{10-1}$） | ★ | ★ | ★ |
| | | 暴雨冰雪影响（$U_{10-2}$） | ★ | | ★ |
| | | 洪水影响（$U_{10-3}$） | ★ | | ★ |
| | | 瘟疫和传染病等疾病影响（$U_{10-4}$） | | | ★ |
| | | 生态被破坏影响（$U_{10-5}$） | | | ★ |
| | | 废弃物处理问题（$U_{10-6}$） | | | ★ |

注：★为对应的风险因素指标可能导致发生的事故类型。

### 3.3.3 隧道施工动态风险评价指标体系特点

近年来，系统工程的观念越来越多地为人们所理解和接受，特别在经济发展规划、能源需求预测和供应规划、人才需求预测和教育规划、各种社会经济政策的评价等方面，系统工程的观点得到了广泛的应用。所谓系统工程的方法，就是从系统的观点出发，用定量或定量与定性相结合的方法，对社会的、经济的、技术的系统进行分析、设计或改造的过程。人们在日常生活中常常要做各种各样的决策。决策活动是人们进行选择或判断的一种思维活动。人们几乎每时每刻都要进行决策。有简单的决策也有复杂的决策。经济学家们在进行社会的、经济的以及科学管理问题的决策分析中，面临的常常是一个由相互关联、相互制约的众多因素构成的复杂系统。政治家们则往往需要就影响千万人命运和前途的问题进行决策。例如战争与和平问题，经济发展战略规划，政策策略的制定等，它们涉及的是整个国家机构和全社会的庞大系统，其决策的复杂性一般都大大超过了其他决策问题。

由于社会系统的复杂性，系统工程中能应用自如地解决各类问题的方法并不多。有许多实际问题至今还没有适当的方法可以解决。过去人们主要靠主观判断进行决策，因而缺乏科学性。一些数学工具诸如数理统计方法、数量经济模型、数学规划方法等在系统工程和决策中的应用大大促进了系统工程的发展。一方面由于数学模型分析问题容易，目的性强，可以进行模拟试验，便于应用计算机等先进手段，因此数学工具在决策中的作用越来越重要，最优化技术一度几乎成为决策的代名词；另一方面它们在系统工程中的应用也推动了这些数学分支的迅速发展。到了 20 世纪 70 年代末 80 年代初，最优化理论发展的越来越抽象，数学规模的模型越来越大，有些人甚至片面地认为决策就是依靠数学模型解决问题。然而事实却往往相反。人们不难在以往的社会经济系统中找到这样的例子：为指定社会经济发展的区域性中长期规划，研究人员耗费了大量时间、物力、财力建立复杂的数学模型，用大型高速计算机得到模型的解，并以此为根据编制了经济规划，而这样的规划却难以执行，从而失去其实用价值。过于复杂的数学模型也往往使绝大多数工程技术人员望而却步，从而在某种程度上降低了系统工程的社会经济效用。

系统科学毕竟是一门边缘学科，大部分复杂系统事实上很难完全用定量的数学模型解决。追求建立一个完全精确的数学模型，其结果必然是使解题十分繁复，耗资十分巨大，以致最后掉入数学模型的“泥潭”中。在这种情况下，一些有远见的运筹学家开始冷静地看待和正确地评价复杂的数学模型对决策的作用。显而易见的事实是，在系统工程中，人们无法回避决策过程中决策者的选择和判断所起的决定作用。同时人们也开始认识到数学工具并非万能，决策中总会有大量因素无法定量地表示出来，而这正是软科学与通常的自然科学的区别。认识到这一点后，运筹学家们重新回到人的选择和判断上，并认真研究决策思维的规律。正是在这样的背景下，美国运筹学家，匹兹堡大学萨迪（T. L. Saaty）教授于 20 世纪 70 年代初期提出了著名的层次分析法（The Analytic Hierarchy Process，简称 AHP)，它是对多个方案、多个指标系统进行分析的一种层次、结构化决策方法，它采用数学方法将哲学上的分解与综合思维过程进行了描述，从而建立决策过程的数学模型。尽管 AHP 的应用需要掌握一些简单的数学原理，但是 AHP 从本质上讲是一种思维方式。它把复杂的问题分解成各个组成因素，又将这些因素按支配关系分组形成递阶层次结构，通过两两比较的方式确定层次中诸因素的相对重要性。然后综合决策者的判断，确定决策方案相对重要性的排序。整个过程体现了人的决策思维的基本特征，即分解、判断、综合。AHP 又是一种定量与定性相结合，将人的主观判断用数量形式表达和处理的方法。它改变了长期以来决策者与决策分析者之间难以沟通的状态。在大部分情况下，决策者可直接使用 AHP 进行决策，因而大大提高了决策的有效性、可靠性和可行性。

AHP 的提出可追溯到 20 世纪 70 年代初。1971 年萨迪曾用 AHP 为美国国防部研究所谓“应急计划”。1972 年他又为美国国家科学基金会研究电力在国内工业部门的分配问题。1973 年为苏丹政府研究了苏丹运输问题。1977 年萨迪在第一届国际数学建模会议上发表了“无结构决策问题的建模——层次分析法”。从那时起，AHP 开始引起人们的注意，并逐步应用于计划制定、资源分配、方案排序、政策分析、冲突求解及决策预报等相当广泛的领域中。随着 AHP 应用范围的扩大，它的理论也得到了发展并逐步完备。近年来，萨迪等近百位学者在发展 AHP 的理论和推广 AHP 的应用方面做了大量的工作，发表了几百篇论文，以 AHP 为基本方法的决策支持系统“专家选择系统”软件已商品化，在国际市场受到欢迎。

AHP 作为一种决策方法是在 1982 年 11 月召开的中美能源、资源、环境学术会议上由萨迪教授的学生高兰尼柴（H. Gholajnnezhad）首先向中国学者介绍的。其后，许树柏等（1982）发表了国内第一篇介绍 AHP 的文章：“层次分析法——决策的一种实用方法”。随后层次分析法像雨后春笋般在国内能源系统分析、城市规划、经济管理、科研成果评价等许多领域得到了应用。在 AHP 的理论方面，我国学者对 AHP 的数学基础、不完全信息下排序问题、AHP 的评分问题、模糊 AHP、动态 AHP 以及判断矩阵一致性检验、反馈 AHP、群组 AHP 等课题进行了研究。

通过层次分析法，建立隧道施工风险评价指标体系，并得到同一层次的指标因素相对上一层次准则层的权重，是进行下一步风险估计及评价的基础。运用层次分析法解决问题，大体可以分为四个步骤，即建立问题的递阶层次结构、构造两两比较判断矩阵、由判断矩阵计算被比较元素相对权重、计算各层元素的组合权重，分述如下。

1）问题递阶层次的建立

这是 AHP 中最重要的一步。首先，把复杂问题分解成称之为元素的各组成部分，把这些元素按属性不同分成若干组，以形成不同层次。同一层次的元素作为准则，对下一层次的某些元素起支配作用，同时它又受上一层次元素的支配。这种从上至下的支配关系形成了一个递阶层次。处于最上面的层次通常只有一个元素，一般是分析问题的预定目标，或理想结果。中间的层次一般是准则、子准则。最低一层包括评价的方案。层次之间元素的支配关系不一定是完全的，即可以存在这样的元素，它并不支配下一层次的所有元素。一个典型的层次可以用图 3-13 表示出来。

层次数与风险问题的复杂程度和所需要分析的详尽程度有关。每一层次中的元素一般不超过 9 个，因一层中包含数目过多的元素会给两两比较判断带来困难。一个好的层次结构对于解决问题是极为重要的。层次结构建立在评价者对所面临的问题具有全面深入的认识基础上，如果在层次的划分和确定层次之间的支配关系上举棋不定，最好重新分析问题，弄清问题各部分相互之间的关系。有时一个复杂问题仅仅用递阶层次形式表示是不够的，需要采用更复杂的结构形式，如循环层次结构、反馈层次结构等，这些结构是在递阶结构基础上的扩展形式。

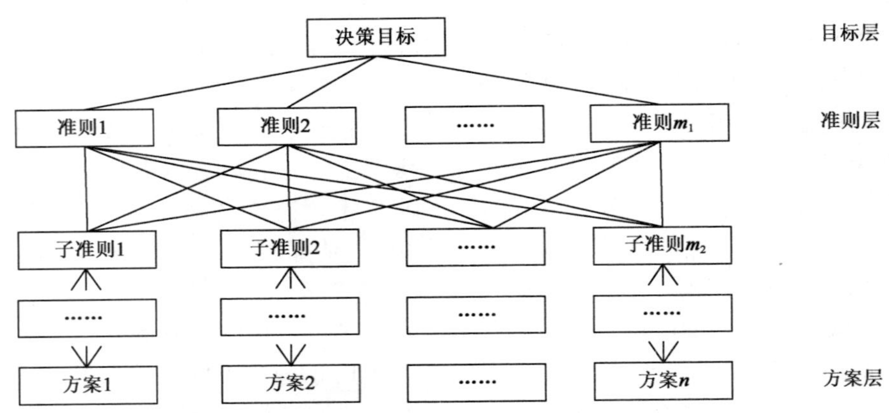


图 3-13 递阶层次结构示意图

2）构造两两比较判断矩阵

在建立递阶层次结构以后，上下层次之间元素的隶属关系就被确定了。假定以上一层次的元素 $C_k$ 作为准则，对下一层次的元素 $A_1$，$A_2$，…，$A_n$ 有支配关系，目的是在准则 $C_k$ 之下按其相对重要性赋予 $A_1$，$A_2$，…，$A_n$ 相应的权重。这一步中，要反复回答问题：针对准则 $C_k$，两个元素 $A_i$ 和 $A_j$ 哪一个更重要些，重要多少。需要对重要多少赋予一定数值。这里使用 1 ~ 9 的比例标度（表 3-4）。

项目风险评价分值表　　表 3-4

| 分　值　$a_{ij}$ | 定　　义 |
|---|---|
| 1 | $i$ 因素与 $j$ 因素同样重要 |
| 3 | $i$ 因素比 $j$ 因素略重要 |
| 5 | $i$ 因素比 $j$ 因素稍重要 |
| 7 | $i$ 因素比 $j$ 因素重要得多 |
| 9 | $i$ 因素比 $j$ 因素重要很多 |
| 2、4、6、8 | $i$ 因素与 $j$ 因素比较结果处于以上结果的中间 |
| 倒数 | $j$ 因素与 $i$ 因素比较结果是 $i$ 因素与 $j$ 因素重要性比较结果的倒数 |

1 ~ 9 的标度方法是将思维判断数量化的一种好方法。首先，在区分事物的差别时，人们总是用相同、较强、强、很强、极端强的语言，再进一步细分，可以在相邻的两级中插入折中的提法，因此对于大多数评价判断来说，1 ~ 9 级的标度是适用的。其次，心理学的实验表明，大多数人对不同事物在相同属性上差别的分辨能力在 5 ~ 9 级之间，采用 1 ~ 9 的标度反映多数人的判断能力。第三，当被比较的元素其属性处于不同的数量级时，一般需要将较高数量级的元素进一步分解，这可以保证被比较元素在所考虑的属性上有同一个数量级或比较接近，从而适用于 1 ~ 9 的标度。当然根据问题的特点也可以采用别的类型标度方法，如 0 ~ 1 的标度，指数型的标度等。

例如，准则是技术风险，子准则可分为设计风险和施工风险。如果认为施工风险比设计风险明显重要，它们的比例标度取 5。而设计风险对于施工风险的比例标度则取 1/5。对于 $n$ 个元素来说，得到两两比较判断矩阵 $A$ 由式（3-29）表示：

$$A = (a_{ij})_{n\times n} \tag{3-29}$$

判断矩阵具有如下性质：

$$a_{ij} > 0;\ a_{ij} = \frac{1}{a_{ji}};\ a_{ii} = 1 \tag{3-30}$$

我们称判断矩阵 $A$ 为正互反矩阵。

根据正互反矩阵的性质，对于一个有 $n$ 个元素的判断矩阵，只需要给出上（或下）三角形的 $n(n-1)/2$ 个判断即可。$A$ 的元素不一定具有传递性，即等式（3-31）必成立。

$$a_{ij}a_{jk} = a_{ik} \tag{3-31}$$

式（3-31）成立时，则称 $A$ 为一致性矩阵。在说明由判断矩阵导出元素排序权值时，一致性矩阵有重要意义。

3）计算单一准则下元素的相对权重

这一步要解决在准则 $C_k$ 下，$n$ 个元素 $A_1$，$A_2$，…，$A_n$ 排序权重的计算问题，并进行一致性检验。对于 $A_1$，$A_2$，…，$A_n$ 通过两两比较得到判断矩阵，解特征根问题

$$Aw = \lambda_{max} w \tag{3-32}$$

所得到的 $w$ 经正规化后作为元素 $A_1$，$A_2$，…，$A_n$ 在准则下排序权重，这种方法称排序权向量计算的特征根方法。$\lambda_{max}$ 存在且唯一，$w$ 可以由正分量组成，除了差一个常数倍数外，$w$ 是唯一的。$\lambda_{max}$ 和 $w$ 的计算可采用幂法。

（1）幂法的计算步骤

设初值向量 $w_0$，可假定 $w_0 = \left(\frac{1}{n},\frac{1}{n},\cdots,\frac{1}{n}\right)^T$；

对于 $k=1，2，3，\cdots$，计算：

$$\overline{w}_i = Aw_{k-1} \tag{3-33}$$

式中：$w_{k-1}$——经归一化所得到的向量。

对于事先给定的计算精度，若：

$$\max\left|w_{ki} - w_{(k-1)i}\right| < \varepsilon \tag{3-34}$$

式中：$w_{ki}$ —— $w_k$ 的第 $i$ 个分量。

式（3-34）成立则计算停止，否则继续计算新的 $\overline{w}_i$。

计算：

$$\lambda_{max} = \frac{1}{n}\sum_{i=1}^{n}\frac{\overline{w}_{ki}}{\overline{w}_{(k-1)i}} \tag{3-35}$$

$$w_{ki} = \frac{\overline{w}_{ki}}{\sum_{j=1}^{n}\overline{w}_{kj}} \tag{3-36}$$

在精度要求不高的情况下，可以用近似方法计算 $\lambda_{max}$ 和 $w$，有两种方法。

（2）和法的计算步骤

和法的计算步骤如下：

①$A$ 的元素按列归一化；

②将 $A$ 的元素按行相加；

③所得到的每行和向量归一化，得排序权向量 $w$；

④按下列公式计算 $\lambda_{max}$：

$$\lambda_{max} = \sum_{i=1}^{n} \frac{(Aw)_i}{nw_i} \tag{3-37}$$

式中：$(Aw)_i$—— $Aw$ 的第 $i$ 个元素。

（3）根法的计算步骤

根法的计算步骤如下：

①$A$ 的元素按行相乘；

②所得到的乘积分别开 $n$ 次方；

③将方根向量归一化，即得排序权向量 $w$；

④按式（3-37）计算 $\lambda_{max}$。

（4）一致性指标的计算

在判断矩阵的构造中，并不要求判断具有一致性，即不要求式（3-31）成立，这是为客观事物的复杂性与人的认识多样性所决定的。但要求判断有大体的一致性却是应该的，出现甲比乙极端重要，乙比丙极端重要，而丙比甲极端重要的情况一般是违反常识的。而且，当判断偏离一致性过大时，排序权向量计算结果作为评价依据将出现某些问题。因此在得到 $\lambda_{max}$ 后，需要进行一致性检验，其步骤如下：

$$\mathrm{CI} = \frac{\lambda_{max} - n}{n - 1} \tag{3-38}$$

式中：$n$——判断矩阵的阶数；

CI——正互反矩阵 A 的最大特征值。

平均随机一致性指标 RI 是多次(500 次以上)重复进行随机判断矩阵特征值计算之后取算术平均数得到的。许树柏 RI 得出的 1 ~ 15 阶重复计算 1 000 次的平均随机一致性指标如表 3-5 所示。

**平均随机一致性指标** 表 3-5

| 阶数 | 1 | 2 | 3 | 4 | 5 | 6 | 7 | 8 |
|---|---|---|---|---|---|---|---|---|
| RI | 0 | 0 | 0. 52 | 0. 89 | 1. 12 | 1. 26 | 1. 36 | 1. 41 |
| 阶数 | 9 | 10 | 11 | 12 | 13 | 14 | 15 | |
| RI | 1. 46 | 1. 49 | 1. 52 | 1. 54 | 1. 56 | 1. 58 | 1. 59 | |

计算一致性比例 CR，由式(3-39)表示为：

$$\mathrm{CR} = \mathrm{CI}/\mathrm{RI} \tag{3-39}$$

4）计算各层元素的组合权重

为了得到递阶层次结构每一层次所有元素相对于总目标的相对权重，需要把第 3 步的计算结果进行适当的组合，并进行总的判断一致性检验。这一步骤是由上而下逐层进行的。最终计算结果得出最低层次元素，即评价方案优先顺序的相对权重和整个递阶层次模型的判断一致性检验。

假定已经计算出第 $k-1$ 层元素相对于总目标的组合排序权重向量。$a^{k-1} = (a_1^{k-1}, a_2^{k-1}, \cdots, a_m^{k-1})^T$，第 $k$ 层在第 $k-1$ 层第 $j$ 个元素作为准则下元素的排序权重向量为 $B_j^k = (B_{1j}^k, B_{2j}^k, \cdots, B_{nj}^k)^T$，其中不受支配（即与 $k-1$ 层第 $j$ 个元素无关）的元素权重为零。令 $B^k = (b_1^k, b_2^k, \cdots, b_n^k)^T$，则第 $k$ 层 $i$ 个元素相对于总目标的组合排序权重向量由下式给出：

$$a^k = B^k a^{k-1} \tag{3-40}$$

更一般地，有排序的组合权重公式：

$$a^k = B^k \cdots B^3 a^2 \qquad (3 \leqslant k \leqslant h) \tag{3-41}$$

式中：$a^2$——第二层次元素的排序向量；

$h$——层次数。

对于递阶层次组合判断的一致性检验，需要类似地逐层计算 CI。若分别得到了第 $k-1$ 层次的计算结果 CI、RI 和 CR，则第 $k$ 层的相应指标为：

$$\mathrm{CI}_k = (CI_k^1, \cdots, CI_k^m)\, a^{k-1} \tag{3-42}$$

$$\mathrm{RI}_k = (RI_k^1, \cdots, RI_k^m)\, a^{k-1} \tag{3-43}$$

$$\mathrm{CR}_k = CR_{k-1} + CI_k / RI_k \tag{3-44}$$

这里 $\mathrm{CI}_k^i$ 和 $\mathrm{RI}_k^i$ 分别为在 $k-1$ 层第 $i$ 个准则下判断矩阵的一致性指标和平均随机一致性指标。当 $\mathrm{CR}_k < 0.1$ 时，则认为递阶层次在层水平上整个判断有满意的一致性。

### 3.3.4　隧道施工动态风险估计方法

1）模糊数学理论

1965 年，美国控制论专家查德为了从数学上处理带有模糊性的不确定性现象，首次提出了模糊集合的概念，从而开创了模糊数学这门数学分支。模糊集合把普通集合中“非此即彼”的性质拓展到“亦此亦彼”的概念，扩大了普通集合的应用范围。概率论和数理统计将数学的应用从必然现象扩大到随机现象的领域，模糊数学将数学的应用从清晰现象扩大到模糊现象的领域，而模糊可靠性理论的出现使得同时处理工程中的随机现象和模糊现象成为可能。

（1）隶属函数

设 $A$ 是集合 $X$ 到［0，1］的一个映射，$A$：$X \rightarrow$［0，1］，$X \rightarrow A$（$x$）则称 $A$ 是 $X$ 上的模糊集，$A$（$x$）称为模糊集 $A$ 的隶属函数，或称 $A$（$x$）为 $x$ 对模糊集 $A$ 的隶属度。

隶属函数的确定是模糊理论的基础，隶属函数的确定带有人的主观因素，但决不可以任意臆造，而必须以客观规律为基础。隶属函数的确定通常是先初步确定粗略的隶属函数，然后通过不断的实践检验，逐渐修正和完善，最终达到主观和客观的一致。

隶属函数的确定有许多方法，例如：五点法、三分法、选择法、遗传算法、专家经验法、典型函数法、模糊统计法、可变模型法、相对选择法、二元对比排序法、人工神经元网络学习法等。采用专家经验法确定风险因素的损失概率和损失值。专家经验法是根据专家的经验和学识来确定隶属函数的方法。

（2）模糊数

模糊数是一种特殊的模糊集，是模糊化的区间数，它不但能表示区间全体，而且还能表示区间内各元素对该区间的隶属度。定义如下：设 $\tilde{I}$ 为实数域 $R$ 上的模糊集，$\mu_{\tilde{I}}(u)$ 是它的隶属函数，设 $\beta = \mathrm{Sup}\mu_{\tilde{I}}(u)$（符号 Sup 表示 $\tilde{I}$ 的上模，即 $\mu_{\tilde{I}}(u)$ 的极大值），若对任意 $\lambda \in \{0,\beta\}$，$I_{\lambda} = \{u \;/\; \mu_{\tilde{I}}(u) \geqslant \lambda\}$ 都是一个闭区间，则称 $\tilde{I}$ 是一个模糊数。

模糊数是一种特殊的模糊集。因此，模糊数的表示方式和模糊集的表示方式相同。若 $\tilde{A} = (a,b,c,d)$，其中 $a$，$b$，$c$，$d$ 是实数，则称之为梯形模糊数，$\tilde{A}$ 是实数集 $R$ 的模糊子集，其隶属函数 $\mu_{\tilde{A}}$ 满足下列条件：

$$\mu_{\tilde{A}} = \begin{cases} \dfrac{x-a}{b-a}, & a \leqslant x \leqslant b \\ 1, & b \leqslant x \leqslant c \\ \dfrac{x-d}{c-d}, & c \leqslant x \leqslant d \\ 0, & \text{其他} \end{cases} \tag{3-45}$$

（3）模糊集的重心

当论域 $U = \{u_1, u_2, \cdots, u_n\} \subset R$（$R$ 为实数域）时，$U$ 上模糊集 $\tilde{A}$:$\mu_{\tilde{A}}(u)$ 的重心 $G_{\tilde{A}}$ 定义为：

$$G_{\tilde{A}} = \frac{\sum_{i=1}^{n}\mu_{\tilde{A}}(u_i)\,u_i}{\sum_{i=1}^{n}\mu_{\tilde{A}}(u_i)} \tag{3-46}$$

式中，$\sum_{i=1}^{n}\mu_{\tilde{A}}(u_i) \neq 0$。

模糊集的重心是模糊集的固有属性，它反映了模糊集的隶属度在论域 $U$ 内集中的地方。

2）隧道施工动态风险估计

（1）风险概率模糊估计

针对隧道的施工特点，选用专家经验法确定隶属函数，通过专家的经验和学识来估计风险概率和风险损失。

①确定专家权重。

采用加权平均法对专家经验法得到的数据进行处理，确定风险概率的隶属度。根据专家的年龄、资历、经验等，将专家大致分为四类，专家权重分别取 1.0、0.8、0.5、0.3，其中一类专家所做出的判断是最可靠的，数据反映的信息也是最真实的。具体专家分类如表 3-6 所示。

**专家分类表**　　表3-6

| 类别 | 一类 | 二类 | 三类 | 四类 |
| --- | --- | --- | --- | --- |
| 专家分级说明 | 1. 隧道工程领域元老级专家；<br>2. 施工单位项目经理；<br>3. 驻地高监；<br>4. 设计负责人 | 1. 高级职称以上的施工技术人员；<br>2. 高级职称以上的科研人员；<br>3. 高级职称以上的监理人员；<br>4. 高级职称以上的设计人员 | 1. 中级职称以上的施工技术人员；<br>2. 中级职称以上的科研人员；<br>3. 中级职称以上的监理人员；<br>4. 中级职称以上的设计人员 | 1. 初级职称以上的施工技术人员；<br>2. 初级职称以上的科研人员；<br>3. 初级职称以上的监理人员；<br>4. 初级职称以上的设计人员 |
| 权重 $\gamma$ | 1.0 | 0.8 | 0.5 | 0.3 |

②风险概率分级。

根据国际通用的风险发生概率定性的分级方法，将风险发生概率 $P$ 分为五级，见表3-7。

**风险概率分级表**　　表3-7

| 等级 | $A$ | $B$ | $C$ | $D$ | $E$ |
| --- | --- | --- | --- | --- | --- |
| 事故描述 | 不可能 | 很少发生 | 偶尔发生 | 可能发生 | 频繁 |
| 区间概率 | $P<0.01\%$ | $0.01\%\leqslant P<0.1\%$ | $0.1\%\leqslant P<1\%$ | $1\%\leqslant P<10\%$ | $P\geqslant 10\%$ |

③专家模糊估计。

第 $i$ 个专家对第 $j$ 个风险因素的5个发生概率等级的隶属度作评价，可用下式表示：

$$P_{ij}=\frac{\mu_{PA_{ij}}}{A}+\frac{\mu_{PB_{ij}}}{B}+\frac{\mu_{PC_{ij}}}{C}+\frac{\mu_{PD_{ij}}}{D}+\frac{\mu_{PE_{ij}}}{E} \tag{3-47}$$

式中，$\sum_{k=A}^{E}\mu_{Pk_{ij}}=1$。

④风险因素发生概率的隶属度。

根据 $n$ 个专家对某一风险因素 $j$ 的概率隶属度评价结果，进行加权平均，则可得风险因素 $j$ 发生概率的模糊集：

$$P_{j}=\frac{\mu_{PA_{j}}}{A}+\frac{\mu_{PB_{j}}}{B}+\frac{\mu_{PC_{j}}}{C}+\frac{\mu_{PD_{j}}}{D}+\frac{\mu_{PE_{j}}}{E} \tag{3-48}$$

$$\mu_{Pk_{j}}=\frac{\sum_{i=1}^{n}\gamma_{i}\mu_{Pk_{ij}}}{\sum_{i=1}^{n}\gamma_{i}}\ (k=\text{A, B, C, D, E})$$

式中：$n$——专家个数；

$\gamma$——专家权重。

(2) 风险损失模糊估计

考虑工程风险损失严重程度的不同，建立风险损失等级标准，将工程风险损失分为五级，详见表3-8。其确定专家权重、专家模糊估计及各个基本风险因素的风险后果模糊集的具体过程参照本章风险概率模糊估计。

工程风险损失等级标准　　表 3-8

| 等级 | 1 | 2 | 3 | 4 | 5 |
|---|---|---|---|---|---|
| 描述 | 可忽略的 | 需考虑的 | 严重的 | 非常严重的 | 灾难性的 |

由于隧道施工风险损失类别较多，总体来讲，包括安全风险损失和财产风险损失两部分。根据承险体的不同，一共具体划分为 5 类损失，包括直接经济损失、工期损失、人员伤亡损失、社会环境损失和生态环境破坏损失，每类损失的定义及等级标准如下所述。

①直接经济损失。

直接经济损失是指施工过程中由于工程事故产生的设备损坏、结构修复等造成的各种直接费用总称，这也是隧道施工最主要的损失。直接经济损失等级用直接经济损失费用总量表示，具体见表 3-9。

直接经济损失等级标准　　表 3-9

| 损失等级 | 1 | 2 | 3 | 4 | 5 |
|---|---|---|---|---|---|
| 经济损失（万元） | EL < 500 | 500 ≤ EL < 1 000 | 1 000 ≤ EL < 5 000 | 5 000 ≤ EL < 10 000 | EL ≥ 10 000 |

注：EL 为经济损失；参考国务院《生产安全事故报告和调查处理条例》（2007-06-01）。

②工期损失。

工期损失是指施工过程中由于各种工程事故产生后，事故处理、返工及重建造成的工期延误。针对不同的工程类型和建设工期，采用两种不同单位标准表示：短期工程Ⅰ（建设工期两年以内）采用天表示；长期工程Ⅱ（建设工期两年以上）采用月表示。具体见表 3-10。

工期损失等级标准　　表 3-10

| 损失等级 | 1 | 2 | 3 | 4 | 5 |
|---|---|---|---|---|---|
| 延误时间Ⅰ（天） | $T < 10$ | $10 \leq T < 30$ | $30 \leq T < 60$ | $60 \leq T < 90$ | $T \geq 90$ |
| 延误时间Ⅱ（月） | $T < 1$ | $1 \leq T < 3$ | $3 \leq T < 6$ | $6 \leq T < 9$ | $T \geq 9$ |

注：$T$ 为延误时间（天，月，每月按 30 天计）。

③人员伤亡损失。

人员伤亡损失是指施工过程中各种工程事故产生的人员伤害。根据人员伤亡的类别和严重程度，具体等级标准见表 3-11。

人员伤亡损失等级标准　　表 3-11

| 损失等级 | 1 | 2 | 3 | 4 | 5 |
|---|---|---|---|---|---|
| 人员伤亡（人） | SI < 5 | 5 ≤ SI < 10<br>或 $F < 3$ | 10 ≤ SI < 50<br>或 $3 \leq F < 10$ | 50 ≤ SI < 100<br>或 $10 \leq F < 30$ | SI ≥ 100<br>或 $F \geq 30$ |

注：SI 为重伤人数，$F$ 为死亡人数（含失踪）；参考国务院《生产安全事故报告和调查处理条例》（2007-06-01）和《企业职工伤亡事故分类标准》（GB 6441—86）。

④社会环境损失。

社会环境损失是指施工对周边构筑物（例如房屋、道路、管线等）产生的破坏影响或影响其正常使用所造成的经济损失以及对周边人民生活产生的影响（例如施工噪声、污水排放问题等都可能引起群众的不满，造成不良的社会影响）造成的损失，具体等级标准见表 3-12。

**社会环境损失等级标准**　　表 3-12

| 损失等级 | 1 | 2 | 3 | 4 | 5 |
|---|---|---|---|---|---|
| 经济损失（万元） | EL＜50 | 50≤EL＜100 | 100≤EL＜500 | 500≤EL＜1000 | EL≥1000 |

注：EL 为经济损失。

⑤生态环境损失。

生态环境损失是指隧道施工对周边区域自然环境造成的影响损失，包括自然环境污染与社会转移安置等损失，具体等级标准见表 3-13。

**生态环境损失等级标准**　　表 3-13

| 等　级 | 损失严重程度描述 |
|---|---|
| 1 | 涉及范围很小，无群体性影响，需紧急转移安置小于 50 人 |
| 2 | 涉及范围较小，一般群体性影响，需紧急转移安置 50～100 人 |
| 3 | 涉及范围大，区域正常经济活动、社会活动受影响，需紧急转移安置 100～500 人 |
| 4 | 涉及范围很大，区域生态功能部分丧失，需紧急转移安置 500～1 000 人 |
| 5 | 涉及范围非常大，区域周边生态功能严重丧失，需紧急转移安置 1 000 人以上，正常的经济、社会活动受到严重影响 |

### 3.3.5　隧道施工动态风险评价标准

1）风险评价的标准

隧道施工期间发生的工程风险，是否可以接受及接受的程度如何，决定着不同的风险控制对策和处理措施，进行隧道风险评价就需要明确风险等级及接受准则。

（1）风险分级标准

风险分级标准包括风险事故发生概率的等级标准（简称风险概率等级，见表 3-7）和风险事故发生后的损失等级标准（简称风险损失等级标准，见表 3-8）。

（2）风险评价标准

根据不同的风险概率等级和风险损失等级，建立风险分级评价矩阵（简称风险评价矩阵），具体见表 3-14。

**风 险 评 价 矩 阵**　　表 3-14

| 风　　险 | | 风险损失 | | | | |
|---|---|---|---|---|---|---|
| | | 1. 可忽略 | 2. 需考虑 | 3. 严重 | 4. 非常严重 | 5. 灾难性的 |
| 发生概率 | $A$：$P<0.01\%$ | 一级 | 一级 | 二级 | 三级 | 四级 |
| | $B$：$0.01\% \leq P<0.1\%$ | 一级 | 二级 | 三级 | 三级 | 四级 |
| | $C$：$0.1\% \leq P<1\%$ | 一级 | 二级 | 三级 | 四级 | 五级 |
| | $D$：$1\% \leq P<10\%$ | 二级 | 三级 | 四级 | 四级 | 五级 |
| | $E$：$P \geq 10\%$ | 二级 | 三级 | 四级 | 五级 | 五级 |

（3）风险接受准则

不同等级的风险需采用不同的风险控制和处理措施，结合风险评价矩阵，不同等级风险的接受准则和相应的控制对策见表 3-15。

风险接受准则　　表 3-15

| 等　级 | 接受标准 | 控制方案 | 应对部门 |
| --- | --- | --- | --- |
| 一级 | 可忽略的 | 日常管理和审视 | 工程建设参与各方 |
| 二级 | 可容许的 | 需注意，加强日常管理和审视 | |
| 三级 | 可接受的 | 引起重视，需防范、监控措施 | |
| 四级 | 不可接受的 | 需决策，制定控制、预警措施 | 政府部门及工程建设参与各方 |
| 五级 | 拒绝接受的 | 立即停止，整改、规避或启动应急预案 | |

2）风险的水平等级划分和计算

（1）风险水平分级

根据风险评价矩阵，并根据“二八法则”确定 5 个风险等级范围及指针值 $V$，具体见表 3-16。

风险水平分级　　表 3-16

| 等　级 | PC　区　域 | 指针值 $V$ | 等级范围 | 接受准则 |
| --- | --- | --- | --- | --- |
| 一级 | 1$A$、1$B$、1$C$、2$A$ | 16 | 0 ~ 20 | 可忽略的 |
| 二级 | 1$D$、1$E$、2$B$、2$C$、3$A$ | 36 | 20 ~ 40 | 可容许的 |
| 三级 | 2$D$、2$E$、3$B$、3$C$、4$A$、4$B$ | 56 | 40 ~ 60 | 可接受的 |
| 四级 | 3$D$、3$E$、4$C$、4$D$、5$A$、5$B$ | 76 | 60 ~ 80 | 不可接受的 |
| 五级 | 4$E$、5$C$、5$D$、5$E$ | 96 | 80 ~ 100 | 拒绝接受的 |

（2）计算风险水平评价指标

由风险评价矩阵可得到风险因素 $j$ 的评价指标：

$$Rj = \frac{\mu_{Rj1}}{V_1} + \frac{\mu_{Rj2}}{V_2} + \frac{\mu_{Rj3}}{V_3} + \frac{\mu_{Rj4}}{V_4} + \frac{\mu_{Rj5}}{V_5} \tag{3-49}$$

其中：

$$\mu_{Rj1} = \mu_{C1j} \cdot \mu_{PAj} + \mu_{C1j} \cdot \mu_{PBj} + \mu_{C1j} \cdot \mu_{PCj} + \mu_{C2j} \cdot \mu_{PAj} \tag{3-50}$$

$$\mu_{Rj2} = \mu_{C1j} \cdot \mu_{PDj} + \mu_{C1j} \cdot \mu_{PEj} + \mu_{C2j} \cdot \mu_{PBj} + \mu_{C2j} \cdot \mu_{PCj} + \mu_{C3j} \cdot \mu_{PAj} \tag{3-51}$$

$$\mu_{Rj3} = \mu_{C2j} \cdot \mu_{PDj} + \mu_{C2j} \cdot \mu_{PEj} + \mu_{C3j} \cdot \mu_{PBj} + \mu_{C3j} \cdot \mu_{PCj} + \mu_{C4j} \cdot \mu_{PAj} + \mu_{C4j} \cdot \mu_{PBj} \tag{3-52}$$

$$\mu_{Rj4} = \mu_{C3j} \cdot \mu_{PDj} + \mu_{C3j} \cdot \mu_{PEj} + \mu_{C4j} \cdot \mu_{PCj} + \mu_{C4j} \cdot \mu_{PDj} + \mu_{C5j} \cdot \mu_{PAj} + \mu_{C5j} \cdot \mu_{PBj} \tag{3-53}$$

$$\mu_{Rj5} = \mu_{C4j} \cdot \mu_{PEj} + \mu_{C5j} \cdot \mu_{PCj} + \mu_{C5j} \cdot \mu_{PDj} + \mu_{C5j} \cdot \mu_{PEj} \tag{3-54}$$

（3）确定风险水平等级

采用加权平均法对评判指标进行处理：

$$v_j = \sum_{k=1}^{5} \mu_{Rkj} \cdot V_k \tag{3-55}$$

则 $v_j$ 对应的风险等级范围即为基本风险因素 $j$ 评判的风险水平等级。

## 3.4　隧道施工动态风险评估工程实例

### 3.4.1　石嘴隧道工程设计概况

河南省焦（作）桐（柏）高速公路巩登段石嘴隧道隧址区属伏牛山系嵩山山脉，地势险峻，地形起伏较大，沟谷切割较深，属山地地貌单元。隧道区地面高程分别在 508 ~ 696m 之间，分为左右两线，左线桩号 ZK33 +439 ~ ZK34 +450；右线桩号 YK33 +408.7 ~ YK34 +483。隧道外设计车速 120km/h，隧道内车速为 100km/h。隧道为上下行分离式，单洞净跨径 11.7m，净高 5m。左线隧道长为 1 011m，设计纵坡 -1.35%、-2.5%；右线隧道长为 1 074.3m，设计纵坡 -1.318%、-2.5%。为使隧道布置更为合理，两条隧道不平行布置，隧道净间距为 30 ~ 50m。隧道内设一转弯点，左线隧道转弯半径1 330m，右线隧道转弯半径 1 350.786m。

采用的设计技术标准如下。

①道路性质：双向四车道高速公路；

②设计车速：行车速度为 100km/h；

③隧道净空：净高 5m，净宽 0.75m（检修道） +0.5m（左侧向宽） +2 ×3.75m（车行道） +1.0m（右侧向宽） +1.0m（检修道）；

④荷载标准：公路 I 级。

1）隧道设计概况

（1）隧道防排水设计

本隧道按照以排为主，防排相结合的原则进行防排水设计。主要措施有：在隧道环向铺设半圆管将水引入边墙两侧的 $\phi$100PE 双壁打孔波纹管集水，然后通过 $\phi$100PE 横向排水管将水引入中心排水沟，经中心排水沟排出洞外；在初期支护和二次衬砌之间挂设 HDPE 防排水板 + 无纺土工布，沉降缝采用中埋式橡胶止水带，施工缝采用带注浆管的橡胶止水条。明洞外防排水采用天沟、排水沟、截水沟等排水系统进行防排水。

（2）隧道的衬砌设计

衬砌设计分为洞口抗震段整体式衬砌和洞身段复合式衬砌两类，按不同的围岩类别设计。隧道区地震烈度为Ⅶ度。

根据地质岩性的不同，隧道洞身段的初期支护结构按新奥法原理，采用复合式支护体系的结构形式，初期支护以锚杆、喷、注浆等组成联合支护体系。二次衬砌采用模筑钢筋混凝土结构，初期支护与二次支护之间设“防水 + 排水”夹层。

（3）隧道明洞及洞门设计

隧道各洞口均设置拱形明洞，设计采用削竹式明洞。

（4）隧道路面设计

隧道洞内路面采用复合式路面，上面层为沥青混凝土路面，下面层为水泥混凝土路面。在隧道进出口处设置胀缝及临近胀缝横向伸缩缝处加设传力杆。

（5）附属构筑物设计

附属构筑物包括隧道通风设施、隧道内消防设施、隧道交通控制、通风与照明控制、火灾报警和中央控制管理等设施；隧道内壁装饰。

2）接线工程设计概况

（1）路基工程设计

隧道路基路幅结构形式为0.75m（土路肩）+3.0m（右硬路肩）+2×3.75m（行车道）+1.0m（左硬路肩）+0.75m（土路肩）。

（2）路面工程设计

接线段路面与隧道相同，采用复合式路面。

3）地质构造条件

（1）工程地质条件

本工程位于登封市唐庄乡属嵩山山脉，施工场区内属中、低山区，地表大部分为基岩出露。隧道范围地面高程分别在508～696m之间，山谷两侧及山坡地带植被较少，交通不便。

（2）水文地质条件

地表水：周边无水系分布，主要由大气降水补充。

地下水：场区内基岩出露贫水区，地层岩性为奥陶系灰岩，属裂隙含水层。基岩裂隙较发育，仅在风化带中见裂隙水，水量较小，水质相对纯净，不具腐蚀性。

4）周边环境条件

（1）场地条件

本工程施工场地拟分为两期进行，先期先进行左、右线出口段的施工，后期进行进口段的施工。

先期出口工区场地：出口工区生活场地位于洞口左前方200m范围内，生产场地分为3块，2块位于洞口边缘，其中1块作为空压机房，用地面积为400m$^2$，另1块作为加工场地、机械设备停放场和砂石料堆放场，用地面积1 800m$^2$；第3块位于左洞口的左前方，作为职工生活用地。弃渣场位置由业主指定。

后期进口工区场地：由于征地、地面与洞口落差较大等原因，暂时未考虑施工场地用地方案。

（2）交通条件

本工程系河南省规划骨架路网开发旅游项目，为了扩大内需而新建的巩义至登封段第一条高速公路。工程位于登封市唐庄乡境内。

（3）人文条件

石嘴隧道出口为景家门村，临近进洞洞口位置居民房屋较为集中，人文条件较为复杂，且周边道路较狭窄，但环境优美。

### 3.4.2 石嘴隧道ZKⅠ施工动态风险评估

采用ZKⅠ代表“石嘴隧道ZK34+375～ZK34+360区段”，首先对ZKⅠ隧道施工风险进行辨识，然后建立施工动态风险评价指标体系，再对基本风险因素进行模糊概率估计和模糊损失估计，最后采用多层次模糊动态风险评估模型对该里程段的风险进行评价。

1）施工风险辨识

ZKⅠ的工程地质水文地质概况为：此段围岩为中风化辉绿岩，块状构造，致密坚硬，节理裂隙发育，呈碎裂状结构，易坍塌，初期支护不及时会出现大坍塌。围岩中可能存在少量裂隙水，其不具腐蚀性。

根据 WBS-RBS 法与专家调查法，取得 ZK Ⅰ 施工风险因素如表 3-17 所示。

风险因素识别一览表　　表 3-17

| 序号 | 类别 | 风险因素 | 风险事故 | | |
|---|---|---|---|---|---|
| | | | 塌方 | 大变形 | 其他 |
| 1 | 地质条件风险（$U_1$） | 节理裂隙发育（$U_{1-1}$） | ★ | ★ | |
| | | 地勘的不确定性（$U_{1-2}$） | ★ | ★ | |
| 2 | 设计风险（$U_2$） | 开挖方式不当（$U_{2-1}$） | ★ | ★ | |
| | | 初期支护强度不够（$U_{2-2}$） | ★ | ★ | ★ |
| | | 防排水设计不当（$U_{2-3}$） | ★ | ★ | ★ |
| | | 设计变更、修改和审批延误（$U_{2-4}$） | ★ | ★ | |
| 3 | 施工技术风险（$U_3$） | 开挖工序不当（$U_{3-1}$） | ★ | ★ | |
| | | 开挖进尺不当（$U_{3-2}$） | ★ | ★ | |
| | | 爆破控制不当（$U_{3-3}$） | ★ | ★ | |
| | | 初期支护材料质量不合格（$U_{3-4}$） | ★ | ★ | ★ |
| | | 喷射混凝土达不到要求（$U_{3-5}$） | ★ | ★ | ★ |
| | | 工字钢连接处薄弱（$U_{3-6}$） | ★ | ★ | ★ |
| | | 隧道闭合成环周期太长（$U_{3-7}$） | ★ | ★ | |
| | | 施工缝、沉降缝处理不当（$U_{3-8}$） | | | ★ |
| | | 二次衬砌混凝土质量不合要求（$U_{3-9}$） | ★ | ★ | ★ |
| | | 二次衬砌施作时机不当（$U_{3-10}$） | ★ | ★ | |
| | | 二次衬砌不密实、开裂、厚度不足（$U_{3-11}$） | ★ | ★ | ★ |
| | | 注浆堵水效果差（$U_{3-12}$） | | | ★ |
| | | 防排水施作不规范（$U_{3-13}$） | | | ★ |
| | | 排水处理不及时或处理不当（$U_{3-14}$） | ★ | ★ | |
| 4 | 施工管理风险（$U_4$） | 供水供电不稳定影响（$U_{4-1}$） | | | ★ |
| | | 材料设备供应不及时（$U_{4-2}$） | | | ★ |
| | | 对恶劣气候条件准备不足（$U_{4-3}$） | ★ | ★ | |
| | | 施工组织和施工进度安排不合理（$U_{4-4}$） | ★ | ★ | |
| | | 对外界和业内协调不及时（$U_{4-5}$） | | | ★ |
| | | 对监控量测数据不重视（$U_{4-6}$） | ★ | ★ | |
| | | 安全预案不当（$U_{4-7}$） | | | ★ |
| 5 | 材料设备风险（$U_5$） | 材料供应不足、供货出错以及质量不合格等（$U_{5-1}$） | ★ | ★ | ★ |
| | | 材料生产、运输、储存、施工中损耗或浪费（$U_{5-2}$） | | | ★ |
| | | 设备不配套、生产能力不足或设备安装、调试失败、使用损坏（$U_{5-3}$） | ★ | ★ | |
| | | 设备进场延误、设备不合格（$U_{5-4}$） | ★ | ★ | |

续上表

| 序号 | 类　别 | 风 险 因 素 | 风 险 事 故 | | |
|---|---|---|---|---|---|
| | | | 塌方 | 大变形 | 其他 |
| 6 | 经济风险（$U_6$） | 建设单位延误工程款项（$U_{6-1}$） | | | ★ |
| | | 在保险公司和银行信用度不足（$U_{6-2}$） | | | ★ |
| | | 流动资金短缺、资金使用不合理（$U_{6-3}$） | | | ★ |
| | | 国家税务变化、利息调整（$U_{6-4}$） | | | ★ |
| | | 设备、原材料等费用上调（$U_{6-5}$） | | | ★ |
| | | 施工管理费和员工工资福利上涨（$U_{6-6}$） | | | ★ |
| | | 社会征费增加（$U_{6-7}$） | | | ★ |
| | | 工期变动（$U_{6-8}$） | | | ★ |
| 7 | 合同风险（$U_7$） | 投标前期现场勘察工作不足（$U_{7-1}$） | | | ★ |
| | | 工程清单错误或遗漏、工程单价或总价错误（$U_{7-2}$） | | | ★ |
| | | 评标和决标不公平（$U_{7-3}$） | | | ★ |
| | | 施工工期短、标价低（$U_{7-4}$） | | | ★ |
| | | 建设单位和分包商违约（$U_{7-5}$） | | | ★ |
| | | 索赔条款不明或欠缺（$U_{7-6}$） | | | ★ |
| 8 | 人员风险（$U_8$） | 普通工人素质（$U_{8-1}$） | | | ★ |
| | | 技术工人素质（$U_{8-2}$） | | | ★ |
| | | 管理人员素质（$U_{8-3}$） | | | ★ |
| | | 建设和监理单位的不合作（$U_{8-4}$） | | | ★ |
| | | 人事变动或人员伤亡（$U_{8-5}$） | | | ★ |
| 9 | 社会环境风险（$U_9$） | 国家政策调整，如土地政策（$U_{9-1}$） | | | ★ |
| | | 建设法规和建设审批程序问题（$U_{9-2}$） | | | ★ |
| | | 社会纠纷及不公正裁决（$U_{9-3}$） | | | ★ |
| | | 噪声、扬尘污染（$U_{9-4}$） | | | ★ |
| | | 施工机械对原有道路破坏（$U_{9-5}$） | | | ★ |
| | | 隧道爆破对周边建筑影响（$U_{9-6}$） | | | ★ |
| 10 | 自然灾害风险（$U_{10}$） | 地震影响（$U_{10-1}$） | ★ | ★ | ★ |
| | | 暴雨冰雪影响（$U_{10-2}$） | ★ | | ★ |
| | | 洪水影响（$U_{10-3}$） | ★ | | ★ |
| | | 瘟疫和传染病等疾病影响（$U_{10-4}$） | | | ★ |
| | | 生态被破坏影响（$U_{10-5}$） | | | ★ |
| | | 废弃物处理问题（$U_{10-6}$） | | | ★ |

注：★为对应的风险因素指标可能导致发生的风险事故类型。

2）建立施工动态风险评价指标体系

根据分析得出的石嘴隧道施工风险因素，结合层次分析法，建立石嘴隧道施工风险评估指标体系，并运用1~9标度法及根法近似计算得到各风险因素的权重$u_i$。将石嘴隧道施工风险评估指标体系分为三层。

第一层为目标层：$U$；

第二层为风险因素Ⅰ：$U_1 \sim U_{10}$；

第三层为隶属于第二层风险因素层的风险因素Ⅱ：$U_{1-1} \sim U_{1-2}$、$U_{2-1} \sim U_{2-4}$、$U_{3-1} \sim U_{3-14}$、$U_{4-1} \sim U_{4-7}$、$U_{5-1} \sim U_{5-4}$、$U_{6-1} \sim U_{6-8}$、$U_{7-1} \sim U_{7-6}$、$U_{8-1} \sim U_{8-5}$、$U_{9-1} \sim U_{9-6}$、$U_{10-1} \sim U_{10-6}$。

具体意义和构造见表3-16、表3-17。具体确定权重的过程如下（例如确定$U_{7-1} \sim U_{7-6}$）。

（1）构造两两判断矩阵

$a_1 = (1,2,1,2,2,3)$　　$a_2 = (1/2,1,1/2,1,1,2)$

$a_3 = (1,2,1,2,2,9)$　　$a_4 = (1/2,1,1/2,1,1,2)$

$a_5 = (1/2,1,1/2,1,1,3)$　　$a_6 = (1/3,1/2,1/9,1,1/2,1)$

（2）采用根法近似计算$w_i$

①求$\overline{w}_1$

$$\overline{w}_1 = \sqrt[6]{a_{11}\ a_{12}\ a_{13}\ a_{14}\ a_{15}\ a_{16}} = 1.547$$

同理：$\overline{w}_2 = 1.782$，$\overline{w}_3 = 0.753$，$\overline{w}_4 = 2.059$，$\overline{w}_5 = 0.753$，$\overline{w}_6 = 0.216$

②归一化处理

$$w_1 = \frac{\overline{w}_1}{\sum_{i=1}^{6} \overline{w}_i} = 0.200$$

$w_2 = 0.217$，$w_3 = 0.133$，$w_4 = 0.250$，$w_5 = 0.133$，$w_6 = 0.067$

③求最大特征值

$$\lambda_{\max} = \sum_{i=1}^{6} \frac{(Aw)_i}{6 \times w_i} = 6.103$$

（3）一致性检验

①计算一致性指标CI：

$$\mathrm{CI} = \frac{\lambda_{\max} - n}{n - 1} = \frac{6.103 - 6}{6 - 1} = 0.021$$

②选取一致性指标RI：

由于判断矩阵阶数为$n = 6$，故选取一致性指标RI = 1.26。

③计算一致性比例CR：

$$\mathrm{CR} = \mathrm{CI}/\mathrm{RI} = 0.02$$

显然，CR <0.1，故判断矩阵的一致性是可以接受的，即权重合理。上面详细讲述了第二层第一风险因素下各个风险因素权重的确定过程，该层其他风险因素权重的确定不再详细叙述，具体计算结果见表3-18。案例中，在总目标（$U$）下，第二层某风险因素层所属的第三层各风险因素相对于总目标（$U$）下第二层其他风险因素层的权重为0，故计算的第三层各风险因素相对所属的第二层的权重即为第一层总目标下的权重。

石嘴隧道施工风险评估指标体系及风险因素权重　　表 3-18

| 目标 | 一级指标 | 二级指标 |
|---|---|---|
| $U$ | $U_1(w_1=0.282)$ | $U_{1-1}=0.637$ |
| | | $U_{1-2}=0.363$ |
| | $U_2(w_2=0.125)$ | $U_{2-1}=0.210$ |
| | | $U_{2-2}=0.350$ |
| | | $U_{2-3}=0.290$ |
| | | $U_{2-4}=0.150$ |
| | $U_3(w_3=0.212)$ | $U_{3-1}=0.072$ |
| | | $U_{3-2}=0.084$ |
| | | $U_{3-3}=0.101$ |
| | | $U_{3-4}=0.095$ |
| | | $U_{3-5}=0.060$ |
| | | $U_{3-6}=0.078$ |
| | | $U_{3-7}=0.072$ |
| | | $U_{3-8}=0.037$ |
| | | $U_{3-9}=0.072$ |
| | | $U_{3-10}=0.072$ |
| | | $U_{3-11}=0.078$ |
| | | $U_{3-12}=0.054$ |
| | | $U_{3-13}=0.072$ |
| | | $U_{3-14}=0.054$ |
| | $U_4(w_4=0.095)$ | $U_{4-1}=0.067$ |
| | | $U_{4-2}=0.089$ |
| | | $U_{4-3}=0.089$ |
| | | $U_{4-4}=0.144$ |
| | | $U_{4-5}=0.111$ |
| | | $U_{4-6}=0.133$ |
| | | $U_{4-7}=0.156$ |
| | $U_5(w_5=0.052)$ | $U_{5-1}=0.325$ |
| | | $U_{5-2}=0.100$ |
| | | $U_{5-3}=0.300$ |
| | | $U_{5-4}=0.275$ |
| $U$ | $U_6(w_6=0.061)$ | $U_{6-1}=0.100$ |
| | | $U_{6-2}=0.125$ |
| | | $U_{6-3}=0.150$ |
| | | $U_{6-4}=0.075$ |
| | | $U_{6-5}=0.188$ |
| | | $U_{6-6}=0.125$ |
| | | $U_{6-7}=0.075$ |
| | | $U_{6-8}=0.063$ |
| | $U_7(w_7=0.030)$ | $U_{7-1}=0.200$ |
| | | $U_{7-2}=0.217$ |
| | | $U_{7-3}=0.133$ |
| | | $U_{7-4}=0.250$ |
| | | $U_{7-5}=0.133$ |
| | | $U_{7-6}=0.067$ |
| | $U_8(w_8=0.065)$ | $U_{8-1}=0.140$ |
| | | $U_{8-2}=0.200$ |
| | | $U_{8-3}=0.220$ |
| | | $U_{8-4}=0.160$ |
| | | $U_{8-5}=0.280$ |
| | $U_9(w_9=0.048)$ | $U_{9-1}=0.100$ |
| | | $U_{9-2}=0.170$ |
| | | $U_{9-3}=0.167$ |
| | | $U_{9-4}=0.200$ |
| | | $U_{9-5}=0.150$ |
| | | $U_{9-6}=0.267$ |
| | $U_{10}(w_{10}=0.030)$ | $U_{10-1}=0.217$ |
| | | $U_{10-2}=0.133$ |
| | | $U_{10-3}=0.183$ |
| | | $U_{10-4}=0.167$ |
| | | $U_{10-5}=0.103$ |
| | | $U_{10-6}=0.117$ |

3）基本风险的模糊估计

基于模糊数学理论，采用专家调查法由式（3-48）计算风险概率估计和风险损失估计。具体计算结果如下。

（1）风险概率模糊估计（表 3-19）

**石嘴隧道 ZK I 施工风险因素概率估计结果**　　表 3-19

| 类　别 | 风险因素 | 风险概率估计 | | | | |
|---|---|---|---|---|---|---|
| | | A | B | C | D | E |
| 地质条件风险 | 节理裂隙发育 | 0.15 | 0.48 | 0.30 | 0.07 | 0.00 |
| | 地勘的不确定性 | 0.33 | 0.49 | 0.18 | 0.00 | 0.00 |
| 设计风险 | 开挖方式不当 | 0.17 | 0.60 | 0.20 | 0.03 | 0.00 |
| | 初期支护强度不够 | 0.10 | 0.50 | 0.35 | 0.05 | 0.00 |
| | 防排水设计不当 | 0.60 | 0.30 | 0.10 | 0.00 | 0.00 |
| | 设计变更、修改和审批延误 | 0.00 | 0.15 | 0.50 | 0.35 | 0.00 |
| 施工技术风险 | 开挖工序不当 | 0.05 | 0.32 | 0.43 | 0.20 | 0.00 |
| | 开挖进尺不当 | 0.02 | 0.42 | 0.48 | 0.08 | 0.00 |
| | 爆破控制不当 | 0.00 | 0.18 | 0.40 | 0.42 | 0.00 |
| | 初期支护材料质量不合格 | 0.62 | 0.35 | 0.03 | 0.00 | 0.00 |
| | 喷射混凝土达不到要求 | 0.25 | 0.60 | 0.15 | 0.00 | 0.00 |
| | 工字钢连接处薄弱 | 0.00 | 0.25 | 0.60 | 0.15 | 0.00 |
| | 隧道闭合成环周期太长 | 0.00 | 0.02 | 0.30 | 0.63 | 0.05 |
| | 施工缝、沉降缝处理不当 | 0.48 | 0.37 | 0.15 | 0.00 | 0.00 |
| | 二次衬砌混凝土质量不合要求 | 0.40 | 0.50 | 0.10 | 0.00 | 0.00 |
| | 二次衬砌施作时机不当 | 0.20 | 0.58 | 0.22 | 0.00 | 0.00 |
| | 二次衬砌不密实、开裂、厚度不足 | 0.05 | 0.32 | 0.43 | 0.20 | 0.00 |
| | 注浆堵水效果差 | 0.02 | 0.42 | 0.48 | 0.08 | 0.00 |
| | 防排水施作不规范 | 0.00 | 0.18 | 0.40 | 0.42 | 0.00 |
| | 排水处理不及时或处理不当 | 0.62 | 0.35 | 0.03 | 0.00 | 0.00 |
| 施工管理风险 | 供水供电不稳定影响 | 0.43 | 0.55 | 0.02 | 0.00 | 0.00 |
| | 材料设备供应不及时 | 0.20 | 0.65 | 0.15 | 0.00 | 0.00 |
| | 对恶劣气候条件准备不足 | 0.20 | 0.45 | 0.35 | 0.00 | 0.00 |
| | 施工组织和施工进度安排不合理 | 0.35 | 0.52 | 0.13 | 0.00 | 0.00 |
| | 对外界和业内协调不及时 | 0.47 | 0.45 | 0.08 | 0.00 | 0.00 |
| | 对监控量测数据不重视 | 0.02 | 0.18 | 0.60 | 0.20 | 0.00 |
| | 安全预案不当 | 0.50 | 0.38 | 0.12 | 0.00 | 0.00 |
| 材料设备风险 | 材料供应不足、供货出错以及质量不合格等 | 0.42 | 0.50 | 0.08 | 0.00 | 0.00 |
| | 材料生产、运输、储存、施工中损耗或浪费 | 0.28 | 0.64 | 0.08 | 0.00 | 0.00 |
| | 设备不配套、生产能力不足或设备安装、调试失败、使用损坏 | 0.43 | 0.55 | 0.02 | 0.00 | 0.00 |
| | 设备进场延误、设备不合格 | 0.70 | 0.20 | 0.06 | 0.04 | 0.00 |

续上表

| 类　别 | 风 险 因 素 | 风险概率估计 | | | | |
|---|---|---|---|---|---|---|
| | | A | B | C | D | E |
| 经济风险 | 建设单位延误工程款项 | 0.40 | 0.40 | 0.18 | 0.02 | 0.00 |
| | 在保险公司和银行信用度不足 | 0.40 | 0.40 | 0.12 | 0.08 | 0.00 |
| | 流动资金短缺、资金使用不合理 | 0.06 | 0.30 | 0.46 | 0.18 | 0.00 |
| | 国家税务变化、利息调整 | 0.30 | 0.30 | 0.35 | 0.05 | 0.00 |
| | 设备、原材料等费用上调 | 0.00 | 0.00 | 0.28 | 0.67 | 0.05 |
| | 施工管理费和员工工资福利上涨 | 0.00 | 0.10 | 0.60 | 0.26 | 0.04 |
| | 社会征费增加 | 0.10 | 0.60 | 0.20 | 0.10 | 0.00 |
| | 工期变动 | 0.04 | 0.60 | 0.26 | 0.10 | 0.00 |
| 合同风险 | 投标前期现场勘察工作不足 | 0.50 | 0.30 | 0.10 | 0.10 | 0.00 |
| | 工程清单错误或遗漏、工程单价或总价错误 | 0.55 | 0.40 | 0.05 | 0.00 | 0.00 |
| | 评标和决标不公平 | 0.58 | 0.40 | 0.02 | 0.00 | 0.00 |
| | 施工工期短、标价低 | 0.05 | 0.55 | 0.40 | 0.00 | 0.00 |
| | 建设单位和分包商违约 | 0.05 | 0.62 | 0.33 | 0.00 | 0.00 |
| | 索赔条款不明或欠缺 | 0.65 | 0.23 | 0.12 | 0.00 | 0.00 |
| 人员风险 | 普通工人素质 | 0.03 | 0.45 | 0.37 | 0.15 | 0.00 |
| | 技术工人素质 | 0.22 | 0.65 | 0.13 | 0.00 | 0.00 |
| | 管理人员素质 | 0.32 | 0.55 | 0.13 | 0.00 | 0.00 |
| | 建设和监理单位的不合作 | 0.24 | 0.50 | 0.26 | 0.00 | 0.00 |
| | 人事变动或人员伤亡 | 0.04 | 0.23 | 0.60 | 0.13 | 0.00 |
| 社会环境风险 | 国家政策调整，如土地政策 | 0.82 | 0.18 | 0.00 | 0.00 | 0.00 |
| | 建设法规和建设审批程序问题 | 0.40 | 0.52 | 0.08 | 0.00 | 0.00 |
| | 社会纠纷及不公正裁决 | 0.00 | 0.23 | 0.62 | 0.16 | 0.00 |
| | 噪声、扬尘污染 | 0.00 | 0.00 | 0.30 | 0.60 | 0.10 |
| | 施工机械对原有道路破坏 | 0.00 | 0.27 | 0.60 | 0.13 | 0.00 |
| | 隧道爆破对周边建筑影响 | 0.00 | 0.00 | 0.20 | 0.60 | 0.20 |
| 自然灾害风险 | 地震影响 | 0.75 | 0.20 | 0.05 | 0.00 | 0.00 |
| | 暴雨冰雪影响 | 0.00 | 0.00 | 0.10 | 0.65 | 0.25 |
| | 洪水影响 | 0.38 | 0.45 | 0.17 | 0.00 | 0.00 |
| | 瘟疫和传染病等疾病影响 | 0.25 | 0.60 | 0.15 | 0.00 | 0.00 |
| | 生态被破坏影响 | 0.26 | 0.50 | 0.24 | 0.00 | 0.00 |
| | 废弃物处理问题 | 0.23 | 0.55 | 0.22 | 0.00 | 0.00 |

（2）风险损失模糊估计（表3-20）

**石嘴隧道 ZK I 施工风险因素损失估计结果**　　表 3-20

| 类　别 | 风 险 因 素 | 风险损失概率估计 | | | | |
|---|---|---|---|---|---|---|
| | | 1 | 2 | 3 | 4 | 5 |
| 地质条件风险 | 节理裂隙发育 | 0.00 | 0.13 | 0.62 | 0.23 | 0.02 |
| | 地勘的不确定性 | 0.00 | 0.15 | 0.75 | 0.10 | 0.00 |
| 设计风险 | 开挖方式不当 | 0.00 | 0.00 | 0.43 | 0.55 | 0.02 |
| | 初期支护强度不够 | 0.00 | 0.00 | 0.63 | 0.32 | 0.05 |
| | 防排水设计不当 | 0.00 | 0.00 | 0.50 | 0.42 | 0.08 |
| | 设计变更、修改和审批延误 | 0.00 | 0.08 | 0.80 | 0.12 | 0.00 |
| 施工技术风险 | 开挖工序不当 | 0.02 | 0.08 | 0.60 | 0.30 | 0.00 |
| | 开挖进尺不当 | 0.02 | 0.42 | 0.48 | 0.08 | 0.00 |
| | 爆破控制不当 | 0.00 | 0.13 | 0.65 | 0.20 | 0.02 |
| | 初期支护材料质量不合格 | 0.00 | 0.00 | 0.18 | 0.62 | 0.20 |
| | 喷射混凝土达不到要求 | 0.00 | 0.00 | 0.20 | 0.60 | 0.20 |
| | 工字钢连接处薄弱 | 0.00 | 0.00 | 0.28 | 0.60 | 0.12 |
| | 隧道闭合成环周期太长 | 0.00 | 0.00 | 0.43 | 0.50 | 0.07 |
| | 施工缝、沉降缝处理不当 | 0.00 | 0.20 | 0.53 | 0.25 | 0.02 |
| | 二次衬砌混凝土质量不合要求 | 0.00 | 0.35 | 0.62 | 0.03 | 0.00 |
| | 二次衬砌施作时机不当 | 0.00 | 0.00 | 0.20 | 0.60 | 0.20 |
| | 二次衬砌不密实、开裂、厚度不足 | 0.00 | 0.28 | 0.62 | 0.10 | 0.00 |
| | 注浆堵水效果差 | 0.00 | 0.05 | 0.60 | 0.30 | 0.05 |
| | 防排水施作不规范 | 0.00 | 0.00 | 0.20 | 0.62 | 0.18 |
| | 排水处理不及时或处理不当 | 0.00 | 0.17 | 0.65 | 0.18 | 0.00 |
| 施工管理风险 | 供水供电不稳定影响 | 0.10 | 0.52 | 0.38 | 0.00 | 0.00 |
| | 材料设备供应不及时 | 0.00 | 0.40 | 0.42 | 0.18 | 0.00 |
| | 对恶劣气候条件准备不足 | 0.15 | 0.50 | 0.34 | 0.01 | 0.00 |
| | 施工组织和施工进度安排不合理 | 0.00 | 0.23 | 0.57 | 0.20 | 0.00 |
| | 对外界和业内协调不及时 | 0.00 | 0.15 | 0.62 | 0.23 | 0.00 |
| | 对监控量测数据不重视 | 0.05 | 0.48 | 0.42 | 0.05 | 0.00 |
| | 安全预案不当 | 0.00 | 0.03 | 0.67 | 0.25 | 0.05 |
| 材料设备风险 | 材料供应不足、供货出错以及质量不合格等 | 0.00 | 0.00 | 0.17 | 0.73 | 0.10 |
| | 材料生产、运输、储存、施工中损耗或浪费 | 0.00 | 0.00 | 0.25 | 0.67 | 0.08 |
| | 设备不配套、生产能力不足或设备安装、调试失败、使用损坏 | 0.18 | 0.62 | 0.20 | 0.00 | 0.00 |
| | 设备进场延误、设备不合格 | 0.13 | 0.60 | 0.27 | 0.00 | 0.00 |

续上表

| 类　别 | 风 险 因 素 | 风险损失概率估计 | | | | |
|---|---|---|---|---|---|---|
| | | 1 | 2 | 3 | 4 | 5 |
| 经济风险 | 建设单位延误工程款项 | 0.05 | 0.60 | 0.35 | 0.00 | 0.00 |
| | 保险公司和银行信用度不足 | 0.00 | 0.25 | 0.60 | 0.15 | 0.00 |
| | 流动资金短缺、资金使用不合理 | 0.08 | 0.45 | 0.35 | 0.12 | 0.00 |
| | 国家税务变化、利息调整 | 0.00 | 0.18 | 0.72 | 0.10 | 0.00 |
| | 设备、原材料等费用上调 | 0.13 | 0.62 | 0.25 | 0.00 | 0.00 |
| | 施工管理费和员工工资福利上涨 | 0.00 | 0.07 | 0.80 | 0.13 | 0.00 |
| | 社会征费增加 | 0.00 | 0.35 | 0.60 | 0.05 | 0.00 |
| | 工期变动 | 0.05 | 0.60 | 0.32 | 0.03 | 0.00 |
| 合同风险 | 投标前期现场勘察工作不足 | 0.00 | 0.12 | 0.75 | 0.13 | 0.00 |
| | 工程清单错误或遗漏、工程单价或总价错误 | 0.00 | 0.18 | 0.75 | 0.07 | 0.00 |
| | 评标和决标不公平 | 0.00 | 0.05 | 0.85 | 0.10 | 0.00 |
| | 施工工期短、标价低 | 0.00 | 0.08 | 0.65 | 0.27 | 0.00 |
| | 建设单位和分包商违约 | 0.00 | 0.10 | 0.80 | 0.10 | 0.00 |
| | 索赔条款不明或欠缺 | 0.00 | 0.12 | 0.80 | 0.08 | 0.00 |
| 人员风险 | 普通工人素质 | 0.00 | 0.12 | 0.75 | 0.13 | 0.00 |
| | 技术工人素质 | 0.00 | 0.15 | 0.75 | 0.10 | 0.00 |
| | 管理人员素质 | 0.00 | 0.10 | 0.70 | 0.20 | 0.00 |
| | 建设和监理单位的不合作 | 0.00 | 0.00 | 0.70 | 0.30 | 0.00 |
| | 人事变动或人员伤亡 | 0.00 | 0.07 | 0.78 | 0.15 | 0.00 |
| 社会环境风险 | 国家政策调整，如土地政策 | 0.00 | 0.00 | 0.18 | 0.62 | 0.20 |
| | 建设法规和建设审批程序问题 | 0.20 | 0.65 | 0.15 | 0.00 | 0.00 |
| | 社会纠纷及不公正裁决 | 0.10 | 0.70 | 0.20 | 0.00 | 0.00 |
| | 噪声、扬尘污染 | 0.00 | 0.15 | 0.78 | 0.07 | 0.00 |
| | 施工机械对原有道路破坏 | 0.00 | 0.15 | 0.73 | 0.12 | 0.00 |
| | 隧道爆破对周边建筑影响 | 0.00 | 0.15 | 0.77 | 0.08 | 0.00 |
| 自然灾害风险 | 地震影响 | 0.00 | 0.00 | 0.23 | 0.53 | 0.24 |
| | 暴雨冰雪影响 | 0.00 | 0.18 | 0.67 | 0.15 | 0.00 |
| | 洪水影响 | 0.00 | 0.00 | 0.80 | 0.20 | 0.00 |
| | 瘟疫和传染病等疾病影响 | 0.00 | 0.07 | 0.70 | 0.23 | 0.00 |
| | 生态被破坏影响 | 0.00 | 0.00 | 0.20 | 0.62 | 0.18 |
| | 废弃物处理问题 | 0.00 | 0.08 | 0.80 | 0.12 | 0.00 |

4）ZK Ⅰ隧道施工风险评价过程

采用多层次模糊动态综合评价法对石嘴隧道施工风险进行评价。

（1）风险因素集：石嘴隧道施工风险因素分三层，详见前述“2）建立施工动态风险评价指标体系”。

（2）风险因素权重集：详见表3-18。

（3）备择集：备择集是评价者对评价对象可能做出的各种总的评价结果所组成的集合。本实例根据风险评价标准确定石嘴隧道ZK Ⅰ段风险评价的备择集包括：一级、二级、三级、四级、五级五个等级。

（4）单风险因素（第三层风险因素）模糊评价：由模糊理论可知，单独从一个基本风险因素出发进行评价，以确定评价对象对备择集元素的隶属程度，便称为单因素模糊评价。现以合同风险因素层（$U_{7-1}$ ~ $U_{7-6}$）为例进行说明，见表3-21。

**合同风险因素估计表**（摘于表3-19和表3-20）　　表3-21

| 风险概率估计 $P$ | | | | | 风险损失估计 $C$ | | | | |
|---|---|---|---|---|---|---|---|---|---|
| A | B | C | D | E | 1 | 2 | 3 | 4 | 5 |
| 0.50 | 0.30 | 0.10 | 0.00 | 0.00 | 0.01 | 0.12 | 0.75 | 0.12 | 0.00 |
| 0.55 | 0.40 | 0.05 | 0.00 | 0.00 | 0.00 | 0.18 | 0.75 | 0.07 | 0.00 |
| 0.58 | 0.40 | 0.02 | 0.00 | 0.00 | 0.00 | 0.05 | 0.85 | 0.10 | 0.00 |
| 0.05 | 0.55 | 0.40 | 0.00 | 0.00 | 0.00 | 0.08 | 0.65 | 0.28 | 0.00 |
| 0.05 | 0.62 | 0.33 | 0.00 | 0.00 | 0.00 | 0.10 | 0.80 | 0.10 | 0.00 |
| 0.65 | 0.23 | 0.12 | 0.00 | 0.00 | 0.01 | 0.12 | 0.75 | 0.12 | 0.00 |

①计算风险因素评价指标。

将表3-21中的对应数据进行计算可得到合同风险层风险因素的评价指标：

$\mu_{R11}=0.10$，$\mu_{R12}=0.49$，$\mu_{R13}=0.40$，$\mu_{R14}=0.01$，$\mu_{R15}=0.00$

$$R_1=\frac{\mu_{R11}}{V_1}+\frac{\mu_{R12}}{V_2}+\frac{\mu_{R13}}{V_3}+\frac{\mu_{R14}}{V_4}+\frac{\mu_{R15}}{V_5}=(0.10,0.49,0.40,0.01,0.00)$$

同理，可得：

$$R_2=\frac{\mu_{R21}}{V_1}+\frac{\mu_{R22}}{V_2}+\frac{\mu_{R23}}{V_3}+\frac{\mu_{R24}}{V_4}+\frac{\mu_{R25}}{V_5}=(0.02,0.49,0.48,0.01,0.00)$$

$$R_3=\frac{\mu_{R31}}{V_1}+\frac{\mu_{R32}}{V_2}+\frac{\mu_{R33}}{V_3}+\frac{\mu_{R34}}{V_4}+\frac{\mu_{R35}}{V_5}=(0.04,0.41,0.54,0.01,0.00)$$

$$R_4=\frac{\mu_{R41}}{V_1}+\frac{\mu_{R42}}{V_2}+\frac{\mu_{R43}}{V_3}+\frac{\mu_{R44}}{V_4}+\frac{\mu_{R45}}{V_5}=(0.01,0.13,0.82,0.04,0.00)$$

$$R_5=\frac{\mu_{R51}}{V_1}+\frac{\mu_{R52}}{V_2}+\frac{\mu_{R53}}{V_3}+\frac{\mu_{R54}}{V_4}+\frac{\mu_{R55}}{V_5}=(0.01,0.16,0.81,0.02,0.00)$$

$$R_6=\frac{\mu_{R61}}{V_1}+\frac{\mu_{R62}}{V_2}+\frac{\mu_{R63}}{V_3}+\frac{\mu_{R64}}{V_4}+\frac{\mu_{R65}}{V_5}=(0.08,0.53,0.37,0.02,0.00)$$

$$R=(R_1,R_2,R_3,R_4,R_5,R_6)=\begin{bmatrix}0.10,0.49,0.40,0.01,0.00\\0.02,0.49,0.48,0.01,0.00\\0.04,0.41,0.54,0.01,0.00\\0.01,0.13,0.82,0.04,0.00\\0.01,0.16,0.81,0.02,0.00\\0.08,0.53,0.37,0.02,0.00\end{bmatrix}$$

②计算风险水平。

采用加权平均法对评判指标进行处理，根据表 3-17 取值计算，可得各单风险因素风险水平。

$$v_1=\sum_{i=1}^{5}\mu_{Rk1}V_k=42.41$$

同理，可得：$v_2=45.30$，$v_3=46.22$，$v_4=53.86$，$v_5=53.09$，$v_6=42.50$

③确定风险水平等级。

根据表 3-17，以及上述计算结果，可以得到单风险因素 $j$ 的风险水平等级如下：$U_{7-1}$：$40<v_1<60$，三级；$U_{7-2}$，$U_{7-3}$，$U_{7-4}$，$U_{7-5}$，$U_{7-6}$，均为三级。其他单风险因素评价过程如上所述，具体结果见表 3-22 ~ 表 3-31。

（5）初级（第二层风险因素）模糊综合评价。

由上已知单因素评价指标 $R_i$（即可知元素 $r_{ij}$），根据公式可计算得初级模糊综合评价指标 $b_i$。

仍然以合同风险层为例，计算该层综合考虑其下所有子风险因素影响时的该层模糊综合评价指标，简称评价指标。具体过程如下：

$$\widetilde{B}=(b_1,b_2,\cdots,b_5)=(w_1,w_2,\cdots,w_6)\times\begin{bmatrix}r_{11}&r_{12}&\cdots&r_{15}\\r_{21}&r_{22}&\cdots&r_{25}\\\cdots&\cdots&\cdots&\cdots\\r_{61}&r_{62}&\cdots&r_{65}\end{bmatrix}$$

将表 3-18 中的权重 $w_{7-1}$ ~ $w_{7-6}$ 及合同风险层风险评价指标集 $R$ 代入上式，可得：

$$\widetilde{B}=(0.04,0.35,0.59,0.02,0.00)$$

求得二级模糊综合评价指标后，采用加权平均法对评价指标进行处理，根据表 3-18 取值计算，可得石嘴隧道施工风险 $U$ 初级模糊综合评价的风险水平：

$$v_7=\sum_{i=1}^{5}\mu_{Rk1}\cdot V_k=47.84$$

由于 $U_7$:$40<v_1<60$，故石嘴隧道施工风险风险水平等级属于三级。

其他风险因素层的评价指标和风险水平等级计算过程如上，具体结果见表 3-32。

（6）二级（第一层总目标层）模糊综合评价。

通过初级模糊综合评价，可以得到总目标层下（第二层）风险因素评价指标 $\widetilde{R}'$，再根据式（3-49）计算可得到该层（目标层）风险因素的评价指标。

计算结果如下：

$$\widetilde{B}=(0.04,0.16,0.50,0.28,0.02)$$

求得二级模糊综合评价指标后，采用加权平均法对评价指标进行处理，根据表 3-18 取值计算，可得石嘴隧道 ZK Ⅰ 施工风险 $U$ 初级模糊综合评价的风险水平：

$$v = \sum_{i=1}^{5} \mu_{Rk1} \cdot V_k = 57.6$$

由于 $U$:40 $< v_1 <$ 60，故石嘴隧道 ZK Ⅰ 施工风险风险水平等级属于三级，具体结构见表 3-33。

5）石嘴隧道 ZK Ⅰ 施工风险评价结果

（1）单因素（第三层风险因素）风险评价结果

①地质条件风险评价（表 3-22）。

**地质条件风险单因素风险评价结果**　　表 3-22

| 类　别 | 风险因素 | 风险等级 | | | | | 风险水平 | 评价等级 |
|---|---|---|---|---|---|---|---|---|
| | | 一 | 二 | 三 | 四 | 五 | | |
| 地质条件风险 | 节理裂隙发育 | 0.01 | 0.11 | 0.64 | 0.24 | 0.00 | 58.16 | 三 |
| | 地勘的不明确性 | 0.05 | 0.35 | 0.58 | 0.02 | 0.00 | 47.36 | 三 |

②设计风险评价（表 3-23）。

**设计风险单因素风险评价结果**　　表 3-23

| 类　别 | 风险因素 | 风险等级 | | | | | 风险水平 | 评价等级 |
|---|---|---|---|---|---|---|---|---|
| | | 一 | 二 | 三 | 四 | 五 | | |
| 设计风险 | 开挖方式不当 | 0.00 | 0.07 | 0.77 | 0.15 | 0.01 | 57.80 | 三 |
| | 初期支护强度不够 | 0.00 | 0.06 | 0.73 | 0.19 | 0.02 | 59.38 | 三 |
| | 防排水设计不当 | 0.00 | 0.30 | 0.58 | 0.11 | 0.01 | 52.54 | 三 |
| | 设计变更、修改和审批延误 | 0.00 | 0.05 | 0.57 | 0.38 | 0.00 | 62.63 | 四 |

③施工技术风险评价（表 3-24）。

**施工技术风险单因素风险评价结果**　　表 3-24

| 类　别 | 风险因素 | 风险等级 | | | | | 风险水平 | 评价等级 |
|---|---|---|---|---|---|---|---|---|
| | | 一 | 二 | 三 | 四 | 五 | | |
| 施工技术风险 | 开挖工序不当 | 0.00 | 0.09 | 0.57 | 0.32 | 0.02 | 61.16 | 四 |
| | 开挖进尺不当 | 0.00 | 0.14 | 0.68 | 0.17 | 0.01 | 57.22 | 三 |
| | 爆破控制不当 | 0.00 | 0.00 | 0.22 | 0.62 | 0.16 | 75.04 | 四 |
| | 初期支护材料质量不合格 | 0.00 | 0.12 | 0.66 | 0.21 | 0.01 | 57.92 | 三 |
| | 喷射混凝土达不到要求 | 0.00 | 0.07 | 0.71 | 0.20 | 0.02 | 59.31 | 三 |
| | 工字钢连接处薄弱 | 0.00 | 0.00 | 0.50 | 0.45 | 0.05 | 67.24 | 四 |
| | 隧道闭合成环周期太长 | 0.00 | 0.08 | 0.33 | 0.57 | 0.02 | 66.79 | 四 |
| | 施工缝沉降缝处理不当 | 0.18 | 0.47 | 0.35 | 0.00 | 0.00 | 39.77 | 二 |
| | 二次衬砌混凝土质量不合要求 | 0.00 | 0.08 | 0.66 | 0.24 | 0.02 | 60.07 | 四 |
| | 二次衬砌施作时机不当 | 0.01 | 0.21 | 0.55 | 0.23 | 0.00 | 56.10 | 三 |

续上表

| 类　别 | 风险因素 | 风 险 等 级 | | | | | 风险水平 | 评价等级 |
|---|---|---|---|---|---|---|---|---|
| | | 一 | 二 | 三 | 四 | 五 | | |
| 施工技术风险 | 二次衬砌不密实、开裂、厚度不足 | 0.01 | 0.10 | 0.75 | 0.13 | 0.01 | 56.66 | 三 |
| | 注浆堵水效果差 | 0.00 | 0.00 | 0.23 | 0.62 | 0.15 | 74.41 | 四 |
| | 防排水施作不规范 | 0.06 | 0.32 | 0.60 | 0.02 | 0.00 | 47.50 | 三 |
| | 排水处理不及时或处理不当 | 0.07 | 0.35 | 0.54 | 0.04 | 0.00 | 46.57 | 三 |

④施工管理风险评价（表3-25）。

**施工管理风险单因素风险评价结果**　　表3-25

| 类别 | 风险因素 | 风 险 等 级 | | | | | 风险水平 | 评价等级 |
|---|---|---|---|---|---|---|---|---|
| | | 一 | 二 | 三 | 四 | 五 | | |
| 施工管理风险 | 供水供电不稳定影响 | 0.18 | 0.41 | 0.41 | 0.00 | 0.00 | 41.00 | 三 |
| | 材料设备供应不及时 | 0.25 | 0.47 | 0.28 | 0.00 | 0.00 | 36.44 | 二 |
| | 对恶劣气候条件准备不足 | 0.04 | 0.30 | 0.59 | 0.07 | 0.00 | 49.70 | 三 |
| | 施工组织和施工进度安排不合理 | 0.05 | 0.32 | 0.60 | 0.03 | 0.00 | 48.13 | 三 |
| | 对外界和业内协调不及时 | 0.28 | 0.45 | 0.27 | 0.00 | 0.00 | 35.95 | 二 |
| | 对监控量测数据不重视 | 0.00 | 0.04 | 0.58 | 0.34 | 0.04 | 63.64 | 四 |
| | 安全预案不当 | 0.00 | 0.09 | 0.72 | 0.18 | 0.01 | 58.24 | 三 |

⑤材料设备风险评价（表3-26）。

**材料设备风险单因素风险评价结果**　　表3-26

| 类别 | 风险因素 | 风 险 等 级 | | | | | 风险水平 | 评价等级 |
|---|---|---|---|---|---|---|---|---|
| | | 一 | 二 | 三 | 四 | 五 | | |
| 材料设备风险 | 材料供应不足、供货出错以及质量不合格等 | 0.00 | 0.09 | 0.72 | 0.18 | 0.01 | 58.50 | 三 |
| | 材料生产、运输、储存、施工中损耗或浪费 | 0.20 | 0.58 | 0.21 | 0.01 | 0.00 | 36.59 | 二 |
| | 设备不配套、生产能力不足或设备安装、调试失败、使用损坏 | 0.40 | 0.45 | 0.15 | 0.00 | 0.00 | 31.07 | 二 |
| | 设备进场延误、设备不合格 | 0.45 | 0.44 | 0.11 | 0.00 | 0.00 | 28.74 | 二 |

⑥经济风险评价（表 3-27）。

经济风险单因素风险评价结果　　表 3-27

| 类别 | 风险因素 | 风险等级 | | | | | 风险水平 | 评价等级 |
|---|---|---|---|---|---|---|---|---|
| | | 一 | 二 | 三 | 四 | 五 | | |
| 经济风险 | 建设单位延误工程款项 | 0.09 | 0.39 | 0.49 | 0.03 | 0.00 | 44.77 | 三 |
| | 在保险公司和银行信用度不足 | 0.29 | 0.40 | 0.29 | 0.02 | 0.00 | 36.52 | 二 |
| | 流动资金短缺、资金使用不合理 | 0.00 | 0.16 | 0.65 | 0.19 | 0.00 | 56.34 | 三 |
| | 国家税务变化、利息调整 | 0.30 | 0.49 | 0.20 | 0.01 | 0.00 | 34.31 | 二 |
| | 设备、原材料等费用上调 | 0.00 | 0.02 | 0.27 | 0.70 | 0.01 | 69.79 | 四 |
| | 施工管理费和员工工资福利上涨 | 0.00 | 0.26 | 0.54 | 0.20 | 0.00 | 54.70 | 三 |
| | 社会征费增加 | 0.13 | 0.56 | 0.30 | 0.01 | 0.00 | 39.37 | 二 |
| | 工期变动 | 0.01 | 0.14 | 0.73 | 0.12 | 0.00 | 55.23 | 三 |

⑦合同风险评价（表 3-28）。

合同风险单因素风险评价结果　　表 3-28

| 类别 | 风险因素 | 风险等级 | | | | | 风险水平 | 评价等级 |
|---|---|---|---|---|---|---|---|---|
| | | 一 | 二 | 三 | 四 | 五 | | |
| 合同风险 | 投标前期现场勘察工作不足 | 0.10 | 0.49 | 0.40 | 0.01 | 0.00 | 42.41 | 三 |
| | 工程清单错误或遗漏、工程单价或总价错误 | 0.02 | 0.49 | 0.48 | 0.01 | 0.00 | 45.30 | 三 |
| | 评标和决标不公平 | 0.04 | 0.41 | 0.54 | 0.01 | 0.00 | 46.22 | 三 |
| | 施工工期短、标价低 | 0.01 | 0.13 | 0.82 | 0.04 | 0.00 | 53.86 | 三 |
| | 建设单位和分包商违约 | 0.01 | 0.16 | 0.81 | 0.02 | 0.00 | 53.09 | 三 |
| | 索赔条款不明或欠缺 | 0.08 | 0.53 | 0.37 | 0.02 | 0.00 | 42.50 | 三 |

⑧人员风险评价（表 3-29）。

人员风险单因素风险评价结果　　表 3-29

| 类别 | 风险因素 | 风险等级 | | | | | 风险水平 | 评价等级 |
|---|---|---|---|---|---|---|---|---|
| | | 一 | 二 | 三 | 四 | 五 | | |
| 人员风险 | 普通工人素质 | 0.07 | 0.16 | 0.60 | 0.17 | 0.00 | 56.21 | 三 |
| | 技术工人素质 | 0.02 | 0.23 | 0.72 | 0.03 | 0.00 | 50.92 | 三 |
| | 管理人员素质 | 0.00 | 0.22 | 0.74 | 0.04 | 0.00 | 52.27 | 三 |
| | 建设和监理单位的不合作 | 0.02 | 0.24 | 0.70 | 0.04 | 0.00 | 51.20 | 三 |
| | 人事变动或人员伤亡 | 0.00 | 0.01 | 0.31 | 0.53 | 0.15 | 72.24 | 四 |

⑨社会环境风险评价（表3-30）。

**社会环境风险单因素风险评价结果** 表3-30

| 类别 | 风险因素 | 风险等级 | | | | | 风险水平 | 评价等级 |
|---|---|---|---|---|---|---|---|---|
| | | 一 | 二 | 三 | 四 | 五 | | |
| 社会环境风险 | 国家政策调整，如土地政策 | 0.73 | 0.24 | 0.03 | 0.00 | 0.00 | 21.86 | 二 |
| | 建设法规和建设审批程序问题 | 0.30 | 0.50 | 0.10 | 0.00 | 0.00 | 30.93 | 二 |
| | 社会纠纷及不公正裁决 | 0.00 | 0.13 | 0.70 | 0.17 | 0.00 | 56.89 | 三 |
| | 噪声、扬尘污染 | 0.01 | 0.06 | 0.30 | 0.62 | 0.01 | 65.80 | 四 |
| | 施工机械对原有道路破坏 | 0.00 | 0.13 | 0.72 | 0.15 | 0.00 | 56.50 | 三 |
| | 隧道爆破对周边建筑影响 | 0.00 | 0.00 | 0.07 | 0.72 | 0.21 | 79.00 | 四 |

⑩自然灾害风险评价（表3-31）。

**自然灾害风险单因素风险评价结果** 表3-31

| 类别 | 风险因素 | 风险等级 | | | | | 风险水平 | 评价等级 |
|---|---|---|---|---|---|---|---|---|
| | | 一 | 二 | 三 | 四 | 五 | | |
| 自然灾害风险 | 地震影响 | 0.00 | 0.17 | 0.56 | 0.26 | 0.01 | 58.22 | 三 |
| | 暴雨冰雪影响 | 0.00 | 0.02 | 0.22 | 0.72 | 0.04 | 71.51 | 四 |
| | 洪水影响 | 0.00 | 0.31 | 0.66 | 0.03 | 0.00 | 50.60 | 三 |
| | 瘟疫和传染病等疾病影响 | 0.02 | 0.24 | 0.71 | 0.03 | 0.00 | 51.26 | 三 |
| | 生态被破坏影响 | 0.00 | 0.05 | 0.62 | 0.30 | 0.03 | 62.41 | 四 |
| | 废弃物处理问题 | 0.02 | 0.24 | 0.71 | 0.03 | 0.00 | 50.99 | 三 |

（2）初级（第二层风险因素）风险评价结果（表3-32）。

**初级（第二层风险因素）模糊综合评价** 表3-32

| 类别<br>序号 | 风险因素 | 风险等级 | | | | | 风险水平 | 评价等级 |
|---|---|---|---|---|---|---|---|---|
| | | 一 | 二 | 三 | 四 | 五 | | |
| 1 | 地质条件风险 | 0.01 | 0.08 | 0.44 | 0.44 | 0.03 | 59.36 | 三 |
| 2 | 设计风险 | 0.00 | 0.14 | 0.66 | 0.19 | 0.01 | 57.73 | 三 |
| 3 | 施工技术风险 | 0.01 | 0.11 | 0.54 | 0.30 | 0.04 | 61.02 | 四 |
| 4 | 施工管理风险 | 0.14 | 0.31 | 0.46 | 0.08 | 0.01 | 46.10 | 三 |
| 5 | 材料设备风险 | 0.27 | 0.34 | 0.33 | 0.06 | 0.00 | 39.90 | 二 |
| 6 | 经济风险 | 0.08 | 0.25 | 0.46 | 0.21 | 0.00 | 51.93 | 三 |
| 7 | 合同风险 | 0.04 | 0.35 | 0.59 | 0.02 | 0.00 | 47.84 | 三 |
| 8 | 人员风险 | 0.01 | 0.16 | 0.60 | 0.19 | 0.04 | 57.97 | 三 |
| 9 | 社会环境风险 | 0.12 | 0.13 | 0.32 | 0.37 | 0.06 | 58.40 | 三 |
| 10 | 自然灾害风险 | 0.01 | 0.16 | 0.59 | 0.22 | 0.02 | 57.36 | 三 |

（3）二级（第一层目标层）风险评价结果（表3-33）。

石嘴隧道施工风险二级风险评价结果 表3-33

| 风险因素 | 风险等级 | | | | | 风险水平 | 评价等级 |
|---|---|---|---|---|---|---|---|
| | 一 | 二 | 三 | 四 | 五 | | |
| ZK Ⅰ风险施工风险 | 0.04 | 0.16 | 0.50 | 0.28 | 0.02 | 57.60 | 三 |

6）隧道施工风险监控与风险再分析

为了对石嘴隧道施工风险进行实时监控，石嘴隧道施工单位成立了石嘴隧道风险管理小组，在施工准备初期对风险进行了评价，并制定风险管理计划和风险应对计划。在石嘴隧道进入施工阶段以后，风险管理小组配备相关人员主要采用风险图表法追踪监视风险变化，再根据公路隧道信息化施工技术（超前预报、监控量测和视频监控）提供准确的预报信息、数据和图像等，对石嘴隧道施工风险进行系统、全方位的动态监测。

超前地质预报适时跟踪监控结果反映，ZK Ⅰ为强风化辉绿岩：围岩较为破碎，节理裂隙发育，开挖后较难自稳，如不及时支护将造成坍塌等危险，对施工造成不利影响。预测ZK Ⅰ为Ⅴ级围岩，与设计围岩级别不符。

根据超前地质预报结果分析，ZK Ⅰ为Ⅴ级围岩，而Ⅴ级围岩施工需要进行超前支护措施，那么将会出现和超前支护措施相对应的新的设计风险和施工技术风险；另外，围岩级别由Ⅳ级变为Ⅴ级，围岩的稳定性将发生变化，施工风险水平也将会发生新的变化。

考虑施工风险因素发生了较大的变化，之前的风险评估结果已经不能准确地反映这个ZK Ⅰ风险水平，因此，有必要对ZK Ⅰ风险进行重新评估。

### 3.4.3 石嘴隧道ZK Ⅱ施工动态风险评估

ZK Ⅱ代表“石嘴隧道里程段ZK34 +360 ~345处的断层破碎带段”。

1）隧道施工风险辨识

通过风险监控和风险因素再分析，取得ZK Ⅱ施工风险因素如表3-34所示。

风险因素识别一览表 表3-34

| 序号 | 类别 | 风险因素 | 风险事故 | | |
|---|---|---|---|---|---|
| | | | 塌方 | 大变形 | 其他 |
| 1 | 地质条件风险（$U_1$） | 节理裂隙发育（$U_{1-1}$） | ★ | ★ | |
| | | 地勘的不确定性（$U_{1-2}$） | ★ | ★ | |
| 2 | 设计风险（$U_2$） | 超前支护手段和参数不足（$U_{2-1}$） | ★ | ★ | |
| | | 开挖方式不当（$U_{2-2}$） | ★ | ★ | |
| | | 初期支护强度不够（$U_{2-3}$） | ★ | ★ | ★ |
| | | 防排水设计不当（$U_{2-4}$） | ★ | ★ | ★ |
| | | 设计变更、修改和审批延误（$U_{2-5}$） | ★ | ★ | |
| 3 | 施工技术风险（$U_3$） | 超前支护未按设计操作（$U_{3-1}$） | ★ | ★ | |
| | | 超前支护材料质量不合格（$U_{3-2}$） | ★ | ★ | |
| | | 开挖工序不当（$U_{3-3}$） | ★ | ★ | |

续上表

| 序号 | 类　别 | 风险因素 | 风险事故 | | |
|---|---|---|---|---|---|
| | | | 塌方 | 大变形 | 其他 |
| 3 | 施工技术风险（$U_3$） | 开挖进尺不当（$U_{3-4}$） | ★ | ★ | |
| | | 爆破控制不当（$U_{3-5}$） | ★ | ★ | |
| | | 初期支护材料质量不合格（$U_{3-6}$） | ★ | ★ | ★ |
| | | 喷射混凝土达不到要求（$U_{3-7}$） | ★ | ★ | ★ |
| | | 工字钢连接处薄弱（$U_{3-8}$） | ★ | ★ | ★ |
| | | 隧道闭合成环周期太长（$U_{3-9}$） | ★ | ★ | |
| | | 施工缝沉降缝处理不当（$U_{3-10}$） | | | ★ |
| | | 二次衬砌混凝土质量不合要求（$U_{3-11}$） | ★ | ★ | ★ |
| | | 二次衬砌施作时机不当（$U_{3-12}$） | ★ | ★ | |
| | | 二次衬砌不密实、开裂、厚度不足（$U_{3-13}$） | ★ | ★ | ★ |
| | | 注浆堵水效果差（$U_{3-14}$） | | | ★ |
| | | 防排水施作不规范（$U_{3-15}$） | | | ★ |
| | | 排水处理不及时或处理不当（$U_{3-16}$） | ★ | ★ | |
| 4 | 施工管理风险（$U_4$） | 供水供电不稳定影响（$U_{4-1}$） | | | ★ |
| | | 材料设备供应不及时（$U_{4-2}$） | | | ★ |
| | | 对恶劣气候条件准备不足（$U_{4-3}$） | ★ | ★ | |
| | | 施工组织和施工进度安排不合理（$U_{4-4}$） | ★ | ★ | |
| | | 对外界和业内协调不及时（$U_{4-5}$） | | | ★ |
| | | 对监控量测数据不重视（$U_{4-6}$） | ★ | ★ | |
| | | 安全预案不当（$U_{4-7}$） | | | ★ |
| 5 | 材料设备风险（$U_5$） | 材料供应不足、供货出错以及质量不合格等（$U_{5-1}$） | ★ | ★ | ★ |
| | | 材料生产、运输、储存、施工中损耗或浪费（$U_{5-2}$） | | | ★ |
| | | 设备不配套、生产能力不足或设备安装、调试失败、使用损坏（$U_{5-3}$） | ★ | ★ | |
| | | 设备进场延误、设备不合格（$U_{5-4}$） | ★ | ★ | |
| 6 | 经济风险（$U_6$） | 建设单位延误工程款项（$U_{6-1}$） | | | ★ |
| | | 在保险公司和银行信用度不足（$U_{6-2}$） | | | ★ |
| | | 流动资金短缺、资金使用不合理（$U_{6-3}$） | | | ★ |
| | | 国家税务变化、利息调整（$U_{6-4}$） | | | ★ |
| | | 设备、原材料等费用上调（$U_{6-5}$） | | | ★ |
| | | 施工管理费和员工工资福利上涨（$U_{6-6}$） | | | ★ |
| | | 社会征费增加（$U_{6-7}$） | | | ★ |
| | | 工期变动（$U_{6-8}$） | | | ★ |

续上表

| 序号 | 类　别 | 风险因素 | 风险事故 | | |
|---|---|---|---|---|---|
| | | | 塌方 | 大变形 | 其他 |
| 7 | 合同风险（$U_7$） | 投标前期现场勘察工作不足（$U_{7-1}$） | | | ★ |
| | | 工程清单错误或遗漏、工程单价或总价错误（$U_{7-2}$） | | | ★ |
| | | 评标和决标不公平（$U_{7-3}$） | | | ★ |
| | | 施工工期短、标价低（$U_{7-4}$） | | | ★ |
| | | 建设单位和分包商违约（$U_{7-5}$） | | | ★ |
| | | 索赔条款不明或欠缺（$U_{7-6}$） | | | ★ |
| 8 | 人员风险（$U_8$） | 普通工人素质（$U_{8-1}$） | | | ★ |
| | | 技术工人素质（$U_{8-2}$） | | | ★ |
| | | 管理人员素质（$U_{8-3}$） | | | ★ |
| | | 建设和监理单位的不合作（$U_{8-4}$） | | | ★ |
| | | 人事变动或人员伤亡（$U_{8-5}$） | | | ★ |
| 9 | 社会环境风险（$U_9$） | 国家政策调整，如土地政策（$U_{9-1}$） | | | ★ |
| | | 建设法规和建设审批程序问题（$U_{9-2}$） | | | ★ |
| | | 社会纠纷及不公正裁决（$U_{9-3}$） | | | ★ |
| | | 噪声、扬尘污染（$U_{9-4}$） | | | ★ |
| | | 施工机械对原有道路破坏（$U_{9-5}$） | | | ★ |
| | | 隧道爆破对周边建筑影响（$U_{9-6}$） | | | ★ |
| 10 | 自然灾害风险（$U_{10}$） | 地震影响（$U_{10-1}$） | ★ | ★ | ★ |
| | | 暴雨冰雪影响（$U_{10-2}$） | ★ | | ★ |
| | | 洪水影响（$U_{10-3}$） | ★ | | ★ |
| | | 瘟疫和传染病等疾病影响（$U_{10-4}$） | | | ★ |
| | | 生态被破坏影响（$U_{10-5}$） | | | ★ |
| | | 废弃物处理问题（$U_{10-6}$） | | | ★ |

注：★为对应的风险因素指标可能导致发生的风险事故类型。

2）建立施工动态风险评价指标体系

根据分析得出的石嘴隧道施工风险因素，结合层次分析法，建立石嘴隧道施工风险评估指标体系，并运用1～9标度法及根法近似计算得到各风险因素的权重 $w_i$。本书将石嘴隧道施工风险评估体系分为三层，具体意义和构造见表3-34及表3-35。

第一层为目标层：$U$；

第二层为风险因素Ⅰ：$U_1 \sim U_{10}$；

第三层为隶属于第二层风险因素层的风险因素Ⅱ：$U_{1-1} \sim U_{1-2}$、$U_{2-1} \sim U_{2-4}$、$U_{3-1} \sim U_{3-16}$、$U_{4-1} \sim U_{4-7}$、$U_{5-1} \sim U_{5-4}$、$U_{6-1} \sim U_{6-8}$、$U_{7-1} \sim U_{7-6}$、$U_{8-1} \sim U_{8-5}$、$U_{9-1} \sim U_{9-6}$、$U_{10-1} \sim U_{10-6}$。

确定权重的过程如前述，具体结果见表3-35。

**石嘴隧道 ZKⅡ施工风险评估指标体系及风险因素权重** 表3-35

| | | |
|---|---|---|
| $U$ | $U_1(w_1=0.226)$ | $U_{1-1}=0.813$ |
| | | $U_{1-2}=0.187$ |
| | $U_2(w_2=0.210)$ | $U_{2-1}=0.240$ |
| | | $U_{2-2}=0.160$ |
| | | $U_{2-3}=0.134$ |
| | | $U_{2-4}=0.200$ |
| | | $U_{2-5}=0.266$ |
| | $U_3(w_3=0.218)$ | $U_{3-1}=0.071$ |
| | | $U_{3-2}=0.076$ |
| | | $U_{3-3}=0.059$ |
| | | $U_{3-4}=0.071$ |
| | | $U_{3-5}=0.088$ |
| | | $U_{3-6}=0.082$ |
| | | $U_{3-7}=0.047$ |
| | | $U_{3-8}=0.065$ |
| | | $U_{3-9}=0.059$ |
| | | $U_{3-10}=0.024$ |
| | | $U_{3-11}=0.059$ |
| | | $U_{3-12}=0.059$ |
| | | $U_{3-13}=0.065$ |
| | | $U_{3-14}=0.041$ |
| | | $U_{3-15}=0.059$ |
| | | $U_{3-16}=0.041$ |
| | $U_4(w_4=0.088)$ | $U_{4-1}=0.067$ |
| | | $U_{4-2}=0.089$ |
| | | $U_{4-3}=0.089$ |
| | | $U_{4-4}=0.144$ |
| | | $U_{4-5}=0.111$ |
| | | $U_{4-6}=0.133$ |
| | | $U_{4-7}=0.156$ |
| | $U_5(w_5=0.044)$ | $U_{5-1}=0.325$ |
| | | $U_{5-2}=0.100$ |
| | | $U_{5-3}=0.300$ |
| | | $U_{5-4}=0.275$ |
| $U$ | $U_6(w_6=0.061)$ | $U_{6-1}=0.100$ |
| | | $U_{6-2}=0.125$ |
| | | $U_{6-3}=0.150$ |
| | | $U_{6-4}=0.075$ |
| | | $U_{6-5}=0.188$ |
| | | $U_{6-6}=0.125$ |
| | | $U_{6-7}=0.075$ |
| | | $U_{6-8}=0.063$ |
| | $U_7(w_7=0.030)$ | $U_{7-1}=0.200$ |
| | | $U_{7-2}=0.217$ |
| | | $U_{7-3}=0.133$ |
| | | $U_{7-4}=0.250$ |
| | | $U_{7-5}=0.133$ |
| | | $U_{7-6}=0.067$ |
| | $U_8(w_8=0.049)$ | $U_{8-1}=0.140$ |
| | | $U_{8-2}=0.200$ |
| | | $U_{8-3}=0.220$ |
| | | $U_{8-4}=0.160$ |
| | | $U_{8-5}=0.280$ |
| | $U_9(w_9=0.036)$ | $U_{9-1}=0.100$ |
| | | $U_{9-2}=0.170$ |
| | | $U_{9-3}=0.167$ |
| | | $U_{9-4}=0.200$ |
| | | $U_{9-5}=0.150$ |
| | | $U_{9-6}=0.267$ |
| | $U_{10}(w_{10}=0.024)$ | $U_{10-1}=0.217$ |
| | | $U_{10-2}=0.133$ |
| | | $U_{10-3}=0.183$ |
| | | $U_{10-4}=0.167$ |
| | | $U_{10-5}=0.103$ |
| | | $U_{10-6}=0.117$ |

3）基本风险的模糊估计（表3-36、表3-37）

石嘴隧道 ZK Ⅱ 施工风险因素概率估计结果　　表 3-36

| 类　别 | 风 险 因 素 | 风险概率估计 | | | | |
|---|---|---|---|---|---|---|
| | | A | B | C | D | E |
| 地质条件风险 | 节理裂隙发育 | 0. 15 | 0. 48 | 0. 30 | 0. 07 | 0. 00 |
| | 地勘的不确定性 | 0. 33 | 0. 49 | 0. 18 | 0. 00 | 0. 00 |
| 设计风险 | 超前支护手段和参数不足 | 0. 65 | 0. 25 | 0. 10 | 0. 00 | 0. 00 |
| | 开挖方式不当 | 0. 17 | 0. 60 | 0. 20 | 0. 0 | 0. 00 |
| | 初期支护强度不够 | 0. 10 | 0. 50 | 0. 35 | 0. 05 | 0. 00 |
| | 防排水设计不当 | 0. 60 | 0. 30 | 0. 10 | 0. 00 | 0. 00 |
| | 设计变更、修改和审批延误 | 0. 00 | 0. 15 | 0. 50 | 0. 35 | 0. 00 |
| 施工技术风险 | 超前支护未按设计操作 | 0. 00 | 0. 30 | 0. 60 | 0. 10 | 0. 00 |
| | 超前支护材料质量不合格 | 0. 35 | 0. 55 | 0. 10 | 0. 00 | 0. 00 |
| | 开挖工序不当 | 0. 05 | 0. 32 | 0. 43 | 0. 20 | 0. 00 |
| | 开挖进尺不当 | 0. 02 | 0. 42 | 0. 48 | 0. 08 | 0. 00 |
| | 爆破控制不当 | 0. 00 | 0. 18 | 0. 40 | 0. 42 | 0. 00 |
| | 初期支护材料质量不合格 | 0. 62 | 0. 35 | 0. 03 | 0. 00 | 0. 00 |
| | 喷射混凝土达不到要求 | 0. 25 | 0. 60 | 0. 15 | 0. 00 | 0. 00 |
| | 工字钢连接处薄弱 | 0. 00 | 0. 25 | 0. 60 | 0. 15 | 0. 00 |
| | 隧道闭合成环周期太长 | 0. 00 | 0. 02 | 0. 30 | 0. 63 | 0. 05 |
| | 施工缝沉降缝处理不当 | 0. 48 | 0. 37 | 0. 15 | 0. 00 | 0. 00 |
| | 二次衬砌混凝土质量不合要求 | 0. 40 | 0. 50 | 0. 10 | 0. 00 | 0. 00 |
| | 二次衬砌施作时机不当 | 0. 20 | 0. 58 | 0. 22 | 0. 00 | 0. 00 |
| | 二次衬砌不密实、开裂、厚度不足 | 0. 05 | 0. 32 | 0. 43 | 0. 20 | 0. 00 |
| | 注浆堵水效果差 | 0. 02 | 0. 42 | 0. 48 | 0. 08 | 0. 00 |
| | 防排水施作不规范 | 0. 00 | 0. 18 | 0. 40 | 0. 42 | 0. 00 |
| | 排水处理不及时或处理不当 | 0. 62 | 0. 35 | 0. 03 | 0. 00 | 0. 00 |
| 施工管理风险 | 供水供电不稳定影响 | 0. 43 | 0. 55 | 0. 02 | 0. 00 | 0. 00 |
| | 材料设备供应不及时 | 0. 20 | 0. 65 | 0. 15 | 0. 00 | 0. 00 |
| | 对恶劣气候条件准备不足 | 0. 20 | 0. 45 | 0. 35 | 0. 00 | 0. 00 |
| | 施工组织和施工进度安排不合理 | 0. 35 | 0. 52 | 0. 13 | 0. 00 | 0. 00 |
| | 对外界和业内协调不及时 | 0. 47 | 0. 45 | 0. 08 | 0. 00 | 0. 00 |
| | 对监控量测数据不重视 | 0. 02 | 0. 18 | 0. 60 | 0. 20 | 0. 00 |
| | 安全预案不当 | 0. 50 | 0. 38 | 0. 12 | 0. 00 | 0. 00 |
| 材料设备风险 | 材料供应不足、供货出错以及质量不合格等 | 0. 42 | 0. 50 | 0. 08 | 0. 00 | 0. 00 |
| | 材料生产、运输、储存、施工中损耗或浪费 | 0. 28 | 0. 64 | 0. 08 | 0. 00 | 0. 00 |

续上表

| 类别 | 风险因素 | 风险概率估计 | | | | |
|---|---|---|---|---|---|---|
| | | A | B | C | D | E |
| 材料设备风险 | 设备不配套、生产能力不足或设备安装、调试失败、使用损坏 | 0.43 | 0.55 | 0.02 | 0.00 | 0.00 |
| | 设备进场延误、设备不合格 | 0.70 | 0.20 | 0.06 | 0.04 | 0.00 |
| 经济风险 | 建设单位延误工程款项 | 0.40 | 0.40 | 0.18 | 0.02 | 0.00 |
| | 在保险公司和银行信用度不足 | 0.40 | 0.40 | 0.12 | 0.08 | 0.00 |
| | 流动资金短缺、资金使用不合理 | 0.06 | 0.30 | 0.46 | 0.18 | 0.00 |
| | 国家税务变化、利息调整 | 0.30 | 0.30 | 0.35 | 0.05 | 0.00 |
| | 设备、原材料等费用上调 | 0.00 | 0.00 | 0.28 | 0.67 | 0.05 |
| | 施工管理费和员工工资福利上涨 | 0.00 | 0.10 | 0.60 | 0.26 | 0.04 |
| | 社会征费增加 | 0.10 | 0.60 | 0.20 | 0.10 | 0.00 |
| | 工期变动 | 0.04 | 0.60 | 0.26 | 0.10 | 0.00 |
| 合同风险 | 投标前期现场勘察工作不足 | 0.50 | 0.30 | 0.10 | 0.10 | 0.00 |
| | 工程清单错误或遗漏、工程单价或总价错误 | 0.55 | 0.40 | 0.05 | 0.00 | 0.00 |
| | 评标和决标不公平 | 0.58 | 0.40 | 0.02 | 0.00 | 0.00 |
| | 施工工期短、标价低 | 0.05 | 0.55 | 0.40 | 0.00 | 0.00 |
| | 建设单位和分包商违约 | 0.05 | 0.62 | 0.33 | 0.00 | 0.00 |
| | 索赔条款不明或欠缺 | 0.65 | 0.23 | 0.12 | 0.00 | 0.00 |
| 人员风险 | 普通工人素质 | 0.03 | 0.45 | 0.37 | 0.15 | 0.00 |
| | 技术工人素质 | 0.22 | 0.65 | 0.13 | 0.00 | 0.00 |
| | 管理人员素质 | 0.32 | 0.55 | 0.13 | 0.00 | 0.00 |
| | 建设和监理单位的不合作 | 0.24 | 0.50 | 0.26 | 0.00 | 0.00 |
| | 人事变动或人员伤亡 | 0.04 | 0.23 | 0.60 | 0.13 | 0.00 |
| 社会环境风险 | 国家政策调整，如土地政策 | 0.82 | 0.18 | 0.00 | 0.00 | 0.00 |
| | 建设法规和建设审批程序问题 | 0.40 | 0.52 | 0.08 | 0.00 | 0.00 |
| | 社会纠纷及不公正裁决 | 0.00 | 0.23 | 0.62 | 0.16 | 0.00 |
| | 噪声、扬尘污染 | 0.00 | 0.00 | 0.30 | 0.60 | 0.10 |
| | 施工机械对原有道路破坏 | 0.00 | 0.27 | 0.60 | 0.13 | 0.00 |
| | 隧道爆破对周边建筑影响 | 0.00 | 0.00 | 0.20 | 0.60 | 0.20 |
| 自然灾害风险 | 地震影响 | 0.75 | 0.20 | 0.05 | 0.00 | 0.00 |
| | 暴雨冰雪影响 | 0.00 | 0.00 | 0.10 | 0.65 | 0.25 |
| | 洪水影响 | 0.38 | 0.45 | 0.17 | 0.00 | 0.00 |
| | 瘟疫和传染病等疾病影响 | 0.25 | 0.60 | 0.15 | 0.00 | 0.00 |
| | 生态被破坏影响 | 0.26 | 0.50 | 0.24 | 0.00 | 0.00 |
| | 废弃物处理问题 | 0.23 | 0.55 | 0.22 | 0.00 | 0.00 |

石嘴隧道 ZK Ⅱ 施工风险因素损失估计结果　　表 3-37

| 类　别 | 风 险 因 素 | 风险损失概率估计 | | | | |
|---|---|---|---|---|---|---|
| | | 1 | 2 | 3 | 4 | 5 |
| 地质条件风险 | 节理裂隙发育 | 0.00 | 0.13 | 0.62 | 0.23 | 0.02 |
| | 地勘的不确定性 | 0.00 | 0.15 | 0.75 | 0.10 | 0.00 |
| 设计风险 | 超前支护手段和参数不足 | 0.00 | 0.00 | 0.20 | 0.60 | 0.20 |
| | 开挖方式不当 | 0.00 | 0.00 | 0.43 | 0.55 | 0.02 |
| | 初期支护强度不够 | 0.00 | 0.00 | 0.63 | 0.32 | 0.05 |
| | 防排水设计不当 | 0.00 | 0.00 | 0.50 | 0.42 | 0.08 |
| | 设计变更、修改和审批延误 | 0.00 | 0.08 | 0.80 | 0.12 | 0.00 |
| 施工技术风险 | 超前支护未按设计操作 | 0.00 | 0.05 | 0.20 | 0.65 | 0.10 |
| | 超前支护材料质量不合格 | 0.00 | 0.00 | 0.15 | 0.65 | 0.20 |
| | 开挖工序不当 | 0.02 | 0.08 | 0.60 | 0.30 | 0.00 |
| | 开挖进尺不当 | 0.02 | 0.42 | 0.48 | 0.08 | 0.00 |
| | 爆破控制不当 | 0.00 | 0.13 | 0.65 | 0.20 | 0.02 |
| | 初期支护材料质量不合格 | 0.00 | 0.00 | 0.18 | 0.62 | 0.20 |
| | 喷射混凝土达不到要求 | 0.00 | 0.00 | 0.20 | 0.60 | 0.20 |
| | 工字钢连接处薄弱 | 0.00 | 0.00 | 0.28 | 0.60 | 0.12 |
| | 隧道闭合成环周期太长 | 0.00 | 0.00 | 0.43 | 0.50 | 0.07 |
| | 施工缝沉降缝处理不当 | 0.00 | 0.20 | 0.53 | 0.25 | 0.02 |
| | 二次衬砌混凝土质量不合要求 | 0.00 | 0.35 | 0.62 | 0.03 | 0.00 |
| | 二次衬砌施作时机不当 | 0.00 | 0.00 | 0.20 | 0.60 | 0.20 |
| | 二次衬砌不密实、开裂、厚度不足 | 0.00 | 0.28 | 0.62 | 0.10 | 0.00 |
| | 注浆堵水效果差 | 0.00 | 0.05 | 0.60 | 0.30 | 0.05 |
| | 防排水施作不规范 | 0.00 | 0.00 | 0.20 | 0.62 | 0.18 |
| | 排水处理不及时或处理不当 | 0.00 | 0.17 | 0.65 | 0.18 | 0.00 |
| 施工管理风险 | 供水供电不稳定影响 | 0.10 | 0.52 | 0.38 | 0.00 | 0.00 |
| | 材料设备供应不及时 | 0.00 | 0.40 | 0.42 | 0.18 | 0.00 |
| | 对恶劣气候条件准备不足 | 0.15 | 0.50 | 0.34 | 0.01 | 0.00 |
| | 施工组织和施工进度安排不合理 | 0.00 | 0.23 | 0.57 | 0.20 | 0.00 |
| | 对外界和业内协调不及时 | 0.00 | 0.15 | 0.62 | 0.23 | 0.00 |
| | 对监控量测数据不重视 | 0.05 | 0.48 | 0.42 | 0.05 | 0.00 |
| | 安全预案不当 | 0.00 | 0.03 | 0.67 | 0.25 | 0.05 |
| 材料设备风险 | 材料供应不足、供货出错以及质量不合格等 | 0.00 | 0.00 | 0.17 | 0.73 | 0.10 |
| | 材料生产、运输、储存、施工中损耗或浪费 | 0.00 | 0.00 | 0.25 | 0.67 | 0.08 |

续上表

| 类别 | 风险因素 | 风险损失概率估计 | | | | |
| --- | --- | --- | --- | --- | --- | --- |
| | | 1 | 2 | 3 | 4 | 5 |
| 材料设备风险 | 设备不配套、生产能力不足或设备安装、调试失败、使用损坏 | 0.18 | 0.62 | 0.20 | 0.00 | 0.00 |
| | 设备进场延误、设备不合格 | 0.13 | 0.60 | 0.27 | 0.00 | 0.00 |
| 经济风险 | 建设单位延误工程款项 | 0.05 | 0.60 | 0.35 | 0.00 | 0.00 |
| | 在保险公司和银行信用度不足 | 0.00 | 0.25 | 0.60 | 0.15 | 0.00 |
| | 流动资金短缺、资金使用不合理 | 0.08 | 0.45 | 0.35 | 0.12 | 0.00 |
| | 国家税务变化、利息调整 | 0.00 | 0.18 | 0.72 | 0.10 | 0.00 |
| | 设备、原材料等费用上调 | 0.13 | 0.62 | 0.25 | 0.00 | 0.00 |
| | 施工管理费和员工工资福利上涨 | 0.00 | 0.07 | 0.80 | 0.13 | 0.00 |
| | 社会征费增加 | 0.00 | 0.35 | 0.60 | 0.05 | 0.00 |
| | 工期变动 | 0.05 | 0.60 | 0.32 | 0.03 | 0.00 |
| 合同风险 | 投标前期现场勘察工作不足 | 0.00 | 0.12 | 0.75 | 0.13 | 0.00 |
| | 工程清单错误或遗漏、工程单价或总价错误 | 0.00 | 0.18 | 0.75 | 0.07 | 0.00 |
| | 评标和决标不公平 | 0.00 | 0.05 | 0.85 | 0.10 | 0.00 |
| | 施工工期短、标价低 | 0.00 | 0.08 | 0.65 | 0.27 | 0.00 |
| | 建设单位和分包商违约 | 0.00 | 0.10 | 0.80 | 0.10 | 0.00 |
| | 索赔条款不明或欠缺 | 0.00 | 0.12 | 0.80 | 0.08 | 0.00 |
| 人员风险 | 普通工人素质 | 0.00 | 0.12 | 0.75 | 0.13 | 0.00 |
| | 技术工人素质 | 0.00 | 0.15 | 0.75 | 0.10 | 0.00 |
| | 管理人员素质 | 0.00 | 0.10 | 0.70 | 0.20 | 0.00 |
| | 建设和监理单位的不合作 | 0.00 | 0.00 | 0.70 | 0.30 | 0.00 |
| | 人事变动或人员伤亡 | 0.00 | 0.07 | 0.78 | 0.15 | 0.00 |
| 社会环境风险 | 国家政策调整，如土地政策 | 0.00 | 0.00 | 0.18 | 0.62 | 0.20 |
| | 建设法规和建设审批程序问题 | 0.20 | 0.65 | 0.15 | 0.00 | 0.00 |
| | 社会纠纷及不公正裁决 | 0.10 | 0.70 | 0.20 | 0.00 | 0.00 |
| | 噪声、扬尘污染 | 0.00 | 0.15 | 0.78 | 0.07 | 0.00 |
| | 施工机械对原有道路破坏 | 0.00 | 0.15 | 0.73 | 0.12 | 0.00 |
| | 隧道爆破对周边建筑影响 | 0.00 | 0.15 | 0.77 | 0.08 | 0.00 |
| 自然灾害风险 | 地震影响 | 0.00 | 0.00 | 0.23 | 0.53 | 0.24 |
| | 暴雨冰雪影响 | 0.00 | 0.18 | 0.67 | 0.15 | 0.00 |
| | 洪水影响 | 0.00 | 0.00 | 0.80 | 0.20 | 0.00 |
| | 瘟疫和传染病等疾病影响 | 0.00 | 0.07 | 0.70 | 0.23 | 0.00 |
| | 生态被破坏影响 | 0.00 | 0.00 | 0.20 | 0.62 | 0.18 |
| | 废弃物处理问题 | 0.00 | 0.08 | 0.80 | 0.12 | 0.00 |

4）ZK Ⅱ隧道风险评价

采用多层次模糊动态综合评价法对石嘴隧道 ZKⅡ施工风险进行评价，具体评价过程见前述。以下是石嘴隧道 ZKⅡ施工风险评价结果。

（1）单因素（第三层风险因素）风险评价结果

①地质条件风险评价（表 3-38）。

**地质条件风险单因素风险评价结果**　　表 3-38

| 类别 | 风险因素 | 风 险 等 级 | | | | | 风险水平 | 评价等级 |
|---|---|---|---|---|---|---|---|---|
| | | 一 | 二 | 三 | 四 | 五 | | |
| 地质条件风险 | 节理裂隙发育 | 0. 01 | 0. 23 | 0. 55 | 0. 31 | 0. 00 | 65. 22 | 四 |
| | 地勘的不明确性 | 0. 05 | 0. 35 | 0. 58 | 0. 02 | 0. 00 | 50. 61 | 三 |

②设计风险评价（表 3-39）。

**设计风险单因素风险评价结果**　　表 3-39

| 类别 | 风险因素 | 风 险 等 级 | | | | | 风险水平 | 评价等级 |
|---|---|---|---|---|---|---|---|---|
| | | 一 | 二 | 三 | 四 | 五 | | |
| 设计风险 | 超前支护手段和参数不足 | 0. 00 | 0. 13 | 0. 61 | 0. 24 | 0. 02 | 58. 99 | 三 |
| | 开挖方式不当 | 0. 00 | 0. 07 | 0. 68 | 0. 24 | 0. 01 | 59. 85 | 三 |
| | 初期支护强度不够 | 0. 00 | 0. 05 | 0. 65 | 0. 27 | 0. 03 | 62. 33 | 四 |
| | 防排水设计不当 | 0. 00 | 0. 22 | 0. 51 | 0. 26 | 0. 02 | 58. 76 | 三 |
| | 设计变更、修改和审批延误 | 0. 00 | 0. 05 | 0. 52 | 0. 41 | 0. 02 | 66. 63 | 四 |

③施工技术风险评价（表 3-40）。

**施工技术风险单因素风险评价结果**　　表 3-40

| 类别 | 风险因素 | 风 险 等 级 | | | | | 风险水平 | 评价等级 |
|---|---|---|---|---|---|---|---|---|
| | | 一 | 二 | 三 | 四 | 五 | | |
| 施工技术风险 | 超前支护未按设计操作 | 0. 00 | 0. 00 | 0. 37 | 0. 52 | 0. 11 | 68. 73 | 四 |
| | 超前支护材料质量不合格 | 0. 00 | 0. 05 | 0. 68 | 0. 25 | 0. 02 | 60. 71 | 四 |
| | 开挖工序不当 | 0. 00 | 0. 09 | 0. 57 | 0. 32 | 0. 02 | 62. 47 | 四 |
| | 开挖进尺不当 | 0. 00 | 0. 14 | 0. 68 | 0. 17 | 0. 01 | 58. 26 | 三 |
| | 爆破控制不当 | 0. 00 | 0. 00 | 0. 22 | 0. 62 | 0. 16 | 76. 15 | 四 |
| | 初期支护材料质量不合格 | 0. 00 | 0. 12 | 0. 66 | 0. 21 | 0. 01 | 58. 89 | 三 |
| | 喷射混凝土达不到要求 | 0. 00 | 0. 07 | 0. 71 | 0. 20 | 0. 02 | 61. 03 | 四 |
| | 工字钢连接处薄弱 | 0. 00 | 0. 00 | 0. 50 | 0. 45 | 0. 05 | 67. 98 | 四 |
| | 隧道闭合成环周期太长 | 0. 00 | 0. 08 | 0. 33 | 0. 57 | 0. 02 | 66. 26 | 四 |
| | 施工缝、沉降缝处理不当 | 0. 18 | 0. 47 | 0. 35 | 0. 00 | 0. 00 | 41. 18 | 三 |

续上表

| 类别 | 风险因素 | 风险等级 | | | | | 风险水平 | 评价等级 |
|---|---|---|---|---|---|---|---|---|
| | | 一 | 二 | 三 | 四 | 五 | | |
| 施工技术风险 | 二次衬砌混凝土质量不合要求 | 0.00 | 0.08 | 0.66 | 0.24 | 0.02 | 61.37 | 四 |
| | 二次衬砌施作时机不当 | 0.01 | 0.21 | 0.55 | 0.23 | 0.00 | 56.89 | 三 |
| | 二次衬砌不密实、开裂、厚度不足 | 0.01 | 0.10 | 0.75 | 0.13 | 0.01 | 57.20 | 三 |
| | 注浆堵水效果差 | 0.00 | 0.00 | 0.23 | 0.62 | 0.15 | 76.38 | 四 |
| | 防排水施作不规范 | 0.06 | 0.32 | 0.60 | 0.02 | 0.00 | 48.56 | 三 |
| | 排水处理不及时或处理不当 | 0.07 | 0.35 | 0.54 | 0.04 | 0.00 | 52.52 | 三 |

④施工管理风险评价（表3-41）。

**施工管理风险单因素风险评价结果**　　表3-41

| 类别 | 风险因素 | 风险等级 | | | | | 风险水平 | 评价等级 |
|---|---|---|---|---|---|---|---|---|
| | | 一 | 二 | 三 | 四 | 五 | | |
| 施工管理风险 | 供水供电不稳定影响 | 0.18 | 0.41 | 0.41 | 0.00 | 0.00 | 40.09 | 三 |
| | 材料设备供应不及时 | 0.25 | 0.47 | 0.28 | 0.00 | 0.00 | 35.36 | 二 |
| | 对恶劣气候条件准备不足 | 0.04 | 0.30 | 0.59 | 0.07 | 0.00 | 47.68 | 三 |
| | 施工组织和施工进度安排不合理 | 0.05 | 0.32 | 0.60 | 0.03 | 0.00 | 46.92 | 三 |
| | 对外界和业内协调不及时 | 0.28 | 0.45 | 0.27 | 0.00 | 0.00 | 34.63 | 二 |
| | 对监控量测数据不重视 | 0.00 | 0.04 | 0.58 | 0.34 | 0.04 | 61.27 | 四 |
| | 安全预案不当 | 0.00 | 0.09 | 0.72 | 0.18 | 0.01 | 56.39 | 三 |

⑤材料设备风险评价（表3-42）。

**材料设备风险单因素风险评价结果**　　表3-42

| 类别 | 风险因素 | 风险等级 | | | | | 风险水平 | 评价等级 |
|---|---|---|---|---|---|---|---|---|
| | | 一 | 二 | 三 | 四 | 五 | | |
| 材料设备风险 | 材料供应不足、供货出错以及质量不合格等 | 0.00 | 0.09 | 0.72 | 0.18 | 0.01 | 55.90 | 三 |
| | 材料生产、运输、储存、施工中损耗或浪费 | 0.20 | 0.58 | 0.21 | 0.01 | 0.00 | 34.82 | 二 |
| | 设备不配套、生产能力不足或设备安装、调试失败、使用损坏 | 0.40 | 0.45 | 0.15 | 0.00 | 0.00 | 30.01 | 二 |
| | 设备进场延误、设备不合格 | 0.45 | 0.44 | 0.11 | 0.00 | 0.00 | 27.26 | 二 |

⑥经济风险评价（表3-43）。

**经济风险单因素风险评价结果** 表3-43

| 类别 | 风险因素 | 风险等级 | | | | | 风险水平 | 评价等级 |
|---|---|---|---|---|---|---|---|---|
| | | 一 | 二 | 三 | 四 | 五 | | |
| 经济风险 | 建设单位延误工程款项 | 0.09 | 0.39 | 0.49 | 0.03 | 0.00 | 28.59 | 二 |
| | 在保险公司和银行信用度不足 | 0.29 | 0.40 | 0.29 | 0.02 | 0.00 | 33.53 | 二 |
| | 流动资金短缺、资金使用不合理 | 0.00 | 0.16 | 0.65 | 0.19 | 0.00 | 52.15 | 三 |
| | 国家税务变化、利息调整 | 0.30 | 0.49 | 0.20 | 0.01 | 0.00 | 32.18 | 二 |
| | 设备、原材料等费用上调 | 0.00 | 0.02 | 0.27 | 0.70 | 0.01 | 64.72 | 四 |
| | 施工管理费和员工工资福利上涨 | 0.00 | 0.26 | 0.54 | 0.20 | 0.00 | 51.22 | 三 |
| | 社会征费增加 | 0.13 | 0.56 | 0.30 | 0.01 | 0.00 | 37.21 | 二 |
| | 工期变动 | 0.01 | 0.14 | 0.73 | 0.12 | 0.00 | 52.28 | 三 |

⑦合同风险评价（表3-44）。

**合同风险单因素风险评价结果** 表3-44

| 类别 | 风险因素 | 风险等级 | | | | | 风险水平 | 评价等级 |
|---|---|---|---|---|---|---|---|---|
| | | 一 | 二 | 三 | 四 | 五 | | |
| 合同风险 | 投标前期现场勘察工作不足 | 0.10 | 0.49 | 0.40 | 0.01 | 0.00 | 39.02 | 二 |
| | 工程清单错误或遗漏、工程单价或总价错误 | 0.02 | 0.49 | 0.48 | 0.01 | 0.00 | 42.18 | 三 |
| | 评标和决标不公平 | 0.04 | 0.41 | 0.54 | 0.01 | 0.00 | 42.56 | 三 |
| | 施工工期短、标价低 | 0.01 | 0.13 | 0.82 | 0.04 | 0.00 | 50.17 | 三 |
| | 建设单位和分包商违约 | 0.01 | 0.16 | 0.81 | 0.02 | 0.00 | 49.22 | 三 |
| | 索赔条款不明或欠缺 | 0.08 | 0.53 | 0.37 | 0.02 | 0.00 | 40.50 | 三 |

⑧人员风险评价（表3-45）。

**人员风险单因素风险评价结果** 表3-45

| 类别 | 风险因素 | 风险等级 | | | | | 风险水平 | 评价等级 |
|---|---|---|---|---|---|---|---|---|
| | | 一 | 二 | 三 | 四 | 五 | | |
| 人员风险 | 普通工人素质 | 0.07 | 0.16 | 0.60 | 0.17 | 0.00 | 53.14 | 三 |
| | 技术工人素质 | 0.02 | 0.23 | 0.72 | 0.03 | 0.00 | 46.78 | 三 |
| | 管理人员素质 | 0.00 | 0.22 | 0.74 | 0.04 | 0.00 | 48.87 | 三 |
| | 建设和监理单位的不合作 | 0.02 | 0.24 | 0.70 | 0.04 | 0.00 | 48.90 | 三 |
| | 人事变动或人员伤亡 | 0.00 | 0.01 | 0.31 | 0.53 | 0.15 | 68.75 | 四 |

⑨社会环境风险评价（表3-46）。

社会环境风险单因素风险评价结果 表3-46

| 类别 | 风险因素 | 风险等级 | | | | | 风险水平 | 评价等级 |
|---|---|---|---|---|---|---|---|---|
| | | 一 | 二 | 三 | 四 | 五 | | |
| 社会环境风险 | 国家政策调整，如土地政策 | 0.73 | 0.24 | 0.03 | 0.00 | 0.00 | 19.75 | 二 |
| | 建设法规和建设审批程序问题 | 0.30 | 0.50 | 0.10 | 0.00 | 0.00 | 25.82 | 二 |
| | 社会纠纷及不公正裁决 | 0.00 | 0.13 | 0.70 | 0.17 | 0.00 | 52.66 | 三 |
| | 噪声、扬尘污染 | 0.01 | 0.06 | 0.30 | 0.62 | 0.01 | 61.17 | 四 |
| | 施工机械对原有道路破坏 | 0.00 | 0.13 | 0.72 | 0.15 | 0.00 | 50.93 | 三 |
| | 隧道爆破对周边建筑影响 | 0.00 | 0.00 | 0.07 | 0.72 | 0.21 | 69.15 | 四 |

⑩自然灾害风险评价（表3-47）。

自然灾害风险单因素风险评价结果 表3-47

| 类别 | 风险因素 | 风险等级 | | | | | 风险水平 | 评价等级 |
|---|---|---|---|---|---|---|---|---|
| | | 一 | 二 | 三 | 四 | 五 | | |
| 自然灾害风险 | 地震影响 | 0.00 | 0.17 | 0.56 | 0.26 | 0.01 | 51.13 | 三 |
| | 暴雨冰雪影响 | 0.00 | 0.02 | 0.22 | 0.72 | 0.04 | 65.72 | 四 |
| | 洪水影响 | 0.00 | 0.31 | 0.66 | 0.03 | 0.00 | 45.26 | 三 |
| | 瘟疫和传染病等疾病影响 | 0.02 | 0.24 | 0.71 | 0.03 | 0.00 | 48.41 | 三 |
| | 生态被破坏影响 | 0.00 | 0.05 | 0.62 | 0.30 | 0.03 | 58.64 | 三 |
| | 废弃物处理问题 | 0.02 | 0.24 | 0.71 | 0.03 | 0.00 | 45.23 | 三 |

（2）初级（第二层风险因素）风险评价结果（表3-48）。

石嘴隧道施工风险初级风险评价结果 表3-48

| 风险因素 | 风险等级 | | | | | 风险水平 | 评价等级 |
|---|---|---|---|---|---|---|---|
| | 一 | 二 | 三 | 四 | 五 | | |
| 地质条件 | 0.01 | 0.08 | 0.38 | 0.50 | 0.03 | 65.81 | 四 |
| 设计风险 | 0.00 | 0.14 | 0.58 | 0.26 | 0.02 | 62.59 | 四 |
| 施工技术 | 0.01 | 0.09 | 0.50 | 0.32 | 0.04 | 66.77 | 四 |
| 施工管理 | 0.14 | 0.31 | 0.41 | 0.15 | 0.02 | 53.37 | 三 |
| 材料设备 | 0.27 | 0.34 | 0.33 | 0.06 | 0.00 | 39.90 | 二 |
| 经济风险 | 0.08 | 0.25 | 0.46 | 0.21 | 0.00 | 50.22 | 三 |
| 合同风险 | 0.04 | 0.35 | 0.59 | 0.02 | 0.00 | 46.26 | 三 |
| 人员风险 | 0.01 | 0.16 | 0.60 | 0.19 | 0.04 | 56.72 | 三 |
| 社会环境 | 0.12 | 0.13 | 0.32 | 0.37 | 0.06 | 56.83 | 三 |
| 自然灾害 | 0.01 | 0.16 | 0.59 | 0.22 | 0.02 | 56.11 | 三 |

（3）二级（第一层目标层）风险评价结果（表3-49）。

石嘴隧道ZKⅡ施工风险二级风险评价结果　表3-49

| 风险因素 | 风险等级 | | | | | 风险水平 | 评价等级 |
|---|---|---|---|---|---|---|---|
| | 一 | 二 | 三 | 四 | 五 | | |
| ZKⅡ施工风险评价 | 0.02 | 0.14 | 0.45 | 0.36 | 0.03 | 64.49 | 四 |

5）石嘴隧道施工动态风险评估结果

通过对石嘴隧道ZKⅠ、ZKⅡ两个里程段的施工风险评估，可以得出以下结论。

（1）对石嘴隧道施工动态风险监控：该工程实例中主要通过基于地质超前预报的风险动态分析法，适时地对石嘴隧道施工风险进行监控，及时对ZKⅡ的施工风险进行再分析与评估，认清ZKⅡ的风险状态，为工程建设各方制定风险预案和风险应对计划提供了及时的信息、数据。

（2）从两个里程段的二级风险评估结果分析：ZKⅡ（破碎的）风险等级明显高于ZKⅠ，风险等级从三级变为四级，其处于“不可以接受”状态，即工程建设参与各方对该工程的施工风险需要引起重视，必须及时决策，对工程施工各关键环节采取监控措施，防范风险事故的发生。

（3）从两个里程段的初级风险评估结果分析：①ZKⅡ中的设计风险和地质风险等级变为四级，施工技术风险也有所增高，因此，在破碎带施工过程中要求工程建设参与各方加强对设计风险、地质风险和施工技术风险三方面风险的重视；②在石嘴隧道施工风险因素中，施工技术的风险发生概率最高，要求政府及工程建设参与各方必须研究决策方案，制定施工控制和预警措施。

（4）综合考虑施工技术风险单因素风险评价结果，可以看出石嘴隧道施工技术中超前支护施作、开挖工序控制、爆破控制、工字钢连接、隧道闭合成环控制、二次衬砌混凝土质量控制，以及注浆堵水等环节风险较大，风险等级为四级，建议施工方在这几个方面必须引起重视，采取相应措施，以便减少或降低风险事故的发生。

（5）从其他单因素风险评价结果分析可知，对经济风险影响最大的是设备和原材料的价格上调，风险等级为四级；人员伤亡的风险等级也较高，为四级，须做好安全教育和采取必要的安保措施；噪声、扬尘污染风险等级为四级，对社会环境影响较为严重，需采取相应措施减少风险；爆破及隧道沉降对周边建筑的影响风险等级为四级，建议施工方做好监控工作，提前做好预警和预防方案；另外，暴雨冰雪及生态破坏的风险等级也较高，为四级，建议施工方做好应急预案，采取有效的规避措施。

## 3.5　本章小结

（1）概述了隧道施工设计、施工工法、开挖掘进技术及支护技术，分析了围岩与隧道相互作用机理、影响围岩稳定性的因素，即地质及地质结构、初始应力状态、工程因素、地下水因素和时间因素。

（2）论述了隧道施工风险估计方法、评价模型类别及工程应用特点。风险估计的定性方法有专家函调法、风险矩阵法、敏感性分析等，半定性半定量的方法有层次分析法，定量方法有模糊综合法、蒙特卡罗法等；风险评价模型有综合评价模型、层次分析模型、等风险图模型、模糊综合层次模型和蒙特卡罗模型等。隧道施工多层次模糊动态风险评估模型的建立步骤：建立因素集、建立风险因素权重集、建立备择集、单因素模糊评价、初级模糊综合评价、多层次模糊综合评价和评价指标的分析处理。

（3）阐述隧道施工风险评价指标体系理论、框架、特点，以及隧道施工动态风险估计方法、评价标准、评价指标体系特点。风险评价的三大指标体系：安全性评价指标体系、经济性评价指标体系和综合评价指标体系。风险评价指标体系设计原则：客观性原则、系统性原则、可行性原则、独立性与完备性原则、全面性和代表性相统一的原则。

风险评价指标体系构建过程步骤：评价指标的初选、评价指标测验与评价体系的优化、评价指标的筛选和基本评价指标体系的总体框架。运用层次分析法，建立隧道施工风险评价指标体系，并得到同一层次的指标因素相对上一层次准则层的权重，是进行下一步风险估计及评价的基础，包含四个步骤：建立问题的递阶层次结构、构造两两比较判断矩阵、由判断矩阵计算被比较元素相对权重、计算各层元素的组合权重。

确立风险分级标准、风险评价标准和风险接受准则。基于模糊数学理论，根据公路隧道工程的特点，利用专家经验法确定隶属函数，对风险概率进行模糊估计，提出风险水平划分和计算的具体方法。根据承险体的不同，将风险损失具体划分为5类，包括直接经济损失、工期损失、人员伤亡损失、社会环境损失和生态环境破坏损失，分别确定了各类风险损失的等级标准。

（4）采用多层次动态模糊综合评估模型，基于ZKⅠ、ZKⅡ两个隧道工程实例，详细阐述了隧道施工动态风险管理和评估的步骤、方法和流程，提出了隧道施工过程中风险控制、风险预警、风险应对计划和措施。

# 第 4 章　隧道施工风险监控及防范措施

## 4.1　风险监控与规避概论

### 4.1.1　风险监控概述

1）风险监控的目标

风险监控的目标主要有：

（1）努力及早识别风险。

（2）努力避免风险事件的发生。

（3）积极消除风险事件的消极后果。

（4）充分吸取风险管理中的经验与教训。

2）风险监控时机

什么时候进行监控，以及要付出多大的代价来进行监控，这一般取决于经过风险衡量和评价的结果是否对工程项目造成或将要造成不能接受的威胁。

在项目决策阶段，做两种比较：一是把接受风险得到的直接收益和可能蒙受的直接损失进行比较；二是把接受风险得到的间接收益和可能蒙受的间接损失进行比较。综合两种比较结果，决定项目是否继续。当项目需要继续，但又面临的风险比较大时，则需要对其进行监控。

在项目实施阶段，当发现项目风险对实现项目目标威胁比较大，且需要采用规避、转移和缓解等应对措施时，一般也需要对其采取监控。采用多大的力度监控取决于项目风险对项目目标的威胁程度，这个一般需作适当的风险成本分析，然后采取合理的监控技术和措施。

3）风险监控依据

隧道风险监控的主要依据有：

（1）风险管理计划。对于已经识别的风险的管理活动都是按这一计划展开的，但在新的风险出现后要立即对其进行更新。

（2）风险应对计划。风险应对计划是风险应对措施和项目风险控制工作的具体计划和安排，是工程项目风险监控的直接依据之一。

（3）工程项目的变更。对工程项目做出变更后可能会出现新的风险。

（4）在工程项目实施中新识别的风险。随着工程项目的进展，建设环境也在不断地发生变化，新的风险常常也随之而产生。

（5）发生了的风险。某一风险事件发生后，对工程项目的建设环境一般会有一定的影响。这对其他风险事件发生的可能性或可能的后果一般也会产生影响。

4）风险监控内容

隧道风险监控的主要内容有：

（1）施工状态的变化，包括隧道内力、位移、裂缝等反映隧道实际状态的各项指标和参数的变化。

（2）风险因素与风险事件的变化，包括是否有新的风险因素和风险事件的出现，以及它们的变化情况与发展趋势等。

（3）施工风险水平的变化，包括施工期间风险水平是否发生变化、发生了哪些变化、发展变化趋势如何等。

（4）风险应对措施的实施情况，包括风险应对措施是否正在按计划实施，实施的效果如何，是否需要进行调整或制定新的应对方案等。

5）风险监控方法

工程项目的费用、进度和质量是风险监视的三大主要对象。针对不同的对象和同一对象的不同层次应采取不同的监视方法，以取得分析判断风险发展变化的信息。对于进度风险的监视方法有横道图法和前锋线法；对于质量风险的监视方法主要有控制图法；对于费用风险的监视方法主要有横道图法和净值分析法。

在此提出如下两种主要方法。

（1）审核检查法

隧道工程项目建议书，工程项目的技术要求，工程项目的招标文件、计划文件、实施计划，必要的实验都需要审核。审核时要检查并处理错误、疏漏、不准确、前后矛盾、不一致之处。审核还应发现以前或他人未注意或未想到的地方和问题。审核可以在项目进展到某个节点时以开会形式进行。审核会议要有明确的目标，提出的问题要具体，要请多方面的人员参加。参加者不要审核自己负责的那部分工作。审核结束后，要把发现的问题及时交代给原来负责的人员，让他们马上采取措施，予以解决，问题解决后要签字验收。

检查是在项目实施过程中进行，而不是在项目告一段落时进行。检查是为了把各方面的反馈意见立刻通知有关人员，一般以已完成的工作成果为对象，包括项目的设计文件、实施计划、试验计划、试验结果、正在实施的工程、运到现场的材料设备等。检查不像审核那样正规，一般在项目的实施阶段进行。检查要有统一的记录表，信息应及时反馈，以便进行分析调查。

（2）风险图表示法

风险图表示法就是根据风险评价的结果，从项目的所有风险中挑选出几个，例如将风险等级列为三级的，列入监控范围。然后每月对这几个风险进行检查，同时写出风险规避计划，说明用于规避风险的策略和措施是否取得了成功。与此同时，画一张图表，列出当月风险等级为三的风险。其中每个都写上当月的优先顺序号、上个月的优先顺序号以及它在这张表上出现了几个星期，如果发现表上出现了以前未出现过的新风险，或者有的风险情况变化很小，那么就要考虑是否需要重新进行风险分析，要注意尽早发现问题，不要让其由小变大，进而失去控制；同样重要的是，要及时注意和发现风险应对措施取得的进展，把已成功控制住的风险记录在图表中。另外，还要跟踪列入图表中等级为三的风险类别变化。如果新列入图表的风险以前未被划入未知或不可预见的类别，那么，就预示着有很大可能要出现麻烦，这种情况还表明原来做的风险分析不准确，项目实施面临的风险要比当初考虑的风险大。

项目在日常进展中，一定会显露出一些风险迹象，管理人员应当积极捕捉，把有关风险的信息、资料收集起来，来自其他部门的一些资料，包括合同、人事、财务、营销等，都会帮助管理人员抓住风险迹象。

6）风险控制

（1）权变措施

风险的权变措施，即未事先计划或考虑到的应对风险的措施。工程项目是一开放性系统，建设环境较为复杂，有许多风险因素在风险计划时考虑不到，或对其没有充分的认识。因此，对其的应对措施可能会考虑不全，或者事先根本就没有考虑。而在风险监控时才发现了某些风险的严重性甚至是一些新风险。若在风险监控中面对这种情况，就要求能随机应变，提出应急应对措施。对这些措施必须有效地做记录并纳入项目和风险应对计划之中。

（2）纠正措施

纠正措施就是使项目未来预计绩效与原定计划一致所做的变更。借助于风险监视的方法，或发现被监视工程项目风险的发展变化，或出现了新的风险。若监视结果显示，工程项目风险变化按预期发展，风险应对计划也在正常执行，这表明风险计划和应对措施均在有效地发挥作用。若一旦发现工程项目列入控制的风险在进一步发展或出现了新的风险，则应对项目风险作深入分析评估，并在找出引发风险事件影响因素的基础上，及时采取纠正措施（包括实施应急计划和附加应急计划）。

（3）项目变更申请

项目变更申请，例如提出改变工程项目的范围、改变工程设计、改变实施方案、改变项目环境、改变工程项目费用和进度安排等的申请。一般而言，如果频繁执行应急计划或权变措施，则需要对项目计划进行变更以应对项目风险。

在工程项目实施阶段，在合同的环境下，项目变更，无论是业主、监理单位、设计单位还是承包人，认为原设计图纸、技术规范、施工条件、施工方案等方面不适应项目目标的实现，或可能会出现风险，均可向监理工程师提出变更要求或建议，但该申请或建议一般要求是书面的。

工程变更申请书或建议书包括以下主要内容：

变更的原因及依据。

①变更的内容及范围。

②变更引起的合同价的增加或减少。

③变更引起的合同期的提前或延长。

④为审查所必须提交的附图及其计算资料等。

⑤对工程变更申请一般由监理工程师组织审查。

监理工程师负责对工程变更申请书或建议书进行审查时，应充分与业主、设计单位、承包人进行协商，对变更项目的单价和总价进行估算，分析因变更引起的该工程项目费用增加或减少的数额，以及分析工程变更实施后对控制项目的纯风险所产生的效果。

工程变更一般应遵循的原则有：

①工程变更的必要性。

②变更后不降低工程的质量标准，不影响工程建完后的运行与管理。

③工程变更在技术上必须可行、可靠。

④工程变更的费用及工期是经济合理的。

⑤工程变更尽可能不对后续施工在工期或施工条件上产生不良影响。

⑥风险应对计划更新。

风险是一随机事件，可能发生，也可能不发生；风险发生后的损失不是太严重，比预期的要小，也可能损失比较严重，比预期的要大。通过风险监视和采取应对措施，可能会减少一些已识别风险的出现概率和后果。因此，在风险监控的基础上，有必要对项目的各种风险重新进行评估，将项目风险的次序重新进行排列，对风险的应对计划相应也进行更新，以使新的风险和重要的风险能得到有效的控制。

### 4.1.2 隧道动态风险监控与规避途径

动态风险管理是个循环的过程，即通过监控、复查、登记等方法来对隧道建设中的风险进行跟踪和再管理。动态风险监控的方法主要包括：基于监控量测数据的动态风险分析、基于超前地质预报的动态风险分析、基于工程质量检测与控制的动态风险分析、基于隧道施工爆破振动测试控制的动态风险分析、基于隧道可视化视频监控的动态风险分析、基于事故故障登记的动态风险分析、基于动态风险理念的风险控制方法等。

1）基于监控量测数据的动态风险分析

隧道施工监测的对象主要包括地层介质、隧道结构等。监测信息是隧道安全状态的一种综合反映，每个监测项目都可能表征一项或几项风险事故。因此，可针对风险因素进行分析整理，并结合一些具体工程风险控制措施，预防监测数据的不正常变化，进而控制风险事故的发生。在建设中，具体的操作流程如下。

（1）建立风险因素—监测项目—风险事故关系，确定导致每个监测项目数值超标的影响因素，以及可能带来的风险事故关系。

（2）根据以往隧道工程经验，整理出各风险因素引起监测项目数据变化曲线图，得到影响隧道监测项目数据变化的主要风险因素。

（3）将风险因素—监测项目—风险事故关系转化为风险因素—风险事故关系的常规风险分析方法来研究动态风险。

2）基于地质超前预报的动态风险分析

在隧道工程可行性研究和勘察设计阶段，尚不可能投入大量的经费加大钻探工作量和开展大量的地球物理勘探工作，且隧道工程大多位于深山地区，地形地质条件极其复杂，更加大了钻探和开展地球物理勘探工作的难度，势必带来地质勘察资料精度的不高。而在隧道开挖施工过程中，遭遇的坍方、涌水、突泥、岩爆和瓦斯突出等一系列地质灾害是影响施工进度的主要因素之一。因而在隧道施工过程中，采用超前地质预报技术对地质风险进行实时监控是很必要的。

依据地面详勘资料和隧道现场地质情况，选取合适的超前地质预报方法对掌子面前方的地质状况进行预测，对风险进行监视，如有异常，及时对风险因素集、权重、损失进行修改，并对风险进行重新评估。

3）基于工程质量检测与控制的动态风险分析

隧道工程结构组成特点：隧道工程都是在地下一定深度修筑的，隧道结构被极为复杂多变的岩土系统包裹，具有很强的隐蔽性。新奥法隧道结构由四大子系统组成：①由注浆中空锚杆组成围岩加固区；②由格栅钢架、钢筋网和喷射混凝土组成初次衬砌；③由防水板组成的防水系统；④由混凝土组成二次支护。依据围岩情况隧道结构还会有其他系统如超前支护系统等。

隧道工程质量的 5 个特点：

(1) 影响因素多。隧道工程质量受到多种因素的影响，如规划、设计、材料、机具设备、施工工艺和方法、技术措施、人员素质、工期、工程造价等，这些因素直接或间接地影响隧道的工程的质量。

(2) 质量波动大。隧道工程特别是山岭隧道，施工环境恶劣、施工人员素质参差不齐、原材料质量不易控制，这些很容易造成质量的较大波动。

(3) 质量隐蔽性强。隧道工程施工过程中，分项工程交接多、隐蔽工程多，竣工后仅能看到二次衬砌混凝土表面。

(4) 终检的局限性。隧道工程的终检存在一定的局限性，无法进行工程内在质量的检验，发现隐蔽的质量缺陷。随着无损检测技术的发展，虽然能够探测到隧道工程内部的缺陷，但是对于探测到的缺陷还无法准确无误地判读。

(5) 评价方法的特殊性。由于隧道工程的这些特点，决定了对隧道工程的评价方法比较特殊。隧道工程的评价方法体现了验评分离、强化验收、完善手段、过程控制的指导思想。

劣质的建设工程会给人们带来危害甚至灾难。隧道施工质量的好坏，直接影响隧道建设期的投资和施工人员、设备的安全，更严重的是会给隧道交工后运营期安全带来不可预测的巨大隐患，增加运营养护维修的费用，所以对隧道进行质量检测，不仅是新建隧道工程质量检验评定的需要，也是运营隧道病害整治的需要。综上所述，为了保证隧道工程质量，就必须在隧道施工过程中、竣工后，对隧道工程进行全面质量检测和控制，并做出综合评价。针对各种风险源、风险因素制定动态风险控制措施，预防规避工程质量隐患，进而控制隧道施工风险事故的发生。

4）基于隧道施工爆破振动测试控制的动态风险分析

《爆破安全规程》（GB 6722—2003）第 8.2、8.3 条明文规定，“一般建筑物和构筑物的爆破地震安全性应满足安全振动速度的要求”，“在特殊建（构）筑物附近或爆破条件复杂地区进行爆破时，必须进行必要的爆破地震效应的监测和专门试验，以确保被保护物的安全性”。随着我国交通建设的发展，各类隧道与地下工程的建设也进入一个新的高潮。新建、改扩建隧道工程周围如果分布有居民、建（构）筑物、水源水体、特殊建筑物等，施工过程中会对周围环境的安全产生影响，初期施工影响主要是来自爆破振动对周围建（构）筑物的影响和开挖引起围岩应力重分布的影响。

爆破振动测试内容主要是地表质点振动速度、振动位移、振动加速度、反应谱测试。在隧道开挖施工时，为了保证施工安全和施工质量，为因爆破振动引起民事纠纷提供科学判断依据，有效控制爆破振动对隧道周边建（构）筑物的危害和安全，必须对隧道开挖爆破引起的爆破振动进行信息化施工监测，对每次大爆破振动进行准确测试，分析和掌握爆破地震波的特征、传播规律以及对周边建筑物的影响和破坏机理等，确定回归预报参数，改善爆破振动预测模型，根据测试结果及时调整爆破参数和施工方法，指导爆破安全作业，采取各种控制爆破振动的措施来控制爆破规模及危害，选择最佳爆破方案来保证建筑物安全，有效控制风险事故的发生并降低隧道与地下工程施工风险，对隧道工程爆破参数的设计和后续施工起到指导作用。

5）基于隧道可视化视频监控的动态风险分析

一方面，由于目前勘察技术条件限制，工程技术人员仍无法完全掌握隧址区岩土体介质结构和地质赋存环境，如岩体的非均质各向异性、局部软弱夹层分布、岩体内部节理密集带位置和涌流通道等，导致隧道施工过程中存在许多不可预见因素。另一方面，隧道工程隐蔽工程多，施工工序复杂，且因施工环境恶劣而导致施工监管较为薄弱，容易引起施工质量事故，甚至出现“偷梁换柱”、偷工减料等恶意质量问题，从而导致隧道安全事故发生，并对隧道长期稳定性与耐久性带来严重安全隐患。

在现有的施工技术条件下，没有完善的隧道施工安全生产风险监控手段，没有明确的隧道施工风险监控管理制度，没有清晰的隧道施工安全风险预警理念，因此在交通运输部2010～2020年《公路、水运交通主要技术政策》中，已将交通基础设施建设项目安全风险评价列为重点研究课题，基于可视技术的隧道无线视频监控技术的研究和推广应用显得尤为重要。

利用以无线远程视频图像实时传输技术为代表的信息化技术，组建隧道施工全过程质量风险监控系统，通过隧道洞口、掌子面、二次衬砌台车等施工关键节点安装摄像头及监控设备，适时快速完成隧道施工风险源远程识别、风险预防预测、风险控制与响应等工作，对隧道施工过程中安全风险、施工工法风险、质量检测与控制风险进行可视化监控和记录，最终使工程管理、质量监督等单位能够对隧道工程进行高效、准确、全面的质量控制。

6）基于事故故障登记的动态风险分析

虽然隧道工程特点各异，限制了采用工程类比和样本统计方法研究风险的实用性，考虑隧道施工是一个以一定周期为循环的过程，因此可以通过对已有工程建设事故故障数据的分析和对未来建设过程中风险情况的预测，而不断把新的经验和数据加入到对以后可能风险的评估中，从而实现动态风险管理。其中，工程事故及故障登记和分析的方法简单实用，是动态风险积累和辨识的重要途径。

在每天的隧道建设过程中，通过填写表格，记载每一项事故及故障信息，其内容包括事故发生的时间，情况简要介绍，对工期耽误、经济损失、人员伤亡情况，以及突发较大事件进行案例分析。然后通过统计得到各类事故的发生规律及概率和损失情况，以预测日后风险发展情况，并指导以后工程建设。

7）基于动态风险理念的风险控制方法

随着隧道工程的施工掘进，其可能遇到的风险也在不断变化，因此有效控制这些风险的措施也需要不断变化。针对风险动态变化的特点，在工程管理具体过程中，可以从以下几个方面着手进行。

（1）建设经验定期总结

隧道工程有各自的特点，具有不可逆性。建设过程是一个在参考类似工程建设经验的基础上，自我摸索，从建设中学建设的过程，因而工程经验的不断总结将是一项非常重要的内容。在实际管理中，制定定期经验总结计划，推广优秀的建设经验，摒弃和戒除不良的建设陋习，确保工程安全进展顺利。

（2）管理体制合理完善

隧道工程建设工艺复杂，存在多作业面，各流程周期长短不一，涉及不同的单位，并且环环相扣，互相影响，所以工程管理是一项名副其实的庞大工作。虽然在工程开始可以借鉴类似工程的管理体制，但是建设条件的差异以及建设主体的技能和素质不一，使以往工程管理体制可能出现不适应当前工程的情况，因此在建设过程中，应根据工程情况进行调整和完善。

（3）先进技术的引进和创新

当前所采用的隧道开挖设备基本能够适应复杂水文地质条件和长距离施工的要求，具有相当的先进性，然而难免也存在一些技术上的难题，因而有必要进行专项的技术研究，如新型材料的使用、先进工艺的引进、科学管理的借鉴等。

### 4.1.3　隧道施工动态风险监控方案

首先需要成立风险管理小组，在工程可行性研究阶段、初步设计阶段和施工图设计阶段进行风险评价，根据评价结果制定风险管理计划、风险应对计划等。在隧道进入施工阶段后，风险管理小组配备相关人员随时追踪监视风险变化。根据风险监视结果，考虑采取权变、纠正、项目变更或更新风险应对计划等措施，还要对风险因素系统做调整，甚至重新做风险评价。在隧道施工建设进行过程中，具体的风险进行跟踪管理实施流程如图4-1所示。

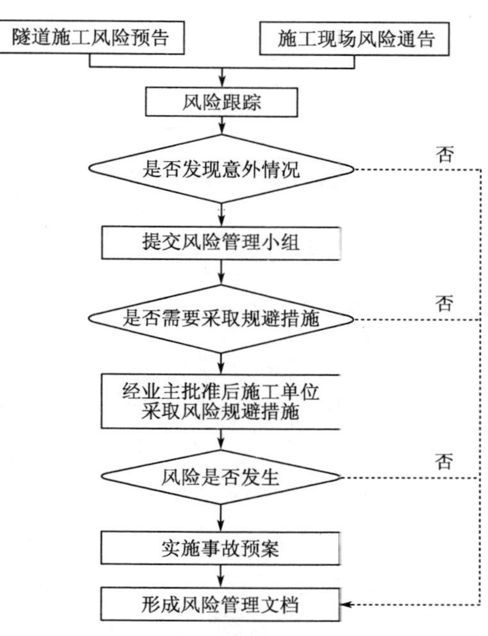

图 4-1　隧道施工动态风险跟踪流程图

在实施过程中，实时观察已辨识风险和其他突发风险，记录和查询风险发展状况，及时发现和解决问题。记录的内容主要包括：辨识人员、风险发生区域、发展状态、是否采取规避措施、实施人员等。具体的风险跟踪内容如图 4-2 所示。

### 4.1.4　隧道施工动态风险应对策略

隧道施工动态风险防范策略和措施主要有：回避风险、转移风险、预防风险、减轻风险、接受风险、储备风险、监控风险等，如图 4-3 所示。在实际工程中，可以根据系统的风险水平和工程的实际情况选用一种或多种策略的组合。

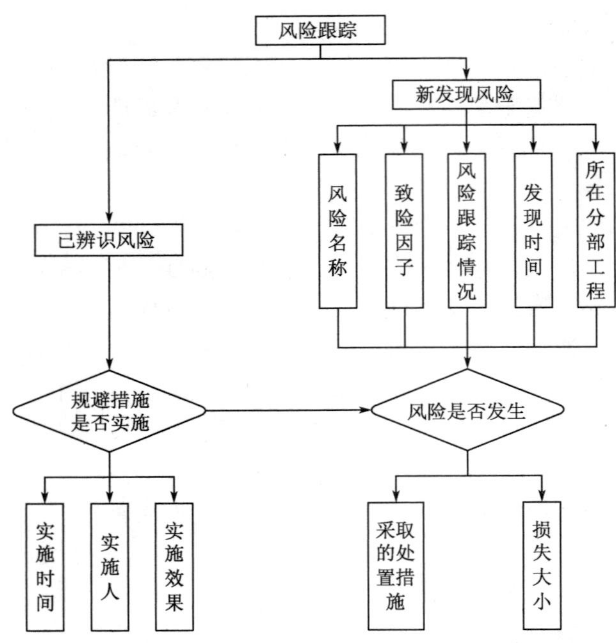


图 4-2　隧道施工风险跟踪内容

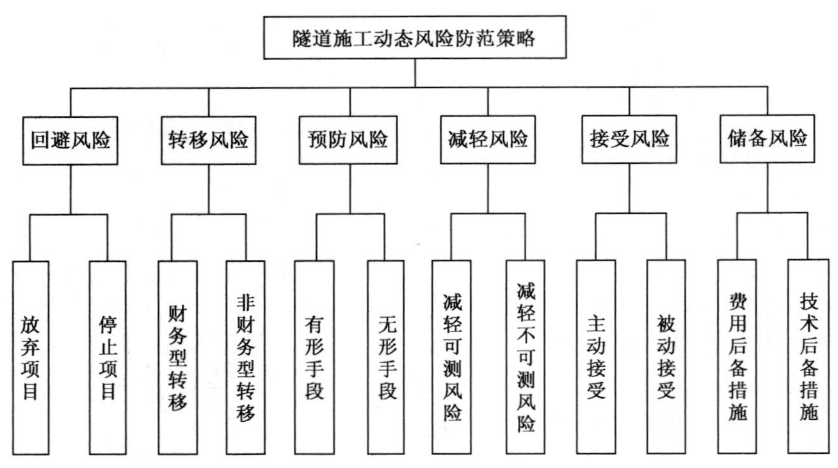


图 4-3　隧道施工动态风险应对策略图

1）回避风险

回避风险是指当隧道建设项目潜在的施工风险太大，又无其他策略可用时，主动放弃项目或改变项目目标与行动方案，从而使风险不致发生或遏制其发展的一种应对策略。风险回避主要有以下两种手段。

（1）放弃项目

如果通过风险评价发现隧道建设方案的实施将面临巨大的风险，风险主体又没有别的办法控制风险，甚至保险公司因风险太大，而拒绝承保时，就应当考虑放弃项目的实施，避免巨大的人员伤亡和财产损失。

（2）停止项目

当隧道项目已开始运行后，由于环境等各种条件发生变化，通过再次风险评估发现项目面临的风险已超过了预先的设定，而该风险又无法控制或控制的成本太大，这时果断地停止项目的实施也不失为一个好的补救办法。尽管这样会带来一定的损失，但在这种情况下，这些损失实际上就是沉没成本。终止项目是此时的最佳选择，可以避免更大的风险损失。

回避风险是一种最彻底地消除风险影响的方法，它是隧道施工风险应对策略中最简单，同时也是较为消极的一种。之所以消极是因为有些风险是无法避免的，有时候回避也是不可能的；再者，回避将会失去获利的机会；另外，回避窒息了项目有关各方的创造力，不利于其发展。

因此，在采取回避策略之前，必须要对施工风险有充分的认识，对风险出现的可能性和后果的严重性有足够的把握。采取回避策略，最好在建设方案尚未实施时作出决断，放弃或改变正在进行的隧道建设项目，一般都要付出高昂的代价。

2）转移风险

转移风险又叫合伙分担风险，是指采取一定的手段，将隧道施工风险的一部分或全部转移给其他单位或个人，以减少自身所承担的风险。转移风险是将风险的后果或责任转移给他方，并不能消除风险，同时，转移风险也需要付出一定的代价。当建设项目的资源有限，不能实行减轻和预防策略，或风险发生的概率不高而潜在的损失很大时，可以采用此策略。

风险转移，并不意味着随着风险转移至他方，他方肯定会受到风险损失。因为不同的组织与个人有着自身不同的优势，对风险的承受能力也不尽相同。在某些情况下，风险转移者和接受者也会取得双赢。另外，实行风险转移要遵循两个原则：第一，必须让风险承担者得到相应的回报；第二，对于各具体风险，谁最有能力管理就让谁分担。

隧道施工风险转移技术可大致分为财务型风险转移和非财务型风险转移，其中，财务型风险转移又可分为保险类风险转移和非保险类风险转移两种。

（1）财务型保险类风险转移

财务型保险类风险转移是转移风险最常用的一种方法，是指建设项目方向保险公司交纳一定数额的保险费，通过签订保险合约来对冲风险，以投保的形式将风险转移给他方。根据保险合约，项目风险事故一旦发生，保险公司将承担投保人由风险所造成的损失，从而将风险转移给保险公司。

保险类风险转移的优点是，参保者付出一定的保险费，换得遭受大量损失时得到补偿的保障，从而增强抵御风险的能力。尽管这种对于风险后果的补偿只能弥补整个工程项目损失的一部分，但在特定情况下却能保证参保者不致破产而获得生机。

（2）财务型非保险类风险转移

财务型非保险类风险转移是指通过不同的中介，以不同的形式和方法，将风险转移至商业上的合作伙伴。工程担保也是一种常用的财务型非保险类风险转移方式。

工程担保是指通过担保公司、银行或其他机构与组织开具保证书或保函，在被担保方不能履行合同时，由担保方代为履行或做出赔偿。工程担保实质上是担保方为项目风险负间接责任的一种承诺，而部分风险此时转移到了担保方身上。工程担保和工程保险一样，都是一种补偿机制，其中担保主要是对人为责任的补偿，而保险则是对非人为或非故意人为责任的补偿。

（3）非财务型风险转移

非财务型风险转移是指除财务型风险转移之外的风险转移策略，主要包括出售、发包、分包、选用合同条件转移风险等。

出售：就是通过买卖契约将风险转移给其他单位。这种方法在出售工程项目所有权的同时，也把与之有关的风险转移给了其他单位。例如，隧道建设项目可以通过发行股票或债券来筹集资金，把项目的一部分所有权及风险转移给股票或债券的认购者。

发包：发包就是通过从项目执行组织外部获得货物、工程或服务而把风险转移出去。例如建设项目的施工合同按计价方式可分为总价合同、单价合同和成本加酬金合同。采用总价合同时，承包人要承担很大风险，而业主的风险相对而言要小得多；采用成本加酬金合同，业主要承担很大的费用风险；采用单价合同，承包人和业主承担的风险相当，而承包人乐于接受，故应用较多。

分包：分包是指风险主体通过分包合同，将隧道施工中风险较大的施工转移给分包人，从而转移或减少本身所承担的风险。例如，当项目承包人在履行合同的过程中，遇到一些难度大、风险大、特殊的施工或情况，如水下施工作业等，此时承包人可以将其分包，从而转移风险给分包人。当然，这种对原承包人具有风险的施工内容，对分包人不一定存在风险，可能还有机会。这决定于具体施工内容和分包人的具体条件。

（4）运用合同条件转移风险

运用合同条件转移风险是指对工程项目合同，风险主体可运用某些合同条件来转移风险，这种转移风险的方式实质上是利用合同条件来开脱责任。例如，在合同中列入开脱责任条款，要求对方在风险事故发生时，不要求风险主体本身承担责任。国际咨询工程师联合会（FIDIC）的土木工程施工合同条件 24.1 款有这样的规定：“除非死亡或受伤是由于业主及其代理人或雇员的任何行为或过失行为造成的，业主对承包人或任何分包人雇用的任何工人或其他人员损害赔偿或补偿不承担责任”。这一条款的实质是，承包人在施工中发生安全风险时，不要求业主方承担任何责任，这就将施工过程中的全部安全风险转移给了承包人。

3）预防风险

预防风险是指采取各种防范措施杜绝隧道施工风险的发生，是一种主动的风险应对策略，在工程中较为常用。预防风险策略通常包括有形手段和无形手段两大类。

（1）有形手段

有形手段主要是指工程性防御措施，即工程法。该方法以工程技术为手段，消除物质性风险的威胁，提高隧道的抗风险能力。采用工程法预防隧道施工风险的主要措施有：

①防止风险因素出现。在建设方案实施之前，采取一定措施，减少隧道施工期间潜在的各类风险因素。

②减少已存在的风险因素。如施工现场若发现随意堆放的不利临时荷载，应及时果断地予以清除，以减少施工荷载因素影响，预防风险事故的发生。

③将风险因素同人、财、物在时间和空间上隔离或错开。在隧道施工过程中，可以将人、财、物与风险源在空间上隔离，在时间上错开，使之处于危害作用之外，以预防损失和伤亡的发生。

工程法是一种较为有效的风险预防方法，但该方法需要投入的资金较多，决策时需进行成本效益分析；工程法的处理效果在一定程度上取决于人的可靠性；另外，任何工程措施都不会百分百的可靠，因此，工程法要同其他措施结合起来使用。

（2）无形手段

无形的风险预防措施主要包括教育法和程序法。

教育法：主要是针对隧道施工期间的人为风险因素所采取的措施，通过风险教育提高人员可靠性，预防风险发生。该方法投入少，收益大。

风险教育的内容主要包含有关施工安全、工程质量等多方面的法规、规章、规范、标准和风险知识、操作规程、安全技能及安全态度等。风险教育的目的，是要让有关人员充分了解项目所面临的种种风险，了解和掌握控制这些风险的方法，使他们深深地认识到个人的任何疏忽或错误行为，都可能给项目造成巨大损失。

程序法：是指以制度化的方式从事隧道施工活动，预防施工风险的发生。程序法一方面要加强预防风险的各方面制度建设，完善和建立相应的法律法规与风险管理制度；另一方面要严格执行隧道施工中的各种风险管理计划、方针与制度，加强施工管理。程序法可以有效地规范人的行为，消除和减少人为失误，提高人员可靠性，保障施工期间的结构安全。目前，关于隧道施工风险管理的专门性法律法规还没有，有待于研究和制定。

4）减轻风险

减轻风险就是通过采取一定的措施和手段，降低风险发生的可能性或减少风险带来的不利后果，将隧道的施工风险水平降低到可接受的范围内。减轻风险无法消除风险，也不能避免风险，它是在建设项目存在风险优势时而使用的一种对策，其有效性在很大程度上要看项目风险是已知风险、可预测风险还是不可预测风险。

对于已知风险或可预测风险，可以在很大程度上加以控制，可以动用现有资源降低风险的后果和发生概率。如改进建设方案，采用更有把握的施工技术，运用熟悉的施工工艺，或者选择更可靠的材料或设备，以及通过改变施工环境和工作条件等措施，降低隧道施工期间的风险。

对于不可预测风险，这是较难或无法控制的风险，因此有必要采取迂回策略。为了减轻此类风险，风险管理者应首先进行深入细致的调查研究，把握风险出现的可能性和可能引发的损失，使之接近可预测风险；其次，再考虑应对该风险的策略。

在制定减轻风险措施前，必须将风险减轻的程度具体化，即必须确定风险减轻后的可接受水平，如将风险发生概率控制在一个什么范围内，或风险损失应控制在什么标准之内，这些是制定减轻风险措施的基础和前提。一般而言，早期采用风险减轻措施，比在风险发生后再亡羊补牢会有更好的效果。另外，在实施风险减轻策略时，应尽可能将每一个具体“风险”都减轻到可接受的水平，从而降低建设项目的总体风险水平。

5）接受风险

接受风险亦称风险自留，是一种由风险主体自行承担风险后果的风险应对策略。在制定隧道施工风险应对策略时，当建设方案的某些风险无法回避或可能获得较大利润，或是当采取其他风险应对方法的费用超过风险造成的损失，并且该损失没有超过风险主体的承受能力时，可以采用这种风险策略。接受风险策略可以分为主动接受和被动接受两种方式。

（1）主动接受风险

风险主体在风险评价的基础上，经过认真合理的研究与判断，做好了处理风险的准备时，有意识、有计划地将全部或部分风险承担下来，这就是主动接受风险。

（2）被动接受风险

被动接受风险是指对于某些风险，由于没有预测到它的存在，或虽然意识到它的存在，却低估了它的严重程度而未引起重视，或认为某些风险过于微小而未采取任何措施，致使一旦风险发生，只能被动承受，这就是被动接受风险。

接受风险是最省事的风险应对策略，在许多情况下也最省钱。在选择接受风险策略前，最好对该风险有全面的了解，以确定风险主体能否承受风险带来的后果，避免造成无法挽回的局面。在采用接受风险策略时，最好应当预先制定费用、技术等方面的后备措施，以降低风险发生时所造成的损失。另外，接受风险可能会使风险主体面临某种程度的风险和损失，甚至是难以承受的后果，所以，接受风险策略一般更适用于应对后果不严重的施工风险。

6）储备风险

储备风险是指根据隧道施工风险规律事先制定科学有效的应急措施和实施计划，一旦项目实际进展情况与计划不同，就动用后备应急措施加以应对，以保障施工安全，实现预定目标。隧道施工风险后备措施主要有费用后备措施和技术后备措施两种。

（1）费用后备措施

费用后备措施是指事先准备好应对隧道工程潜在施工风险的一笔预算费用，该费用包括用于进行风险应对行动的技术、人员、物力等方面费用的支出，是一笔预留出来的应急费用。费用后备措施的制定要根据建设方案潜在风险的性质和大小，在项目实施之前单独提列出来，用于紧急情况下的风险处理。

（2）技术后备措施

技术后备措施是指为了应对隧道工程潜在的施工风险，在项目实施之前针对可能出现的危险情况，制定出补充或备用的施工方案、技术措施、组织措施等应急预案，以备紧急情况下使用。技术后备措施的制定，应根据建设方案潜在风险的具体特点，进行全面周详的考虑，应急措施能够科学有效地应对潜在的施工风险。

费用后备措施与技术后备措施属于一种备用措施，在项目实施过程中，可能用上也可能用不上。所以，风险管理人员应根据建设方案或项目的实际情况，以及其潜在的风险水平，进行科学合理地制订，同时避免占用过多的项目资源，以防影响到项目的顺利实施。

## 4.2　隧道施工风险防范措施

### 4.2.1　隧道施工风险防范意义

在隧道施工风险的评价中，主要是以施工技术方面的风险因素来进行的。对于来自设计方、地质条件、自然灾害、施工管理等方面的风险，项目管理组应制定相应的风险应对措施。

1）隧道施工动态风险防范的必要性

隧道工程建设项目经过风险评价之后，人们对隧道施工阶段的整体风险水平和风险可接受程度有了一个全面的了解和认识，接下来风险分析人员需要针对项目可能面临的各种施工风险，制定切实可行的风险应对计划和策略，以应对和控制隧道施工期间的结构质量与施工安全风险，减少风险损失与危害，保障施工安全。因此，开展隧道施工风险应对研究是非常必要的，它是整个风险管理活动的核心，科学有效的风险应对措施是保障工程安全顺利实施的关键。

2）隧道施工动态风险防范的含义

隧道施工动态风险防范，就是在风险识别、估计和评价的基础上，针对项目施工风险的整体水平和潜在影响，以风险管理目标为依据，规划和选择合理有效的风险处置对策和应对措施，以尽可能降低工程风险，提高对风险的控制能力，保障隧道建设项目的施工安全。

3）隧道施工动态风险防范的过程

隧道施工动态风险防范的基本过程包括以下几个阶段：

（1）了解工程风险水平。

（2）拟定风险防范计划与策略。

（3）选择风险防范措施。

（4）实施风险防范方案等。

### 4.2.2　施工技术风险防范

1）隧道施工开挖情况

（1）开挖方式不当。应该根据施工所揭露的地质情况来决定采用何种开挖方式，应审查和分析设计建议的开挖施工顺序，确认可能的破坏模式。

（2）开挖进尺不当。严格控制各部的开挖进尺，确保各部之间的间距控制在一定范围内，以控制隧道及地表沉降，保持隧道稳定。

（3）地下水处理不当。应根据地下水的类型，从而决定采取“防”“排”“截”或“堵”的措施，绝不可盲目处理。

（4）爆破效果不理想。尽量采用光面爆破，炮眼数量、药量都应适量，以免造成严重的超欠挖。

（5）隧道超挖。应严格控制装药量，一旦超挖应及时回填混凝土，并做好加固措施。

（6）断面变化处或工法转化处。对于施工中揭露的围岩地质状况有变的断面处，应及时改变施工工法，以保证隧道围岩的稳定。

2）隧道施工支护情况

（1）封闭成环时间过长。严格控制开挖、立拱、喷混凝土时间，缩短开挖进尺，做好各施工工序组织协调工作，确保初期支护封闭的时间。

（2）喷混凝土。严格喷射混凝土施工工艺，严把湿喷混凝土质量检查关，避免出现湿喷混凝土质量不过关的现象。

（3）工字钢连接。增加型钢连接钢板厚度，并确保连接钢板的焊接、铆接质量及强度。

（4）支护刚度不足。在要求使用型钢拱架的地方绝不用格栅拱架代替，应严格按照设计要求安装拱架。

（5）超前支护未按设计施作。严格现场施工工艺，加强职工风险意识教育，在不良地质段施工不存任何侥幸心理，超前支护的搭接长度、施工角度、间距等参数严格按照设计要求进行。

（6）注浆设备差。引进先进的钻孔及注浆设备，缩短注浆时间，确保注浆效果。

（7）注浆材料不恰当。采用超细水泥，确保浆液压入松散的土层；浆液中应适当加入水玻璃等速凝材料，加快浆液的凝结加固时间。对不良地层区段，应采用多种注浆材料组合进行注浆，确保注浆效果。

（8）导管未安设止水装置。在承压水层或其他富水地段、地质软弱地段，安设导管时应在导管口设置止水装置，孔口出现涌水、涌泥时，及时开动止水装置，控制事态的发展。

（9）注浆效果工艺不成熟。

开挖前要进行超前小管棚质量及注浆效果的检查；注浆参数根据现场试验注浆效果进行调整。

（10）未能确认或检测地基处理和注浆加固的效果：加强对注浆区的检测和质量控制，预先确定重新注浆等的具体要求。

3）二次衬砌施工情况

（1）施作时机不当

二次衬砌的施作应该根据监控量测人员监测的结果来进行，应充分发挥围岩的自承作用和初次衬砌的共同作用。

（2）二次衬砌厚度不足

对初期支护沉降过大地段，应及时进行换拱，确保二次衬砌浇筑厚度，并在不良地质段或沉降较大地段，加强二次衬砌配筋。

（3）拱顶密实度差

改善台车封堵孔的布置间距；合理选用泵送终压；安装端头压浆管；加强空洞监测。

（4）二次衬砌出现裂缝

采用二次振捣工艺，提高混凝土密实度及抗拉强度；合理确定分段长度，处理好施工缝；加强施工养护，缩小结构内外温差；合理确定拆模时间，拆模后即时养护。

4）施工期防排水

（1）初期支护结构渗水

在施作防水板前，检查初期支护结构，确保在不渗不漏的情况下方可施作防水板，若仍存在渗水，应及时进行拱背补偿注浆，进一步封闭地下水流经通道，确保初期支护背后密实并达到一定的防水效果。

（2）防水材料施工工艺不成熟

成立专业的防水施工班组，并设专业技术人员管理；严格按设计和规范施工，确保各种接缝、防水材料的质量；二次衬砌的钢筋进洞前应戴上防护套；减少洞内电焊；实行多级检查制度；在沉降缝、施工缝等地方采用多道防水措施。

（3）排水能力不足

确定足够的排水能力，并有一定数量的备用排水设备；配备备用电源，确保连续排水。

### 4.2.3　隧道设计风险防范

1）超前支护参数不足

施工单位应根据现场施工情况及地质状况，及时向设计方及业主反映，及时增加超前支护数目、长度、间距等。

2）初期支护强度不足

根据监控量测数据及内力监测数据，及时向相关单位要求增加初期支护刚度和厚度。

3）开挖方式不当

根据地质情况的变化，可以采用双侧壁导坑法、CD 法等开挖方式。

4）防排水设计不当

在二次衬砌与防水板之间增设排水管，对渗入防水板和二次衬砌之间的水进行排导；在二次衬砌矮边墙施工缝处增设防渗肋条，防止仰拱的地下水渗透。

5）设计变更、修改和审核不及时

及时与监理、设计、业主单位沟通，客观反映现场的地质、施工情况，请各相关单位尽快通过设计变更、修改和审核；对一些比较紧急的情况，施工单位应及时采取措施，控制事态发展，再与相关单位协调变更。

### 4.2.4　地质条件风险防范

1）不良地质条件

（1）覆盖层厚度不足

在隧道拱顶进行注浆加固，形成一个加固圈，隔断地下水的渗入，增加围岩强度，使围岩能够起到有效的承拱作用。

（2）张开节理

进行超前探测和监测水源，按需要加以注浆。在开挖前，对张开节理进行预注浆，并通过重复注浆和测试确定注浆工作的有效性，控制地下水的渗漏，初期支护完成后需进行补偿注浆，封堵节理。

2）地质勘探不确定性

（1）不良地层或断层范围大大超过预期

详查不良土层存在的范围及其变化程度。在隧道施工期间确保有足够的超前探测并制定应急措施，对已确定的不良土层带加以支护，并做好工期安排。

（2）未探明的断层或不良地层

做好超前地质预报，对可疑的地段进行近距离超前水平探孔。当超前探测或隧道挖掘遇到断层时，进行注浆及支护工作。在隧道施工期间确保有足够的超前探测并配合适当的应急措施。采用封闭衬砌方案，或以注浆加固方式控制。

（3）超前地质预报精度低

其预防措施如下：

①由经验丰富的专业单位负责超前预报，提高超前预报精度；

②聘用经验丰富、工作认真负责的专职地质工程师负责施工期超前地质预报，减少超前地质预报的偏差。

（4）基岩深度预测不正确

做好超前地质预报工作，对于超前地质预报揭示的基岩深度与设计不符的情况，应及时进行地表探孔及水平探孔，明确基岩与软弱土层的界线。

（5）辅助坑道错过不良地质

检查所有存在的地质勘探资料，以确定存在的平行地质特征。在特定间距进行额外的横跨隧道超前探孔，以确定主隧道的地质情况。

（6）膨胀性黏土

在穿越此特殊地质地段前确定其存在和空间位置，及早考虑超挖与地基处理的方案。

（7）试验不当

利用不同的土壤参数对隧道设计进行灵敏度分析。

### 4.2.5 自然灾害风险防范

1）暴雨

（1）随时掌握天气情况，与当地气象台保持信息联系，提前预知预防。

（2）暴雨前加强洞口防范措施，对洞口、井口设施进行加固，减少暴雨和台风对隧道的影响。

（3）加强地面及隧道排水。

2）地震

（1）确保地震参数已在衬砌和所有配件的设计中考虑。

（2）加强人员地震知识教育，遇到地震时要保持镇静，有序撤退。

（3）隧道内部管线、设备摆放整齐，防止地震震落。

（4）若存有敏感性土壤，应进行地层改善。

### 4.2.6 施工管理风险防范

1）供水供电不稳定

保持与当地供水供电部门的联系，及时了解现场的供水供电情况；配备备用的供水供电系统，在断水断电情况下维持施工的正常运行。

2）分部施工组织协调不利

严格按照“管超前、严注浆、小断面、短进尺、强支护、早封闭、勤量测”的原则组织施工；加强现场技术人员的配备，及时发现问题、解决问题。

3）进度安排不合理

成立工期保证领导小组，建立合理的进度控制目标，制定合理的进度计划，认真执行工程进度控制的组织、技术、合同、检查等措施。

4）预留变形量

根据地质的变化及监控量测的数据，及时调整初期支护预留变形量。

5）辅助坑道开挖进度滞后于主洞

施工程序中确保辅助坑道与主隧道施工过程中的相互联系，确保辅助亢道开挖超前；若出现辅助坑道滞后现象，应集中力量加快辅助坑道进度，同时加强主隧道的超前地质预报。

### 4.2.7　隧道施工风险防范对策

隧道施工过程中，对经常可能发生的风险如坍塌、冒顶、涌泥、突泥、岩溶、瓦斯突出、山体滑动、岩爆、火灾的诱发原因进行分析，并提出相应的施工风险防范技术对策。

1）坍塌、冒顶

（1）原因分析

隧道施工过程中发生坍塌、冒顶的主要原因如下：

①节理发育，脆性破坏，塑性区深厚。

②初期支护不强，开挖面过大，二次衬砌滞后。

（2）技术对策

采取的主要技术对策如下：

①加密监测，重视增量，及时反馈。

②增长锚杆，灌浆饱满，托钣锁口。

③做好支撑，刚度适宜，喷层贴壁。

④优化开挖，增大矢跨，二次衬砌跟上。

（3）防范措施

隧道坍塌属突发性灾害，应根据开挖面的围岩特性、地质状况等进行预测，当预示洞段破碎或有较强烈岩爆发生的可能性时，应采取控制爆破、加强支护、安全监测等措施，加以预防与处理。现场作业时，为防范坍塌事故造成损害，应采取以下措施：

①安排专人观察作业区洞段地质、支护及变形情况，发现洞室坍塌预兆及时报警，快速撤离。

②遇到破碎洞段、变形过大洞段应快速通过，不得停留、观望。

③现场超前预报作业准备充分，抓紧施测，快速撤离。

④发现坍塌预兆，应及时向现场管理人员报告。

2）涌水和突泥

（1）原因分析

隧道施工过程中诱发突泥的主要原因如下：

①岩溶充填，管道深远，压力聚集。

②地调失察，洞壁失稳，二次衬砌未作。

③岩溶水丰富，向斜构造，水压聚集。

④承压水位高，地表连通，补给性好。

（2）技术对策

采取的主要技术对策如下：

①加强地勘，重视监测，早期发现。

②注浆加固，集水减压，及时封闭。

③加强支撑，提高刚度，二次衬砌跟上。

④加强地勘，查明水源，做好预案。

⑤施工探水，超前减压，搞好引排。

⑥收集散水，液固分离，注重两隅。

⑦注浆止水，有限排放，保护环境。

（3）防范措施

在隧道开挖施工过程中存在涌水、突泥等风险，必须采取超前地质预报、超前高压灌浆、超前支护及安全监测等措施预防涌水、突泥事故的发生，并提前做好排水、堵水准备及救援、安全逃生防护措施。在现场作业时，针对涌水、突泥等灾害应采取以下防范措施。

①安排专人查勘现场地质、水文情况，发现涌水、突泥预兆或灾害时应报警，并快速撤离。

②进洞人员应注意逃生指示牌的指向，若遇涌水、突泥发生应尽快按指示牌指定逃生路线撤离。

③进洞人员应注意现场救生设施及位置，发生涌水、突泥时应尽可能利用救援车辆等设施安全撤离。

④现场超前预报作业准备充分，抓紧完成现场测试，快速撤离。

⑤参加有关部门组织的遇险逃生演习，确保有序安全撤离。

⑥在涌水高风险洞段，现场准备救生圈以备急用。

3）岩溶

岩溶是可溶性岩层受具有溶解能力（含 $CO_2$）的水长期作用而产生的，可溶性岩层一般指石灰岩、白云岩、白云质灰岩、石膏等类岩石。对于岩层中是否存在溶洞、暗河，可根据下列情况初步判断。

（1）岩层中存在溶洞的判断依据

①四周汇水的洼地内，发现有落水洞、漏斗存在；

②落水洞、漏斗呈带状分布地段；

③地面塌陷和草木丛生以及冬季冒气等地段；

④地表水消失或附近有出水点或泉眼的地段。

（2）隧道岩溶工程地质特点

①溶洞位于隧道底部，充填深而充填物很松软。

②溶洞位于隧道顶部，围岩容易坍塌。

③溶洞的岩石破碎，常发生坍方，有时遇到大的水囊或暗河，岩溶水或泥沙夹水大量

涌入隧道。

④有时遇到填满饱含水分的充填物。隧道挖至该充填物的边缘时，含水充填物不断涌入隧道内，难以遏止，导致地表开裂下沉，山体压力骤然增大。

(3) 岩溶地段隧道可采取引排水措施处治

①遇到暗河或溶洞有水流时，宜排不宜堵。应在查明水源流向及其与隧道位置的关系后，用暗管、涵洞、小桥等设施将水排出洞外。

②当岩溶水流的位置在隧道顶部或高于隧道顶部时，应在适当距离处，开凿引水斜洞或引水槽将水位降低至隧底高程以下，再行引排。亦可将水引入平行导坑排出。

(4) 岩溶地段隧道可采取堵填措施处治

①对已停止发育、跨径较小、无水的溶洞，可根据其与隧道相交的位置及其充填情况，采用混凝土、浆砌片石或干砌片石予以回填封闭；或加深边墙基础，加固隧道底部。

②当隧道拱顶部有空溶洞时，可视溶洞的岩石破碎程度在溶洞顶部采用锚杆加固，并加设隧道护拱及拱顶回填方法处治。

(5) 岩溶地段隧道可采取跨越措施处治

①当溶洞较大较深，或充填物松软不能承载隧道结构时，可采用梁、拱跨越。跨越的梁端或拱座应置于稳固可靠的岩层上，必要时灌注混凝土进行加固。遇特大溶洞时，可采取明洞结构形式。

②当溶洞很大且地质复杂时，隧道衬砌可采用拉杆拱、边墙梁结构；有条件时，可采用锚索对溶洞与隧道连接处进行加固。

4) 瓦斯突出

(1) 瓦斯的特性

瓦斯是指甲烷瓦斯，其比重为 0.554，在隧道内容易存在于导坑顶部，其扩散速度比空气大 1.6 倍，容易透过裂隙发育、结构松散的岩层。

(2) 技术对策

需采取的主要技术对策如下。

①确定探测方法，制订救援措施。

②超前导坑开挖，探查种类含量。

③加强施工通风，稀释瓦斯浓度。

④采取湿式凿岩，使用毫秒雷管。

⑤采取安全措施，训练专门人员。

⑥严禁易燃物品，加强巡检制度。

5) 岩体滑动与边坡滑塌

(1) 原因分析

诱发山体滑动有如下主要原因：

①洞口段山体滑动与隧道开挖相互作用。

②台阶法开挖引起拱顶沉降与地层偏压。

③后行洞在邻洞未施仰拱与衬砌时开挖。

④不良地层浅埋隧道两洞过近难以成拱。

（2）技术对策

需采取以下技术对策：

①加强地质调查，优化隧道结构设计。

②加强超前预支护，衬砌支撑施工紧跟，仰拱及时封闭成拱。

③洞内外防排水措施处理及时到位，防排水要遵循“防排截堵，综合治理”原则，达到排水畅通，不留后患。

④在施工组织与管理方面，要依据设计图纸，严抓施工工法。

⑤加强地质超前预报与监控量测工作，及时反馈，做好动态设计与信息化施工。

（3）防范措施

边坡滑塌及坠石容易引发灾害事故，在生产场地及住所应设置被动防护网或主动防护网，并定期对山坡危石进行清理。在现场作业期间，针对边坡滑塌及坠石等应采取以下防范措施：

①了解不稳定边坡的位置，避免靠近不稳定边坡体。

②下雨刮风期间不得在陡坡及下方行走。

③定期检查现场、住所附近边坡及危石，及时发现与处理安全隐患。

④陡坡上方施工时应在下方派人警戒，防止滚石伤人。

⑤边坡上方行走应注意浮石，发现滚石马上报警，使下方人员及时避让。

6）岩爆与掉块

（1）岩爆产生机理

隧道开挖中开挖周边（掌子面、顶部、侧壁等）的岩块突然飞溅而下，并伴随着巨大的“叭叭”声响，这种现象称为岩爆。该现象是由蕴藏在地层中的弹性变形能伴随着开挖而被释放所产生的，当隧道覆盖层厚、地应力高且岩层较均质、裂隙少、完整性好时，容易发生岩爆。

对岩爆产生机理进行解释的理论主要有：强度理论、能量理论、刚度理论、岩爆倾向理论、失稳理论、断裂损伤理论、突变理论等，其中弹性变形能理论比较容观地解释岩爆产生的原因和机理，即岩爆是由于系统释放的能量大于岩体本身破坏所消耗的能量而引起的。

（2）岩爆与坍塌特征对比分析

对岩爆与坍塌两种隧道施工风险进行对比，主要具有如下几方面特征：

①破坏产生的力学机制不同。岩爆呈压应力剪切破坏形态，呈片状剥落并飞溅而下的岩块具有冲击力，脱离母岩不会很深，但面较宽。而坍塌呈拉应力破坏形态，坍体不具冲击力，但脱离母岩可能很深，甚至冒顶。

②是否具备发生的必然性。岩爆具有客观性，无论工程施工多么合理，地层只要构成岩爆发生机制，就难以避免。而坍塌则不然，只要开挖方法妥当，支护合理，就可以避免坍塌发生。

③是否具备可预测性。岩爆具有突然性，征兆性不明显，即便采取周密的监控量测也难以察觉。而坍塌可以观察监测到，无论是围岩松弛还是断层张裂，均有演变过程。

④是否具备多次性。岩爆具有多次性，变形能量的释放往往要几次才能完成，因此在

同一部位经常会反复发生岩爆，规模较大的可能持续几天时间。而坍塌大多为一次性发生。

⑤破坏产生在时空上不同。岩爆具有快速性，岩爆在施工爆破后较短时间内发生，多在新开挖的掌子面附近发生，个别的也有距新开挖工作面较远的地方发生。常见的岩爆部位以拱顶、拱腰部位居多；岩爆在开挖后陆续出现，多在爆破后的 2 ~ 3h 发生，24h 内最为明显。而坍塌的发生则在时间方面相对滞后，在发生的空间上也有明显区别，坍塌在隧道三维空间都可能发生。

⑥破坏造成围岩松动范围不同。岩爆发生部位的周围无松弛，只需处理岩爆凹坑即可。而坍塌发生后其周围围岩可能已松动，加固处治的范围较宽。

⑦地下水的影响明显不同。一般情况下，有地下水则无岩爆。而地下水对坍塌则有催化诱导和促进作用。

⑧岩爆发生与否与隧道开挖断面大小和形状相关性较低，但发生规模与断面大小有一定相关关系。而坍塌发生与否与隧道开挖断面大小和形状有较强相关关系。

（3）技术对策

防治岩爆发生需采取如下技术对策。

①爆破设计方面：调整钻爆设计，提高光面爆破效果，改善洞壁应力条件，降低爆破动应力场的叠加，降低岩爆发生频率与强度。

②施工工法方面：施工过程中，爆破开挖要坚持采用短进尺、多循环，以改善围岩的应力状态，减少岩爆的发生。掌子面和洞壁经常喷洒水，必要时可向掌子面高压注水，以降低岩体的强度。当岩爆轻微或中等时，可全断面开挖，当岩爆强烈或剧烈时，可分两部开挖，以降低岩爆破坏程度。

③衬砌支护方面：岩爆区段系统锚杆不宜过长，一般控制在 2 ~ 3m，但其安设密度要求较大，即“短锚密布”，并呈梅花形布置。轻微或中等岩爆区段，采用素喷射混凝土即可；强烈或剧烈岩爆区段，宜采用纤维喷层。钢筋网在施工锚杆后立即安置，钢筋网宜采取挂“整体网”的方法。钢架架设间距不宜过密。

④监测预警方面：在估计有岩爆的地段，不得在爆破后立即进入开挖面附近，应预留观察时间。通过观察，一听响声，二看位置，三看方向，找出岩爆发生的前兆，并逐步积累经验，开展岩爆的预测和预报。必要时，应采用 AE 法等方法预测预报岩爆的发生位置与规模。

（4）防范措施

隧道部分洞段地应力高、岩体完整，存在岩爆风险；而破碎洞段也存在掉块风险，因此在隧道开挖施工过程中，应采取减小单循环开挖进尺、拦截岩爆飞石与掉块等措施，减少岩爆、掉块对施工设备与人员的安全危害。在现场作业时，针对岩爆、掉块等灾害应采取以下防范措施：

①安排专人查勘现场岩爆、掉块等情况，发现岩爆、掉块预兆及时报警，快速撤离。

②当围岩发出爆裂声响时，应快速撤离后方，等待、观察一段时间，无岩爆发生后，再行作业。

③遇到岩爆、破碎洞段应快速通过，不得停留。

④掌子面及附近超前预报作业时间应安排在清渣、排险之后，在岩爆频发洞段作业应在喷锚挂网支护之后进行。

⑤发生强烈岩爆洞段应尽量避免靠近，若必须靠近则作业人员应戴头盔、穿防弹衣，以防岩爆弹射伤人。

7）火灾

（1）原因分析

隧道火灾可以分为隧道和汽车的电气火灾、汽车机械事故火灾、车辆交通事故火灾、车载可燃货物火灾等类型。公路隧道火灾的起因主要如下：

①人为纵火。

②汽车本身系统故障起火。

③汽车装载的货物起火。

④汽车相撞起火。

⑤隧道内机电设施线路短路起火。

（2）技术对策

需采取如下主要技术对策：

①加强隧道火灾研究，做好防灾减灾预案。

②搞好隧道平纵线形、断面构造、通风、照明、消防、交通标志标线、逃生道等设计。

③加强防灾减灾演习，人员设备常处于戒备状态。

④强化运营管理，宣传消防知识，提高自救能力。

（3）防范措施

在现场作业时，为防止火灾事故应采取以下防范措施：

①现场严格控制生活或施工用火，易燃易爆物品应按规定堆放，远离火源。

②经常检查现场用电线路，及时更换老化、破损电线电缆。

③服从工地安全规定，不得在宿舍内煮饭、烧菜。

④严禁吸烟、随地乱扔烟头。

⑤生产、生活区放置备用灭火器。

8）其他施工风险防范措施

（1）爆破飞石及坍塌

爆破作业容易产生飞石或引发坍塌事故，应在爆破区周围设置爆破警戒区，建立爆破警报制度，并将警戒区内人员、设备撤离到安全位置。在现场作业时，针对爆破飞石及坍塌事故等应采取以下防范措施：

①了解爆破作业时段，避免爆破时段进入爆破作业区域。

②现场作业应避开爆破作业时间，确保人员、设备安全。

（2）防止高空坠落事故措施

高空坠落容易引发安全事故，登高作业必须采取必要的防范措施。在现场作业期间，针对高空坠落事故应采取以下防范措施：

①登高作业应系好安全带，并确认系扣牢固度，保证安全带有效作用。

②在攀高过程中必须注意攀登物的牢固程度。

③高空作业应防止工具、物体坠落击打下方人员。

④登高梯作业应保证基础牢固、平稳，防止倾倒。

（3）防止缺氧窒息或有害气体伤害措施

洞室爆破或通风不畅可能引发窒息或有害气体伤害事故，在现场作业时，针对窒息或有害气体伤害事故应采取以下防范措施：

①进洞前应查明洞内情况，爆破后或通风不畅不得贸然入内。

②若粉尘或有害气体超标应佩戴专用的防护面具。

③当洞内有人出现头晕、呕吐时，及时报警并组织尽快撤离。

④若情况不明，确需进洞，应携带氧气袋，两人以上结伴同行，并保持通信联络。

（4）防止触电事故措施

严格按照施工用电规程作业，现场电源线一律架空，选用标准铁壳配电箱，所有用电设备配置触漏电保护器，凡可能漏电伤人或易受雷击的电器及建筑物均应设置接地或避雷装置。在现场作业时，为防止触电事故发生应采取以下防范措施：

①不得随意触摸电器设备及电线电缆。

②注意现场各种电路和接线装置，不得私自拆装洞内的电器装置。

③现场用电应与现场管理单位取得联系，由专业电工负责拆装。

④发现触电事故应及时报警并尽快切断电源。

（5）防止行车交通事故措施

在现场作业时，为防止行车事故应采取以下防范措施：

①汽车驾驶员及车辆应取得公安机关核发的合格有效证件。

②驾驶员出车前必须对所驾车辆进行检查，在确认各安全装置齐全、有效、状态良好后才能出车，确保安全。

③车辆驾驶应严格遵照道路交通法规，按照工地现场限速标志驾驶。

④严禁酒后开车、疲劳驾驶和无证驾驶。

⑤车辆进洞应告知调度人员。

⑥注意来往车辆，提前选择宽敞位置避让。

⑦乘车人员上下车应提前告知驾驶员，待车辆停稳后再上下车辆。

### 4.2.8　隧道施工风险防范工程实例

隧道洞口段大多处于浅埋地段，上覆围岩较薄且处于全风化状态，软弱破碎，属Ⅴ类围岩。因此隧道洞口段的设计与施工对保证隧道工程的安全与运营具有重要意义。当受地形地质条件和线形条件所限，隧道洞口段不得不采用偏压或小净距的设计时，如果现场施工技术不当，隧道洞口常常会发生地表沉降变形过大、洞内支护结构变形过大、洞口仰坡滑塌、甚至洞口结构失稳导致隧道洞口“关门”的事故，从而造成巨大的经济损失和工期延误。国内外一些学者在浅埋软岩隧道洞口的设计方法与施工技术的分析研究方面取得并积累了一定的工程实践经验，但大多集中在对隧道洞口段衬砌变形破坏的工程实例处治技术方面，而从微观角度及理论方面对隧道衬砌结构受力状态以及变形破坏机制方面研究的文献尚属少见。所以对浅埋偏压隧道洞口段的优化设计、施工关键技术以及变形机制控制的研究有着十分重要的意义。

以福建某高速公路隧道工程的建设为例，运用有限元软件数值仿真分析了隧道开挖施工过程，分析研究了浅埋软岩偏压隧道洞口段施工过程中初期支护变形的微观破坏机制和诱因、初期支护的变形性状，同时提出了隧道洞口过大变形控制的关键施工技术，通过监测结果比对验证了处理方案的科学有效性，从而为浅埋偏压软弱围岩隧道洞口段有效控制洞口变形过大提供了设计与施工方面的指导。

1）工程概况

（1）隧道洞身结构设计

福建某高速公路隧道属浅埋偏压软岩隧道，双洞呈分离式布置，设计速度 80km/h。隧道结构按新奥法原理设计，采用复合式衬砌，以锚杆、湿喷混凝土等为初期支护，并辅以钢支撑、大管棚、注浆小导管等辅助支护措施，二次衬砌采用模筑混凝土支护。

隧道洞口段初期支护参数为：$\phi$108mm×6mm 大管棚 42 根，环向间距 40cm，单根长 10～40m，外插角 1°～3°，加固地层管棚注浆浆液选用纯水泥或双液注浆（注浆压力 0.5～2MPa）。I 20a 工字钢，纵距 0.6m。D25 中空注浆锚杆，100cm（环）×60cm（纵），长度 4.0m，梅花形布置。布设 $\phi$8mm 钢筋网，间距 20cm×20cm。拱墙湿喷混凝土和模筑仰拱都为 C25 混凝土，厚度为 28cm。二次衬砌：拱墙和仰拱厚度为 60cm。

（2）隧道地形地貌条件

隧址区属剥蚀丘陵地貌，沿北南向穿越丘陵区，地形起伏较大，进出洞口自然斜坡坡度为 25°～35°，洞身最高点海拔 119.8m，相对高差约为 70m，山脊较圆缓，沟谷较发育，以 EW 向为主，宽度较大，切割不深，地表植被发育。本区地震基本烈度为Ⅵ度区，标准场地特征周期为 0.35s，近期未发生过较大地震，为相对稳定区。隧道进出口未见有地裂、地下洞穴、滑坡、崩塌、泥石流、危石等不良地质现象。隧道区地表水不发育，主要为洞口外山谷小溪，流量小，溪流近垂直于隧道轴向，对隧道施工基本无影响，地下水主要为基岩风化层孔隙裂隙水，富水性及导水性与围岩级别相关，主要接受大气降水及地下水侧向补给，向沟谷排泄，流量随季节变化较大。

（3）隧道洞口地层地质条件

隧址区表层多为第四系残坡积土，侏罗系上统南园组凝灰熔岩及其风化层。隧道洞口段近山坡坡脚，山坡坡度为 35°～46°，斜坡上覆盖坡积碎石土、全风化、强风化凝灰熔岩，岩土层稳定性差，洞门段多位于坡积碎石土中，围岩级别为Ⅴ级。以隧道右洞为例，隧道洞口 YK44＋550～YK44＋910 段围岩以全风化、强风化凝灰熔岩为主，Ⅴ级围岩，极破碎，结构模糊，矿物已基本风化成砂土状，岩芯呈土块状，遇水崩解，手捏即散，$20 \leqslant N \leqslant 50$。地下水主要为风化带网状孔隙裂隙水，赋存于第四系残坡积层底部及基岩强风化带，主要接受大气降水及地下水侧向补给，向沟谷排泄，进出洞口地下水稳定水位一般分布于碎块状强风化层中。隧道洞口覆盖层最薄处仅 5m 左右，洞口两侧高差约为 19m，偏压明显严重，该隧道洞口属较为典型的浅埋偏压软岩隧道工程。

（4）隧道施工支护工法

本隧道采用普通钻爆法施工，洞口段近山坡坡脚及斜坡上覆盖层为坡积碎石土、强风化凝灰熔岩，地质条件较差，属Ⅴ级围岩，采用 CD 法开挖，施工支护采用喷射混凝土、钢筋网、钢架和锚杆联合支护，并辅以小导管等超前支护。隧道洞身围岩为凝灰熔岩，属坚硬岩，岩体较完整，围岩级别为Ⅱ～Ⅳ，其中Ⅳ级围岩采用台阶法开挖，Ⅱ、Ⅲ级围岩采用全断面法开挖。

2）隧道洞口段变形破坏的影响因素

（1）洞口变形破坏情况

该隧道右线出口端 2012 年 5 月底开始进洞施工，因洞口段围岩全风化成松散砂土状的Ⅴ级围岩，洞顶和拱腰在开挖过程中多次出现塌方，雨季地表水通过孔隙下渗自洞顶呈淋雨、自拱腰或掌子面呈水流至洞内，由于排水不畅，造成洞内泥泞不堪。进洞 28m 后发现变形破坏变得更加严重：洞口大管棚及初期支护湿喷混凝土出现大量裂缝，呈纵向、横向、斜向、环向裂缝及树枝状等不规则状，裂缝长度最长约为 3.2m，宽度为 2～4mm，主要分布在右拱腰部位。同时洞内伴随掉块、剥落、小规模塌方现象，洞内偏压位置钢拱架出现弯曲变形。其监控量测结果为：隧道右洞拱顶下沉最大达 35cm、右拱腰部位局部变形最大达 41cm 并侵入了二次衬砌界限。同时，隧道洞口地表下沉最大累积沉降变形达 57cm，在洞口仰坡、近乎平行于地表截排水沟附近也出现 3 道较长地表裂缝，最长裂缝延伸达 14m 之多，裂缝宽度一般在 5～20mm 之间，裂缝严重段，裂缝最大宽度达 25cm，地下水可从这些地表裂缝直接渗入洞内，直接导致了隧道洞内渗水严重。

（2）洞口变形破坏的原因分析

①围岩软弱浅埋是大变形产生的内在原因：隧道洞口地层为薄覆盖层第四系残坡积土，洞内围岩为全风化强风化凝灰熔岩，成碎裂砂土状，呈松散体状结构构造，且裂隙节理发育。岩体基本质量指标 BQ 值在 121～130 之间，属Ⅴ级软岩。隧道洞口段上覆盖层薄、围岩软弱且自稳能力差，不能形成稳定的塌落拱；同时隧道右洞又受到右侧山体所产生的偏压应力；这两种原因是隧道洞口发生过大变形破坏的物质条件，也是导致破坏的根本原因。

②隧道偏压应力与应力调整是变形发展的力学机制：隧道洞口围岩开挖后，形成新的临空面，隧道围岩重新调整应力状态，并在岩体一定范围内形成围岩松动圈，通过声测仪弹性波可测试出围岩松动圈的半径，这是导致围岩周边收敛和拱顶下沉变形过大的主要原因。同时，该隧道洞口还受到右侧山体偏压应力的作用，导致受力位置围岩及初期支护结构受拉弯曲，当受力截面上的应力（拉应力或剪应力）作用大于湿喷混凝土的强度（抗拉或抗剪强度）时，就会伴随产生走向大致平行于或斜交于隧道中轴线的拉裂或剪切裂缝。因此可知，隧道内初次衬砌湿喷射混凝土破坏出现的裂缝现象，是初期支护围岩应力调整与偏压应力受力条件下的综合反映。

由隧道内地质与支护观察知，初次衬砌裂缝以纵向与斜向裂缝发展延伸为主，大多发生在深埋侧的拱腰部位；湿喷混凝土出现掉块现象发生在数条斜向裂缝交叉位置，应当属于偏压应力作用条件下产生的典型结构裂缝，存在极大安全隐患和危害性，如果持续发展可导致隧道初期支护边墙断裂、钢拱架掉拱断拱，最后将酿成隧道大规模塌方及隧道洞口“关门”滑塌重大工程事故。隧道监控量测单位在隧道开挖之初，已在隧道洞口地表布置了地表沉降测线 4 条，在发现隧道洞内外出现裂缝后，也在偏压山体上布置变形监测点加强变形监测和预警，现场监测数据结果表明：隧道施工过程中，隧道洞口仰坡及右侧偏压山体存在滑动位移，隧道洞内周边收敛监测数据结果也呈现出偏压侧钢拱架向洞内发生着弯曲和移动的现象。

③持续降雨入渗是导致变形加速的外部诱因：隧道右洞的开挖施工过程正逢雨季，由于隧道仰坡地表出现裂缝，全风化凝灰熔岩呈松散砂土状，具有很强的渗水性，大气降雨形成的地表水沿着土体孔隙裂隙入渗至隧道围岩中，全风化凝灰熔岩饱水后导致其有效应力降低、围岩整体抗剪强度降低，最终造成围岩产生剪切滑移。持续的大气降雨入渗至隧道围岩中导致围岩的自重增大且内聚力减小，这直接造成了隧道围岩周边收敛和拱顶下沉的累积变形量加速增长。与此同时，湿喷混凝土受到孔隙裂隙水渗流冲刷和侵蚀作用，使初次衬砌厚度变薄、强度和刚度下降，初期支护的效果和作用大大削弱，最终促使初期支护产生了更大的变形量。

同时，地表水入渗至洞内后，由于隧道排水不畅导致洞内大面积积水，深度可达40～60cm，甚至淹没至膝盖。隧道边墙和仰拱地基在积水中经长时间浸泡，又导致隧道边墙出现掉块或小规模塌方；隧道仰拱地基饱水后承载力明显降低，由于初期支护钢支撑直接落地未闭合成拱，地基在围岩压力和支护结构自重作用下发生差异沉降，最终导致初期支护出现大量环状沉降裂缝。

④隧道结构设计欠缺根据是导致大变形的主观原因：原设计欠缺根据，未综合全面考虑各种影响因素是造成隧道结构失稳变形过大的主观原因。通常情况下，隧道结构按新奥法原理进行洞身结构设计，在设计前要结合围岩地质地形特点、埋置深度、结构跨度、周边环境、施工因素、围岩偏压、降雨入渗等，通过结构分析计算与工程类比，综合拟定洞身衬砌支护参数，确保洞身结构具有足够的强度、稳定性和耐久性，满足隧道的安全营运。

造成隧道右洞结构变形失稳的一个重要影响因素是隧道右洞受到偏压荷载，同时，隧道围岩软弱且浅埋都是需要重点考虑并加以在设计理念中体现到的影响因素。但实际上原设计方案按传统的载荷—结构计算模型并运用简化公式实施设计，并未全面考虑到该隧道洞口地质条件的特殊性，忽略了偏载受压条件下的隧道结构验算和围岩稳定性分析评价，也未提出浅埋偏压段有效设计方法和相应加强控制措施，这样就直接造成了设计方案中的初期支护形式达不到其功能，不能完全满足隧道结构安全和施工质量要求。

同时原施工图设计也存在不当，隧道右洞进洞掘进之初即开始进行洞口仰坡卸载；同时除在洞口段进行管棚支护外，未全面考虑在浅埋软岩偏压影响洞段采取加强超前支护和采取抗偏压的设计与施工措施，这就导致了围岩支护结构与围岩实际荷载不相适应和匹配，造成了隧道结构承载力的不足。

⑤施工工法不当是导致大变形的直接原因：隧道洞口施工采用的施工工法不当，不按设计进行施工、施工质量欠佳、对洞口段变形的不及时处理是导致变形破坏发展的直接原因，具体表现如下。

a. 未按设计要求施工：在超前支护方面，超前导管未按设计间距和数量进行布置；超前大管棚设计长度42m，实际施工未达到设计要求长度；管棚内也未按设计要求进行注浆，注浆量严重不足，未起到主动加固地层和围岩的作用。在初期支护湿喷混凝土方面，通过地质雷达无损探测结果显示，湿喷混凝土与围岩间大量存在不密实与空洞带，围岩与初期支护不能紧密接触形成整体受力体系，导致围岩松动圈变大。检测结果表明，已开挖隧道存在锚杆数量少于设计数量、锚杆长度大量存在不足现象、中空注浆锚杆存在未注浆或注浆不密实等情况，导致锚杆丧失了其应该起到的整体锚固和悬吊的作用。因此，不严格按照设计图纸施工，导致施工质量低劣并大大降低初期支护效果，最终导致变形及破坏的持续加速发展。

b. 施工工法不当：洞口段采用环形开挖预留核心土法，但实际核心土预留面积偏小，小于断面面积的 50%，从而丧失了对掌子面的支撑作用；洞口段开挖进尺平均 2m/d 左右，进度偏大，未坚持“随挖随支护和先喷后锚”原则，喷锚或钢架支护未紧跟开挖工作面，未能及时对岩面初喷混凝土及快速封闭围岩以达到控制围岩早期变形的目的，然后及时施作锚杆、挂钢筋网或架立钢架，最后复喷混凝土达到设计厚度。实际洞口段的下导坑施工及仰拱封闭成环都有滞后，二次衬砌施工也未按设计要求及时施工，最后造成上部初期支护结构变形时间延长，导致变形过大，违背了隧道洞口要“短进尺、快封闭”原则。

c. 洞内外防排水措施处理不到位：隧道施工防排水要遵循“防排截堵，综合治理”原则，达到排水畅通，不留后患。实际施工中，防排水存在如下问题：因隧道洞口土体松散，施工前洞口仰坡未及时对地层锚固并喷混凝土封闭即开始进行隧道开挖。因雨水冲刷和下渗以及施工机械振动等原因造成洞口仰坡土体产生裂缝失稳下滑倾向；洞内出现孔隙裂隙渗透水时，封堵不及时，未在局部或全断面采用小导管双液注浆进行堵水处理；施工过程中未有效施工排水沟将围岩渗透水及时排出洞外，最终导致洞内形成大面积渗水，隧道边墙和地基受到浸泡软化；洞壁渗水较大并影响湿喷混凝土施工时，也未采用高抗冲聚苯乙烯排水板引排地下水。

3）隧道变形破坏数值模拟分析

基于隧道新奥法原理，考虑围岩与支护结构共同变形特征，借助于有限元程序软件建立隧道围岩与支护结构仿真计算模型，对隧道洞口支护结构的应力状态、变形位移进行验算和围岩稳定性分析。

（1）建立数值模型

把初期支护结构涉及的钢拱架、钢筋网片、湿喷混凝土、系统锚杆可看作初期支护共同体，并假设这些材料都具有均质性、连续性和各向同性，这样就可视作平面应变问题，不再考虑空间效应。为简化计算节约时间，模拟分析中仅考虑隧道右洞进口上台阶的开挖施工与初期支护，围岩应力伴随施工开展而逐步释放，在此对岩体的初始应力场不再考虑构造应力的影响，而只考虑自重应力。

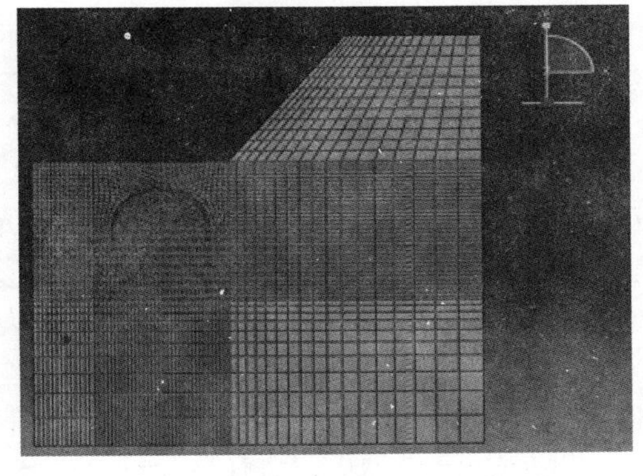

图 4-4　有限元计算模型网格划分

如图 4-4 所示为有限元模型的网格划分情况。其中模型的几何参数为：在 $X$ 水平方向上的计算宽度确定选取 5 倍隧道洞径宽，在 $Y$ 竖直方向上的计算深度（即隧道底部至计算边界的距离）确定选取 5 倍隧道洞高；隧道上覆地层厚度，偏压山体的位置、高度、坡度等几何参数按照实际工程选取。分析模型的边界条件为位移边界条件，模型底部采用固定约束，侧面受法向约束，上部采用自由边界。

对于钢拱架的模拟，按照抗弯刚度等价的原则，把钢拱架原弹性模量折算到湿喷混凝土中，视作等效初期支护共同体进行考虑，具体折算方法见式（4-1）。

$$E = E_0 + \frac{E_g A_g}{A_c} \tag{4-1}$$

式中：$E$——初期支护弹性模量（等价折算后），MPa；

$E_0$——喷射混凝土弹性模量，MPa；

$E_g$——钢拱架弹性模量，MPa；

$A_g$——钢拱架截面积，$m^2$；

$A_c$——喷射混凝土截面积，$m^2$。

隧道爆破施工对岩体的稳定性造成较大影响，并在一定范围内形成围岩松动圈，因此隧道爆破后坚持先喷后锚原则，施作隧道系统锚杆，其中中空锚杆注浆后与围岩紧密贴合并会形成一个加固拱圈体，因此数值仿真分析时仅单独模拟锚杆与围岩的紧密接触关系会大大低估锚杆对围岩的加固作用，所以要逼近真实情况就需要提高围岩力学参数来正确估量锚杆的实际作用。

隧道支护结构应力—应变和位移—变形可近似看作遵循弹性力学理论，围岩材料的变化则近似遵循弹塑性理论，采用 Drucker-Prager 弹塑性模型。相应材料的物理力学参数取值详见表 4-1。模拟分析计算时，首先平衡地应力并移除衬砌单元，然后根据实际施工步骤激活衬砌单元。

**围岩与支护结构材料参数** 表 4-1

| 材料参数 | 弹性模量 $E$（MPa） | 重度 $\gamma$（$kN/m^3$） | 泊松比 $\mu$ | 黏聚力 $c$（MPa） | 内摩擦角 $\varphi$（°） |
|---|---|---|---|---|---|
| 残坡积亚黏土 | 155 | 18.8 | 0.34 | 0.02 | 13.0 |
| V 级风化软岩 | 410 | 19.2 | 0.31 | 0.11 | 34.8 |
| 锚杆加固区 | 540 | 19.1 | 0.26 | 0.16 | 45.2 |
| 初期支护结构 | 27 000 | 24.0 | 0.21 | — | — |

（2）初期支护结构的位移变形特征

图 4-5 初期支护结构位移变形图模拟工况是在上台阶开挖完毕后，隧道初期支护结构相对于初始位置的位移变形情况。采用激光隧道断面仪，可以对隧道断面轮廓进行实测，得到隧道净空断面实际发生的位移收敛变形。图 4-6 为激光隧道断面仪现场实测隧道初期支护结构断面位移变形图，图中外轮廓线表示隧道原设计初期支护位置，内轮廓线表示隧道开挖并支护后初期支护结构发生位移大变形后实际的实测位置。从图 4-5、图 4-6 的对比中可以看出偏压隧道位移变形呈现出如下特征：

①数值模拟与现场实测得到的位移变形图反映出的位移变形总体趋势是一致的。

②两种变形图反映出位移变形的位置、数值大小、变形方向等规律是一致的。例如，

数值模拟计算结果中位移最大变形是 44.66cm，而隧道断面现场实测结果中位移的最大变形值为 42.2cm，变形数值比较接近。

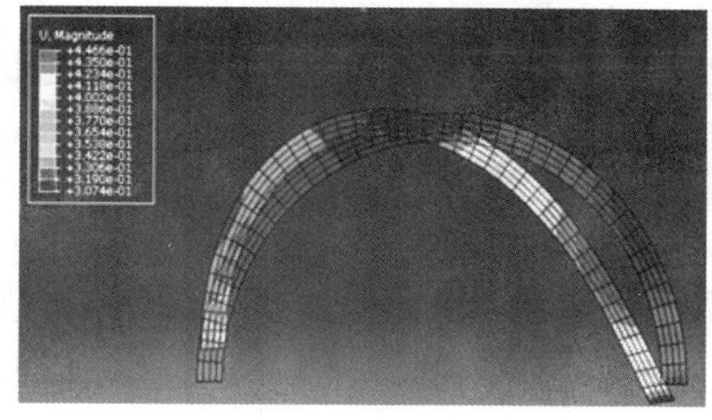

图 4-5　初期支护结构的位移变形

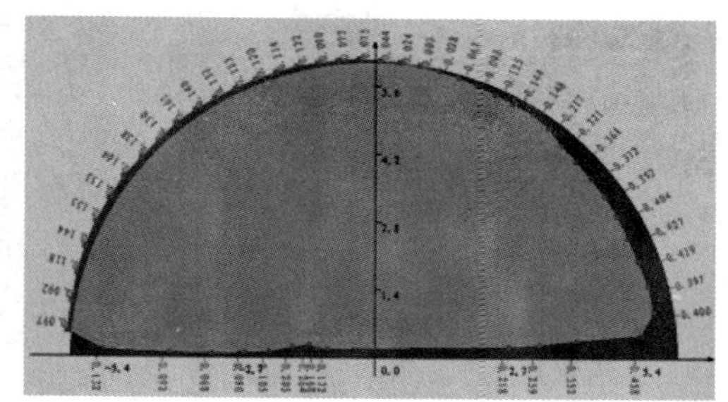

图 4-6　初期支护结构实测断面图

③隧道受到右侧山体偏压荷载应力作用后，初期支护结构呈现出显著的不对称弯曲变形。偏压应力作用在深埋侧的位移变形明显大于浅埋侧位移变形，且最大位移变形都发生在隧道拱腰处，其中深埋侧和浅埋侧的最大位移变形值分别为 44.66cm、34.01cm。

④深埋侧与浅埋侧位移大小不同，位移变形方向相反。深埋侧产生的位移变形方向指向洞内，而浅埋侧产生的位移变形方向指向洞外；拱顶发生的位移变形方向是以指向浅埋侧的水平位移为主。由于在对称压力作用下产生的隧道周边位移变形方向、拱顶下沉位移方向，通常情况下都是沿洞径方向指向洞内，通过对比看出，在偏压荷载作用下，隧道围岩和初期支护结构的周边位移收敛与拱顶下沉位移的方向具有明显不同和特殊性，所以在偏压隧道结构验算和稳定性分析方面，对隧道支护结构的变形控制、预留变形量大小要重点加以分析考虑。

（3）初期支护结构的应力特征

图 4-7 分别为隧道右洞上台阶开挖完毕后初期支护结构产生的最大主应力和最小主应力云图，规定拉应力为正方向，压应力为负方向。由图可以看出，隧道初期支护的应力变化呈现出如下明显特征：

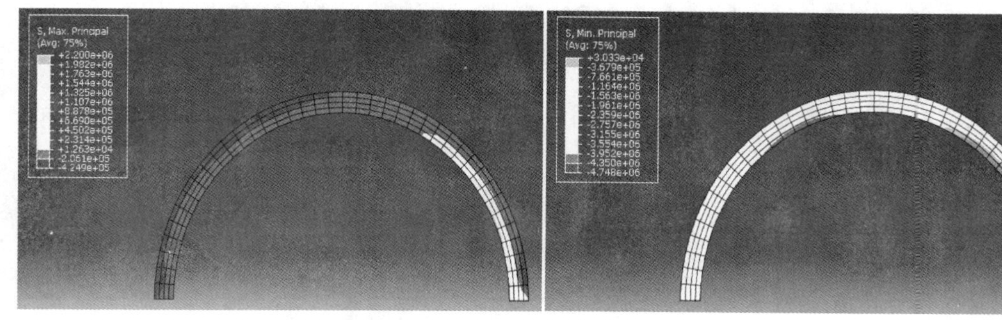

a)最大主应力云图　　b)最小主应力云图

图 4-7　初期支护结构的主应力云图

①隧道初期支护结构产生最大应力与最大位移变形的位置呈现出一一对应的特征，这种规律特征与理论分析结果是相吻合的。

②拉应力集中的位置与隧道初期支护结构的破坏位置和程度呈现出一一对应的特征。例

如，隧道右洞深埋侧初期支护结构在拱腰内侧产生拉应力集中，最大拉应值可达 2.2MPa，这明显超过了 C25 湿喷混凝土的极限抗拉强度 2.0MPa，与此位置相对应的正是隧道初期支护结构产生纵向与斜向裂缝数量最多、裂缝深度最大、结构病害最严重的部位。

③隧道在偏压荷载条件下的初期支护结构受到的压应力呈现出不对称分布特征。隧道右洞受到的最大压应力产生在深埋侧拱脚外边缘位置，最大压应力值可达 4.74 MPa 左右，而在浅埋侧拱腰内边缘产生压应力集中的最大值可达 4.34 MPa 左右。

④通过偏压隧道初期支护结构的应力分布特征分析可知，针对偏压隧道支护结构进行设计、验算及稳定性分析时，只有对隧道最大应力集中问题重点分析和考虑，才能有效避免隧道变形破坏的发生。

（4）隧道围岩主应力与变形特征

图 4-8 为隧道上台阶开挖完毕后围岩的最大主应力分布云图，图 4-9 为围岩的变形矢量分布图。从图中可以明显看出，隧道右洞围岩最大主应力与围岩松动圈变形具有如下特征：

①围岩最大拉应力与围岩产生破坏呈现相对应的特征。隧道在开挖以后，产生的最大拉应力主要出现在隧道底部围岩、隧道拱顶中轴线上方地表以及隧道边坡或仰坡土体等位置。当该部位受到的最大拉应力大于围岩或土体的抗拉强度时，该处自然而然会产生裂缝并导致破坏发生。此时如果不及时采取措施对变形发展加以有效控制，隧道拱顶上部受压区就会全部转化为受拉区，进而会造成隧道洞顶塌陷、冒顶、塌方甚至“开天窗”，更有甚者隧道仰坡滑坡导致隧道“关门”，酿成重大工程事故。

②隧道围岩变形破坏与所受到的最大主应力特征呈现一致特性。如在偏压荷载作用下，隧道右洞上覆地表围岩在主应力作用下，在浅埋一侧地表出现隆起变形，而在深埋一侧地表出现较大沉降，地表受拉区段形成三道较长、较深、缝宽较大的横向、环向裂缝。对于洞内围岩，在隧道拱顶部围岩形成较大松动圈，拱顶围岩向下发生垂直位移变形，与拱顶初期支护结构变形规律一致。对于隧道底部围岩，由于开挖卸荷应力释放，底部围岩回弹出现较大的仰拱隆起现象，如图 4-9 所示。

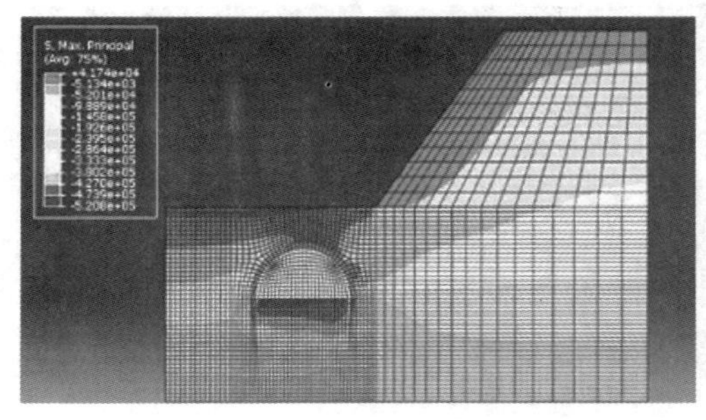

图 4-8　围岩最大主应力云图

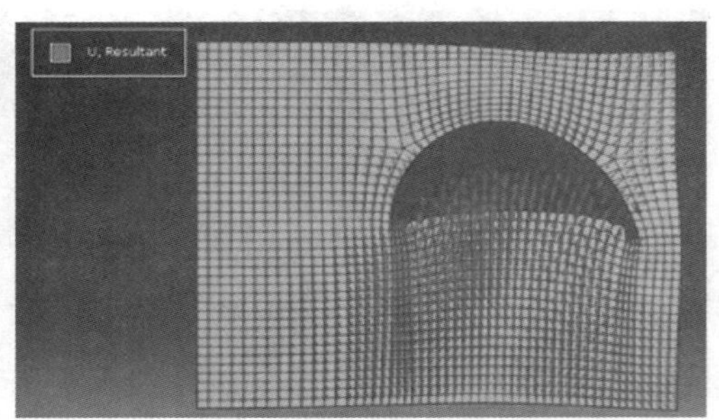

图 4-9　围岩变形矢量图

4）偏压隧道洞口变形破坏控制措施

（1）在加固设计方面，遵循提高围岩整体强度，改变隧道偏压应力状态理念。

如图 4-10 所示，具体设计方案如下：

①对隧道洞口山体进行卸载，减小偏压影响。将隧道右侧仰坡原设计坡率 1∶0.75 变

更为 1∶1，且在其间设置一个宽为 2m 的平台。

②地表浅埋区段岩土体采用梅花形注浆加固设计，以达到加固地表软弱破碎围岩目的，进而改善隧道上覆围岩整体强度及自稳能力。

③隧道洞内变形破坏区段软岩采用注浆、锚固综合加固设计，以提高隧道软岩整体强度。

（2）加固处治技术方面，坚持减小变形须积极主动的理念。

如图 4-11 所示，制定的具体处治方案和技术如下：

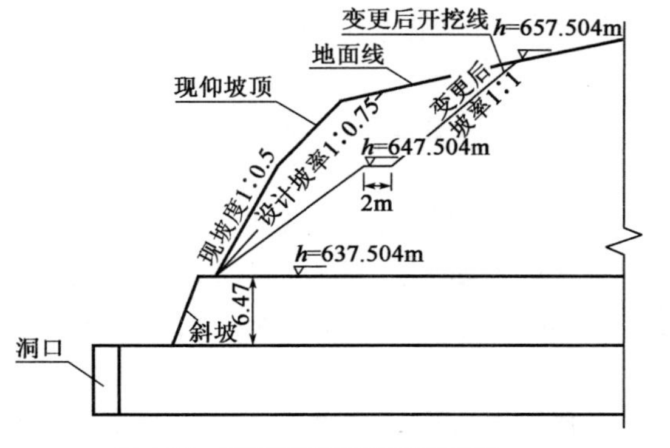


图 4-10　隧道偏压卸载的削坡设计

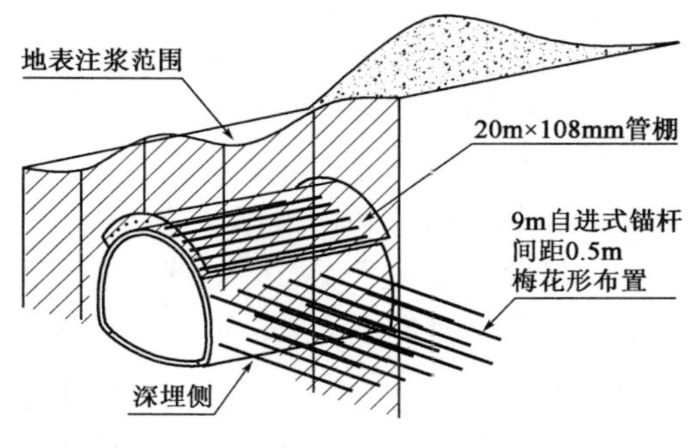


图 4-11　隧道洞口综合的加固设计

①对隧道洞内变形破坏侵限区段，采用减小或中止变形措施。首先是停止开挖施工，加强临时支护，在两拱脚以 2m 等间距加设钢拱架横向对撑及斜向支撑。对隧道洞口软弱围岩加固注浆处理后，根据监控量测数据反馈结果，围岩变形已基本稳定，对初期支护中变形严重的钢拱架采取换拱并加密的施工方案，钢拱架由原来设计间距 60cm 变更成 50cm。

②采用注浆锚固综合处治方案加固洞内围岩，提高围岩稳定性及防渗水能力。采用 $\phi$108mm × 6mm 长 20m 管棚对拱腰以上侵限部位进行径向注浆加固；纵向注浆范围延伸超过侵限区段两端外各 10m；为了控制隧道洞口持续变形发生，确保偏压侧隧道围岩稳定性，采用 9m 长自进式锚杆、0.5m 间距梅花形布置方式对深埋侧拱腰及拱脚进行双液注浆加固。

③隧道系统锚杆为有压注浆中空锚杆，以保证注浆质量，锚杆必须设置垫板，并灌注早强水泥砂浆，锚杆孔内注浆应密实饱满；锚杆必须在砂浆强度达到 5.0MPa 之后才允许上紧垫板螺母；施工时锚杆垫板必须与围岩密贴，锚杆尽量垂直于岩石层面施作。

④对隧道洞内产生的结构裂缝的处治，采用注浆加固补强措施，控制其继续发展。对宽度和深度较大、延伸较长影响隧道结构稳定安全的纵向、横向、环向裂缝，采取切槽并注浆填充裂缝达到与围岩紧密结合，恢复其抗拉强度，控制裂缝发展；对于宽度细小、深度不大的基本稳定裂缝，采用表面修补和局部补强加以处理。

（3）在施工组织与管理方面，要依据设计图纸，严抓施工工法。

①Ⅳ级围岩采用上下台阶法开挖施工，必要时配合超前锚杆等措施防止坍塌；Ⅴ级围岩采用小导管预注浆超前支护，采用 CD 法开挖。Ⅳ级围岩采用超前锚杆进行预支护；Ⅴ级围岩采用“$\phi$108mm 管棚 + 注浆”预支护或小导管注浆预支护。

②根据环形开挖预留核心土施工工法，每循环进尺限制为0.5～1m。

③及时施作锚喷支护以封闭围岩外露面，初喷厚度不得小于4cm，初喷后立即施作系统锚杆、架立钢拱架、挂钢筋网、架立钢拱架等，最后复喷达设计厚度。

④及时跟进仰拱施工，确保仰拱最前端距掌子面在15m以内，整个初期支护自由支撑时间限制在10d以内。

⑤二次衬砌施工先浇筑仰拱各矮边墙，然后立模拱部混凝土浇筑，要求与掌子面间距不大于20m。

⑥隧道洞口施作截、排水沟及洞口改沟，洞内设立临时排水系统，确保排水畅通，及时排走地表及洞内水，减少积水对洞口和围岩的影响。

⑦加强超前小导管及注浆控制；对初期支护不密实或厚度不足处，进行压浆处理，以确保衬砌与围岩结合紧密。

（4）加强地质超前预报与监控量测工作，做好动态设计与动态施工。

①采用地质雷达或TSP地球物理等手段进行超前地质探测，探明掌子面前方工程水文状况，及时反馈预报结果，以便修改支护参数或开挖方式，为确定是否对孔隙裂隙渗透水采用封堵注浆措施提供技术支持，确保施工和营运安全。

②针对Ⅴ级围岩土层结构、风化程度及含水量较为复杂的情况，加强隧道洞口监控量测必测项目和选测项目的监测工作，增加测点测线布置，提高监测频率。对量测数据及时整理并进行回归分析，预测预警围岩变形发展趋势，对围岩变形管理分级，从而实现动态修改设计和信息化施工并及时制定出变形破坏控制措施方案和对策，避免隧道出现更大的变形失稳工程事故。

图4-12所示为隧道内围岩周边收敛和拱顶下沉曲线，从半年来的监控量测曲线中不难看出隧道洞口围岩变形曲线呈现出如下特征：

a. 隧道洞内围岩周边位移与拱顶下沉的总体变形规律特征一致，随着时间的增大，隧道洞内围岩累积变形呈现出增加趋势，但最终变形趋于稳定。但周边位移收敛变形速度明显比拱顶下沉大得多，周边收敛累积变形量明显超过了60mm，还表现出缓慢地增大的趋势。拱顶下沉累积变形量最终在20mm左右，达到了稳定。由此可以看出，对浅埋偏压软岩隧道周边收敛变形的监测和分析要特别加以重视。

b. 从周边收敛和拱顶下沉回归分析拟合曲线中可以看出，围岩变形过程呈现出较明显的四个阶段：即低速直线增长阶段（*AB*段/*ab*段），围岩变形呈小斜率直线正比例低增长；快速直线增长阶段（*BC*段/*bc*段），围岩变形呈大斜率正比例快增长；慢速直线增长阶段（*CD*段/*cd*段），围岩变形呈很小斜率正比例缓慢增长；趋于稳定阶段（*D*/*d*点以后），围岩变形基本稳定增长，变形增长速度接近于零。

c. 通过非线性回归分析，洞口围岩变形与时间关系曲线的回归方程可表示为式（4-2）。

$$D(t) = D_0 \cdot (1 - e^{-D_1 \cdot t}) \tag{4-2}$$

式中：$D(t)$——围岩累积变形，mm；

$t$——时间变量，d；

e——自然对数；

$D_0$——常数，mm，（物理意义上表示围岩变形稳定时最终累积变形量）；

$D_1$——常数，$D_1>0$，（物理意义上能反映围岩综合影响因素下的变形增长速度的常量）。

d. 隧道围岩与支护结构累积变形呈总体增加趋势，但变形速度受外界降雨入渗影响较大。如图 4-12 所示，2011/9/26、2011/10/5、2011/10/6 因持续降雨，导致围岩变形速度明显加剧，围岩与支护结构变形大增，严重影响隧道支护结构的安全与稳定性。因此，在外界天气情况突变时，应密切关注支护结构与围岩的变形情况。

e. 隧道持续变形破坏得到控制，表明处治方案和对策具有针对性和有效性。未实施处治前，截至 2011 年 10 月，隧道围岩变形不断增加，且累计变形超过围岩极限位移量的 $2/3U_n$，变形速度大于 1mm/d，围岩处于急剧变形状态。停止开挖实施处理方案后，变形速度明显减小，围岩趋于稳定。

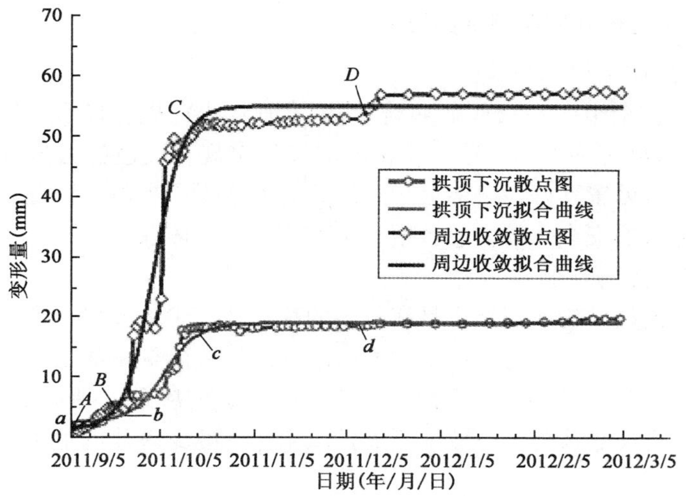


图 4-12　隧道洞内围岩变形曲线

5）结论

依托浅埋偏压软岩隧道实体工程，分析了隧道洞口段支护结构大变形破坏的形成机制与原因，基于数值仿真分析和现场变形监测结果，提出了有效的大变形控制措施和对策，并得出如下结论：

（1）浅埋偏压隧道产生变形破坏主要基于如下原因：围岩软弱浅埋的地质条件是内在原因；隧道受到偏压荷载作用导致应力不均衡并发生应力重新调整和分布，是变形发展的力学机制；持续降雨入渗导致变形加速和变形量增加是重要外部诱因；设计考虑不周是主观认识原因；施工工法不当、施工组织不严格是导致变形持续发展的直接原因。

（2）偏压软岩隧道围岩及支护结构在偏载条件下易导致隧道不对称弯曲变形破坏，拉应力集中在偏压隧道拱腰内边缘，最大压应力产生在偏压侧拱脚外边缘和无偏压侧拱腰内边缘；同时隧道洞口地表伴随隆起和沉降、仰拱出现隆起、隧道内围岩与支护结构周边位移和拱顶下沉变形持续增长等变形破坏现象。

（3）要采用积极主动的变形破坏控制措施，加强设计前期研究，并科学合理施工，才能恰当有效地保证隧道施工和营运安全。为此，对偏压软岩隧道采取合理卸载、加设临时横撑和斜撑支护、地表与洞内围岩注浆加固并封堵、合理有序换拱、及时施作仰拱和二次衬砌封闭成环、加强信息化监控量测等针对性措施，有效控制隧道变形破坏。

（4）加强隧道地质预报，探明不良地质体、重视监控量测预报预警，牢固树立新奥法隧道信息化施工的理念，对及时有效规避隧道施工动态风险具有重大的工程实践意义。

## 4.3 隧道施工动态风险应急预案体系

隧道在施工前，需要对施工中存在的风险进行评估，通过采取相应的技术保障措施，实现对风险的控制，防患于未然。

另一方面，针对潜在的风险，建立完善的安全事故应急预案，在事故发生时，尽可能地减少事故产生的损失，保证人民生命财产安全。

### 4.3.1 隧道施工建立应急预案的目的

1）有关国家法律法规的要求

依据为国家《安全生产法》《职业病防治法》《消防法》、国务院《突发公共应急预案》、国务院302号令、344号令、373号令等相关法律、法规。隧道施工过程中，可能遇到一些突发性事件，一旦处置不好，可能会导致较大的安全生产事故。因此，隧道施工前，各项目部均建立了完善的安全事故应急救援预案和应急救援体系。

2）隧道施工特点的要求

隧道工程项目的技术构成复杂，具有较多的高、新、尖端技术，设计、施工中的不确定性因素很多，施工过程中，容易出现地面沉陷、高处坠落等事故，一旦处置不及时，会造成很大的经济损失和人员伤亡。因此，建立一套完善的应急处理预案和应急求援体系，在事故发生时，能迅速、及时、有效地开展抢救工作，减少事故的危害，保证人民的生命财产安全。

### 4.3.2 应急预案体系的建立

事故应急反应体系主要包括：应急组织管理机构的建立，应急处理程序的确定，应急资源的配置，建立应急救援体系以及人员培训及演练体系等。

1）应急组织管理机构的职责

根据工程风险，各项目部建立健全应急反应体系，保证工程顺利进行。

（1）应急反应组织管理机构

如图4-13所示，以应急救援领导小组为核心，成立应急反应指挥部，下设应急处理工作小组、应急处理技术组、应急处理监测组、应急处理物资设备组、应急处理保卫组，并组建抢险突击队、义务消防队和医疗救护队等。

（2）应急工作小组职责

①领导小组职责。

负责对施工的项目工程进行风险评估。按照有关规定报请安全委员会共同对工程项目进行风险评估和风险级别鉴定。负责配置和组织应急救援队伍，及时救援发生的意外安全事故。负责对项目的应急救援提供必要的物质和组织保障。组织项目安全检查，定期分析项目施工安全生产中存在的隐患，制定整改措施和方案，督促整改，负责将存在的安全隐患和整改情况上报工程师。负责在员工中开展安全知识教育技能培训，组织应急疏散预案的实施和演练。

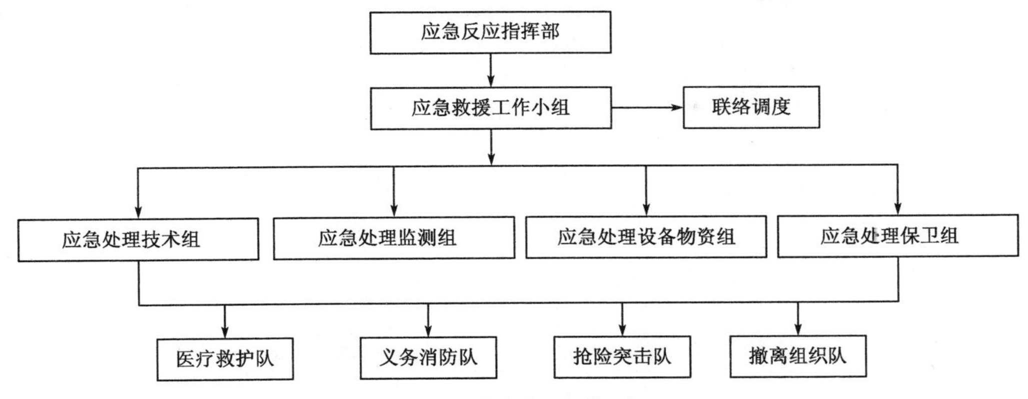


图 4-13　应急处理机构组织

②相关人员职责。

总指挥（项目经理）的职责：负责应急救援工作的启动。负责事故应急行动期间各单位的运作协调，按照应急预案合理部署应急策略，与事故现场指挥者协同工作，保证事故应急救援工作的顺利完成。

事故现场指挥者（生产副经理）的职责：对事故现场进行控制，协调应急队员的救援工作，识别危险物质及存在的潜在危险并对事故现场进行分析，执行有效的应急操作，保证应急行动队员的个人安全，并负责事故后的现场清除工作。保持与总指挥的联络。

公共关系代表（安全副经理）职责：在发生紧急情况时负责与新闻媒体的联系工作，接受他们的采访，必要时负责召开新闻发布会，并与安全人员和法律人员及其他事故应急者保持联系。

支持人员（经过培训的医疗人员担任）职责：在事故应急期间，接受事故指挥者的调遣，提供各类应急所需的技术支持和医疗支持。

信息管理人员（调度）职责：负责接收事故报警信息，并在事故应急期间向事故应急者提供他们所需的信息，负责各应急小组之间的通信联系，设置专线电话。

2）应急处理程序

应急处理的总体工作分为事前预测、监控，事中分析、处理，事后总结、恢复。主要包括：

（1）启动应急救援行动程序；

（2）应急汇报程序，向上级和社会通告；

（3）保护程序，保护人员、财产和事故现场；

（4）社会支援程序；

（5）信息发布程序；

（6）事故后的恢复程序。

事故应急处理程序如图 4-14 所示。

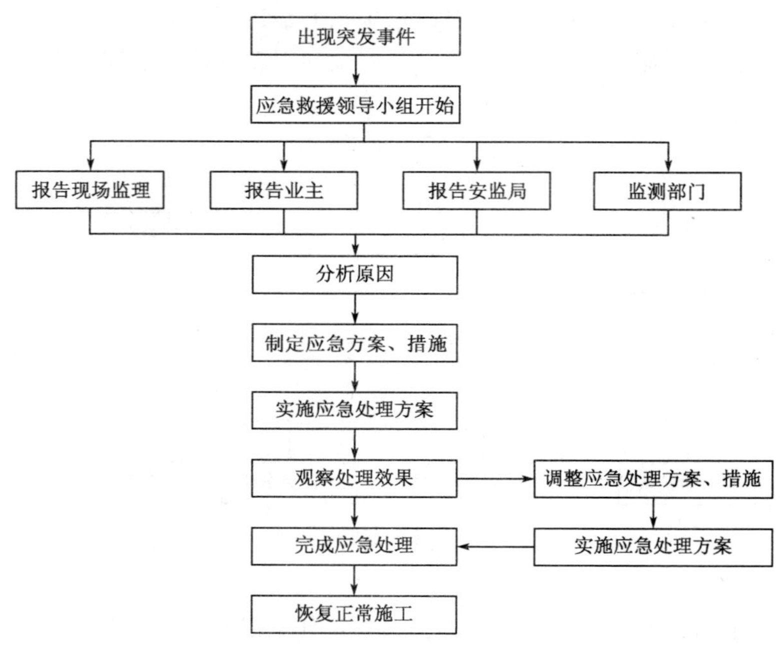


图 4-14　应急处理程序图

3）应急救援体系响应程序

应急救援行动是指在紧急情况发生时，为及时营救人员、疏散撤离现场、减缓事故后果和控制灾情而采取的一系列抢救援助行动。事故一旦发生，应及时调动并合理利用应急资源（包括人力资源和物资资源）投入行动；在事故现场，针对事故的具体情况选择应急对策和行动方案，从而能及时有效地使伤害和损失降低到最低程度和最小范围。具体流程如图 4-15 所示。

4）应急资源配置

在事故应急过程中，需要根据事故等级配置相应的人、财、物。

（1）应急人员

根据各项目工程范围及特点，原则上每个项目部配备应急人员如下：一般队员约 20 名，保安人员 2 ~ 3 名，测量人员 10 ~ 15 人，持证上岗的专业电工 8 ~ 10 名，持证上岗的专业起重指挥人员 10 ~ 15 名，撤离组织人员 4 ~ 6 人。

（2）应急抢修材料及设备

作为应急预案的一部分，要结合工程规模大小、风险等级高低、风险类别程度等因素，在现场储备足够数量的应急物资材料，并配备足够数量、类型的应急设备等。应急物质材料的储备如：编织袋、钢管、铁丝、金属网片、圆木、毛竹、铁锹、黄沙、水泥、工字钢等。应急设备储备如：吊车（不同吨位）、装载机、挖掘机、风镐、锚杆钻机、空压机、担架、氧气袋、水泵、面包车、灭火器、抽水机、混凝土喷射机、装载汽车等。

5）信息报告和通信联络

结合工地施工实际情况，完善施工风险情报信息网络，健全信息报告制度，保持信息渠道的畅通。重要情况的报告要及时、准确，不漏报、误报或隐瞒不报。有些情况不清楚时，先作最初报告，尽快核实清楚后再详细上报，做好续报工作。

在工地办公室的显著位置张贴项目经理部管理人员以及各相关政府管理部门人员的联络方式。工地现场重要场所配备内线电话以及主要管理人员配备对讲机。

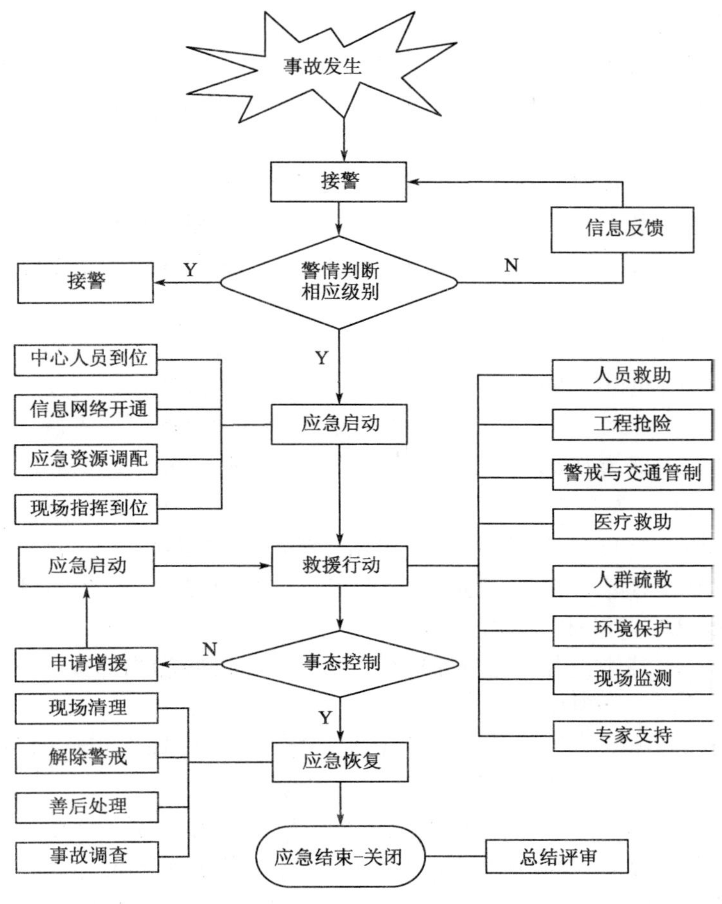


图 4-15　应急救援体系响应示意图

6）日常检查和演习

项目经理部建立值班和巡视制度，组织相关施工人员组成工程风险控制小组，定期巡视重点部位。工程值班人员将当天工程施工情况记录在施工日记上，对施工中重点部位进行全程监控和定期检查；对可能发生事故隐患的其他部位和个人行为加强检查，落实整改措施；对事故隐患做到“三定”，及时消除隐患。

在日常施工作业中，结合施工特点，开展各类预演，重在提高施工人员和管理人员防患于未然的应变能力和对各项救助工作的操作能力。

7）紧急事故联络方式

紧急事故对外联络电话有：火警电话、急救电话、匪警电话，工程所在辖区政府办公室、社会保障局、公安分局、市交管分局、自来水公司、煤气公司抢修队、市安全生产监督管理局、市卫生局、市建设工程安监站、相邻医院等公共电话。

### 4.3.3 隧道施工风险的应急预案

1）塌方风险应急预案

（1）当发生坍塌时，发现人应及时发出警告信号，在危险区域的人员立即撤离，禁止其他工作人员接近或进入危险区域。

（2）工作人员撤离至安全位置后，及时清点现场施工人员数量，查看有无人员伤亡。

（3）现场负责人或值班安全员、工班长等立即报告项目经理部领导，并立即启动应急抢险程序。

（4）当发生人员伤亡时，立即采取紧急救援工作，救援时必须2人以上进行防护，在确保救援人员无生命安全威胁的情况下进行抢救工作；若坍塌继续无法进行抢救时，则在安全位置守候待命，以便及时进行抢救，抢救过程中一定要保证人员的生命安全，防止坍塌损害进一步扩大。

（5）塌方可能对受害者造成两种严重的后果：一是土埋窒息，迅速造成死亡；二是土方石块压埋肢体，引起挤压综合症。石块土方压埋肢体时间较长，大腿等肌肉丰满处细胞易坏死，产生有毒物质，人一旦被救出，肢体重压解除，毒素就进入血液循环，会引起急性肾功能衰竭。其表现为伤部边缘出现红斑，肢体肿胀，伤员口干舌燥，恶心呕吐，厌食，烦躁乱动，因此，发现塌方要及时抢救。

（6）救出险境。抢救全身被土埋者，根据伤员所处的方向，确定部位，先挖去其头部的土物，使被埋者尽量露出头部，迅速清洁其口、鼻周围的泥土，保持呼吸畅通，进行口对口呼气，然后再挖出身体的其他部位。

（7）对呼吸、心脏停止者，应立即进行口对口人工呼吸和胸部按压。

（8）对各种外伤进行现场处理。

（9）如果局部肢体受挤压，在局部解除压力后，应立即用夹板将伤肢牢牢地固定住，严禁不必要的肢体活动，伤部应暴露在凉爽空气中。

（10）当抢救出伤员时，根据伤员人数、受伤程度，由医务人员在现场采取相应的救治措施，采取“先重后轻”的原则，及时将伤员送到医院进行抢救、治疗。

（11）若坍塌特别严重，自身救援能力有限时，应立即上报地方政府或相关救助部门，请求紧急救援，同时做好相关配合救援工作。

（12）现场采取与坍塌程度及范围相对应的施工技术措施，控制坍塌的进一步发展。在确保施工人员安全的环境下，积极进行坍塌处理，尽快恢复正常施工生产。

2）突水突泥、涌水风险的应对和应急预案

对于突涌水的风险，应以防为主，治理为辅。治理原则：综合治理与洞内治理结合；堵泥堵砂不堵水；以排为主，以堵为辅；永久治理为主，施工治理为辅。

（1）预防

从以上风险评价结果可见，如果不采取相应有效的预防措施，不仅给隧道施工造成很大的影响，而且对堤岸、施工人员和城市的安全造成巨大的威胁。预防措施如下。

①认真分析地质资料，做好超前地质预报；对地质情况不明的地段，一定要申请补勘。

②加强施工管理，严格按标准规范化作业。施工中要经常分析土质变化、围岩参数，

遇到可疑情况及时分析，不得冒进。遵守“严注浆、管超前、短开挖、强支护、快封闭、勤量测”的施工工艺，并做到“四及时”，即及时量测，及时反馈，及时支护，及时封闭。

③开挖中必须进行爆破时，要采取微震控制爆破技术，严格控制爆破规模，遵循“短进尺、少装药、多段别、弱爆破”的原则，使爆破振动速度降到安全范围内。通过勘测数据分析，不断修正爆破参数，尽量减少对围岩的扰动。

④成立抗洪抢险领导小组，并成立抢险救灾队伍，与当地气象部门密切联系，做好预防工作，工地自备内燃发电机组、抽水设备，以防停电。

⑤施工场地设专门抢险救灾物资库，库房距施工现场要近，道路保持畅通，以备急用。

（2）应急预案

①突水预案

一旦出现掌子面或隧道上方涌砂、涌水时，采取以下措施。

a. 当水量较小时，立即对掌子面挂网、喷射砼，当出水较大时应集中引排水，及时架设钢架，对坍体进行封堵和反压，并采用径向注浆堵水。

b. 当水量较大难以封堵时，隧道内其他掌子面应立即停止作业，人员撤出，从地表处理或从邻线隧道处理。处理完毕后，可采取如下措施清理现场：一是从封堵墙位置打设超前大管棚，大管棚采用 $\phi$108mm 的钢管做成，长度为 25m，间距为 0.6 ~ 0.8m，并从大管棚钢管中注水泥水玻璃双液浆加固周围土体；二是破除封堵墙上台阶，开挖掘进隧道上台阶部分，架设钢架，形成初期支护，如果仍有坍方、涌水、涌泥现象，紧跟着打设超前小导管进行超前预注浆，再按照隧道正常掘进方式进行掘进，开挖下台阶，支护紧跟。

②隧道变形加剧

有一定稳定时间时，加设临时支撑挂钢筋网，并补喷混凝土；掉块时，人员撤出，疏散地面人员，从地表处理或从邻线隧道处理。

③隧道内局部坍方

无涌水伴随时，采用混凝土墙封堵；有少量涌水伴随时，采用混凝土墙封堵并注浆；有大量涌水伴随时，人员撤出，再从地表处理或从邻线隧道处理。

（3）应急设备

应急设备主要包括：

①声光报警设备及隧道间的信息快速传递。

②应急照明。

③逃生通道的畅通性。隧道内应有不小于 1m 宽的专用无障碍逃生通道，以备紧急情况下人员逃生之用；工作井内应设置专用逃生电梯，并确保其任何条件下的使用性能。

④井口局部隔断，防止一条隧道的突水涌入另一条隧道。

⑤开挖掌子面附近始终存有钢筋网、锚杆、管棚、钢格栅、注浆设备、喷射机等抢险物资。

⑥其他抢险物质及器材的配备。

## 4.4 本章小结

（1）阐述风险监控与防范规避方面的理论，提出风险监控目标和方法、动态风险监控方案。风险监控目标：努力及早识别风险，努力避免风险事件的发生，积极消除风险事件的消极后果，充分吸取风险管理中的经验与教训。动态风险监控方法：基于监控量测数据的动态风险分析、基于地质超前预报的动态风险分析、基于工程质量检测与控制的动态风险分析、基于隧道施工爆破振动测试控制的动态风险分析、基于隧道可视化视频监控的动态风险分析、基于事故故障登记的动态风险分析、基于动态风险理念的风险控制方法。

（2）多角度地阐述隧道施工动态风险防范的必要性、含义、过程、策略和措施，提出了针对隧道施工主要风险（施工技术风险、施工管理风险、设计风险、地质条件风险和自然灾害风险）的具体防范措施和对策。

（3）分析了隧道施工建立风险应急预案的目的意义、建立过程，针对隧道施工中主要风险事故（突发性塌方和突涌水）提出了应急预案。根据国家法律法规和隧道施工特点要求，提出通过应急组织管理机构的建立、应急处理程序的确定、应急资源的配置、建立应急救援体系以及人员培训及演练多个步骤，建立了风险应急预案体系。

# 第5章　隧道施工风险监控量测技术

## 5.1　隧道施工监控量测技术概述

### 5.1.1　监控量测工作目的和内容

1）监控量测的意义

自从新奥法问世并显露头角以来，在岩土工程界引起了极大的重视。“新奥法”是新奥地利隧道施工法的简称，由奥地利拉布西维兹教授于1948年提出来的“以岩体力学理论和大量工程实践经验为基础，总结出来的一套地下工程设计施工方法”。它与传统方法不同的是强调发挥围岩的自承作用，以薄层柔性支护与围岩结合形成的支护系统取代厚层的混凝土衬砌，改善了受力性能，减少了开挖量和圬工量，在经济性和安全性方面，均优于传统的衬砌结构。根据新奥法的原理，把“喷射混凝土、锚杆、量测”称为新奥法的三大要素。在新奥法支护结构的设计问题上，很多人在寻求数值解法。但是由于岩石生成条件和地质作用的复杂性，导致岩石的产状和结构也非常复杂，并且在隧道的构筑过程中，由于开挖方式、支护方式、支护时机、支护结构刚度等对围岩的稳定性都有影响，所以寻求能正确反映岩体状态的物理力学模型是非常困难的。目前，新奥法的设计是在其基础理论和设计理论的定性成果指导下，参考已建工程的设计参数进行初选设计后，再通过施工过程对围岩的量测来完善设计。

隧道现场监控量测是指在隧道施工过程中，对围岩和支护、衬砌受力状态的量测。监控量测是监视设计和施工是否正确的眼睛，是监视围岩是否稳定、判断支护和衬砌结构设计是否合理、施工方法是否正确的一种重要手段；也是保证新奥法安全施工、提高经济效益的重要条件；它始终贯穿施工的全过程，是新奥法构筑隧道主要的一环，被视为新奥法“三要素”之一，为施工中可能出现的工程变更提供科学依据；实践证明，监控量测对指导设计和施工能起到满意的效果。为此《公路隧道施工技术规范》中明确规定：“采用复合式衬砌的隧道，必须将现场监控量测项目列入施工组织设计，制定监控量测计划，并在施工中认真实施”。

2）监控量测的目的

按新奥法（NATM）原理，鉴于隧道地质构造及地层岩性复杂，为了保证隧道施工的安全和顺利进行，掌握围岩和支护的动态信息，使隧道结构既安全，满足其使用要求，又经济合理；在不良地质、突水、洞口浅埋等地段及有特殊要求的停车、通道交叉地段或业主及监理认为有必要监控的地段设置监控量测断面，进行全面、系统的监控量测，从而实现隧道信息化施工，规避和实测隧道施工风险，如图5-1所示。

由上可知，监控量测是新奥法施工的重要组成部分，通过对围岩和支护体系的稳定性进行量测，可以及时提供围岩稳定程度和支护结构可靠性的安全信息，为隧道初期支护、二次衬砌参数和施工作业提供参考依据，从而真正实现隧道动态信息化安全施工目标。另外，《公路隧道施工技术细则》（JTG/T F60—2009）将监控量测资料列入竣工文件，为隧道的施工积累资料，为其他类似工程设计和施工提供依据，并为运营管理服务。监控量测的主要目的如下：

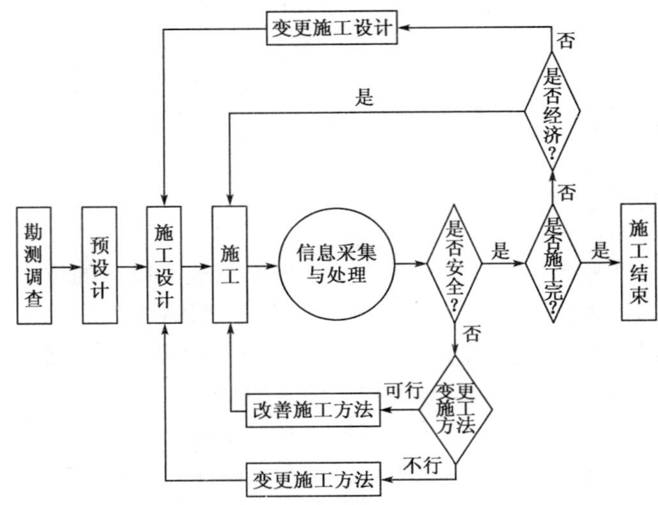


图 5-1　隧道信息化施工流程图

（1）掌握围岩动态和支护结构的工作动态，利用量测结果进行信息反馈，修改设计，指导施工。

（2）预见事故和险情，以便及时采取措施，防患于未然。

（3）积累资料，为类似隧道工程设计与施工提供参考经验。

（4）为确定隧道安全提供可靠的信息。

（5）预测和确定围岩最终稳定时间，从而指导施工顺序和确定施作二次衬砌的时间。

（6）量测数据经过分析处理与必要的计算和判断后，进行预测和反馈，以保证施工安全和隧道围岩稳定。

（7）隧道监测为控制工程造价、节约工程投资、保证工程质量及施工安全提供理论依据，是隧道动态设计施工中的一个重要组成部分。

3）监控量测依据规范和标准

《公路隧道勘测规程》（JTJ 063— 85）；

《公路隧道设计规范》（JTG D70—2004）；

《公路隧道设计细则》（JTG/T D70—2010）；

《公路隧道施工技术规范》（JTJ F60—2009）；

《公路隧道施工技术细则》（JTG/T F60—2009）；

《工程测量规范》（GB 50026— 93）；

《建筑变形测量规程》（JGJ/T 8— 97）；

《隧道设计手册》；

《公路工程质量检验评定标准》（JTGF 80/1—2004）；

《锚杆喷射混凝土支护技术规范》（GB 50086—2001）；

《建筑地基基础设计规范》（GB 50007—2002）；

《铁路隧道监控量测技术规程》（TB 10121—2007，J721—2007）；

《铁路隧道喷锚构筑法技术规范》（TB 10108—2002，J159—2002）；

《铁路隧道衬砌质量无损检测规程》（TB 10233—2004，J341—2004）；

国家现行其他施工技术规范、规程、文件、工程建设设计施工图纸。

4）监控量测的任务

隧道工程属于地下隐蔽工程，施工中有可能出现实际地质条件与设计时所考虑的地质条件不一致等不可预见的因素，这就需要根据监控量测数据及时修正设计参数和调整施工措施；另外，监控量测数据也是评价隧道施工对周边环境如建（构）筑物等影响的主要依据之一。监控量测的主要目的是了解围岩的稳定性、支护结构的承载能力和安全性信息，确定初期支护补强及二次衬砌合理的施作时间，为在施工中调整围岩级别、变更设计方案及参数、优化施工方案及施工工艺提供依据，直接为设计和施工管理服务。

隧道的设计常以工程类比法为主，并以现场监控量测进行工程实际检验和修正。因此，监测、施工、设计单位必须紧密配合、共同研究才能完成设计的全过程。施工信息包括施工观察、现场地质调查和现场监控量测等内容。施工信息是隧道开挖后围岩稳定性的动态反映，也是修正设计的依据，必须对反馈的信息作全面分析，最后确认或修改设计参数。为使监控量测充分发挥技术经济效益，首先要根据设计要求，并结合隧道的工程地质和水文地质条件、支护类型和参数、施工方法及所确定的量测目的等编制切实可行的量测计划，并在施工中认真组织实施。监控量测的任务主要是确保安全、指导施工、修正设计、积累资料，详细内容如下：

（1）制定可靠的监控量测方案并实施，为隧道的安全和优化施工提供技术支持。

（2）与施工单位的日常量测和掌子面观测数据进行互校。

（3）负责对典型断面的测点埋设、量测，对开挖后的围岩状态做出评价，对量测的数据及时分析整理并及时向业主、监理单位通报。

（4）对出现的异常情况迅速向有关部门（业主、监理、土建施工承包人）发出警报并及时提出处理方案，对支护结构的合理性及安全性做出评价。

5）监控量测内容

隧道施工的监测旨在收集可反映施工过程中围岩的动态信息，据以判定隧道围岩——支护体系的稳定状态，以及所定支护结构参数和施工方法的合理性。隧道监控量测的内容应根据设计要求、隧道横断面形状和大小、隧道工程地质条件、围岩类别、围岩（级别）、围岩应力分布情况、隧道跨度、埋深、施工开挖方法、支护类型和参数、周边环境条件、量测手段、量测目的（是否用于现场施工的常规量测）等条件及影响因素进行确定。通常将量测项目分为必测项目和选测项目两大类，但对量测项目工作要求要根据具体工程项目和图纸设计要求来确定，如地表下沉对城市地铁项目应为必测项目，但对于山地交通隧道可作为选测项目；对于监控量测中的一些选测项目，根据不同的具体工程项目设计要求也可作为必测项目，见表5-1。

**隧道施工监控量测项目表** 表 5-1

| 编号 | 量测项目及类别 | 量测要求及目的 |
|---|---|---|
| 1 | 洞内、外观察 | 对岩性、岩层产状、结构面、溶洞、断层进行描述，对支护结构裂缝进行观察 |
| 2 | 拱顶下沉 | 监视隧道拱顶下沉情况，了解断面的变形状态，判断隧道拱顶的稳定性 |
| 3 | 周边位移 | 根据位移、收敛状况、断面变形状态等量测，对以下项目做出判断：周边围岩体的稳定性；初期支护的设计与施工方法是否妥善；二次衬砌的浇筑时间等 |
| 4 | 地表下沉 | 从地表设点观测，根据下沉位移量判定开挖对地表下沉的影响，以确定隧道支护结构。根据边坡变形量判定开挖对边坡变形的影响，以确定边坡加固、隧道支护结构 |
| 5 | 钢拱架内力及外力 | 量测钢拱架应力，推断作用在钢拱架上的压力大小；判断钢拱架尺寸、间距及设置钢拱架的必要性 |
| 6 | 围岩体内位移（洞内设点） | 量测隧道洞内围岩的松弛区、位移变形量，为准确判断围岩的变形发展提供数据 |
| 7 | 围岩体内位移（地表设点） | 量测隧道地表覆盖围岩的松弛区、位移变形量，为准确判断围岩的变形发展提供数据 |
| 8 | 围岩压力 | 判断围岩荷载大小，初期支护承担围岩压力情况 |
| 9 | 两层支护间压力 | 判断复合式衬砌中围岩荷载大小，判断初期支护与二次衬砌各自分担围岩压力情况 |
| 10 | 锚杆轴力 | 根据锚杆所承受的拉力，判断锚杆布置是否合理；了解围岩内部应力的分布情况 |
| 11 | 支护、衬砌内应力 | 量测二次衬砌内应力、喷混凝土内轴向应力；了解支护衬砌内的受力状态 |
| 12 | 衬砌裂缝监测 | 监测衬砌裂缝的运动及发展趋势 |
| 13 | 仰拱隆起 | 判定仰拱部位围岩的稳定情况，为仰拱施作时间提供依据 |
| 14 | 爆破振动 | 掌握爆破振动地震波特性、传播规律及对周边构筑物影响和破坏机理；有效控制爆破地震效应 |
| 15 | 围岩弹性波速度 | 掌握岩体某些物理力学性质，判断岩体完整性以及破坏程度等 |
| 16 | 渗水压力、水流量 | 了解地下水补给、赋存情况，预测地下含水体规模大小，为预防突水突泥提供依据 |
| 17 | 围岩地应力 | 掌握原始地应力状态评价地层稳定性；掌握隧道开挖后围岩应力状态评价洞室稳定性 |

注：通常情况下，表中第 1 ~ 4 项为必测项目；第 5 ~ 17 项为选测项目。

### 5.1.2 监控量测原则及规范要求

1）监控量测的规范要求

监控量测要求快速埋设测点，一般设置在距掌子面、工作面 2m 范围内，开挖后 24h，下次爆破前测取第一次读数；测量读数在隧道内尽量要快；保证测点不被破坏；读数准确可靠。监控量测的规范要求如下。

（1）监控量测工作必须紧接开挖作业、支护作业，按设计要求进行布点和监测，并根据现场情况及时进行调整或增加量测的项目和内容。量测数据应及时分析处理，并将结果反馈到施工过程中。

（2）隧道施工过程中应进行洞内外观察，洞内观察可分为开挖工作面观察和已施工地段观察两部分。

（3）开挖工作面观察应在每次开挖内进行。

（4）对已施工地段每天至少观察一次，主要观察喷射混凝土、锚杆和钢架等的工作状态。

（5）洞外观察重点应在洞口段和洞身埋置深度较浅地段，其观察内容应包括地表开裂、地表沉陷、边坡及仰坡稳定状态、地表水渗透情况等。

（6）净空变化、拱顶下沉量测宜在3~6h内完成，其他量测应在每次开挖12h内取得起始读数，最迟不超过24h，并在下一循环开挖前必须完成。

（7）测点应牢固可靠，易于识别，并注意保护，严防爆破损坏。

（8）拱顶下沉和地表下沉量测基点应与洞内、洞外水准基点建立联系。

（9）净空变化、拱顶下沉和地表下沉（浅埋地段）等必测项目应设在同一断面。

（10）量测断面、测点的布置应按规范进行。

2）监控量测的总原则

（1）可靠性原则：采用可靠的仪器；在监测期间保护好测点。

（2）多层次监测原则：在监测对象上以位移为主，兼顾其他监测项目；在监测方法上以仪器监测为主，并辅以巡检的方法；在监测仪器选择上以机测仪器为主，辅以电测仪器；考虑分别在地表、隧道内布点以形成具有一定测点覆盖率的监测网。

（3）重点监测关键区的原则：在具有不同地质条件和水文地质条件、隧道开挖跨度、隧道埋深以及施工方法等条件下，隧道监控标准是不同的。稳定性差的地段应重点进行监测，以保证隧道施工的安全。

（4）方便实用原则：为减少监测与施工之间的干扰，监测系统的安装和测量应尽量做到方便实用。

（5）经济合理原则：系统设计时考虑实用的仪器，不过分追求仪器的先进性，以使项目监测费用经济合理。

3）量测项目的布置原则

隧道施工监控量测工作断面及测点的布置按照招标文件、设计图纸、规范及业主、监理要求执行。隧道施工监控量测是新奥法信息化反馈施工关键节点，是保证隧道信息化施工的重要技术措施，监控量测断面及测点布置应遵从如下原则：

（1）从围岩稳定性监控出发，重点监测围岩质量差及局部不稳定的块体；从反馈设计、评价支护参数合理性出发，在有代表的地段设置观测断面，在特殊的工程部位（洞口、横通道处、断层破碎带、浅埋偏压段等）设置观测断面进行量测。

（2）拱顶下沉、隧道周边位移、地表沉降观测点应尽量布置在同一断面上，以使量测结果相互对照，相互检验。

（3）针对隧道进出口浅埋段进行量测、方案优化，及时反馈相关消息，指导设计与施工。

（4）代表性监控测点与水准基点的布设尽量布置在同一断面上，以使量测结果相互对照，相互检验。

（5）原则上对所有隧道全洞段的开挖掘进均采用地震法进行地质超前预报。

（6）隧道监控量测选测项目（围岩内部位移、喷射混凝土应力、围岩压力和钢拱架应力等项目）测点测线布置应根据隧道地质、埋深及开挖、支护施工情况分析确定。一般布置在围岩破碎、紧急停车带加宽段、埋深大或强支护洞段等特殊地质构造地段或特殊设计地段。

（7）我国锚喷支护规范中规定，必测项目的量测间距一般为20～50m，但对于洞口、浅埋地段，特别是软弱地层段应小于20m，间距为每5～50m一个量测断面；选测项目的测点纵向间距应根据需要确定，或在有代表性的地段选取若干个测试断面；对于地质条件差或重要工程，应从密布点。如表5-2，净空位移、拱顶下沉的测点间距，摘自日本《新奥法设计施工细则》。

**净空位移、拱顶下沉的测点间距** 表5-2

| 围岩 \ 条件 | 洞口附近 | 埋深小于2$B$ | 施工进展200m前 | 施工进展200m后 |
|---|---|---|---|---|
| 硬岩地层（断层破碎带除外） | 10 | 10 | 20 | 30 |
| 软岩地层（不产生很大塑性地区） | 10 | 10 | 20 | 30 |
| 软岩（产生很大塑性地压） | 10 | 10 | 20 | 30 |
| 土砂 | 10 | 10 | 10～20 | 20 |

注：$B$为隧道开挖宽度。

（8）必测项目净空位移量测（收敛量测）测线数的布置，见表5-3，图5-2所示。当采用全断面开挖时，可用测得的垂直位移来代替拱顶下沉量测。斜测线的设置有助于了解垂直位移的方向；同时也可通过三角计算与多点位移计测得的结果进行对比；拱顶下沉量测的测点原则上设置在拱顶中心线上，当洞跨较大时，也可在拱顶设置3个测点。

**位移量测的测线布置** 表5-3

| 开挖方法 \ 地段 | 一般地段 | 特殊地段 | | | |
|---|---|---|---|---|---|
| | | 洞口附近 | 埋深小于2$B$ | 有膨胀压力或偏压地段 | 选测项目量测位置 |
| 全断面开挖 | 1条水平测线 | | 3条或6条 | | 3条或6条 |
| 短台阶法 | 2条水平测线 | 4条或6条 | 4条或6条 | 4条或6条 | 4条或6条 |
| 多台阶法 | 每台阶1条水平测线 | 每一台阶3条 | 每一台阶3条 | 每一台阶3条 | 每一台阶3条 |

注：$B$为隧道开挖宽度。

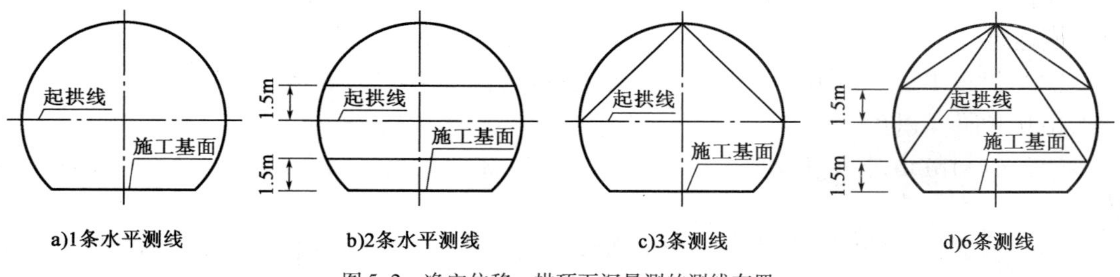


图5-2 净空位移、拱顶下沉量测的测线布置

（9）选测项目中，各种量测项目的测点布置如图5-3所示。多点位移计每断面一般采用3～5个钻孔；对于锚杆轴力、喷层应力、接触压力的量测，每断面一般设置3～7个测

点。测点布置要尽量靠近实际锚杆位置，多点位移计位置要靠近净空位移测点，以便数据上互相验证。用声测法确定围岩松动区范围时，一般需设置 3 对测孔。

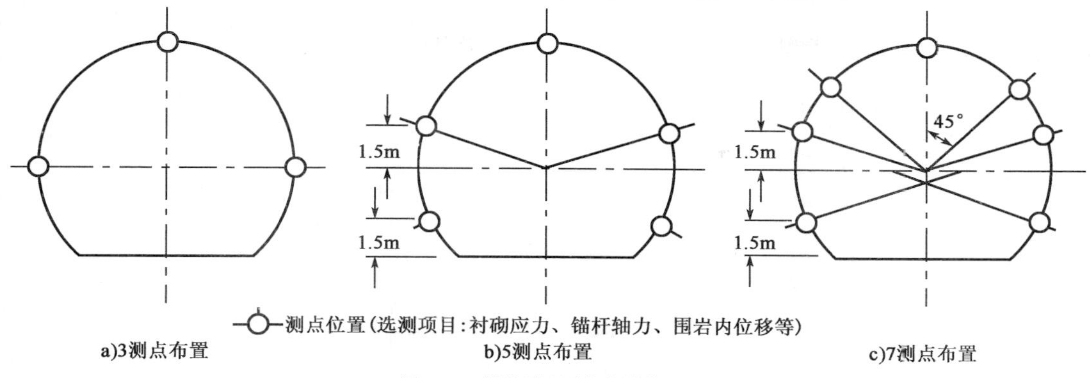


图 5-3　选测项目测点布设位置

（10）安装测点要及时。工程实践证明，当坑道开挖后，岩体固有结构被破坏，块体间阻力削弱导致变形松弛，坑道围岩应力重分布，坑道周边径向应力被释放，围岩内形成塑性区，一方面使应力不断向围岩深部转移，另一方面又不断地向隧道方向变形并逐渐解除塑性区的应力，这种向隧道方向的变形一般在爆破后 24h 内发展较快，而围岩开挖初始阶段的变形动态数据又在全部变形过程中占十分重要的地位，因此要求测点应尽快安装，并在下一循环爆破前获得初读数。为使初读数能较真实地反映变形值，要求测点位置距开挖面不应超过 2m。

4）监控量测频率和仪器设备要求

（1）监控量测项目及频率

复合式衬砌和喷锚衬砌隧道开工前，应制订施工全过程监控量测方案。监控量测工作要结合开挖、支护作业的进程，按要求布点和监测，并根据现场监测过程实际情况及时调整补充，量测数据应及时分析处理和反馈。各项量测作业均应持续到变形基本稳定后 15 ~ 20d 结束。隧道信息化施工现场监控量测项目、监测方法、监测工具、监测频率见表 5-4。应按表 5-5 检查隧道净空位移和拱顶下沉的量测频率，并与表 5-4 确定的量测频率比较取大值，如果施工过程中施工状况或条件发生变化时，如变形持续增加、开挖下台阶、仰拱或撤除临时支护等，应增加监测频率。

**隧道监控量测项目及频率**　　表 5-4

| 序号 | 项目名称 | 方法及工具 | 布　　置 | 测试精度 | 量测间隔时间 | | | |
|---|---|---|---|---|---|---|---|---|
| | | | | | 1 ~ 15d | 16d ~ 1 个月 | 1 ~ 3 个月 | >3 个月 |
| 1 | 洞内、外观察 | 现场目测、钢卷尺、地质罗盘等 | 洞内掌子面前后、洞外地表、初期支护情况等 | — | 每次爆破后、掌子面开挖过程中、初期支护后进行 | | | |
| 2 | 拱顶下沉 | 高精度水准仪、铟钢尺、收敛计、钢卷尺 | 每 5 ~ 50m 一个断面 | 0.1mm | 1 ~ 2 次/d | 1 次/2d | 1 ~ 2 次/周 | 1 ~ 3 次/月 |

续上表

| 序号 | 项目名称 | 方法及工具 | 布置 | 测试精度 | 量测间隔时间 | | | |
|---|---|---|---|---|---|---|---|---|
| | | | | | 1~15d | 16d~1个月 | 1~3个月 | >3个月 |
| 3 | 周边位移 | 收敛计、隧道断面仪等 | 每5~50m一个断面，每断面2~3对测点 | 0.1mm | 1~2次/d | 1次/2d | 1~2次/周 | 1~3次/月 |
| 4 | 地表下沉 | 高精度水准仪、高精度全站仪、铟钢尺、钢卷尺等 | 洞口段、浅埋段（$H_0 \leqslant 2B$） | 0.5mm | 开挖面距量测断面前后<2*B*时，1~2次/d<br>开挖面距量测断面前后<5*B*时，1次/2~3d<br>开挖面距量测断面前后>5*B*时，1次/3~7d | | | |
| 5 | 钢拱架内力及外力 | 支柱压力计或其他测力计 | 每代表性地段1~2个断面，每断面内力3~7测点或外力1对测力计 | 0.1MPa | 1~2次/d | 1次/2d | 1~2次/周 | 1~3次/月 |
| 6 | 围岩体内位移（洞内设点） | 洞内钻孔中安设单点、多点杆式或钢弦式位移计 | 每代表性地段1~2个断面，每断面3~7个钻孔 | 0.1mm | 1~2次/d | 1次/2d | 1~2次/周 | 1~3次/月 |
| 7 | 围岩体内位移（地表设点） | 地面钻孔中安设各类位移计 | 每代表性地段1~2个断面，每断面3~5个钻孔 | 0.1mm | 同地表下沉量测要求 | | | |
| 8 | 围岩压力 | 各种类型岩土压力盒 | 每代表性地段1~2个断面，每断面3~7个测点 | 0.01MPa | 1~2次/d | 1次/2d | 1~2次/周 | 1~3次/月 |
| 9 | 两层支护间压力 | 应力计或应变计 | 每代表性地段1~2个断面，每断面3~7个测点 | 0.01MPa | 1~2次/d | 1次/2d | 1~2次/周 | 1~3次/月 |
| 10 | 锚杆轴力 | 钢筋计、锚杆测力计等 | 每代表性地段1~2个断面，每断面3~7个锚杆（索），每根锚杆2~4测点 | 0.01MPa | 1~2次/d | 1次/2d | 1~2次/周 | 1~3次/月 |
| 11 | 支护、衬砌内应力 | 各类混凝土内应变计及表面应力解除法 | 每代表性地段1~2个断面，每断面3~7个测点 | 0.01MPa | 1~2次/d | 1次/2d | 1~2次/周 | 1~3次/月 |

续上表

| 序号 | 项目名称 | 方法及工具 | 布　　置 | 测试精度 | 量测间隔时间 | | | |
|---|---|---|---|---|---|---|---|---|
| | | | | | 1 ~ 15d | 16d ~ 1 个月 | 1 ~ 3 个月 | >3 个月 |
| 12 | 衬砌裂缝 | 游标卡尺、裂缝显微镜、裂缝测宽（深）仪 | 在深度、宽度、长度上出现在复合式衬砌上的有代表性裂缝 | 0.01mm | 1 ~ 2 次/d | 1 次/2d | 1 ~ 2 次/周 | 1 ~ 3 次/月 |
| 13 | 仰拱隆起 | 高精度水准仪、高精度全站仪、铟钢尺、钢卷尺等 | Ⅴ级围岩每 15 ~ 20m 设 1 个测点，Ⅳ级围岩每 20 ~ 40m 设 1 个测点 | 0.5mm | 同地表下沉要求 | | | |
| 14 | 爆破振动 | 测振及配套传感器 | 临近建（构）筑物、小净距隧道、连拱隧道、浅埋隧道 | 0.01 mm/s | 伴随爆破作业进行 | | | |
| 15 | 围岩弹性波速度 | 各种声波仪及配套探头 | 代表性地段设置 | 0.01 km/s | — | | | |
| 16 | 渗水压力、水流量 | 渗压计、流量计 | 地下水丰富的隧道围岩地段或渗水量大的出水点等 | 0.01MPa | — | | | |
| 17 | 围岩地应力 | 应变片等 | 隧道开挖掌子面或侧壁 | 0.01MPa | — | | | |

注：①通常情况下，表中第 1 ~ 4 项为必测项目；第 5 ~ 17 项为选测项目。

②表中，$H_0$ 为隧道埋深；$B$ 为隧道开挖宽度；d 为天。

**监控项目动态量测频率**　　表 5-5

| 位移速度（mm/d） | 量测断面距开挖工作面的距离 | 量测频率 |
|---|---|---|
| ≥5 | <1$B$ | 2 次/d |
| 1 ~ 5 | （1 ~ 2）$B$ | 1 次/d |
| 0.5 ~ 1 | （2 ~ 5）$B$ | 1 次/2 ~ 3d |
| 0.2 ~ 0.5 | （2 ~ 5）$B$ | 1 次/3d |
| <0.2 | >5$B$ | 1 次/7d |

注：$B$ 为隧道开挖宽度；d 为天。

（2）部分监控量测仪器

目前对于同一物理量测试手段和方法较多，仪器价格、测试方法和费用相差较大，实际操作中要根据监测目的、内容和精度要求，选择简单适用、稳定可靠、操作方便、量程合理的测试仪器。如图 5-4 所示，是一些常用的监控量测仪器的图片。

5）监控量测技术要求

（1）量测数据必须准确可靠

隧道开挖后其变形和应力变化较快，必须根据施工情况快速准确地进行量测，才能掌握围岩变化的第一手资料，从而为进一步判断和监控提供准确的资料。高精度的仪器设备和高素质的专业技术人员是必要的保证。

a）高精度水准仪

b）高精度全站仪

c）激光隧道断面检测仪

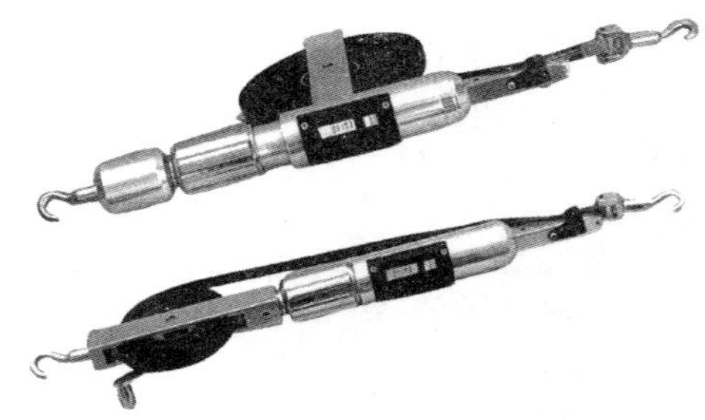

d）收敛计

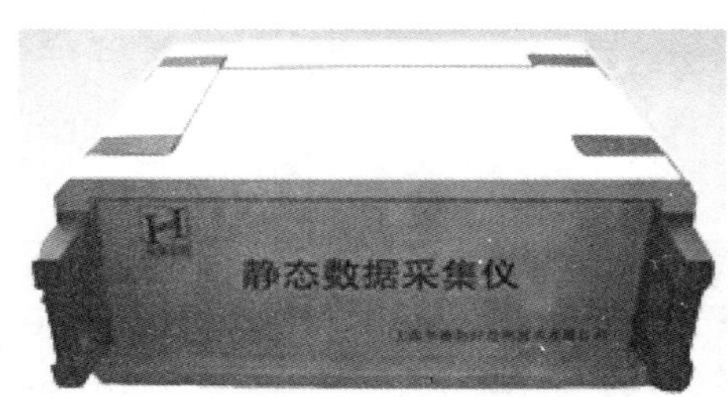


e）静态数据采集仪（压力、应力、位移等）

图5-4　隧道监控量测部分仪器设备

（2）数据处理和预测预报要快速准确

隧道监测的目的是为了保证隧道施工的安全，在隧道施工中根据已有量测信息，采用回归分析、灰色预测等方法，对围岩的进一步变形和应力发展情况做出预测预报，可以及时发现隧道施工中隐藏的不安全因素，从而能在有效的时间内采取加固措施，以避免安全事故的发生。

（3）监控必须及时有效、落到实处

隧道施工量测的目的是为了监控，在整个隧道施工监控量测中，监控最为关键，而且监控的难度也远远大于量测。目前，国内对量测方面的研究较多，然而，真正根据量测信息对隧道施工安全进行监控，并进行有效反馈和动态设计、施工的很少。花费大量人力物力获得的监测数据和信息仅仅限于低水平的应用，起不到优化设计参数和施工方法的目的。究其原因，在于现场监测人员理论水平低，无法对大量的数据进行全面综合分析和应用，因此，要达到隧道监控量测的真正目的，必须拥有高素质的专业技术人员。

### 5.1.3　监测质量安全保证措施

1）监控量测质量保证措施

（1）将监测管理及监测实施计划纳入施工生产计划中，作为一个重要的施工工序来抓，并保证监测有确定的时间和空间。各施工单位应由工程技术管理中心组成专门监测小组，具体负责各项监测工作。

（2）量测仪器由专人使用、专业机构保养、专业机构检校；量测设备、元器件等在使用前均经过检校，合格后方可使用；监测仪器必须满足精度要求，而且要定期校核；测试完毕后检查仪器仪表，做好养护、保管工作，及时进行资料及信息反馈。

（3）制定切实可行的监测实施方案和相应的测点埋设保护措施，并将其纳入工程的施工进度控制计划。测点布置力求合理，应能反映出隧道施工过程中围岩和支护结构的实际变形情况。测点埋设应达到设计要求的质量，并做到位置准确，安全稳固，设立醒目的保护标志。基准点埋设于施工影响范围外，数量为 2 个。

（4）量测项目人员要相对固定，保证数据资料的连续性。监测工作由专门成立的量测小组负责完成，并由多年从事监测工作及有类似工程监测经验的专业技术工程师负责，小组其他成员要求具有监测工作经验的专业技术员来组成。

（5）监测数据应及时整理分析，一般情况下，应每周报一次，特殊情况下，每天报一次。监测报告应包括阶段变形值、变形速率、累计值，并绘制沉降槽曲线、时态（或时程）曲线等，做必要的回归分析，及对监测结果进行评价。

（6）如发现监测数据异常，应立即复测，并检查监测仪器、测量方法及计算过程，确认无误后，立即上报给甲方、监理及单位主管，以便采取措施。

（7）隧道施工监测紧密结合施工步骤，监控每一施工步骤对周围环境、围岩、支护结构、变形的影响，并据此优化施工方案。

（8）积极配合监理、设计单位做好对监测工作的检查、监督和指导，及时向监理、设计单位报告情况和问题，并提供切实可靠的数据记录，工程完成后，根据监测资料整理出施工标段的监测分析总报告并纳入竣工资料中。

2）安全保证措施

安全生产同质量、效益一样是优质工程中不可缺少的重要环节，是关系到人身和国家财产不受损失的大事。在实施的整个过程中认真贯彻“安全第一，预防为主”的方针，建立健全安全组织保证体系，以及安全管理制度（安全责任制、安全教育培训、安全事故申报和奖惩制度、安全检查制度），杜绝一切不安全因素，确保本项目的安全。具体的安全措施如下：

（1）研究、布置项目安全工作，及时解决存在的问题，制定安全措施。

（2）参加现场测试人员是经过安全培训，并考核合格者。现场人员进场时或进行具体操作前，须经过现场负责人及安全监督员的安全交底。

（3）现场测试人员必须佩戴安全帽等防护设施，确保现场人员的安全。

（4）严格按操作规程操作各种仪器设备、交通工具等；严格遵守办公、住宿场所的用火、用电制度；经常开展各种防灾、避灾和救灾教育。

（5）参加定期和不定期安全检查，制定隐患整改措施并实施。

3）安全管理与防范措施

（1）现场监测主要危险源分析

根据现场工作特点，结合前期安全生产实践经验，加强安全技术交底与安全教育，做到警钟长鸣，预防为主。现场监测工作面临的主要危险源分析如下。

①车辆交通：路况差、滚石、泥石流、沙尘。

②洞内交通：出轨、翻车、掉渣、碰撞、挤压、挂车。

③掌子面：岩爆、掉块、塌方、突水、涌泥等。

④其他：触电、高空作业、有害气体、爆炸物品使用。

（2）安全规定与防范措施

①车辆交通：a. 汛期期间要注意边坡滚石和泥石流，应尽量减少乘车外出，避免雨天、夜间行车。b. 行车时应注意路况，车速控制在路标限速范围内，严格遵照公司《机动车及驾驶员安全管理实施细则》。c. 在洞内通行和施工路段沙尘较大时，应开启前照灯和雾灯，并减速行驶。

②洞内交通：a. 进洞时，必须戴安全帽、穿反光工作服、雨鞋，随身携带矿灯。b. 应乘坐单位车辆进出隧道，避免步行或乘坐其他交通工具。c. 乘坐时严禁把头、手探出车外。d. 上下车前必须向驾驶员示意，待车辆停稳后方可上下车，发现车速过快或前方危险情况应及时通知驾驶员。e. 因工作需要或其他原因必须步行进出隧道，应靠边行走，注意来往车辆。f. 车辆靠近应提前选择宽敞位置避让，并停留注视车辆通过，与车辆保持一定的安全距离，防止掉渣。g. 在隧道边开展工作时，应提前通知现场施工管理人员，并得到批准；同时必须安排专人负责瞭望车辆通行与安全警戒，及时通报车辆通行情况，提前通知现场所有人员避让通行车辆。

③掌子面工作：a. 进掌子面开展工作前，首先要仔细观察掌子面及周边围岩稳定情况，向有经验的现场人员了解情况，若确定掌子面存在岩爆、塌方、突水、掉块等危险因素，应尽快撤离。b. 掌子面停留位置事先必须仔细观察，避开岩爆多发部位，远离多臂台车油管、锚杆中心区域以及边墙，防止岩爆、油管爆裂、顶拱及边墙掉块，禁止在台车尾部等危险部位逗留。一般隧道侧壁起拱线附近为岩爆易发部位，而隧道轴线靠左位置、台车侧壁、台车钻臂底下、吊蓝底下、锚杆加固区域边缘相对安全。c. 掌子面测试前，必须先在安全位置调试好仪器设备后，再到掌子面进行测试。尽量缩短现场测试时间；测试结束，尽快撤离掌子面并整理设备，争取机车驾驶员的配合或签单调用机车，尽快撤出隧洞。d. 现场测试时，应由专人负责观察掌子面附近状况，发现异常立即通知撤离，首先确保现场作业人员的安全。e. 现场作业人员应处理好与现场施工人员的关系，尽量不要发生冲突，争取台车驾驶员的配合，用台车钻臂遮护现场人员。f. 进洞人员应注意指示牌，若遇突水，按指示牌指定逃生路线尽快撤离。g. 发生涌泥，应尽可能往洞口方向撤离，在涌泥临近前选择隧道内的大型施工设备（如台车、扒渣机、电瓶车、梭矿车等）或救生梯登高躲避，等待救援。

④现场用电：a. 争取施工单位的配合，由施工单位指派的专职电工进行电源接口的连接。b. 现场作业地点必须远离变压器等电器设备，靠近电线必须检查是否有裸露

线头。

⑤高空作业：a. 尽量避免高空作业；b. 高空作业必须配备保险绳等防护用具。

⑥其他注意事项：a. 安全工作，时刻重视，相互提醒，注意安全。b. 工作时间及午餐不得饮酒，严禁酒后进洞；若第二天上午进洞，原则上前晚12点前必须休息，早餐必须按时就餐。c. 洞内作业必须正确佩戴安全帽和警示灯光，穿醒目的带反光条的工作服或背心。d. 不得在隧道内睡觉与休息。e. 贵重仪器设备应注意保管与保护。f. 为确保安全，计算机不得在项目部办公室滞留。g. 仪器专用计算机应随同设备由专人保管，不得安装游戏程序以及其他娱乐软件。h. 进出隧道均必须本人签名登记，记录进出洞时间。

### 5.1.4　隧道监控量测与信息化施工

1）监控量测工作流程

监控量测的现场工作程序如下：准备工作→确定埋设断面→测点埋设→数据采集→数据整理分析→资料归档。监控量测工作流程如图5-5所示。

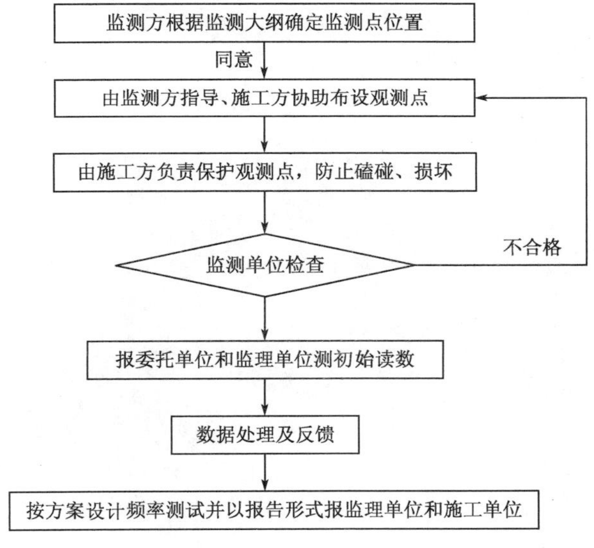


图5-5　监控量测工作流程图

2）监控量测与信息化施工

新奥法隧道施工过程中，有效实施监控量测是保证隧道围岩稳定和信息化施工安全的最终目的。监控量测与信息化施工关系如图5-6所示。隧道信息化施工的技术路线如下。

（1）首先采用MIDAS/GTS隧道结构专用有限元分析软件对隧道施工过程中围岩的应力、应变以及衬砌变形等进行数值模拟分析。

（2）将监控量测结果与数值计算结果进行对比分析（反分析）。

（3）利用反分析结果，适当调整岩土计算参数，进行数值模拟计算，对后续施工过程中围岩的应力、应变以及衬砌变形等进行预测。

（4）不断进行数值计算和反分析，确定合理的岩土参数，优化施工方案和支护参数。

3）隧道数值模型分析实例

如图5-7、图5-8所示，基于荷载-结构法对某隧道浅埋段建立数值计算三维空间模型，得到了隧道开挖前后隧道结构的应力、应变、位移、轴力、弯矩仿真计算结果。

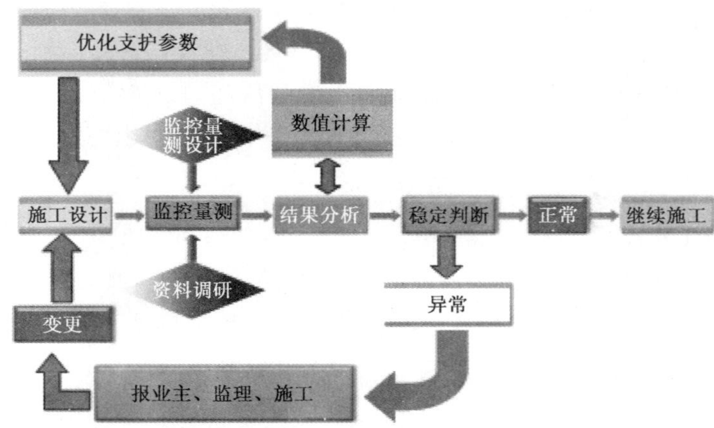


图5-6　监控量测与信息化施工关系

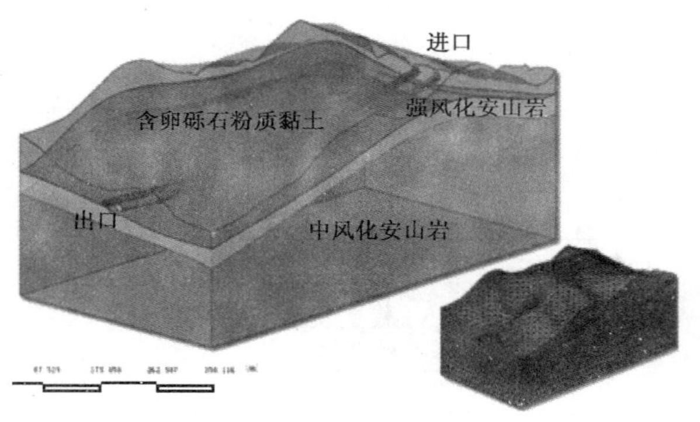


图5-7　隧道数值计算三维模型

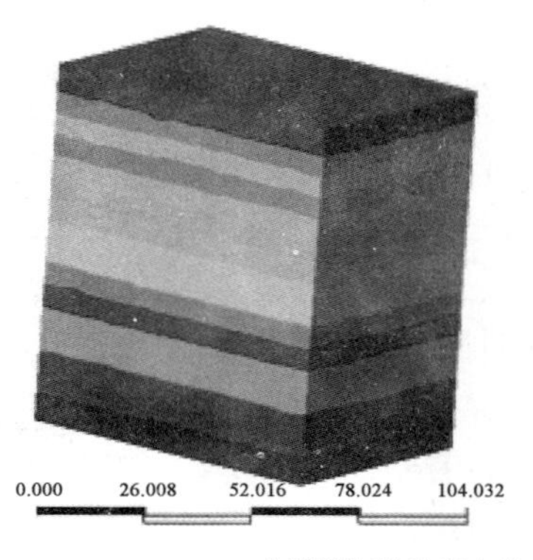


a）隧道初始地应力分布云图

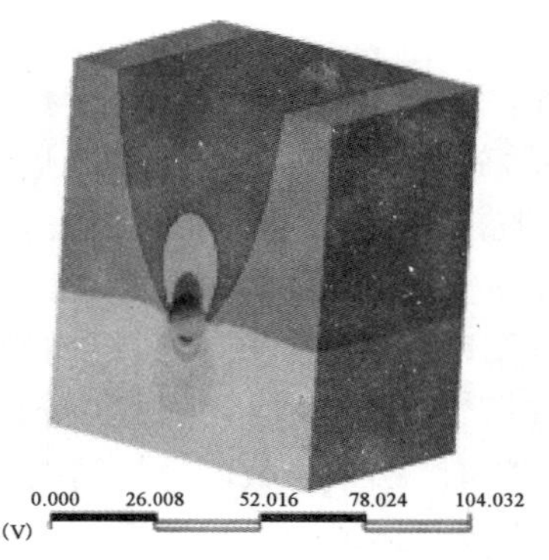


b）开挖完成后竖向位移云图

图　5-8

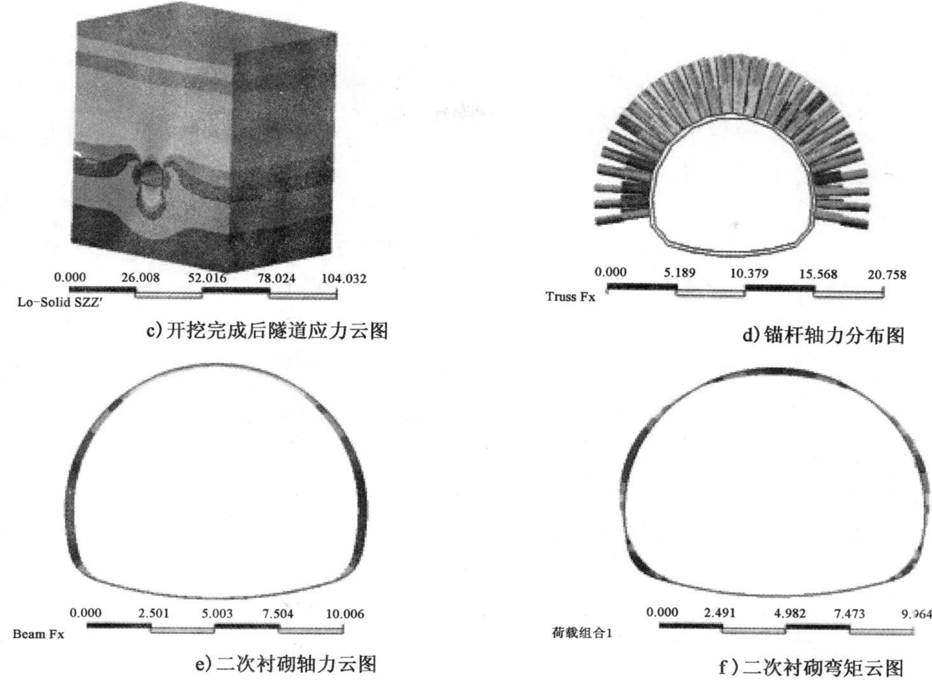


c)开挖完成后隧道应力云图　　d)锚杆轴力分布图

e)二次衬砌轴力云图　　f)二次衬砌弯矩云图

图 5-8　隧道结构仿真计算结果云图

## 5.2　隧道施工监控量测的技术方法

隧道施工监控量测各个项目和内容的现场监测实施技术方法，主要从以下几个方面进行阐述：监控量测目的、仪器仪表及其精度、测点布置、测量方法、数据分析和测量结果、结论及工程建议等。

### 5.2.1　必测项目技术要点

监控量测必测项目，主要包括围岩地质和支护状况描述、地表沉降观测、拱顶下沉量测、周边收敛量测，有不少工程项目在图纸设计中把质量检测项目“锚杆拉拔力”列为监控量测中的必测项目。这类量测是为了在设计施工中确保围岩稳定的经常性量测工作。量测方法简单，量测密度大，量测信息直观可靠，费用较少，贯穿在整个施工过程中，对监视围岩稳定，指导设计和施工有巨大的作用，伴随着土建施工的完成，一般情况下量测工作基本上持续半个月左右亦告结束。

1）地质与支护状况观察

洞内、外状况观察对掌握围岩动态和支护结构工作状况非常重要，特别是在不良地质条件下更是确保施工安全和工程质量必不可少的措施；洞内、外状况观察和量测结果一起分析，对于优化设计方案、调整施工参数及科学地进行施工组织和管理十分重要。

（1）量测的目的

①预测开挖面前方地质条件及为围岩级别判断提供依据。

②为判断围岩、隧道的稳定性提供地质依据。

③根据支护结构的工作状况，分析支护结构的可靠程度。

（2）量测方法

量测工作在开挖及初期支护后进行。利用地质素描、照相或摄像技术将观测到的有关情况和现象进行详细记录，观测中，如发现异常现象，要详细记录发现的时间、距开挖工作面的距离以及附近测点的各项量测数据。

（3）测试仪器

地质与支护状况观察使用的主要工具和仪器有：地质罗盘、地质锤、钢卷尺、放大镜、秒表、手电、数码相机或摄像机等。

（4）测试频率

目测应在隧道开挖工作面爆破后及支护后立即进行，每个监测断面应绘制隧道拱顶地质素描、两侧面地质素描及开挖工作面素描图。对于分部开挖的（如中导洞、侧壁导坑、台阶法等），应同样按照该监测频率进行。

（5）观测内容

洞内状况观测是可靠性很高且最直接的判断资料，要做相关的观测记录。观测内容主要包括如下方面。

①对开挖后没有支护的围岩。

如图5-9 a）所示，主要是对掌子面开挖围岩工程地质和水文地质情况的观测，每次爆破后需要观测一次。开挖围岩观测内容包括：岩石种类和分布状态，近界面位置的状态；岩性特征，包括岩石的颜色、成分、结构、构造；地层时代归属及产状；节理性质、组数、间距、规模、节理裂隙的发育程度和方向性，断面状态特征，充填物的类型和产状等，有无不利产状；断层的位置、性质、产状、富水情况、破碎带规模、特征；石煤层情况；溶洞、采空区、空洞的情况；水温地质观察，如地下水类型，涌水量大小，涌水压力，水的化学成分，湿度等；塌方情况，如顶板有无剥落现象、片帮情况；地应力状况以及其他相关内容。

a）洞内开挖围岩掌子面观察

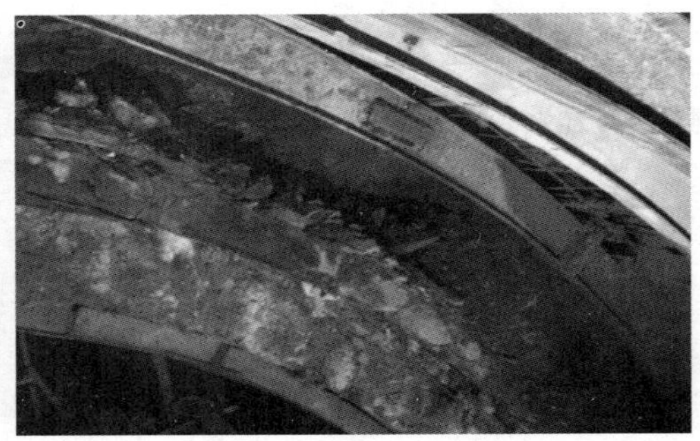

b）隧道拱顶二次衬砌开裂

图5-9　地质与支护状态观察

②对开挖后已支护段。

支护状态观测包括初期支护状态和已成洞支护效果观测。初期支护完成后对喷射混凝土层表面的观测及裂缝状况的描述和记录包括，喷射混凝土开裂部位，宽度、长度及深度；有无锚杆被拉脱或垫板陷入围岩内部的现象；喷射混凝土是否产生裂隙或剥离，要特别注意喷混凝土是否发生剪切破坏；初期支护渗流水情况；钢拱架有无被压曲现象；是否有底鼓现象。二次衬砌的观测每天一次，包括对二次衬砌开裂、变形、渗流水以及整体性和防水效果等情况进行观测，如图 5-9 b）所示。

③洞外观察。

洞外地表有无开裂情况，地表有无变形；洞口边坡、仰坡稳定状态；地表水渗漏情况；地面建筑、构筑物观测（如有）等。

（6）观测数据的搜集整理

对于观测数据的整理，要做到如下方面：设计专用的表格，记录现场围岩的产状，画专业的地质素描图；通过资料积累，最终做出隧道开挖施工后的隧道轴线及典型横断面地质剖面图；在工作过程中同时要收集相关的照片和岩样标本。

2）拱顶下沉

隧道与地下工程测试中，位移量测（包括收敛量测）是最有意义和最常用的项目，它具有稳定可靠、简便经济等特点，测试结果可直接指导设计、验证设计、评价围岩和初期支护的稳定性。

（1）量测的目的

隧道拱顶是隧道周边上的一个特殊点，也是挠度最大、位移变形显著变化的一个特殊点。通过对拱顶下沉的量测，可了解断面变化情况，判断拱顶稳定性并有效防止塌方，因此，对拱顶下沉量测有如下重要的目的和意义。

①通过拱顶位移量测，了解断面的变形状态，判断隧道拱顶的稳定性。

②根据变位速度判断隧道围岩的稳定程度，为二次衬砌提供合理的支护时机。

③指导现场设计和施工。

④防止沉降侵入二次衬砌空间。

（2）量测仪器

拱顶下沉量测经常使用高精度水准仪、精密水准仪、全站仪、铟钢尺和钢尺等设备。

（3）量测频率

拱顶下沉量测频率按变形位移速度或按距开挖面距离来确定，详见表 5-5、表 5-6、表 5-7。

**必测项目量测频率**（按位移速度）　　表 5-6

| 监测项目 | 位移速度（mm/d） | 频　率 | 备　注 |
|---|---|---|---|
| 周边收敛<br>拱顶沉降<br>地表沉降 | >10 | 2 次/d | 当位移速 >10mm/d 时，应视为出现险情，须及时发出警报 |
| | 5 ~ 10 | 1 次/d | |
| | 1 ~ 5 | 1 次/2d | |
| | <1 | 1 次/7d | |

注：*B* 为隧道开挖宽度；d 为天。

（4）量测内容

拱顶下沉量测是指对隧道拱顶的实际位移值进行量测，是对于不动点的绝对位移，其值必须与设计拱顶高程进行比较。

必测项目量测频率（按距开挖面距离） 表 5-7

| 项 目 | 距工作面距离 | 频 率 | 备 注 |
|---|---|---|---|
| 周边收敛<br>拱顶沉降<br>地表沉降 | (0～1) $B$ | 2 次/d | |
| | (1～3) $B$ | 1 次/d | |
| | (3～5) $B$ | 1 次/（2～3）d | |

注：$B$ 为隧道开挖宽度；d 为天。

①若从不同量测项目测设得到的位移速度不同，量测频率应按速度高的取值。

②若根据位移速度和距工作面距离两项指标分别选取的量测频率不同，则从中取高值。

③后期量测时，间隔时间可加大到几个月或半年量测一次。

④应注意开挖面，包括各种下台阶开挖面。

（5）量测方法和原理

拱顶下沉量测方法有如下三种。

①精密水准仪量测（差值法计算）：采用高精度水准仪和测量钢尺配合实现拱顶下沉量测，与隧道施工共用高程控制网。量测时将钢尺或收敛计挂在预埋测点上作为标尺，采用钢尺时需下挂重约 1kg 的垂球保持钢尺牵直，后视点可设在稳定衬砌上，由水准仪读取钢尺上的读数来实现数据采集，通过计算求出连续两次量测的拱顶高程，将前后两次量测的数据相减得拱顶下沉值。采用此法的缺点是隧道较长时，里面的 BM 点不好控制，视线不是很明显。如图 5-10 所示，拱顶下沉量测方法的具体步骤为：将水准仪安放在标准高程点和拱顶测点之间；水准尺底端抵在标准高程点上，并将水准尺调整到水平位置，然后通过水准仪后视水准尺记下读数为 $H_1$，前视普通钢卷尺记下读数 $H_2$，若标准高程点的高程为 $H_0$，则本次测试拱顶测点的高程为 $H_0+H_1+H_2$，两次不同测试的拱顶高程差即为两次间隔时间内的拱顶下沉。

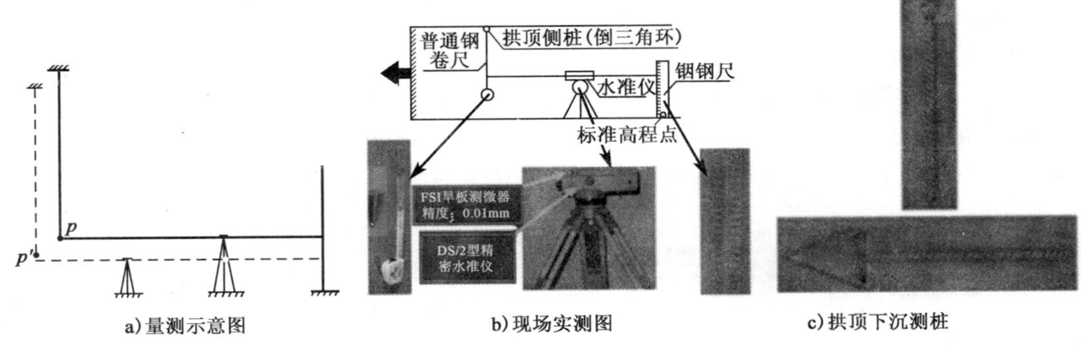


图 5-10 拱顶下沉量测原理

②高精度全站仪量测：采用一台全站仪可实现对拱顶下沉的量测，测量时在拱顶测点位置贴一反光膜，用全站仪测量测点处的标高来实现数据的采集。该法缺点是设备投入较大。

③收敛计量测法：该量测方法投入较少，操作简单，且仪器设备投入也少。数据采集及处理方法主要根据同一垂直平面内三角形勾股定理解方程即可求得拱顶下沉垂直位移值。采用此法的缺点是后期数据处理较多，可用计算机编程实现电算提高工作效率，实际

量测操作中主要是挂钩太困难。对三种方法综合评定后，推荐优先采用收敛计量测法。

（6）测试断面及测点埋设布置

如图5-11所示，拱顶下沉测试断面的设置要求与围岩周边位移布置在同一断面上，即布置在主量测断面上，测点布设在拱顶中心位置。根据不良地质、突水、洞口浅埋等及有特殊要求的停车、通道交叉地段或业主及监理认为有必要监控的地段，设置监控量测断面，在隧道拱顶设置测点，安设隧道拱部监测测点。测点应距开挖面2m的范围内尽快安设，并应保证爆破后12h内或下一次爆破前测读初次读数。如图5-12所示，在拱顶下沉预设点的量测断面，隧道开挖爆破以后沿隧道周边拱顶、拱腰和边墙部位分别埋设测桩，测桩埋设深度30cm，钻孔直径$\phi$42mm，用凿岩机钻孔后将耦合剂或快凝水泥或早强锚固剂置入孔中，最后将预埋件（测量锚杆）敲入，旋正收敛钩以便收敛计悬挂和观测，待凝固固定后即可进行量测，测桩头需设保护罩，测桩数量根据每断面测点数量确定并布置。

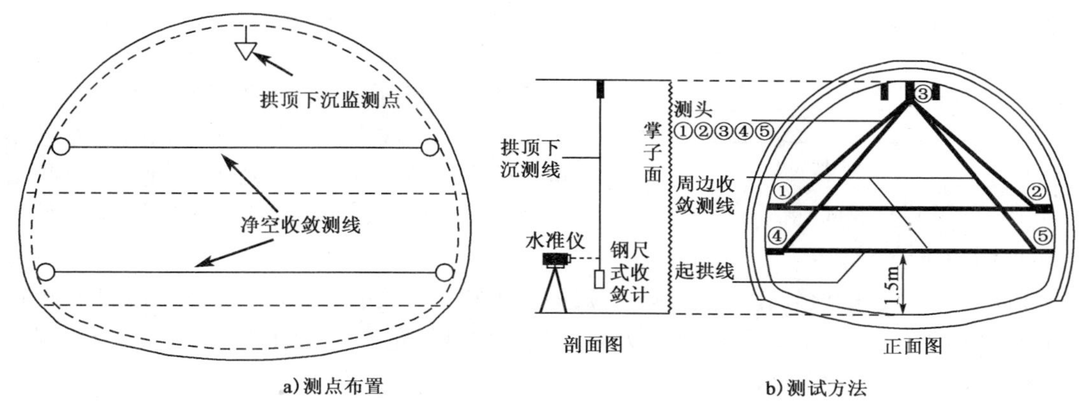


图5-11　拱顶下沉、周边收敛测点测线布置

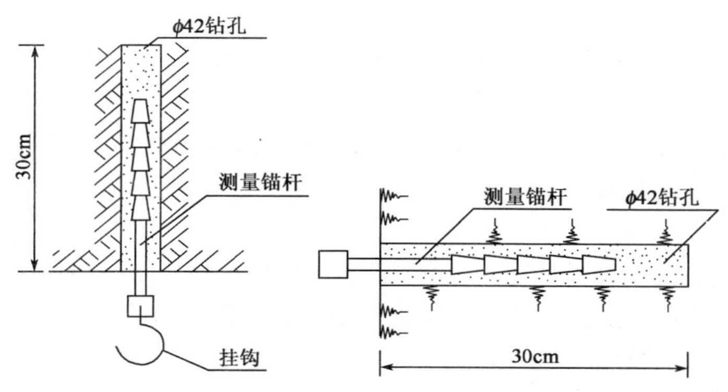


图5-12　测点锚桩埋设

分离式隧道：隧道埋深小于1倍开挖跨度时，沿隧道轴线方向每5m布设一个拱顶下沉测点，隧道埋深大于1倍开挖跨度而小于2倍开挖跨度时，沿着隧道轴线每10m设置一个拱顶下沉测点；隧道埋深大于2倍开挖跨度时，沿着隧道轴线每20m设置一个测点。

小净距隧道：对于Ⅴ级和Ⅳ级围岩，超前洞按照台阶法施工时，每断面1个测点；后续洞中隔壁法施作时，每断面设置 1 个观测点，后续洞外侧施作，每断面布置 1 个测点。对于Ⅲ、Ⅱ级围岩地段采用全断面开挖，拱顶下沉布置做相应的调整，一般每断面布置 1 个测点。

隧道拱顶下沉、周边位移监测测点布置如图 5-11 所示。对于采用分部开挖（包括中导洞 CD 法、CRD 法、侧壁导坑法）的，施工时各分部顶部应设置测点，如图 5-17 所示。

（7）量测资料整理与分析

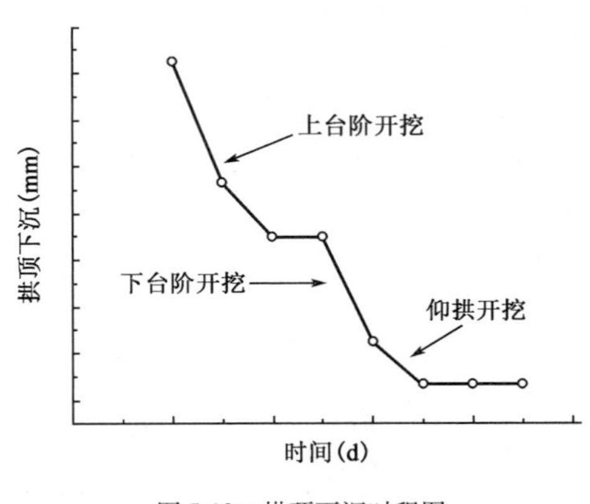


图 5-13　拱顶下沉时程图

测点埋设后，及时进行测量，测量出测点的初始高程 $H_0$，在施工过程中测出的高程为 $H_n$。则高差 $\Delta H = H_0 - H_n$ 即为拱顶下沉值。对监测结果进行分析，可以得出累计沉降、单次沉降等曲线，并可对曲线进行拟合，进而可以对其最终沉降做出预测，指导施工。根据量测的结果绘制时间—拱顶下沉曲线散点图，如图 5-13 所示。当沉降—时间曲线趋于平缓时，可选取合适的函数进行回归分析，预测最大沉降量。根据拱顶下沉总量以及下沉趋势，判断支护结构是否稳定、安全，支护参数是否合理。

3）周边收敛

隧道围岩周边各点趋向隧道中心的变形称为收敛。收敛值为隧道壁面两点在某一时间内的距离的变化量。设 $T_1$ 时的观测值为 $L_1$，$T_2$ 时的观测值为 $L_2$，则收敛值 $\Delta L = L_1 - L_2$，收敛速度 $\Delta V$（t）$=\Delta L/\Delta T$，其中，$\Delta T = T_2 - T_1$。

（1）量测的目的

①周边位移是隧道围岩应力状态变化的最直观反映，量测周边位移可为判断隧道地下空间的稳定性提供可靠的信息。

②根据变位速度判断隧道围岩的稳定程度，以便为二次衬砌提供合理的支护时机，指导现场设计与施工。

③判断初期支护设计与施工方法选取的合理性，用以指导设计及施工。

④对掌子面里程进行确认。

（2）量测内容

根据不良地质、突水、洞口浅埋等地段及有特殊要求的停车、通道交叉地段或业主及监理认为有必要监控的地段，设置监控量测断面，每个断面分别在侧墙和拱顶设置测点，利用收敛计或全站仪测量隧道周边某两点相对位置的变化。

测点应距开挖面 2m 范围内尽快安设，并应保证爆破后 12h 内或下一次爆破前测读初次读数。掌子面里程确认采用全站仪。其控制点应单独设置或可使用经监理批准的施工承包人布置的控制点。超欠挖采用断面仪量测，应在开挖后喷射混凝土前进行。

（3）量测仪器和测试方法

采用收敛计量测隧道周边位移，两次测量之差即为该壁周两点在该时间间隔内收敛值，量测精度为 ±0.01mm，周边收敛量测频率见表 5-4、表 5-5、表 5-6、表 5-7。

如图5-14所示，目前常用的多为数显式收敛计。仪器参数指标为：测量范围0.5～30m；数显示值0.5～30m；测量精度0.1mm；分辨率0.01mm；数显示值稳定度24h内不大于0.01mm；电源1.55V，氧化银纽扣电池SR44W 1节；外形尺寸410mm×100mm×35mm；质量0.9kg。量测方法：

①检查测点有无损坏或松动，并将测点灰尘擦除；

②将收敛计钢尺挂钩分别挂在两个测点上，顺时针调整调节螺母，直至钢尺收紧；

③读取数显读数及钢尺读数；

④每条测线重复测量3次，取平均值；

⑤当3次读数极差大于0.05mm时，应重新测试；

⑥测完后，转动调节螺母，摘下收敛计。

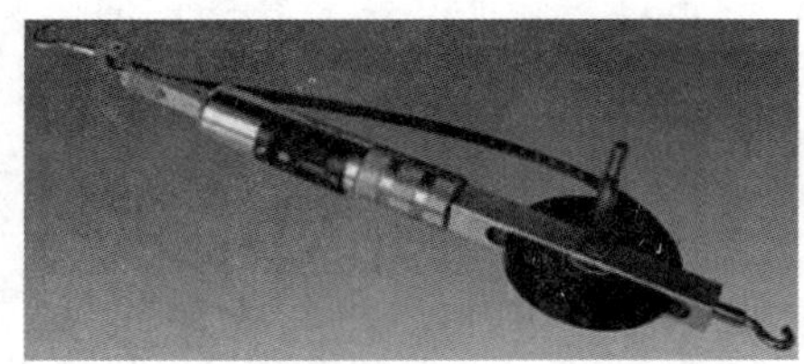

a)数显收敛计

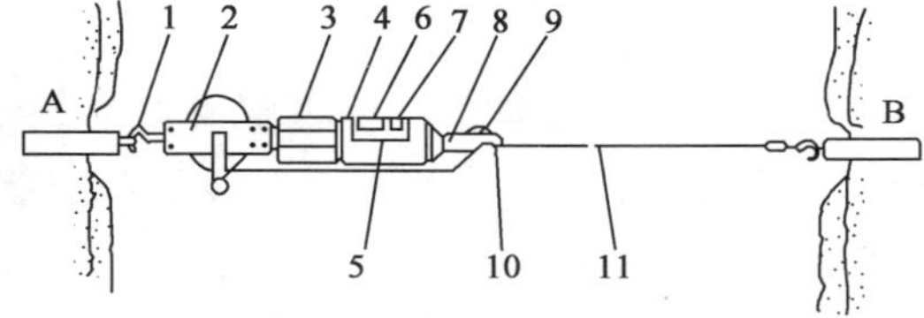



b)数显收敛计结构

图5-14　数显收敛计测试原理

1-钩;2-尺架;3-调节螺母;4-外壳;5-塑料盖;6-显示窗口;7-张力窗口;8-联尺架;9-卡尺;10-尺孔销;11-带孔钢尺

目前读数收敛计已基本不再使用，仪器原理与量测方法大体与数显收敛计相同。量测方法：将收敛计一端连接挂钩与测点锚栓上不锈钢环（钩）相连，展开钢尺使挂钩与另一测点的锚栓相连。张力粗调可把收敛计测力装置上的插销定位于钢尺穿孔来完成。张力细调则通过测力装置微调至恒定拉力为止。在弹簧拉力作用下使钢尺固紧，高精度的百分表可测出细调值。记下钢尺读数加上（减去）测微读数，即得到测点位移值，如图5-15所示。

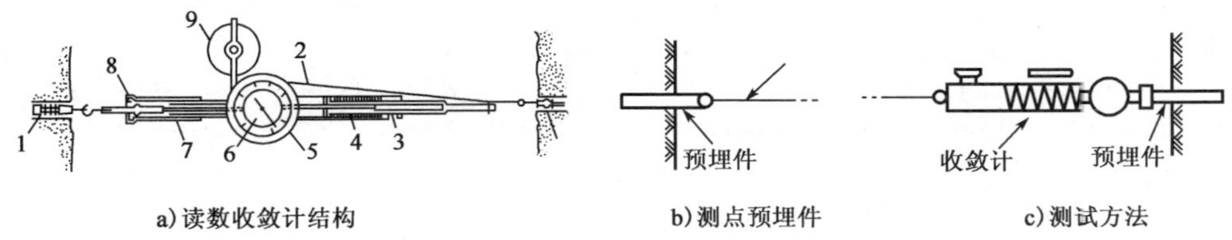



a)读数收敛计结构　　b)测点预埋件　　c)测试方法

图5-15　读数收敛计测试原理

1-锚固埋点;2-30m钢尺(2.5cm一孔);3-校正拉力指示器;4-压力弹簧;5-密封外壳;6-百分表(3cm量程);7-拉伸钢丝;8-旋转轴承;9-钢带卷轴

（4）量测断面及测点埋设布置

量测断面的确定应依据隧道施工技术规范相关内容和设计要求进行充分考虑，也要根据隧道设计类型、开挖方法、围岩级别等情况进行断面选择和测点测线的布置，同时遵循以下两原则：

①设计单位有指导意见的，按设计单位指导意见考虑布置；

②若设计单位没有指导意见的，按规范规定选择具有代表性的地段进行布置。

通常情况下，周边收敛量测是最基本的主要量测项目之一，要求量测断面布置在主测断面并且尽可能靠近掌子面，量测元件安设时，量测断面应在距开挖面 2m 范围内尽快安设，先在测点处用凿岩机或电钻在待测部位成孔，然后将耦合剂（锚固剂）置入孔中，最后将收敛预埋件敲入，旋正收敛钩尽量使两预埋件轴线在基线方向上，以便收敛计悬挂和观测，待凝固后，采用收敛计采集数据。Ⅴ级围岩沿衬砌中线 5～10m 设置一个测量断面；Ⅳ级围岩沿衬砌中线 10～20m 设置一个测量断面。

分离式隧道：采用正台阶法施工时，每断面至少 2 条测线，上、下台阶各 1 条测线；隧道埋深小于 1 倍开挖跨度时，通常断面测点间距 5m、10m；隧道埋深大于 1 倍开挖跨度而小于 2 倍开挖跨度时，断面测点间距 10m、20m；隧道埋深大于 2 倍开挖跨度时，测点间距 20m。

小净距隧道：对于Ⅴ级和Ⅳ级围岩超前洞室采用多台阶分步法开挖时，后续洞采用 CD 或 CRD 法开挖时，每断面 3 条测线，对于Ⅲ、Ⅱ级围岩地段根据开挖施工顺序，净空收敛测线布置做相应的调整，一般每断面 3 条测线。隧道埋深小于 1 倍开挖跨度时，测点间距 5m；隧道埋深大于 1 倍开挖跨度而小于 2 倍开挖跨度时，测点间距 10m；隧道埋深大于 2 倍开挖跨度时，测点间距 20m。

对于两车道隧道全断面开挖，每个量测断面设置 3～6 对测线，测桩分别布置在拱顶及两侧，测点布设如图 5-16 所示，公路隧道与铁路隧道大同小异，应根据断面面积大小选择测线数量，通常情况下，布设 5 个测点，4 条测线。对于三车道公路隧道可适量增加测线。台阶法开挖，应随开挖分步布置监测点，其测点布置原则同全断面开挖，如图 5-16b）所示，上断面开挖时，先对上面 3 条测线进行测量，下断面开挖时，对图示水平测线进行测量即可。

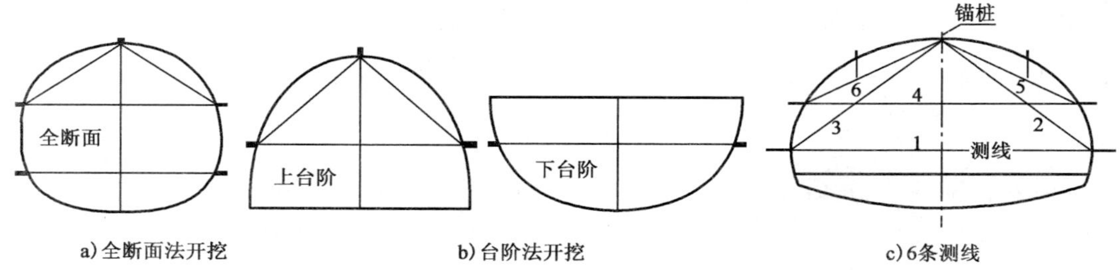


图 5-16　周边收敛测点测线布置

对于采用中导洞、CD、CRD、侧壁导坑法开挖的，在顶部及两侧布置 3 对测线，如图 5-17 所示。其他部位开挖后应随时布设拱顶测点，并同两侧测点组对监测。对于双连拱隧道，正洞开挖时测点布置在中隔墙上。

（5）量测数据整理与分析

拱顶下沉、周边收敛数据处理时，要做到如下几个方面：

对量测数据进行回归分析时，一般同时采用对数函数、指数函数、双曲函数进行回归分析并通过对比推算最终位移，在推算最终位移时采用三个函数中回归精度（拟合程度）较高的一个函数，不同测点的回归函数可能不同。最后再做拱顶下沉及周边收敛的位移与时间变化曲线，即 $U$-$t$ 曲线；同时还要给出位移速率与时间变化曲线，即 $V$-$t$ 曲线。

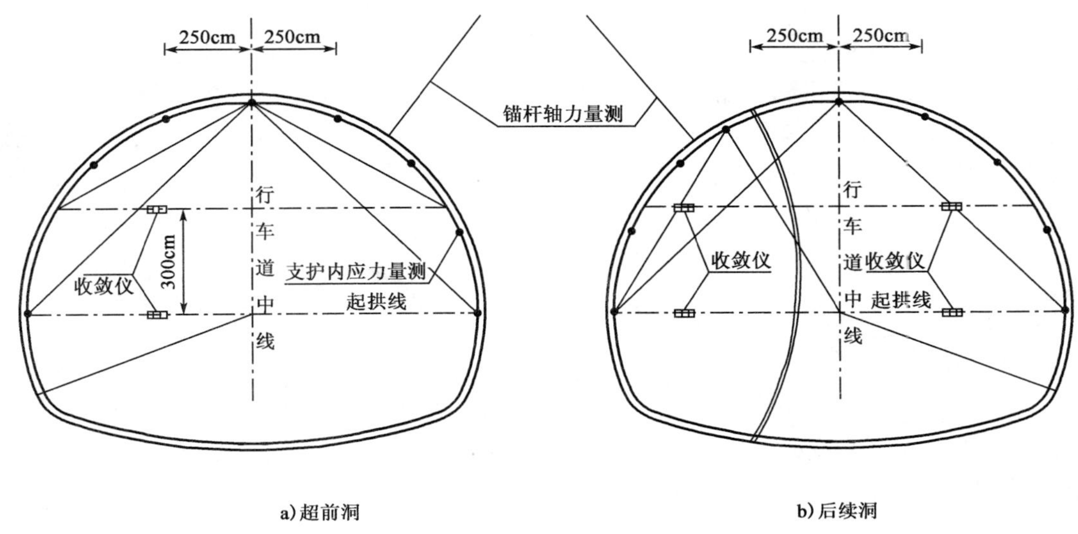


图5-17　超前导洞开挖周边收敛测点测线布置

在数据处理前要做温度修正，温度修正的方法把每天量测时的温度都改在第一天量测时温度的代表值，也可以把所有的测量值都改到标准温度20℃，以保证测量数据相减时基准相同，有可比性。

拱顶下沉可以采用水准点进行测量，但该方法要注意定期对洞内所埋设水准点与洞外基准点进行联测，防止由于隧道开挖引起洞内水准点位移变化所带来的测量影响。现场为了操作方便及减少测量误差，一般采用收敛计法，把拱顶下沉点与周边收敛测点布设在同一横断面进行测量，最后采用高斯定理进行相关计算后，可间接实现拱顶下沉量测。

周边收敛和拱顶下沉监测成果分析结论，是指导隧道信息化施工安全的重要依据。对于监测成果在排除测量误差引起的 $U$-$t$ 和 $V$-$t$ 曲线的突变后，发现曲线有突变和反弯点时，要加强观测频率，同时要加强现场支护效果观测，注意现场的支护是否有开裂、起皮、剥落等现象，若存在这些现象，则要预警施工方注意工艺控制和工序调节，并作适当加强支护工作，控制变形引起的施工破坏和不安全因素。

4）地表沉降

（1）量测的目的

隧道浅埋段多位于土质或软弱围岩处，施工时一般会产生较大的地表下沉。浅埋隧道开挖时可能会引起地层沉陷而波及地表。为了评判隧道的围岩稳定性和支护效果，地表下沉量测对浅埋隧道的施工十分重要。另外，地面有建（构）筑物需对地表沉降控制要求严格时，也应进行地表下沉量测。地表下沉量测的目的如下。

①掌握地表沉降的范围以及下沉量的大小。

②掌握地表沉降量随工作面推进的变化规律。

③须测地表沉降稳定的时间。

（2）量测方法及测试仪器

用精密水准仪量测，地形高差变化很大时（5m 范围内地形高差超过 2m），其量测精度为 ±1mm，此时也可采用高精度全站仪近距量测。在地形平坦地区，其量测精度为 ±0.1mm。地表监测基点为标准水准点（高程已知），监测时通过测得各测点与水准点（基点）的高程差 $\Delta H$，可得到各监测点的标准高程 $\Delta H_t$，然后与上次测得的高程进行比较，差值 $\Delta h$ 即为该测点的沉降值，如图 5-18 所示。地表沉降采用闭合测量法，有利于检查是否有误，当闭合差超过 3mm 时，须重新量测；在地形较陡、视线不通视的地段，一站不能完成测量，可设置转点。

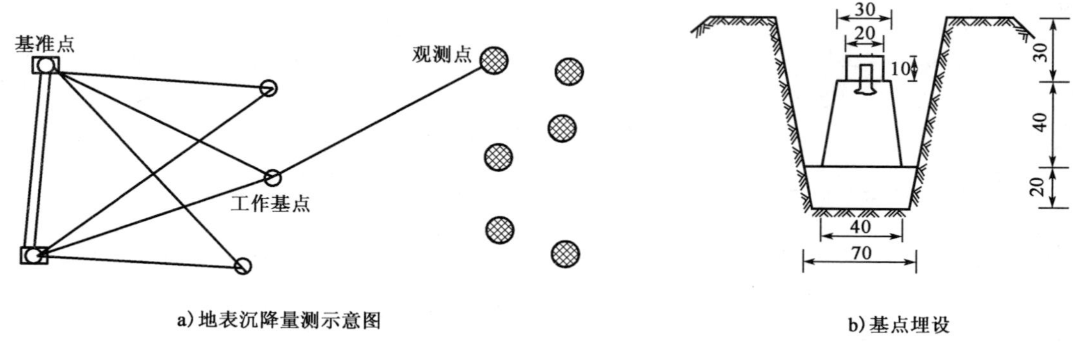


图 5-18　地表沉降测量原理（尺寸单位：cm）

（3）量测频率

同隧道拱顶下沉、周边收敛量测频率，见表 5-4、表 5-5、表 5-6、表 5-7。

（4）量测断面及测点布置

地表沉降监测断面布设原则如下：

①隧道围岩覆盖层厚度小于 40m 的 Ⅳ 级、Ⅴ 级围岩隧道，应进行地表沉降量测，每端洞口至少设置 1 个观测断面；浅埋隧道和隧道洞口段常位于软弱破碎的围岩中，每个隧道至少布置 2 个断面；若出现不良地质情况，要加设监测断面；当现场地形陡峭或有树木遮挡时应作适当调整。

②根据图纸要求或监理工程师指示，在施工过程中可能产生地表塌陷之处设置观测点，地表下沉观测点按普通水准点埋设；参照标准水准点埋设方法，在预计破裂面以外 4 倍洞径处设置 2 个临时水准基点，作为各观测点高程测量的基准；临时水准点应埋设在通视条件良好的隧道两侧稍远区域且不受隧道开挖下沉影响的稳固地点，所有测点应和基点联测以取得原始高程。

③地表沉降观测点尽量布置在洞内净空变化量测基准线和拱顶下沉测点所在的断面上；每个断面测线与隧道中心线垂直，埋设测点时，中心监测点设在隧道轴线的地表位置，其他监测点沿中心线对称布置，测点间距由中心监测点开始至距离隧道轴线较远侧由密至疏布置，相邻两测点间的距离为 2 ~ 5m，根据地形可布置 7 ~ 11 个测点，宽度为：$W = B$（开挖宽度）$+0.5H$（两侧埋深的一半）。单洞隧道布置如图 5-19 所示。

④量测断面纵向间距（隧道中线方向）：通常情况下，在浅埋段每 10 ~ 30m 选择有代

表性的地段，布设地表下沉主断面，每断面 11 个测点。当埋深 $h < D$（$D$ 为隧道直径）时，量测断面纵向间距一般为 5 ~ 10m，每个隧道至少两个断面；当埋深 $h > 2D$（$D$ 为隧道直径）时，量测断面纵向间距一般为 20 ~ 50m；当埋深 $D < h < 2D$ 时，量测断面纵向间距一般为 10 ~ 20m。

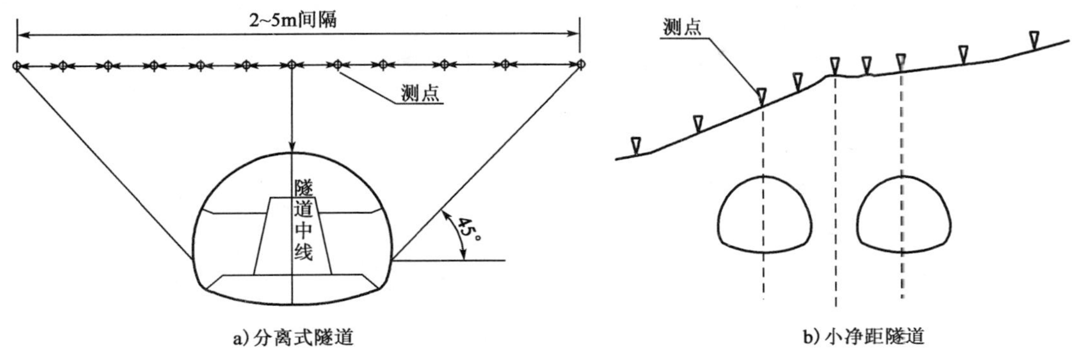


图 5-19　地表沉降测点测线布置示意图

地表沉降监测断面上的测点埋设原则如下：

①基点埋设在隧道开挖 3 ~ 5 倍洞径外的区域，参照标准水准点埋设方法埋设 2 个基点，以便互相校核，所有基点应和附近水准点联测取得原始高程。

②在测点位置开挖长度、宽度、深度均为 200mm 的方形坑，然后放入地表测点自制预埋件，测点四周用混凝土填实，待混凝土凝固后即可量测。

③采用高精度水准仪观测要坚持四固定原则：施测人员固定、测站位置固定、测量延续时间固定、施测顺序固定。从地表设点观测，根据下沉位移量判定开挖对地表下沉的影响，以确定隧道支护结构的稳定性。

（5）量测数据整理与容许下沉值

量测数据整理分析时，要画现场测点布设示意图，用水准测量的数据处理方法处理测量数据；同时做出监测点的累计位移统计表，并作出位移随时间的变化曲线，即 $U \sim t$ 曲线；现场监测及数据处理时可采用相对坐标体系，不一定采用大地坐标中的国家标准高程。为表述方便可作统一规定：“+”表示地表向下沉降，即测点高程逐渐减小；“-”表示地表向上位移，即测点高程逐渐增大。

通过对地表沉降量测数据的分析处理，可得到如下结论和信息反馈建议。

①图 5-20、图 5-21 所示，绘制每一横断面沉降槽（最大沉降量）—时间关系曲线、每一横断面最大沉降量—开挖面距离关系曲线，每一纵（横）断面沉降槽垂直位移回归分析曲线等。从两曲线图中可以看出地表下沉与时间的关系，以及最大下沉量产生的部位等，根据沉降规律判断围岩稳定状态和施工措施的有效性。

②当位移（距离）—时间曲线趋于平缓时，可选取合适的函数进行回归分析，预测最大沉降量，应据此求出隧道结构初期支护及二次衬砌上的最终荷载，以及对结构的安全做出正确的判断。同时根据主断面地表沉降情况绘制横断面沉降槽，判断施工影响范围、最大沉降坡度、最小曲率半径、土体体积损失等。

③当地表沉降达到 20 ~ 40mm 时，要加强监测频率，必要时向业主、施工单位发出预

警报告。当发现地表位移量持续增大或下沉速度无稳定趋势时，对隧道内结构应采取补强措施：如增加喷射混凝土厚度，或加长加密锚杆，或加挂更密更粗的钢筋网；提前施作二次衬砌，要求通过反分析校核二次衬砌强度。

④如果地面有建筑物，则最大下沉量的控制标准，应根据地面结构的类型和质量要求而定，一般为1～2cm。在变弯点处的地表倾斜应小于结构的要求，一般应小于1/300。根据回归分析，如果地表下沉量超过上述标准，应采取措施。

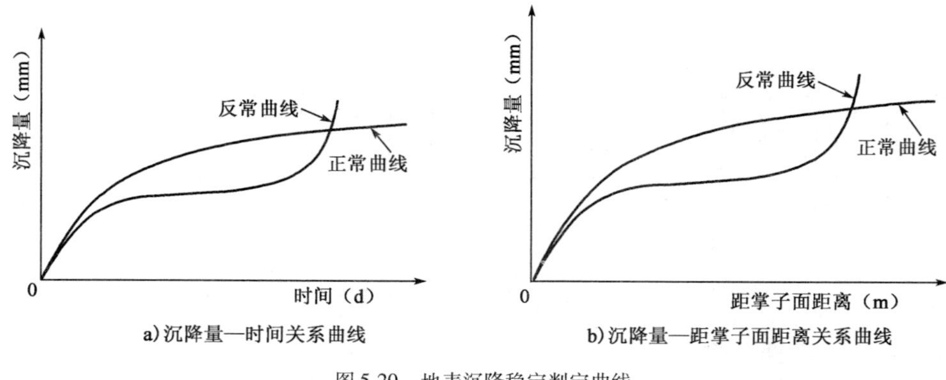


图5-20　地表沉降稳定判定曲线

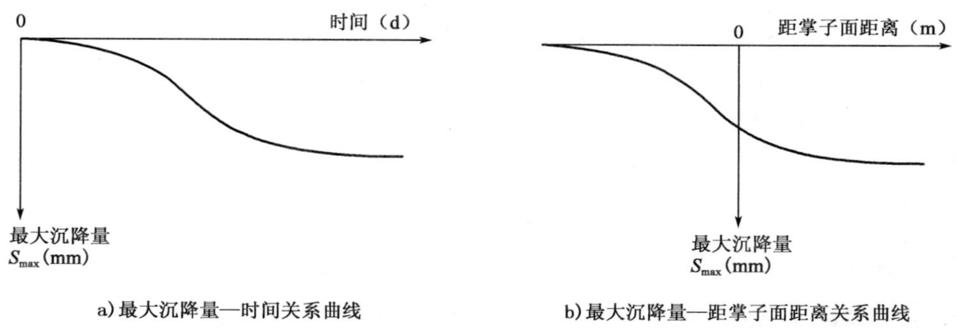


图5-21　地表沉降横断面最大沉降量变化曲线

5）锚杆抗拔力

（1）量测的目的

锚杆抗拔力是指锚杆能承受的最大拉力，它是锚杆材料、加工与施工安装质量优劣的综合反映。锚杆抗拔力的大小直接影响着锚杆的作用效果，如果抗拔力不足会使锚杆起不到锚固围岩的作用，所以锚杆抗拔力的量测是检验锚杆质量的一项基本内容，为新奥法监控量测项目的必测项目。锚杆抗拔力试验目的如下。

①确定锚杆的锚固力大小是否符合设计要求。

②判断所使用的锚杆长度是否适宜。

③检查锚杆安装质量和锚固质量。

④判定隧道围岩的可锚性，评价锚杆、树脂、围岩锚固系统的性能和锚杆的锚固力。

（2）测量仪器及测试方法

测量采用的试验工具与设备主要是锚杆拉力计（量程＞200kN、分辨率≤1.0kN）、锚杆拉拔仪等。拉拔试验在锚杆安装后0.5～4.0h进行。时间过短影响锚固剂固化后的强度，时间过长则因隧道围岩发生变形影响测量结果。

如图5-22所示，安设仪器时，确保锚杆拉力计油缸的中心线与锚杆轴重合。试验前，检查手动泵或电动泵的油量和各连接部位是否牢固，确认无误后再进行试验。试验由两人完成，分别负责加载和记录。试验时应缓慢均匀地操作手动泵压杆。当锚杆出现明显位移时停止加压，记录锚杆拉力计此时的读数，即为拉拔力试验值。

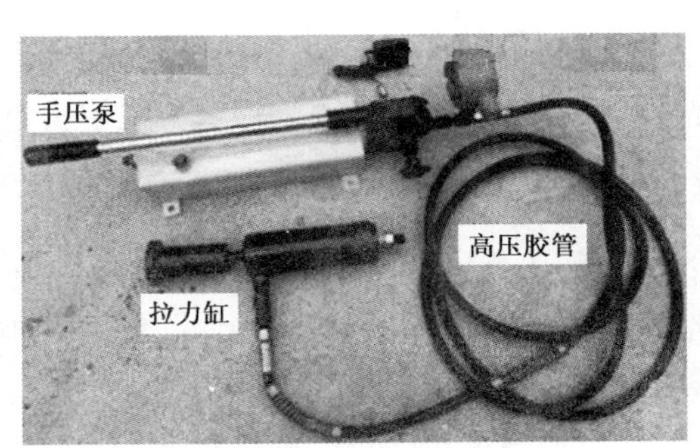

a）锚杆拉力计

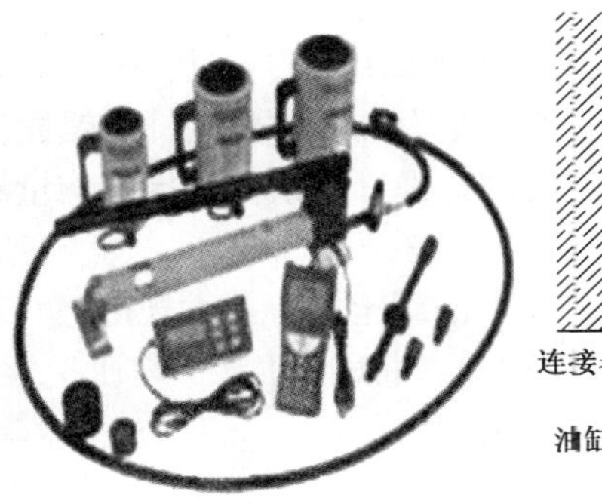
b）锚杆拉拔仪

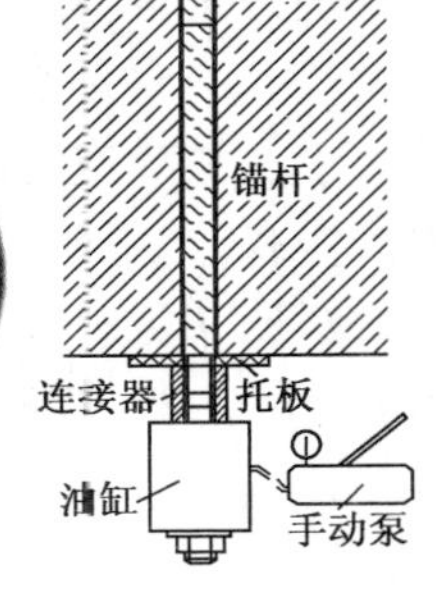

c）锚杆拉拔力试验示意图

图5-22　锚杆拉拔力试验

①试验准备工作：

a. 锚杆拉拔力试验前，需在具有相应资质的实验室对仪器进行标定。

b. 现场加工一块铁（钢）垫板，中间孔径不小于锚杆直径，一侧带有凹槽，凹槽长度、宽度、厚度稍大于锚杆垫板的相应尺寸。

c. 测试时，将预先加工的垫板放在锚杆垫板上，其带有凹槽的一面朝向岩石墙面。

②试验步骤：

a. 把锚杆测力计接头与待测锚杆的外露端拧到锚末端，再套上拉力缸，使活塞向外，然后拧紧螺母。

b. 拉拔仪百分表归零，然后人工上下摇动手压泵手柄，使油泵压力逐渐升高，用力要均匀，不能用力过猛，当压力表上的读数达到所要求的数据后，停止摇动手柄。

c. 手压泵必须摆成水平位置工作，检测完毕后，卸压收好仪器。

d. 量测结束后，填写锚杆拉拔测试报表，根据锚杆拉拔试验的油泵压力与试验标定数据或曲线即可换算出锚杆拉拔力，锚杆拉拔力最大值根据设计提供值确定。

③试验注意事项：

a. 锚杆拉拔计在试验过程中应固定牢靠。

b. 锚杆拉拔时应缓慢地逐级均匀加载，直到锚杆滑动或杆体破坏为止，并作详细记录。

c. 拉拔锚杆时，拉拔装置下方各两侧禁止站人。

d. 拉拔过程中设专人监视顶板，以保证操作人员安全。

e. 测试锚杆按规定比例测试，选择好测试点后不得做破坏性试验。

f. 拉拔合格的锚杆要挂好合格标签，如发现不合格锚杆要按规定补打后再进行测试。

g. 拉拔时严禁有人通过，两边做好警戒工作，以防止工具脱落伤人。

h. 测试结束后要将锚杆螺母拧紧并保管好设备。

（3）测点布置

锚杆安设后每安装300根或向前掘进100m，需抽三组锚杆进行抗拔力试验，每组抽样方法是拱顶锚杆2根，边墙或侧墙锚杆1根；围岩变更或材料变更时另选一组进行试验。

（4）锚杆拉拔试验数据分析与质量判定

锚杆拉拔力试验要采用专用的试验记录表，记录现场的仪器拉拔值，并与设计拉拔力相比较，确定是否满足设计要求。锚杆的锚固质量、试验时的加载方法、每级荷载增长值的大小、加载速度的快慢等因素都直接影响量测结果的准确性，因此量测试验必须符合试验操作要求。

根据《锚杆喷射混凝土支护技术规范》（GB 50086—2001）、《煤矿须应力锚固施工技术规范》（MT/T 879）、《煤矿井巷工程质量检验评定标准》（MT 5009—1994）等规定的锚杆质量合格判定条件为：

①同组锚杆锚固力或拉拔力的平均值应大于或等于轴向拉力设计值（kN），即PAn≥PA。

②同组单根锚杆的轴向锚固力或拉拔力不得低于设计值的90%，即 $PA_{min}$≥0.9PA。

式中：PAn——同批试件抗拔力的平均值，kN；

PA——锚杆设计锚固力，kN；

$PA_{min}$——同批试件抗拔力的最小值，kN。

### 5.2.2 选测项目技术要点

选测项目是必测项目的拓展和补充。对特殊地段、危险地段、有代表性的地段、特殊意义（比如科学研究目的）地段进行补充量测，以求更深入地掌握围岩的松动范围和稳定状态以及喷锚支护的效果，为未开挖区段的设计与施工提供参考信息，同时为指导其他项目的设计和施工积累现场资料。因此，在实际工作中，除了有特殊量测任务的地段外，一般根据需要选择其中一些必要的项目进行量测。总体来讲，选测项目安装埋设比较麻烦，量测项目较多、时间长、费用较高，但可为设计变更提供依据，工程竣工后还可以进行运营期的长期观测。

对于锚杆内力、钢拱架内外力、围岩内部压力以及围岩内部位移等的监测，可采用人工定期监测，也可采用无线传输实时监控。无线传输实时监控系统主要包括以下四个部分：应力应变监测单元、监测数据采集单元、无线数据发送单元和监控中心计算机，如图5-23、图5-24所示。

下面重点讨论选测项目人工定期现场监测的技术要点。

1）仰拱隆起量测

（1）量测的目的

隧道仰拱隆起量测用于判定仰拱部位围岩的稳定情况，为仰拱施作时间提供依据。

（2）量测仪器及测试频率

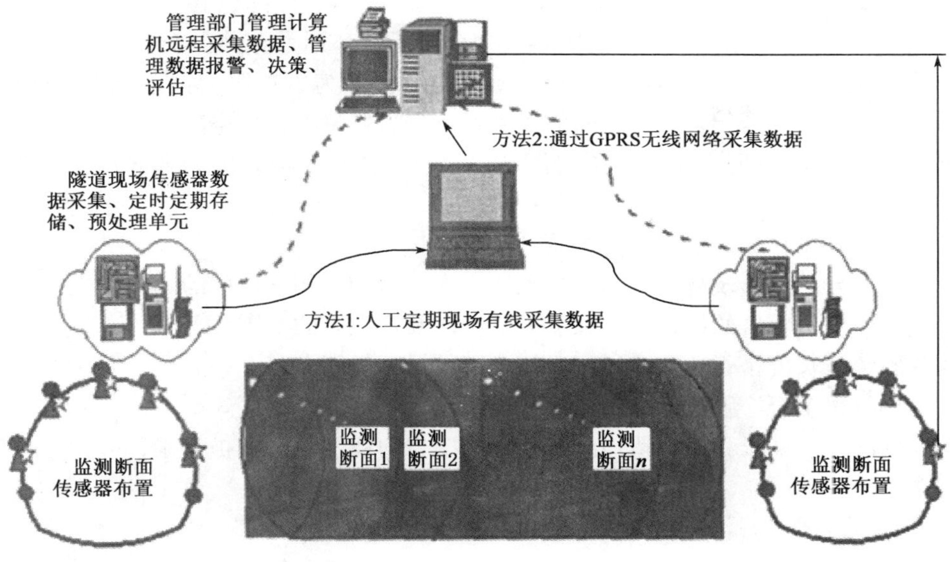


图 5-23　隧道无线传输监控示意图

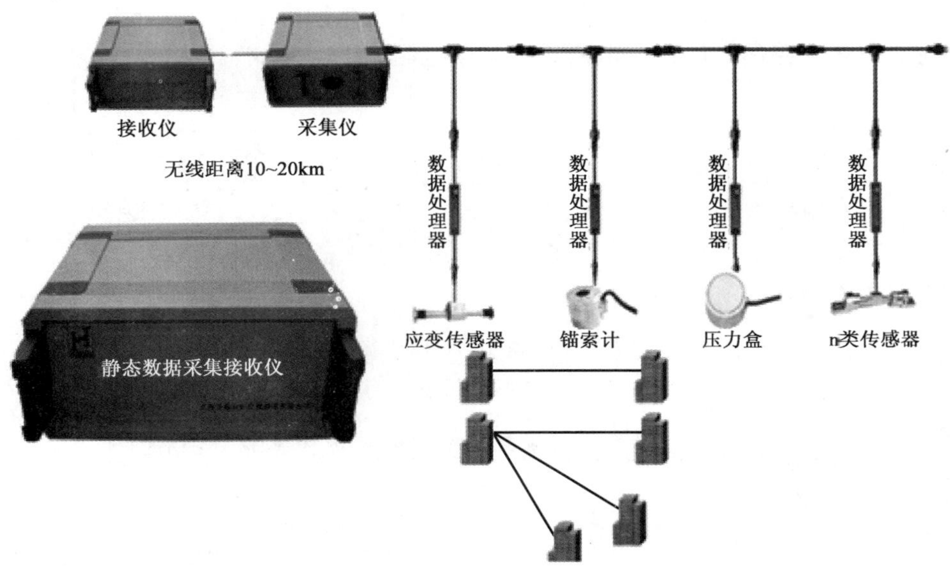


图 5-24　隧道无线监控系统组成原理

根据施工图设计，V 级围岩每 15 ~ 20m 设置一个测点，IV 级围岩每 20 ~ 40m 设置一个仰拱隆起监测点。当下台阶开挖时，在监测断面中心处牢固埋设短钢筋或短锚杆作为观测点，用精密水准仪测量其相对高程，计算高程变化值（隆起量变化值），从而判定围岩的稳定情况。

2）围岩体内部位移量测

（1）监测的目的

围岩内部各点的位移是围岩动态表现，它能反映围岩径向位移分布、围岩内部松弛程度和范围大小，是判断围岩稳定性的一个重要指标，通过监测及分析，可以验证隧道施工时设计锚杆长度是否能够确保施工及结构安全。为了探明支护系统上承受的荷载，进一步研究支架与围岩相互作用之间的关系，不仅需要量测支护空间产生的相对位移（或空间断面的变形），而且还需要对围岩深部岩体位移进行监测。围岩内部位移量测的目的主要有：

①确定围岩位移随深度变化的关系。

②找出围岩的变形及移动范围，深入研究支护与围岩相互作用的关系。

③判断开挖后围岩的松动区、强度下降区以及弹性区的范围。

④判断锚杆长度是否适宜，以便确定合理的锚杆长度。

⑤判别隧道围岩松弛范围，优化锚杆设计参数。

⑥判别浅埋、偏压和强构造地质体中隧道围岩的稳定性和支护效果，确保工程质量和施工安全。

（2）监测仪器及量测方法

围岩内部位移量测仪器，主要采用洞内埋设振弦式多点位移计来实现。从目前国内外对围岩内部位移量测的现状来看，多点位移计根据测点锚固方式可以分为弦式（钻孔伸长计、引伸计）和杆式（杆式多点位移计）两类；根据数据采集方式可分为机械式（百分表、数显百分表、游标卡尺）和电测式（差动电阻式、电感式、振弦式等），如图5-25、图5-26所示。

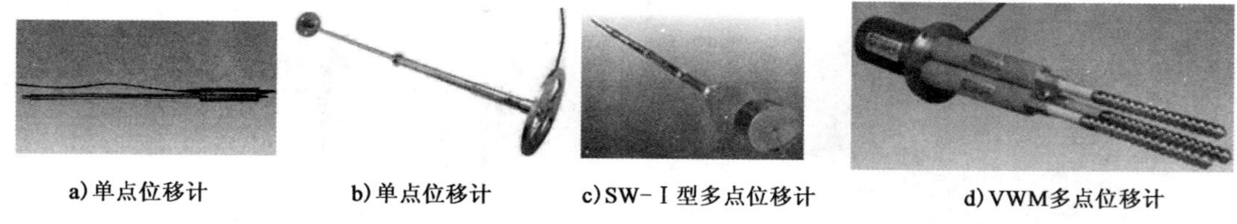

a）单点位移计　b）单点位移计　c）SW-Ⅰ型多点位移计　d）VWM多点位移计

图5-25　围岩体内部位移量测仪器类型

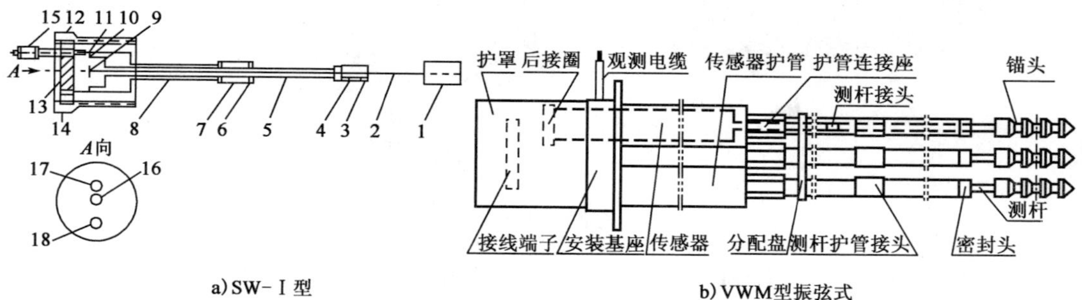


a）SW-Ⅰ型　b）VWM型振弦式

图5-26　多点式位移计结构图

1-深度测点锚头；2-深度测点传递杆；3-中部测点挡圈；4-中部测点锚头；5-中部测点传递杆；6-浅部测点挡圈；7-浅部测点锚头；8-浅部测点传递杆；9-深部测点端头；10-中部测点端头；11-浅部测点端头；12-孔口套筒；13-基准面板；14-收敛测点；15-测量百分表；16-浅部点量测孔；17-排气孔；18-灌浆孔

VWM 型振弦式多点位移计主要由位移传感器及护管、不锈钢测杆及 PVC 护管、安装基座、护管连接座、锚头、护罩、信号传输电缆等组成。其工作原理：当被测结构物发生位移变形时将会通过多点位移计的锚头带动测杆，测杆再拉动位移计的拉杆产生位移变形。位移计拉杆的位移变形传递给振弦转变成振弦应力的变化，从而改变振弦的振动频率。电磁线圈激振振弦并测量其振动频率，频率信号经电缆传输至读数装置，即可测出被测结构物的变形量。

量测方法：可采用振弦式多点位移计，如图 5-26 所示，其由两大部分组成：一是洞内埋入部分，为机械式多点位移计；二是洞壁接收仪器（测频仪），由测头、测量电缆、接收系统和绕线盘等组成。围岩内部位移量测的每个断面设置在拱顶、左边墙和右边墙三个部位。首先采用钻机成孔，孔直径不小于 76mm，成孔后将导管缓慢地放入孔中，直到最底部观测点位置，然后再用专用工具依次将锚头埋入设计的位置，并进行灌浆锚固，在洞壁对传输电缆线进行保护。隧道开挖完成后，尽早采集位移计的初始读数，根据测试数据的变化调整测试频率，直到测量读数已经稳定，可不再监测该点或该断面。

（3）量测频率

量测频率与同一断面其他选测项目量测频率相同，见表 5-4。

（4）量测断面及测点布置

量测断面及测点布置原则如下：

①多点位移计一次性测试元件价格昂贵，且埋设非常繁琐，因此典型量测断面应设在有代表性的地质地段；量测断面尽可能靠近掌子面，及时安装并测取读数。

②在浅埋、偏压和强构造不均质岩体中，围岩内部位移两侧断面应与周边位移断面同步进行。一般在隧道量测跨度最大的部位进行围岩内部位移测试，在同一量测断面上，周边位移、围岩内部位移、锚杆轴力以及包括接触应力在内的衬砌内应力、表面应力等量测项目均应同时进行。

③每一测点，需选择量测几种不同深度的围岩内部位移，以确定围岩内部松弛范围。围岩内（洞内设点）测点的布置，一般要求每 30 ~ 100m 布设一个量测断面，每断面 2 ~ 11 对测点。如图 5-27a）所示，为了测试全断面围岩松弛范围，可选择在拱顶、两侧拱腰、两侧拱脚和两侧边墙 5 ~ 7 个部位埋设传感器元器件，采用 4 点杆式多点位移计量测，一个断面共 20 个测点。

④如图 5-27 所示，采用 4 点杆式多点位移计监测时，在每一量测断面的拱顶、拱腰和边墙布设 3 ~ 5 组测点，考虑现场测量条件，在拱顶测点可采用钢弦式 4 点位移计（1.5m、2.0m、2.5m、3.0m），边墙测点采用机械式 4 点位移计（0.9m、1.8m、2.7m、3.5m）。

（5）测点的埋设

测点的埋设步骤如下：

①在预定量测部位，采用直径 $\phi$40mm 钻头钻孔，孔深由设计锚杆长度确定（等于锚杆长度），钻孔要求平直，并用水冲洗干净。

②在钻孔中装入锚固剂，装入深度约为孔深的一半；装入多点位移计，外露基岩面约 40cm，要大于喷射混凝土厚度（10cm）。喷射混凝土时注意对多点位移计测头、拱顶多点位移计电缆采取保护措施，喷射混凝土完工后，及时清理测头上的混凝土，以便量测。测

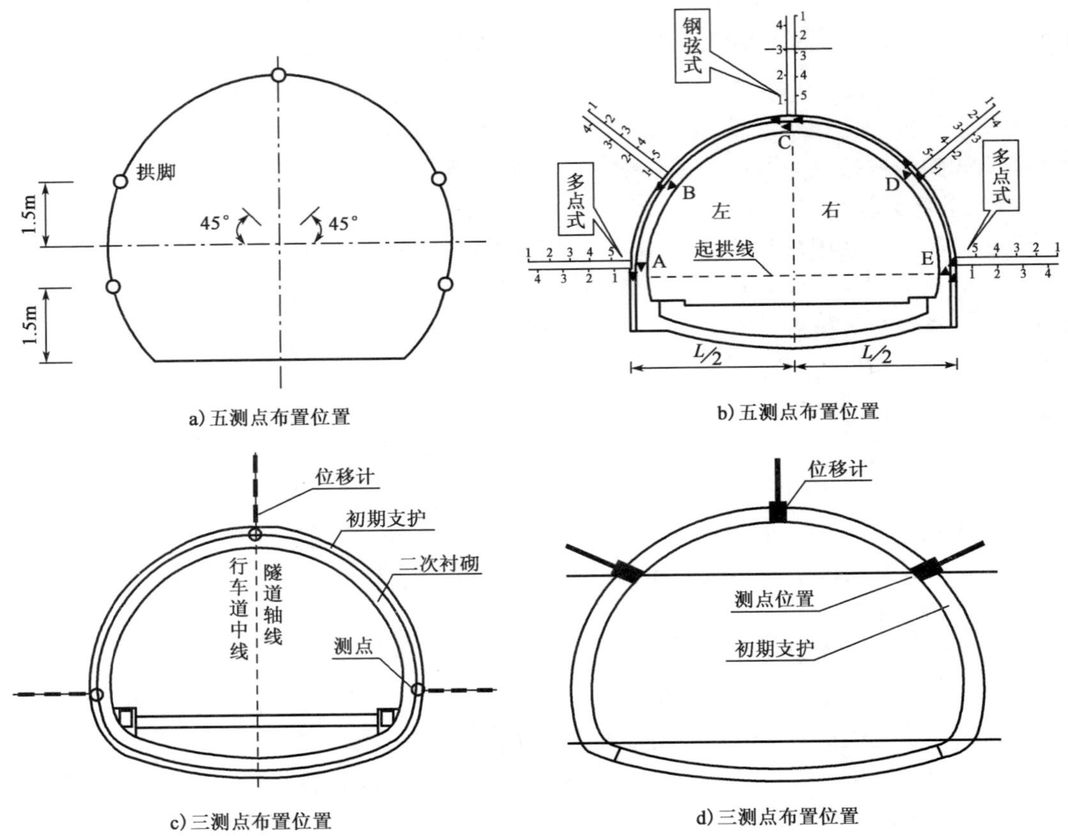


图 5-27 多点式位移计测点布置图

点离开挖面很近时，须采取防护措施防止爆破飞石损坏电缆及测筒。

③测初读数（采用百分表测读时，应每次打开盖板），为保证读数的稳定性，第一次读数的建立应不小于 24h；开始阶段每天至少一次测读，按照量测频率进行。钢弦式的多点式位移计采用频率计读数，机械式的多点位移计采用百分表测读。然后根据实际位移与读数的标定系数回归方程，即可算出钻孔内围岩 4 点测点的实际位移。

多点位移计的埋设方法如下：

①如图 5-28 所示，可分为正向埋设和反向埋设。多点位移计出厂时传感器固定在基座上是以正向埋设方式装配的，此时传感器露出基座上边的部分（$X$）处在最高位，传感器拉杆量程（$Y$）处于最大量程位置，如图 5-29 所示。

②多点位移计正向埋设（向下）时，排气管从多点位移计安装基座旁边引出，排气管伸进孔内 1 ~ 2m 即可。灌浆管也是在多点式位移计安装基座的旁边伸进钻孔内，一般直通到孔底，达到测杆锚头的下部。

③多点式位移计反向埋设（向上）时，排气管应与测杆一起安装，其长度应比最长的测杆锚头长出 20cm 以上，以保证注浆使空气能完全排出。灌浆管在多点位移计安装基座旁边伸进孔内，其深度伸进孔内 1 ~ 2m 即可。排气管采用小口径无接头能承受一定压力的长塑料硬管为宜。

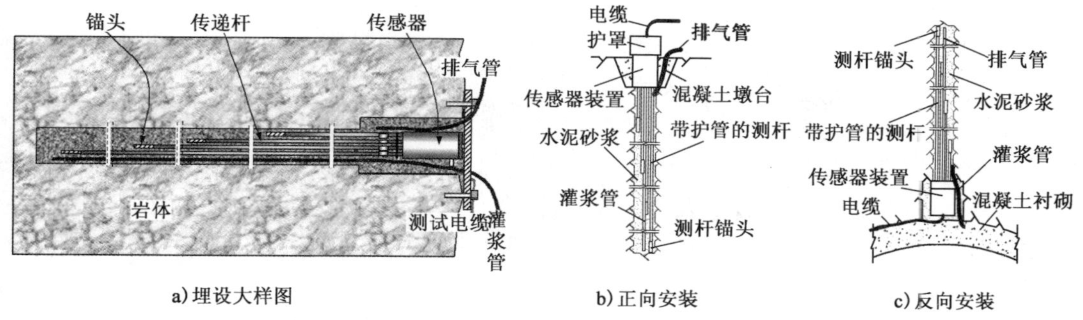


图 5-28　多点式位移计的埋设和安装

④多点位移计安装完成后应尽快灌浆，以防孔中有破碎岩石掉块或泥沙固结，从而影响灌浆的顺利进行。灌浆过程中排气管内会不断有空气排出，当排气管中开始回浆时表明灌浆管已满，此时可拆除灌浆设备，堵住灌浆管和排气管。由于多点位移计安装有正向埋设和反向埋设之分，因此灌浆也分为孔口灌浆和孔底灌浆两种方式。

（6）多点位移计的安装

位移传感器和基座的安装：多点位移计出厂时传感器以及护管和护管连接座均已安装在基座上，观测电缆也已接好，安装埋设时只需连接测杆、护管、锚头等附件即可使用，如图 5-29、图 5-30 所示。

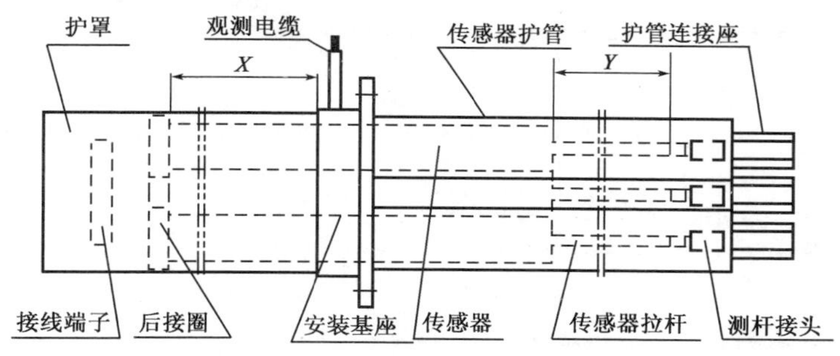


图 5-29　多点位移计基座部分出厂装配示意图

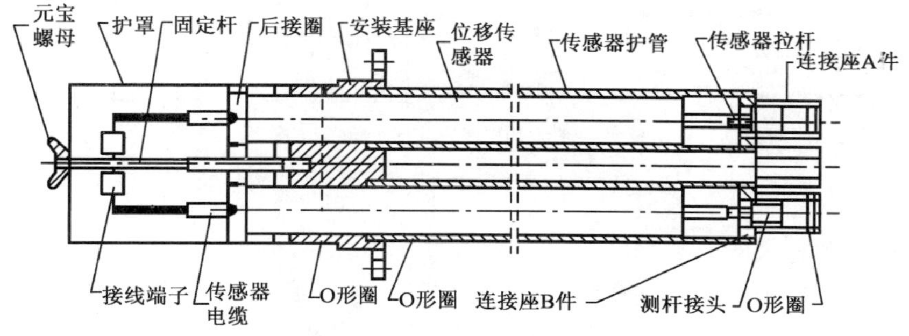


图 5-30　位移计与安装基座组装示意图

测杆、护管、锚头等附件安装：

①安装前应首先核对设计测量点数及各点深度，根据各测点的测量深度配备 $\phi$6mm 不

锈钢测杆和 $\phi$16mmPVC 护管的长度。

②测杆分为 0.5m、1m、1.5m 三种长度，一般以 1.5m 的测杆为主，0.5m 和 1m 的测杆用于调配测杆总长度。护管为 1.5m 标准长度，安装时可自由裁成需要的长度。

③多点位移计组装时首先分别将各点第一节测杆和传感器拉杆连接，当各点第二节测杆与第一节测杆连接完成后，穿入各点第一节护管，护管的一头插入护管连接座，另一头与下一节护管连接，其后套入分配盘。依次连接各点的测杆和护管到各自规定的长度为止，测杆要比护管长一点。测杆和测杆连接用测杆接头连接并旋紧，护管和护管连接用护管接头带 PVC 胶连接牢固，如图 5-31 所示。

④当各测杆和护管接长到规定长度后，分别安装护管密封头和锚头。护管密封头穿过测杆，外圆处涂 PVC 胶插入护管尾部固定。锚头直接旋在测杆尾部即可使用，如图 5-32 所示。

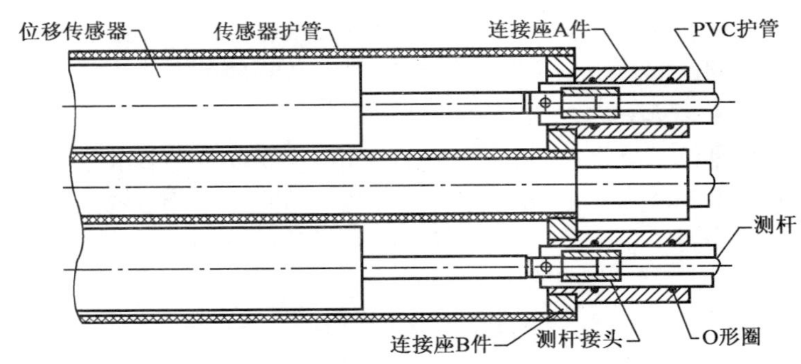


图 5-31　测杆和测杆、护管与传感器的连接示意图

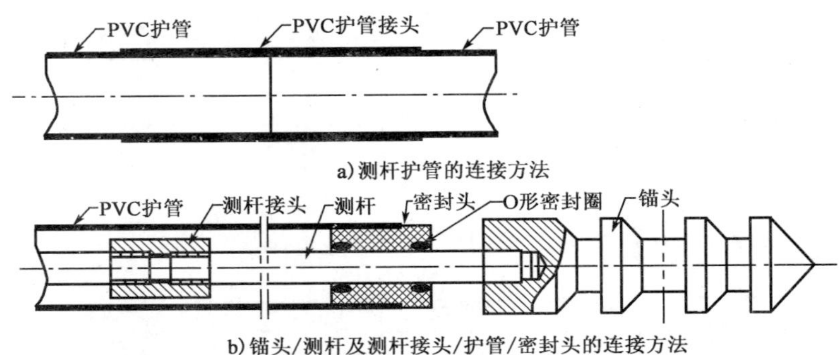


图 5-32　测杆及锚头和护管及密封头的组装

分配盘和自锁扎带的安装（图 5-33）：

①分配盘固定在距安装基座 0.5m 左右处，其作用是在孔口将测杆和护管分配在规定的位置上，以便于传感器和安装基座的就位以及测杆的灵活移动。

②自锁扎带的作用是能集中组装好的护管和测杆，接长后不扭曲或交错在一起。同时也有利于多点位移计在入孔就位时测杆不会散开，减少与孔壁间的摩擦便于安装就位。安装时应每隔 2m 左右，将测杆护管（包括排气管）等排列整齐，用自锁扎带捆扎在一起。

观测电缆：如图 5-34 所示，多点位移计在出厂时已配备了一定长度的观测电缆，电缆长度通常根据客户要求配备。见表 5-8，观测电缆与传感器电缆的连接采用接线端子连接的方法，出厂时已连接好。在工地现场如需检查线路或更换传感器只需打开护罩即可操作。多点位移计安装完成后，用读数仪读取各支传感器的读数，调整传感器的初始值（即确定传感器的拉压范围），确认无安装错误或没有需要调整的部件后再封口灌浆。

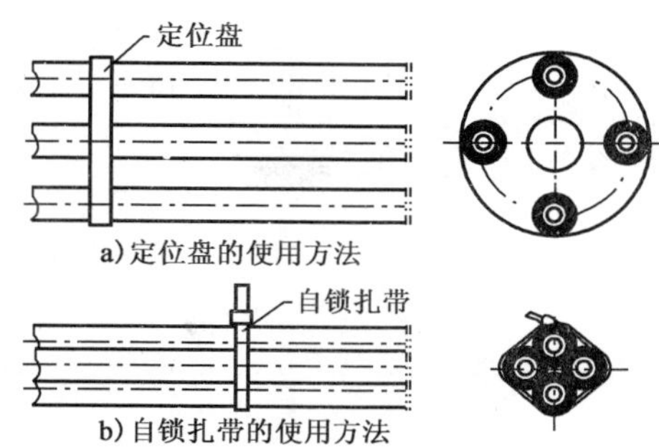


图 5-33　定位盘/自锁扎带的用法

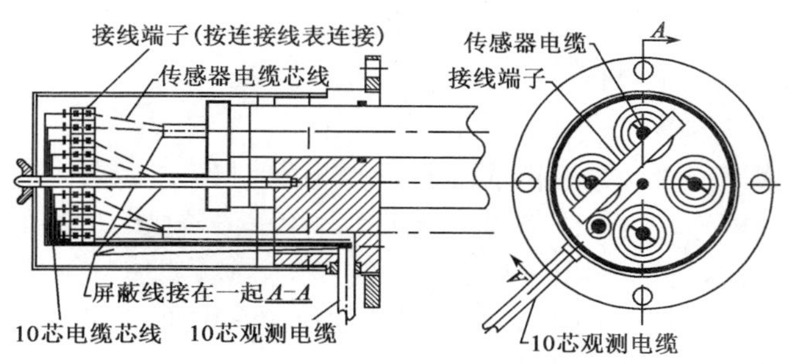


图 5-34　观测电缆的连接示意图

**多点位移计标准配置（4 点）的接线表**　　表 5-8

| 测点号 | 端子号 | 10 芯电缆芯线 | 传感器电缆芯线 |
|---|---|---|---|
| 1 号 | 1 | 红色长线 | 1 号传感器红色线 |
| | 2 | 红色短线 | 1 号传感器黑色线 |
| 2 号 | 3 | 黑色长线 | 2 号传感器红色线 |
| | 4 | 黑色短线 | 2 号传感器黑色线 |
| 3 号 | 5 | 蓝色长线 | 3 号传感器红色线 |
| | 6 | 蓝色短线 | 3 号传感器黑色线 |
| 4 号 | 7 | 黄色长线 | 4 号传感器红色线 |
| | 8 | 黄色短线 | 4 号传感器黑色线 |
| 温度 | 9 | 白色线 | 5 号传感器白色线 |
| | 10 | 绿色线 | 5 号传感器绿色线 |
| 屏蔽 | 11 | 屏蔽线 | 4 个测点屏蔽线并接 |

多点位移计安装适用孔径：多点位移计测量点数的多少决定了埋设所需钻孔孔径的大小，多点位移计基座地面安装埋设适用孔径和深度见表 5-9。多点位移计基座地下安装埋设需根据实际情况自定孔径和深度。

多点位移计基座地面安装埋设适用孔径表　　表 5-9

| 测点数 | 测杆埋设孔径（mm） | 传感器护管埋设孔径（mm） | 传感器护管埋设孔径深度（cm） |
|---|---|---|---|
| 2 点 | $\phi$90 | $\phi$110 | ≥380 |
| 3 点 | $\phi$90 | $\phi$110 | ≥380 |
| 4 点 | $\phi$90 | $\phi$110 | ≥380 |
| 5 点 | $\phi$110 | $\phi$125 | ≥380 |
| 6 点 | $\phi$110 | $\phi$140 | ≥380 |
| 8 点 | $\phi$125 | $\phi$150 | ≥380 |

（7）量测数据采集结果分析

围岩内部位移量测数据的处理要做好如下工作：

对于机械式位移计，用百分表测量，之后所测数据与第一天数据作比较；对于钢弦式位移计，首先要通过传感器的标定曲线把量测到的频率值转化为位移值，然后数据处理同百分表数据处理方法相同。要做出位移随时间的变化曲线，即 $U$-$t$ 曲线。

根据每次量测数据，绘制不同深度孔内各测点位移—时间关系曲线以及测点孔深位置—位移关系曲线。根据围岩内变位曲线判断围岩内强度下降区和松动区的界限，绘制围岩内变位曲线，对围岩的稳定性进行判定。当位移速率突然增大时应立即对各种量测信息进行综合分析，判断施工中出现了什么问题，并及时采取对策保证施工安全。

确定围岩松动区半径的判定依据时，通过分析围岩不同深度埋设的监测点的量测数据结果，找出发生最大位移的点与它临近的未发生位移的点，考虑最不利因素，取最大位移处的监测点深度判定为围岩的松动区半径。

3）围岩压力及两层支护间压力量测

（1）量测的目的

通过对监测数据的分析，了解暗挖施工过程中开挖卸载后隧道围岩的应力变化规律，掌握两层支护间应力变化规律，判断复合式衬砌中围岩荷载大小，判断初期支护与二次衬砌分担围岩压力情况，以此评价支护结构的受力状况及合理性，进而对隧道施工进行反馈指导。量测目的主要如下。

①了解隧道开挖后围岩应力分布的规律。

②掌握早期围岩压力的变化规律。

③掌握围岩压力与初期支护之间的关系。

④了解初期支护与二次衬砌之间的分担压力的情况。

（2）量测仪器

如图 5-35 所示，层间压力的量测，主要采用的土压力盒类型有：电感调频式、振弦式、单支柱式、钢弦式等形式土压力盒、以及频率读数仪。量测频率见表 5-4，测试精度：0.01MPa。

（3）量测断面、测点布置和埋设

量测断面、测点的布置和埋设要遵循以下原则。

①层间压力断面设置与周边位移量测断面要一致，量测断面测点的布设位置与喷射混凝土轴向应力测点布设位置要一致。

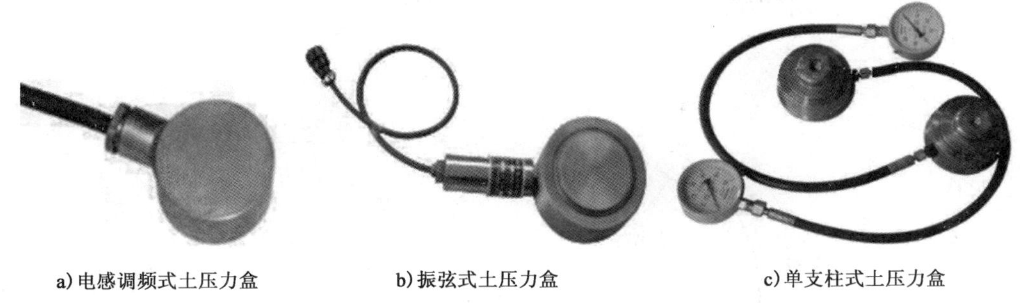

a) 电感调频式土压力盒　　b) 振弦式土压力盒　　c) 单支柱式土压力盒

图 5-35　压力传感器

②沿隧道周边拱顶、拱腰、边墙埋设压力传感器，分别埋设在围岩与喷射混凝土之间、喷射混凝土与二次衬砌之间，土压力盒布设在围岩与初期支护之间，即测得围岩压力；压力盒布设在两层支护间，即测得两层支护间压力。

③围岩与喷射混凝土之间的压力盒是在喷射混凝土施工之前埋设，喷射混凝土与二次衬砌之间的压力盒是在挂防水板之前进行安装，测取围岩对喷射混凝土的压力。

④如图 5-36 所示，通常在每个代表性断面关键部位上（拱顶、拱肩、拱脚、拱腰、边墙）布设测点并埋设 5 ~ 10 个压力传感器（土压力盒）；如果科学研究需要，可以在不同围岩、特殊地段等典型断面位置上布设更多的测点，如图 5-36b）所示，并对各测点逐一进行编号。

⑤埋设压力盒时，要使压力盒的受压面向着围岩，如图 5-37 所示。当量测围岩施加给喷射混凝土的径向压力时，先用水泥砂浆或石膏把土压力盒固定在围岩面上，再谨慎施工喷射混凝土，不在喷射混凝土和压力盒之间留有间隙，保证围岩与压力盒受压面贴紧；记下压力盒编号，并将压力盒编号用透明胶布紧密粘贴在导线上，将导线集结成束保护好，避免在洞内施工时被破坏。

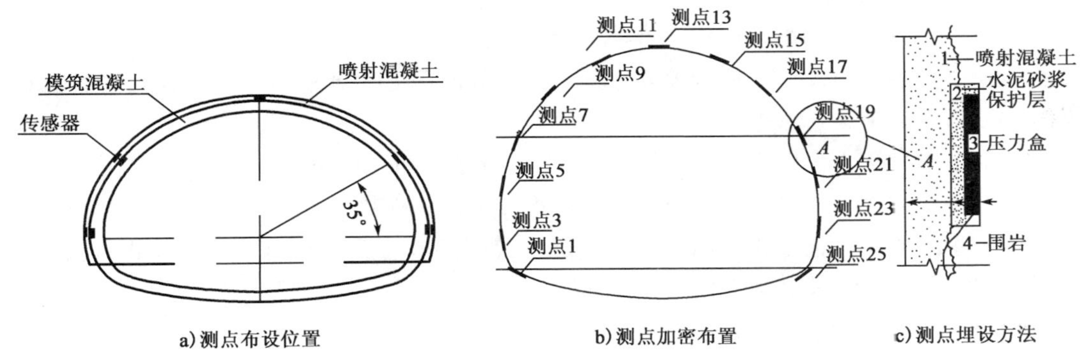


a) 测点布设位置　　b) 测点加密布置　　c) 测点埋设方法

图 5-36　层间压力测点布置示意图

⑥注意事项：土压力计埋设时，将埋设处的围岩仔细夯实找平，然后使压力计就位。为了大大减小或消除结构中横向力对测量结果的影响，埋设前，在压力计周围包一层厚度

为1～2mm的橡胶圈。就位的压力计工作面与结构物底平面齐平，不要凹进或凸出，还要防止压力盒偏斜，以避免偏载造成的误差。考虑围岩级别的影响，将压力盒焊接在初期支护的格栅钢架上，要求压力盒平面与隧道壁面（切线方向）平行布置。具体埋设方法如图5-37所示。

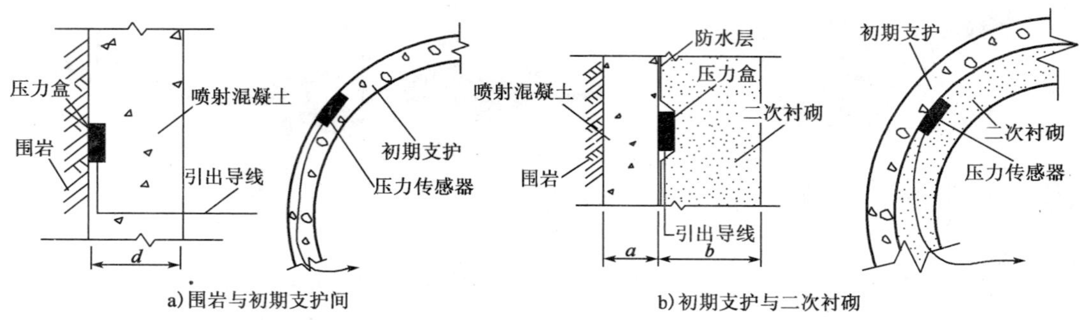


图5-37　层间接触压力测点埋设示意图

（4）量测数据采集和分析

每个断面的元器件位置和数量根据设计进行埋设，并将元器件的传输缆线绑扎在钢筋上，集中在每个断面的集线箱处，每个断面设两个集线箱，集线箱位于墙脚线上1～2m处，便于保护集线箱和数据的采集。采用钢弦式频率仪采集数据，当混凝土达到初凝强度以后即开始采集数据；根据压力盒的频率—压力标定曲线，把测量的频率值直接换算成相应的接触压力（应力值），把以后测量的转化值与第一天的转化值进行比较，最终绘制围岩压力（应力）随时间的变化曲线，即$P\text{-}t$曲线；以及围岩压力（应力）随距掌子面距离的变化曲线，即$P\text{-}L$曲线。对选测断面中的压力盒测得的数据可采用式（5-1）进行计算：

$$F = K(f^2 - f_0^2) \tag{5-1}$$

式中：$K$——压力盒的标定系数，MPa/Hz$^2$；

$f$——实测频率，Hz；

$f_0$——初始频率，Hz。

通过对监测数据结果的分析，可得出如下结论：

①对于围岩压力大，变形量大的情况，须采取加强支护措施的方法，以限制围岩变形和控制围岩压力增大。

②对于围岩压力大，变形不大的情况，表明支护时机和支护的封底时间可能过早或支护尺寸及刚度太大，这时应做适当调整、修正支护设计参数。

③对于围岩压力很小，变形很大的情况，说明围岩将会失稳破坏，应立即停止开挖，加强围岩支护和采取辅助施工措施进行加固处理。

4）钢支撑内力及外力量测

在自稳时间很短的Ⅳ、Ⅴ级围岩中施工时，早期围岩压力增长快，需要提高初期支护的强度和刚度，在砂、卵石、土夹层，大面积淋水等地段以及为了抑制围岩大的变形需要增强支护抗力时，一般多采用钢架喷射混凝土作为初期支护。另外，当隧道施工需要施作超前支护时，需设置钢架作为超前锚杆或超前小钢管的支承构件。

（1）量测的目的

①了解初期支护中钢拱架的变形过程、受力大小、受力状态和工作状态，为判断隧道洞室的空间稳定性提供可靠的信息。

②了解钢拱架的工作状态，评价钢拱架与喷层对围岩的组合支护效果，判断初期支护的可靠性和安全性。

③通过量测，揭示钢拱架受力特征，推断压力大小，判断钢支撑尺寸、间距及设置的必要性，为钢拱架的设置和参数优化提供依据。

（2）量测仪器及测试频率

通过焊接在钢架上的表面应变计来实现钢拱架内力及外力量测。量测仪器采用支柱压力计、应变片、XJD-2（B）型钢板应变计、钢筋应力计或其他测力计，如图 5-38 所示。钢拱架外力及内力量测频率见表 5-4，测试精度为 0.1MPa。

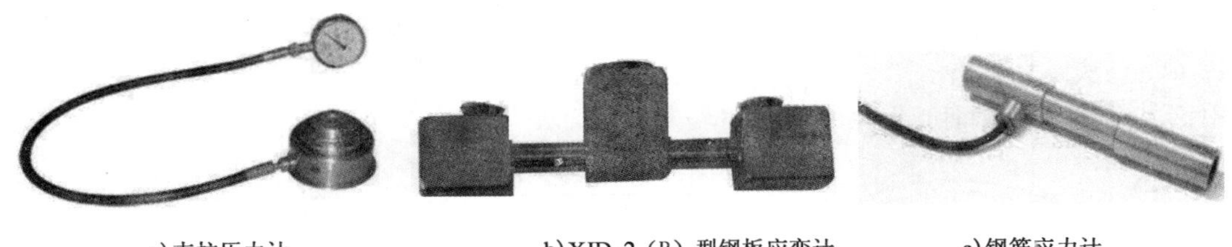

a) 支柱压力计　　b) XJD-2（B）型钢板应变计　　c) 钢筋应力计

图 5-38　钢架内、外力测试仪器

（3）测点布置与埋设

量测断面及测点布置要遵循以下原则：

①量测断面的选择，在一般围岩条件下，每隔 200 ~ 500m 设一个量测断面。

②量测断面上的测点布置，每一量测断面的一侧正洞宜布设 3 ~ 7 个测点，中导洞布设 3 个测点，同样应在正洞的拱顶、拱腰、拱脚、边墙中部、墙脚、仰拱中部、中墙顶部等重要部位的钢支撑内、外选择布设测点并安装钢结构应力计，钢筋计分别沿钢架的内外缘对应布设，如图 5-39 ~ 图 5-42 所示。

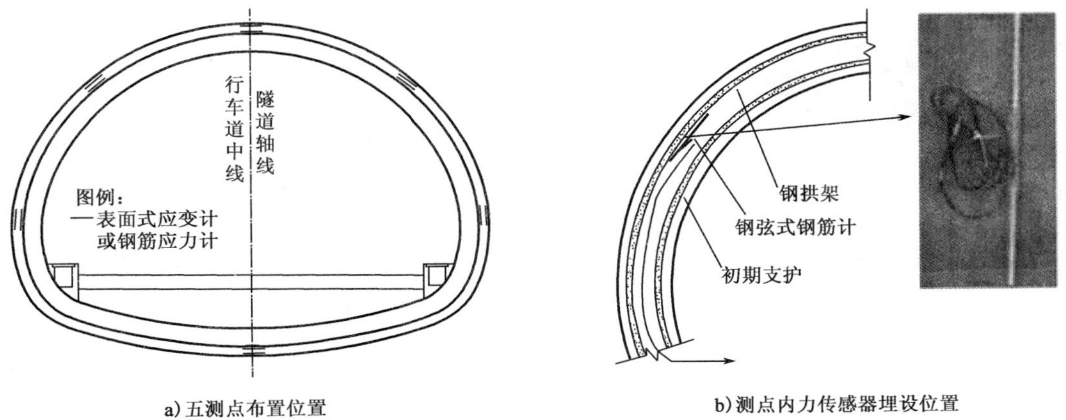


a) 五测点布置位置　　b) 测点内力传感器埋设位置

图 5-39　钢拱架内力测点布置示意图

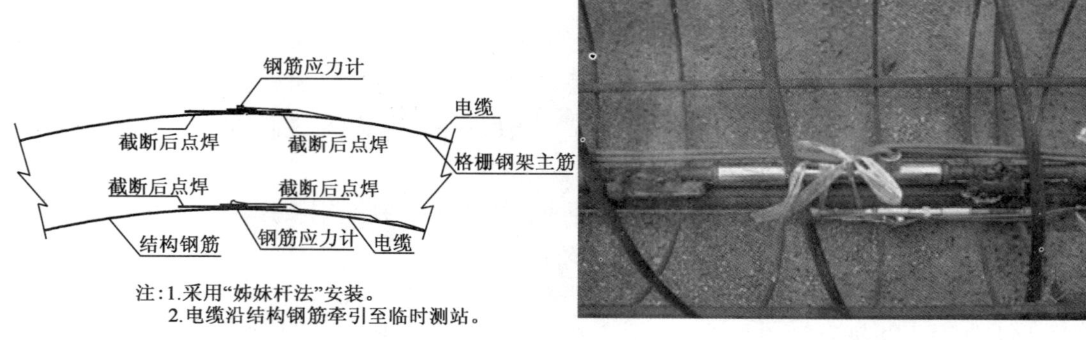


a)焊接安装设计　　b)焊接安装实体

图 5-40　钢格栅钢筋应力计焊接安装

③钢架上布置 7 个压力盒测钢架载荷，内力一般可布设 3 ~ 7 个测点。沿钢架拱部均匀布设压力盒，相邻两压力盒之间用厚钢板搭接，压力盒间距 0.5 ~ 0.8m。

④在实际监测中，针对不同的钢支撑采用不同的传感器元件进行量测，型钢钢拱架采用钢表面应变计或钢筋应力计量测；格栅钢拱架采用钢筋应力计量测。

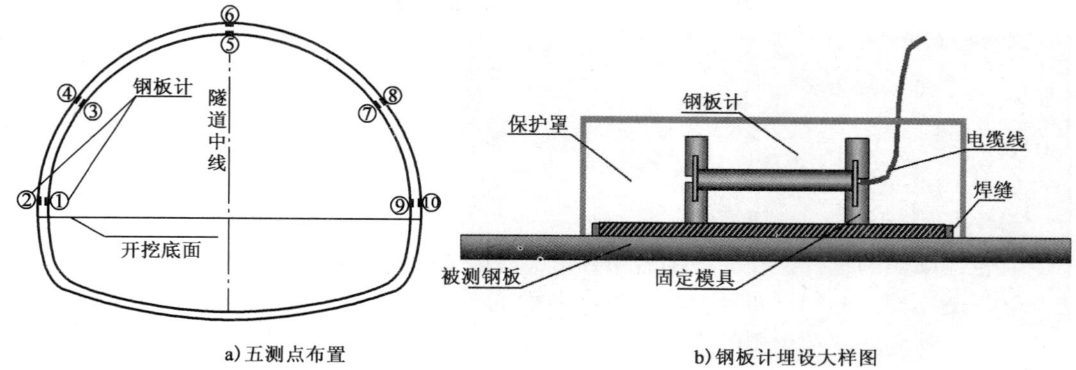


a)五测点布置　　b)钢板计埋设大样图

图 5-41　钢拱架内外力测点布置示意图

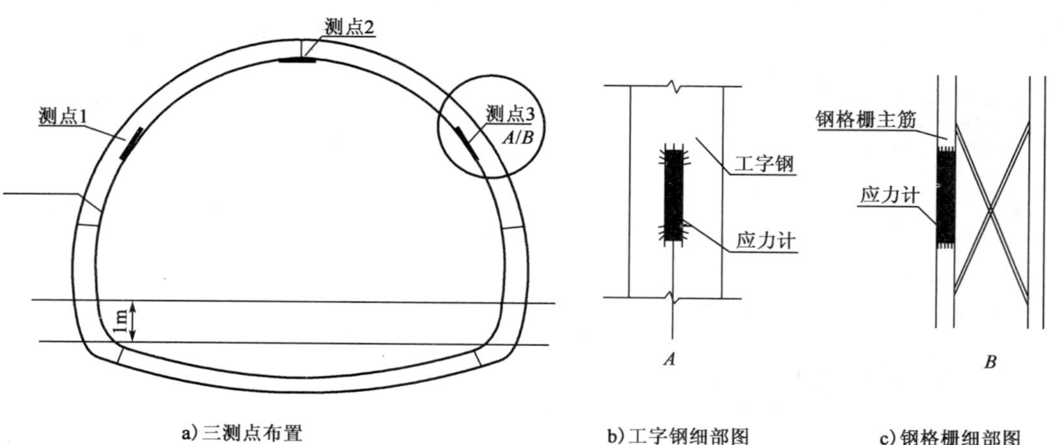


a)三测点布置　　b)工字钢细部图　　c)钢格栅细部图

图 5-42　钢支撑内力测点布置示意图

以格栅钢拱架为例，传感器元件的埋设方法为：

a. 安装前，在钢拱架待测部位并联焊接钢弦式钢筋计，即直接对焊在钢支撑的内外侧主筋上（该段用钢筋应力计替换格栅主筋）。

b. 在焊接前应对钢筋应力计的初始频率进行测试，测试结果和标定表的零点频率相同，方可进行焊接。

c. 在焊接过程中必须对钢筋应力计进行淋水降温，以免焊接时的高温传到应力计上，损坏应力计内部电器元件。

d. 焊接完成后，再次测试应力计的初始读数是否正确，如果初始读数正确便可将其安装到工程部位。具体布置埋设方法如图5-39～图5-43所示。

e. 同时记下钢筋计型号、编号，并用透明胶布将写在纸上的编号紧密粘贴在导线上，并将导线集结成束保护好，避免在洞内施工过程中被损坏。

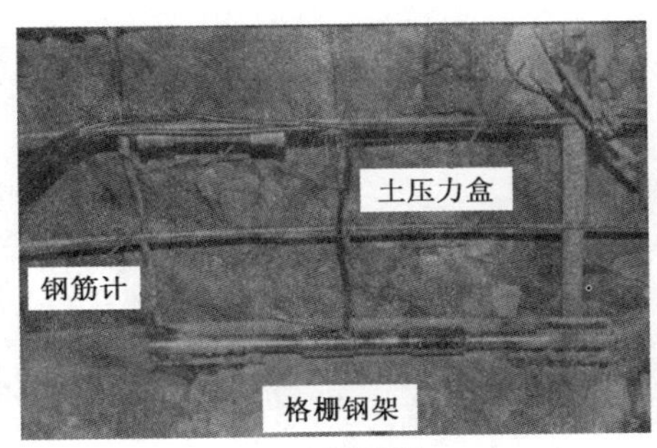


a) 格栅钢架

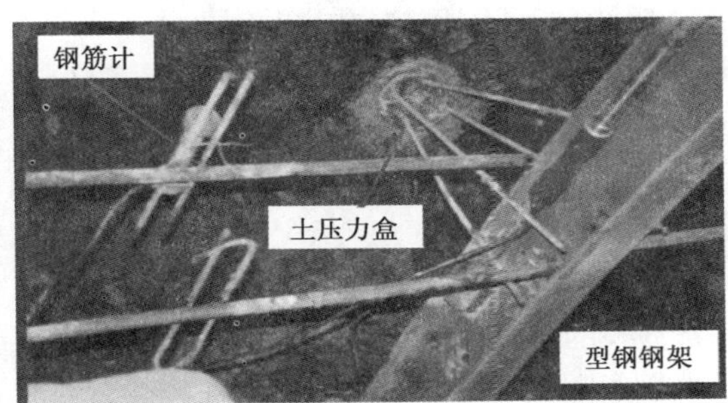


b) 型钢钢架

图5-43　钢支撑内外力测点现场埋设实况

（4）量测数据采集分析处理

每个断面的元器件位置和数量宜根据设计进行埋设，并将元器件的传输缆线绑扎在钢筋上，集中在每个断面的集线箱处，每个断面设两个集线箱，以便于数据的采集，集线箱位于墙脚线上1～2m处，便于保护集线箱和数据的采集。对测试断面中钢支撑外力（即接触压力，由土压力盒量测）的量测数据可采用式(5-1)进行计算求得。监测工作进行一段时间或施工某一阶段结束后，都要对量测结果进行总结和分析预测。通过对量测数据的分析处理，可取得以下成果和结论：

①数据整理：把原始数据通过一定的方法，如按大小的排序，用频率分布的形式把一组数据分布情况显示出来，进行数据的数字特征值计算，离群数据的取舍。

②数据的曲线拟合：在取得一定监测数据后，应绘制位移或应力时态变化曲线图。然后寻找一种能够较好反映数据变化规律和趋势的函数关系式，对下一阶段的监测数据进行预测，防患于未然，如图5-44所示。

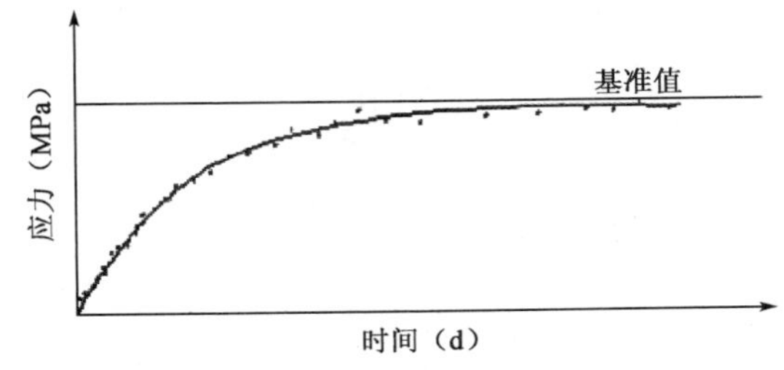


图5-44　应力时程回归曲线示意图

③插值法：在实测数据的基础上，采用函数近似的方法，求得符合测量规律而又未实测到的数据。

④根据接触压力与支护内力量测，计算分析支护结构的安全性、合理性。采用钢弦式频率仪进行数据采集，首先根据钢筋计的频率—轴力标定曲线可将测量的频率值直接换算转化为应力值，把以后所有的测量频率值转化为应力值与第一天转化值相比较，可绘制出应力随时间变化曲线，即 $P$-$t$ 曲线。然后根据钢筋混凝土结构有关计算方法可算出钢筋轴力计所在的拱架断面的弯矩，并在隧道横断面上按一定比例把轴力、弯矩值点画在各钢筋计分布位置，并将各点连接形成隧道钢拱架轴力及弯矩分布图。

⑤通过对量测结果的分析，钢拱架应力呈现如下特征：钢拱架应力前期(7d)增长较快，可见钢拱架承担了较大的围岩初始释放压力，在初期支护中起到加固作用；之后钢架应力增长缓慢，30d 左右钢拱架应力趋于稳定，稳定后的钢拱架，拱腰和拱架部位受力较大，顶部受力相对较小，在初期支护施工过程中应适当加设锁脚锚杆以改善型钢支护的受力状态；同时钢拱架以承受轴向压力为主，且所受弯矩值不大，说明钢拱架仍属承压构件，符合隧道支护结构设计以承压为主的要求。

5）初期支护内应力量测

（1）量测的目的

对初期支护内力进行监控量测，主要是掌握围岩和初期支护的动态信息并及时反馈，指导施工作业，修改支护系统设计。量测的主要目的如下：

①了解喷射混凝土层的变形特性以及混凝土的应力状态。

②掌握喷层所受应力的大小，判断喷射混凝土层的稳定状况。

③检验初期支护衬砌设计的合理性，并积累资料。

（2）量测仪器和量测方法

如图 5-45a）所示，通常采用的量测仪器为：混凝土内应变计、应力计、频率计、读数仪等，其中，应力计分辨率为 0.05% F · S。初期支护喷射混凝土内应力的量测频率见表 5-4，量测精度为 0.01MPa。

喷射混凝土衬砌内应力量测根据测试原理和测力计元件的不同，可分为液压式和电测式两种方法。现场量测方法：安装完毕后用频率计测定并记录每个钢筋计的读数作为初始值；下次频率计测定的读数为测量值，根据仪器测定公式换算得到该次测量时对应位置的喷射混凝土应力值。

（3）量测断面、测点布置和埋设

初期支护内应力量测断面和测点布置及埋设遵循以下原则：

①沿隧道周边拱顶、拱腰及边墙在喷射混凝土内埋设应力计等传感器，通常情况下在每个代表性地段一个断面，每断面布设 3 ~ 7 个测点，每个测点安设 1 个传感器，测点布设位置如图 5-45 所示。

②对于设计配有钢筋的喷射混凝土衬砌，应力计安装前，在主筋待测部位并联焊接混凝土应力计，焊接过程中注意对传感器淋水降温；对于没有配筋的喷射混凝土，需做一个专用的支架把传感器固定在上面，再把支架点焊在混凝土模板台车表面，以实现传感器固定。

③记下传感器编号并将编号写在纸上用透明胶布（热缩管）紧密粘贴在导线上。注意将导线集结成束保护好，避免洞内施工过程中损坏，喷射混凝土施工时，在边墙部位用

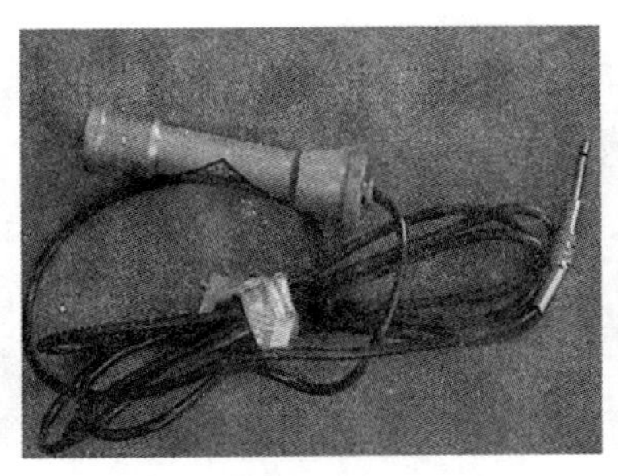

a) XJH-2钢弦式混凝土应力计

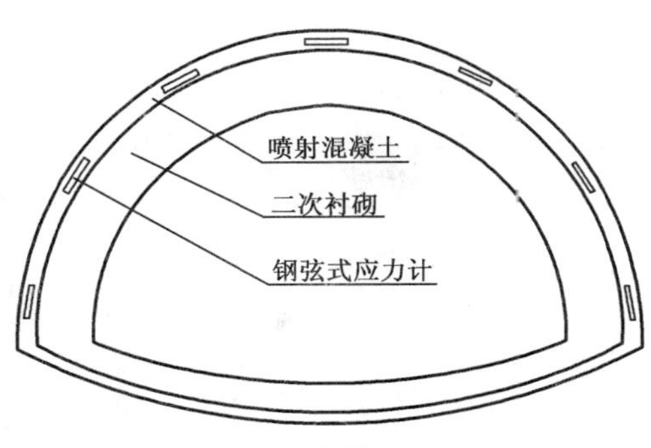


b) 测点布置

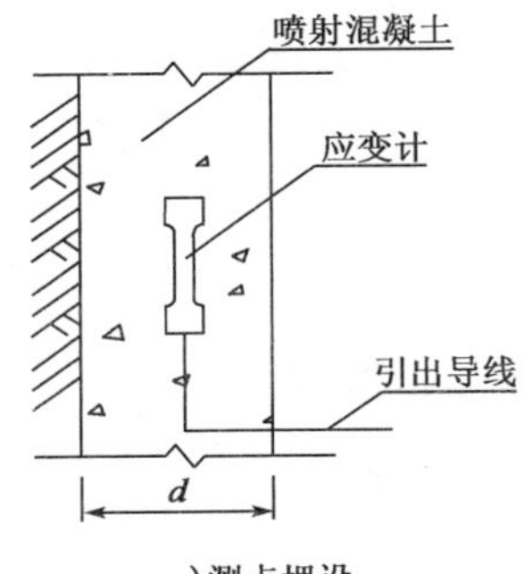


c) 测点埋设

初期支护
钢弦式应力计

d) 传感器埋设位置

图 5-45　喷射混凝土内应力测点布置及埋设示意图

PVC 管包裹电缆引到边墙基础混凝土以外，以便喷射混凝土施工完成后进行量测。

④围岩初喷以后，在初喷面上固定应力计，然后复喷，将传感器全部覆盖使传感器居于其中，复喷混凝土达到初凝强度时开始测取读数。通常 Ⅰ 级围岩不做此项量测。

（4）量测数据分析处理和结论

通过对量测数据的分析处理，可以取得如下结论：

①通过监测可以得到喷射混凝土内应力观测记录表，首先根据喷射混凝土应力计频率—应力标定曲线可将测量的频率值直接换算转化为应力值，把以后所测得的频率值转化为应力值与第一天的转化值作比较，可绘制得到喷射混凝土内应力随时间的变化曲线，即$P$-$t$曲线。

②根据钢筋混凝土结构有关计算方法可算出应力计所在断面的轴力、弯矩，在隧道横断面上按一定比例把轴力、弯矩值点画在各应力计分布位置，并将各点连接形成隧道轴力及弯矩分布图。

③量测结论和工程建议：一般情况下，隧道初期支护喷射混凝土层所受应力均为压应力，且混凝土层应力初期增长较快，7d 左右达到最大值，随后混凝土应力开始缓慢增长，15d 后基本趋于稳定。稳定后拱腰处应力一般较大，拱脚应力次之，拱顶应力相对较小。说明喷射混凝土对围岩有较好的加固作用，提高了围岩的自身稳定性。

6）二次衬砌内应力量测

（1）量测的目的

①了解衬砌的受力条件和状态。

②判断支护结构长期使用的可靠性以及安全程度。

③检验二次衬砌设计的合理性，积累资料为经验类比提供依据。

④掌握围岩和支护的动态信息并及时反馈，指导施工作业，修改支护系统设计。

（2）量测仪器和量测方法

通常采用的量测仪器为：混凝土内应变计、应力计、频率计、读数仪等，其中，应力计分辨率为 0.05% F · S。二次衬砌混凝土内应力量测频率见表 5-4，量测精度为 0.01MPa。衬砌内应力量测方法根据测试原理和测力计元件的不同，可分为液压式和电测式两种方法。量测方法与初期支护相同。

（3）量测断面、测点布置和埋设

二次衬砌内应力量测断面、测点布置和埋设同样遵循以下原则：

①沿隧道周边拱顶、拱腰及边墙在喷射混凝土内埋设应力计等传感器，通常情况下在每个代表性地段选一个断面，每断面布设 3 ~ 7 个测点，每个测点安设 1 个传感器，测点布置及埋设如图 5-46 所示。

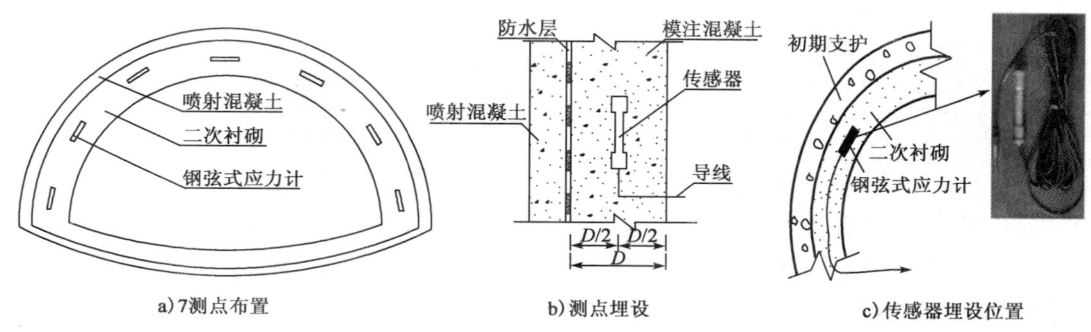


图 5-46　二次衬砌混凝土内应力量测

②对于设计配有钢筋的混凝土衬砌，钢筋应力计安装前，在主筋待测部位并联焊接混凝土应力计，焊接过程中注意对传感器淋水降温；对于没有配筋的混凝土，需做一个专用的支架把传感器固定在上面，再把支架点焊在混凝土模板台车表面，以实现传感器固定。

③记下传感器编号、并将编号写在纸上用透明胶布（热缩管）紧密粘贴在导线上。注意将导线集结成束保护好，避免洞内施工过程中损坏，在浇筑混凝土施工时，在边墙部位用 PVC 管包裹电缆引到边墙基础混凝土以外，以便混凝土施工完成后进行量测。

（4）量测数据分析处理

二次衬砌内应力量测数据分析处理方法和步骤与初期支护内应力相同。通过数据分析，通常可以得到以下量测结论：

①通过监测可以得到二次衬砌混凝土内应力观测记录表，首先根据混凝土应力计频率—应力标定曲线可将测量的频率值直接换算转化为应力值，把以后所测得的频率值转化应力值与第一天的转化值作比较，可绘制得二次衬砌混凝土内应力随时间的变化曲线，即 $P\text{-}t$ 曲线。

②根据钢筋混凝土结构有关计算方法可算出应力计所在断面的轴力、弯矩，在隧道横断面上按一定比例把轴力、弯矩值点画在各应力计分布位置，并将各点连接形成隧道轴力及弯矩分布图。

7）锚杆轴（内）力量测

（1）量测的目的

①了解锚杆实际工作状态及变形过程、受力大小、受力状态和工作状态，为确定合理的锚杆参数提供依据。

②结合位移量测，判断围岩变形的发展趋势，分析判断围岩内强度下降区的界限。

③评价锚杆的支护效果。

④掌握岩体应力重分布的过程。

⑤通过拉拔试验，确定锚杆的极限抗拔承载力是否满足设计要求，作为设计和工程验收的依据。

⑥修正锚杆设计参数，评价锚杆支护效果及其安全性，保证隧道施工安全。

（2）量测仪器及量测方法

如图 5-47 所示，锚杆轴（内）力量测采用的量测仪器主要为钢筋计、量测锚杆、锚杆测力计、锚杆拉拔仪等，锚杆轴力量测频率见表 5-4，量测精度为 0.01MPa。在锚杆施工完成后，开始锚杆内力测试，直至二次衬砌施工。

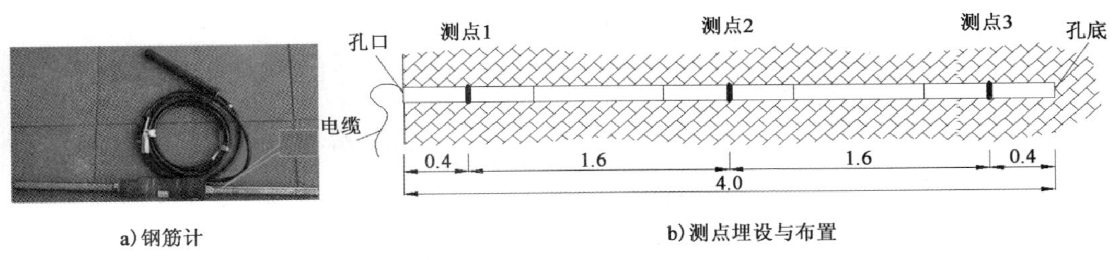


图 5-47　量测锚杆法测点布置与埋设（尺寸单位：m）

①量测锚杆法。

锚杆锚索内力、轴力量测采用钢筋计焊接在锚杆上来实现。沿隧道周边钻孔，布置与锚杆材质相同的量测锚杆，沿锚杆不同长度上布置元件（钢筋计等），量测沿锚杆长度各点的轴力。分机械式量测锚杆法和电阻应变片式量测锚杆法两种。

机械式量测锚杆是在中空的杆体内放入 4 根细长杆，将其头部固定在锚杆内预计的位置上，如图 5-47 所示。量测锚杆一般长度在 6m 以内，测点最多为 4 个，用千分表直接读数。量出各点间的长度变化值，除以测点间距，可得出应变值，再乘以钢材的弹性模量，即得各测点间的应力。了解锚杆轴力及其应力分布状态，再配合以岩体内位移的量测结果，就可以设计锚杆长度及锚杆根数，掌握岩体内应力重分布的过程。

电阻应变片式量测锚杆是在中空锚杆内壁或在实际使用的锚杆上轴对称贴 4 块应变片，以 4 个应变的平均值为量测应变值，这样可消除弯曲应力的影响，测得的应变值乘以钢材的弹性模量得到该点的应力。

②用锚杆拉力机（穿心油压千斤顶）加载，锚杆锚头采用百分表或数显锚杆拉拔仪测量。根据试验所得的荷载—位移的曲线确定抗拔极限承载力、锚杆拉拔力。

（3）量测断面、测点的布置和埋设

量测断面、测点布置和埋设遵循以下原则：

①量测断面尽可能与周边收敛测点布设在同一个断面，但比收敛测点断面间距要大，可在不同类围岩段只设 1 ~ 3 个代表断面，有利于标识和对测点的保护，同时减少对施工的影响。

②量测断面布设间距与拱顶下沉、周边收敛量测时断面布设要求相同。

③每一级围岩选一组设置一个典型监测断面，每个监测断面沿隧道拱顶、两侧边墙各设置一个孔（测点），每孔（测点）深度方向上设置 3 个断面，每孔(测点)安装 3 个测力计，分别位于中间和距两端 0.4 ~ 0.5m 处，测点布置如图 5-48 所示。

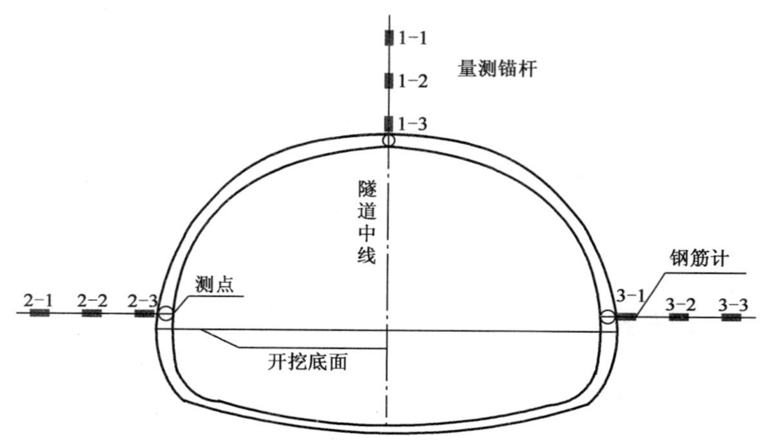


图 5-48　测力锚杆测试断面和测点布置图

④量测断面锚杆监测的同时，需要另外选择 3 ~ 5 根进行抗拔力测试。

电阻应变片式量测锚杆测点传感器的埋设安装步骤如下：

①锚杆内（轴）力的量测需把钢筋计焊接在锚杆上组成量测锚杆来完成。首先在锚杆待测部位并联焊接钢弦式钢筋计，在焊接过程中注意对钢筋计淋水降温。

②然后将锚杆按设计进行安装和注浆，记下钢筋计型号，并将钢筋计编号，用热缩管或透明胶布把编号写在纸上并紧密粘贴在导线上。

③将导线集结成束保护好，避免在洞内施工时损坏。测试时根据设计锚杆长度，把钢筋计焊接在锚杆上，组成一个长度比设计锚杆长约 20cm 的量测锚杆，钻孔后先塞入锚固剂，然后植入量测锚杆，待锚固剂凝固后即可测量。

（4）量测数据采集和处理

采用振弦式频率读数仪测得量测锚杆上每个钢筋计在受力状态下的频率变化值，首先根据传感器的频率—应力标定曲线把测量的频率值换算转化为应力值，把以后所测得的频率转化为应力值与第一天的转化值作比较，可绘制出应力随时间的变化曲线，即 *P-t* 曲线。*P-t* 曲线要提供量测锚杆上各监测点应力随时间的变化曲线，同时要提供不同时间段量测锚杆各测点随锚杆深度的变化曲线。同时也可以反推算出锚杆和锚索的内力及应力分布情况。

8）围岩地应力量测

（1）量测的目的

进行围岩地应力测试，主要有两个目的：一是掌握原始地应力的状态，来评价整个地层的稳定性；二是掌握隧道开挖后洞室围岩的应力状态，评价洞室的稳定性。

（2）断面布置

根据围岩级别、埋深情况、隧道特殊路段等设计和科学研究要求，在隧道左、右线典型地段设置监测断面进行围岩地应力量测。

（3）量测仪器和量测方法

采用的量测工具和仪器有：应变片、钻机等。

在隧道开挖壁面上粘贴一组应变片，然后用一个大口径的薄壁钻头垂直于岩石的表面打钻套孔，使应变片周围的岩石和岩石母体相割离，从而解除了岩体应力对应变片周围岩石（即套孔岩芯）的作用，并由此引起套孔岩芯的变形。如果套孔前岩体处于压缩状态，则套孔后套孔岩芯将产生膨胀，如果套孔前岩体处于拉伸状态，则套孔后套孔岩芯将产生收缩。应变片将测得岩石表面的这种变形。根据测得的变形，可以计算出岩体表面在套孔前所受的应力状态，即隧道开挖产生的应力集中后的应力（二次应力）。

根据测试所得的二次应力，再根据隧道力学相应公式，可以推算出原始地应力状态。

9）衬砌裂缝量测

（1）裂缝产生原因

裂缝的产生原因是设计、施工、材料、环境及管理等相互影响的综合性结果。按产生原因可分为四类。

①荷载作用下的裂缝：因动、静荷载的直接作用产生的裂缝，占 5% ~10%。

②变形作用下的裂缝：因不均匀沉降、温度变化、湿度差异、膨胀、收缩、徐变等变形因素引起的裂缝，占 80% 以上。

③变形与荷载共同作用引起的裂缝：占 5% ~10%。

④碱集料反应膨胀应力引起的裂缝及冻融引起的裂缝：约占 1%。

钢筋混凝土结构的裂缝是绝对的，无裂缝是相对的，一定程度的裂缝是不可避免的。所以说，裂缝不仅是混凝土的缺陷，同时应当看作是钢筋混凝土结构的物理力学性能。裂缝宽度 $W \geq 0.02 \sim 0.05$mm，为肉眼可见裂缝，为有裂缝结构；裂缝宽度 $W < 0.02 \sim 0.05$mm，为肉眼不可见裂缝，即无裂缝结构。

（2）裂缝界限

当裂缝宽度 $W \geq 0.02 \sim 0.05$mm，根据对结构使用性能和耐久性的影响，分为有害裂缝和无害裂缝，钢筋混凝土有害与无害裂缝的界限为：

①有侵蚀介质或防渗要求时，界限为 0.1 ~0.2mm，地下结构限制裂缝宽度为 0.2mm。

②正常条件下无特殊要求时，界限为 0.3 ~0.4mm。

③中国允许无害裂缝宽度为 0 ~0.3mm。

（3）检查仪器

如图5-49所示，检查裂缝常用的仪器有：数显式游标卡尺、裂缝显微镜、裂缝测宽仪、裂缝测深仪等。

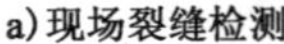

a)现场裂缝检测

b)裂缝测宽仪

c)裂缝测深仪

图5-49　裂缝检测仪器

（4）测点布设及量测方法

在待测裂缝左右采用凿岩机钻成2孔，然后在孔内塞入水泥等固结物，按设计要求安装测缝计。也可在裂缝附近进行钢板二维和钢钉一维简易测缝，即在待测裂缝附近安装自制简易钢板测缝计或打入水泥钢钉，作为裂缝宽度的测点。

量测方法：测缝计采用频率计对测缝计的量测数据进行读数和采集，按标定曲线可直接得到裂缝宽度变化。钢板二维和钢钉一维简易测缝计可采用数显式游标卡尺直接读数。另外，测缝计还可以测角，即用于监测连拱隧道等拱脚和中墙顶的夹角，以确定拱脚和中墙顶相对角度的变化，以确定中墙受力后运动的方向和趋势。

（5）裂缝检查方法

①裂缝外观形态、分布描述：观察构件表面裂缝部位，目测并绘制裂缝分布图，准确记录裂缝的形态、条数、位置、长度和走向。

②裂缝宽度检测方法：裂缝宽度测试读数精度应不大于0.02mm。测位处混凝土表面应清洁、平整，裂缝内部不应有灰尘或泥浆，宜在裂缝张开状态下检测。一条连续裂缝上宜布置2个以上裂缝宽度测位，在裂缝分布图中标注检测部位和最大裂缝宽度部位。现有的裂缝宽度的测量方法分三类。

a. 采用厚薄规或裂缝宽度对比卡：简单，但只能用于粗测，测试精度低。

b. 采用裂缝显微镜：读数精度一般为0.02～0.05 mm，需要人工近距离调节焦距来读数和记录，有些还需另配光源。测试速度慢，测试工作的劳动强度大，而且有较大的人为读数误差。裂缝显微镜方法是目前裂缝测试的主要方法。

c. 近年出现的裂缝宽度测试仪，是将放大的裂缝图像显示在显示屏上，再人工读取宽度，这种测试仪避免了裂缝显微镜必须近距离调节焦距的要求，降低了裂缝测试的劳动强度，但仍需人工估测和记录宽度。

③裂缝深度检测：裂缝深度检测宜采用超声法，根据裂缝深度与被测构件厚度的关系以及可测试表面情况，可选择采用单面平测法、双面斜测法、钻孔对测法。

a. 单面平测法，当结构的裂缝部位只有一个可测表面，裂缝的估计深度不大于被测构件厚度的一半且不大于500mm时，可采用单面平测法。要求在裂缝测位的两侧分别具有清洁、平整且无裂缝的可进行检测的混凝土表面，裂缝两侧的可测试表面宽度分别不小于估计缝深，通过检测跨缝的声时和混凝土声速，可计算测点处的裂缝深度。

b. 双面斜测法，当结构的裂缝部位具有两个相互平行的测试表面时，可采用双面穿透斜测法。双面斜测法主要用于检测深裂缝以及判定构件相对裂缝是否构成贯穿裂缝。在保证所有测线的测距、倾斜角度以及测试系统一致的条件下，将通过对裂缝断面的测线与不通过裂缝断面的测线作比较，根据声参量的变化，判定裂缝深度以及在断面内是否贯通。

c. 钻孔对测法：适用于大体积混凝土，预测深度在 500mm 以上的裂缝检测。在裂缝两侧钻测试孔，在孔中用径向振动式换能器自上而下逐点检测，绘制深度—波幅图，波幅达到最大并基本稳定的位置对应裂缝深度。

10）围岩弹性波速度

（1）围岩弹性波测试的目的

隧道围岩的岩体中往往包含各种层面，如节理和裂隙等结构面，当牵涉到隧道开挖效应、静动荷载等外部因素的作用时，其表现为一种更加复杂的岩土介质。在隧道施工过程中，利用声波在岩体内的传播特性，以测定岩体的弹性常数，了解岩体的某些物理力学性质，判断岩体的完整性以及破坏程度等，这就是隧道围岩弹性测试。

（2）岩石中声波传播原理

岩石跟大多数弹性介质一样，在外力的作用下，产生的变形有两种基本形式：一种是形状保持不变，只是体积大小变化的体变（即膨胀与收缩变形）；另一种是体积保持不变，而形状发生变化的剪切变形（即各边之间的夹角变化）。这两种变形同时存在，而体变是由张力、压力引起的，剪切变形是由剪应力引起的。因此，由于不同性质的外力作用，在岩体内产生相应的两种波形：纵波和横波。纵波简称 P（Primary）波，表示初始波，特点是质点的振动方向与传播方向互相平行；横波简称 S（Secondary）波，表示次至波，特点是质点的振动方向与传播方向互相垂直。通常情况下，我们关心和测试的是纵波（P 波）的传播特性。

声波实质是弹性介质的机械振动，超声波是介质质点振动频率在超声频率范围内的弹性波动，它遵循基本的弹性波动方程理论。无限体中纵波的传播速度 $V_{\mathrm{P}}$ 采用式（5-2）计算。

$$V_{\mathrm{P}}=\sqrt{\frac{\lambda+2\mu}{\rho}}=\sqrt{\frac{E(1-\mu)}{\rho(1+\mu)(1-2\mu)}} \tag{5-2}$$

式中：$E$——弹性模量（杨氏模量）；

$\rho$——密度；

$\mu$——泊松比。

由此可知，介质中声波的传播速度实质上是由介质的动弹性力学参数所决定的。

（3）围岩弹性波测试原理与方法

弹性波测试原理是声波在遇到固体—空洞的界面时发生反射，测出反射回波时间，根据声波在该介质中的传播速度即可算出距离。在三个不同地点测量，就可以标出空洞的三维坐标。声波对裂隙反应很敏感，遇到裂隙即发生界面效应（反射、折射和绕射），耗损波能，波形变复杂，波速减缓。此外，声波速度的大小还和岩体强度有关。

围岩弹性波必须具备两个条件：有初始扰动，如锤击、爆破、加力等；介质具有弹性。采用 SYC 系列声波、CTS-25 型非金属超声检测仪或 RSM-SY5 系列非金属声波检测仪（图 5-50）及其配套探头，对洞内围岩进行围岩弹性波速测试，断面选在围岩松动圈地带，根据现场情况每断面在隧道的不同位置选取 6 个测试点进行测试。利用 TSP 地震波预报系统、TGP 地质预报仪等仪器实施方案时，可以提供围岩弹性波速相关参数，为判定围岩的类别提供相关的参数依据。

a）SY5非金属声波检测仪

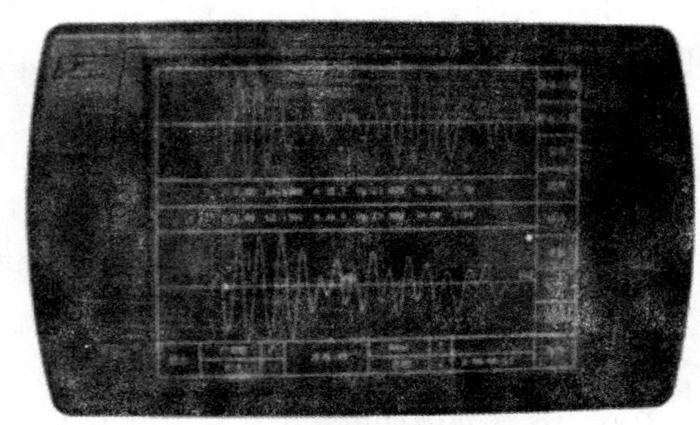
b）SY5(T)非金属声波检测仪

图 5-50　弹性波检测仪器

声波测试方法有多种，常用的有岩面测试和孔内测试两种。岩面测试是在已开挖地段进行的，由于隧道开挖放炮形成许多张裂隙，所测岩石波速表面比实际岩体的波速略低。孔内测试分单孔和双孔两种。单孔测试是把发射源和接收器放在同一孔内，但只能测到钻孔周围一倍波长左右范围内的地质情况。双孔测试是把发射源和接收器放在不同的钻孔内，测试两孔之间的岩体波速。孔内测试按耦合方式又分为干孔测试和湿孔测试两种。湿孔测试是向钻孔内灌水耦合，但由于水充填了裂隙影响测试结果，往往使测试波速偏高，岩石越破碎，偏差越大。干孔测试是在发射器和接收器的外面套上环行胶囊，然后再向胶囊内注水，使接收器、发射器和孔壁耦合，其测试结果比较真实。

（4）围岩弹性波测试技术实施

现场一般采用双孔孔间穿透法，即通过在岩石中钻凿两个相互平行的孔，孔径一般为 50 ~ 60 mm，孔深一般为 2 ~ 3 m，间距一般为 1.0 ~ 2.0m，将发射换能器和接收换能器分别安设在两个钻孔中，现场进行弹性声波脉冲的发射和接收试验。由声波脉冲发射源在岩石中激发高频弹性脉冲波，用高精度的接收系统接收记录脉冲在岩石传播过程中表现出的波动特性，根据首波的到达时间及波的能量衰减特性、频率变化程度等特征，即可获得检测区域内的岩石密实度参数，从而判别被测岩体的完整性及松动范围。弹性波测试系统及测试原理如图 5-50、图 5-51 所示。

为提高换能器的声波效率，使声能尽最大可能辐射到岩体中去，并使声波尽可能多地传递到接收换能器，要求换能器和岩壁之间保持良好的声阻抗匹配。理想的状态是换能器与岩壁之间不存在声波阻抗界面，但这在技术上是困难的，通常采用在换能器和岩壁之间加一层中间介质，来填补换能器与岩壁面所未能接触到的空间，这种介质称为耦合剂。水和黄油是现场常用的耦合剂材料。当钻孔水平或倾斜向上时，为使钻孔内注满清水，并使探头在钻孔内移动时水不外溢，建议采用密水气囊堵塞出口保持水位。检测时，钻孔内应注满清水，发射与接收换能器（探头）置于同一高程位置。检测自内而外（或自外而内），每次移动探头25cm（即每25cm为一检测断面）依次读取各测点的纵波声时、波形、波幅并进行记录。

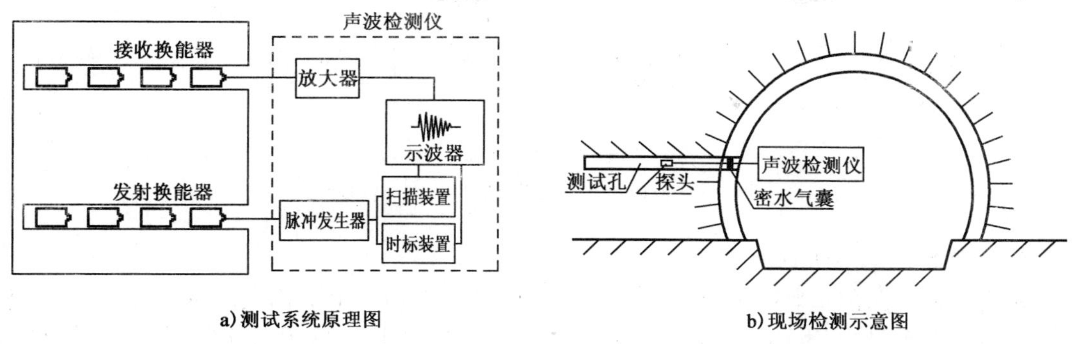


图 5-51　弹性波测试系统原理

（5）围岩完整性评价

为了了解岩体中裂隙的发育程度，进而判断岩体的完整性，可引入龟裂系数，即岩体完整性系数，见式（5-3）。根据不同 $K$ 值，将岩体结构按完整性分为三种：完整块状、块状和破裂状。具体分类见表 5-10。

$$K = \frac{V_m}{V_c}^2 \tag{5-3}$$

式中：$V_m$——采样点岩体声速；

$V_c$——检测区域岩石试件声速。

**岩体完整性分类表**　　表 5-10

| 龟裂系数 $K$ | 岩体完整程度 | 岩 体 结 构 |
|---|---|---|
| >0.75 | 完整性好，裂隙少 | 完整块状结构 |
| 0.75 ~ 0.45 | 完整性较好，裂隙间距大于 20 ~ 30cm | 块状 |
| <0.45 | 完整性差，裂隙间距小于 20 ~ 30cm | 碎裂状 |

（6）围岩松动圈的计算

开挖洞室后，洞室周围岩体应力重新分布，形成次生应力场，周围岩体将依次出现应力降低区、应力升高区和原岩应力区。处于应力降低区的岩体由于开挖被破碎，加以施工爆破等影响，是不稳定的，这样就在洞室周围形成一定厚度的松动圈（带）。松动圈范围的测定，是评价岩体稳定性和支护结构设计的重要依据。这样，在洞室壁的各个部位布置适量的测孔，量测距洞壁不同深度各点声波传播速度的变化，绘制波速距洞壁不同深度的变化曲线，即 $V$-$L$ 曲线，并结合岩体正常的波速和地质情况，即可区分洞室围岩中波速小于原岩波速范围的松动圈（应力降低区），大于原岩波速范围的压密圈（应力升高区）和不受扰动影响的岩体正常波速的原岩应力区。其基本特征曲线大致归纳后分为四种，如图 5-52所示。

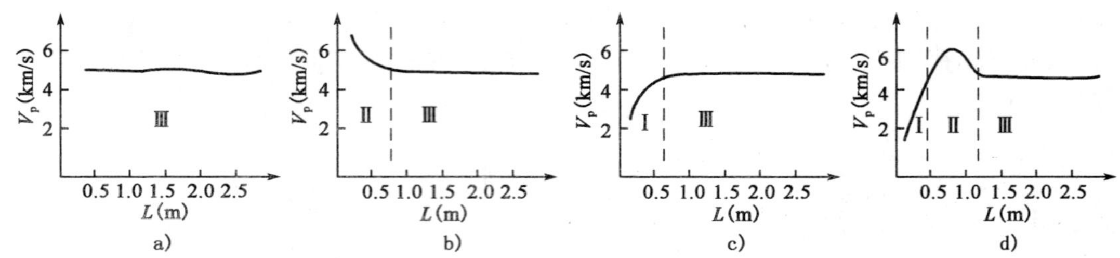


图 5-52　围岩松动圈基本特征曲线

Ⅰ-应力下降区；Ⅱ-应力升高区；Ⅲ-原岩应力区

（7）弹性波测试工程实例

常吉高速公路凉水井隧道位于泸溪县洗溪镇洞头寨村，为分离式单向行车双线隧道。隧道左线起讫桩号为 ZK188 +490 ~ ZK189 +160，全长 670m；隧道右线起讫桩号 YK188 + 425 ~ YK189 +184，全长 759m。现场测试及室内数据分析整理得到断面测试数据检测结果，见表 5-11。

**断面测试数据**　　表 5-11

| 断面 1 测试数据 | | | | 断面 2 测试数据 | | | |
|---|---|---|---|---|---|---|---|
| 间距（m） | 深度（m） | 纵波 $V_P$ | | 间距（m） | 深度（m） | 纵波 $V_P$ | |
| | | 声速（km/s） | 波幅（dB） | | | 声速（km/s） | 波幅（dB） |
| 1.06 | 2.50 | 4.53 | 56.2 | 1.06 | 2.50 | | |
| 1.06 | 2.25 | 4.59 | 58.1 | 1.06 | 2.25 | 4.49 | 68.2 |
| 1.06 | 2.00 | 4.61 | 53.7 | 1.06 | 2.00 | 4.74 | 66.3 |
| 1.06 | 1.75 | 4.57 | 50.2 | 1.06 | 1.75 | 4.86 | 62.8 |
| 1.06 | 1.50 | 4.61 | 51.4 | 1.06 | 1.50 | 4.83 | 60.4 |
| 1.06 | 1.25 | 4.63 | 49.8 | 1.06 | 1.25 | 4.81 | 55.1 |
| 1.06 | 1.00 | 4.86 | 60.6 | 1.06 | 1.00 | 4.78 | 59.3 |
| 1.06 | 0.75 | 4.73 | 54.3 | 1.06 | 0.75 | 4.53 | 56.1 |
| 1.06 | 0.50 | 3.15 | 36.7 | 1.06 | 0.50 | 4.61 | 60.5 |
| 1.06 | 0.25 | | | 1.06 | 0.25 | 4.52 | 58.3 |
| 平均波速（km/s） | | | 4.48 | 平均波速（km/s） | | | 4.69 |

断面 1（YK189 +140）：弹性波测试数据见表 5-11，经试验得 $V_m$ =4.48km/s，$V_c$ = 5.18 km/s。龟裂系数（岩体完整性系数）：$K=(V_m/V_c)^2=(4.48/5.18)^2=0.75$；对照岩体完整性分类表 5-10，得到其围岩分类（表 5-12），纵波波速与测孔深度关系曲线如图 5-53a)所示。从图中可以看出，曲线开始波速较低，逐渐上升，中后段接近于正常原岩波速值，说明该处洞室围岩表面有松动，因而有应力降低区产生。围岩松动圈为 0 ~1.0m，建议局部注浆补强。

断面 2（YK189 +128）右侧：弹性波测试数据见表 5-11，经试验得 $V_m$ =4.69km/s，$V_c$ =5.18km/s。龟裂系数（岩体完整性系数）：$K=(V_m/V_c)^2=(4.69/5.18)^2=0.82$；对

照岩体完整性分类表 5-10，得到其围岩分类（表 5-12），纵波波速与测孔深度关系曲线如图 5-53b）所示。从图中可以看出，波速与孔深关系曲线基本上保持在原岩正常波速值处水平线上，说明该处岩体完整性好，强度高，洞室开挖后围岩的完整性未受破坏，应力没有明显变化，故可认为该断面处围岩没有松动圈出现。

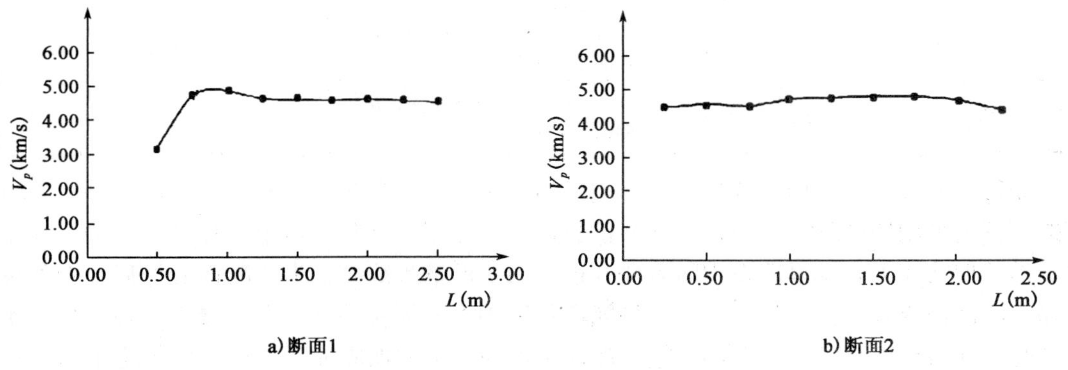


图 5-53　测试断面围岩松动圈特征曲线

由弹性波测试可知，通过现场采样，隧道弹性波检测完全可以准确及时地监测到围岩节理、裂隙发育等情况及松动范围，为设计施工提供技术帮助。

**围岩完整性分类表**　　表 5-12

| 龟裂系数 $K$ | 岩体完整程度 | 岩 体 结 构 | 断面测试结果分类 | |
|---|---|---|---|---|
| >0.75 | 完整性好，裂隙少 | 完整块状结构 | | 断面 2 |
| 0.75 ~ 0.45 | 完整性较好，裂隙间距大于 20 ~ 30cm | 块状 | 断面 1 | |
| <0.45 | 完整性差，裂隙间距小于 20 ~ 30cm | 碎裂状 | | |

### 5.2.3　小净距隧道及连拱隧道的监测技术要点

1）小净距隧道

小净距隧道或超小净距隧道在Ⅳ ~ Ⅴ级土质或软弱围岩中开挖时，要重点考虑如何减小中岩柱（墙）的塑性区，如何减少中岩柱的扰动，如何缩短中岩柱处于不利状态的时间，何时加固中岩柱。要综合考虑小净距隧道地质条件、埋深、设计断面参数、施工时工效工序转换和配合等因素，选取适宜开挖跨度、开挖顺序和开挖次数，控制中岩柱较小变形，并及时施作支护封闭成环。遵循“小扰动、快加固、勤量测、早封闭”原则，将中岩柱的稳定和加固作为小净距隧道的施工重点。

小净距隧道施工要结合中岩墙、围岩条件及埋深等制定单项施工技术方案和监控量测方案。开挖和爆破要遵守以下规定：爆破要进行专门设计并进行试爆，测试振动值，并严格控制爆破振动，使它符合现行《爆破安全规程》（GB 6722—2003）规定。研究表明，当每段起爆时间间隔大于 100m/s 时，各段爆破产生的地震波无明显叠加；先行洞与后行洞掌子面错开距离应大于 2 倍隧道开挖宽度；及时施作初期支护并尽早封闭成环，是控制围岩变形的有效手段，对控制中岩柱（墙）变形尤为重要。后行洞开挖时应加强对中岩墙的监控量测，中岩墙现场监控量测项目及方法见表 5-13。

中岩墙监控量测项目及方法　　表 5-13

| 编号 | 项目名称 | 方法及工具 | 布　置 | 量测间距时间 | | |
|---|---|---|---|---|---|---|
| | | | | 1~30d | 1~3 个月 | 大于 3 个月 |
| 1 | 中岩墙土压力 | 钢弦式压力盒等 | 每 10~30m 一个断面，每个断面 3 个压力盒 | 1~2 次/d | 1 次/2d | 1 次/周 |
| 2 | 围岩内位移 | 多点位移计、千分表等 | 每 10~30m 一个断面，每个断面 2 个测点 | | | |
| 3 | 围岩压力 | 钢弦式压力盒 | 每 10~30m 一个断面，每个断面 1 个压力盒 | | | |

先行洞的开挖可采用与分离式隧道相同的工法，但应控制爆破对中岩柱的振动；后行洞的开挖当采用侧壁导坑法时，宜先开挖靠近中岩柱侧，有利于对中岩柱进行支护。在全断面未开挖情况下，及早取得中间岩柱开挖后的变形量测结果，为全断面开挖后存在的风险提供超前预报和超前处理时间。当遇隧道断面较大、围岩条件较差、隧道浅埋、地下水丰富时，围岩难以自稳，要对围岩进行超前预加固、地表加固或对单侧侧壁的上下台阶进一步采用分部开挖。

2）连拱隧道

连拱隧道主洞开挖要遵守以下规定原则：先行主洞开挖前，后行主洞围岩与中隔墙之间的空隙要按设计要求回填密实或支撑顶紧；爆破设计时，不得以中导洞作为爆破临空面；侧墙开挖采用马口槽法施工时，马口开挖长度不宜超过 4m；开挖过程中应及时施作洞内排水系统，严禁洞内积水，排水沟不应沿边墙设置。

直中墙或曲中墙双连拱隧道的开挖方法可分为两类：一类是按两个独立单洞考虑的开挖法；二类是先挖导洞再修建中墙的开挖法。目前国内多采用第二类方法进行设计与施工。第二类开挖方法可分为四小类：中导洞—双侧壁三导洞开挖法、中导洞—正洞台阶开挖法、中导洞—两侧下导洞开挖法、先左洞后右洞的开挖法。

由于连拱隧道跨度较大，结构复杂，开挖与支护交错进行，使得围岩应力变化和支护荷载转换变得尤其复杂，故要根据围岩条件、工程规模、支护类型和施工方法等因素来选择监控量测项目。连拱隧道监控量测的项目、测点测线布置方式与分离式单洞隧道有些差异，如图 5-54 所示。

### 5.2.4 监控量测数据分析处理反馈

隧道现场监控量测要成立专门量测小组，量测小组是由较熟悉量测工作、地质工作、隧道的设计与施工工作的 3~5 人组成。如果量测项目较多，技术难度比较大，可适当增加人员。量测组除负责日常测试工作外，应及时向有关部门报告量测结果及意见建议。由于有些测点的埋设需要作业台架或者需要打孔等作业，因此测点的埋设施工队必须给予配合。现场监控量测与隧道施工作业易发生干扰，因此两者必须紧密配合，相互支持，创造条件，提供方便，按量测计划认真组织实施。施工单位不应以任何理由中断量测，并防止因抢工程进度忽视量测工作而危及施工安全。

1）监控量测的宗旨和原则

根据监控量测结果，及时整理监控量测中间成果报告并提交给业主、监理、施工单位，如发现量测数据异常及险情，以异常报告或预警报告的形式向业主汇报，同时对该信息进行分析和评价，给出工程措施建议。

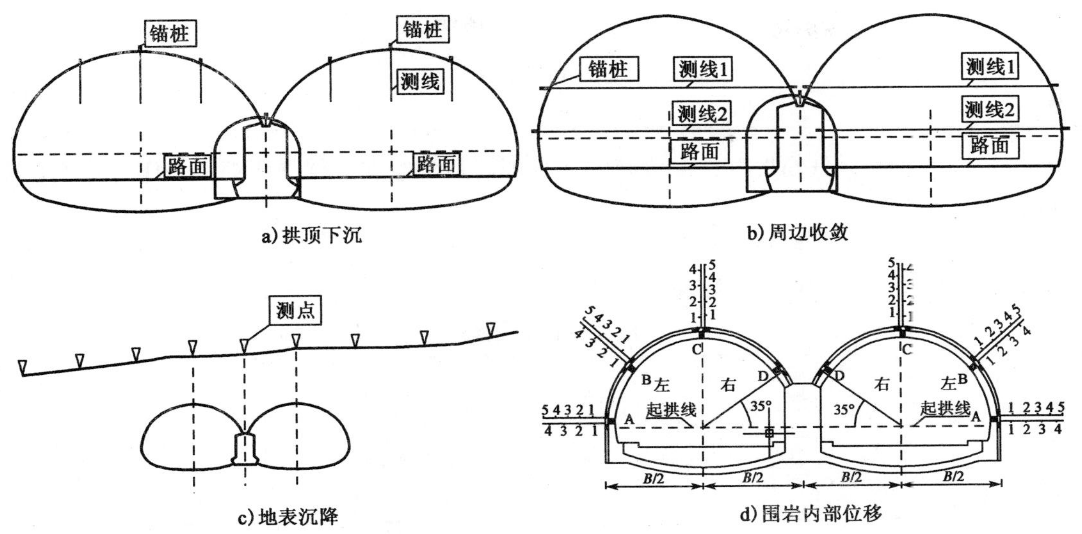


图 5-54 连拱隧道量测断面及测点布置

（1）及时对现场量测数据绘制时态曲线（或散点图）和空间关系曲线。

（2）当位移—时间曲线趋于平缓时，进行数据处理或回归分析，以推算最终位移和掌握位移变化规律。

（3）当位移—时间曲线出现反弯点时，表明围岩和支护已呈不稳定状态，此时应密切监视围岩动态，并加强支护，必要时暂停开挖。

（4）隧道周壁任意点的实测相对位移值或用回归分析推算的总相对位移值均应小于表 5-14所列数值。当位移速率无明显下降，而此时实测位移值已接近表列数值，或者喷层表面出现明显裂缝时，应及时提醒施工单位立即采取补强措施，并调整原支护设计参数或开挖方法。拱顶下沉值大约为起拱线附近的水平测线收敛值的 1/2，一般而言，两者随时间的变化规律是一样的（崩塌或浅埋除外）。法国地下工程拱顶处围岩最大允许下沉量表 5-15所示，可作为参考。

**隧道周边允许相对位移值（%）** 表 5-14

| 围岩级别 | 覆盖层厚度（m） | | |
|---|---|---|---|
| | < 50 | 50 ~ 300 | > 300 |
| Ⅲ | 0.1 ~ 0.3 | 0.2 ~ 0.5 | 0.4 ~ 1.2 |
| Ⅳ | 0.15 ~ 0.5 | 0.4 ~ 1.2 | 0.8 ~ 2.0 |
| Ⅴ | 0.2 ~ 0.8 | 0.6 ~ 1.6 | 1.0 ~ 3.0 |

注：①相对位移值系指实测位移与两测点间距离之比，或拱顶位移实测值与隧道宽度之比。

②脆性围岩取表中较小值，塑性围岩取表中较大值。

③Ⅰ、Ⅱ级围岩可按工程类比初步选定允许值范围。本表适用于高跨比为 0.8 ~ 1.2 的下列地下工程：Ⅲ级围岩跨度不大于 20m；Ⅳ级围岩跨度不大于 15m；Ⅴ级围岩跨度不大于 10m。

④本表所列数值可在施工中通过实测和资料积累作适当修正。

拱顶处围岩最大允许下沉量　　表5-15

| 覆盖层厚度（m） | 硬岩（cm） | 塑性地层（cm） |
| --- | --- | --- |
| 10～50 | 1～2 | 2～5 |
| 50～500 | 2～6 | 10～20 |
| >500 | 6～12 | 20～40 |

（5）埋设量测元件情况和量测资料，应整理清楚报监理工程师核查，并作为竣工交验资料的一部分。

（6）根据量测结果进行综合判断，确定变形管理等级，据以指导施工。围岩变形管理等级见表5-16，监测项目变形控制标准见表5-17。

围岩变形管理等级　　表5-16

| 管理等级 | 管理位移 | 施工状态 | 备注 |
| --- | --- | --- | --- |
| Ⅲ | $U_0<(1/3)U_n$ | 可正常施工 | $U_0$——实测变形值；<br>$U_n$——允许变形值 |
| Ⅱ | $(1/3)U_n \leqslant U_0 \leqslant (2/3)U_n$ | 应加强支护 | |
| Ⅰ | $U_0>(2/3)U_n$ | 应采取特殊措施 | |

监测项目变形控制标准　　表5-17

| 序号 | 监测项目 | 控制标准 | 单位 | 标准来源 |
| --- | --- | --- | --- | --- |
| 1 | 地表沉降 | 40 | mm | 类似工程 |
| 2 | 拱顶下沉 | Ⅳ：20 | mm | 规范 |
| | | Ⅴ：30 | | |
| 3 | 净空收敛 | Ⅳ：20 | mm | 规范 |
| | | Ⅴ：30 | | |
| 4 | 锚杆抗拔力 | | kPa | 大于设计值 |
| 5 | 振动速度 | Ⅳ：80 | mm/s | 规范 |
| | | Ⅴ：50 | mm/s | |

（7）二次衬砌施工的条件，分三种情况判定。

①各测试项目的位移速率明显收敛，围岩基本稳定。

②产生的各项位移已达预计总位移量的80%～90%。

③周边位移速率小于0.1～0.3mm/d，或拱顶下沉速率小于0.07～0.15mm/d。

2）监测数据的采集要求

任何现场量测都不可避免地存在误差。为得到更为真实、可靠的量测数据，在监控量测、采集数据时，应尽量减少各种误差。

（1）首先做到量测、采集数据专人专项负责，以减少随机误差。

（2）在使用精密水准仪进行洞内周边收敛位移量测时，通过左右尺读数控制系统误差。

（3）专项量测需制定专项记录表。对于手工记录资料要保存好原始记录，对于智能式记录器要及时将量测数据导入计算机，以防丢失。

（4）各项数据采集频度与相应量测频度同步。

3）监测数据的处理与分析

每次现场工作后，要及时进行数据整理和数据分析，并绘制量测数据时态曲线、距离开挖面距离图、地表下沉值沿隧道纵向和横向变化量和变化率曲线等，根据量测数据处理结果及时提出调整和优化施工方案和工艺；围岩变形量或变形速率较大时，要及时采取措施并建议变形设计；围岩稳定性、二次支护时间要根据所测得位移量或回归分析所得的最终位移量、位移速度及变形趋势、隧道埋深、开挖面大小、围岩等级、支护所受压力、应力、应变等进行综合分析判定。

（1）监测数据的处理

现场量测数据应及时进行处理，绘制成位移、应力、内力和时间的关系曲线（或散点图），曲线的时间横坐标下应注明施工工序和开挖工作面距量测断面的距离，以便更准确地进行数据的回归分析，并对隧道的受力状态作出判断。在数据处理过程中，对一些异常数据应根据测量误差的处理原则进行剔除，并及时进行复测校正。

①根据记录绘制位移 $u$ 与时间 $t$ 关系曲线、位移 $u$ 与开挖面距离 $L$ 关系曲线、位移速度 $v$ 与时间 $t$ 关系曲线。这三条曲线，不一定每条测线都要绘制，一般情况下有第一条即可。

②当位移—时间曲线趋于平缓时，应进行数据处理或回归分析，推算最终位移和掌握位移变化曲线，可选用对数、指数和双曲线函数等。根据这些函数关系可判断位移趋势值。

③区别位移与时间关系正常与反常曲线。其中反常曲线是指非工序变化所引起的位移急剧增长现象，此时应加密监测，必要时应立即停止开挖并进行施工处理。

在已有监测数据的基础上，必须对位移和应力的进一步发展进行分析，并作出较为准确的预测，才能及时对下一步的支护措施提出指导性意见。

（2）监测数据的分析方法

对监测信息的分析和预测预报主要通过两个方法来实现。

a. 回归分析法

由于量测的偶然误差所造成的离散性，绘制的散点图总是呈现出上下波动和不规则特征，因此必须进行数据处理才能获得合理的典型曲线，并可得出相应的数字公式或方程进行描述。回归分析是处理测读数据，最终绘制成典型曲线的一种较好方法，如图 5-55a）所示。回归分析是对一系列具有内在规律的测试数据进行处理，通过处理和计算得到两个变量之间的函数关系式，用此函数式做出的曲线能代表测试数据的散点分布，并能推算预测出因变量的极限值。回归分析法是最常用的位移数据分析方法，根据实际监测信息，对位移可选用下列函数之一进行回归分析，见式(5-4)～式(5-13)。

对数函数：

$$u = a \cdot \lg(1 + t) \tag{5-4}$$

$$u = a + \frac{b}{\lg(1 + t)} \tag{5-5}$$

$$u = a + b \cdot \ln(1 + t) \tag{5-6}$$

$$u = a \cdot \ln\left(\frac{b + T}{b + t_0}\right) \tag{5-7}$$

指数函数：

$$u = a \cdot e^{-b/t} \tag{5-8}$$

$$u = a \cdot (1 - e^{-b/t}) \tag{5-9}$$

$$u = a \cdot (e^{-bt_0} - e^{-bT}) \tag{5-10}$$

双曲函数：

$$u = \frac{t}{a + b \cdot t} \tag{5-11}$$

$$u = a \cdot \left[1 - \left(\frac{1}{(1 + b \cdot t)}\right)^2\right] \tag{5-12}$$

$$u = a \cdot \left[\left(\frac{1}{1 + b \cdot t_0}\right)^2 - \left(\frac{1}{1 + b \cdot T}\right)^2\right] \tag{5-13}$$

式中：$a$、$b$——回归常数；

$u$——位移值，mm；

$t$——测点初读数后的时间，d；

$t_0$——测点初读数时距开挖时的时间，d；

$T$——量测时距开挖时的时间，d。

根据测试数据的回归分析，可以得到位移与时间关系的正常曲线和反常曲线，如图 5-55b)、图 5-55c) 所示。在监测过程中，发现数据异常时应分析原因并制定对策。其中反常曲线是指非工序变化所引起的位移急骤增长现象，此时应加密监视，必要时应立即停止开挖并进行施工处理。根据回归曲线，可以掌握位移的变化规律，推算出某时刻的位移值及最终的位移值，当位移时程曲线趋于平缓时，隧道即趋于稳定。位移时程曲线出现反弯点，也即位移出现反常的急剧增长现象时，表明围岩和支护已呈不稳定状态或危险状态，应加密监测，并适当加强支护，必要时应立即停止开挖并进行施工处理。

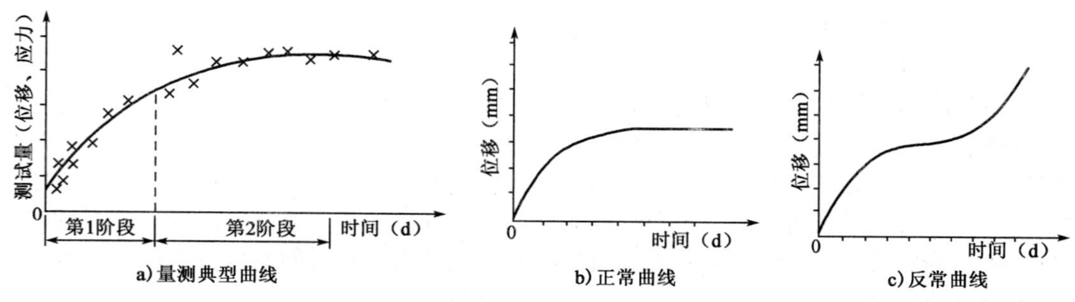


图 5-55　监控量测回归曲线

b. 灰色预测分析法

灰色预测分析法同样是根据已有的量测数据对进一步的位移和内力的发展做出预测，并据此对隧道和围岩的受力状态和稳定性做出判断。在预测分析中，该方法通过不断的数据更新，只根据最新测得的数据对下一步的变化做出预测，从而使预测更为准确。

在实际数据分析和预测中，以上两种方法将联合使用，以互相验证。

4）围岩稳定性判断及信息反馈

围岩稳定性判断的方法主要有理论分析法、数值计算法和经验类比法等。采用监控量测的结果进行判断是直观和有效的方法，在施工中给予高度重视。对复杂多变的隧道围岩稳定性进行判断，进行准确的信息反馈与监控，从而指导隧道安全施工，是隧道施工监控量测的主要目的和内容之一。围岩稳定性判断的主要方法如下。

（1）力学计算判断方法

支护系统是确保隧道施工安全与进度的关键。可以通过力学计算来调整和确定支护系统。力学计算所需要的输入数据则采用反分析技术根据现场量测数据推算得知，如塑性区半径、初始地应力、岩体变形模量、岩体流变参数、二次支护荷载分布等。这些数据是对支护系统进行计算所需要的。

（2）经验判断方法

此法也是建立在现场监控量测基础之上的，其核心是根据经验建立一些判断标准，而后根据前述的回归函数可以预测最终的位移值（即 $t\to\infty$）$u$ 以及$\frac{\mathrm{d}u}{\mathrm{d}t}$、$\frac{\mathrm{d}^2u}{\mathrm{d}t^2}$来直接判断围岩的稳定性和支护系统的工作状态。在施工监测过程中，数据“异常”现象的出现可以作为调整支护参数和采取相应施工技术措施的依据。何为“异常”，这就需针对不同的工程条件（围岩地层、埋深、隧道断面、支护、施工方法等）建立一些根据量测数据对围岩稳定性和支护系统工作条件进行判断的准则。

可根据以下三种条件作为围岩稳定性判据。

①根据极限（最大）位移值判断：在隧道开挖过程中，如果隧道的实测最大位移超过极限位移，隧道很可能发生失稳破坏。事实上，由于隧道与地下工程地质条件、环境条件、开挖方式、支护形式复杂多变，极限位移的精确确定十分困难，所以对实测最大位移和极限位移作比较就难以操作。一般情况下，设计图纸或有关规范会给出隧道初期支护的预留变形量，为了确保围岩和初期支护不侵入二次衬砌空间，并保证二次衬砌以后隧道建筑限界准确，可将隧道的设计预留变形量作为极限位移进行控制。同时，设计预留变形量应根据前期的监测成果在施工过程中不断修正。在表 5-16 围岩变形管理等级表、表 5-17 监测项目变形控制标准表中，以 2/3 极限位移作为施工管理控制标准的上限，是基于预留补强空间并确保施工安全的角度来考虑的。

隧道周边任意点的实测相对位移值或用回归分析推算的最终位移值均应小于表 5-14 所列数值。表 5-14 所列数值是在统计和分析了国内许多隧道的量测数据后得到的，可作为应用的依据，同时在使用过程中应根据对现场实测数据的分析及相应的数值计算等进行修正。当位移速度无明显下降，而此时实测相对位移值已接近表 5-14 中规定的数值，或者支护混凝土表面已出现明显裂缝时，必须立即采取补强措施，并改变施工方法或设计参数。

②根据位移速率判断：工程实践表明，各项位移达到基本稳定的时间一般是在一个月以内，且回归值与实测值很接近。位移速率与时间关系曲线显示：变形速率是由大变小的递减过程，变形时程曲线具有明显的阶段性，根据变形速率大小可将变形时程曲线分为急剧变位、缓慢变位、基本稳定三个阶段，其围岩稳定性判据如表 5-18 所示。值得注意的是，变形速率标准是只适用于一般地质条件下隧道净空变形和拱顶下沉围岩稳定性的判据，对于高地应力、岩溶、膨胀性、挤压性围岩等特殊地质条件，应根据具体情况制定专

门标准进行判定。

围岩稳定性判据　　表 5-18

| 量测项目 | 急剧变位 | 缓慢变位 | 基本稳定 | 备　注 |
|---|---|---|---|---|
| 收敛位移 | >1.0mm/d | 1.0~0.2mm/d | <0.2mm/d | |
| 单点位移 | >0.5mm/d | 0.5~0.1mm/d | <0.1mm/d | |
| 拱顶位移 | >1.0mm/d | 1.0~0.2mm/d | <0.2mm/d | |

③根据位移速率变化趋势判断：由于岩体的流变特性，岩体破坏前变形时程曲线可分为三个阶段。

a. 基本稳定区：主要标志是位移速率不断下降，即$\frac{d^2u}{dt^2}<0$，表明围岩处于稳定状态。

b. 过渡区：位移速率保持不变，即$\frac{d^2u}{dt^2}=0$，表明围岩向不稳定状态发展，需发出预警，加强支护系统。

c. 破坏区：位移速度逐渐增大，即$\frac{d^2u}{dt^2}>0$，表明围岩进入危险状态，必须立即停止施工，采取有效手段，控制变形。

5）监控量测信息化施工管理

（1）当工程施工中出现下列情况之一时，应立即停止施工，采取相应措施处理：

①监测数据有不断增大的趋势。

②支护结构和地表沉降过大，超过控制基准或出现明显的受力裂缝并不断发展。

③时态曲线长时间没有变缓的趋势等。

（2）二次衬砌施作的条件确定

①各测试项目的位移速率明显收敛，围岩基本稳定。

②已产生的各项位移已达预计总位移量的 80%~90%。

③周边位移速率小于 0.15mm/d 或拱顶下沉速率小于 0.1mm/d。

④初期支护表面无再发展的明显裂缝。

⑤当不能满足上述条件，围岩变化无收敛趋势时，则必须采取措施，使初期支护基本稳定后，才可施作二次衬砌，或者根据要求采用加强衬砌，及时施工。

6）监控量测信息反馈与应用

监控量测信息的反馈和应用，必须以量测数据的客观、真实、及时、有效为前提条件。主要表现为如下方面：量测数据应用的注意事项；测点埋设应准确；量测数据保证真实性；现场测量数据和反馈的及时性；量测数据突变与不收敛的真正原因；量测数据与施工状态关系；量测数据与修改设计关系。

（1）分别编制施工期监测简报（周报）、阶段报告（月报）、预警（紧急）报告、总结报告，应根据监理工程师的要求提交各种报告。

（2）如监测发现可能是结构物出现异常情况时，应及时口头通知监理工程师，并在测读数据后 6 小时内以监测快报的方式向监理工程师和设计单位以及业主提交书面报告。监控信息反馈流程如图 5-56 所示。

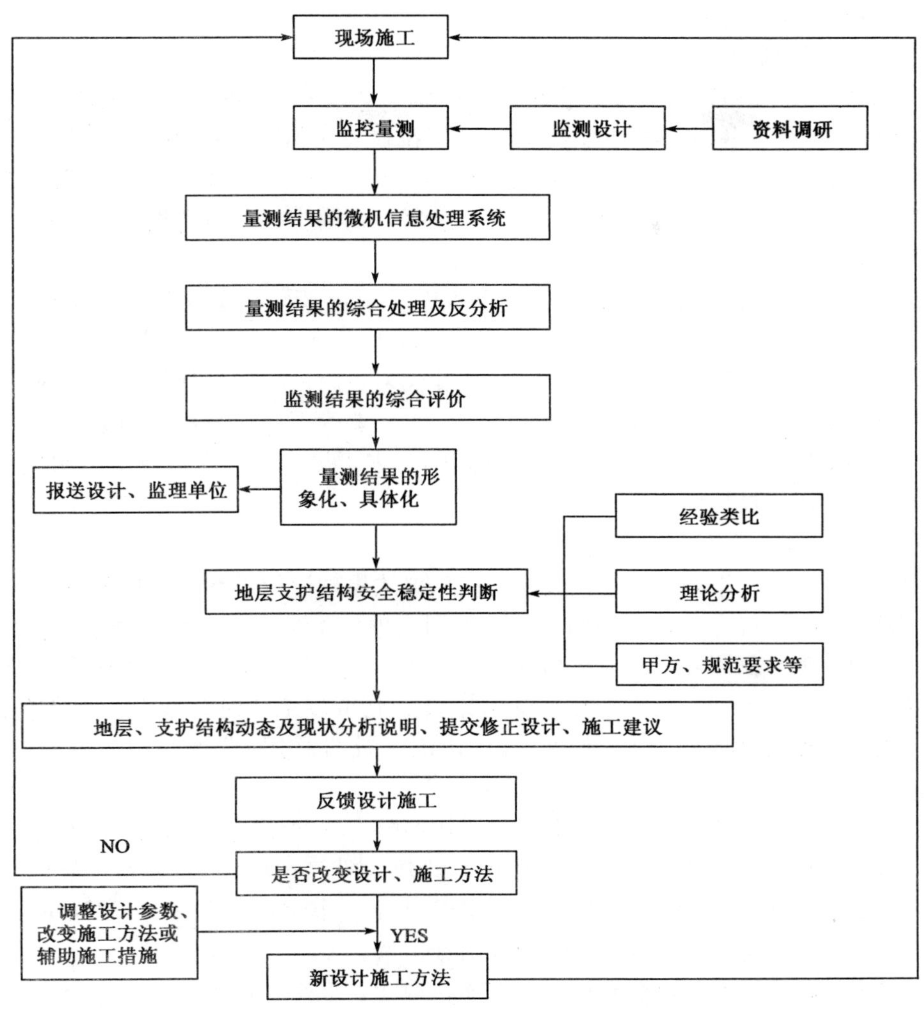


图 5-56　监控信息反馈流程框图

（3）按监理工程师指示，在分部工程验收时或根据工程安全检查的需要，按有关规范的规定，向监理工程师报送工程监测报告。

（4）编写的成果报告应符合《公路隧道施工技术规范》（JTG F60—2009），《铁路工程物理勘探规程》（TB 10013—2010）等相关技术规范的要求。

### 5.2.5　隧道监控量测必测项目工程实例

高速公（铁）路隧道监控量测是隧道施工管理中的一个极其重要的环节。通过监控量测，可以及时掌握开挖过程中围岩稳定和支护受力、变形的动态信息。通过对监控量测数据回归分析，建立围岩变形模型，对预测围岩变化规律和最终变形，合理确定设计支护参数、优化施工方案，及时准确预报可能发生的危及施工安全的隐患或事故，有着极其重要的意义。

1）隧道工程概况

（1）隧道洞口地质情况

福安隧道右洞单洞长 2 075m，进出洞口Ⅳ级以上围岩 238m，洞口属剥蚀丘陵地貌，自然斜坡坡度为 25°～40°，天然坡角稳定，表层覆盖残坡积土，YK38＋350 断面处覆盖层厚度为 16m。出洞口处围岩为Ⅴ级围岩，主要为残坡积土，全风化、强风化凝灰质熔岩，节理裂隙很发育，存在一构造破碎带，呈碎块裂状，松散结构，易坍塌，地下水位高于洞顶，淋雨状或涌流状出水。

康厝隧道左洞单洞长 600m，进出洞口Ⅳ级以上围岩 425m，属剥蚀丘陵地貌，自然斜坡坡度为 25°～35°，在 ZK45＋120 断面处覆盖层厚度 20m，表层为残积黏性土层，隧道围岩为Ⅴ级围岩，主要为砂土状全风化、强风化花岗岩，散体结构，顶板岩层较薄，局部洞壁为弱、微风化花岗岩，裂隙发育，地下水贫乏，主要为上部残坡积层和强风化层中的孔隙潜水及下部基岩裂隙水，富水性和导水性较强，主要接受大气降水及地下水侧向补给，拱部、侧壁不稳定，易坍塌。

（2）隧道结构形式及复合式衬砌

福安、康厝两隧道结构形式的设计，是按新奥法原理进行设计。采用复合支护，以锚杆、钢拱架、湿喷混凝土（挂钢筋网）等为初期支护，并辅以钢支撑、大管棚、注浆小导管等辅助支护措施。在监控量测信息指导下施工初期支护和二次衬砌采用模筑衬砌。根据隧道埋置深度、围岩级别、结构跨度、受力条件、施工因素等进行复合式支护的稳定分析，结合工程经验拟定有关参数，初期支护和围岩稳定性采用地层结构法计算，二次衬砌采用荷载结构法计算。

初期支护：喷射混凝土，拱墙初期支护采用湿喷 C25 早强混凝土，仰拱初期支护采用现浇 C25 早强混凝土。可掺入 0.5%～1% 的高效减水剂，一天强度应≥12.5MPa。Ⅴ级围岩系统锚杆采用 $\phi$25mm 带正反循环注浆系统的中空注浆锚杆，其他采用 $\phi$22mm 全长黏结水泥药包锚杆。钢拱架采用工字型钢拱架或格栅拱架。

二次模筑衬砌：拱部、边墙采用 C25 防水混凝土，仰拱采用 C25 普通混凝土，抗渗等级≥S6。仰拱回填采用 C15 片石混凝土。超挖回填，洞身拱部、边墙、仰拱超挖部分均须采用 C25 混凝土进行超挖回填。

Ⅴ级围岩地段的施工方法，采用大管棚和小导管预注浆作为施工辅助措施，掌子面开挖采用侧壁导坑法。采用短进尺开挖，及时支护，尽早施工仰拱以形成封闭环。

2）隧道围岩变形监控监测

（1）地表沉降观测点的布设

采用精密水准仪对地表沉降进行量测，因为现场地形植被较好，且高差变化较大，5m 范围内地形高差超过 2m，量测精度仅达到 ±1mm，在地形平坦地区，量测精度可达到 ±0.1mm。在地表可能产生塌陷之处设置观测点，按普通水准点埋设。不动点（水准点）设置在预计破裂面以外 3～4 倍洞径处，作为各观测点高程测量的基准，参照不动点可计算出各观测点的下沉量。地表沉降观测点的布置与洞内周边收敛量测基线和洞内拱顶下沉测点所在断面重合。根据现场地形可布置 7～11 个测点，以隧道中线为中心向两侧以 3m 和 5m 间距布置，相邻两测点间的距离为 3～5m。福安隧道右洞 YK38＋350 断面布设地表沉降观测点 11

个，康厝隧道左洞 ZK45 +120 断面布设地表沉降点 10 个，如图 5-57a）所示。

（2）拱顶下沉和周边收敛测点的布设

拱顶下沉的量测也采用精密水准仪，一般情况下，量测精度为 ±0.05mm。而洞内净空收敛位移的量测采用收敛计，两次测量之差即为该洞内周壁两点在该时间间隔内收敛值，量测精度为 ±0.01mm。拱顶下沉和周边收敛测点、测线位置和数量的布设根据围岩级别、掌子面开挖方法等因素进行确定；对于拱顶下沉，每个断面布置 1 ~3 个测点，测点放在拱顶中心或其附近。在福安隧道和康厝隧道洞口的施工都是采用侧壁导坑法，拱顶下沉和周边收敛观测点所在断面与地表沉降观测断面重合。在超前导坑内拱顶下沉和周边收敛观测点的布设如图 5-57b）所示。

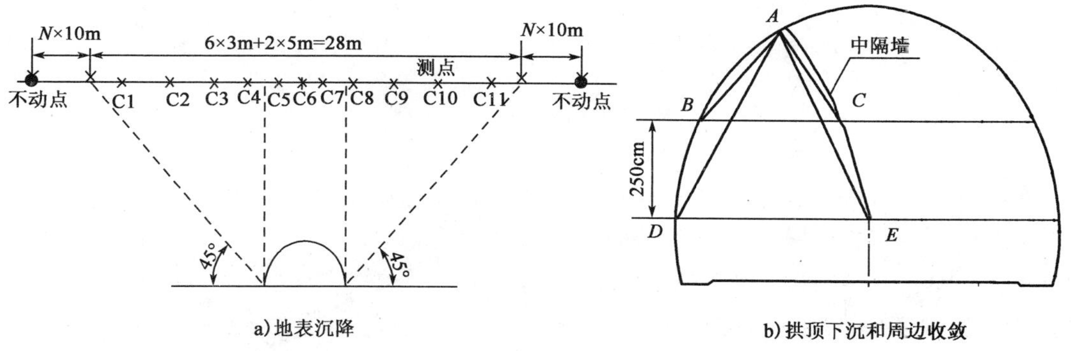


图 5-57　监测项目测点测线布设

（3）地表沉降与拱顶下沉变形特征

福安隧道洞口 YK38 +350 断面与康厝隧道 ZK45 +120 断面地表沉降的观测从布点到观测持续时间近两个月，直到沉降变形速率小于 1mm/d，观测频率减小。通过观测，从图 5-58 ~图 5-60 可以发现地表沉降变形呈现如下规律：

①对于地表沉降观测的所有测点，地表沉降变形速率随着时间增大，呈现由大变小最后接近于零，地表沉降累积变形随着时间的增大而增大，最后趋于稳定。

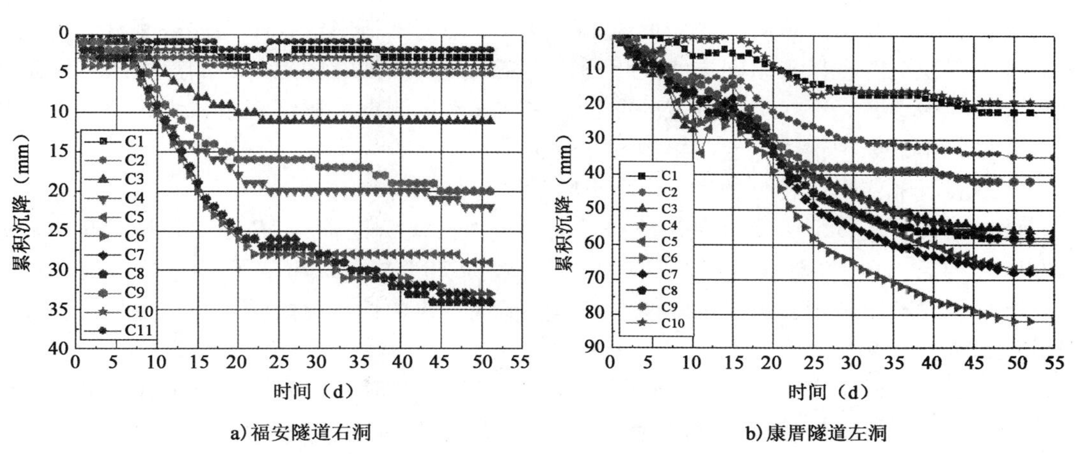


图 5-58　地表沉降 $S$-$T$ 曲线

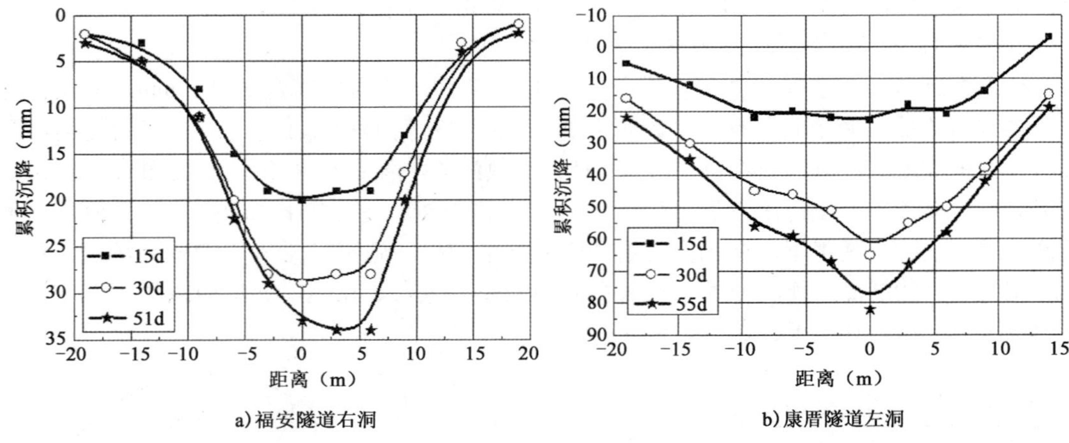


a)福安隧道右洞　b)康厝隧道左洞

图5-59　隧道横断面地表沉降 $S$-$T$ 曲线

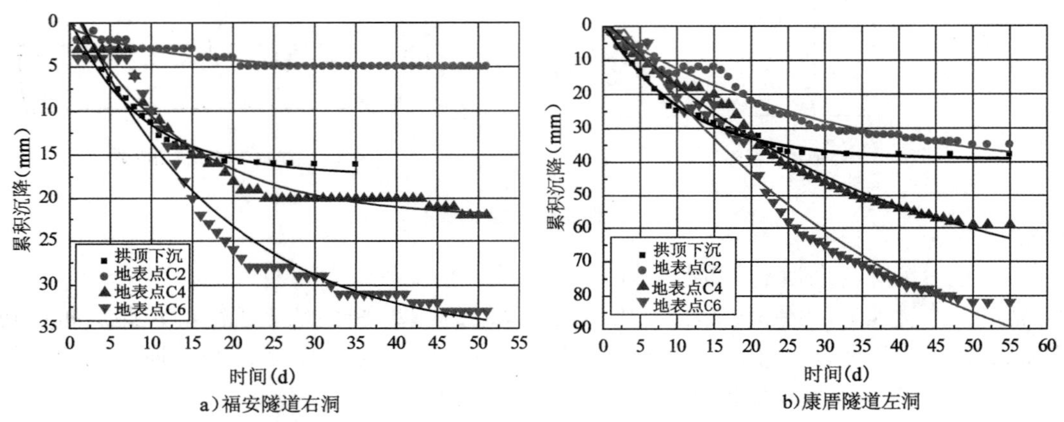


a)福安隧道右洞　b)康厝隧道左洞

图5-60　地表沉降和拱顶下沉非线性回归分析 $S$-$T$ 曲线

②隧道中轴线附近观测点的变形速率明显大于距离隧道中轴线距离远观测点的变化速率。地表累积沉降也呈现出同样的变化特征。在沉降观测横断面上，各测点大致以隧道中轴线为对称中心，呈现一个弯沉盆的形状，中轴线附近测点累积沉降量最大，两侧测点累积沉降量较小，离中轴线越远，累积沉降量越小。

③地表沉降变形曲线可分为三个变形阶段。

快速增长阶段，主要发生在开挖掌子面经过沉降观测断面（$2B$ 距离范围，$B$ 为隧道内宽度）前后一段时间内，在此段时间内(一般为 20d 左右，与掌子面开挖进度有关)，地表沉降变形速率较大，累积沉降变形基本上呈现直线增长，此段时间累积变形可占总沉降量的 50% ~70% 。

缓慢增长阶段，掌子面距沉降观测断面距离 $2B$ ~ $5B$ 时，地表沉降变形速率变小，但仍呈现弧线型缓慢增长趋势，此段持续时间(一般为 30d 左右)累积沉降变形可占总沉降量的 10% ~20% 。

趋于稳定阶段，掌子面距沉降观测断面距离大于 5$B$，沉降变形速率接近于零，随着时间的增大，累积沉降曲线变化微小，并趋近于一个定值，累积沉降变形占总沉降量的比例小于 10%。

④同一测试断面内的拱顶下沉累积值小于地表沉降累积总沉降。从福安隧道 YK38 + 350 与康厝隧道 ZK45 + 120 拱顶下沉累积值与地表沉降累积总沉降的关系来看，拱顶下沉累积值大约是地表累积总沉降的 40% ~60%，这种比例关系与地表覆盖层厚度、围岩种类与围岩级别、地下水情况、围岩支护形式、隧道开挖方式等因素有关。

（4）周边收敛变形特征

福安隧道洞口 YK38 + 350 断面与康厝隧道 ZK45 + 120 断面洞内周边收敛的观测从布点到观测持续时间约 40d 左右，直到变形速率小于 0.2mm/d 左右。如图 5-61 所示，通过观察分析，可以看到隧道内围岩变形曲线阶段特征明显，围岩变形累积曲线与地表沉降累积曲线相似，也可分为三个变形阶段。

①快速增长阶段：主要发生在开挖掌子面距观测断面距离 $B$($B$ 为隧道宽度)时，在此段时间内(一般为 10d 左右，与掌子面开挖进度及掌子面开挖方式有关)，周边位移变形速率较大，累积变形基本上呈现直线增长，此段时间累积变形可占总变形量的 60% ~80%。

②缓慢增长阶段：掌子面距沉降观测断面距离 2$B$ ~3$B$ 时，地表沉降变形速率变小，但仍呈现弧线形缓慢趋势，此段时间(一般为 20d 左右)累积变形量可占总沉降量的10% ~20%。

③趋于稳定阶段：掌子面距沉降观测断面距离大于 4$B$，周边位移变形速率接近于零，随着时间的增大，累积变形曲线变化微小，并趋近于一个定值，累积变形占总沉降量的比例小于 10%，详见图 5-61。

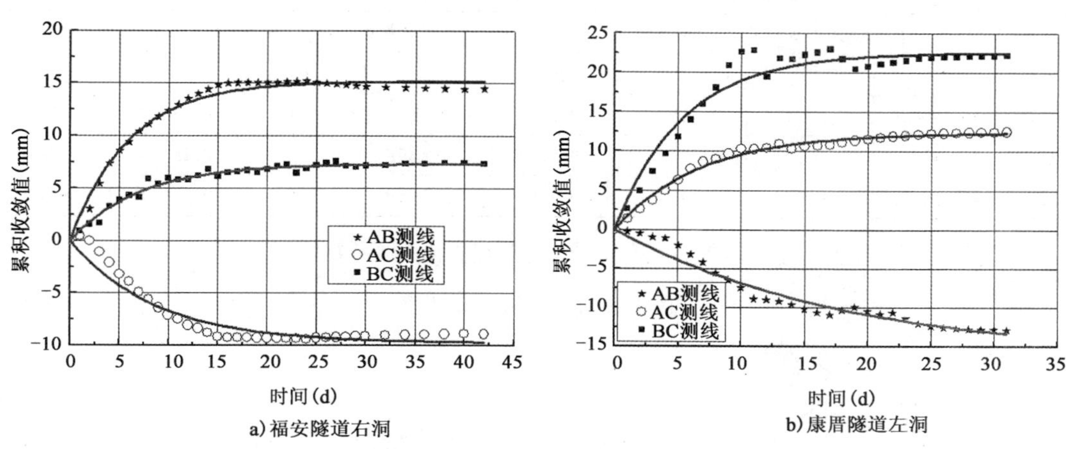


图 5-61　周边收敛变形非线性回归分析 $S$-$T$ 曲线

3）隧道围岩变形的非线性回归分析

（1）非线性回归分析的求解原理

非线性模型的一般形式为 $y = f(x, \theta) + \varepsilon$，其中，$f$ 为一般函数；$\theta$ 为 $p$ 维参数向量；$\varepsilon$ 为一维随机误差变量，$E(\varepsilon) = 0$，$\mathrm{var}(\varepsilon) = \sigma^2$。求解“非线性最小平方”拟合曲线，实

质是求 $\theta$ 的估计值 $\hat{\theta}$，使 $\sin S(\theta)=\sum_{i=1}^{n}\varepsilon_i^2\left[y_i-f\left(x_i,\ \theta\right)\right]^2$，再将 $\hat{\theta}$ 的值代入 $f(x,\ \theta)$，问题转化为解非线性规划问题，采用高斯—牛顿法求解“非线性最小平方”问题，只要初始值选择适当，几次迭代就可获得系数估计值。

（2）隧道围岩变形增长模型的非线性回归方程

把监控量测数据绘制成散点图，地表累积沉降、拱顶下沉累积变形、周边收敛呈现出一个相同的变化趋势，即随着时间增大，隧道洞口围岩累积变形不断“增长”，最后趋近于一个稳定值。隧道洞口围岩变形的这种规律与生物学、生态学、化学以及政治和经济等领域中的增长模型极为类似。采用增长模型，利用高斯—牛顿法对图5-60、图5-61中地表沉降、拱顶下沉、周边收敛变形稳定量测数据进行非线性回归分析，可得到增长模型回归方程中各参数的估计值，详见表5-19、表5-20。从拟合曲线同散点图吻合程度、测定系数 $R^2$ 值（$R^2>90\%$）、样本方差 $S^2$ 值的大小来看，采用增长模型对隧道洞口围岩稳定变形进行非线性回归分析和预测，效果良好。

**拱顶下沉和地表沉降变形非线性回归方程参数估计值** 表5-19

| 测点 | 福安隧道右洞 YK38+450 断面 | | | | 康厝隧道左洞 ZK45+120 断面 | | | |
|---|---|---|---|---|---|---|---|---|
| | $D_0$ | $D_1$ | $S^2$ | $R^2$ | $D_0$ | $D_1$ | $S^2$ | $R^2$ |
| C1 | 17.398 32 | 0.108 07 | 0.368 58 | 0.986 65 | 39.544 24 | 0.088 49 | 1.093 37 | 0.997 32 |
| C2 | 4.857 88 | 0.092 51 | 0.289 28 | 0.903 22 | 37.032 63 | 0.040 49 | 5.802 10 | 0.933 05 |
| C4 | 2.627 25 | 0.045 9 | 2.818 14 | 0.937 11 | 60.192 8 | 0.035 85 | 9.438 55 | 0.957 38 |
| C6 | 39.697 29 | 0.084 27 | 3.456 21 | 0.957 94 | 102.682 61 | 0.024 66 | 17.995 96 | 0.932 33 |

**隧道洞内周边位移变形非线性回归方程参数估计值** 表5-20

| 测线 | 福安隧道右洞 YK38+450 周边收敛 | | | | 康厝隧道左洞 ZK45+120 断面周边收敛 | | | |
|---|---|---|---|---|---|---|---|---|
| | $D_0$ | $D_1$ | $S^2$ | $R^2$ | $D_0$ | $D_1$ | $S^2$ | $R^2$ |
| AB | 15.196 97 | 0.168 61 | 0.335 19 | 0.981 29 | −16.338 8 | 0.054 65 | 0.838 76 | 0.957 52 |
| BC | 7.346 16 | 0.142 59 | 0.097 88 | 0.976 29 | 22.620 78 | 0.183 17 | 2.183 37 | 0.950 01 |
| AC | −9.761 12 | 0.115 67 | 0.697 13 | 0.930 65 | 12.434 69 | 0.146 91 | 0.151 06 | 0.987 86 |

隧道洞口围岩变形与时间关系曲线的回归方程见式（5-14）。

$$D(t)=D_0\cdot(1-\mathrm{e}^{-D_1\cdot t}) \tag{5-14}$$

式中：$D(t)$——围岩变形，mm；

$t$——时间变量，d；

$D_0$——常数（在增长模型中，对于正增长情况，$D_0>0$；对于负增长情况，$D_0<0$）；

$D_1$——常数，$D_1>0$。

由速度、加速度的物理意义以及微分定义可得到 $t$ 时刻变形瞬时速度 $v(t)$，瞬时加速度 $a(t)$ 分别为：

$$\lim_{t\to+\infty}v(t)=\lim_{t\to+\infty}D(t)'=\lim_{t\to+\infty}\left[D_0\cdot(1-\mathrm{e}^{-D_1\cdot t})\right]'=D_0\cdot D_1\lim_{t\to+\infty}\mathrm{e}^{-D_1\cdot t}=0 \tag{5-15}$$

$$\lim_{t\to+\infty} a(t) = \lim_{t\to+\infty} D(t)'' = \lim_{t\to+\infty}[D_0 \cdot (1 - e^{-D_1 \cdot t})]'' = -D_0 \cdot D_1^2 \lim_{t\to+\infty} e^{-D_1 \cdot t} = 0 \qquad (5\text{-}16)$$

设 $t$ 时间内累积变形为 $D$（$t$），当 $t=0$ 时，围岩起始变形 $D$（0）$=0$，则可知最终变形 $D$（$+\infty$）为：

$$D(+\infty) = \lim_{t\to+\infty} D(t) = \lim_{t\to+\infty}[D_0 \cdot (1 - e^{-D_1 \cdot t})] = \lim_{t\to+\infty} D_0 - \lim_{t\to+\infty} e^{-D_1 \cdot t} = D_0 \quad (5\text{-}17)$$

式（5-14）~式（5-17）中，$D_0$、$D_1$ 有明显的物理意义，其值的大小取决于隧道洞口围岩种类、围岩级别、覆盖层厚度、开挖方式、支护形式等。从拟合曲线变化趋势以及回归分析方程可知，围岩变形速度方程式（5-15）、围岩变形加速度方程式（5-16）都是指数函数，随着时间的增大，表明围岩变形速度逐渐减小，围岩变形加速度小于零，围岩最终变形趋近于一个恒定值 $D_0$，常数 $D_1$（$D_1>0$）则是反映围岩变形速度、变形加速度快慢的综合影响系数。

4）隧道围岩稳定性的判定结果

隧道洞口围岩地表沉降、拱顶下沉、周边收敛变形稳定曲线可统一为增长曲线模型，总体表现特征是在最初阶段“增长”较快，以后逐渐减慢并趋于稳定。非线性回归分析方程对预测隧道洞口围岩最终变形量、指导隧道开掘方式、动态修正支护设计方式提供一定的基础和依据。

### 5.2.6　隧道监控量测选测项目工程实例

1）隧道工程概况

甘肃省成武（成县至武都）高速公路于 2010 年 10 月 28 日开工，全长 92.04km（含支线），全线采用双线四车道高速公路标准设计，设计行车速度 80km/h，路基宽 24.5m。隧道结构形式按新奥法原理进行设计，采用复合式衬砌支护，以锚杆、钢拱架、湿喷混凝土（挂钢筋网）等为初期支护，并辅以钢支撑、大管棚、注浆小导管等辅助支护措施。在监控量测信息指导下施工初期支护和二次衬砌采用模筑衬砌。

府城隧道是一座左、右线分离的高速公路短隧道，位于甘肃省成县纸坊镇府城村南侧，左线长 430m，起讫桩号 ZK1 +030 ~ ZK1 +460；右线长 359m，起讫桩号 YK1 +063 ~ ZK1 +422。隧址区属于构造侵蚀低中山区，海拔 1 140 ~ 1 335m。地形起伏大，基岩冲沟发育，隧道位于甘沟子左岸山体坡角处，坡高 15m ~ 50m，坡度 30° ~ 45°；洞身部位于基岩梁上，山体较为陡峭，山顶多覆盖黄土。

2）测试内容及测点布置

（1）钢支撑内力

在府城右线 YK1 +200 处设钢支撑内力监测断面，均匀布设 7 个钢筋计，将钢筋计焊接于钢支撑表面，测点布设如图 5-62 所示。

（2）锚杆轴力

在府城右线 YK1 +200 处设锚杆轴力监测断面，该监测断面分别在拱顶、左右拱腰和左右边墙处选定 1 根锚杆，共 5 根锚杆，每根锚杆上布设 2 个测点，采用锚杆轴力计测试。测点布设如图 5-63 所示。

3）传感器量测原理

（1）钢筋计

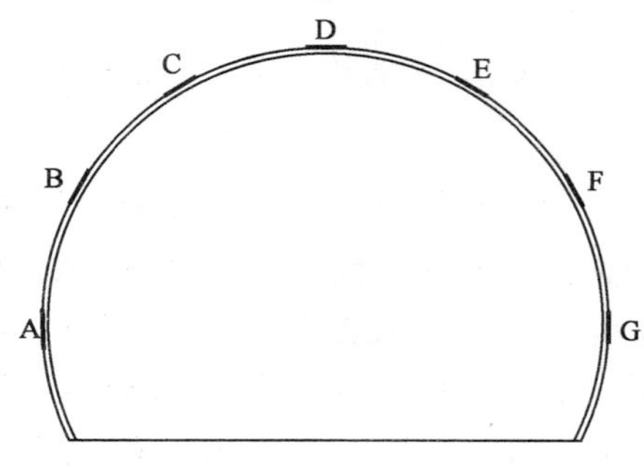


图 5-62　钢支撑内力测点布置

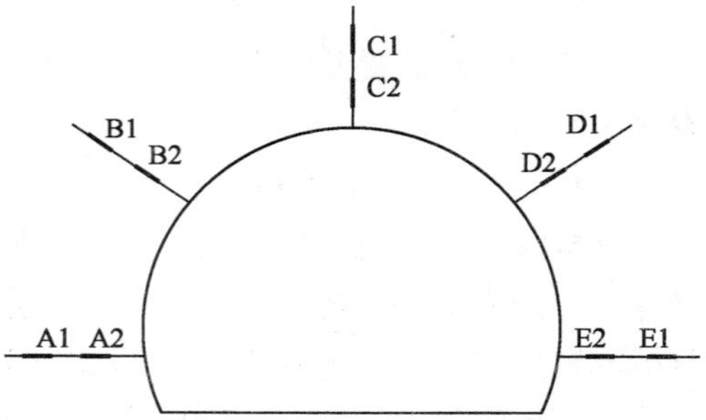

图 5-63　锚杆轴力测点布置

钢筋计的量测原理：若量测频率比初始频率增大，则表明钢筋计受拉；反之，则受压。钢筋计应力计算公式见式（5-18）。

$$P = K(f_i^2 - f_0^2) \tag{5-18}$$

式中：$P$——被测钢筋计所受的力，kN；

$K$——钢筋计的灵敏度系数，kN/Hz$^2$；

$f_0$——钢筋计的初始频率值，Hz；

$f_i$——钢筋计工作频率值，Hz。

（2）锚杆轴力计

锚杆轴力计是通过振弦式钢筋计和传力连杆进行连接，锚杆轴力计量测原理与钢筋计相同：若量测频率比初始频率增大，则表明钢筋计受拉；反之，则受压。计算公式见式(5-18)。

4）测试数据成果分析

（1）钢支撑内力

钢支撑内力监测：于 2012 年 8 月 6 日，在府城隧道右线 YK1 +200 断面处共安装 7 个钢筋应力计。钢支撑内力测试结果见表 5-21，内力时态曲线图如图 5-64 所示。

**钢支撑内力测试表**　　表 5-21

| 编号 / 日期 | 钢支撑内力（kN） | | | | | | |
|---|---|---|---|---|---|---|---|
| | A | B | C | D | E | F | G |
| 8 月 7 日 | 0.716 | −0.016 | −2.292 | 2.788 | −2.455 | −0.739 | −0.290 |
| 8 月 8 日 | 0.799 | −0.073 | −2.298 | 2.616 | −2.570 | −0.670 | −0.229 |
| 8 月 9 日 | 0.883 | −0.129 | −2.303 | 2.444 | −2.684 | −0.601 | −0.169 |
| 8 月 10 日 | 0.966 | −0.185 | −2.309 | 2.273 | −2.799 | −0.532 | −0.108 |
| 8 月 11 日 | 1.049 | −0.241 | −2.314 | 2.101 | −2.913 | −0.463 | −0.047 |
| 8 月 12 日 | 1.133 | −0.298 | −2.320 | 1.930 | −3.027 | −0.394 | 0.013 |
| 8 月 13 日 | 1.217 | −0.354 | −2.325 | 1.759 | −3.141 | −0.325 | 0.074 |
| 8 月 14 日 | 1.300 | −0.410 | −2.331 | 1.588 | −3.255 | −0.256 | 0.135 |
| 8 月 15 日 | 1.384 | −0.466 | −2.336 | 1.417 | −3.369 | −0.187 | 0.195 |

续上表

| 日期 \ 编号 | 钢支撑内力（kN） | | | | | | |
|---|---|---|---|---|---|---|---|
| | A | B | C | D | E | F | G |
| 8月16日 | 1.467 | -0.522 | -2.342 | 1.246 | -3.483 | -0.118 | 0.256 |
| 8月17日 | 1.494 | -0.662 | -2.546 | 0.954 | -3.620 | -0.118 | 0.324 |
| 8月18日 | 1.520 | -0.801 | -2.751 | 0.663 | -3.757 | -0.118 | 0.393 |
| 8月19日 | 1.546 | -0.941 | -2.955 | 0.372 | -3.894 | -0.118 | 0.461 |
| 8月20日 | 1.572 | -1.080 | -3.158 | 0.082 | -4.031 | -0.118 | 0.530 |
| 8月21日 | 1.599 | -1.220 | -3.362 | -0.209 | -4.168 | -0.118 | 0.598 |
| 8月22日 | 1.625 | -1.359 | -3.566 | -0.499 | -4.304 | -0.118 | 0.666 |
| 8月23日 | 1.651 | -1.498 | -3.769 | -0.788 | -4.441 | -0.118 | 0.735 |
| 8月24日 | 1.680 | -1.399 | -3.836 | -0.841 | -4.595 | -0.203 | 0.713 |
| 8月25日 | 1.708 | -1.301 | -3.904 | -0.894 | -4.750 | -0.288 | 0.690 |
| 8月26日 | 1.736 | -1.202 | -3.971 | -0.946 | -4.904 | -0.374 | 0.668 |
| 8月27日 | 1.765 | -1.103 | -4.038 | -0.999 | -5.058 | -0.459 | 0.645 |
| 8月28日 | 1.793 | -1.004 | -4.106 | -1.052 | -5.212 | -0.544 | 0.623 |
| 8月29日 | 1.821 | -0.906 | -4.173 | -1.105 | -5.366 | -0.629 | 0.601 |
| 8月30日 | 1.850 | -0.807 | -4.240 | -1.157 | -5.520 | -0.714 | 0.578 |
| 8月31日 | 1.878 | -0.708 | -4.308 | -1.210 | -5.674 | -0.800 | 0.556 |
| 9月01日 | 1.906 | -0.609 | -4.375 | -1.263 | -5.828 | -0.885 | 0.534 |
| 9月03日 | 1.935 | -0.510 | -4.442 | -1.315 | -5.981 | -0.970 | 0.511 |
| 9月05日 | 1.963 | -0.411 | -4.509 | -1.368 | -6.135 | -1.055 | 0.489 |
| 9月07日 | 1.991 | -0.311 | -4.577 | -1.421 | -6.288 | -1.140 | 0.466 |
| 9月14日 | 2.020 | -0.212 | -4.644 | -1.473 | -6.442 | -1.225 | 0.444 |
| 9月21日 | 2.027 | -0.200 | -4.631 | -1.451 | -6.434 | -1.215 | 0.460 |
| 9月28日 | 2.035 | -0.188 | -4.617 | -1.428 | -6.427 | -1.206 | 0.477 |
| 10月5日 | 2.027 | -0.255 | -4.665 | -1.448 | -6.435 | -1.240 | 0.451 |
| 10月12日 | 2.019 | -0.322 | -4.713 | -1.468 | -6.442 | -1.274 | 0.426 |
| 10月19日 | 2.011 | -0.390 | -4.761 | -1.487 | -6.450 | -1.308 | 0.401 |
| 10月26日 | 2.003 | -0.457 | -4.809 | -1.507 | -6.458 | -1.342 | 0.376 |
| 11月2日 | 2.024 | -0.455 | -4.796 | -1.506 | -6.456 | -1.340 | 0.378 |
| 11月9日 | 2.045 | -0.453 | -4.783 | -1.505 | -6.455 | -1.338 | 0.380 |
| 11月16日 | 2.066 | -0.451 | -4.770 | -1.504 | -6.453 | -1.337 | 0.382 |
| 11月23日 | 2.087 | -0.449 | -4.758 | -1.503 | -6.451 | -1.335 | 0.384 |

注：数值为“+”表示受到拉力；数值为“-”表示受到压力。

如图5-64所示，从YK1+200监测断面中钢支撑内力的日常监测数值来看，各测点钢支撑内力变化已趋稳定，表明钢围岩变形基本稳定，建议结束监测，可以进行下一道工序——二次衬砌施工。

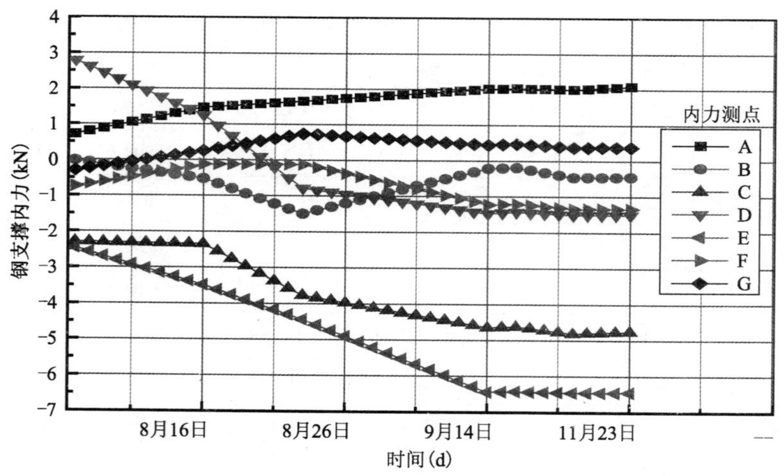


图5-64　府城隧道YK1+200断面钢支撑内力时态曲线

（2）锚杆轴力

锚杆轴力监测：于2012年8月6日，在府城右洞YK+200断面处共安装5根电测锚杆，每根布置2个测点。锚杆轴力测试结果见表5-22，轴力时态曲线见图5-65。

锚杆轴力测试表　　表5-22

| 编号/日期 | 锚杆轴力(kN) | | | | | | | | | |
|---|---|---|---|---|---|---|---|---|---|---|
| | A1 | A2 | B1 | B2 | C1 | C2 | D1 | D2 | E1 | E2 |
| 8月7日 | 1.866 | 9.849 | -0.944 | 0.000 | 1.886 | 2.242 | 0.207 | 1.599 | 0.787 | 0.330 |
| 8月8日 | 2.524 | 9.161 | -0.998 | 0.007 | 1.601 | 1.970 | 0.261 | 1.628 | 0.765 | 0.327 |
| 8月9日 | 3.184 | 8.475 | -1.053 | 0.014 | 1.317 | 1.699 | 0.314 | 1.658 | 0.742 | 0.323 |
| 8月10日 | 3.845 | 7.791 | -1.107 | 0.020 | 1.033 | 1.428 | 0.367 | 1.688 | 0.719 | 0.319 |
| 8月11日 | 4.509 | 7.109 | -1.161 | 0.027 | 0.750 | 1.158 | 0.420 | 1.718 | 0.696 | 0.316 |
| 8月12日 | 5.174 | 6.429 | -1.215 | 0.034 | 0.466 | 0.888 | 0.474 | 1.747 | 0.673 | 0.312 |
| 8月13日 | 5.842 | 5.751 | -1.269 | 0.041 | 0.184 | 0.618 | 0.527 | 1.777 | 0.650 | 0.308 |
| 8月14日 | 6.511 | 5.074 | -1.323 | 0.047 | -0.099 | 0.348 | 0.580 | 1.807 | 0.627 | 0.305 |
| 8月15日 | 7.182 | 4.400 | -1.377 | 0.054 | -0.381 | 0.079 | 0.633 | 1.837 | 0.605 | 0.301 |
| 8月16日 | 7.855 | 3.727 | -1.431 | 0.061 | -0.663 | -0.190 | 0.687 | 1.866 | 0.582 | 0.297 |
| 8月17日 | 7.923 | 3.773 | -1.769 | -0.074 | -0.734 | -0.230 | 0.753 | 1.931 | 0.574 | 0.295 |
| 8月18日 | 7.991 | 3.818 | -2.106 | -0.209 | -0.806 | -0.269 | 0.819 | 1.995 | 0.567 | 0.293 |
| 8月19日 | 8.060 | 3.863 | -2.443 | -0.343 | -0.877 | -0.309 | 0.886 | 2.060 | 0.560 | 0.290 |

续上表

| 编号<br>日期 | 锚杆轴力（kN） | | | | | | | | | |
|---|---|---|---|---|---|---|---|---|---|---|
| | A1 | A2 | B1 | B2 | C1 | C2 | D1 | D2 | E1 | E2 |
| 8月20日 | 8.128 | 3.909 | -2.780 | -0.478 | -0.949 | -0.348 | 0.952 | 2.124 | 0.552 | 0.288 |
| 8月21日 | 8.196 | 3.954 | -3.116 | -0.612 | -1.020 | -0.388 | 1.018 | 2.189 | 0.545 | 0.285 |
| 8月22日 | 8.264 | 3.999 | -3.451 | -0.747 | -1.091 | -0.427 | 1.085 | 2.254 | 0.538 | 0.283 |
| 8月23日 | 8.332 | 4.045 | -3.786 | -0.881 | -1.163 | -0.467 | 1.151 | 2.318 | 0.530 | 0.281 |
| 8月24日 | 8.275 | 4.050 | -3.928 | -0.974 | -1.248 | -0.556 | 1.111 | 2.281 | 0.549 | 0.286 |
| 8月25日 | 8.218 | 4.055 | -4.069 | -1.068 | -1.333 | -0.644 | 1.072 | 2.244 | 0.567 | 0.291 |
| 8月26日 | 8.161 | 4.060 | -4.211 | -1.161 | -1.419 | -0.733 | 1.033 | 2.206 | 0.586 | 0.296 |
| 8月27日 | 8.104 | 4.065 | -4.353 | -1.254 | -1.504 | -0.822 | 0.993 | 2.169 | 0.604 | 0.301 |
| 8月28日 | 8.047 | 4.070 | -4.494 | -1.347 | -1.590 | -0.911 | 0.954 | 2.131 | 0.623 | 0.306 |
| 8月29日 | 7.990 | 4.076 | -4.636 | -1.440 | -1.675 | -1.000 | 0.914 | 2.094 | 0.641 | 0.311 |
| 8月30日 | 7.934 | 4.081 | -4.777 | -1.533 | -1.760 | -1.089 | 0.875 | 2.057 | 0.660 | 0.316 |
| 8月31日 | 7.877 | 4.086 | -4.918 | -1.626 | -1.845 | -1.177 | 0.836 | 2.019 | 0.678 | 0.321 |
| 9月01日 | 7.820 | 4.091 | -5.059 | -1.719 | -1.931 | -1.266 | 0.796 | 1.982 | 0.696 | 0.326 |
| 9月03日 | 7.820 | 4.091 | -5.059 | -1.719 | -1.931 | -1.266 | 0.796 | 1.982 | 0.696 | 0.326 |
| 9月05日 | 7.811 | 4.092 | -5.081 | -1.733 | -1.944 | -1.280 | 0.790 | 1.976 | 0.699 | 0.327 |
| 9月07日 | 7.877 | 4.086 | -4.918 | -1.626 | -1.845 | -1.177 | 0.836 | 2.019 | 0.678 | 0.321 |
| 9月14日 | 7.592 | 4.112 | -5.623 | -2.090 | -2.271 | -1.621 | 0.639 | 1.833 | 0.770 | 0.347 |
| 9月21日 | 7.633 | 4.120 | -5.631 | -2.090 | -2.271 | -1.595 | 0.655 | 1.866 | 0.830 | 0.339 |
| 9月28日 | 7.674 | 4.128 | -5.639 | -2.090 | -2.271 | -1.569 | 0.671 | 1.900 | 0.890 | 0.330 |
| 10月5日 | 7.691 | 4.145 | -5.595 | -2.098 | -2.327 | -1.608 | 0.663 | 1.870 | 0.860 | 0.310 |
| 10月12日 | 7.707 | 4.162 | -5.551 | -2.105 | -2.383 | -1.646 | 0.655 | 1.841 | 0.830 | 0.289 |
| 10月19日 | 7.724 | 4.179 | -5.508 | -2.113 | -2.439 | -1.685 | 0.647 | 1.812 | 0.800 | 0.268 |
| 10月26日 | 7.740 | 4.195 | -5.464 | -2.120 | -2.495 | -1.724 | 0.639 | 1.783 | 0.770 | 0.248 |
| 11月2日 | 7.738 | 4.191 | -5.460 | -2.117 | -2.491 | -1.719 | 0.643 | 1.787 | 0.775 | 0.252 |
| 11月9日 | 7.736 | 4.187 | -5.456 | -2.113 | -2.487 | -1.715 | 0.647 | 1.791 | 0.779 | 0.256 |
| 11月16日 | 7.734 | 4.183 | -5.452 | -2.109 | -2.483 | -1.711 | 0.651 | 1.795 | 0.783 | 0.260 |
| 11月23日 | 7.732 | 4.179 | -5.448 | -2.105 | -2.479 | -1.706 | 0.655 | 1.799 | 0.787 | 0.264 |

如图5-65所示，从YK1+200监测断面中锚杆轴力的日常监测数值来看，各测点锚杆轴力变化趋于稳定，表明围岩变形已稳定，建议可以进行下一道工序——二次衬砌施工。

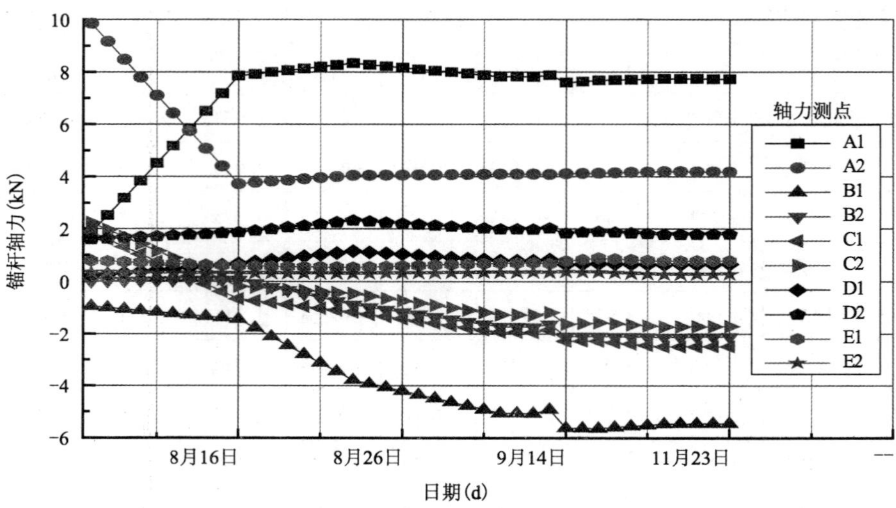


图 5-65　府城隧道 YK1 +200 断面锚杆轴力时态曲线

## 5.3　监控量测数据的风险管理分析

拱顶下沉和净空收敛这两项收敛位移的量测方法简单易行，并具有可靠性，其量测精度能够满足量测目的的要求。以拱顶下沉和净空收敛数据为例对监控量测数据进行分析。选取某公路隧道某一断面的拱顶下沉和水平收敛数据进行分析，现场监测点的拱顶下沉和周边收敛具体位置如图 5-66 所示，现场水平收敛监测数据见表 5-23。

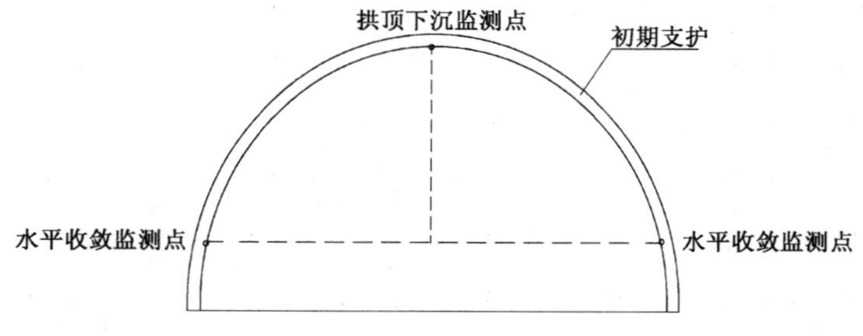


图 5-66　位移监测点示意图

现场水平收敛监测数据　　表 5-23

| 项目<br>时间（d） | 水平收敛增量<br>(mm) | 累计水平收敛<br>(mm) | 拱顶下沉增量<br>(mm) | 累计拱顶下沉<br>(mm) |
|---|---|---|---|---|
| 2 | 1.76 | 1.76 | 1.62 | 1.62 |
| 3 | 1.49 | 3.25 | 1.30 | 2.92 |
| 4 | 1.26 | 4.51 | 1.16 | 4.08 |
| 5 | 1.20 | 5.71 | 1.03 | 5.11 |

续上表

| 时间（d）＼项目 | 水平收敛增量（mm） | 累计水平收敛（mm） | 拱顶下沉增量（mm） | 累计拱顶下沉（mm） |
|---|---|---|---|---|
| 6 | 1. 11 | 6. 82 | 0. 94 | 6. 05 |
| 7 | 1. 01 | 7. 82 | 0. 89 | 6. 95 |
| 8 | 0. 91 | 8. 73 | 0. 75 | 7. 70 |
| 9 | 0. 78 | 9. 51 | 0. 72 | 8. 42 |
| 11 | 0. 66 | 10. 17 | 0. 64 | 9. 06 |
| 13 | 0. 52 | 10. 68 | 0. 51 | 9. 56 |
| 15 | 0. 38 | 11. 06 | 0. 38 | 9. 94 |
| 17 | 0. 37 | 11. 43 | 0. 21 | 10. 16 |
| 19 | 0. 31 | 11. 74 | 0. 11 | 10. 27 |
| 21 | 0. 52 | 12. 26 | 0. 28 | 10. 55 |
| 23 | 0. 34 | 12. 60 | 0. 19 | 10. 74 |
| 25 | 0. 31 | 12. 91 | 0. 22 | 10. 96 |
| 27 | 0. 13 | 13. 03 | 0. 17 | 11. 13 |
| 34 | 0. 22 | 13. 25 | 0. 14 | 11. 27 |
| 41 | 0. 12 | 13. 37 | 0. 08 | 11. 35 |
| 48 | 0. 04 | 13. 42 | 0. 03 | 11. 38 |
| 55 | 0. 04 | 13. 45 | 0. 06 | 11. 44 |
| 62 | 0. 01 | 13. 46 | 0. 05 | 11. 49 |

图5-67为水平收敛增量时态曲线，图5-68为累计水平收敛时态曲线。由此可知，监测1～7d内水平收敛位移较大，最大日收敛位移量达1. 76mm，累计沉降7. 82mm，此时围岩处于急剧变形期，风险发生的概率比较高，施工人员应提高警惕，密切关注前方围岩动态，主动防范风险；第8～13d变化量较小，最大日收敛位移仅0. 91mm，累计位移仅2. 86mm，表明围岩变形仍在继续，但趋势已经减弱，开始进入缓慢变形期，此时，风险发生的概率降低，施工环境较安全；14d以后拱顶沉降时空变形曲线基本趋于水平，表明围岩变形已逐渐稳定，风险发生概率很低，施工环境安全。

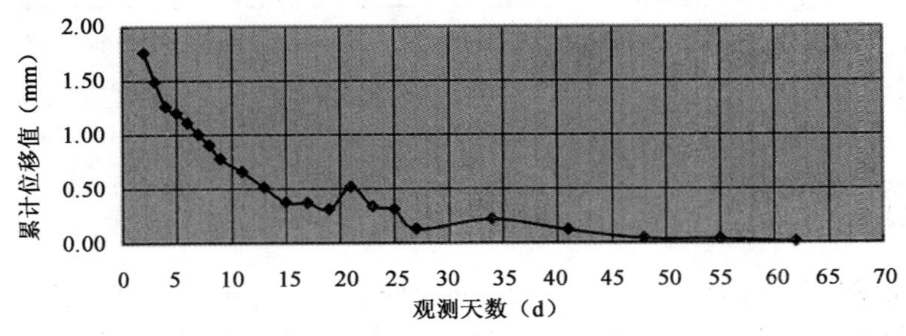


图5-67　水平收敛增量时态曲线

图5-69为拱顶下沉增量时态曲线，图5-70为累计拱顶下沉时态曲线。由此可知，监

测1～5d内水平收敛位移较大，最大日收敛位移量达1.62mm，累计沉降5.11mm，此时围岩处于急剧变形期，风险发生的概率比较高，施工人员应提高警惕，密切关注前方围岩动态，主动防范风险；第6～13d变化量较小，最大日收敛位移仅0.94mm，累计位移仅4.45mm，表明围岩变形仍在继续，但趋势已经减弱，开始进入缓慢变形期，此时，风险发生的概率降低，施工环境较安全；14d以后拱顶沉降时空曲线基本趋于水平，表明围岩变形已逐渐稳定，风险发生概率很低，施工环境安全。

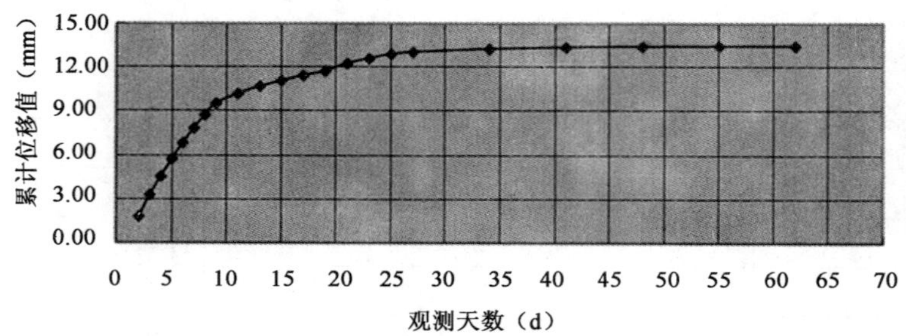


图5-68　累计水平收敛时态曲线

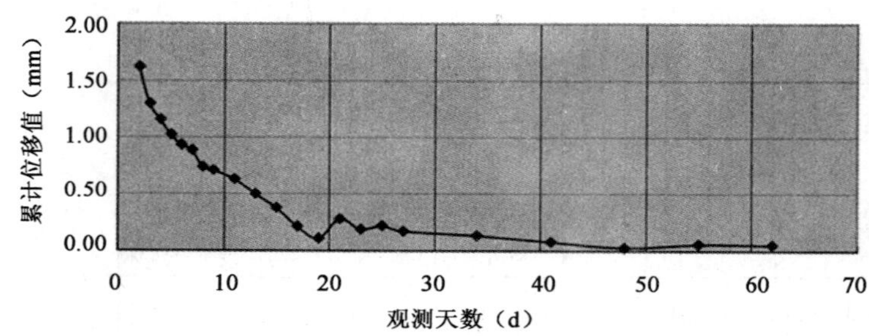


图5-69　拱顶下沉增量时态曲线

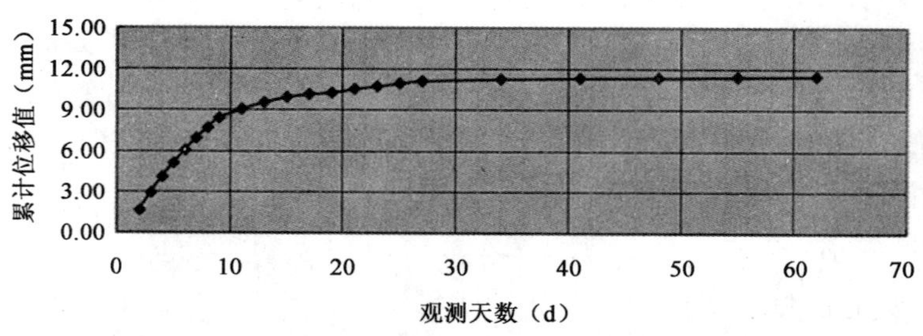


图5-70　累计拱顶下沉时态曲线

## 5.4　监控量测规避施工风险的评估分析

隧道施工监测信息是隧道安全状态的一种反映，每个监测项目都可能表征一项或几项风险事故，即当监测项目对应的监测指标超过预警值，就可能发生风险事故；与此同时，施工过程中风险的发展也将会导致监测指标发生变化。因此，可针对风险因素进行分析整理，并结合一些具体的工程风险控制措施，预防监测数据的不正常变化，进而控制风险事故的发生，同时，也可分析和整理监测数据对应的风险事故，以便利用监测预警指标判断风险动态变化状态，及时有效地采用施工风险控制预案来防控风险的恶化发展。下面以隧道拱顶下沉这一监测项目为例，来说明风险因素—监测项目—风险事故的对应关系。

（1）根据对以往工程经验总结和文献资料及实测数据曲线分析可知，导致隧道过大沉降的风险因素主要如下。

①设计风险。

a. 设计资料的质量不合要求，导致施工支护强度不足，引起隧道拱顶过大沉降；

b. 设计和施工实际相脱离。

②施工技术风险。

a. 现场调查不充分。

b. 对设计资料的准确性和灵活性把握不足。

c. 施工工艺、施工水平落后。

d. 施工技术和方案不合理。

③施工管理风险。

施工组织和施工进度安排不合理，如施工进度过快，在围岩—支护系统未稳定的情况下继续开挖，会引起围岩变形量大，拱顶沉降过大。

材料设备风险：材料质量不合要求，如喷射混凝土质量未达到设计的要求，围岩因支护强度不足而变形量过大。

（2）在上述风险因素作用下隧道可能发生拱顶沉降过大，而隧道拱顶的过大沉降可能会带来一些风险事故，主要包括：

①衬砌结构破坏。隧道拱顶下沉量过大，严重时可能破坏混凝土，使衬砌结构发生破坏，严重时会引起隧道塌方等重大事故。

②延缓施工进度。隧道拱顶下沉量过大，严重时可能致使初期支护结构变形、开裂等，此时，要停止开挖施工，及时对拱顶过大下沉处进行加强支护，如此则耽误了工期。

结合上述分析，隧道拱顶沉降项目中的风险因素—监测项目—风险事敁的对应关系如图 5-71 所示。

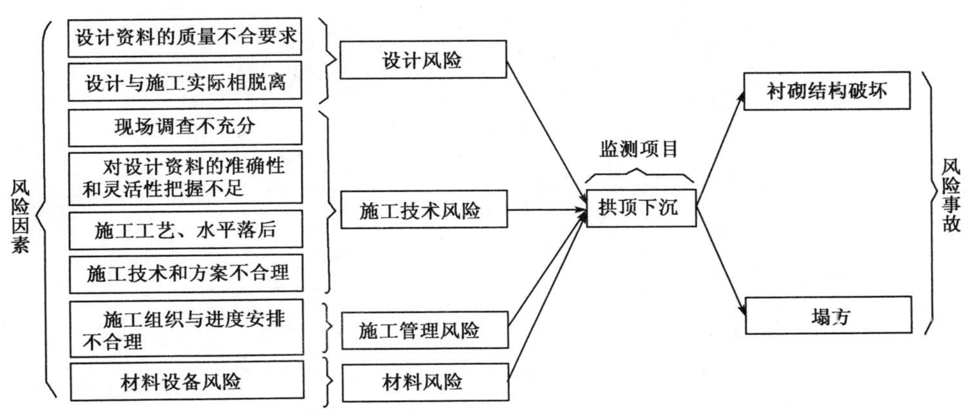


图 5-71　风险因素—监测项目—风险事故关系图

## 5.5 本章小结

(1) 论述隧道施工监控量测技术的目的和意义、任务和原则、工作流程、监测项目内容、技术要求和监测质量保证措施。

(2) 阐述隧道施工监控量测必测项目和选测项目的技术要点，主要包括监测项目的目的、方法、测试仪器、测试频率、测试内容、测点或断面布置以及测试数据分析应用。重点介绍了必测项目，包括地质支护与观察、拱顶下沉、周边收敛、地表沉降；选测项目，包括仰拱隆起、围岩体内位移、围岩压力与两层支护间压力、钢支撑内力及外力、初期支护内应力、二次衬砌内应力、锚杆轴(内)力、围岩地应力、衬砌裂缝、围岩弹性波等项目的测试技术。

(3) 重点论述监控量测数据分析处理及应用方面的理论和技术要点，主要包括监控量测的宗旨和原则、监测项目控制标准、监测数据分析处理、围岩稳定性判据、监控量测信息化施工管理等内容。

(4) 基于依托工程实例讨论监控量测项目在隧道信息化施工和隧道施工风险管理中所起的防范和规避施工风险的重要作用。建立风险因素—监测项目—风险事故的对应关系，通过监测预警指标判断风险动态变化状态，及时有效地采用施工风险控制预案来防控风险的恶化发展。

# 第6章　隧道施工风险地质超前探测新技术

## 6.1　隧道施工地质超前预报技术概述

地质超前预报是指利用各种探测手段对掌子面前方地质情况进行探测，同时结合掌子面素描、地质钻探和预报人员的经验来判定断层、溶洞、破碎带等不良地质体的性质、规模及其产状，并进一步对岩体进行分类。隧道施工中的地质超前预报关系到工程的质量、安全和进度，因而倍受关注。我国山区分布比较广泛，地质条件复杂，隧道开挖中的坍塌、涌水、冒顶等地质灾害时有发生，因而地质超前预报是公路、铁路和水电工程等地下隧道施工中的一种必备的技术。

1. 地质超前预报的目的和意义

一般认为，影响地下工程围岩稳定性的有八大主控因素：地层岩性、地质构造、原岩应力场、地下水、地质工程环境、地下工程设计结构、开挖工艺方法与支护体系等。其中前五大因素为客观地质因素，后三大因素为人为因素且受控于前五大因素。由于地质灾害而引起的地下工程稳定性问题在国内并不鲜见。据不完全统计，我国1992年以前已建成的铁路隧道中，有4/5在施工中不同程度地发生过涌水灾害，其中有30余座属大型涌水，在成昆线全线有427座隧道，总长341km，施工开挖期间约有25%隧道发生过大型塌方，93.5%的隧道发生了不同程度的水害，其中涌水量超过10 000$m^3/d$的有8座，同时还有多座隧道出现了塌陷、岩爆等灾害。在运营期间约有36km的衬砌发生过病害，约10km的整体道床有近4km发生病害。京广线长达6.06km的南岭隧道，最大总涌水量达81 000$m^3/d$，成昆线沙木拉达隧道（长6.379km），最大总涌水量达19 550$m^3/d$；穿越地形地质条件复杂的秦岭、大巴山、云贵高原等山区的铁路都修建了大量的隧道工程，这些隧道在建设和运营过程中都发生过规模不等的塌方，许多隧道洞身也遭受偏压以及地表塌陷等地质灾害；衡广复线、大秦铁路等也有许多隧道发生了较严重的地质灾害，大秦铁路的F9断层上盘压碎岩段大量塌方和涌水；著名的大瑶山隧道中段塌陷遇到0.5$m^3/s$的突水。

隧道开挖地质超前预报对于安全科学施工、提高施工效率、缩短施工周期、避免事故损失、节约投资等具有重大的社会效益和经济效益。通过地质超前预报，及时发现异常情况，预报掌子面前方不良地质体的位置、产状及洞室围岩结构的完整性与含水的可能性，为正确选择开挖断面、支护设计参数和优化施工方案提供依据，并为预防隧洞涌水、突泥等可能形成的灾害性事故及时提供信息，使施工单位提前做好预防措施，保证施工安全。

超前地质预报是结合现有地质资料，通过各种测量手段和分析方法，对隧道开挖面前方的地质情况提前做出预报。超前地质预报可以预测掌子面前方的一些地质情况，如断层构造及断层破碎带，煤层、瓦斯、天然气、硫化氢赋存条件，岩溶、空洞、裂隙及其规模和充填情况，地下水赋存状态及可能突水、涌水的位置以及水量的大小和软弱围岩及不同类别围岩的界面等。深埋隧道涌突水量的地质超前预报工作对于隧道施工过程中的防灾减灾和动态优化设计具有明显的重要性，是山区铁路勘测设计和施工中待解决的关键性问题，同时也是国内外研究的热点和难点问题。多年来的实践表明，对深埋岩溶隧道预报不准确而造成的隧道塌陷、突水涌泥等施工灾害，不仅造成生命财产的重大损失和施工严重受阻，而且可能引起浅层地下水及地表水枯竭、地面塌陷等地质环境问题和生态问题，事故发生后的处理费用更是造成建设资金超出预算的重要原因。

目前，在隧道工程勘查设计阶段的地质勘探仅能给出地质概貌。对于埋深100～300m及以上的隧道，往往没有查清隧道设计高程范围的地质情况，得出准确的定量资料。勘探阶段的地质界线、断层位置一般根据地表和少量钻孔资料推断，而断层延伸是弯曲的（如波浪形或锯齿状），从而导致推断到的隧道高程出露里程有相当误差；岩层界限也同样如此。在隧道施工中，由于前方地质情况不明，常遇到不良的地质因素（如断层、破碎带、溶洞、暗河等）。这些地质因素不仅影响隧道的掘进速度，甚至会造成严重的工程事故，如塌方、泥石流和大量涌水等毁灭性地质灾害。由于隧道施工前的工程地质勘查结果在精度和可靠性上都难以满足施工的要求。鉴于以上现实原因，施工规范中特别强调施工地质工作和施工地质预报工作的重要性。由于隧道施工区域地质条件极为复杂，采用超前地质预报来预测岩溶隧道危险段或者隧道掌子面前方不良地质情况，达到控制隧道施工过程中不可预见险情的目的显得尤为重要，这也是需要超前地质预报的重要原因。通过短期地质预报控制因地质灾害造成的掌子面塌方，是对传统“塌方不可抗御论”施工观点的彻底动摇，实际上掌子面塌方往往是由于通过不良地段的预支护方法不当或施工时对不良地段的地质情况根本不明确而造成的。而通过预测掌子面前方的不良地质地段，及时提出处理措施，掌子面塌方是可以抗御的。到目前为止，在隧道地质超前预报方面，特别是准确的定量、定位预报，是国内外隧道施工地质工作者尚未攻克的技术难题。在国外，超前地质预报特别是长距离超前地质预报，主要依赖各类探测仪器，例如TSP预报系统、地质雷达等。因此，对正在进行施工的隧洞应该及时进行超前地质预报，以避免更大的损失。

在隧道开挖过程中，采用先进的地质超前探测技术，实现长距离的探测和比较准确的早期预报，以便有充裕的时间采取有效措施，避免工程事故的发生，保证施工安全。同时也可加快工程进度，减少工程造价，从而产生显著的经济效益和社会效益。隧道施工过程中进行地质超前预报的主要目的、要求和意义如下：

（1）隧道都要连续进行地质超前预报。

（2）编制隧道地质预报工作规划或计划，健全和完善管理制度和工作制度。

（3）地质超前预报要采用地质调查分析、地震反射波法（TSP或TGP）、电磁波法（地质雷达）相结合的综合预报方法，探测隧道掌子面前方一定范围内的围岩工程地质和水文地质条件，结合掘进中地质条件的变化及时提出预报，以便为施工单位采取支护措施提供依据，确保施工顺利进行。

（4）根据地质超前预报反映的节理密集程度和断层、破碎带、软弱夹层等构造发育情况，推测掌子面前方围岩的级别，以及预报掌子面前方可能出现塌方、滑动的部位、形式、规模及发展趋势。

（5）预报掌子面前方地质构造的富水性，预测可能出现的突涌水点位置、水量对施工的影响。

（6）对隧道穿过不稳定岩层、较大断层及空洞、陷穴做出预报。

（7）地质超前预报结果有异常情况时，应及时反馈施工单位，并采取多种超前探测手段，详细查明地质情况。

（8）当浅埋隧道地表出现下沉或裂缝时，预测分析其对掌子面前方隧道开挖施工的影响程度，分析判断围岩及隧道的稳定性。

（9）根据地质超前预报成果，提出隧道开挖与支护施工建议。

2. 地质超前预报的工作内容

在进行超前地质预报时，应充分考虑以上地质灾害可能出现的概率，按照现场情况及时进行预报。

（1）不良地质预报及灾害地质预报。预报掌子面前方一定范围内有无突水、突泥、岩爆及有害气体等，对溶洞位置、尺寸及含水特征进行预报，并查明其范围、规模、性质，提出施工措施或建议；对开挖段前方可能的塌方冒顶进行预报。

（2）水文地质预报。预报洞内突涌水量的大小及其变化规律，并评价其对环境地质、水文地质的影响。

（3）断层破碎带的预报。预报施工前方（含一定范围内的隧道周围）的地质断层、岩石破碎带、软弱夹层和地质不整合面的位置、规模和含水特征，并预报断层的位置、宽度、产状、性质、充填物的状态，是否为充水断层，判断其稳定程度，提出施工对策。

（4）围岩类别及其稳定性预报。预报掌子面前方的围岩类别与采用的支护设计是否吻合，并判断其稳定性，随时提供修改设计、调整支护类型、确定二次衬砌时间的建议等；隧道围岩级别变化及其分界位置。

（5）预测隧道内有害气体含量、成分及动态变化。

（6）提供掌子面前方围岩的弹性波速度。

3. 地质超前预报方法

地质超前预报分中长距离预报和短距离预报。目前，常用的隧道长期（长距离）地质超前预报的方法主要有地面地质调查法、地震反射波探测法（如 TSP 法、TGP 法）等，地质预报距离可达 80 ~ 300m；常用的中距离地质预报方法主要采用地质雷达、红外探水和超前水平钻孔等方法，地质预报距离可达 10 ~ 30m。常用的隧道短期（短距离）地质超前预报的方法主要有掌子面编录预测法、不良地质前兆法和地质雷达等仪器探测法，地质预报距离可达 5 ~ 10m。对于岩溶地段、地下水含水体较多地段、地表具有含水系地段辅以红外探水仪手段进行超前探水等。由于物探方法都有局限性，其准确性受到方法原理、仪器构造、地质构造复杂性、现场检测条件及检测人员分析判断水平等多重因素影响。因此，在隧道进行地质预测预报中，一般尽可能采用两种或两种以上的物探方法相结合，物探钻探相印证，对高风险隧道必须有超前钻探手段的预探和验证。

## 6.2 隧道地震预报系统超前探测技术

### 6.2.1 隧道地震波预报系统技术要点

地震波法探测是利用地震波在不均匀地质体中产生的反射波特性来预报隧道掌子面前方及周围临近区域的地质情况。常用地震波法包括隧道地震超前预报系统、负视速度法和水平声波剖面法等。地震波法属于多波多分量高分辨率地震反射法，与常规地震反射波探测技术不同之处在于该系统是专门为长距离隧道施工地质超前探测而设计。地震波设计的震源（通常在隧道的左墙或右墙处，大约24个炮点）常由小量炸药激发产生。当地震波遇到岩石波阻抗差异界面（如断层、破碎带和岩性变化等）时，一部分地震信号反射回来，另一部分信号透射进入前方介质，反射的地震信号将被高灵敏度的地震检波器接收。通过对接收信号的运动学和动力学特征进行分析，便可推断断层、岩石破碎层等不良地质体的位置、规模、产状及岩土力学参数。通常地质条件下，TSP203超前地质预报系统可以预报80～200m的距离，在地质条件较好时，可以预报更长的距离；对前方可能出现的断层破碎带有较好地反映；另外，对软硬岩的变化点也有较好地反映，通过预报可以对掌子面前方围岩的变化情况进行整体把握，如图6-1所示。

1）地震波TSP法原理与技术特点

（1）地震波TSP法原理

TSP系统（Tunnel Seismic Prediction）工作原理是地震反射波原理，TSP是专门用于隧道超前地质预报的探测系统，它能长距离预报隧道施工前方地质变化、断层破碎带、软弱夹层以及其他不良地质体，其准确预报范围为掌子面前方80～150m，可以为隧道施工设计提出科学而准确的工作方案。

TSP系统采用回声测量原理，如图6-2所示。震源点通常布置在巷道的左或右边墙上，一般24个炮点布成一条直线，接收点和炮点在同一水平面，在指定震源点用小药量激发产生地震波，地震波以球面波的形式在岩石中传播，当遇到岩石物性界面如断层与岩层的接触面、岩石破碎带与完整岩石接触面、不同岩性接触面等波阻抗差异界面时，一部分地震信号将反射回来，一部分折射进入前方介质。反射地震信号将被高灵敏度的检波器接收，反射信号的传播时间与反射界面的距离成反比，因此可确定界面的位置。

图6-1 隧道地震预报系统（TSP203）

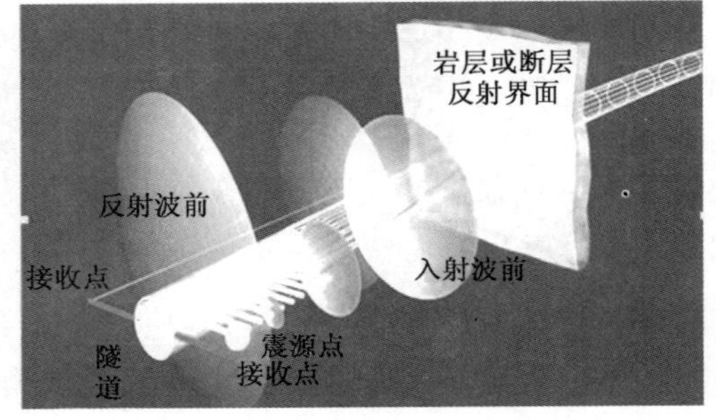


图6-2 地震预报系统原理图

（2）地震波TSP技术特点

①预报范围为80～150m。

②施工时间短，完成全部外业数据收集仅需 2h 左右；现场处理资料提交成果，也仅需 6 ~ 10h。

③对施工基本无影响，可对全隧道开展。

④可提供岩石动力学参数，划分围岩类别。

⑤可确定地质体空间位置。

（3）地震波 TSP 技术参数

TSP 超前地质预报系统主要组成包括记录单元和接收器，记录单元能够记录地震信号和质量控制，其基本组成为完成地震信号 A\D 转换的电子元件和一台便携式电脑。便携式电脑控制记录单元和地震数据记录、存储及进行处理和评估，记录系统有标准的 12 道输入，用户可以设置 4 个接收器，记录单元采用最新技术的 24 位 A\D 转换器，最小动态范围为 120dB，可以获得 10 ~ 8 000Hz 的频宽，最小记录长度 451ms，最大记录长度 1 808ms，采样间隔为 62.5 ~ 125μs。

接收器用于拾取地震信号，安装在一个特定的套管里。套管与岩石间采用双份环氧树脂牢固地接合。接收器由极灵敏的三分量地震加速度检波器（*X-Y-Z* 分量）组成，频宽 10 ~ 5 000Hz，包括了所需的动态范围，能够将地震信号转换成电信号。

每个接收器中，三分量地震加速度检波器按顺序排列，能确保在三维空间方向范围的全波场记录，所以能分辨不同波的类型，如 P 波和 S 波。接收系统是为适用各种不同岩石类型而设计的，从软弱的岩石到坚硬的花岗岩，接收器连同套管一起放入直径为 43mm、深为 2m 的钻孔中。采集到数据后，通过软件的处理，可以获得 P 波、S 波、SV 波的时间剖面、深度偏移剖面、提取的反射层、岩石物理力学参数、各反射层能量大小等成果，以及反射层在探测范围内的空间分布，从而取得掌子面前方的地质情况。

2）地震波 TSP 超前预报实施

（1）地震波 TSP 探测布置

地震波 TSP 预报系统超前探测工作如图 6-3 所示。

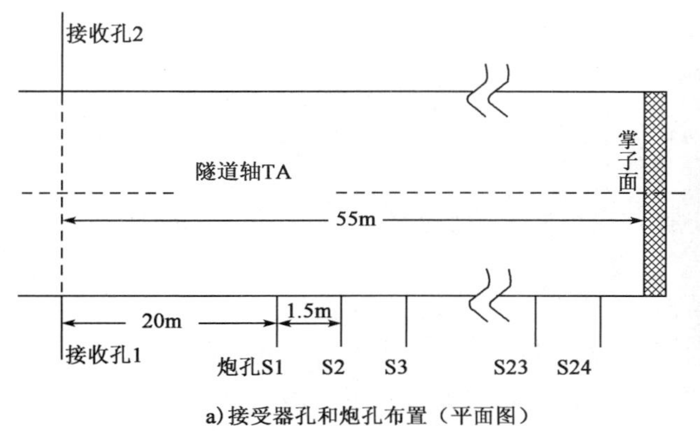

a) 接受器孔和炮孔布置（平面图）

b) 现场工作示意图

图 6-3　地震波 TSP 超前探测工作图

（2）地震波 TSP 探测施工步骤

①单隧道准备 24 道 TSP 炮孔，深度 1.5m，直径 38mm，间隔 1.5m，自掌子面开始。

②准备 2 道 TSP 接收孔，深度 2m，直径 45mm，炮孔与接收孔距离 20m。

③对炮孔放置雷管和炸药。

④对 2 道检波孔放置特殊检波器。

⑤进行放炮和采集数据。

⑥TSP 预报数据检查。

⑦结合地质情况进行数据分析和解译。

（3）地震波 TSP 探测的技术要求

对钻孔的要求如下。

①接收器孔

数量：2 个。

钻孔直径：$\phi$45mm，采用 $\phi$45mm 钻头钻孔。

钻孔深度：1.8 ~ 2.0m，不能超过 2.0m。

钻孔方向：垂直隧道轴向，上倾 5° ~ 10°。

钻孔高度：离地面（隧底）高约 1m。

钻孔位置：隧道左右边墙各 1 个，距离掌子面约 55m。

②炮孔

数量：24 个。

钻孔直径：$\phi$38mm，采用 $\phi$38mm 钻头钻孔。

钻孔深度：1.5m。

钻孔方向：垂直隧道轴向，下倾 10° ~ 20°。

钻孔高度：离地面（隧底）高约 1m。

钻孔位置：根据地层倾向确定，布置在地层倾向与隧道轴线夹角为锐角一侧的边墙上。第 1 个炮孔离同侧接收器孔 20m，炮孔间距 1.5m。

（4）地震波 TSP 探测现场工作条件

甲方需配合的条件如下：

①应满足 TSP 操作的隧道空间，即至少有 55m 无障碍（台阶等）、没有施作衬砌的隧道。

②每次应准备瞬发电雷管 30 支，防水乳化炸药 4kg（$\phi$32mm 药卷），采集数据时作震源之用。

③提供接收器孔附近的隧道半径、拱顶至地面（隧底）的铅直高度、两接收器孔之间的距离等数据。

④提供接收器孔和掌子面的里程。

⑤钻孔前，应用测量器具测定接收器孔和炮孔的位置，接收器孔和炮孔应在同一平面上，并用红油漆作标记。炮点要标记序号（距离接收器最近的定义为 S1）。

⑥严格按要求（距离、孔深、倾角等）钻孔。

⑦配备往孔中灌水的工具（如胶管）。孔身要直，孔内岩屑（渣）和泥浆要用水冲出孔外。

⑧采集数据时应切断影响数据的干扰源。

⑨配备熟练的放炮操作员和工人1~2名。

⑩配备功能完备的爆炸机1台。

⑪提供锚固剂若干。

⑫协调参与建设的各方关系。

⑬现场条件具备后，提前5~7d通知乙方进场。

(5) 地震波TSP探测质量保证措施

每次预报应有效衔接或部分重叠，确保地质超前预报有效覆盖全部洞段。一般地震波地质超前预报有效距离为80~150m，其中，Ⅳ、Ⅴ级围岩的有效预报距离一般为80~100m，Ⅰ、Ⅱ、Ⅲ级围岩的有效预报距离可达100~150m。为保证TSP测量数据的真实可靠及连续性，特采取以下质量保证措施。

①测量人员相对固定。

②仪器的管理采用专人使用、专人保养、专人检验的方法。

③测量设备、传感器等各种元器件在使用前均经检查校准合格后方投入使用。

④测量数据均经现场检查，室内复核两次后方可上报。

⑤测量数据的存储计算管理均采用计算机系统进行。

⑥TSP测量项目规定的管理、使用及测量资料的整理均设专人负责。

(6) 地震波TSP探测成果分析

综合分析掌子面地质特征、洞内外地质情况、地质探测结果，对掌子面前方一定距离内的围岩特征做出分析和预测，包括岩体完整程度、级别和富水情况，对可能存在的地质灾害及其对隧道施工和稳定性存在的影响做出评价，并提出相应的工程措施建议。

预报成果以报告的形式及时提交给甲方，并根据反馈信息进一步提高超前预报的准确性。

### 6.2.2 隧道地震预报系统超前探测工程实例

1) 工程概述

梨坪隧道位于宁德市周宁县境内。梨坪隧道双洞呈分离式布置，梨坪右洞全长817m，左洞全长786m，为中隧道。隧道里程分别为右线YK67+228~YK68+045，左线ZK67+300~ZK68+086。

隧址区属构造—侵蚀剥蚀低山地貌，表层多为第四系残坡积土，侏罗系上统南园组第二段（$J_3n^b$）的凝灰熔岩及其风化层。隧址区主要的断裂构造带较发育，有F11~F17、F31等，本场地没有活动断裂构造、褶皱等地质构造，区域整体相对稳定。隧址区中除断裂构造及裂隙密集带较发育，未见有活动断裂构造、滑坡、崩塌、泥石流、采空区、岩溶等其他不良地质作用。隧道区无地表水流分布，地表水总体较贫乏。地下水主要为风化带网状孔隙裂隙水和基岩裂隙水，主要聚集在岩性接触带及节理裂隙密集带中。

本隧道采用普通钻爆法施工，洞口段近山坡坡脚及斜坡上覆盖为坡积碎石土、强风化凝灰熔岩，地质条件较差，属Ⅴ级围岩，根据实际情况分别采用环形开挖预留核心土法、CD法开挖，施工支护采用喷射混凝土、钢筋网、钢架和锚杆联合支护，并辅以小导管等超前支护。隧道洞身围岩为凝灰熔岩，属坚硬岩，岩体较完整，围岩级别为Ⅲ~Ⅴ。根据实际情况，Ⅴ级围岩分别采用环形开挖预留核心土法、CD法、台阶法开挖，Ⅳ级围岩采用台阶法开挖，Ⅲ级围岩采用全断面开挖。

2）TSP200 探测仪器

（1）TSP200 探测仪原理

采用地震波预报系统 TSP200 进行超前探测，TSP200 属于多波多分量高分辨率地震反射法。地震波在设计的震源点（通常在隧道的左或右边墙，大约 24 个炮点）用小量炸药激发产生。当地震波遇到岩石波阻抗差异界面（如断层、破碎带和岩性变化等）时，一部分地震信号反射回来，如图 6-2 所示，一部分信号透射进入前方介质。反射的地震信号将被高灵敏度的地震检波器接收。数据通过 TSPwin 软件处理，便可了解隧道工作面前方地质体的性质（软弱岩带、破碎带、断层、含水岩层等）、位置及规模。

（2）TSP200 技术参数

采用 TSP200 超前地质预报系统。系统主要组成如下。

① 记录单元：12 道，24 位 A/D 转换，采样间隔 62.5μs 和 125μs，最大记录长度为 1 808.5ms，记录带宽 8 000Hz 和 4 000Hz，动态范围 120dB。

②接收器（检波器）：三分量加速度地震检波器，灵敏度为 1 000mV/g ±5%，频率范围为 0.5 ~5 000Hz，共振频率 9 000Hz，横向灵敏度 >1%，操作温度 0 ~65℃。

③TSPwin 软件：数据采集和处理集于一体，高度智能化。

3）TSP200 数据采集

（1）观测系统设计

左洞接收器位置在 ZK67 +322，掌子面位置为 ZK67 +375，设计为 24 炮，2 个接收器（检波器）接收。右洞接收器位置在 YK67 +260，掌子面位置为 YK2 +313，设计为 24 炮，2 个接收器（检波器）接收。

（2）仪器采集参数

数据采集时，采用 *X-Y-Z* 三分量同时接收，采样间隔 62.5μs，记录长度 451.125ms（7 218 采样数）。激发地震波时，采用无爆炸延迟时的瞬发电雷管，防水乳化炸药，药量为 50 ~150g。

实际激发 23 炮，记录地震数据 23 炮。采集数据原始记录如图 6-4 所示。

4）TSP200 数据处理

采集的数据采用配套的 TSPwin 专用软件进行处理。处理时，首先正确输入隧道及炮点和接收点的几何参数。剔除质量差的记录道。质量合格的地震道才用于数据处理和解释。处理长度 210m（从接收点起算），即预报长度为 150m（从掌子面起算）左右。

处理流程包括 11 个主要步骤，即：数据设置→带通滤波→初至拾取→拾取处理→炮能量均衡→Q 估计→反射波提取→P、S 波分离→速度分析→深度偏移→提取反射层。

处理的最终成果包括时间剖面、深度偏移剖面、提取的反射层，以及反射层在探测范围内的 2D 空间分布。

5）探测结果

对处理成果的解释与评估，结合测区内工程地质条件，本次探测结果如图 6-4 ~ 图 6-6 所示。推断左洞测区内存在的不良地质体有 4 处，具体结果见表 6-1；推断右洞测区内存在的不良地质体有 5 处，具体结果见表 6-2。

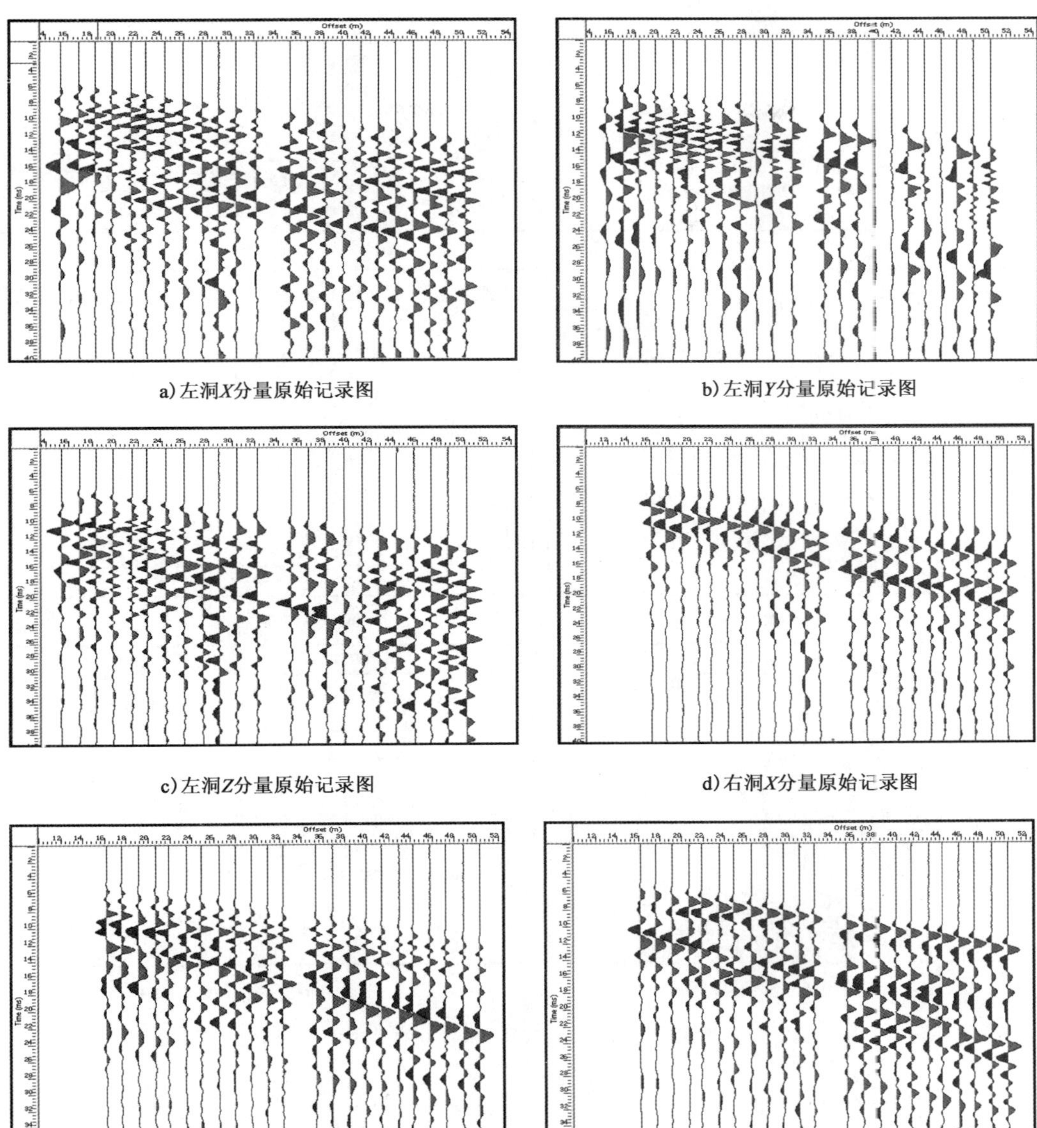

a) 左洞X分量原始记录图

b) 左洞Y分量原始记录图

c) 左洞Z分量原始记录图

d) 右洞X分量原始记录图

e) 右洞Y分量原始记录图

f) 右洞Z分量原始记录图

图 6-4　三分量检波器原始记录图

**左洞探测结果异常区表**　　表 6-1

| 序号 | 里　　程 | 长度（m） | 探测结果推断 |
|---|---|---|---|
| 1 | ZK67 + 380 ~ ZK67 + 390 | 10 | 围岩内纵波波速降低，表明岩体强度降低，推断该处岩石中裂隙发育密集 |
| 2 | ZK67 + 418 ~ ZK67 + 427 | 9 | 围岩内纵波波速降低，表明岩体强度降低，推断该处岩石中节理裂隙密度增大 |

续上表

| 序号 | 里　　程 | 长度（m） | 探 测 结 果 推 断 |
|---|---|---|---|
| 3 | ZK67 +482 ~ ZK67 +491 | 9 | 围岩内纵波波速降低，表明岩石中裂隙密度增大，岩体强度降低，推断该处岩体较破碎 |
| 4 | ZK67 +512 ~ ZK67 +520 | 8 | 围岩内纵波波速降低，表明岩石中裂隙密度增大，岩体强度降低，推断该处岩体较破碎 |

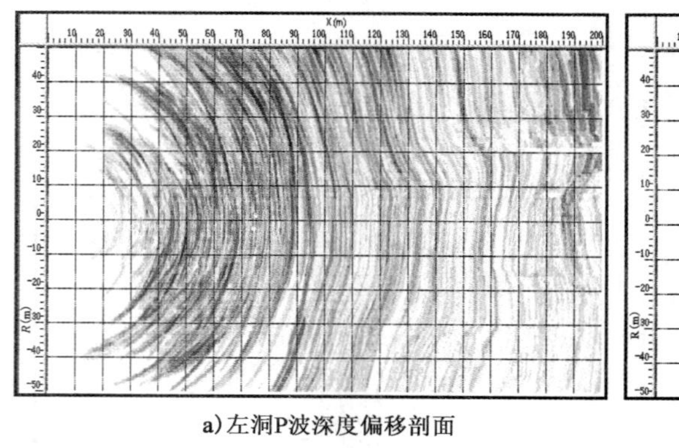
a)左洞P波深度偏移剖面

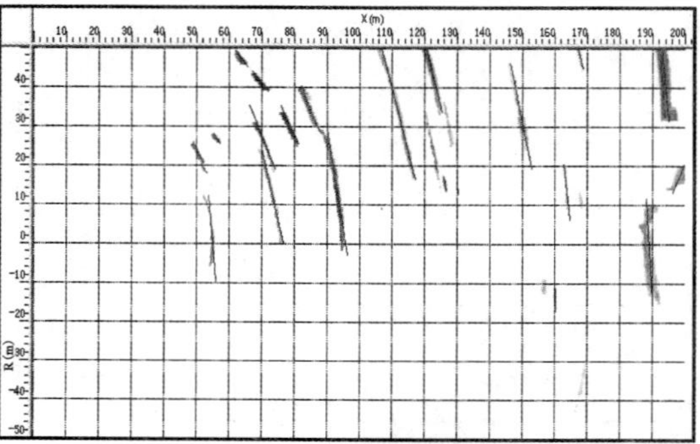
b)左洞反射层提取结果图

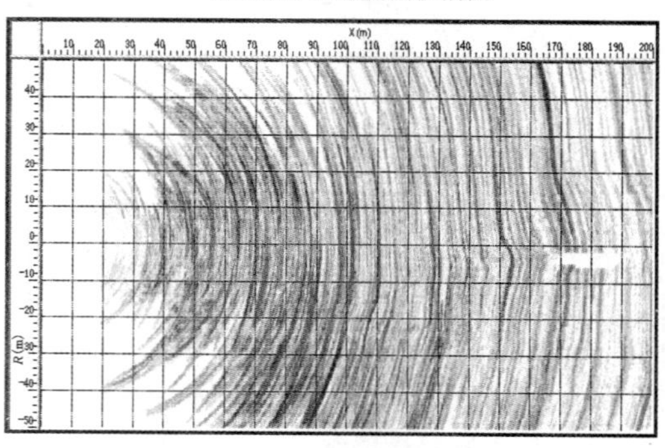
c)右洞P波深度偏移剖面

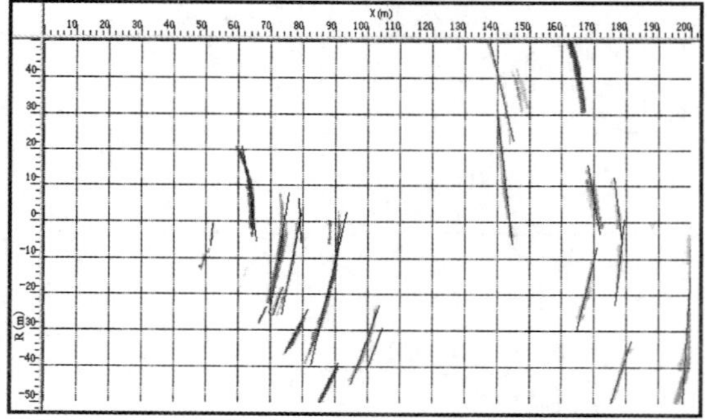
d)右洞反射层提取结果图

图 6-5　P 波深度偏移剖面和提取的反射层

**右洞探测结果异常区表**　　　　表 6-2

| 序号 | 里　　程 | 长度（m） | 探 测 结 果 推 断 |
|---|---|---|---|
| 1 | YK67 +314 ~ YK67 +328 | 14 | 围岩内纵波波速降低，表明岩体强度降低，掌子面上方有交叉节理裂缝，推断该处岩石中节理裂隙密度增大 |
| 2 | YK67 +354 ~ YK67 +366 | 12 | 围岩密度降低，泊松比升高，推断该处岩石中节理裂隙发育，并有裂隙水存在 |
| 3 | YK67 +404 ~ YK67 +414 | 10 | 围岩内纵波波速降低，表明岩体强度降低，推断该处岩石中多处节理裂隙发育，呈破碎状 |
| 4 | YK67 +430 ~ YK67 +440 | 10 | 围岩内纵波波速升高，岩体强度增大，该区域岩体强度差异大，受断层挤压影响 |
| 5 | YK67 +455 ~ YK67 +464 | 9 | 围岩密度降低，泊松比升高，推断该处岩石中节理裂隙发育，并有裂隙水存在 |

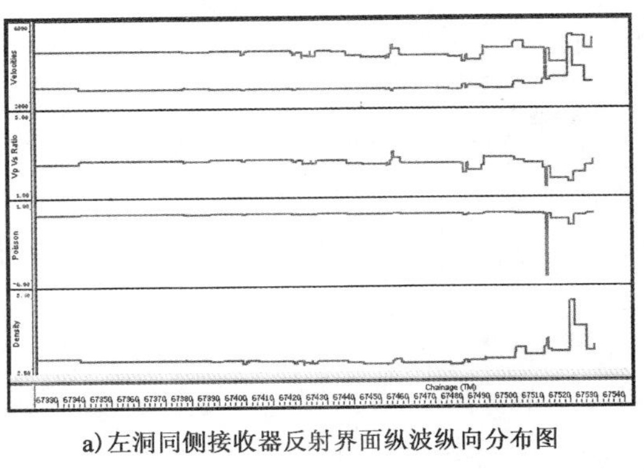

a）左洞同侧接收器反射界面纵波纵向分布图

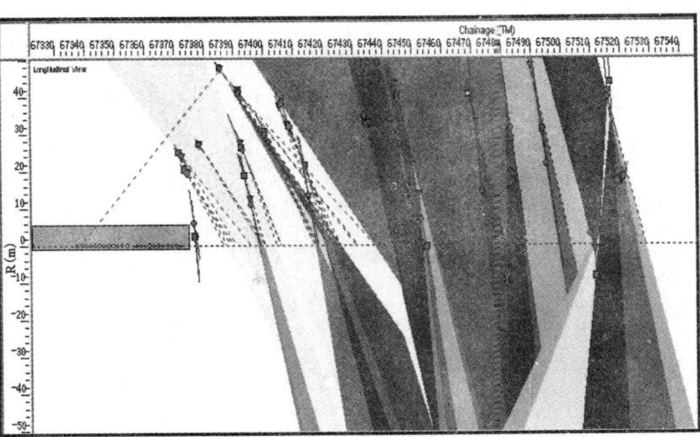

b）左洞2D成果显示图

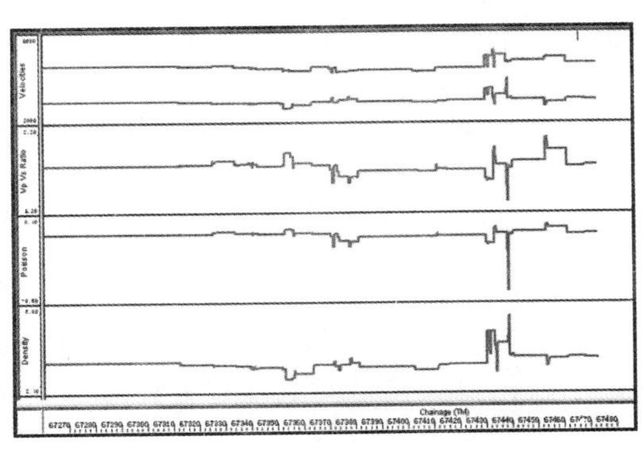

c）右洞同侧接收器反射界面纵波纵向分布图

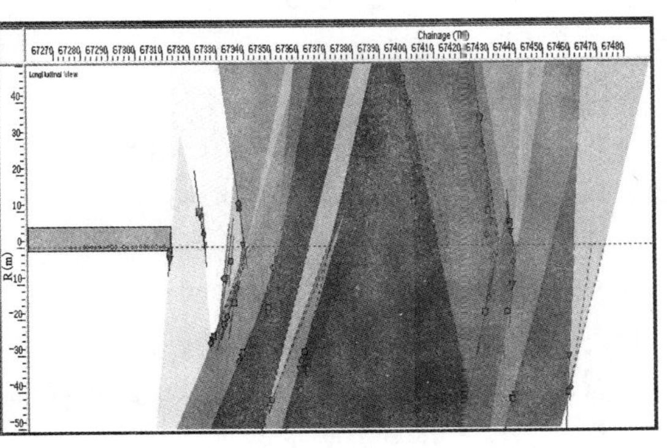

d）右洞2D成果显示图

图6-6　2D成果显示图

6）探测结论建议

根据掌子面的揭示情况和探测结果显示，在整个探测段范围内围岩完整性、稳定性较好。其中，左洞存在4处不良地质区域，右洞存在5处不良区域，有含水段和裂隙发育区，在施工中可能有部分地区发生小的渗水，施工时应予以注意，建议此段部分加强支护。

## 6.3　隧道地质预报仪超前探测技术

### 6.3.1　隧道地质预报仪技术要点

TGP206A隧道地质超前预报系统（TGP即Tunnel Geology Prediction的英文缩写，以下简称TGP系统）。TGP系统是北京市水电物探研究所为隧道及地下工程施工超前地质预报研制的技术成果，已经经过国内著名隧道专家组织的评审，鉴定为具有国际先进技术水平，是隧道和地下工程施工中广泛应用的地质预报系统。

1）地震反射波TGP原理

TGP隧道地质预报系统进行地质超前预报原理与TSP系统是相同的。也是利用地震反射波和绕射波原理，对隧道掌子面前方的地质条件进行探测。由震源产生的地震波向隧道前方传播的过程中，遇到岩体中相对大的声阻抗界面会产生反射波，遇到相对小的声阻抗界面会产生绕射波，统称为地震回波。采集上述地震波和地震回波，通过专业处理系统提取产生回波的界面位置、空间分布、回波极性和回波能量等信息，并结合隧道地质勘察资料进行综合分析，实现对隧道前方地质条件预报的目的。

地震波信号的传播时间与传播距离成正比，与传播速度成反比；地震波信号的衰减和传播符号与岩体性质和界面两侧岩体性质的差异有关。因此，预报工作要采集隧道地震波的全波列信息，实现全波列震相分析。隧道地震超前预报工作要贯穿隧道施工的全过程，一方面是隧道安全施工工序的需要；另一方面有利于预报资料的分析。连续无间断资料的对比分析，有助于提高预报成果的质量和准确性。

TGP206A 预报系统的数据接收使用三分量速度检波器采集地震波；震源使用炸药在钻孔底部激发，产生纵横波能量；处理系统以清晰分离的纵横波为基础，进行多波多分量的全波震相分析和极化波计算，提取二维和三维状态下的界面偏移归位成果图，获得界面的回波位置与界面空间分布、界面性质和评估岩体地质条件的比速度参数等资料。

2）地质预报仪 TGP 的数据采集

预报数据采集工作包括：激发和接收炮孔的布置、药卷同步信号制作、接收探头的安装、仪器采集参数设置和隧道地质调查 5 个内容。

（1）激发炮孔应选择在构造界面与隧道夹角小的一侧洞壁布置，由掌子面退后 5 ~ 10m 布置起始炮孔，而后以 2m 间距连续布置，一般总炮孔数为 20 ~ 24 个。接收孔在距离终止炮孔的 20 ~ 30m 范围内选择围岩较完整的位置布置，左右壁的接收孔选择在相同的里程位置。接收与激发孔的深度为 2m，接收孔为水平孔，激发孔略向下倾以方便注水。现场工作示意图如图 6-7 所示。

a）地质预报仪TGP206A

b）地质预报仪现场工作示意图

图 6-7　地质预报仪超前探测工作示意图

（2）炸药爆炸的同步信号采取开路触发方式，保证地震波信号传播时间的准确测量。尽量采用高爆速炸药，药量控制在 75 ~ 100g，应用中所有激发孔采用的药量一致。

（3）接收探头安装前，向孔底注入黄油或者泥浆，然后借助专用工具，定向安装接收探头至钻孔底部。

（4）仪器采集参数主要为采样率和采样点数：软岩采样率选择 0.1ms，硬岩采样率选择 0.05ms，采样点数以保证地震记录的长度不小于 200ms。观测孔和激发孔的位置要严格测量后输入。

（5）隧道内地质调查的内容主要为布测段和掌子面的岩性、风化程度、裂隙和构造条件，围岩的水文地质特征，对易岩溶隧道尤其要注意岩层面和裂隙面的水文地质特征。认真填写“TGP 现场数据记录表”。

### 6.3.2 隧道地质预报仪超前探测工程实例

1）工程概况

汶川至马尔康高速公路是四川省高速公路网规划的 16 条成都引入线中“成都—德格—西藏”线和“成都—阿坝—青海”线的重要路段，是四川内地通往西藏、青海等地区的重要交通大动脉。汶马高速起点顺接在建的都江堰至汶川高速公路，止于四川省阿坝藏族羌族自治州州府马尔康。鹧鸪山隧道段项目为全线控制性工程，为先期开工段落。项目路线起于理县山脚坝，沿来苏河上行，穿鹧鸪山隧道进入王家寨，路线长约 11.5km，其中鹧鸪山隧道长约 8.8km，如图 6-8 所示，隧道的基本技术参数如下。

（1）公路等级：双向四车道高速公路。

（2）隧道设计速度：80km/h。

（3）隧道建筑限界见图 6-8。

（4）隧道内最大纵坡 ±3%；最小纵坡 ±0.3%。

（5）洞内路面设计荷载：公路—Ⅰ级。

（6）隧道防水等级：二级。二次衬砌防渗等级不小于 S8。

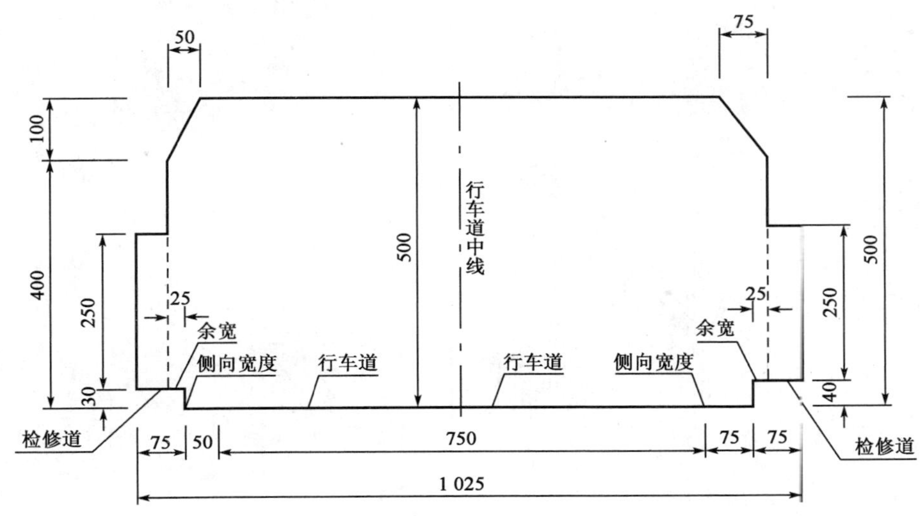


图 6-8 隧道建筑限界与内轮廓（尺寸单位：cm）

2）TGP 现场数据记录表

鹧鸪山隧道右线 TGP 现场试验数据记录见表 6-3。

3）地质预报仪 TGP 超前探测预报成果

（1）地震波三分量原始记录图

地震波三分量原始记录如图 6-9a）所示。

（2）地震波偏移归位图

通过地质预报仪 TGP 超测探测，可以得到以下成果：水平方向震波偏移归位图，如图 6-9b）所示，垂直方向地震波偏移归位图，如图 6-9c）所示。

鹧鸪山隧道右线 TGP 现场数据记录表　　表 6-3

<table>
<tr><td colspan="8">隧道名称：鹧鸪山隧道（右线）</td></tr>
<tr><td colspan="5">预报段里程：YK179 +800 ~915</td><td colspan="3">掌子面里程：YK179 +800</td></tr>
<tr><td colspan="5">接收孔里程：YK179 +729</td><td colspan="3">炮孔段里程：YK179 +760 ~795</td></tr>
<tr><td colspan="8">逐点炮孔间 距（m）</td></tr>
<tr><td>1 ~2</td><td>2</td><td>7 ~8</td><td>2</td><td>13 ~14</td><td>2</td><td>19 ~20</td><td>2</td></tr>
<tr><td>2 ~3</td><td>2</td><td>8 ~9</td><td>2</td><td>14 ~15</td><td>2</td><td>20 ~21</td><td>2</td></tr>
<tr><td>3 ~4</td><td>2</td><td>9 ~10</td><td>2</td><td>15 ~16</td><td>2</td><td>21 ~22</td><td>2</td></tr>
<tr><td>4 ~5</td><td>2</td><td>10 ~11</td><td>2</td><td>16 ~17</td><td>2</td><td>22 ~23</td><td>2</td></tr>
<tr><td>5 ~6</td><td>2</td><td>11 ~12</td><td>2</td><td>17 ~18</td><td>2</td><td>23 ~24</td><td>2</td></tr>
<tr><td>6 ~7</td><td>2</td><td>12 ~13</td><td>2</td><td>18 ~19</td><td>2</td><td></td><td></td></tr>
</table>

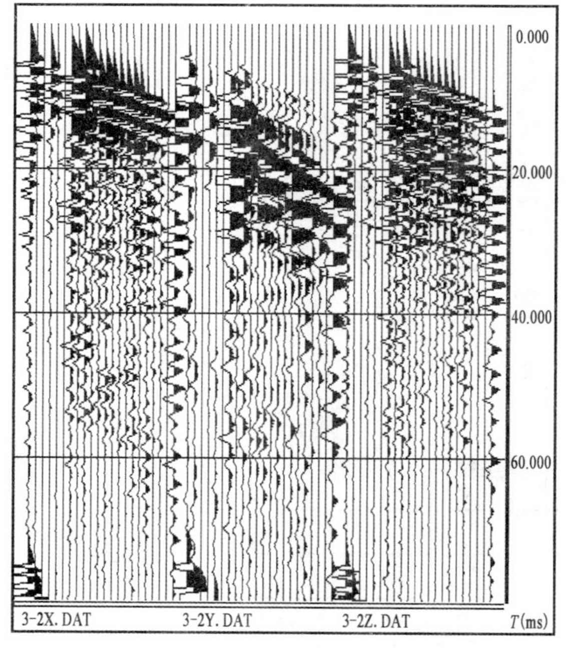


a) 同侧接收器地震波三分量原始记录图

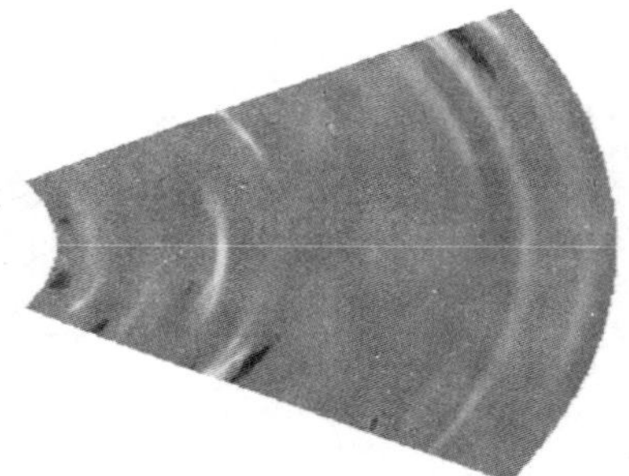

b) 水平方向震波偏移归位图

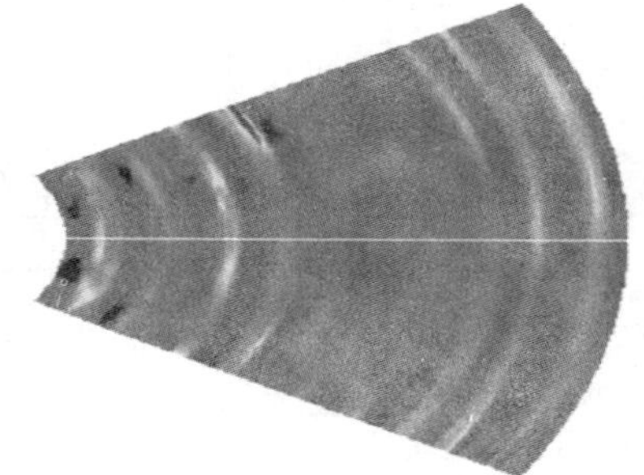

c) 垂直方向震波偏移归位图

图 6-9　地质预报仪 TGP 超前探测成果图

（3）TGP 综合地质预报成果图

如图 6-10 所示，鹧鸪山隧道右线同侧接收器数据处理结果显示：

①预报前方有 5 个纵波反射界面，有 11 个横波反射界面。

②反射界面与水平面夹角为 49° ~122°，倾角为 −84° ~90°。

③估算岩体速度曲线细分为 2 段，YK179 + 800 ~ YK179 + 815 段纵波降低较明显，YK179 +840 ~ YK179 +900 段横波降低较明显。

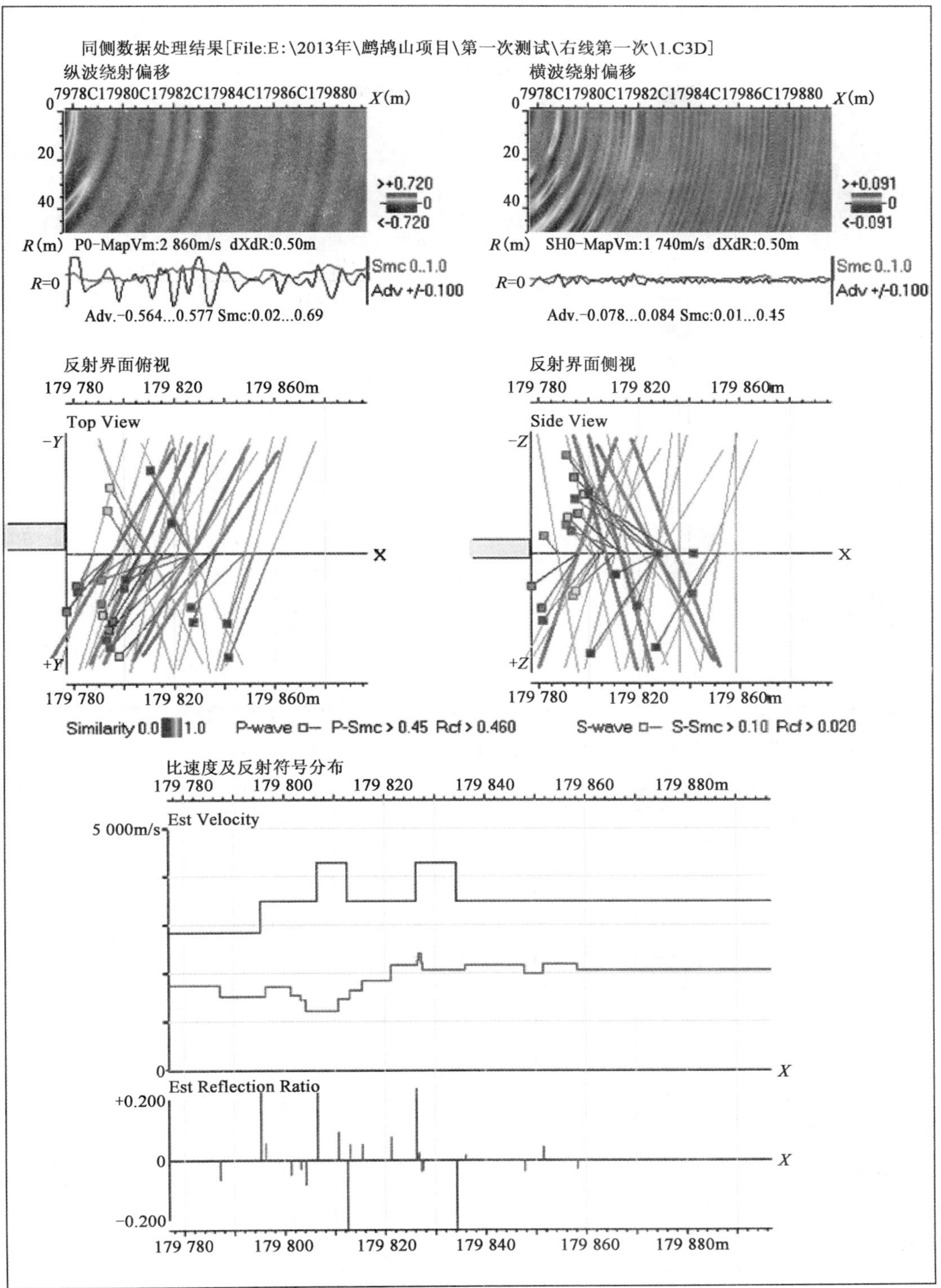


图 6-10 鹧鸪山隧道右线同侧接收器数据处理结果

如图 6-11 所示，鹧鸪山隧道右线对侧接收器数据处理显示：

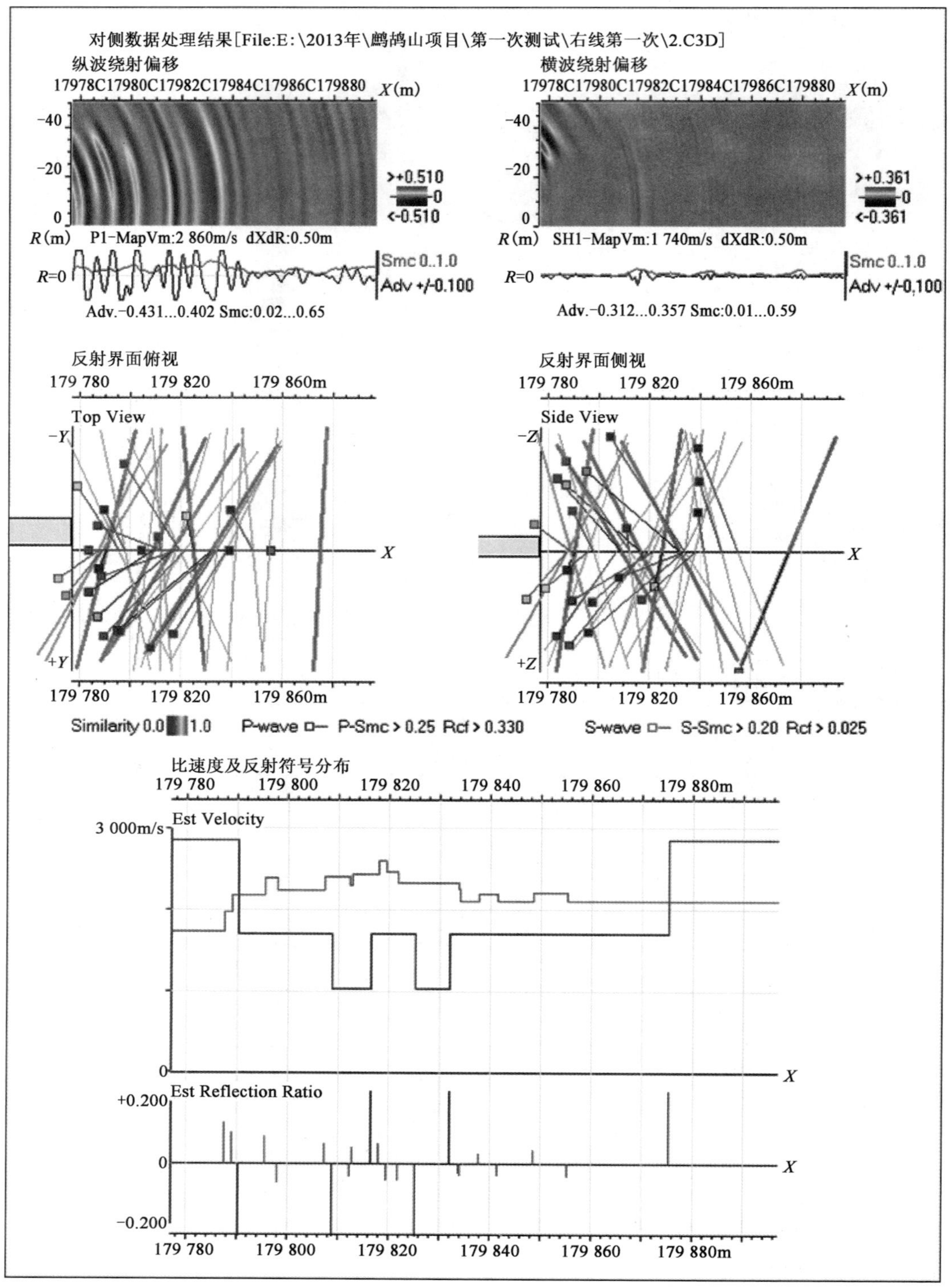


图 6-11　鹧鸪山隧道右线对侧接收器数据处理结果

①预报前方有 6 个纵波反射界面，有 11 个横波反射界面。

②反射界面与水平面夹角 55° ~ 138°，倾角 −69° ~ 90°。

③估算岩体速度曲线 YK179 + 810 ~ 830 纵波降低较明显。

（4）三维空间地质界面分布图和岩体比速度参数成果图

鹧鸪山隧道右线三维空间地质界面分布图和岩体比速度参数成果详见图 6-12 ~ 图 6-15。

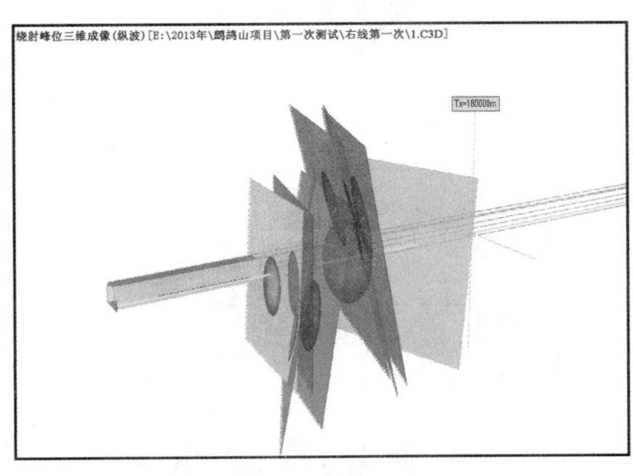


a) 绕射峰位三维成像（纵波）图　　b) 反射界面纵向分布（纵波）图

图 6-12　鹧鸪山隧道右线同侧接收器纵波纵向分布图

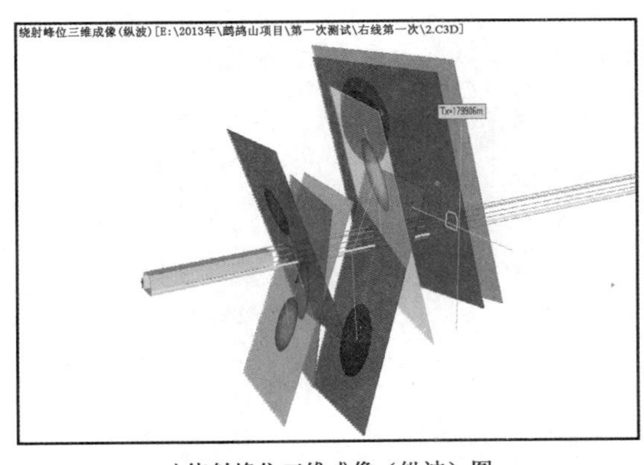


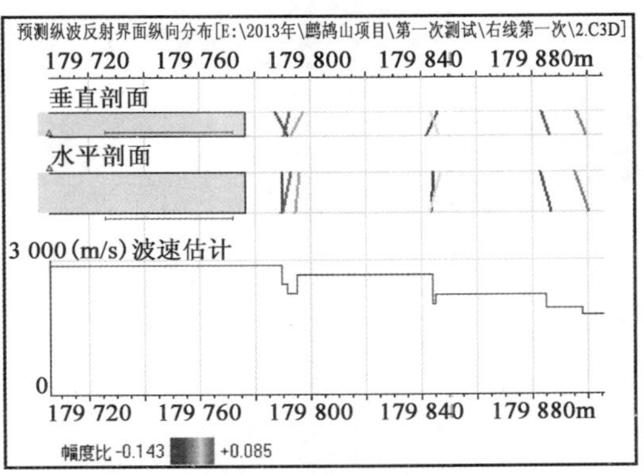

a) 绕射峰位三维成像（纵波）图　　b) 反射界面纵向分布（纵波）图

图 6-13　鹧鸪山隧道右线对侧接收器纵波纵向分布图

（5）三维空间横断面扫描成果图

三维空间横断面扫描成果图如图 6-14、图 6-15 所示。

4）TGP 地质超前预报成果分析

由地质预报仪 TGP 超前探测预报成果图 6-9 ~ 图 6-15 可以分析得到如下结论。

（1）现场原始记录评估

通过对地震波三分量原始记录图的检查，认为现场采集的地震波三分量记录属于优良记录，符合数据处理的质量要求。

绕射横断面切片成像(纵波) [E:\2013年\鹧鸪山项目\第一次测试\右线第一次\1.C3D
Tx=179871m
切片数 31
里程 179871...179991m
幅度比 0.000...0.025
-0.025 +0.025
显现峰色
<=-0.006... >=+0.006
里程(m) 负峰值 正峰值
179871 0.000 0.002
179875 0.000 0.006
179879 0.000
179883 0.000 0.017
179887 0.000
179891 0.000 0.015
179895 0.000 0.022
179899 0.000 0.022

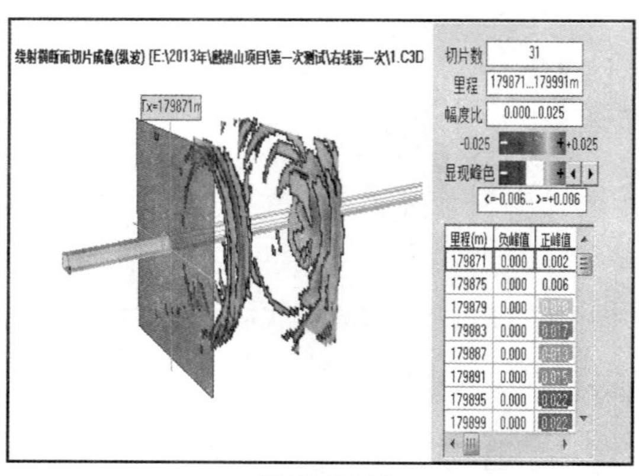

a)同侧接收器　　b)对侧接收器

图 6-14　鹧鸪山隧道右线绕射断面切片成像图

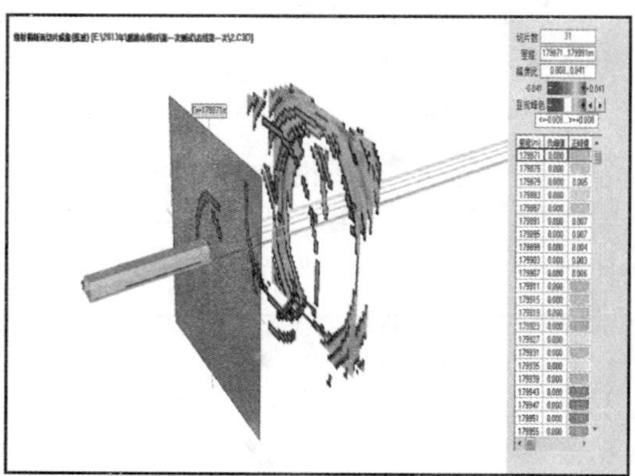

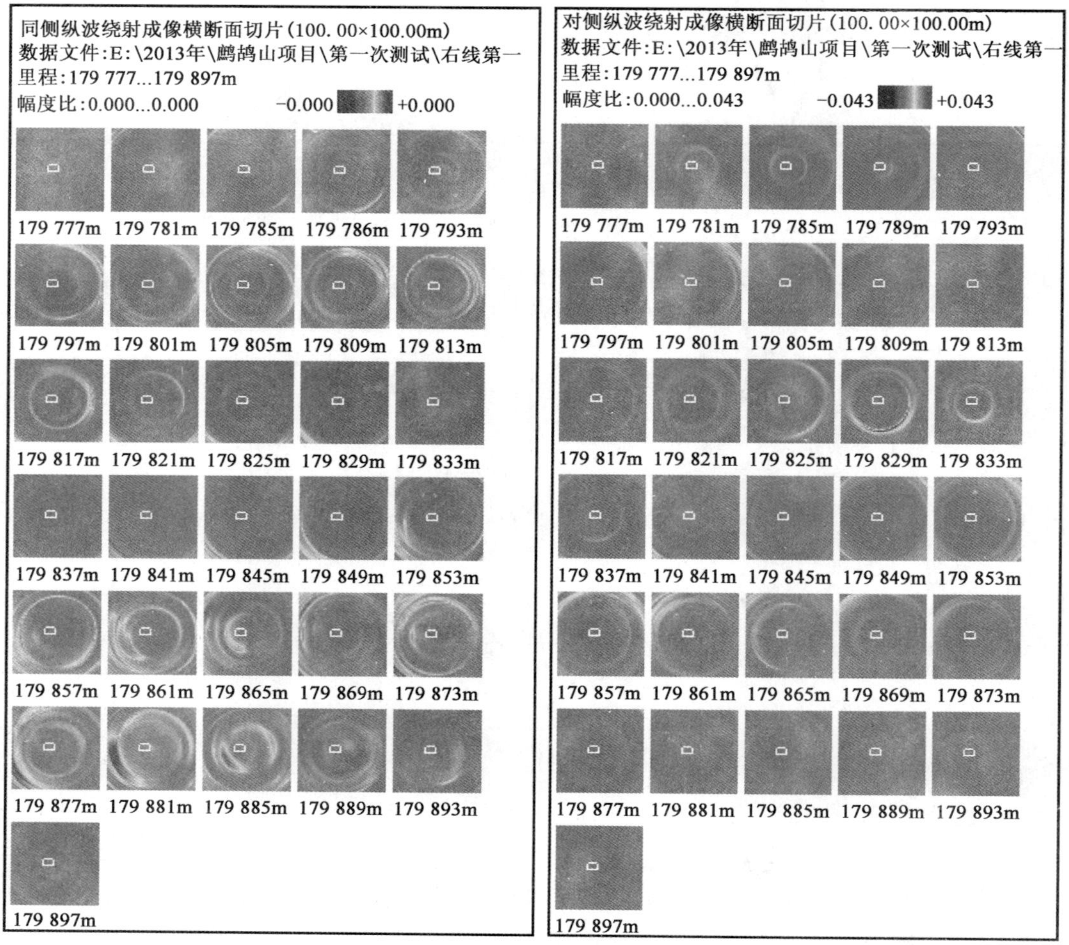

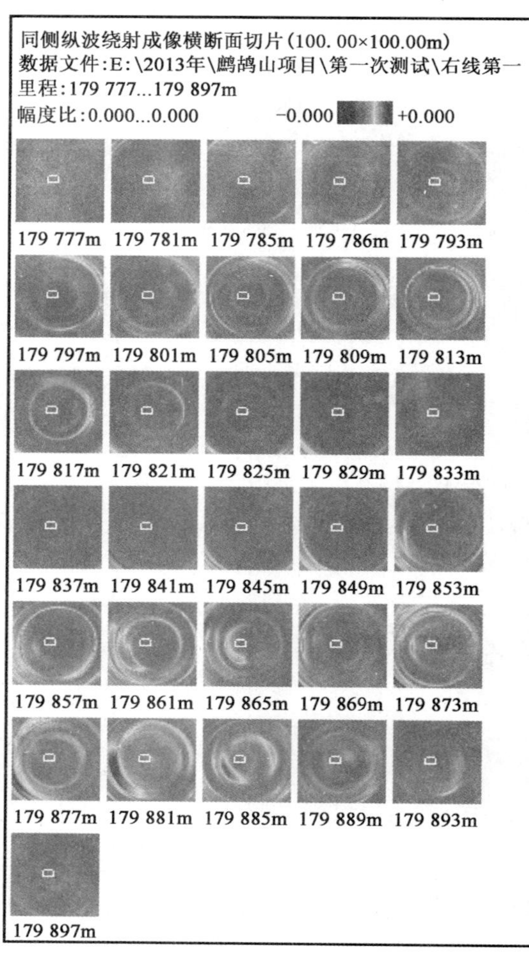

同侧纵波绕射成像横断面切片(100.00×100.00m)
数据文件:E:\2013年\鹧鸪山项目\第一次测试\右线第一
里程:179 777...179 897m
幅度比:0.000...0.000
−0.000 +0.000
179 777m 179 781m 179 785m 179 786m 179 793m
179 797m 179 801m 179 805m 179 809m 179 813m
179 817m 179 821m 179 825m 179 829m 179 833m
179 837m 179 841m 179 845m 179 849m 179 853m
179 857m 179 861m 179 865m 179 869m 179 873m
179 877m 179 881m 179 885m 179 889m 179 893m
179 897m
对侧纵波绕射成像横断面切片(100.00×100.00m)
数据文件:E:\2013年\鹧鸪山项目\第一次测试\右线第一
里程:179 777...179 897m
幅度比:0.000...0.043
−0.043 +0.043
179 777m 179 781m 179 785m 179 789m 179 793m
179 797m 179 801m 179 805m 179 809m 179 813m
179 817m 179 821m 179 825m 179 829m 179 833m
179 837m 179 841m 179 845m 179 849m 179 853m
179 857m 179 861m 179 865m 179 869m 179 873m
179 877m 179 881m 179 885m 179 889m 179 893m
179 897m

a)同侧接收器　　b)对侧接收器

图 6-15　鹧鸪山隧道右线绕射断面切片

（2）测量段岩体参数

测量段（炮孔布置段）岩体的速度参数是通过地震直达波获得的，直接反映测量段岩体弹性地质，是利用已经开挖获得的岩体条件进行地震波预报分析的基础参数。本次测量段岩体的弹性参数如下：纵波速度 $v_P = 2\ 950m/s$；横波速度 $v_{SH} = 1\ 740m/s$；泊松比为 0.233；岩体密度为 $2.28t/m^3$（由波速估算）。地质勘察报告中该段岩性为千枚岩夹板岩及少量砂岩，受米亚罗断层影响强，小型断层较发育，岩体破碎，岩质较软，呈碎裂结构，千枚岩具有遇水易软化、泥化特征，易形成塌方及大变形。岩体的围岩级别为 V 级。

5）TGP 地质预报结论建议

（1）通过对 TGP 隧道地质超前预报综合成果的分析，对预报里程段隧道围岩划分为以下 3 个地质单元：

①YK179 + 800 ~ YK179 + 815 段，长度 15m；

②YK179 + 815 ~ YK179 + 830 段，长度 15m；

③YK179 + 830 ~ YK179 + 915 段，长度 85m。

（2）对各地质单元的详细推断与建议如下：

①YK179 + 800 ~ YK179 + 815 段

围岩为全风化千枚岩夹板岩，围岩性质与当前开挖面性质相似，可以按照 V 级围岩施工。由于此单元围岩岩体破碎，岩质较软，呈碎裂结构，岩体具有遇水易软化、泥化特征，易形成塌方及大变形，因此施工中注意拱顶及侧壁塌落。

②YK179 + 815 ~ YK179 + 830 段

由预报图可以看出：综合地质预报成果图在该区段有 3 条纵波反射和 4 条横波反射；三维空间地质界面分布图中反射界面的空间产状和分布，前界面仰倾，后界面俯倾。由此推断：受以上两组主要裂隙带的影响，岩体破碎，局部呈强风化和泥化。岩体纵波比速度下降明显，反射波强度增大，说明围岩强度明显降低。建议施工过程中注意支护，必要时可采用超前管棚或超前注浆等支护措施进行加固，以防出现坍塌等工程事故。

③YK179 + 830 ~ YK179 + 915 段

围岩为全风化 ~ 强风化千枚岩夹板岩，估算岩体纵波比速度比前段升高，推断岩体强度及完整性稍有好转，但节理裂隙仍较发育，地下水发育，建议仍按 V 级围岩施工。

## 6.4　电磁波法地质超前探测新技术

### 6.4.1　电磁波地质超前探测概述

电磁波法地质超前探测最常用和最有效的仪器是地质雷达（简称 GPR），它主要是进行中短距离的地质超前预报，其探测有效距离取决于围岩条件（主要是围岩类别、地质构造发育、地下水含量情况等），一般为 30m。地质雷达在隧道工程中的应用主要包括超前地质预报、隧道衬砌质量检测。另外，在其他领域如矿山探矿、市政工程管线探测、地下空洞及采空区探测、路基路面病害探测、古墓考古有着更广泛的应用。

1）地质雷达探测原理

地质雷达是利用超高频窄脉冲（$10^6 \sim 10^9 Hz$）电磁波在地下介质中传播规律的一种无损检测设备，它能使用户快速获得相关探测区域的详细信息。地质雷达主要由主机、天线和界面单元组成，其中天线又包括发射端和接收端两部分。地质雷达系统采集数据时，天线的发射端向测量表面以下发送以球面波形式传播的电磁波，同时，天线的接收端接收由不同电介质特性层面反射的回波，经电缆或光纤传输到终端连接的计算机上，实时显示雷达图像。电磁波在介质中传播时，其路径、波形将随所通过介质的电性质和几何形态的不同而变化，如图 6-16 所示，当目标体为面反射体时，雷达图像上显示的是与反射界面相一致的一条曲线，当目标体为点反射体时，其雷达图像上显示的是一个抛物线，或称之为双曲线的一支。

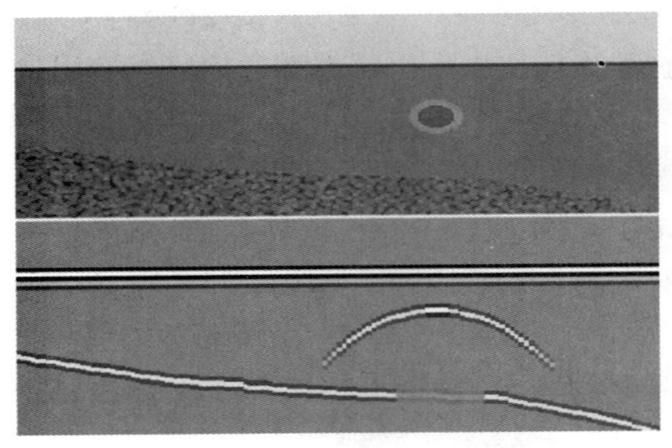

图 6-16　地质雷达成像示意图

地质雷达天线的发射端与接收端之间的距离很小，甚至合二为一。当地层倾角不大时，反射波的全部路径几乎是垂直地面的。因此，可以认为在测线不同位置上法线反射时间的变化就反映了地下地层的构造形态。地质雷达工作频率高，在介质中以位移电流为主。因此，电磁波传播过程中很少频散，速度基本上由介质的介电性质决定。电磁波传播理论和弹性波的传播理论有很多类似的地方。两者遵循同一形式的波动方程，只是波动方程中变量代表的物理意义不同；雷达波与地震波在运动学上的相似性，可以在资料处理中加以利用。

2）地质雷达的发展史

地质雷达的历史最早可追溯到 20 世纪初。1904 年，德国人 Hülsmeyer 首次将电磁波信号应用于地下金属体的探测。1910 年，Leimback 和 Löwy 以专利形式提出将雷达原理用于探地，他们用埋设在一组钻孔中的偶极天线探测地下相对高导电性质的区域，正式提出了地质雷达的概念。1926 年，Hülsenbeck 第一个提出应用脉冲技术确定地下结构的思路，他指出介电常数不同的介质交界面会产生电磁波反射。由于地下介质具有比空气强得多的电磁衰减特性，加之地下介质情况的多样性，电磁波在地下的传播比空气中复杂得多，之后二三十年尽管在美国出现过一些相关的专利，这项技术很少被运用到其他领域，直到 50 年代后期，地质雷达技术才慢慢重新被人们所重视，地质雷达在矿井（1960，J. C. Cook）、冰层厚度（1963，S. Evans）、地下黏土属性（1965，Barringer）、地下水位（1966，Lundien）等探测方面得到了应用。1967 年，一个与 Stern 最初用于冰川探测的仪器类似的系统被设计研制出来，1972 年，Procell 将其用于探测月球表面结构。同样在 1972 年，Rex Morcy 和 Art Drake 开创了 GSSI（Geophysical Survey Systems Inc.）公司，主要从事商业地质雷达的销售。随着电子技术的发展，数字磁带记录问世，加之现代数据处理技术的应用，特别是拟反射地震处理的应用，地质雷达的实际应用范围在 20 世纪 70 年代以后迅速扩大，其中有石灰岩地区采石场的探测（1971，Takazi；1973，Kithara）、沙漠地区淡水的探测（1974，R. M. Morey；1976，P. K. Kadaba）、工程地质探测（1976，A. P. Annan 和 J. L. Davis；1978，G. R. Olhoeft，L. T. Dolphin）、煤矿井探测（1975，J. C. Cook）、泥炭调查（1982，C. PF. Ulrike）、放射性废弃物处理调查（1982，D. L. Wright；1985，O. Olsson）、地面和井中雷达用于地质构造填图（1997，M. Serzu）、水文地质调查（1996，

A. Chanzy；1997，Chieh-Hou Yang）、地基和道路下空洞及裂缝调查、埋设物探测、水坝的缺陷检测、隧道及堤岸探测等。

自1970年以来、许多商业化的通用数字地质雷达系统先后问世，其中有代表性的是：美国Geophysical Survey System Inc公司的SIR系统、Microwave Associate的MK系列、加拿大Sensor & Software的Pulse Ekko系列、瑞典地质公司SGAB的RAMAC/GPR系列、日本应用地质株式会社OYO公司的GEORADAR系列及国内电子工业部LTD系列、北京爱迪尔公司CR-20等。这些雷达仪器的基本原理大同小异，主要功能有多通道采集、多维显示、实时处理、变频天线、多次叠加等；另外，还有井中雷达系统、层析成像雷达系统等。如图6-17～图6-19所示，是几种常用的地质超前探测地质雷达。

主机

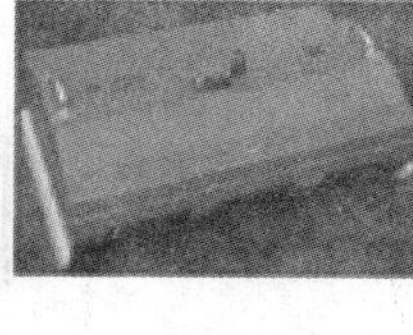

100MHz天线

图6-17　美国劳雷地质雷达SIR-20

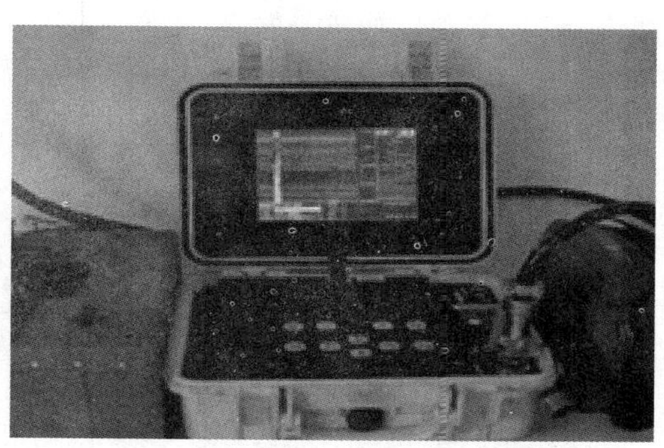

图6-18　美国劳雷地质雷达SIR-2000/3000

图6-19　俄罗斯地质雷达EKKO-100

国内地质雷达的研究始于1970年初。当时地矿部物探所、煤炭部煤科院、一些高校和其他研究部门均做过地质雷达设备研制和野外试验工作，但由于种种原因，这些研究未能正式用于实际。1990年以来，由于大量国外仪器的引进，地质雷达得到了广泛的应用与研究。1990～1993年，中国地质大学（武汉）在国家自然科学基金资助下，开展了大量的理论研究和工程实践，取得了不少成果。

3）地质雷达的特点及应用范围

地质雷达自20世纪70年代开始应用至今已40多年了，其应用领域逐渐扩大，在考古、建筑、铁路、公路、水利、电力、采矿、航空、市政建设各领域都有重要的应用，以解决场地勘查、线路选择、工程质量检测、病害诊断、超前预报、地质构造研究等问题。在工程地球物理领域有多种探测方法，包括反射地震、地震 CT、高密度电法、地震面波和地质雷达等，其中地质雷达的分辨率最高，而且图像直观，使用方便，地质雷达具有采集速度快、精度高、操作简单、可单面采集等特点，所以很受工程界信赖和欢迎。在工程领域得到广泛应用，主要具体应用领域如下。

（1）用于工程场地勘查

地质雷达最早用于工程场地的勘查，包括重要工程场地、铁路与公路路基，用以解决松散层分层和厚度分布、基岩风化层分布以及节理带断裂带等问题。有时也用于研究地下水水位分布、普查地下溶洞、人工洞室等。在黏土不发育地区，使用中低频大功率天线，探查深度可达 20 ~ 30m。在地震地质研究中，地质雷达也用于研究隐伏活断层分布，效果很好。解决覆盖层厚度、松软层厚度及分布、基岩风化层界面及分布、基岩节理和断裂带、地下水分布、普查场地地下溶洞、空洞、塌陷区、地下人工洞室、地下排污巷道、地下排污管道及地下管线等，如图 6-20a）、图 6-20b）所示。在回填等松软层上，探查深度可达 20m 以上，在致密或基岩上探查深度可达 30m 以上。

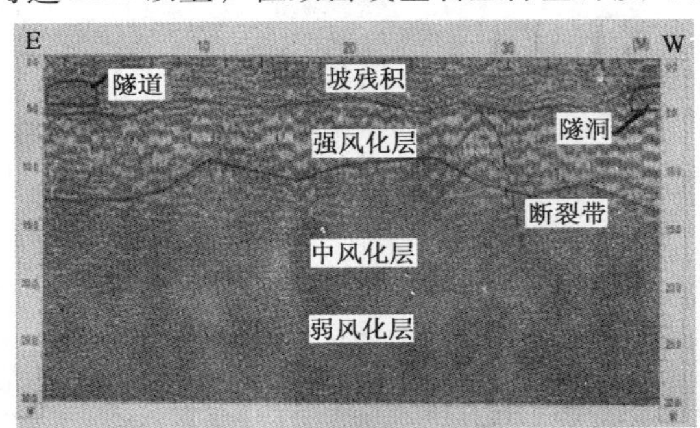


a）工程场地勘测剖面

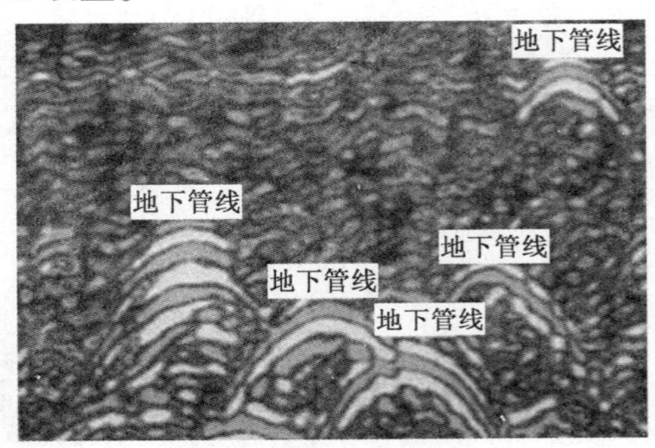


b）地下管道管线

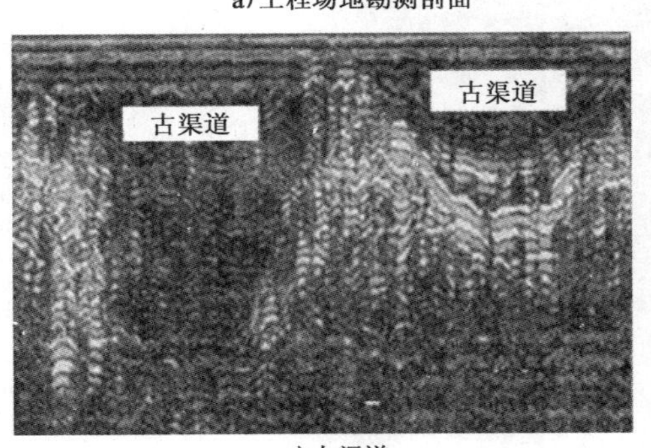


c）古渠道

d）古遗址

图 6-20　地质雷达的工程应用

（2）地下埋设物与考古探察

如图 6-19 所示，考古是探地雷达应用较早的领域，探测古建筑基础、地下洞室、金属物品等；在城市改造中用雷达可探测地下埋设物，如电力管网、热力管线、下水管线、输水管道、排污管道、输气管网、通信电缆及管网等，这对于地质雷达是很容易的。目前，地质雷达探测地下管线又研制了高分辨 3D 探测系统及软件，如 PATHFINDER 雷达、RIS-2K/S 雷达等都可以胜任这类工作，不但可探测到水平位置分布，还可以确定其深度，得到三维分布图。

（3）工程质量检测及病害诊断

近年来，工程检测应用领域急速扩大，特别是在重要的工程项目中，质量检测广泛采用雷达技术。铁路公路隧道、公路及城市道路路面、机场跑道、高砌坡挡墙等重要工程项目的质量检测及病害诊断中广泛采用雷达技术。其主要用于检测衬砌厚度，破损，裂隙，脱空，空洞，渗漏带，回填欠密实区，围岩扰动，路面及跑道各层厚度破损情况、混凝土构件中的空洞、裂隙及钢筋分布等。检测厚度精度可达厘米级。当衬砌混凝土中存在钢筋时，将产生连续点状强反射信号；当混凝土中有钢拱时，将出现特别强的月牙形反射信号，每一信号表示有一钢拱。通过实测的钢拱、钢筋数目并结合设计可得出钢拱钢筋用量，如图 6-21 所示。

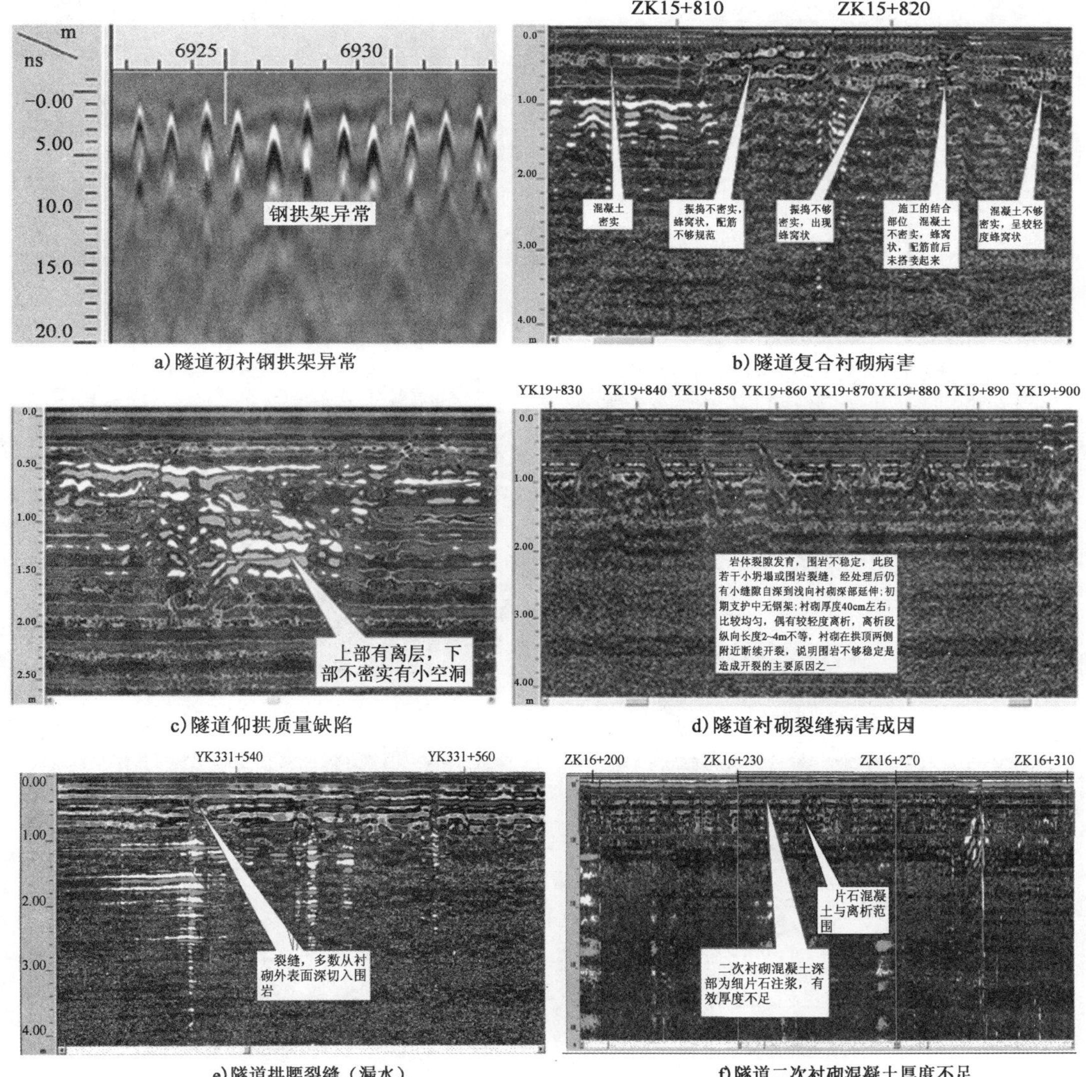


a) 隧道初衬钢拱架异常　　b) 隧道复合衬砌病害

c) 隧道仰拱质量缺陷　　d) 隧道衬砌裂缝病害成因

e) 隧道拱腰裂缝（漏水）　　f) 隧道二次衬砌混凝土厚度不足

图　6-21

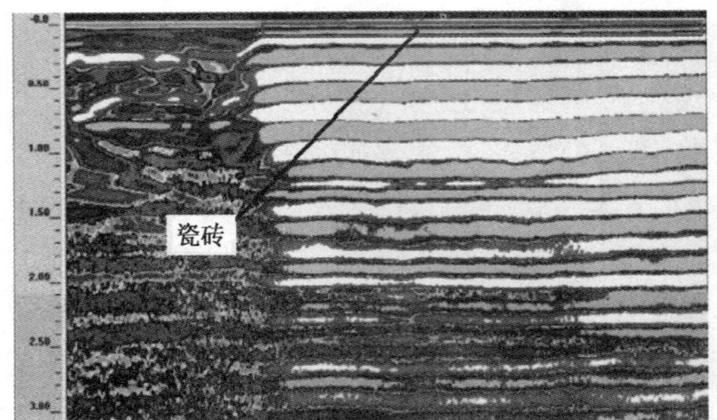


g)瓷砖背后脱空

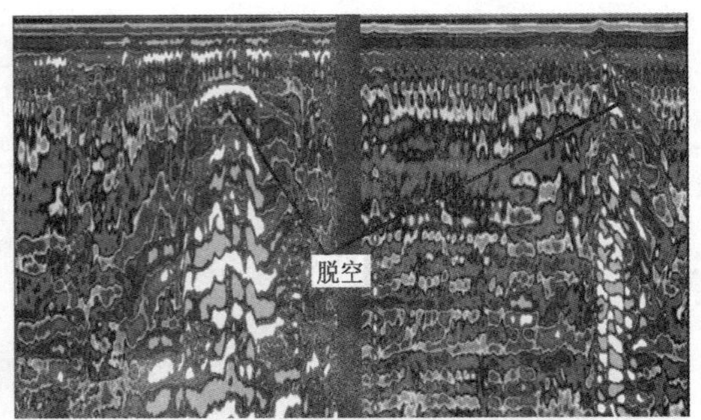


h)二次衬砌钢筋混凝土背后脱空

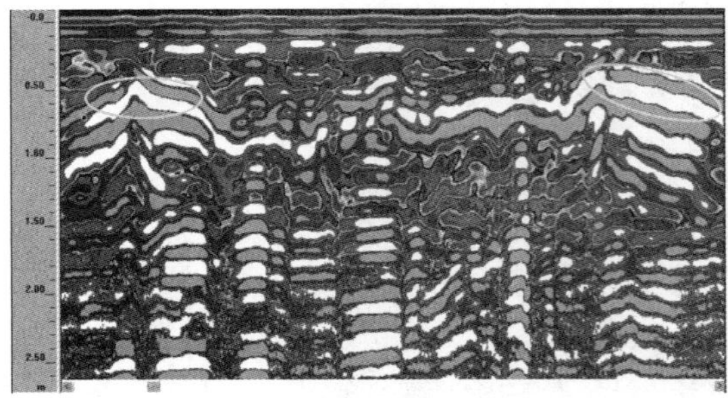

i)二次衬砌素混凝土背后脱空

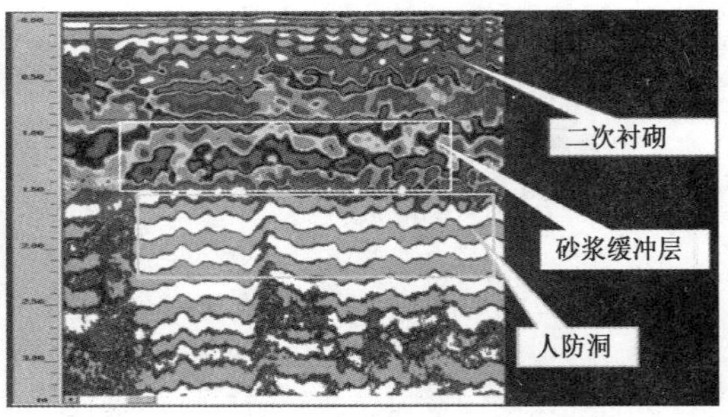


j)人防洞

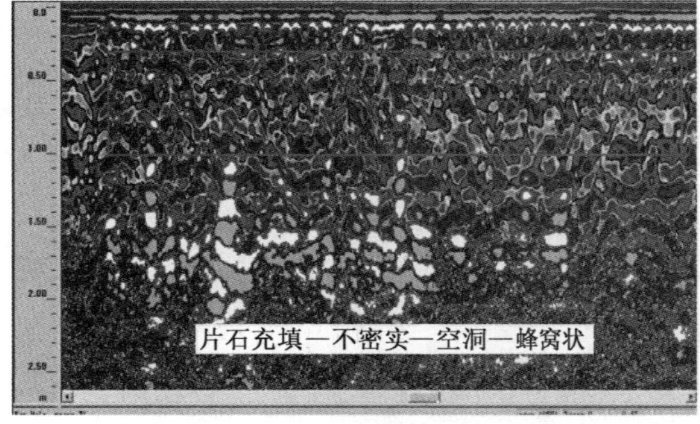


k)衬砌缺陷

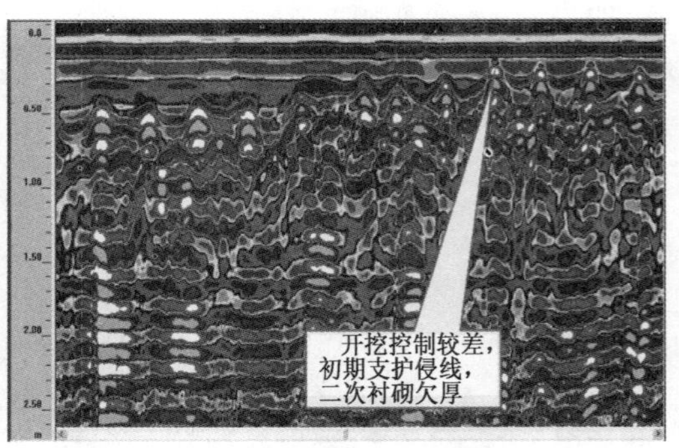


l)初期支护侵限

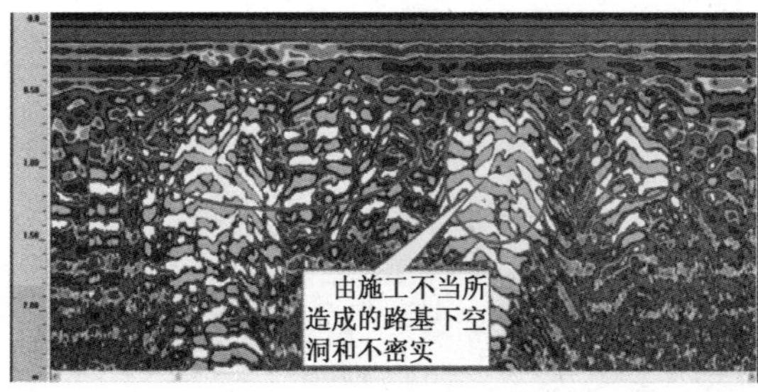


m)路基下空洞

n)路基下空洞

图 6-21

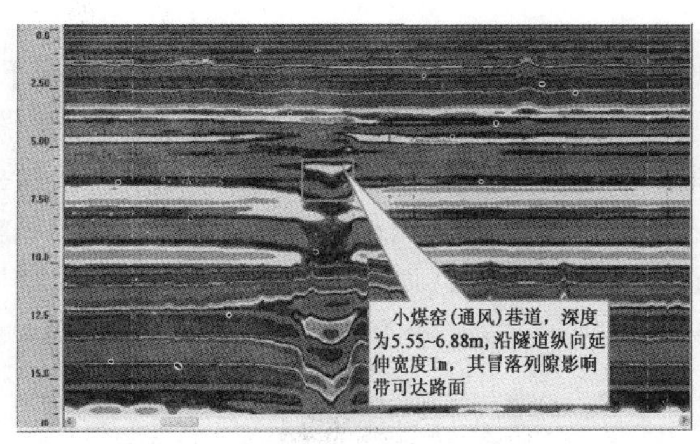


o) 路基下采空区

p) 路基下地下暗河

图 6-21　公路工程及隧道病害探测与诊断

（4）隧道掌子面超前探测及预报

随着西部大开发进程的加快，西部的公路、铁路、水电等建设项目增多，大部分建设在高山峡谷地区，隧道工程数量巨大。为保证隧道施工中的人员、设备安全，保证工期和质量，节约投资成本，需要进行隧道地质超前预报。目前的超前预报是采用地震、雷达探测与地质研究相结合的办法。地震预报掌子面前 100m 左右，地质雷达预报 20 ~ 30m 范围内。目前阶段预报的准确率不等，很大程度上依赖于经验。地质雷达可预测前方 50m 范围内的断层、溶洞、裂隙带、含水带等地质构造，如图 6-22 所示。

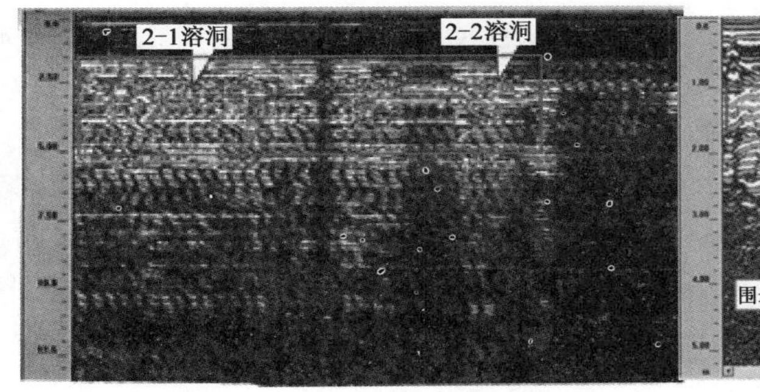


a) 溶洞

b) 围岩空洞

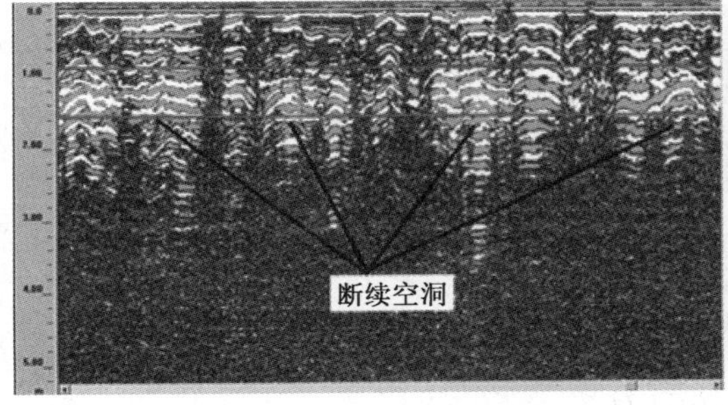


c) 断续空洞

d) 隧道围岩与衬砌含水导水

图 6-22　隧道围岩不良地质超前探测

（5）矿井探测和金属矿化带勘查

我国煤矿及金属矿山很多，煤矿及金属矿山地质构造相当复杂，地质雷达已开始用于矿山井下掘进、巷道顶、底板及两侧边墙探测，主要用来探测断层、陷落柱、溶洞、裂隙带、采空区、含水带、煤层厚、顶底板、瓦斯突出危险带、金属富矿带等。对于浅表层的金属矿化带、断层蚀变带以及掌子面附近的金属矿化带，可以用地质雷达探测。矿化带金属及氧化物、硫化物富集，电磁性质差异明显，电磁波反射清晰，可为找矿提供参考。以下为寻找断裂蚀变带金属矿化带与矿井地质探测的例子，如图6-23所示。

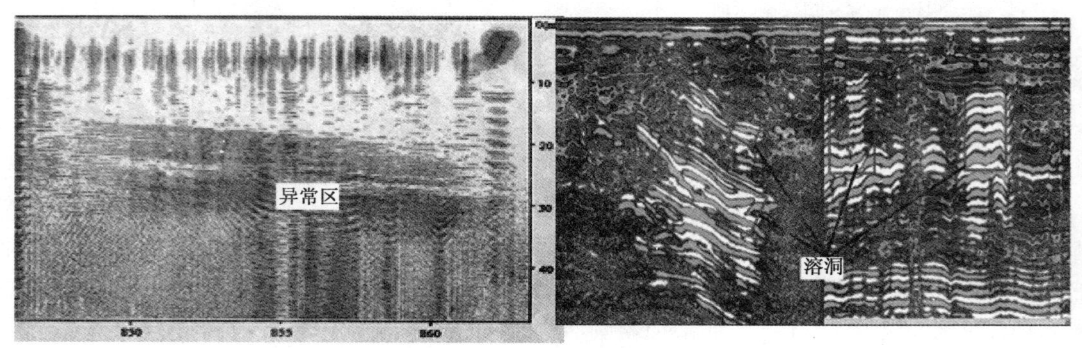


a)金属矿化带　　b)围岩中溶洞

图6-23　金属矿化带与矿井地质探测

随着现场检测指标要求的不断提高，地质雷达适应强衰减介质的本领、对地下目标的复合反应及多解性的能力亟待提高，这也为地质雷达技术的发展指明了方向。一方面，地质雷达主机和天线的结构要有突破性变革，提高穿透力和实时成像探测的要求；另一方面，脉冲源强度、高效收发和低噪声取样技术等也要进一步发展，以提高探测分辨率和探测效率；最后，作为地质雷达资料应用的一个重要环节，地质雷达数据处理方法和理论应尽快从借鉴和学习中走出来，形成地质雷达自身的一整套探测原理、数据处理解释及应用的理论体系，最终实现探测快速准确、成果显示直观的“基于地质雷达技术的目标自动识别系统”的发展目标。

### 6.4.2　地质雷达超前探测技术特征

1）地质雷达的系统组成及工作原理

（1）地质雷达的系统组成

由于地下介质一般都是非均匀且有耗的，存在很强的衰减，因此电磁波的传播规律要比在空气中传播复杂得多，使得地质雷达与常规雷达在天线形式、收发系统、数据处理上都有很大的不同。按发射信号调制形式分类，目前国内外所研制的主要有三种类型的地质雷达系统：调频连续波（FMCW）体制地质雷达、频率步进（Stepped Frequency）体制地质雷达和脉冲（调幅）体制地质雷达。由于脉冲地质雷达系统数据解释容易，所以目前商用地质雷达系统普遍采用该体制。这种体制雷达的主要特点在于发射波为未经调制的纳秒级脉冲，所以通常称为无载波脉冲地质雷达。一个完整的地质雷达系统由雷达主机、发射机、接收机、收发天线、信号处理、结果显示、存储以及供电电源等组成。

地质雷达按天线配置通常可以分为两大类：地面耦合系统和空气耦合系统。地面耦合系统采用偶极天线，其工作中心频率一般为 80M ~ 1 500MHz，相比于空气耦合天线，它具有较高的穿透深度，但由于表面耦合和天线振荡，不经过信号处理很难获取近表面信息，且探测速度较低，通常为 5 ~ 15km/h。空气耦合系统采用喇叭天线，其工作中心频率在 500M ~ 2.5GHz，最常采用的中心频率为 1GHz，典型穿透深度为 0.5 ~ 0.9m。在数据采集时，天线通常离路面 0.3 ~ 0.5m，允许探测速度高达 100km/h。若按天线个数分，地质雷达系统也可分为单基地（共用收发天线）、双基地（一个发射天线、一个接收天线）和多基地（一个发射天线、多个接收天线系统）。

（2）地质雷达工作原理

地质雷达是近年来一种新兴的地下探测与混凝土建筑物无损检测的新技术，它是利用宽频带高频电磁波信号探测介质结构分布的非破坏性的探测仪器，是目前国内外用于测量混凝土内部缺陷最先进、最便捷的仪器之一，天线屏蔽干扰小，探测范围广，分辨率高，具有实时数据处理和信号增强功能，可进行连续透视扫描，现场实时显示二维彩色图像。地质雷达通过雷达天线对隐蔽目标体进行全断面扫描的方式获得断面的扫描图像，具体工作原理是：当雷达系统利用天线向地下发射宽频带高频电磁波，电磁波信号在介质内部传播遇到介电差异较大的介质界面时，就会发生反射、透射和折射。两种介质的介电常数差异越大，反射的电磁波能量也越大；反射回的电磁波被与发射天线同步移动的接收天线接收后，由雷达主机精确记录下反射回的电磁波的运动特征，再通过信号技术处理，形成全断面的扫描图，工程技术人员通过对雷达图像的判读，判断出地下目标物的实际结构情况。

（3）地质雷达探测预报原理

为提高地质预报的准确性，利用地质雷达进行地质超前预报，其探测范围为 30m 之内，是一种非破坏型的探测技术，具有抗电磁干扰能力强、分辨率高等特性，可现场直接提供实时剖面记录图，图像清晰直观。地质雷达是利用高频电磁脉冲波的反射来探测介质层位或目标体，它通过发射天线向需要探测的目标介质发射高频宽带短脉冲电磁波，此电磁波经过不同介质层位或目标体反射后返回，为接收天线所接收。电磁波在介质中传播时，其路径、电磁场强度与波形将随所通过介质的电性质及几何形态的变化而变化。因此，根据接收到波的旅行时间、幅度与波形等资料，可探测介质的结构、构造及目标体的埋藏深度等。地质雷达设备的基本组成、工作原理如图 6-24 所示。

地质雷达接收到的信号通过模数转换处理后送到计算机，经过滤波、增益恢复等一系列数据处理后形成雷达探测图像。地质雷达图像是资料解释的基础图件，只要地下介质中存在电性差异，就可在雷达图像剖面中反映出来，通过追踪同相轴可以测定各介质反射层的反射波旅行时间 $T$。根据地下介质的电磁波速 $v$ 和反射波旅行时间 $T$，由式（6-1）可计算目标层的深度 $h$，如图 6-25 所示。

$$h = \frac{1}{2}\sqrt{v^2 T^2 - x^2} \tag{6-1}$$

式中：$h$——目标层的深度；

$x$——发射天线和接收天线的间距；

$v$——介质中的电磁波速度。

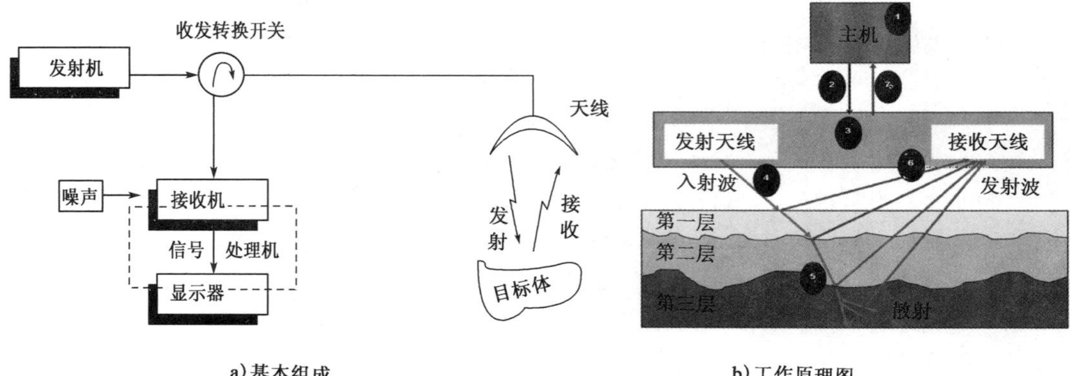


a）基本组成　　b）工作原理图

图 6-24　地质雷达设备的基本组成及工作原理

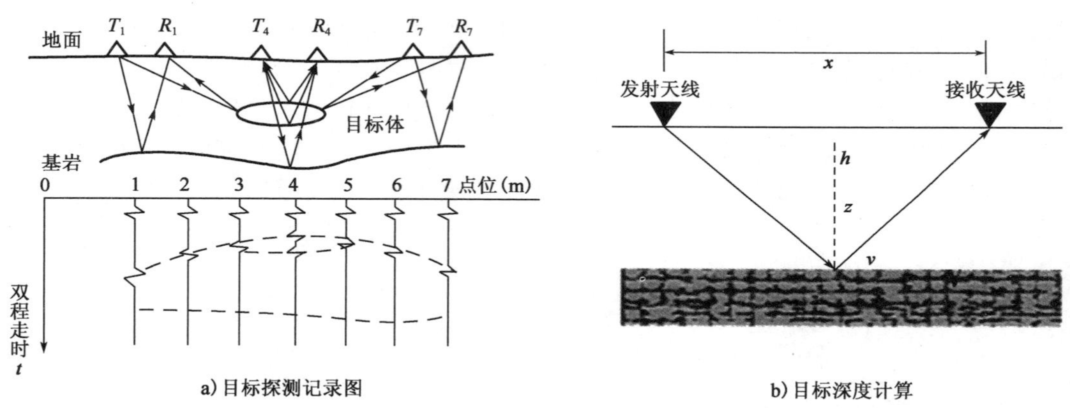


a）目标探测记录图　　b）目标深度计算

图 6-25　地层（介质）厚度探测示意图

电磁波的传播取决于物体的电性，物体的电性主要有电导率 $\mu$ 和介电常数 $\varepsilon$，前者主要影响电磁波的穿透（探测）深度，在电导率适中的情况下，后者决定电磁波在该物体中的传播速度，因此，所谓电性界面也就是电磁波传播的速度界面。不同的地质体（物体）具有不同的电性，在不同电性的地质体的分界面上，都会产生回波，如图 6-26 所示。

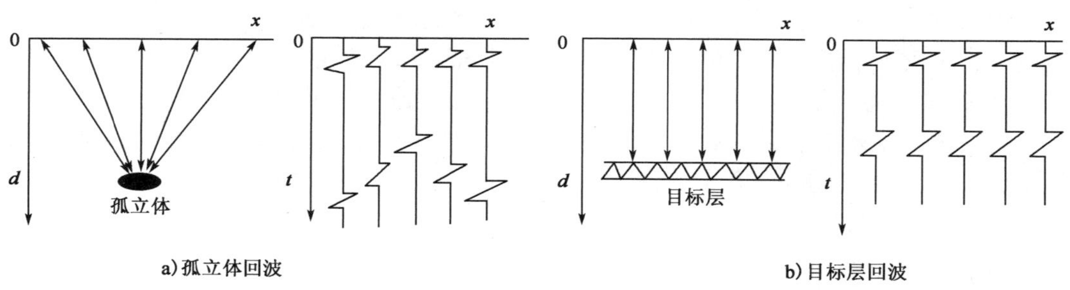


a）孤立体回波　　b）目标层回波

图 6-26　孤立体与地层探测示意图

对地质雷达在勘查中的基本参数进行如下描述：

①电磁脉冲波旅行时间。

$$t = \frac{\sqrt{4z^2 + x^2}}{v} \approx \frac{2z}{v} \tag{6-2}$$

式中：$z$——勘查目标体的埋深；

$x$——发射、接收天线的距离（式中因 $z > x$，故 $x$ 可忽略），m；

$v$——电磁波在介质中的传播速度，m/s。

②电磁波在介质中的传播速度。

$$v = \frac{c}{\sqrt{\varepsilon_r \mu_r}} \approx \frac{c}{\sqrt{\varepsilon_r}} \tag{6-3}$$

式中：$c$——电磁波在真空中的传播速度（0.299 79m/ns）；

$\varepsilon_r$——介质的相对介电常数；

$\mu_r$——介质的相对磁导率（一般 $\mu_r \approx 1$）。

③电磁波的反射系数。

电磁波在介质传播的过程中，当遇到相对介电常数明显变化的地质现象时，电磁波将产生反射及透射现象，其反射和透射能量的分配主要与异常变化界面的电磁波反射系数有关：

$$r = \frac{(\sqrt{\varepsilon_2\mu_2} - \sqrt{\varepsilon_1\mu_1})^2}{(\sqrt{\varepsilon_2\mu_2} + \sqrt{\varepsilon_1\mu_1})^2} \approx \frac{(\sqrt{\varepsilon_2} - \sqrt{\varepsilon_1})^2}{(\sqrt{\varepsilon_2} + \sqrt{\varepsilon_1})^2} \tag{6-4}$$

式中：$r$——界面电磁波反射系数；

$\varepsilon_1$——第一层介质的相对介电常数；

$\varepsilon_2$——第二层介质的相对介电常数。

$\mu_1$——第一层介质的磁导率（绝对磁导率）；

$\mu_2$——第二层介质的磁导率（绝对磁导率）。

④记录时间和勘查深度的关系。

$$z = \frac{1}{2}vt = \frac{1}{2} \cdot \frac{c}{\sqrt{\varepsilon_r}} \cdot t \tag{6-5}$$

式中：$z$——勘查目标体的深度，m；

$t$——雷达记录时间，ns。

其余符号意义同前

2）地质雷达探测能力分析

地质雷达的探测性能一般包括最大探测深度、最高分辨率及雷达波作用的有效范围等方面。

（1）雷达方程与探测距离

由于地质雷达与探空雷达具有相似的工作原理，所以地质雷达可以借用探空雷达的雷达方程，但考虑到二者的差别，对地质雷达需要做相应的修正。用信号能量表示的雷达方程，详见式（6-6）。

$$\frac{P_{\mathrm{rmin}}}{P_{\mathrm{rmax}}} = \frac{\eta_{\mathrm{T}x}\eta_{\mathrm{R}x}G_{\mathrm{T}x}G_{\mathrm{R}x}\lambda^2\sigma_{\mathrm{b}}}{64\pi^3 d_{\mathrm{max}}^4} \tag{6-6}$$

式中：$P_{rmin}$——雷达的最小可检测信号的功率，$P_{rmin}=kT_nB_nF_n(S/N)_{min}$；

$P_{rmax}$——雷达的最大发射功率，W；

$T_n$——接收单元的等效噪声温度，K；

$\eta_{Tx}$、$\eta_{Rx}$——表示雷达发射天线和接收天线的频率（增益系数），$\eta_{Tx}<1$，$\eta_{Rx}<1$；

$G_{Tx}$、$G_{Rx}$——表示雷达发射天线的入射波方向性增益和反射波方向性增益，一般情况下 $G_{Tx}=G_{Rx}$，dB；

$(S/N)_{min}$——最小可检测信噪比，$S$ 和 $N$ 分别是信号和噪声的平均功率；

$k$——波尔兹曼常数；

$F_n$——凡噪声指数，dB；

$B_n$——噪声频带宽度；

$\lambda$——电磁波的波长，m；

$\sigma_b$——目标体的散射截面积，$m^2$；

$d_{max}$——雷达的最大探测距离，m。

对于地质雷达，考虑电磁波在介质中的衰减特性，需将雷达方程式(6-6)进行修正，修正后的雷达方程为：

$$\frac{P_{rmin}}{P_{rmax}}=\frac{\eta_{Tx}\eta_{Rx}G_{Tx}G_{Rx}\lambda_m^2\sigma_b e^{-4\beta d_{max}}}{64\pi^3 d_{max}^4} \tag{6-7}$$

$$\frac{P_{rmin}}{P_{rmax}G_{Tx}G_{Rx}\eta_{Tx}\eta_{Rx}}=\frac{\lambda_m^2\sigma_b e^{-4\beta d_{max}}}{64\pi^3 d_{max}^4} \tag{6-8}$$

式中：$\lambda_m$——介质中脉冲电磁波中心频率的波长，m；

$\beta$——衰减系数，在一般的介质中，衰减系数和电磁波的频率有关，且随频率的升高而增大；

$d_{max}$——地质雷达所能探测的最大深度，m。

从式（6-7）改写为式（6-8）可看出：等号的左端主要与雷达系统性能有关，右端主要与环境和探测目标有关，对于给定的地质雷达系统，左端的值是一定的。因此，地质雷达的最大探测深度主要与环境因素和目标特性有关。由电磁理论可知，电磁波在介质中传播时的波长 $\lambda_m$ 为：

$$\lambda_m=\frac{c}{f_c\cdot\sqrt{\varepsilon_r\mu_r}} \tag{6-9}$$

式中：$c$——电磁波在真空中的传播速度，$3\times10^8$m/s；

$f_c$——脉冲信号的中心频率，Hz；

$\varepsilon_r$——介质的相对介电常数；

$\mu_r$——介质的相对磁导率。

由式(6-9)可看出：地质雷达天线的中心频率越高，介质的相对介电常数和磁导率越大，地质雷达所能探测的最大深度越浅。根据雷达的最大发射功率和最小接收功率，可以估算雷达的最大探测深度。但由于探测介质的复杂性，只能是一个粗略的估计。另外，这只是在假设天线和目标为点源的条件下得到的，如果上述条件不成立，就不能得到接收功率与目标埋深的 4 次幂成反比的结论。地质雷达的探测深度可根据式(6-8)计算，也可根据经验使用简易算法估算。商用地质雷达一般允许介质的吸收损耗达 60dB，当介质吸收系数小于 0.1dB/m（这符合通常的地质环境）时，则可用 Annan 给出的探测深度 $d_{max}$ 简易估算式进行估算。

$$d_{max} < \frac{30}{\beta} \text{或} d_{max} < \frac{35}{\gamma} \tag{6-10}$$

式中：$\beta$——介质吸收系数，dB/m；

$\gamma$——电导率，s/m。

由于介质的复杂性和变异性，现在从理论上还不能给出地质雷达探测深度的精确定量的表达式，但可以粗略地估计。因此，在利用地质雷达进行实地探测时，首先需要根据地质资料和工程经验估算目标体深度，然后再根据上述关系来选择雷达天线的中心频率。工程经验表明，在一般工程地质勘察中，若勘察深度在 5 ~ 30m 范围内，则选择低频探测天线，要求探测频率低于 100MHz；对于浅部工程地质，探测深度在 1 ~ 10m，探测频率可选择 100 ~ 300MHz；对于探测深度在 0.5 ~ 3.5m 的工程，探测频率可选用 300 ~ 500MHz。

3）雷达分辨率

地质雷达分辨率是指雷达区分两个在空间上相距很近的目标的能力（也可定义为雷达区分在时间上相距很近的脉冲信号的能力，分辨率决定了地质雷达分辨最小异常介质的能力和其应用的范围，可分为垂直分辨率和水平分辨率。根据雷达系统理论，雷达的距离分辨率为 $\Delta R$。

$$\Delta R = \frac{v}{2\Delta f} \tag{6-11}$$

式中：$\Delta f$——雷达发射信号的频带宽度，$\Delta f = B_W$，其中，$B_W$ 为天线频率宽度（即上下截止频率之间的频带称为通频带），Hz；

$v$——电磁波的传播速度，m/s。

（1）垂直分辨率

雷达在垂直方向上能够区分一个以上反射界面的能力称为垂直分辨率，它决定了雷达分辨最小异常介质体的能力，用时间间隔 $\Delta t$ 表示为：

$$\Delta t = \frac{1}{B_{eff}} \tag{6-12}$$

式中：$B_{eff}$——接收信号频谱的有效带宽，假定雷达天线发射出的脉冲宽度为 $t$（ns），一般可以认为天线的中心频率 $f_c = 1/t_w$，$t_w$ 为天线发出的脉冲宽度（单位：ns）通常用在设计无载波脉冲地质雷达天线中。

由此可见：

①当介质中的波速减小时，雷达的垂直分辨率提高，即在介电常数较大的介质中，雷达的垂直分辨率较高；

②接收信号频谱的有效带宽 $B_{eff}$ 越大，则雷达的垂直分辨率越高。

$B_{eff}$ 不仅取决于发射信号的带宽，还受地下介质的影响，脉冲波在地下介质传播的过程中，由于介质色散的影响，高频分量迅速衰减，脉冲会越来越宽，$B_{eff}$ 会下降。所以，随着深度的增加，分辨率随之下降。除此之外，$B_{eff}$ 还受接收电路带宽的影响。对于地质雷达系统而言，地下介质的影响是外部因素，无法进行调整，要提高雷达的分辨率，就必须提高雷达的发射信号带宽，并采用相应的宽带接收电路。

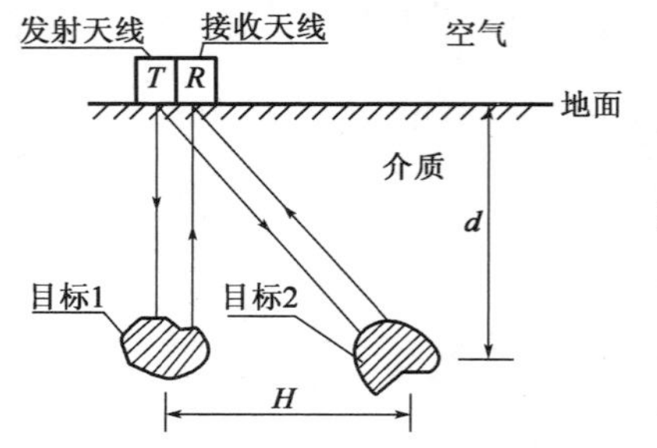


图6-27　水平分辨率几何原理示意图

(2) 水平分辨率

如果两个目标相距为 $H$，深度为 $d$，位于同一水平面内，要使雷达系统区分这两个目标，取决于雷达的水平分辨率。图6-27为水平分辨率的几何原理示意图。由图可以看出，要在时间上分辨出目标1和目标2的回波，必须满足地质雷达在水平方向上所能分辨的最小异常体的尺寸，此即为水平分辨率。

在图6-27中，要使地质雷达在空间中能区分两个目标的回波信息，应满足方程式（6-13）。

$$H_{\min} = \sqrt{\lambda_{\mathrm{m}} d} = \sqrt{\frac{\nu d}{f_{\mathrm{c}} \cdot \sqrt{\varepsilon_{\mathrm{r}} \mu_{\mathrm{r}}}}} \tag{6-13}$$

式中：$H_{\min}$——探地雷达的最高水平分辨率；

$f_{\mathrm{c}}$——中心频率，MHz；

$\lambda_{\mathrm{m}}$——脉冲信号频率所对应的电磁波的介质波长，m；

$d$——目标深度，m。

其余符号意义同前

由式（6-13）可知，雷达的水平和垂直分辨率除了与雷达本身性能（中心频率 $f_{\mathrm{c}}$）与目标深度 $d$ 有关外，也与目标周围介质的特性有关。值得说明的是，在地质雷达实际探测过程中，通过采用适当的数字信号处理或数字图像处理方法，可以使地质雷达对目标的分辨能力提高，但不能高于由式（6-12）、式（6-13）计算出的最高水平分辨率。

由上述分析可见，探测深度与分辨率是相互制约的。增加探测深度的有效方法是降低电磁波的频率，即加大脉冲宽度，这样会导致有效带宽的减小而带来分辨率下降；反之，要提高分辨率，应减小脉冲宽度，这样探测深度也减小。因此，实际应用中必须在探测深度和分辨率之间做出适当的选择。当然，增大发射功率也可以在一定程度上增加雷达探测深度，缓和探测深度与分辨率之间的矛盾，但又会使系统功耗增大，仪器的体积、质量随之增大，不便于野外工作。

4）影响地质雷达精度的因素

地质雷达是依靠发射和接收宽频带、短脉冲的电磁波来进行检测，其精度的影响因素主要有以下几个方面。

(1) 高频特性

雷达发射电磁波的主频越高，其波长越短，因此它的空间分辨率越高。例如：采用500MHz主频的天线进行探测，如果电磁波在介质中的传播速度为10cm/ns，其波长为20cm，若取波长的1/8作为其分辨率，那么从理论上说主频500MHz的电磁波的分辨率为2.5cm。同样，如果采用1 000MHz主频的天线进行探测，它的理论分辨率可以达到1.25cm。

(2) 宽频特性

雷达发射电磁波的主频越宽，它的空间分辨率越高。在实际工作中，希望在空间域和时间域上能够发射和接收单一脉冲的电磁波信号，从信号分析的理论可以知道，频率越宽，相应的空间和时间域上的信号越窄，越窄的信号具有越强的空间和时间上的分辨率。单一频率信号在空间和时间上表现为一种该频率的正弦和余弦等振幅的振荡信号，其在空间和时间上的分辨率几乎为零。

（3）雷达测试干扰因素

从上面分析知道，电磁波在介质中传播呈指数规律衰减。因此，电磁波在介质中传播时，能量损耗很大，尤其深部反射的有效信号微弱，微弱的信号极易受到干扰信号的影响。

雷达设备接收到的干扰信号主要有仪器内部干扰和外部干扰两种。仪器内部干扰主要表现为天线盒振荡信号干扰、天线控制电路之间干扰、发射与接收天线的直接耦合干扰等。仪器的内部干扰相对稳定，但是当气候发生变化时，其内部干扰产生不稳定的变化。首先主要表现为天线与发射器、接收器的阻抗不匹配，在此间进行能量的反射，这种能量的反射不仅减小了天线的发射功率，同时在此间产生的振荡信号对有效波也是一种很大的干扰。其次表现为天线尾部端的反射振荡干扰。仪器的外部干扰主要有电线杆与电缆线干扰、通信设施、大型机械设备启动干扰，天线在测量过程中的抖动干扰等。

（4）能量衰减

电磁波在介质中的传播过程是极其复杂的。这种高频、宽频信号在介质中的传播是一种有损耗的传播过程，它的反射、透射等现象不仅与介质的导电率有关，还和介质的介电常数有关。由电磁场理论知道，当电磁波在无限线性变化的导电介质中传播时，在电磁场的作用下，使导电介质中的自由电荷做宏观移动，激起传导电流，必然有一部分电磁能转化为焦耳热能，引起能量损耗，这种能量损耗除了与导电介质的电磁性质有关外，还与电磁波的频率有密切关系。损耗使电磁场随传播距离衰减，使得离探测点远的目标引起的散射场很小，从而损失了信息；由于高频信号信息损失多，低频信号损失少，所以远处目标体散射的细节信息损失较大，这就影响了对细节的分辨效果。

### 6.4.3 地质雷达超前探测技术特点

1）美国劳雷地质雷达

（1）劳雷地质雷达原理

隧道掌子面地质超前预报时，可采用美国劳雷公司SIR-3000地质雷达携带100MHz屏蔽天线进行掌子面前方地质超前预报。其工作原理为：高频电磁波以宽频带脉冲形式通过发射天线发射，经地下介质（目标体、埋藏物）反射或透射，被接收天线R所接收。高频电磁波在介质中传播时，其路径、电磁场强度和波形将随所通过介质的电性质及几何形态而变化，因此，根据接收到波的旅行时间（也称为双程走时）、幅度与波形资料，通过对时域波形的采集、处理和分析，可确定地下界面或目标体（介质的结构）的空间位置或结构状态。地质雷达具有分辨率高、无损、操作简便、抗干扰能力强等特点，适用于各种环境条件。地质雷达作用的介质相当于一个复杂的滤波器，介质对电磁波不同程度的吸收以及介质的不均匀性质，使得雷达发射出去的电磁波脉冲在到达接收天线时，综合了地下不同介质的物理信息，表现为波幅减小、频率降低、相位和反射时间发生变化等，波形变得与原始发射波形有较大的差别，即电磁波在介质中传播时其路径、电磁场强度与波形将随所通过介质的电性质及几何形态而变化。因此，根据接收波的旅行时间（亦称双程走时）、幅度与波形资料，可推断介质的结构。

（2）劳雷地质雷达主要技术指标

①天线。

如图6-28所示，劳雷地质雷达所配置的可选用天线频率有20MHz、50MHz、80MHz、100MHz、150MHz、400MHz、900MHz、1 000MHz、1 500MHz、2 500MHz。天线的类型有单天线和多天线两种形式，单天线形式是一个天线既作为发射天线发射宽频带短脉冲电磁波，同时又作为接收天线接收来自地下介质的反射回波；多天线形式是仪器同时连接两个以上的天线，一个为发射天线，其他天线进行接收。可完成以下任务：相同频率多个剖面记录，提高测量速度；不同频率剖面测量以获得不同探测深度与分辨率的图像；利用不同测量参数设置进行量测，以便获得最佳的测量设置参数；一个发射，多个记录，可以进行宽角测量，获取地层电磁波速度。

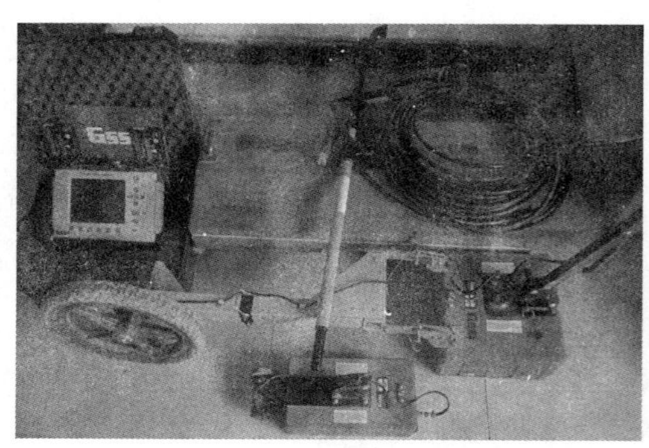

a) SIR-3000雷达系统配置

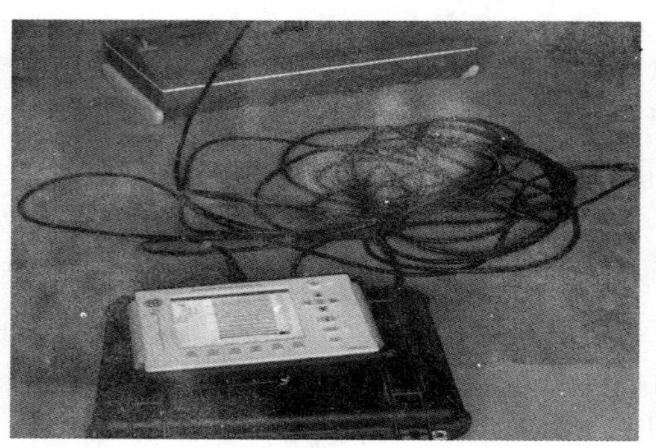

b) 雷达系统的连接

图6-28　劳雷地质雷达探测设备

②主机。

输入电源：12V直流电源；分辨率：单测点反射回波信号相邻间隔的分辨率可达50Ps；可选发射脉冲重复速率：2～78kHz；可选模数转换位数：8bit或16bit；可选采样率：128样点/次、256样点/次、512样点/次或1 024样点/次；同步时钟：内部晶体；可选扫描速率：0.2～128次/s。

③配套软件。

控制：由便携式计算机进行控制；记录道：可选1、2、3和4数据记录道；数据显示方式：单道波形、堆积图和伪彩图三种显示形式，每道数据可用16位表示信号的幅度和极性；时变增益：－26～＋120人工调节，在整个测量时段增益曲线可分为1～8段，分段数由操作员选择，也可利用自动增益平衡整个时段的增益；垂直滤波器：有低通和高通滤波器、无限脉冲响应（IIR）滤波器、有限脉冲响应（FIR）滤波器可供选用；水平滤波器：有水平叠加和背景消除滤波器可供选用。

（3）现场测试注意事项

①仪器设备的信号增益控制具有指数增益功能，模数转换大于16bit，具有8次以上信号叠加功能，连续测量时，扫描速率大于128次/s。

②通过试验选择合适的仪器参数，采样率宜选用天线中心频率的6倍～10倍。

③支撑天线的器材应选用绝缘材料，天线操作人员不应佩戴金属物件。

④测试过程中，天线应紧贴岩壁，水平测线高度基本一致，垂直测线应保持铅直。

⑤现场采用连测时，应匀速缓慢移动天线，保证点距不大于20cm；采用点测时，点距宜为20cm，采样时保持天线静止。

⑥采用测量轮标注时，每5m校对一次。

⑦现场测试时，应移走或尽量避开测线附近的机械设备与金属物体、导线等。

⑧每次现场测试同时必须对隧道掌子面及侧壁进行简要地质素描，了解隧道掘进情况，以利于雷达图像的地质解释与前期雷达成果报告的比对分析与复核。

2）地质预报目的

（1）通过雷达法地质超前预报，预测开挖掌子面前方20～30m范围的围岩工程地质、水文地质情况。

（2）根据地质雷达法预报反映的节理密集程度和断层、破碎带、软弱夹层等构造发育情况，推测掌子面前方围岩的级别，以及预报掌子面前方可能出现塌方、滑动的部位、形式、规模及发展趋势。

（3）预报掌子面前方地质构造的富水性，预测可能出现突涌水点位置、水量及对施工的影响。

（4）当浅埋隧道地表出现下沉或裂缝时，预测分析对掌子面前方隧道开挖施工的影响程度，分析判断围岩及隧道的稳定性。

（5）根据地质雷达法预报成果，提出隧道开挖与支护施工建议。

3）工作频度

（1）Ⅴ级围岩洞段，每掘进15～25m预报一次。

（2）Ⅰ～Ⅳ级围岩洞段，每掘进20～25m预报一次。

（3）当进入设计围岩分级变化洞段或发现不良地质体、较大地下水地段，应加密进行地质超前预报。

4）地质超前探测的准备工作

（1）资料收集与准备

调查测区的工作环境，收集相关的地质、地球物理、钻探资料；初步了解背景场（围岩）的特性，目标体的深度、几何形态、电性。

目标体深度是一个非常重要的指标。如果目标体深度超出系统探测深度的50%，那么地质雷达方法就要被排除。目标体几何形态（尺寸与取向）必须尽可能了解清楚。目标体尺寸包括高度、长度与宽度。目标体的尺寸确定了雷达系统应具有的分辨率，关系到天线中心频率的选用。如果目标体为非球体，需要搞清目标体的走向、倾向与倾角，这将关系到测网布置。

目标体的电性（介电常数和电导率）必须搞清。雷达方法成功与否取决于目标体与围岩之间的电性差异，那目标体是否有足够的反射或散射能量为系统所识别。

围岩的不均一性尺度必须异于目标体的尺度，否则目标体的响应将淹没在围岩变化特征之中而无法识别。

测区的工作环境必须搞清。当测区内存在大范围金属构件或无线电射频源时，将对测量工作形成严重干扰。此外，测区的地形、地貌、温度、湿度等条件将影响到测量能否安全进行。

①获取测区各种目标体的地质雷达图像特征

地质雷达图像剖面反映了地下介质的电性特征。由于物性参数的多解性，这些电性特征想要转化成地下介质的分布，必须建立各种目标体的地质雷达图像特征，尤其在一个新的环境下。以下工作有必要做。

②获取各种可搜集到的有用资料

测区确定后，了解地质雷达探测所要解决的问题，明确目标体的特性。收集测区地质调查报告。对有钻探的测区，必须收集钻孔柱状图及孔位分布，以便与地质雷达实测资料进行对比。

③探测前场地调查

场地调查的内容包括如下：一是测区的地形情况，在地形变化剧烈地区应进行适当平整，以便于测量天线与地面的良好接触；二是测区范围内金属物体分布情况，在测线附近的金属物体必须移走；三是安装测区的定位标志点，以便测线布置。

④探测的试验工作

一般在测量工作正式开始之前，需要进行测量试验工作。其目的：一是检查测量参数的选择是否符合预想结果，如果不合适则调整测量参数，以便获得满意的地质雷达图像；二是建立各种目标体的探地雷达图像特征。

（2）仪器准备工作

①雷达主机及电池，安装采集软件的便携计算机及电池，100MHz 或 75MHz 天线以及连接线。

②红外测距仪、罗盘、照相机、预报记录本，以及雨伞、喷漆、卷尺、矿灯等。

③检查雷达主机电池和便携计算机电池，应保证至少 2h 工作时间。

④每次现场探测前应检查、试验仪器，保证能够正常工作。

（3）现场条件准备工作

①动态掌握隧道施工进度，通过电话询问、现场查勘等多种方式了解掌子面里程、施工状态及地质情况。

②选择清渣、排险后的有利时机进行现场探测。

③若发现掌子面或侧壁有危岩，应排险后再进行探测。

5）现场测试程序与步骤

（1）现场记录

①用红外测距仪测量、校验掌子面桩号。

②记录仪器编号及天线型号，记录雷达测线位置、起止桩号及长度、拐点位置。

③记录洞壁揭露的断层、软弱夹层、破碎带、岩溶等地质构造和机械设备与测线的相对位置。

④填写现场记录表。

⑤记录隧道开挖方式，绘制雷达测线示意图。

⑥选择合适位置拍摄清晰的掌子面照片，并记录照片编号。

（2）测线布置

①测线一般布置成 U 形，宜保持在同一高程；必要时增加高线、洞底测线。

②U 形测线两侧长度应衔接上期测线。

③若发现侧壁追踪的不良地质体延伸并临近掌子面，则应在拐角位置增加垂向测线。

④一般测点间距宜为 20cm，拐角测线可为 5 ~ 10cm。

隧道采用上、下台阶和侧壁导坑开挖，掌子面的工作面很狭小，根据掌子面的具体情况，在探测过程中可采用一横三竖或两横两竖的布线方式，如图 6-29 所示。可根据现场情况灵活布置测线，其原则是尽可能靠近掌子面轴心位置，使测线距离尽可能长，尽可能多地采集数据，地质雷达现场测试如图 6-30 所示。

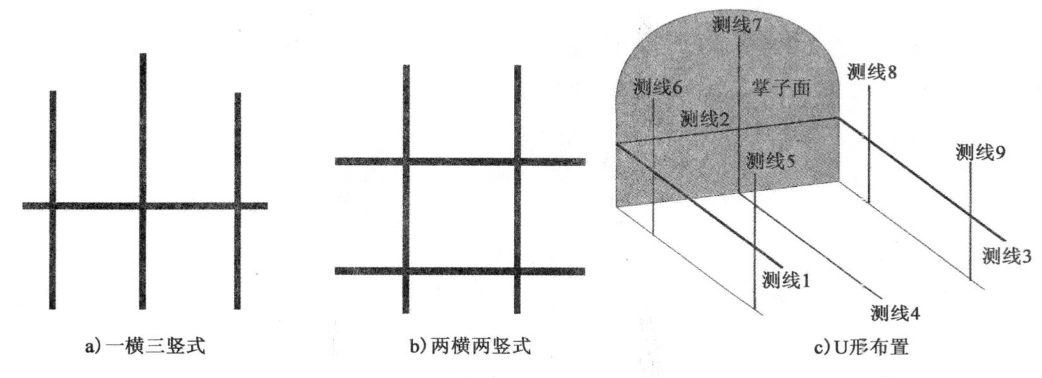


a）一横三竖式　　b）两横两竖式　　c）U形布置

图 6-29　地质雷达超前探测测线布置

a）掌子面探测

b）岩层产状量测

图 6-30　地质雷达现场测试

（3）现场测试

地质雷达数据采集时的信号触发方式一般有三种，即测量轮触发、时间触发和键盘触发。测量轮触发方式一般要求测量表面比较光滑，保证测量轮正常滚动，以使雷达数据长度能够和实际测线长度相符，因为隧道掌子面凹凸不平，所以一般不能保证测量轮的正常工作，因此不建议采用这种触发方式；时间触发方式是地质雷达系统按照一定的时间间隔自动采集数据，要求天线按照合适的速度匀速前进，天线底部和测量表面允许有一定的间隙，一般不大于20cm，无论天线是否移动，系统都会按照设定好的速度自动采集数据，因此雷达数据长度会与实际测线长度不符，所以最好不要采用这种触发方式；键盘触发方式是通过计算机键盘发送指令给雷达控制系统，按一下键盘采集一道数据，天线按固定间距移动，移动一次采集一组数据。

①用红外测距仪测量基准点到掌子面的距离，计算掌子面桩号及左、右壁起始桩号。

②连接天线，开启仪器主机及计算机，运行采集软件，设置参数。时窗长度宜设置为800ns（有特殊要求可选1 200或500）；叠加次数宜不少于128次，特殊情况（岩爆、掉块多等）时不得少于64次；滤波设为全通；增益适中，确保不出现削波现象；合理设定波形起始点位置。以“隧道名（如石嘴，SM）+起始测试壁（左Z，右Y）+掌子面里程”命名文件，如“SZ-Z44905”。检查仪器正常后，一般从隧道右侧（面向洞底）起始点开始测试（两天线连线中间位置对准起始点），进口段沿右壁—掌子面—左壁测试，出口段沿左壁—掌子面—右壁测试，步距20cm，天线紧贴洞壁放平稳后再测试，在两拐角位置打上标记，测试至左壁或右壁终点结束。

③测试时应注意检查雷达信号是否正常，发现异常应及时检查原因并复测。确认全部完成后，收拾并清点设备，清理现场后撤离。

④回项目部后，将仪器箱或包装袋打开，将仪器存放在通风、干燥处，经常检查仪器的连接线及接插件，发现电缆破损或接插件接触不良时，应及时修复或更换。注意电池、电源充电与维护。

#### 6.4.4 地质雷达超前探测数据后处理

1）超前探测数据后处理要求

（1）对测试资料的整理要求

①整编雷达探测记录，选择清晰的掌子面照片，并调整。

②整理现场地质测绘资料和地质观察资料。

③备份原始数据文件，将原始数据、现场记录表归档，保持资料的完整性与编号的一致性。

（2）对测试资料分析处理的要求

①用备份数据文件进行频谱、滤波、增益恢复等分析处理，滤波频带设置应合理，信号主频应落在频带中部，频带范围尽可能设置宽一些，使得在滤除干扰或非反射波信号的同时不至于引起反射波信号的畸变。

②增益恢复时宜将增益设置成递增曲线，不能设置成阶梯式或三角式。历次增益设置应基本相近。

③选择多种参数处理，仔细分析雷达图像及不同频率天线探测图像，确认有效反射同相轴的位置。以双曲线模式确认孤立反射体的性质。

④根据岩性选择合适的介电常数进行时深转换，确定起始点（0点）位置，输出雷达图像。

⑤用图像处理软件切除图像边缘，设置纵横1:1比率，并将图像按拐角标志线切割成左、中、右三块，分别命名为“文件名+L”、“文件名+F”、“文件名+R”，并按测线位置与相同比例建立雷达图像。

⑥在 CAD 图中建立连续的雷达图像，将每次探测到的雷达图像添加到 CAD 图中。综合分析雷达图像、地质观察报告及前次雷达预报情况，确定各结构面雷达反射波同相轴的位置，大致计算反射结构面的走向。

⑦当有多条测线或必要时，运行结构面求解软件，输入同一结构面的各雷达同相轴走向，计算结构面产状，圈定破碎岩体、溶蚀区域及含水区域的空间位置。

⑧雷达探测图像应清晰，对于延续较长的或需要追踪的地质体，应将多期侧壁雷达图像合并，并注明每期预报日期与掌子面桩号。

⑨根据掌子面前方结构面发育程度及交错情况，分析岩体的完整性，预测掌子面前方围岩的级别。

⑩雷达探测成果应结合现场编录、地质观察资料及前期预报成果进行综合分析，做出准确的地质解释。

⑪地质解释图应标明掌子面桩号、深度标尺、方位及地质体性质。

2）地质超前预报成果分析

地质雷达接收到的信号通过模数转换处理后送到计算机，必须再经过增益恢复、带通滤波、频率—波数（$f$-$k$）滤波、绕射偏移处理和反褶积等一系列数据处理后形成雷达探测图像。地质雷达图像剖面是地质雷达资料解释的基础，只要掌子面前方介质中存在电性差异，就可以在雷达剖面图中找到相应的反射波与之对应。根据相邻道上反射波的对比，将不同道上同一个反射波相同相位连接起来的对比线称为同相轴，雷达剖面图的识别主要是确定具有相同特征的反射波组的同相轴。

隧道超前预报主要是确定掌子面前方的构造断裂、软弱夹层、岩溶洞穴等的分布位置以及掌子面前方地下水状况，岩溶洞穴填充物及其性质的预报等。构造断裂带在雷达剖面图上的波形反映一般是与断裂带走势相同的一条曲线，软弱夹层和岩溶洞穴的波形反映一般是由许多细小的抛物线组成的一块较大区域，与周围的波形存在明显的差异。实践证明，地质雷达对掌子面前方含水、溶洞、断裂带等异常反映较好，但预报范围将会相对缩短。因为水的介电常数 $\varepsilon=81$，电磁波能量会被水大量吸收，探测距离相对缩短。电磁波在地层中传播时的能量消耗也很大，也会对探测距离有一定的影响。地质超前预报除了在雷达剖面图上发现明显的信号异常进行判读之外，工作人员最好还要注意观察掌子面施工现场的地质情况，结合地质方面的知识加以综合判断会得到更准确的结果。地质预报成果分析步骤如下：

（1）由于高频雷达信号衰减且容易受到干扰，现场采集的雷达数据使用与仪器配套的专用雷达处理软件，经频谱分析、滤波、增益恢复等一系列处理，提高雷达信号的信噪比，突出目标地质体信息，形成高质量的雷达图像，如图 6-31 所示。

（2）根据雷达图像、同相轴及波形、能量、相位等特征，识别目标地质体，并选取合适的岩体介电常数，计算目标地质体的位置、规模及大致产状。地质雷达可探测隐伏构造破碎带、溶蚀构造及地下水富集区等的不良地质体，但雷达图像与实际的地质体产状、规模、范围并非对等关系，必须经过必要的分析与处理，还原地质体的实际状态。

以下以雷达探测结构面为例进行分析与计算，“结构面产状求解软件”的界面如图 6-32所示。

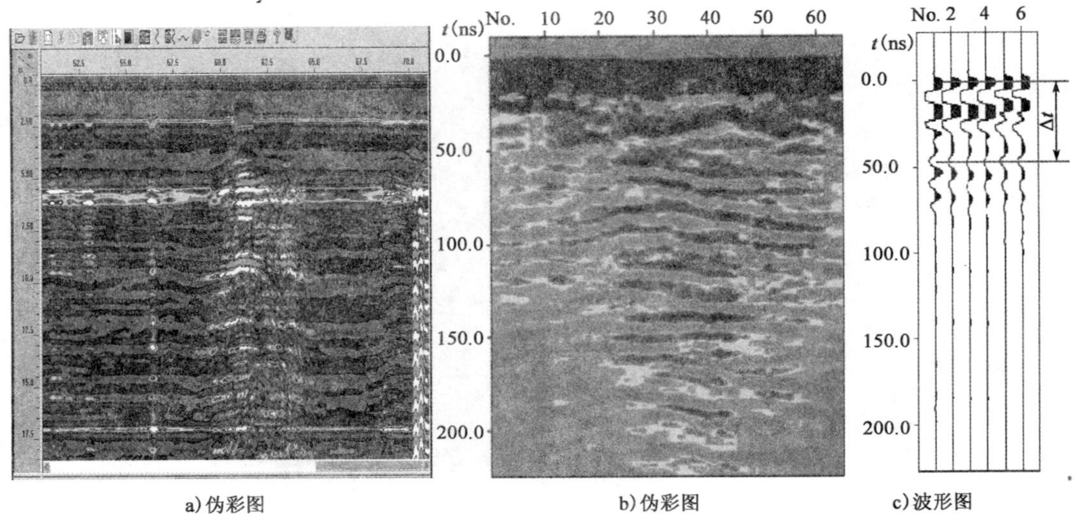


a) 伪彩图　　b) 伪彩图　　c) 波形图

图 6-31　地质雷达测试记录图

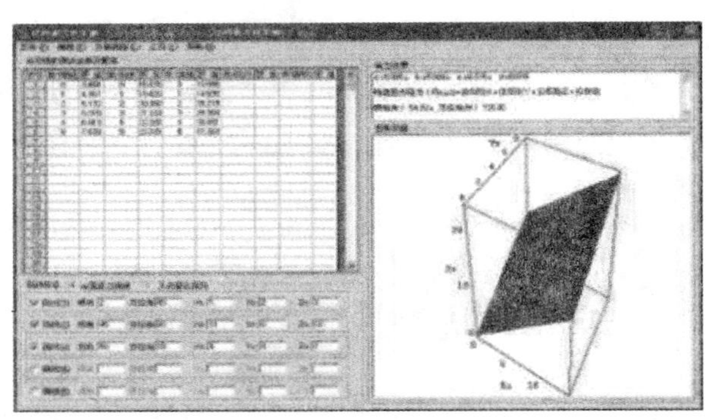

图 6-32　结构面产状求解软件主界面图

如图 6-33 所示，$OA$ 为测线，$ODCB$ 为同相轴，$OD'C'B'$为 $OAD'C'B'$面与构造面的交线，$OAD'C'B'$面垂直构造面。测线与构造面夹角 $\varphi'$计算公式为：

$$\varphi' = \arcsin\left(\frac{D_1 - D_2}{\Delta L}\right)$$

已知一组点的坐标（$x_{oi}$，$y_{oi}$，$z_{oi}$）及实测的各点到平面的距离 $\overline{L}_i$（$i=1$，$2,\cdots,n$），建立 $f$（$a$，$b$，$c$，$d$）函数，根据最小二乘法，求解 $f$（$a$，$b$，$c$，$d$）函数的最小值。当函数 $f$（$a$，$b$，$c$，$d$）最小值时对应的 $a$、$b$、$c$、$d$ 值，就是需要求解的构造面常参数值。

$$f(a,b,c,d) = \sum_{i=1}^{n}\left[\frac{ax_{0i} + by_{0i} + cz_{0i} + d}{\sqrt{a^2 + b^2 + c^2}} - \overline{L}_i\right] \tag{6-14}$$

对 $f$（$a$，$b$，$c$，$d$）求最小值获得构造面常参数 $a$、$b$、$c$、$d$ 值后，构造面法线与 $x$ 轴、$y$ 轴、$z$ 轴的夹角余弦 $l$、$m$、$n$，根据构造面法线与 $x$ 轴、$y$ 轴、$z$ 轴的夹角余弦 $l$、$m$、$n$，可按式（6-15）计算构造面法线的倾角 $\alpha$ 与方位角 $\beta$，即为结构面的真实产状。

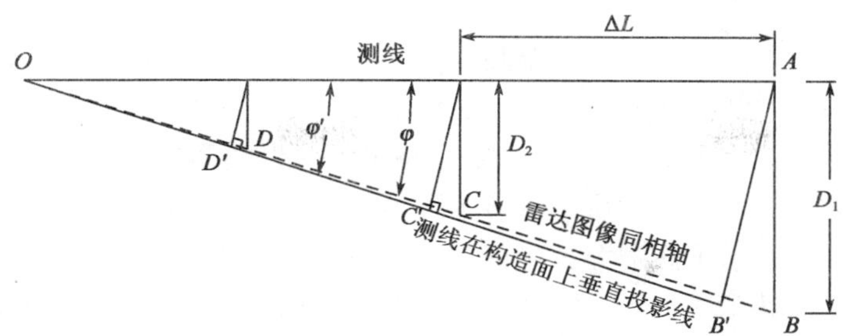


图 6-33　测线、雷达图像同相轴和测线在构造面上垂直投影线关系图

$$\alpha = \sin^{-1} n\beta = \tan^{-1}\frac{m}{l} \tag{6-15}$$

（3）结合地质资料及前期地质雷达探测结果，判断不良地质体的性质及地下水赋存情况。

（4）预报成果以报告的形式及时提交给甲方，并根据反馈信息进一步提高超前预报的准确性。

3）地质超前探测成果解释工程实例

以某高速公路隧道不同地段地质超前预报工程实例加以说明。

工程实例一：ZK22 +538. 0 ~ ZK22 +553. 0 段完整围岩预报

测试掌子面桩号为 ZK22 +553. 0，掌子面岩体为中厚层灰岩，弱风化，局部夹薄黏土，节理裂隙较发育，呈块状砌体结构，岩石强度较高，无地下水出露，稳定性较好。

地质雷达预报：掌子面前方 2m（ZK22 +551. 0 ~ ZK22 +553. 0）范围内，存在由于爆破开挖形成的松弛区及雷达的直达波，直达波波幅较大，频率较低。ZK22 +548. 0 ~ ZK22 +551. 0 洞段 3m 范围内反射波较弱，波幅及相位较稳定，说明围岩介电常数变化较小，预测围岩状况和掌子面情况基本一致，岩性以灰岩为主，局部夹泥岩薄层，整体呈块状砌体，稳定性较好。在 10m 和 13m 处反射增强，振幅增大，说明介电常数出现较大变化，但只限于局部，预测这两处有加大夹层裂隙。其线扫描波列图如图 6-34 所示。

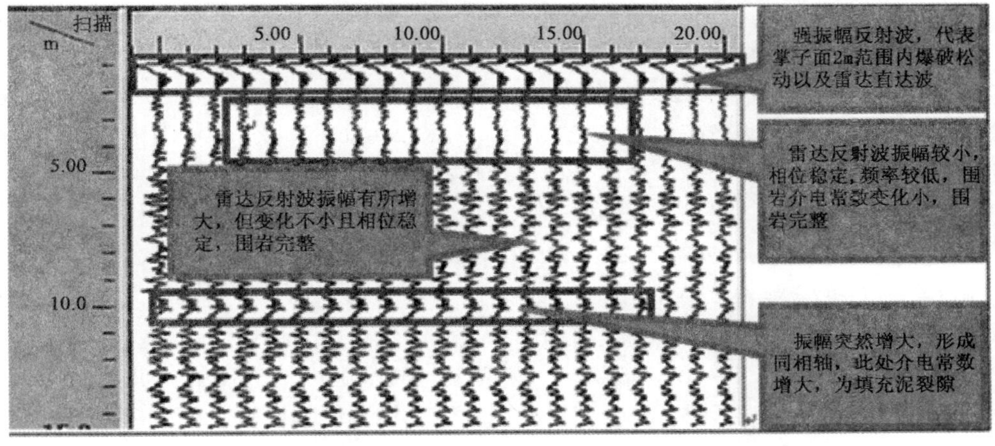


图 6-34　线扫描波列图

开挖后，该洞段主要为弱风化中厚层泥岩，受构造影响较小，呈块状砌体结构—层状镶嵌结构，围岩稳定性较好。整体洞壁潮湿，无明显地下水出露。无岩溶等不良地质现象出现。预报结果与开挖情况基本相符。

工程实例二：ZK22 +453 ~ ZK22 +468 段挤压破碎带的预报

测试掌子面桩号为 ZK22 +468，掌子面岩体为中厚层灰岩，强风化，局部夹薄泥质层，呈层状砌体结构，掌子面潮湿，局部渗水，节理裂隙较发育，整体稳定性一般。

地质雷达预报：ZK22 +463 ~ ZK22 +468 洞段 3m 范围内雷达反射波波幅及相位变化不大，电磁波衰减较慢，预计围岩特征与掌子面情况基本一致，岩性主要为灰岩，整体呈层状砌体结构，局部有裂隙水渗漏，稳定性一般；掌子面前方 ZK22 +453 ~ ZK22 +463 洞段 10m 范围内雷达反射波波幅及相位变化较大、频率高、电磁波衰减较快，预计围岩特征与掌子面情况相比较差，岩性主要为灰岩，夹泥，呈块碎状镶嵌结构—碎裂结构，本洞段一般潮湿，局部渗水，为本次预报围岩稳定性较差段。掌子面右侧出现反射强烈呈带状波形，从顶部一直延伸到底部，判断为天线脱离掌子面和右侧台架共同影响的结果。其线扫描波列图如图 6-35 所示。

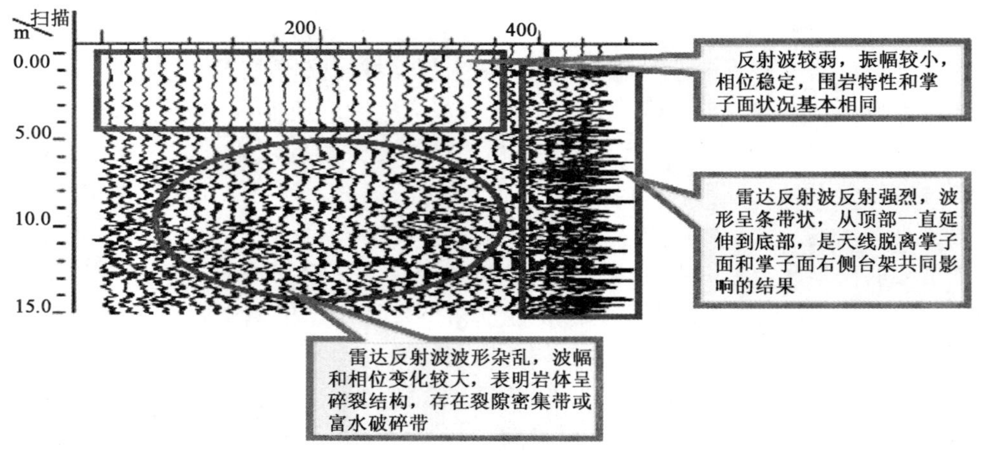


图 6-35　线扫描波列图

开挖后，ZK22 +461 ~ ZK22 +468 洞段 7m 范围内为中厚层灰岩，节理裂隙较发育，围岩稳定性一般。测试掌子面前方 ZK22 +453 ~ ZK22 +461 洞段 8m 范围内，岩性以中厚层泥岩为主，夹薄层粉细砂岩，岩体受构造影响严重，节理裂隙发育，整体洞壁潮湿，局部洞段拱顶存在裂隙水，围岩稳定性较差。预报结果与实际开挖情况基本相符。

工程实例三：ZK22 +470 ~ ZK22 +485 段节理发育，岩层破碎，充泥

测试掌子面桩号为 ZK22 +485，掌子面岩性为中厚层灰岩，节理裂隙发育，夹泥层发育，结构面结合性较差，整体呈块状结构，掌子面潮湿，围岩稳定性一般。

地质雷达预报：ZK22 +480 ~ ZK22 +485 洞段 5m 范围内雷达反射波波幅及相位变化较大，杂波较多，异常波形明显，预计本洞段岩体受构造影响严重，极破碎，节理裂隙很发育，并可能有泥夹层，地下水出露情况为一般潮湿—渗水，围岩稳定性很差；ZK22 +

473 ~ ZK22 +480 洞段 7m 范围内雷达反射波波幅及相位变化不明显，中等频率，电磁波衰减较慢，预计该洞段岩性主要为中厚层灰岩，局部为裂隙夹层，结构面结合性较差，拱顶可能出现掉块现象。ZK22 +470 ~ ZK22 +473 洞段 3m 范围内雷达波反射情况和 ZK22 +480 ~ ZK22 +485 洞段基本相同，判断围岩情况基本相同。其线扫描波列图如图 6-36 所示。

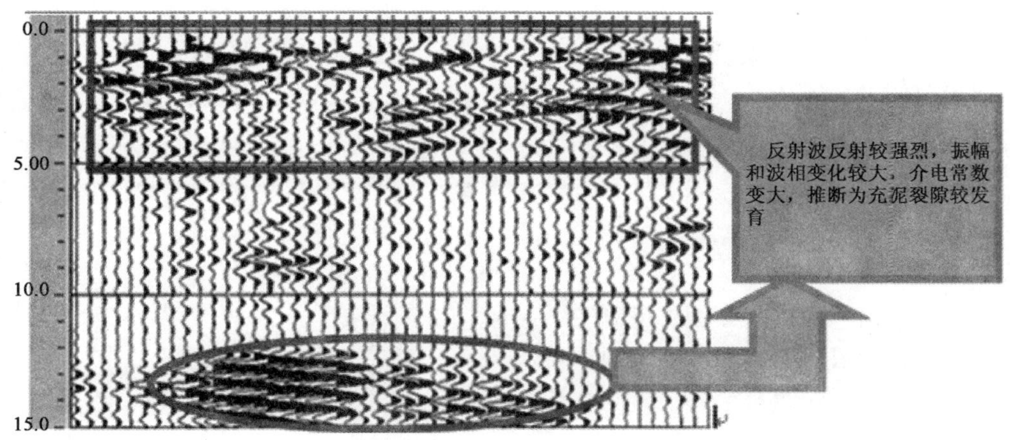


图 6-36　线扫描波列图

开挖后，ZK22 +477 ~ ZK22 +485 洞段 8m 范围内为中层厚度灰岩，夹泥裂隙发育，岩体呈碎裂结构，整个洞段潮湿，围岩稳定性很差。ZK22 +473 ~ ZK22 +477 洞段 4m 范围内，节理裂隙较发育，呈块碎状结构，围岩稳定性略有好转。ZK22 +470 ~ ZK22 +473 洞段围岩情形与 ZK22 +477 ~ ZK22 +485 洞段围岩情形基本相同。预报结果与实际开挖情况基本相符。

工程实例四：ZK22 +380 ~ ZK22 +415 段围岩由差变好

测试掌子面桩号为 ZK22 +415，掌子面岩性为中厚层灰岩，节理裂隙发育，夹泥层发育，结构面结合性较差，整体呈碎裂结构，围岩稳定性一般。

地质雷达预报：ZK22 +405 ~ ZK22 +415 洞段 10m 范围内雷达反射波波幅及相位变化较大，杂波较多，异常波形明显，预计本洞段岩体受构造影响严重，极破碎，节理裂隙很发育，并可能有泥夹层，无地下水出露，围岩稳定性很差；ZK22 +380 ~ ZK22 +405 洞段 25m 范围内雷达反射波波幅及相位变化较小，中等频率，电磁波衰减较慢，预计该洞段岩性主要为中厚层灰岩，结构面结合性较差，拱顶可能出现掉块现象。其线扫描波列图如图 6-37 所示。

开挖后，ZK22 +407 ~ ZK22 +415 洞段 8m 范围内为中层厚度灰岩，夹泥裂隙发育，岩体呈碎裂结构，整个洞段潮湿，围岩稳定性很差。ZK22 +380 ~ ZK22 +407 洞段 27m 范围内，节理裂隙较发育，呈块碎状结构，围岩稳定性略有好转。预报结果与实际开挖情况基本相符。

4）报告编制与提交

（1）报告格式与内容要符合规定，用词应专业、准确、规范，图表应完整、清晰，页面要美观。

（2）地质超前预报报告以"日期 + 隧道名称 + 预报 + 左右线 + 里程"命名，如"090903 嵩栾狮子坪隧道预报 Y49005"，编写完成文件名称尾部加"－B"，签字；校核完成"B"改"J"，签字；审核编写完成去"－J"，签字。

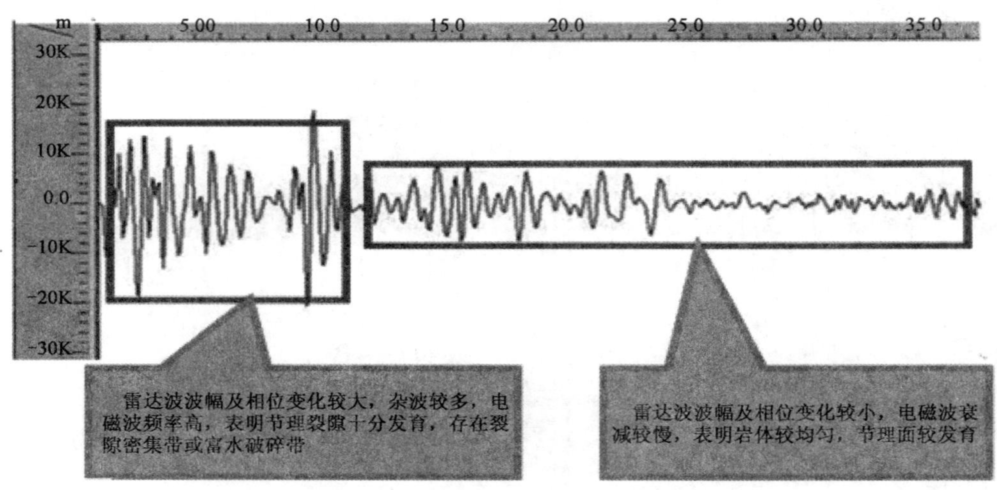


图 6-37　线扫描波列图

（3）报告，签名盖章后，提交监理、业主、施工单位、设计等各方，并存档一份。

### 6.4.5　地质雷达超前探测工程实例

1）工程概况

焦作至桐柏高速公路巩登段 5A 标石嘴隧道左线桩号 ZK33 +439 ~ ZK34 +450，全长 1 011m，右线桩号 YK33 +408.7 ~ YK34 +483，全长 1 074.3m。石嘴隧道隧址属伏牛山山系嵩山山脉，地势险峻，地形起伏较大，沟谷切割较深，该区工程地质分区属古老基岩裸露区，属中、低山地地貌单元。隧道区地表大部分为基岩出露，沟谷及山坡中下部为风化岩（土）及碎石类土堆积，局部低洼为粉质黏土，夹碎石类土，山谷两侧及山坡地带植被较少，仅在低洼处有少量农作物种植，交通不便。隧道区地面高程分别在 508 ~ 696m 之间。隧址区为基岩出露的贫水区，地层岩性为奥陶系灰岩，属裂隙含水层。岩石中裂隙较发育，仅在风化带中见裂隙水，水量较少，水质相对纯净。根据地质钻探揭露、工程地质调绘及工程物探推测，隧道区主要为第四系松散堆积层、下元古界嵩山群千枚状绢云母石英片岩、厚层石英岩、辉绿岩。

2）超前地质预报目的

地质超前预报是在分析既有地质资料的基础上，采用地质调查、物探等手段，对隧道开挖工作面前方的工程地质与水文地质条件及不良地质体的工程性质、位置、产状、规模等进行探测、分析判断及预报，并提出技术措施建议。地质编录是指将直接观察到的地质现象或采用其他手段（物探、测试及化验等）所获的地质资料，用文字和图表等形式正确地记录或系统地表示出来的方法与过程。地质编录是隧道施工工作中极为重要的基础工作，该工作将直接影响对隧道围岩稳定性的判定，同时也是隧道二次衬砌动态设计等工作的科学依据。

3）隧道左线地质编录成果

石嘴隧道施工监控量测于 2010 年 9 月开始，2012 年 5 月结束。开展的监测项目有地质编录和地质超前预报。隧道左线地质编录每天进行一次，经现场地质观察与对比分析，左线地质状况与设计基本相符，支护状况均未见开裂、扭曲、变形等现象。地质编录成果见表 6-4。

石嘴隧道左线地质编录　　表 6-4

| 里程桩号 | 围岩性质 | 衬砌类型 | 支护状态 |
|---|---|---|---|
| ZK34 +370 ~ K34 +435 | 全风化—强风化辉绿岩：全风化呈土状，强风化呈碎裂结构，易坍塌，初期支护不及时会出现大坍塌 | V级加强支护 | 完好 |
| ZK34 +370 ~ K34 +345 | 全风化—强风化辉绿岩：全风化呈土状，强风化呈碎裂结构，易坍塌，初期支护不及时会出现大坍塌 | V级浅埋支护 | 完好 |
| ZK34 +330 ~ K34 +345 | 中风化辉绿岩：块状构造，致密坚硬，节理裂隙较发育，呈碎裂结构，易坍塌，初期支护不及时会出现大坍塌。围岩中可能存在少量裂隙水，由附近水质分析资料判定不具腐蚀性 | Ⅳ级围岩支护 | 完好 |
| ZK34 +315 ~ K34 +330 | 全风化 ~ 强风化辉绿岩：全风化呈土状，强风化呈碎裂结构，易坍塌，初期支护不及时会出现大坍塌 | V级浅埋支护 | 完好 |
| ZK34 +246 ~ ZK34 +315 | 中风化辉绿岩：块状构造，致密坚硬，节理裂隙较发育，呈碎裂结构，易坍塌，初期支护不及时会出现大坍塌。围岩中可能存在少量裂隙水，由附近水质分析资料判定不具腐蚀性 | Ⅳ级围岩支护 | 完好 |
| ZK33 +956 ~ ZK34 +246 | 微风化辉绿岩：块状构造，致密坚硬，节理裂隙较少，暴露时间长，可能会出现局部小坍塌。围岩中可能存在少量裂隙水，而附近水质分析资料判定不具腐蚀性 | Ⅲ级围岩支护 | 完好 |
| ZK33 +906 ~ K33 +956 | 中风化辉绿岩：块状构造，致密坚硬，节理裂隙较发育，呈碎裂结构，易坍塌，初期支护不及时会出现大坍塌。围岩中可能存在少量裂隙水，由附近水质分析资料判定不具腐蚀性 | Ⅳ级围岩支护 | 完好 |
| ZK33 +803 ~ K33 +906 | 微风化辉绿岩：块状构造，致密坚硬，节理裂隙较少，暴露时间长，可能会出现局部小坍塌。围岩中可能存在少量裂隙水，而附近水质分析资料判定不具腐蚀性 | Ⅲ级围岩支护 | 完好 |
| ZK33 +518 ~ K33 +803 | 中风化辉绿岩：块状构造，致密坚硬，节理裂隙较发育，呈碎裂结构，易坍塌，初期支护不及时会出现大坍塌。围岩中可能存在少量裂隙水，由附近水质分析资料判定不具腐蚀性 | Ⅳ级围岩支护 | 完好 |
| ZK33 +459 ~ K33 +518 | 洞口为第四系坡积碎石土，稍密 ~ 中密，易坍塌，初期支护不及时会出现大坍塌。下部为强风化石英岩，紫红色，节理裂隙发育，呈碎裂结构，易坍塌，初期支护不及时会出现大坍塌 | V级加强支护 | 完好 |

4）隧道左线超前地质预报成果

隧道左线超前地质预报采用瑞典 MALA 地质雷达主机及 400MHz 天线。地质雷达预报成果及解释详见表 6-5、表 6-6 以及图 6-38、图 6-39。

**SDZ02 焦桐高速公路巩登段石嘴隧道地质超前预报成果表** 表 6-5

预报等级：☑预报 □警报 □紧急警报 预报日期：2010 年 10 月 26 日

<table>
<tr><td colspan="2">隧道名称</td><td>石嘴隧道左线出口</td><td>预报方法</td><td colspan="2">地质雷达</td></tr>
<tr><td colspan="2">掌子面桩号</td><td>ZK34 +355</td><td>预报范围</td><td colspan="2">ZK34 +340 ~ ZK34 +355</td></tr>
<tr><td colspan="2">仪器型号</td><td>MALA RAMAC/X3M</td><td>天线频率</td><td colspan="2">100MHz</td></tr>
<tr><td colspan="2">设计围岩级别</td><td>ZK34 +302 ~ +366 段为Ⅳ级</td><td>洞段隧道轴线方向</td><td colspan="2">NW357°</td></tr>
<tr><td rowspan="6">掌子面地质描述</td><td>地层岩性</td><td>辉绿岩</td><td>风化程度</td><td colspan="2">强风化—中风化</td></tr>
<tr><td>构造</td><td colspan="4">（1）主要发育两组节理：①250°∠85°节理，10 ~ 15 条/m，闭合；②40°∠77°节理，20 ~ 25 条/m 两组节理相互切割，岩体较破碎；<br>（2）在掌子面底部有一破碎带影响区域，岩体较为破碎，在地下水的影响下岩体有软化的趋势</td></tr>
<tr><td>地下水</td><td>渗滴水</td><td colspan="3" rowspan="3">掌子面照片</td></tr>
<tr><td>围岩级别</td><td>Ⅴ级</td></tr>
<tr><td>其他</td><td>上下长台阶开挖法</td></tr>
<tr></tr>
<tr><td rowspan="2">预报内容</td><td>结构面</td><td colspan="4">①掌子面前方主要发育近 NW ~ NWW 向节理，与隧道轴线夹角较小；<br>②掌子面下部围岩仍较为破碎，在进行下台阶开挖时应注意</td></tr>
<tr><td>地下水</td><td colspan="4">渗滴水</td></tr>
<tr><td rowspan="2">预报内容</td><td>围岩级别</td><td colspan="4">受节理裂隙发育的影响，前方围岩较为破碎，因其破碎区域主要影响拱顶处围岩，开挖后较难自稳，如不及时支护将造成坍塌等危险，对施工造成不利影响。预测 ZK34 +345 ~ +355 段为Ⅴ级围岩，与设计围岩级别不相符。建议设计单位重新验算支护参数。ZK34 +345 之后岩体完整性较好，预测 ZK34 +340 ~ +345 段为Ⅳ级围岩，与设计围岩级别相符</td></tr>
<tr><td>建议</td><td colspan="4">掌子面前方岩体虽有明显改观，但仍较破碎，局部有坍塌危险，请注意开挖时对局部破碎区域的施工与支护</td></tr>
<tr><td colspan="2">预报人员</td><td colspan="2">试验： 分析： 复核：</td><td>填报日期</td><td>2010 年 10 月 26 日</td></tr>
</table>

**SDZ04 焦桐高速公路巩登段石嘴隧道地质超前预报成果表**　　表 6-6

预报等级：☑预报　☐警报　☐紧急警报　　预报日期：2010 年 11 月 08 日

<table>
<tr><td colspan="2">隧道名称</td><td>石嘴隧道左线出口</td><td>预报方法</td><td>地质雷达</td></tr>
<tr><td colspan="2">掌子面桩号</td><td>ZK34 +330</td><td>预报范围</td><td>ZK34 +315 ~ +ZK34 +330</td></tr>
<tr><td colspan="2">仪器型号</td><td>MALA　RAMAC/X3M</td><td>天线频率</td><td>100MHz</td></tr>
<tr><td colspan="2">设计围岩级别</td><td>ZK34 +302 ~ +366 段为Ⅳ级</td><td>洞段隧道轴线方向</td><td>NW357°</td></tr>
<tr><td rowspan="5">掌子面地质描述</td><td>地层岩性</td><td>辉绿岩</td><td>风化程度</td><td>全风化—强风化</td></tr>
<tr><td>构造</td><td colspan="3">（1）主要发育：①221°∠75°节理，25 ~ 30 条/m，有夹泥；②174°∠55°节理，20 ~ 30 条/m，闭合；两组节理相互切割，岩体较破碎；<br>（2）在掌子面上部横贯拱顶有一破碎带影响区域，面积约 $2 \times 6m^2$，岩体较为破碎，在地下水的影响下岩体有软化的趋势，在开挖之后很难自稳</td></tr>
<tr><td>地下水</td><td>渗滴水</td><td colspan="2" rowspan="3">掌子面照片</td></tr>
<tr><td>围岩级别</td><td>Ⅴ级</td></tr>
<tr><td>其他</td><td>上下长台阶开挖法</td></tr>
<tr><td rowspan="4">预报内容</td><td>结构面</td><td colspan="3">①掌子面前方主要发育近 NE ~ NW 向节理，与隧道轴线夹角较小，两组节理相互切割围岩，局部围岩较为破碎；<br>②掌子面上部围岩仍受破碎带影响较为破碎，围岩稳定性差</td></tr>
<tr><td>地下水</td><td colspan="3">渗滴水</td></tr>
<tr><td>围岩级别</td><td colspan="3">受破碎带及两组节理相互切割影响，前方围岩较为破碎，开挖之后较难自稳，特别是破碎带主要影响拱顶处围岩，因此对施工安全较为不利，综合以上因素判断 ZK34 +315 ~ ZK34 +330 段为Ⅴ级围岩，与设计围岩级别不相符，建议设计单位重新验算支护参数</td></tr>
<tr><td>建议</td><td colspan="3">掌子面前方岩体受掌子面上部破碎带影响较破碎，开挖之后较难自稳，局部有坍塌危险，请注意开挖时对局部破碎区域的施工与支护</td></tr>
<tr><td colspan="2">预报人员</td><td>试验：　　分析：　　复核：</td><td>填报日期</td><td>2010 年 11 月 08 日</td></tr>
</table>

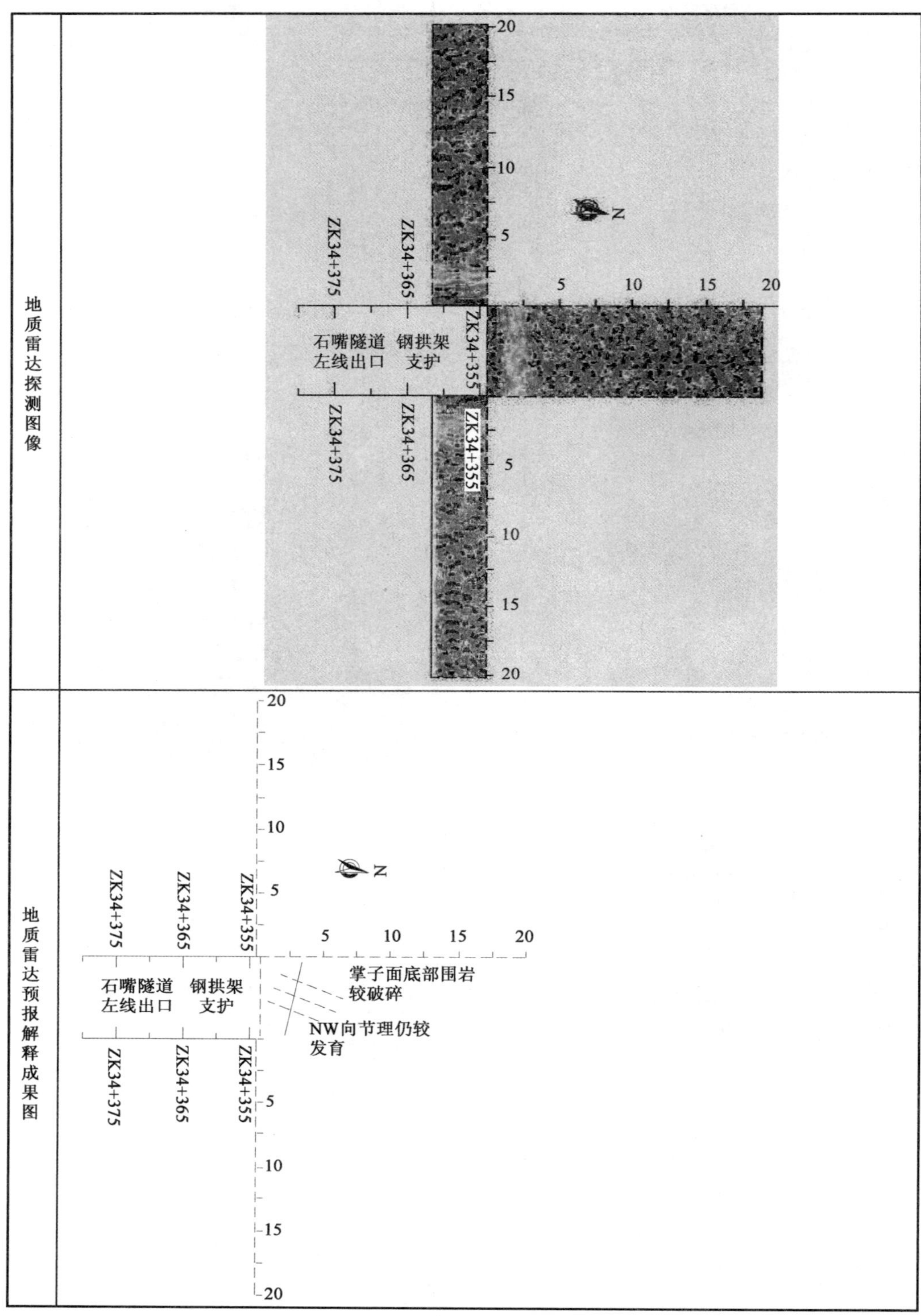


图 6-38　SDZ02 石嘴隧道地质雷达预报成果及地质解释图

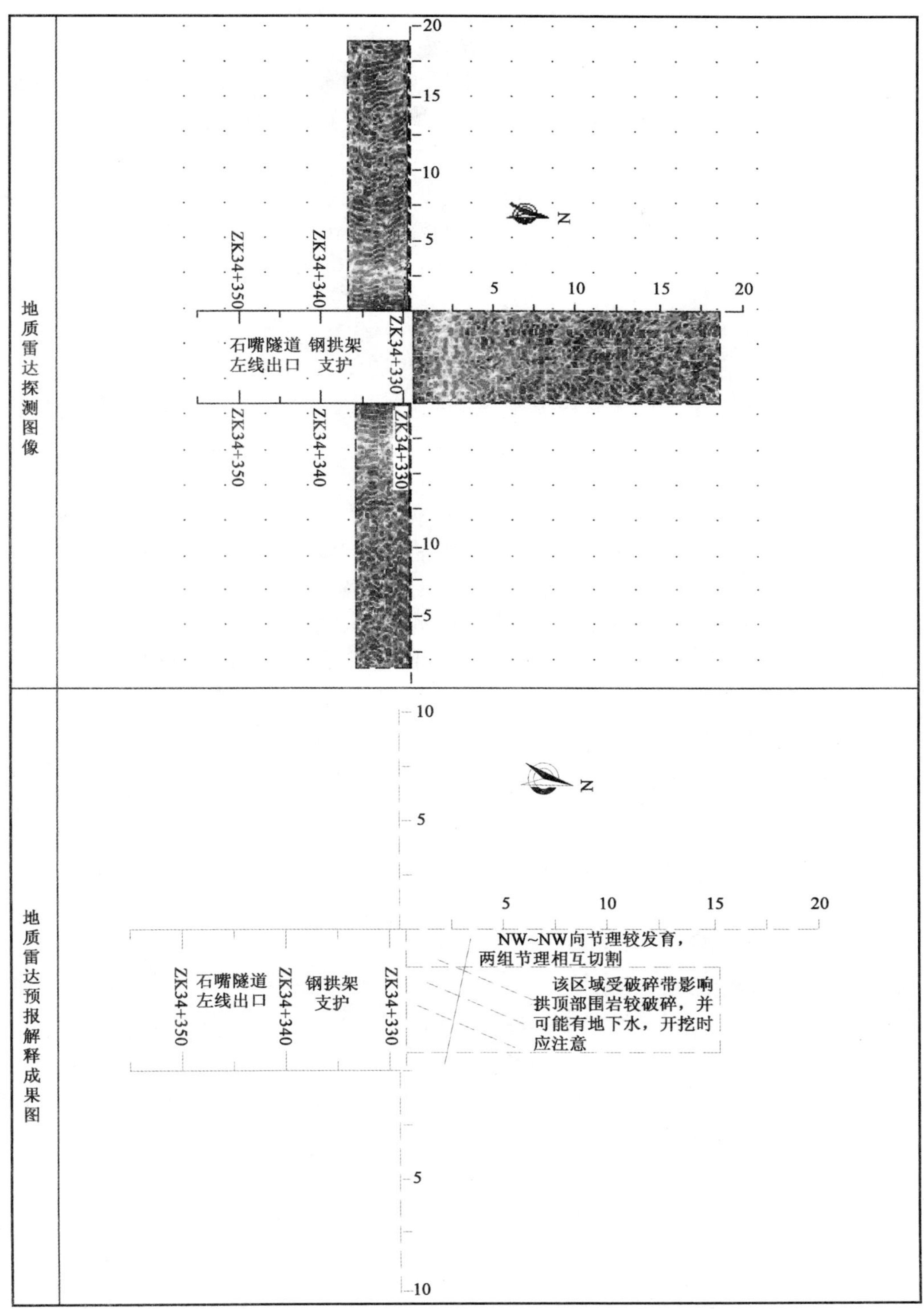


图 6-39　SDZ04 石嘴隧道地质雷达预报成果及地质解释图

## 6.5 其他地质超前探测新技术方法

地质超前预报方法还包括陆地声纳法、超前红外探水法、超前地质钻孔法、地质编录法、超长炮孔、地质素描、直流电法等。下面对超长炮孔、地质素描、直流电法作简单介绍。

1）超长炮孔

根据公路隧道设计提供的探测方法，每次掘进开挖钻孔时，拱顶部位布设5～7孔超长炮孔，短距离探测掌子面的地质及含水状况（一般为5m左右）。

2）地质素描

地质素描在每次开挖后进行，利用罗盘仪、地质锤、放大镜、皮尺等简单工具对开挖面围岩类别、岩性、围岩风化变质情况、节理裂隙、产状、断层分布和形态、地下水等情况进行观察和测定后，绘制地质素描图，通过对洞内围岩地质特征变化分析来推测开挖面前方（一般为5m左右）地质情况，据以指导施工。

3）直流电法

矿井直流电法属全空间电法勘探。超前探测是研究掘进头前方地层电性变化规律，预测掘进头前方含水、导水构造的分布和发育情况的一种井下电法探测新技术，其勘探原理如图6-40所示。均匀介质中，当$A$点供电时，测量电极$M$、$N$所产生的信号是由于图中阴影部分的影响，在全空间条件下，该阴影包含供电点前后左右上下等各个方向的体积。由于阴影所包含区域的影响可以反映到$MN$处，显然，前方的异常信息也可以反映到$MN$处。堵头内某位置的异常会使测量电位差曲线产生畸变，但该畸变在堵头内部并不能直接测量，如图中虚线所示。根据电法勘探的体积效应，畸变的实质是球状等位面发生畸变，即$MN$所在的球壳发生变形，根据等值性原理，在掘进巷道内的测量点上也可以观测到这种变化，所不同的是幅度可能会降低。

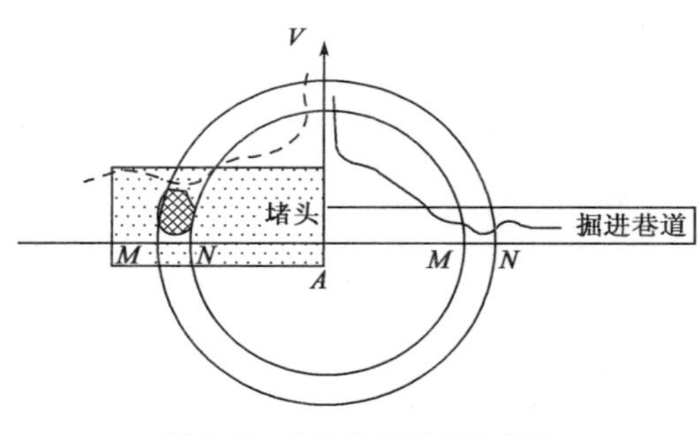


图6-40　电法勘探原理示意图

### 6.5.1 陆地声纳法

断层、破碎带是隧道施工时最常见的不良地质，开挖通过断层破碎带时需要采取相应的措施，在断层破碎带施工时出现塌方亦颇为多见。地质勘查时，确定断层破碎带在隧道中出露的范围，位置出现较大误差是正常的，漏查的可能性也较大。因此，隧道超前地质预报断层、破碎带是预报的主要内容。和其他地震反射类方法一样，陆地声纳法探查预报断层、破碎带是其特长及基本工作，随着技术的进步，对预报的断层、破碎带空间位置的定量精度要求渐高，这也是陆地声纳法不断完善、提高的内容。

1）陆地声纳法的原理和特点

陆地声纳法的实质是“陆上极小偏移距高频宽带高保真全信息弹性波超短余振接收系统单点连续剖面法”。用于远距离探查断层、破碎带、岩脉，还可以探查单个的中小溶洞。可在狭小的场地里，探查岩溶等有限地物体，也称为高密度地震反射或地震映像法，如图

6-41 所示。它的要点和特点是：

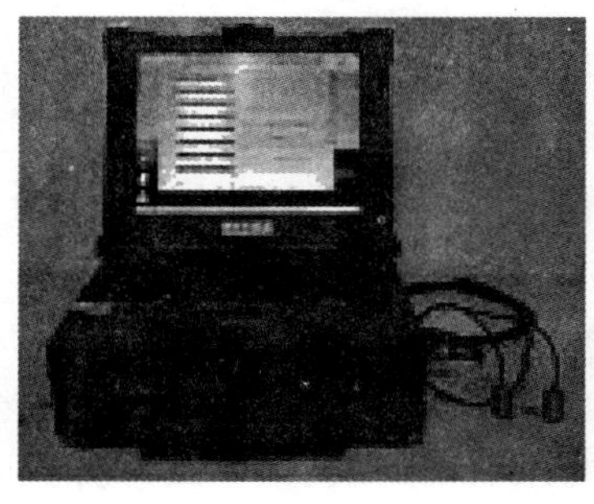
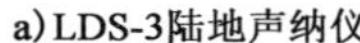

a) LDS-3陆地声纳仪

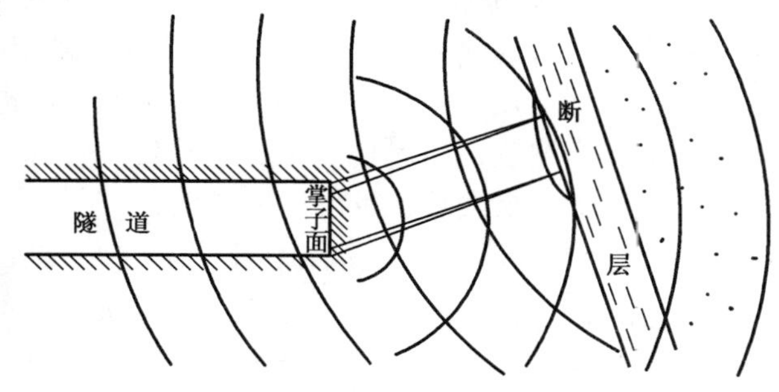


b) 工作原理示意图

图 6-41　陆地声纳法探测工作原理

（1）隧道掌子面上设两交叉的测量剖面，剖面上每 30cm 左右设一测点，用锤击方式激发弹性波，向掌子面前方传播，当遇到断层、大节理、岩层分界面、岩脉、涌水层、溶洞等时产生反射，如图 6-38 所示。在激振点旁设检波器接收被测物体的反射波，检测波用黄油与岩面耦合。然后通过接收仪器将各测点的时间曲线拼接成时间剖面图像，根据同相轴和频谱解释圈定出这些不良地质，根据锤击波在不同介质中的波速 $V_P$ 和传播时间 $t$ 可计算出反射点到测点的距离 $h = V_P t/2$。为确定反射体的空间位置，通常布置水平和铅垂的两条测线，并通过两剖面的资料计算出它的空间位置。

（2）可激发和接收 10～4 000Hz 的波，通过分窗口带通滤波提取不同频段的反射波，通过不同频段反射的图像对比，可以分辨出不同的不良地质体。

（3）由于在激振点旁接收，激振能量效率高，用锤击激发可探深 150m 以上，避免了爆炸激振的麻烦和爆破对隧道的破坏。每次采集在现场只占用时间 30～45min。

（4）弹性波法在探测掌子面前方含水情况时，常利用纵波和横波在不同介质中的传播特性来进行预测。由于陆地声纳波目前还不能很好地从采集数据中分离出横波，故其在判断掌子面前方含水情况时存在一定局限性。

（5）强调地质与物探的结合。物探工作开始前充分掌握必需的地质资料，工作过程中地质手段与物探密切结合，资料分析时综合地质与地球物理信息，最后给出地质结论。

2）断层、破碎带的异常特征

断层面是一个好的反射面，这不言而喻，但为更准确作定性、定量解释，还应进一步对断层、破碎带的异常特征作进一步研究。从形式上看，断层有两类：一为小断层，只有一个断裂面；二为较大断层，它有一定结构，即断层面—断层泥—糜棱岩，它们或者在断层面一边存在，或两边都存在，这类断层在陆地声纳法的时间剖面上常反映为 2～3 个平行的同相轴。断层影响破碎带，则有以下几种反映：

（1）破碎带中岩体节理裂隙密集，岩块被切割成小块，波的低频成分穿过，高频成分散射回来，在时间剖面上明显地反映高频成分丰富。

（2）破碎带的节理、裂隙反映为多条不能贯穿剖面的同相轴。

（3）在破碎带内可能会出现几条小断层；断层和破碎带的组合图像，是对它们作定性、定量解释的主要依据。

3）陆地声纳法地质预报实施技术

（1）预报断面设置原则

根据陆地声纳法的预报范围（能达到100m）确定一次预报长度为100m，再根据其工作原理（在掌子面上用锤击激振）确定仅对石质地段进行预报。隧道进、出口的Ⅴ级围岩段不宜采用陆地声纳法；当遇到断层、破碎带、岩脉、单个的中小溶洞等异常地质体时，根据实际情况增加预报次数，减小预报间距。

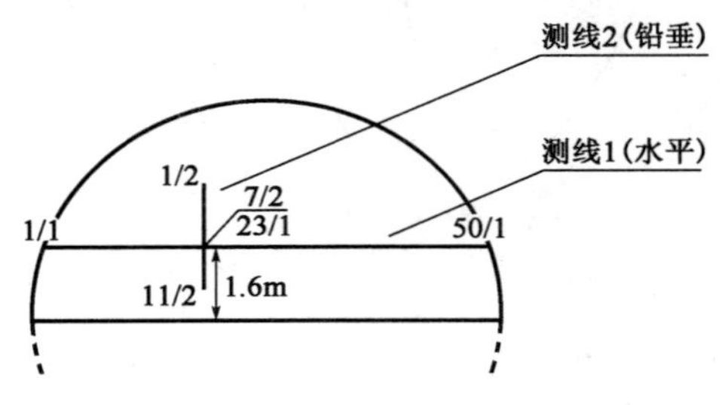

图6-42　掌子面测线布置示意

（2）断面内测线布置

在掌子面上布置水平和铅垂向测线各一条，作反射面的空间定位。水平向的剖面可反映反射面和水平测线的夹角，计算其走向；铅垂向剖面可反映反射面的倾向、倾角，如图6-42所示。

作为极小偏移距（振—检距）的方法，反射波是续至波，故可避开直达波、声波、面波的干扰。通过硬件和软件的配合，使接收到的每一反射体的反射波仅有一个周期。这样就提高了分辨率，可以反映1m大小的物体，甚至可以对可能导致坍方、掉块的大节理、破碎带和0.5m大小的溶洞有明显的反应。在室内将数据从陆地声纳仪中调出，按如图6-43所示进行数据处理；由于全信息的采集，还可根据频谱测出断层影响破碎带的范围。

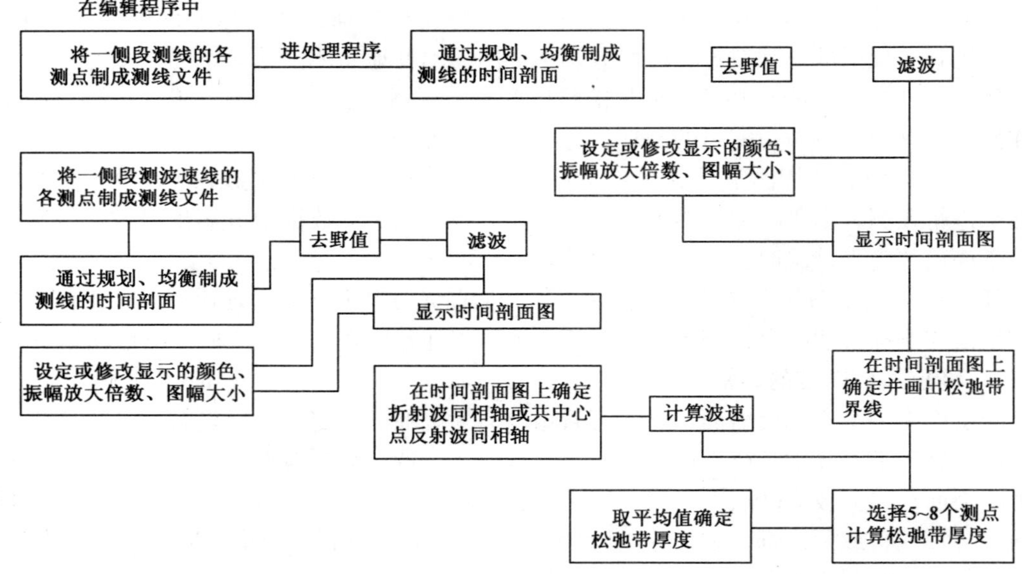

图6-43　数据处理程序

4）声纳法的定位

弹性波类方法有较高的定位定量精度，波速可以和岩体完整程度及密度相联系，探测距离较长。但反射类方法，波的反射点通常都不在掌子面正前方，作时深转化后得到的是测点到反射面的距离，要作偏移，才能准确确定反射体的空间位置，如图6-44所示。

目前大部分弹性波反射类方法都是在隧道边墙利用折射波法测第一个主反射面以近岩体的波速。当反射面不平行于掌子面时，便得不到第 2 层、第 3 层岩体波速。一般来讲，只有测点在三维空间布置，才能实测并解出各层波速并对反射面的空间位置进行较正确的定位。

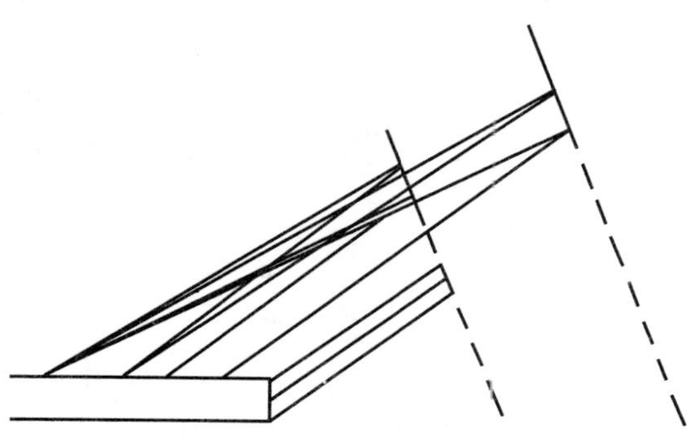

图 6-44　不同掌子面位置预报结果示意图

陆地声纳法就是将边墙测波速的小折射波测点改成几个零振—检距的测点，即可和掌子面上原布置的水平和铅垂向剖面上的测点结合，根据测得的反射时通过迭代求出各层波速，或通过建模计算解算出波速及各反射面的空间参数。

5）波速测定和断层面空间定位计算

在隧道边墙上用折射波法测波速，是许多弹性波反射方法中，目前常用的方法。在边墙上测，波的前进方向与探查时的方向一致，可避免因岩体各向异性产生的误差。但小折射测得的往往是围岩压密区的波速，它比正常波速要高 20% 左右，这使得人们使用某些方法时常感困惑。陆地声纳法分辨率高，在计算波速时取松弛带后沿某一层的“界面”或取松弛带与压密区分界折射波计算速度，也可用共中心点法测松弛带与压密区分界面的反射波来计算，这样的波速更接近岩体实际波速。所以，在岩体或混凝土表面可用两种方法测定弹性波速，一种是折射波法，另一种是共中心点法。具体操作方法如下。

（1）折射波法：在距激振点（用锤击激振）一定距离外的直线上设检波器接收，在下层岩体波速高于上层岩体波速的情况下，当入射波入射角等于某一临界角时，将在不同波速的两层交界面上产生滑行波。滑行波在滑行时又不断以等于临界角的角度向地面传播，检波器将先于直达波接收到这种波（称为折射波），如图所示。将各检波器接收到的折射波的初至时间 $t$ 及其距激振点的距离绘成时间—距离曲线，则为一条直线，其斜率即等于下层波速，如图 6-45 所示。

（2）共中心点法：如图 6-46 所示，在一条直线上，以一点为中心，其一侧激振，与中心点对称的另一点设检波器接收反射波，反射波走时为 $t$；振—检距为 $x$。若作几个点，且反射面与测量面平行时，则弹性波波速 $v_P$ 可按式（6-16）计算。

$$v_P = \left[\frac{x_2^2 - x_1^2}{t_2^2 - t_1^2}\right]^{1/2} = \left[\frac{x_3^2 - x_1^2}{t_3^2 - t_1^2}\right]^{1/2} = \left[\frac{x_3^2 - x_2^2}{t_3^2 - t_2^2}\right]^{1/2} \tag{6-16}$$

另一个较好的办法是在边墙上作 3～5 个近零振—检距测点，它们和掌子面上的测量剖面结合，通过在 $xyz$ 坐标上不同面测点的反射波走时，用迭代方式计算出各层岩体波速；并进一步利用采集数据对前方地质体建模，构造出多元非线性代数方程组，并用检验点作边界条件，通过解算求得反射面的空间位置参数和波速，可采用编程计算求得弹性波速。

反射面与掌子面不平行时，各测点反射波入射线是近于与反射面垂直的线，时深转化得到的距离是各测点到反射面的距离。在上述建模计算推广前，目前采用近似的手算算法：通过铅垂向剖面测点的数据计算出反射面的倾角$\beta$，然后由水平测线的测点数据在一定误差范围内可求得反射面与通过水平测线水平面的交线与测线夹角$\alpha$。根据求得的$\alpha$与$\beta$角，可以将各测点的时深转换值偏移成反射面与通过水平测线的水平面的交线和通过铅垂测线并垂直掌子面（纵剖面）平面与反射面的交线，见式（6-17）。

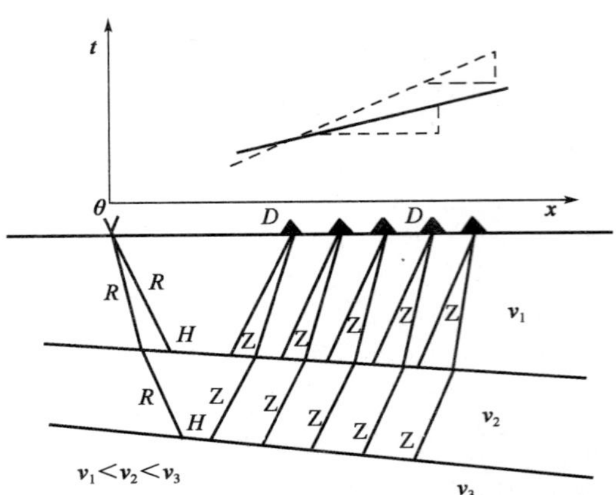


图 6-45　折射波法及其时距曲线示意图

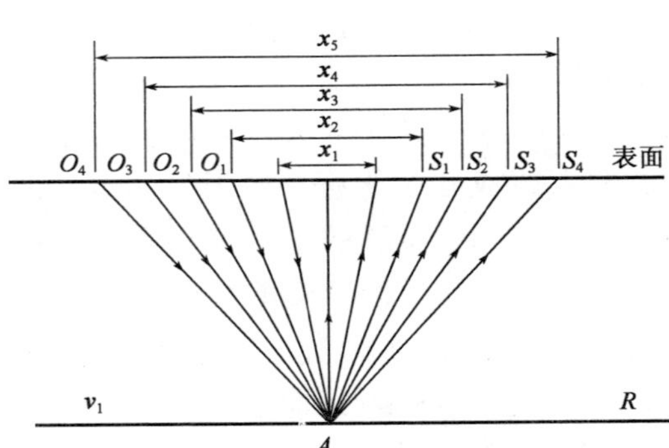


图 6-46　共中心点法示意图

$$90^\circ - \beta = \sin^{-1}\frac{\Delta d}{\Delta x} \tag{6-17}$$

式中：$\Delta x$——两测点的距离；

$\Delta d$——两测点与反射面的距离差；

$\beta$——反射面的倾角。

6）工程应用实例

（1）侯月铁路云台山隧道“关门断层”及破碎带的探查

云台山隧道穿过多条断层及其影响破碎带，“关门断层”是其中之一。隧道埋深较大，两个钻孔均未能确定断层产状，其具体位置及规模未搞清楚。随隧道掘进作了 5 次探查。

第一次探查在 DK86 +520 掌子面上进行。预报在掌子面前方 40m 内未见主干断层及破碎带，但有几条较大节理或小断层，应引起注意。隧道掘进时在大节理或小断层处均发生拱部塌方，变更设计降低了围岩级别。第三、四次探查在 DK86 +534 和 DK86 +551 处进行，在掌子面上分别设了水平测线和铅垂向测线各一条。预报给出了主干断层在隧道中出露的里程和产状、厚度，并查出了宽约 20m 的断层破碎带的出露位置，在此范围内反射波中高频成分明显增多，这是因为破碎带中岩体节理密度明显加大，岩块块体小，对高频波散射严重所致。

探查预报结果经开挖证实，预报的大节理、小断层及“关门断层”在隧道中出露的里程与开挖相差 1m 左右，但对“关门断层”的断层泥厚度预报比开挖实际厚度厚了 1.5 ~2m。

（2）南昆铁路铝厂隧道出口端断层、溶洞的探查

铝厂隧道出口端洞门段掘进了 10 余米就遇到被切割成大块的破碎石灰岩坍垮而停止

掘进，出口端的进口段掌子面为砂页岩互层，向前掘进将遇到什么情况不明。此前勘测设计单位的补充地质报告认定这一段不存在断层和岩溶，并确定出口洞门段再掘进10m左右岩质将变好。

在隧道DK781+750掌子面上用“陆地声纳法”向进口方向探查，发现了断层及溶洞洞穴图像；掘进到DK781+770，在掌子面上进行了第二次探查。两次探查的重合段时间剖面图完全一致。预报指出：

①在DK781+778~DK781+780有一小断层F2，并根据断层倾向方向的上盘为砂岩推断可能有地下水；

②在DK781+810向出口方向有较大断层，DK781+816~DK781+823有大溶洞$R_1$（8m长的测线未能将双曲线同相轴测全，表明溶洞较大），再向出口方向为破碎岩体，岩溶发育。

施工单位据预报结果重新安排了施工组织，特别在接近F2和R1的开挖时采取了必要的措施。开挖证实了预报结果。此次预报最大距离为130m。

（3）招宝山超小净距并行隧道断层破碎带的探查

招宝山隧道是我国第一座超小净距并行隧道，穿过风化流纹岩，切过几条断层，并有细晶岩脉穿插，岩脉均风化成泥状。特别是距出口约80m一段穿过F3、F4、F5三条断层，岩脉较宽、岩质破碎。用陆地声纳法在左洞弧形导坑作探查结果，十分清楚地反映了断层及岩脉，以及它们之间所夹的完整岩体，为确定施工方法提供了重要依据。开挖证实预报十分准确。

（4）京平高速公路大岭后隧道断层、破碎带的探查预报

隧道穿过白云岩，有小溶洞和断层发育。应业主要求，对断层作较精确的预报。预报结果包括断层与通过水平测线的水平面的交线及断层和过中线的铅垂面的交线，并与隧道设计资料的地质纵断面图作对比。即预报资料包括了断层的走向、倾向和倾角。预报结果得到了开挖的证实，预报150m以内断层位置里程与开挖测量误差小于5%，倾角与开挖测量误差小于5°。

7）进一步探讨

应用横波是地震反射类方法应当解决的。反射横波的提取和横波波速的实测应当在现场实测资料中提取。采用特别的检波器，在现场采集时间时激发和接收纵横波，并实测纵横波速。横波的分离和通过现场实测横波波速，使得能通过纵横波反射图像及波速的对比，对岩体完整性提供更多的信息，并可使它作为判定含水体的重要信息。

### 6.5.2　红外线超前探水

1）红外线超前探水原理

地质体每时每刻都在向外部发射红外辐射，并形成红外辐射场。地质体由内向外发射红外辐射时，必然会把地质体内部的地质信息，以红外电磁场的形式传递出来。当隧道前方和外围介质相对比较均匀，且不存在隐蔽灾害源时，沿隧道走向分别对顶板、底板、左边墙、右边墙向外进行探测，所获得的红外探测曲线，具有正常场特征。当隧道断面前方或隧道外围任一空间部位存在隐蔽灾害源时，隐蔽灾害源产生的灾害场就一定会叠加到正常场上，使正常场中的某一段曲线发生畸变，畸变段称作红外异常。红外探测就是根据红

外异常来确定隐蔽灾害源的存在。隐蔽灾害源是指含水断层、含水溶洞、地下暗河。

2）红外线超前探水地质预报的内容

在复杂地质条件下，特别是岩溶发育地区，相对掘进隧道的隐伏水体或含水构造，除了出现在掘进前方之外，还可能出现在顶板上方、底板下方、两边墙外部。针对复杂水文地质特点，红外探测仪可实现全空间全方位探测。其具体地质预报内容如下：

（1）通过超前探测可预报掘进前方 30m 范围内有无含水断层和溶洞。

（2）通过对顶板上方探测，可确定隧道上方 30m 范围有无含水层或含水构造。

（3）通过对底板下方探测，可了解下方有无含水构造，以预防滞后突水。

（4）分别向两边墙外部探测，可了解 30m 范围内有无含水体或者含水断层，以预防含水断层在前方与隧道相交造成大突水。

3）红外探测仪概述

如图 6-50a）所示为 HW-304 型红外探测仪，它在 HW-303 型的基础上向前迈进了一步，它可将探测场强数据储存在仪器内，用通信电缆与计算机连接后，可将探测数据直接传输至计算机，实现快速准确成图。利用红外线进行超前探水是目前较为先进的一种地下水探测预报方法，能够定性确定一定深度（20～30m）地层中含水的部位和类型，现已广泛应用于地下工程施工中的地下水探测。红外线探水法能够有效地进行隧道施工超前探水的定性预报，结合其他地质预报手段，超前探水预报结果和实际开挖揭露的情况一致性较好，地下水探测预报的准确性较高。

4）红外探测前准备工作

（1）由于红外探测要求在隧道掘进过程中，放完炮、清完渣、描断面轮廓线这个间隙进行，探测前应先与工地主管进行联系并安排好。

（2）检查仪器是否充足电，是否带了皮尺、记号笔和记录本。

5）红外线超前探水法的测线布置

在隧道施工中，主要通过探测掘进掌子面岩体场强的差异值和隧道开挖段围岩场强沿纵向的变化规律，来判断前方是否为隐伏含水构造体，有无发生突涌水的可能。

（1）掘进掌子面超前探水的测线布置、掘进掌子面场强测点布置，应根据掘进掌子面的大小将掘进掌子面划分为若干个区域，一般情况下将掘进掌子面划分为 9 个区域，每个区域设定 1 个测点，如图 6-47b）所示。

a）HW-304型红外探测仪

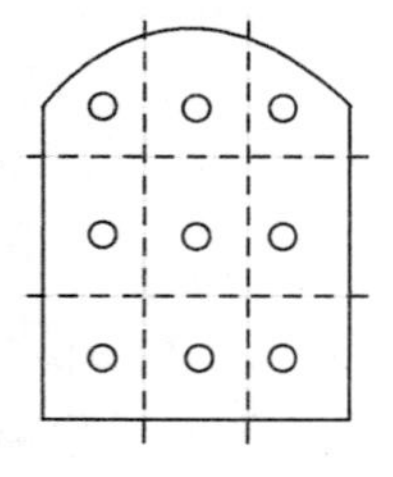

b）掌子面测点布置

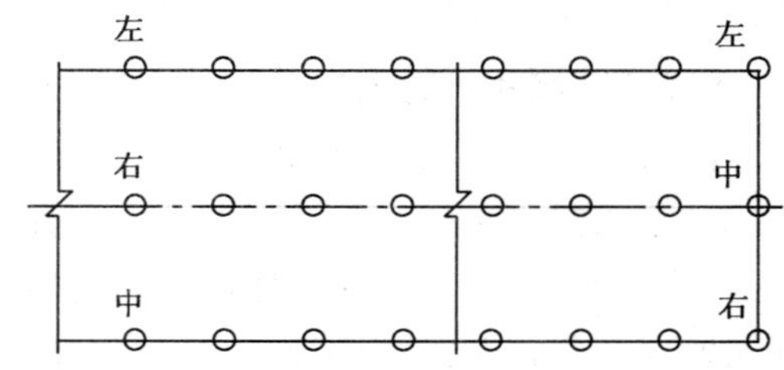


c）边墙测点布置图

图 6-47　红外线超前探水测点布置

（2）隧道边墙超前探水的测线布置

沿已开挖隧道边墙纵向进行测点布置时，分别在拱顶、两侧边墙上各布置一条测线。从掘进掌子面开始，向已开挖方向（背离掘进掌子面方向），每间隔 1 ~ 5m 设置一个测点，测点数不少于 12 个，如图 4-47c）所示。

6）红外线超前探水法的判据

（1）根据掘进掌子面场强差异进行超前探水的判据

通过对比分析掌子面各测点的场强，判定掘进掌子面是否存在含水构造体。根据以往测试经验，判据标准一般设定为：当掘进掌子面测点中最大场强和最小场强的能量差大于或等于 10μW/cm²时，可判定前方存在含水构造体，否则不存在含水体构造。

（2）根据隧道走向与场强曲线进行超前探水的判据

建立各测点场强（$Y$ 轴）与测点到掘进掌子面距离（$X$ 轴）的函数关系，并绘制出函数图形，根据函数图形特征进行超前探水预报。

如果函数图形为一水平直线，表明掌子面前方不存在含水构造，如图 6-48a）所示。

如果函数图形为一斜线，表明掌子面前方存在具有含水构造的可能性，需要进一步探测，如图 6-48b）所示。如果函数图形开始部分存在阶跃突变，后部为水平直线或斜线，表明掌子面前方存在含水构造，如图 6-48c）所示。

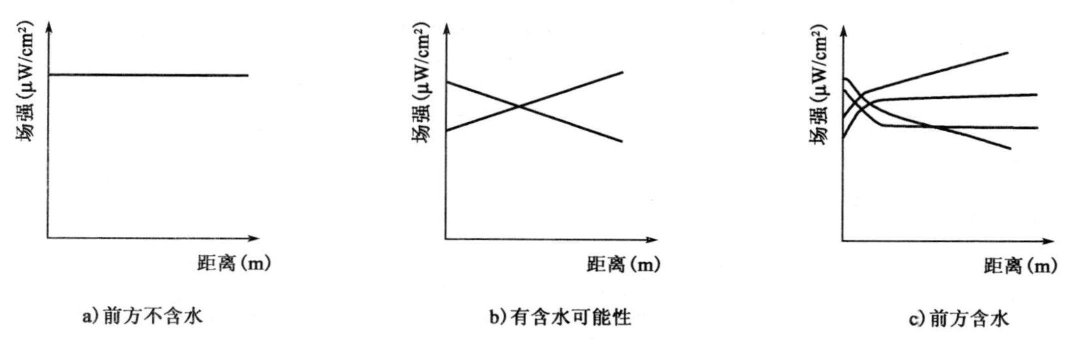


图 6-48　红外线超前探水判读图谱

### 6.5.3　超前地质钻探（孔）

1）超前地质钻孔法概述

超前钻孔是隧道施工期超前地质预报方法中最直接的方法，是对其他探测手段成果的验证和补充。水平超前钻孔直观明了，可以验证超前地质预报的精度，同时对含水、含瓦斯地段可以直接探明涌水压力、瓦斯突出压力及其含量。

水平超前探孔方法是在隧道内安放水平钻机进行水平钻进，根据隧道中线水平方向上钻孔资料来推断隧道前方的地质情况。钻孔的数量、角度及钻孔长度可人为设计和控制。一般可根据钻进速度的变化、钻孔取芯鉴定、钻孔冲洗液的颜色、气味、岩粉以及在钻探过程中遇到的其他情况来判断。这种方法可以反映岩体的大概情况，比较直观，施工人员可根据现场地质情况来安排下一步的施工组织。目前钻探的方式主要有取芯钻探和不取芯钻探。

取芯钻探是利用钻芯钻机取出完整岩芯供地质判别，可得到直接的地质资料，从而做出较正确的地质判别，但施作时间较长，且掌子面须配置专门的岩芯钻机，费用较高，对工程进度的影响较大。而不取芯钻探施作时间较短、费用较低（与取芯钻探比较），若隧道前方有地下水层，可以通过不取芯钻孔探测并排水。因此，针对隧道的具体工程情况，选择采用取芯或不取芯超前水平钻孔探测法。

2）超前地质钻探设计

依据隧道设计及施工要求，在构造作用及其影响带、岩体节理、裂隙极发育、隧道施工中易发生塌方、涌水等灾害地段，需进行超前地质钻孔。采用30m和5m两种钻孔进行中短距离预报。其中，30m钻孔主要目的是查明前方工程地质和水文地质情况，并根据钻孔的涌水量和压力来选择注浆参数。当钻进20 m时，如钻孔总涌水量大于10 $m^3/h$，且水量无明显增加时，应在40m范围内进行全断面帷幕注浆堵水；若水量明显增大，则在30 m长度范围均应进行全断面帷幕注浆堵水；若钻孔总涌水量小于10 $m^3/h$，但大于2 $m^3/h$时，则只对该探孔进行注浆。每个循环的钻孔数目不少于3个，布置在隧道的拱顶、中部和边墙。钻孔终孔超出开挖轮廓外1.5 m。超前地质钻孔布置如图6-49所示。5m钻孔主要是查清掌子面前方附近有无漏报的岩溶水或其他不良地质体，钻孔不额外布设，仅将拱腰、拱脚及边墙处的周边炮眼加深，每个循环以4~6个为宜，其布设如图6-49所示。

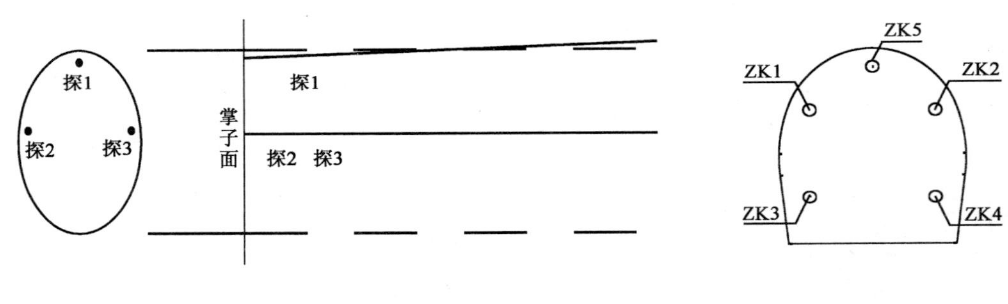


a) 30m钻孔平面、剖面布置图　　b) 5m钻孔平面布置图

图6-49　掌子面超前地质钻孔布置示意图

3）超前地质钻探的施工工艺

采用岩芯水平钻机进行施工，钻进方式为冲击旋转，其步骤如下。

（1）测量布孔

施钻前按孔的位置图设计的尺寸用经纬仪准确测量放线，将开孔孔位用红油漆标注在掌子面上。

（2）设备就位

孔位布设好之后，将钻机平台车、空压机平板车顺次拖至工作位置。设备就位后，接通各动力电源和供风管路。安装电路要由专业电工操作，确保安全；供风管路要连接紧密，无漏气现象。

（3）对正孔位，固定钻机

将钻具前端对准掌子面上的孔位，然后调整钻机方位。钻机升降利用平台自身的升降系统操作。当升降系统有限时，可借用方木进行升降。用经纬仪测定钻具尾端位置，使之调整至设计的空间点位，然后用螺栓将钻机紧固在台车上。

（4）开孔、安装孔口管

钻机固定后，将 $\phi$115 mm 冲击器安装在钻杆前端，启动钻机，打开供风系统，开钻。开孔时“轻压、慢转”，以防止孔位发生偏斜。钻进 1m 后再加压加速。待孔深达到 2m，提出钻具，安装孔口管。

孔口管由一端焊有法兰盘的 $\phi$108 mm 钢管制成，长度为 2m。将钢管上缠绕麻丝，用钻机强力推入孔中并用膨胀螺栓加固，以防高压水将孔口管冲脱。埋设时孔口管应露出工作面 0.2 ~ 0.3m，孔口管外端安装三通、高压球阀和防尘系统。

超前地质钻探的施工工艺流程图如图 6-50 所示。

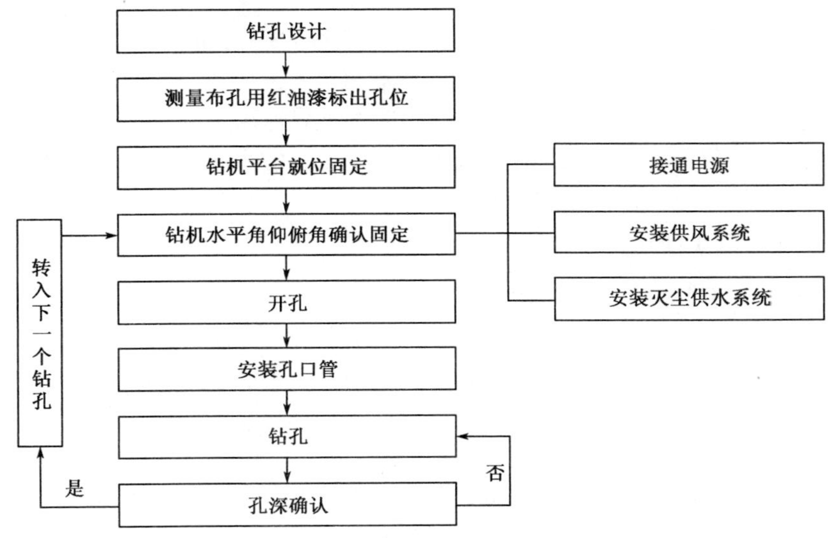


图 6-50　超前地质钻探的施工工艺流程图

4）钻孔揭示的地质情况判定

（1）根据钻进速度判定

钻机在相同岩层中的钻进速度是均一的，结合隧道开挖揭示的地层岩性，根据钻机在钻进过程中的速度变化以及是否有卡钻现象等，便可判断前方岩体的完整程度以及是否存在不良地质体。

（2）根据岩粉判定

在钻孔过程中，孔中不断有岩粉被高压风吹出，通过鉴定岩粉的成分，可了解前方地质体的性质。

（3）根据冲洗液判定

钻机在钻进过程中，通过冲洗液颜色的变化，可以判定钻孔前方岩层的变化，根据冲洗液所含杂质可判定前方是否存在异常体以及异常体的深度和规模。

5）隧道超前水平钻孔预报分析

隧道断面钻孔探测结果按照表 6-7 内容进行详细描述和填写。从钻探揭露情况来看分析围岩状况，并判定涌水、渗流情况。

**隧道断面钻孔探测结果记录表** 表 6-7

| 钻孔编号 | 深度（m） | 钻进速率 | 岩粉成分 | 冲洗液颜色 | 涌水情况 | 备注 |
|---|---|---|---|---|---|---|
| 探 1 | | | | | | |
| | | | | | | |
| 探 2 | | | | | | |
| | | | | | | |
| 探 3 | | | | | | |
| | | | | | | |

6）后续工作建议

采用不取芯水平钻孔，无法对岩石芯样进行细致的描述和试验，且只有 3 个钻孔，揭露的资料难以全面反映掌子面前方的地质情况，建议在后续施工中做好相关记录，与本次探测结果进行对比。特别是对掌子面上出现的较大节理、软弱结构面等构造进行地质编录，研究其出现的位置，为今后的超前水平钻孔位置的选择提供依据，以保证钻孔揭露尽可能多的不良地质现象，提高预测精度。

### 6.5.4 地质编录法预报技术

1）地质编录的目的

确定围岩的岩性、风化程度及结构特征，拍摄掌子面及典型地质构造的照片。观察分析节理、断层、破碎带、软弱夹层等地质构造的性质、形态及其充填物，量测其产状，并分析判断与洞轴向的空间关系及对围岩稳定性的影响。观察开挖洞段及掌子面地下水情况，描述地下水特征，分析对其围岩级别及稳定性的影响。综合分析现场地质观察结果和前期地质勘察与设计资料，判断围岩的级别。观察、描述支护结构的完整性、完好性，分析判断围岩及隧道的稳定性，验证分析超前地质预报成果。

2）地质编录前的准备工作

（1）工作频度：隧道开挖每次进尺后进行一次地质编录。

（2）工具准备：红外测距仪、罗盘、地质锤、照相机、卷尺、矿灯、地质编录记录本。

（3）资料准备：

①隧道地质勘察与设计资料，了解隧道围岩岩性、风化、结构、构造及地下水特征。

②隧道各洞段的设计围岩分级及分界桩号位置，了解隧道各洞段的轴线方向。

③每次地质观察里程桩号、洞深、围岩级别、主要地质特征及地质超前预报级别，并在进洞观察前填写在地质观察记录上。

④隧道的施工方法和支护方式。

（4）现场条件：

①掌握隧道施工进度，通过电话询问、现场查勘等多种方式了解掌子面里程、施工状态及地质情况。

②利用清渣、排险后的有利时机进行现场地质编录。

3）现场地质与支护观察内容

（1）地质观察内容

①进洞时观察洞段的支护情况，发现支护开裂、扭曲、变形、剥落或坍塌等异常情况，应及时、如实记录，并判断洞段是否存在失稳风险；若有风险应立即报告业主、监理，并通知现场人员撤离。

②查看洞壁里程桩号，用红外测距仪测量、校验掌子面里程。

③观察并记录隧道开挖方式，通常设计要求隧道Ⅲ级围岩采用全断面开挖法，Ⅳ级围岩采用上下台阶分部开挖法，Ⅴ级围岩采用环形开挖留核心土法，为现场Ⅴ级围岩开挖施工还采用预留核心土台阶法。

④观察掌子面及开挖洞段的围岩稳定性，远离掉块和不稳定岩体；若必须靠近不稳定岩体时，应快速通过。

⑤现场观察掌子面及侧壁围岩岩性、风化及节理、断层、软弱夹层、岩溶等构造发育情况，锤击岩块分析硬度、风化程度，观察量测结构面的发育密度、长度、张开度、充填物及性质，分析围岩的结构特性。

⑥确定主要发育节理，寻找特征节理面，测量各主要节理的产状，分析与洞轴向的关系。

⑦察看并记录开挖洞段和掌子面的地下水出露情况。

⑧选择适当位置拍摄掌子面清晰照片 2 ~ 3 张，若有断层、软弱夹层等地质构造，可选择拍摄特征照片，记录照片编号。

⑨对照前次地质观察预测和地质超前预报内容，验证分析地质预测和超前预报成果。

⑩综合分析地质观察与超前预报成果，预测掌子面前方围岩的级别，提出施工建议。选取现场代表性岩样，标注洞线与里程，予以保存。

（2）支护情况观察内容

一般隧道支护分为超前支护、初期支护和二次衬砌支护。根据设计文件，隧道主要支护方式及支护观察内容见表 6-8。

**隧道主要支护方式及观察内容**　　表 6-8

| 序号 | 支护类型 | 支 护 方 式 | 适用围岩 | 观 察 内 容 |
|---|---|---|---|---|
| 1 | 超前支护 | 大管棚注浆 | Ⅴ-A 级 | 坍塌、冒顶 |
| 2 | | 超前小导管注浆 | Ⅴ-B 级 | |
| 3 | | 超前 $\phi$25 中空注浆锚杆 | Ⅳ级 | |
| 4 | 初期支护 | 钢拱架 + 锚喷支护 | Ⅴ-A 级 | 钢支撑是否扭曲、变形，喷混凝土是否开裂、剥落和剪切破坏等 |
| 5 | | 钢拱架 + 锚喷支护 | Ⅴ-B 级 | |
| 6 | | 钢格栅（必要时）+锚喷支护 | Ⅳ级 | |
| 7 | | 锚喷支护 | Ⅲ级 | 喷混凝土是否开裂、剥落和剪切破坏等 |
| 8 | | 锚杆（必要） | Ⅱ级 | 锚杆是否拉曲、悬吊 |

续上表

| 序号 | 支护类型 | 支 护 方 式 | 适用围岩 | 观 察 内 容 |
|---|---|---|---|---|
| 9 | 二次衬砌（拱圈＋仰拱） | 45cm 厚 C30 钢筋混凝土 +45cm 厚 C30 钢筋混凝土 | Ⅴ-A 级 | 开裂、渗漏、起鼓、突出、剥落和剪切破坏等 |
| 10 | | 45cm 厚 C30 钢筋混凝土 +45cm 厚 C30 钢筋混凝土 | Ⅴ-B 级 | |
| 11 | | 35cm 厚 C30 混凝土 +35cm 厚 C30 混凝土 | Ⅳ级 | |
| 12 | | 35cm 厚 C30 混凝土 +35cm 厚 C30 混凝土 | Ⅲ级 | |
| 13 | | 30cm 厚 C30 混凝土 +30cm 厚 C30 混凝土 | Ⅱ级 | |

（3）围岩岩性判定

一般现场通过肉眼直接判定围岩岩性存在一定的难度。根据前期勘察资料，并结合岩矿测试试验，进行围岩岩性判定。

（4）围岩风化等级评定

公路工程一般将岩体风化程度划分为新鲜、微风化、中等风化、强风化和全风化。一般根据岩体的岩性、颜色、结构变化，风化裂隙发育特征，充填物、充填程度以及风化蚀变特征，综合分析判断岩体的风化等级。各风化等级的主要地质特征如表 6-9所示。

**岩体风化程度分析评定表** 表 6-9

| 序　号 | 风 化 程 度 | 主要地质特征 |
|---|---|---|
| 1 | 全风化 | （1）全部变色，光泽消失；<br>（2）岩石的组织结构完全破坏，已分解成松散的土状或砂状；<br>（3）除石英颗粒外，其余矿物大部分风化蚀变为次生矿物；<br>（4）锤击有松软感，出现凹坑，矿物手可捏碎，用锹可挖动 |
| 2 | 强风化 | （1）大部分变色，只有局部岩块保持原有颜色；<br>（2）岩石的组织结构大部分已破坏，小部分岩石已分解成松砂、土；风化裂隙发育，局部含大量次生夹泥；<br>（3）除石英外，长石、云母和铁镁矿物已风化蚀变；<br>（4）锤击哑声，岩石大部分变酥，易碎，用镐撬可以挖动，坚硬部分须爆破 |
| 3 | 中等风化（弱风化） | （1）岩石表面或裂隙面大部分变色，但断口仍保持新鲜岩石色泽；<br>（2）岩石的组织结构清晰完整，但风化裂隙发育，裂隙壁风化剧烈；<br>（3）沿裂隙铁、镁矿物氧化锈蚀，长石变得浑浊、模糊不清；<br>（4）锤击哑声，开挖须爆破 |
| 4 | 微风化 | （1）岩石表面或裂隙面有轻微褪色；<br>（2）岩石组织结构无变化，保持原始完整结构；<br>（3）大部分裂隙闭合或为钙质薄膜充填，仅沿大裂隙有风化蚀变现象，或有锈膜侵染；<br>（4）锤击发声清脆，开挖须爆破 |
| 5 | 新鲜 | （1）岩石保持新鲜色泽，仅大裂隙面偶见褪色；<br>（2）裂隙面紧密，完整或焊接状充填，仅个别裂隙面有锈膜侵染或轻微蚀变；<br>（3）锤击发声清脆，开挖须爆破 |

（5）围岩地质构造描述

一般隧道地质构造主要有断层、破碎带、软弱夹层、节理、岩溶等，最为常见的是节理。节理是岩石中的裂隙，是没有明显位移的断裂。

节理按成因可分为原生节理、构造节理和非构造节理，按力学机制可分为剪节理和张节理；构造节理按其与岩层产状的关系，可分为走向节理、倾向节理、斜向节理及顺层节理。

剪节理由剪裂作用形成，节理面平直，延伸较长，两壁常闭合，沿节理面或可见两侧岩块有微小的错开，节理面上可有擦痕；剪节理常发育两组，互相交切成菱形或 X 形，称为共轭剪节理系，其交角称共轭剪裂角；张节理由张裂作用形成，节理面常粗糙不平，延伸较短，常曲折，多分叉，两壁可轻微张开或被结晶物质充填而成脉；张节理可呈平行状，也可呈雁列式展布成组。

构造节理常有规律地成群出现，一群产状一致且力学性质相同的节理构成节理组。区域性节理是指在较大区域内产状稳定、规模大的节理，又称主节理，反映了区域性的构造应力。

地质观察时，节理、层理等结构面描述包括类型、性质、产状、组合形式、发育密度、延展情况、闭合程度、粗糙程度、充填情况和充填物性质以及含水性等。对于断层及破碎带描述应包括断层的性质、宽度、产状和破碎带内岩石的性质、含水性等。根据结构面产状，分析主要结构面与洞轴向的关系，绘制示意草图。

（6）结构面产状测量

描述岩层、节理、断层等结构面的产状一般采用走向、倾向和倾角三要素表示，如：N30°E SN∠60°；公路工程大多用倾向和倾角两个要素表示，如 120°∠60°。走向与倾向的方位角差 +90°或 -90°，两种表示方式可以直接换算。

通常采用地质罗盘仪测量结构面的产状。地质罗盘仪的基本构造由磁针、磁针制动器、刻度盘、测斜器、水准器和瞄准器等组成，并安装在一非磁性物质的底盘上。刻度盘分内（下）和外（上）两圈，内圈为垂直刻度盘，专作测量倾角和坡度角之用，以中心位置为 0°，分别向两侧每隔 10°一记，直至 90°。外圈为水平刻度盘，表示方位角。方位角刻度盘是从 0°开始，逆时针方向每隔 10°一记，直至 360°；在 0°和 180°处分别标注 N 和 S（表示北和南），90°和 270°处分别标注 E 和 W（表示东和西）。必须注意：方位角刻度盘为逆时针方向标注，所标注的东、西方向与实地相反。

测量结构面走向时，将罗盘长边的底棱紧靠结构面，当圆形水准器气泡居中时，读指北或指南针所指度数即为走向。结构面倾向用走向换算。

测量结构面倾角时，将罗盘侧立，使罗盘长边紧靠结构面，并用右手中指拨动底盘外之活动扳手，同时沿结构面移动罗盘，当管状水准器气泡居中时，测斜指针所指的最大度数即为岩层的真倾角。

（7）地下水描述

在地质观察时，应记录地下水出露位置和水量。根据水量大小，一般将地下水定性描述为干燥、滴水、渗滴水、渗流水、小股流水、股状流水、涌水等。

4）资料整理与分析

（1）根据现场记录，整编地质编录记录表。地质编录记录应与现场原始记录一并存档。地质观察记录以“日期 + 隧道名称 + 里程”命名，如“090903 巩登石嘴 49YK005”。

（2）根据照片编号，选择合适、清晰的照片插入记录，并调整亮度、对比度，保证显示与打印清晰。

（3）根据现场地质描述及测绘，参照以下标准分析围岩结构面发育程度、受地质影响程度和围岩完整程度，结合地质经验与勘察资料，进行围岩分级。石嘴隧道结构面发育程度划分见表6-10，围岩受地质构造影响程度等级划分见表6-11，岩体完整程度等级划分见表6-12，围岩分级评判见表6-13。

**围岩结构面（节理）发育程度划分表** 表6-10

| 序号 | 等级 | 结构面（节理）组数及平均间距（m） | 主要结构面类型 | 岩体结构类型 |
|---|---|---|---|---|
| 1 | 不发育 | 1~2组，平均间距>1.0 | 原生型或构造型密闭 | 整体结构 |
| 2 | 较发育 | 2~3组，平均间距>0.4 | 呈X形，较规则，以构造型为主，多数为密闭部分微张，少有充填物 | 块状结构 |
| 3 | 发育 | >3组，平均间距<0.4 | 不规则，呈X形或米字形；以构造型或风化型为主，大部分张开，部分有充填物 | 碎裂结构 |
| 4 | 极发育 | >3组，杂乱，平均间距<0.2 | 以风化型和构造型为主，微张或张开，均有充填物 | 散体结构 |

**围岩受地质构造影响程度划分表** 表6-11

| 序号 | 等级 | 地质构造作用特征 |
|---|---|---|
| 1 | 轻微 | 围岩地质构造变动小，无断裂（层）；层状岩一般呈单斜构造；节理不发育 |
| 2 | 较重 | 围岩地质构造变动较大，位于断裂（层）或褶曲轴的邻近地段，可有小断层，节理较发育 |
| 3 | 严重 | 围岩地质构造变动强烈，位于褶曲轴部或断裂影响带内；软岩多见扭曲及拖拉现象；节理发育 |
| 4 | 很严重 | 位于断裂破碎带内，节理很发育；岩体破碎呈碎石、角砾状，有的甚至呈粉末、土状 |

**围岩完整程度划分表** 表6-12

| 序号 | 围岩完整程度 | 结构面发育程度 | 地质构造影响程度 | 备注 |
|---|---|---|---|---|
| 1 | 完整 | 不发育 | 轻 微 | |
| 2 | 较完整 | 较发育、不发育 | 较严重、轻微 | |
| 3 | 较破碎 | 发育、较发育 | 严重、较严重 | |
| 4 | 破碎 | 极发育、发育 | 极严重、严重 | |
| 5 | 极破碎 | 极发育 | 极严重 | |

**围 岩 分 级 表** 表6-13

| 序号 | 围岩级别 | 围岩稳定性 | 围岩主要工程地质条件 | | |
|---|---|---|---|---|---|
| | | | 完整程度 | 结构特征 | 风化程度 |
| 1 | Ⅰ | 稳定。围岩可长期稳定，一般无不稳定块体 | 完整 | 巨块状整体结构 | 新鲜、微风化 |
| 2 | Ⅱ | 基本稳定。围岩整体性稳定，不会产生塑性变形，局部可能产生掉块 | 较完整 | 大块状整体结构 | 新鲜、微风化 |

续上表

| 序号 | 围岩级别 | 围岩稳定性 | 围岩主要工程地质条件 | | |
|---|---|---|---|---|---|
| | | | 完整程序 | 结构特征 | 风化程度 |
| 3 | Ⅲ | 局部稳定性差。围岩强度不足局部会产生塑性变形，不支护可能产生坍方或变形破坏。完整的较软岩，可能暂时稳定 | 较破碎 | 块状结构 | 中等风化、微风化 |
| 4 | Ⅳ | 不稳定。围岩自稳时间很短，规模较大的各种变形和破坏都可能发生 | 破碎 | 碎裂结构 | 中等风化 |
| 5 | Ⅴ | 极不稳定。围岩不能自稳，变形破坏严重 | 极破碎 | 松散结构 | 强风化、全风化 |

由于围岩分级与岩石强度、岩体完整程度、结构面状态、地下水和主要结构面产状等有关，直接通过地质观察进行围岩分级存在一定的不足与欠缺。根据石嘴隧道围岩、工程特点及现场条件提出的上述分级依据，有待进一步完善与修正。地下水也是影响隧道稳定的重要因素，当遇地下水且影响较大时，一般采取降 1 ~ 2 级的方法处理。

在地质观察围岩分级时，应参考勘察设计划分的级别。若地质观察分级与设计分级相近或无较大差异时，宜取设计分级，以尽量减少隧道施工与支护的变更数量。

（4）根据地质观察资料，结合前期勘察成果及超前预报成果，进行工程地质分析，预测掌子面前方围岩的级别。

（5）根据地质观察围岩分级，对照设计分级，评价其符合性；并根据掌子面现场及预测前方的地质情况，对开挖与支护施工提出建议。

5）报告编制与提交

（1）报告格式与内容要符合规定，用词应专业、准确、规范，图表应完整、清晰，页面要美观。

（2）根据整编的地质编录记录表，编制地质编录记录。

（3）在格式化报告的基础上编制，保持格式的统一性。

（4）仔细检查、校核、审核，核对相关信息与参数，避免出现低级错误或原则性错误，尽量减少一般性差错。

（5）地质观察报告以“日期 + 隧道名称 + 观察报告 + 左右线 + 里程”命名，如“090903 巩登石嘴观察报告 49YK005”，编写完成文件名称尾部加“ - B”，签字；校核完成“B”改“J”，签字；审核编写完成去“ - J”，签字。

（6）报告签名盖章后，提交业主、施工单位、监理、设计各方，并存档一份。

## 6.6　超前地质预报与施工风险的关系分析

隧道开挖是高风险的地下工程，风险之一是在开挖过程中意外碰到灾害性的地质异常体，如溶洞、地下暗河、断层等，对施工安全造成巨大威胁。限于勘探技术水平和地质条件的复杂性，在当前和将来的一定时期之内，对于埋深（200m 以上）、长大隧道在设计阶段还不可能通过地面工程勘察手段查明隧道穿越地层的地质情况。因此，地质超前预报技术是规避隧道施工风险的一种必不可少的技术。

1）超前地质预报在风险管理中的作用

超前地质预报技术在隧道施工风险管理中主要作用有以下三点。

适时风险监视：依据地面详勘资料和隧道现场地质情况，选取合适的超前地质预报方法对掌子面前方的地质状况进行预测，对风险进行监视。如有异常，及时对风险因素集、权重、损失进行修改，并对风险进行重新评估。

降低设计风险：根据超前地质预报结果，结合地面详勘资料，分析隧道围岩的变化情况，修正地面勘察资料，提供设计变更资料，完善施工体系，减少由于勘察技术水平限制而引起的设计风险。

控制地质风险：探查施工工作面前方不良地质体所在里程，提前采取预案，制订详细的规避风险的方案措施或者风险事故的应急预案，规避施工风险，保证施工安全。

2）超前地质预报技术要求

超前地质预报在隧道风险管理中发挥着重要的作用，因而为了更好地监控风险，必须完善超前地质预报技术体系，建立“以地质分析为核心，综合物探与地质分析结合、洞内外结合、长短预测结合及物性参数互补”的综合预报原则和完善的隧道超前综合预报工作方法体系、综合预报组织机构，为隧道超前地质综合预报提供一种较为完善的模式。

（1）预报方法和预报频度应根据隧道的复杂程度确定

对于碎屑岩、侵入岩、变质岩隧道，单一的地震反射方法或水平钻探，在推测的范围内进行少量的预报次数即可达到目的；而对于复杂的岩溶隧道，则应全程采用物探与钻探、长距离与短距离相结合的综合预报手段。

（2）详细的地面勘察是做好超前预报的前提条件

超前预报必须要有详尽的地面勘察资料。特别是对于复杂的岩溶隧道，地面勘察资料准确，超前预报就会重点突出、目标明确，预报方法选择和预报频次安排就会合理。

（3）工作面的素描才能作为围岩变更依据

超前预报资料中只有地质素描反映了隧道围岩的真实变化情况，可以作为隧道围岩变更的依据，地震反射求得的弹性波速度，只是对于工作面后方已开挖围岩段速度的相对变化值，并不是未开挖岩体的真实速度反映。水平钻探不能长时间占用开挖面，只能进行不取芯钻探，岩体的完整性程度只能靠司钻人员根据钻进速度定性描述，不能作为围岩变更的依据。

（4）正确认识超前预报的效果和作用

①超前预报资料具有很强的时效性，超前预报结果必须在隧道开挖至异常地段之前送达施工单位和设计人员，以便及时采取相应的预案。

②超前预报资料必须和其他施工地质资料、地面勘察资料综合分析，才能对前方和周边的地质情况做出准确判释。

③超前预报在施作过程中，由于场地条件限制和干扰因素的影响，会引起一些假异常；在采取物探与钻探、长距离探测与短距离探测结合的综合探测后，还会存在部分假异常；但不能因为部分假异常的存在，而怀疑或否定超前预报的整体效果。

## 6.7 本章小结

（1）论述隧道施工地质超前预报技术和理论、目的意义、工作内容、方法分类。地质超前预报是指利用各种探测手段对掌子面前方地质情况进行探测，同时结合掌子面素描、地质钻探和预报人员的经验来判定断层、溶洞、破碎带等不良地质体的性质、规模及其产状，并进一步对岩体进行分类。

（2）重点阐述隧道地震波（TSP、TGP）超前探测技术的地质预报原理、探测技术要点、实施方案、数据分析处理与解释判断，并借助工程实例分析论述实施细则和注意事项。地震波法探测是利用地震波在不均匀地质体中产生的反射波特性来预报隧道掌子面前方及周围临近区域的地质情况。

（3）重点阐述隧道电磁波（GPR）超前探测技术的理论、地质预报原理、工程应用领域、典型病害图例、探测技术要点、实施方案、数据分析处理与解释判断，并结合工程实例加以分析，详尽论述实施要点。

（4）阐述其他隧道超前地质预报方法的探测原理、技术要点、实施方案、分析处理关键技术，这些方法有陆地声纳法、超前红外探水法、超前地质钻孔法、地质编录法、超长炮孔、地质素描、直流电法，并以工程实例说明技术要点和实施细则。

（5）论述了超前地质预报技术在风险管理中的作用，即适时风险监视、降低设计风险，控制地质风险，并提出地质超前预报工作的技术要求，提高工作质量，以便地质超前预报工作更好地服务于风险管理。

# 第 7 章　隧道施工风险质量检测与控制新技术

## 7.1　隧道施工质量检测技术概述

### 7.1.1　隧道工程质量检测的目的和意义

1）建设工程质量特性

建设工程质量简称工程质量，它是指工程满足业主需要的，符合国家法律、法规、技术规范标准、设计文件及合同规定的特性综合。建设工程是一种特殊的产品，除了具有一般产品共有的质量特性，如性能、寿命、可靠性、安全性、经济性等满足社会需要的使用价值及其属性外，还具有特定的内涵。建设工程质量的特性主要表现在以下六个方面。

（1）适用性：即功能性，指工程满足使用目的的各种性能。简单地说，交通隧道要做到通达便捷、水工隧道要做到引水通畅。

（2）耐久性：即寿命，是指工程在规定的条件下，满足规定功能要求使用的年限，也就是工程竣工后的合理使用寿命周期。一般来说，设计预计寿命可按设计规定的基准期确定。对隧道结构来说，因为它是重要的结构物，其设计基准期一般都规定为 100 年。

（3）安全性：是指工程建成后在使用过程中保证结构安全、保证人身和环境免受危害的程度。对于隧道而言，是指隧道结构安全度、抗震性及运营安全性。

（4）可靠性：是指工程在规定的时间和规定的条件下完成规定功能的能力。

（5）经济性：是指工程从规划、勘察、设计、施工到整个产品使用寿命周期内的成本和消耗的费用。

（6）与环境的协调性：是指工程与其周围生态环境协调，与所在地区经济环境协调。

2）工程质量检测的分类

工程质量检测就是对产品的一个或多个质量特性，通过物理的、化学的和其他科学技术手段和方法进行观察、测量、试验，并将结果和规定的质量要求进行比较，以确定每项质量特性合格情况的技术性检查活动。工程质量检验的实质就是取得评判产品的一个或者多个质量特性优劣的客观证据。

工程产品的质量特性是在产品生产过程中形成的，与产品的原材料和生产过程息息相关。因此质量检验按照产品形成过程的相应阶段可分为进货检验（原材料检验）、过程检验（分部分项工程检验）和最终检验（竣工验收检验）三个阶段。

按照其对检测产品的损害程度，质量检测可以分为破坏性检测和无损检测两类。

3）隧道工程质量检测的意义

建设工程是否能真正地发挥它的用途、有效地服务于人们，取决于建设工程的质量。由于建设工程的特殊性，往往劣质的建设工程会给人们带来很大的危害甚至灾难。世界各国都很重视建设工程质量，对工程质量及质量检验理论的研究日益深入，各种质量检验手段纷纷问世。隧道工程质量及质量检验也是如此。但是，在研究隧道工程结构质量检验技术的过程中，还必须深刻意识到工程质量的保证和质量检验的目的和意义。

隧道工程建设过程中，由于地质环境复杂多变，施工环境相当恶劣，施工人员素质良莠不齐，施工工艺、机具等各个方面因素都影响着施工质量，必然造成质量波动。隧道工程质量的好坏，直接影响隧道运营期的安全和维护费用。为了保证隧道工程质量，就必须在隧道建设过程中和竣工后对隧道工程进行全面的质量检测，并做出综合评价。对隧道进行质量检测，不仅是新建隧道工程质量检验评定的需要，也是运营隧道病害整治的需要。

### 7.1.2　新奥法隧道结构组成特点

隧道都是在地下一定深度修筑的，结构被极为复杂多变的岩土系统包裹，具有很强的隐蔽性。因此，隧道工程与其他的建设工程项目（如桥梁、房屋、支挡结构等）在设计理论、结构特点、施工方法和理念、质量检测等诸方面都有很大的不同。结构特点和结构组成是结构质量检测的基础。因此，充分认识隧道的结构特点和组成是十分必要的。

1）新奥法隧道施工特点

隧道主要是指穿越山峦、水体、构筑物的地下工程，主要有铁路隧道、公路隧道、水利水电隧道、越江跨海隧道、城市地下隧道等。20 世纪 50 年代后，我国修筑的大量隧道工程几乎全部都是使用矿山法进行施工的。随着现代岩石力学的建立和施工方法的革新，在矿山法的基础上，发展出现了新奥法，并以很快的速度广泛应用于当今隧道工程的建设中。新奥法是矿山法中的一种。从目前的工程实际出发，在今后很长一段时期内，矿山法仍然是修建隧道的主流方法，是其他方法不可替代的。

新奥法是隧道施工经验的积累和提炼，对于新奥法有很多种表述，像日本的“隧道十训”、奥地利的“22 点原理”等。其核心内容就是将围岩视为隧道的主要承载单元，在施工中充分保护围岩。在此基础上，关宝树教授总结出隧道施工的四大理念：“保护围岩”“内实外美”“重视环境”和“动态施工”。

2）新奥法隧道结构组成

山岭隧道结构的组成充分体现了新奥法原理。图 7-1 是巩登高速公路隧道应用于Ⅴ级围岩一般地段的隧道结构系统。该系统由四大子系统组成，即由注浆中空锚杆组成围岩加固区；由格栅钢架、钢筋网和喷射混凝土组成初次衬砌；由防水板组成的防水系统；由混凝土组成二次支护。这些子系统是组成山岭隧道的基础，当然，依据围岩情况隧道结构还会有其他系统如超前支护系统等。

（1）超前支护系统

超前支护是使用锚杆、小直径钢管、钢筋等，沿隧道外轮廓以低角度打设的方式防止掉块，是加固掌子面前方围岩、约束围岩的方法。它利用构件本身的抗弯刚度发挥作用。超前支护并不是隧道结构所必需的部分，它多在Ⅴ级围岩地段使用，多用于山岭隧道进出口软弱围岩处。

（2）围岩加固系统

岩石锚固是新奥法的三大支柱之一，其功能是促使围岩由荷载物变为支护结构的重要组成部分，最大限度地发挥围岩的自承作用，以较小的支护抗力维护隧道的稳定。由此可见，此系统在隧道结构系统中起到了巨大作用，是隧道结构不可分割的一部分。围岩加固系统是在围岩径向锚入各种锚杆，加固围岩，使围岩的自承能力得到充分发挥，以此来稳定围岩。锚杆对隧道围岩的作用效果通常归纳为四种。

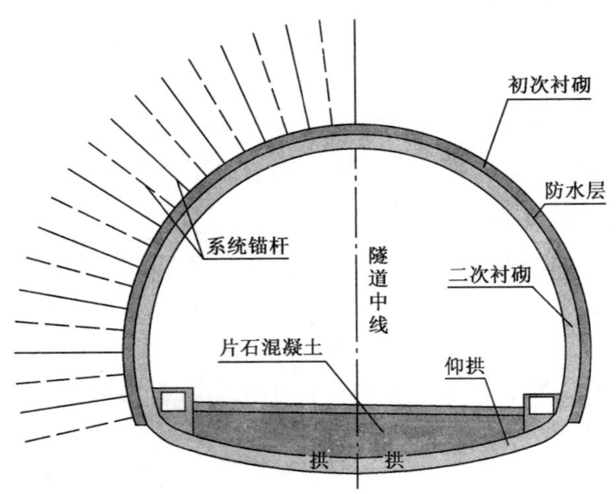


图 7-1　Ⅴ级围岩隧道结构系统

支承围岩：即锚杆可以限制约束围岩变形，并向围岩施加压力，从而使处于二维应力状态的隧道内表面附近的围岩保持三维应力状态，因此能制止围岩强度的降低。

加固围岩：即锚杆能够增大锚固区围岩的强度，对节理发育的岩体和围岩松动区十分有效，能在隧道外围形成“加固带”。

组合梁效应：即对于水平或缓倾的层状围岩锚杆能把数层岩层连接起来，增加层理间摩阻力，形成“组合梁”。

悬吊效应：是指为了防止个别危岩的掉落或滑落，用锚杆将其同稳定围岩连接起来。

（3）初次衬砌系统

初次衬砌系统是以喷射混凝土为主体，依据不同的围岩条件，在其中配备一定数量的格栅钢架或型钢钢架、钢筋网。将初次衬砌等同于临时支护的想法是完全错误的，初次衬砌系统也是隧道结构系统的重要组成部分，起着极为重要的作用。初次衬砌系统的作用如下。

支撑围岩：初次衬砌能与围岩密贴和黏结，并给围岩表面以抗力和剪力，从而使围岩处于三向受力的有利状态，防止围岩强度降低，阻止不稳定块体的滑塌。

“卸载”作用：初次衬砌属柔性，允许围岩部分进入塑性，从而使围岩“卸载”。同时，初次衬砌的柔性也能减小弯曲应力，有利于二次衬砌承载力的发挥。

填平补强围岩：喷射混凝土可射入围岩张开的裂隙，填充表面凹穴，使裂隙分割的岩块层面粘连在一起，保持岩块间的咬合、镶嵌作用，提高其间的黏结力、摩擦阻力，避免或缓和围岩应力集中。

覆盖围岩表面：初次衬砌直接粘贴岩面，能防止围岩风化，减轻围岩与水接触，保护围岩。

分配外力：初次衬砌中通过喷层把外力传给锚杆、钢筋网、钢架等，使支护结构受力均衡，使各种结构系统都能发挥其效能。

（4）防水系统

山岭隧道防水系统主要由止水条和防水板构成。止水条用于施工缝的防水，防水板用于二次衬砌外的防水层。理论及原理相对简单，这里不作介绍。

（5）二次衬砌

二次衬砌是指最靠近隧道空间的那一层混凝土，根据围岩好坏宜采用模筑钢筋混凝土和模筑素混凝土结构。目前的设计理论认为：复合式衬砌中的二次衬砌，Ⅰ～Ⅲ级围岩中为安全储备，并按构造要求设计；Ⅳ、Ⅴ级围岩中为承载结构，可采用地层结构法计算内力和变形。

### 7.1.3　隧道工程质量特点

隧道工程质量的特点是由隧道工程本身和设计施工的特点决定的，隧道工程质量具有以下特点。

1）影响因素多

隧道工程质量受到多种因素的影响，如规划、设计、材料、机具设备、施工工艺和方法、技术措施、人员素质、工期、工程造价等，这些因素直接或间接地影响隧道工程质量。

2）质量波动大

隧道工程特别是山岭隧道，施工环境恶劣，施工人员素质参差不齐，原材料质量不易控制，这些很容易造成质量波动且波动较大。

3）质量隐蔽性强

隧道工程施工过程中，分项工程交接多、隐蔽工程多，竣工后仅仅能看到二次衬砌混凝土表面。

4）终检具有局限性

隧道工程建成后不可能像一般工业产品那样依靠终检来判断产品质量，或将产品拆卸、解体来检查其内在质量，或对不合格零件部件可以更换。隧道工程的终检无法进行工程内在质量的检验。因此，隧道工程的终检存在一定的局限性。随着无损检测技术的发展，目前虽然能够探测到隧道工程内部的缺陷，似乎已经突破了终检的局限性，但是对于探测到的缺陷还无法准确无误地判读。

5）评价方法的特殊性

由于隧道工程的这些特点，决定了对隧道工程的评价方法比较特殊。隧道工程的评价方法体现了验评分离、强化验收、完善手段、过程控制的指导思想。因而，目前被作为有效的铁路、公路隧道验收手段，其中地质雷达法得到了广泛的应用。

## 7.2　隧道工程质量无损检测技术

### 7.2.1　隧道工程结构缺陷与安全影响

隧道结构质量缺陷是指隧道结构系统中存在的与原来设计不一致并且影响隧道运营安

全及耐久性的地方。对于使用新奥法施工的隧道来说，最主要的结构质量缺陷是衬砌厚度不足和结构系统存在空洞。从最近一些已建成的隧道发生的事故来看，衬砌厚度不足和衬砌背后空洞的存在，是造成事故的主要原因。

日本曾对水工隧道衬砌厚度及结构空洞情况的实际状态进行过调查。对129座发电站引水隧洞的厚度进行调查发现：隧道衬砌的平均厚度拱部为16.7cm、边墙为24.4cm。平均厚度与设计厚度的比值拱部为0.7、边墙为1.1，可见这种质量缺陷普遍存在，且拱部比较严重。对83座发电站隧道的空洞发生状况进行调查发现：拱部测点的71%、边墙测点的23%都发现有空洞。

衬砌厚度不足是指初次衬砌和二次衬砌的厚度小于其对应的设计厚度。衬砌是隧道的主要承载结构，如果衬砌厚度不足，对隧道的长期稳定以及使用功能的正常发挥都有很大的影响。严重者可能带来灾难性的安全事故。因此，衬砌厚度的检测十分必要。最常用的无损检测方法是地质雷达法。

结构系统存在空洞主要是指隧道结构中衬砌混凝土与围岩之间由于回填不密实而造成的空洞。它对隧道的承载特性也有着不可忽略的影响：会促进围岩松弛，使衬砌产生弯曲应力，从而减弱衬砌的功能，降低其承载力。空洞有效的无损检测方法也是地质雷达法。日本对衬砌厚度不足和空洞两种质量缺陷进行了大量的模型试验，研究在不同状态下，衬砌厚度、背后空洞等与结构物承载力之间的关系。

隧道工程结构缺陷对安全的影响如下：

（1）同样厚度的衬砌背后有空洞，在同样的位移条件下，有空洞时其衬砌承载力会降低到无空洞时的1/3以下。

（2）拱部厚度不同时，其承载力的变化是很大的，在同样位移条件下，如满足设计厚度的承载力为1，则衬砌厚度为设计厚度的3/4时，其承载力为0.4，衬砌厚度为设计厚度的1/2时，其承载力仅为0.1。

（3）背后空洞范围越大（以60°和100°作比较），最终承载力也越低，但差异不大，两者相差10%左右。

（4）背后空洞范围为60°时，对有无回填、用硬质材料和软质材料回填作比较。从试验结果看，如用硬质材料回填时的承载力为1，则用软质材料回填时的承载力为0.8，而不回填的仅为0.1左右。

由此可见，衬砌厚度不足和背后空洞等缺陷，对隧道结构质量有极大的危害性。因此，对隧道结构质量缺陷的检测是必需的。地质雷达法不仅能够检测到衬砌厚度不足和背后空洞等主要质量缺陷，而且还可以检测钢架和钢筋间距过大、数量不足，混凝土内部脱空等质量缺陷。它是隧道结构进行无损检测的主要方法。

### 7.2.2 隧道结构无损检测的内容与方法

隧道结构系统的复杂性和施工的特殊性，决定了隧道结构质量检测的特殊性。隧道质量检测包括很多方面（如材料检测、施工检测、环境检测），检测的内容较多，检测的手段也极为丰富。隧道工程施工质量是按照分部工程来分项评定的，其主要的分部工程包括：洞口工程、洞身开挖、洞身衬砌和防排水工程。隧道质量检测也主要是针对洞身开挖、洞身衬砌和防水系统的检测。具体来说，隧道工程结构质量检测的主要内容包括：开挖、喷锚支护、防排水和二次衬砌的质量检测。

1）隧道施工质量无损检测的主要项目

（1）初期支护厚度、衬砌背后空洞与钢支撑间距检测；

（2）初次衬砌断面尺寸检测；

（3）二次衬砌净空断面检测；

（4）锚杆长度及数量检测；

（5）二次衬砌厚度、衬砌背后空洞检测；

（6）超前支护检测；

（7）防水、排水系统检测；

（8）洞内施工环境质量检测。

2）隧道质量无损检测方法

（1）隧道开挖断面质量检测

爆破开挖是隧道修建过程中的关键工序，这道工序质量的好坏直接影响围岩稳定及后续施工速度。其主要用超欠挖指标来判断，当前主要采用的无损检测仪器是隧道断面仪。

（2）隧道支护质量检测

隧道支护包括初次衬砌和二次衬砌，其施工质量检测主要包括初次支护锚杆的安装质量、喷射混凝土质量和钢构件质量，以及二次衬砌混凝土质量检测等内容，检测内容及项目要根据隧道工程重要性、隧道工程特点、隧道施工的特殊要求进行确定，但隧道施工质量检测一般都要进行如下项目的质量检测。

①锚杆质量检测：包括锚杆分布情况、锚杆长度、注浆饱和度、抗拔力等。锚杆长度及注浆饱和度均采用应力反射波法检测，锚杆的抗拔力通过拉拔试验进行检测。

②喷射混凝土质量检测：包括喷射混凝土的强度、厚度、平整度和围岩间空洞情况。除平整度用目测外，其他项目都采用地质雷达法检测。

③钢拱架质量检测：包括钢拱架、钢支撑的数量和间距。宜采用地质雷达法进行无损检测。

④二次衬砌混凝土：包括衬砌厚度、完整性、强度等的检测。从检测方法和手段上来说，混凝土厚度、完整性可以使用地质雷达进行无损检测，混凝土的强度则可以使用回弹—超声法进行检测。

（3）防排水系统质量检测

对于防排水系统质量的检测，其目前还处于摸索阶段，还没有一套行之有效的方法。

（4）隧道施工环境质量检测

主要包括粉尘浓度、烟雾浓度、一氧化碳浓度、瓦斯浓度等，检测方法和手段都有相应的数字式检测仪器，简单、方便、快捷。主要目的是监测隧道施工作业人员洞内工作环境质量是否达标，避免造成人身安全、火灾等事故。

3）隧道质量检测依据的规范、标准和规程

《公路隧道设计规范》（JTG D70—2004）；

《公路隧道设计细则》（JTG/T D70—2010）；

《公路隧道施工技术规范》（JTJ F60—2009）；

《公路隧道施工技术细则》（JTG/T F60—2009）；
《公路隧道设计手册》（人民交通出版社出版，2012）；
《铁路隧道监控量测技术规程》（TB 10121—2007，J721—2007）；
《铁路隧道喷锚构筑法技术规范》（TB 10108—2002，J159—2002）；
《公路工程质量检验评定标准》（JTG F80/1—2004）；
《锚杆喷射混凝土支护技术规范》（GB 50086—2001）；
《铁路隧道衬砌质量无损检测规程》（TB 10233—2004，J341—2004）；
国家现行其他施工技术规范、规程、文件、工程建设设计施工图纸。

### 7.2.3 隧道质量无损检测技术要点

1）地质雷达在隧道质量检测中的应用

（1）隧道工程衬砌质量检测的目的

修筑的隧道是一个隐蔽性工程，支护状况对隧道施工期和运营期的安全性和耐久性具有重要意义。利用物探无损检测的方法，探测隧道初期支护和二次衬砌的质量，查明隧道衬砌背后的回填情况是否符合设计要求，了解隧道衬砌的潜在隐患。同时，后方的质量检测对前方掌子面的支护施工也起到监督和督促作用，避免无效的返工。隧道质量检测的成果可作为隧道竣工验收、隧道结构状态评估以及病害整治设计的重要依据。采用目前世界上先进的无损探测技术——地质雷达法对初期支护的厚度、初衬内部及背后缺陷、钢拱架间距等进行检测，为工程施工质量的保证提供科学的依据。其主要工作目的如下：

①检验隧道不规则岩面和初次衬砌之间是否存在空洞或空隙；

②初次衬砌和二次衬砌的厚度是否符合设计要求。

（2）地质雷达仪器设备

根据《水利水电工程物探规程》、《铁路隧道衬砌质量无损检测规程》、《锚杆喷射混凝土支护技术规范》、《公路工程质量检验评定标准》等技术规范和标准的规定，洞室衬砌质量检测时宜选用与探测精度要求相对应的高频天线，频率范围为400M～900MHz。地质雷达不同频率天线的测深能力不同。频率越低，探测深度越大，但是分辨率会降低；频率越高，探测深度越浅，分辨率会提高。在隧洞内检测，需采用屏蔽天线，考虑初次衬砌及围岩的介电常数不同，且变化较大，可采用的地质雷达设备型号很多，如瑞典MALA地球科学仪器公司生产的RAMAC/X3M型地质雷达，选用800MHz屏蔽天线。综合场地的特点，RAMAC/X3M的工作参数设置为800MHz的频率天线，采集时窗30ns，自动叠加8次，滚轮触发测试方式，道间距为0.02m，如图7-2所示。

（3）地质雷达工作原理

地质雷达是近年来一种新兴的地下探测与混凝土建筑物无损检测新技术，它是利用宽频带高频电磁波信号探测介质结构分布的非破坏性探测仪器，是目前国内外用于测量混凝土内部缺陷最先进、最便捷的仪器之一，天线屏蔽干扰小，探测范围广，分辨率高，具有实时数据处理和信号增强等功能，可进行连续透视扫描，现场实时显示二维彩色图像。地质雷达通过雷达天线对隐蔽目标体进行全断面扫描的方式获得断面的扫描图像，具体工作原理是：当雷达系统利用天线向地下发射宽频带高频电磁波，电磁波信号在介质内部传播

a) 主机

b) 800MHz屏蔽天线

图 7-2　瑞典 MALA 地质雷达（RAMAC/X3M）

时遇到介电差异较大的介质界面时，就会发生反射、透射和折射。两种介质的介电常数差异越大，反射的电磁波能量也越大；反射回的电磁波被与发射天线同步移动的接收天线接收后，由雷达主机精确记录下反射回的电磁波的运动特征，再通过信号技术处理，形成全断面的扫描图，工程技术人员通过对雷达图像的判读，判断出地下目标物的实际结构情况。雷达系统的工作机理详见电磁法地质超前预报相关章节，地质雷达工作示意图、工作原理图以及基本组成如图 7-3 所示。

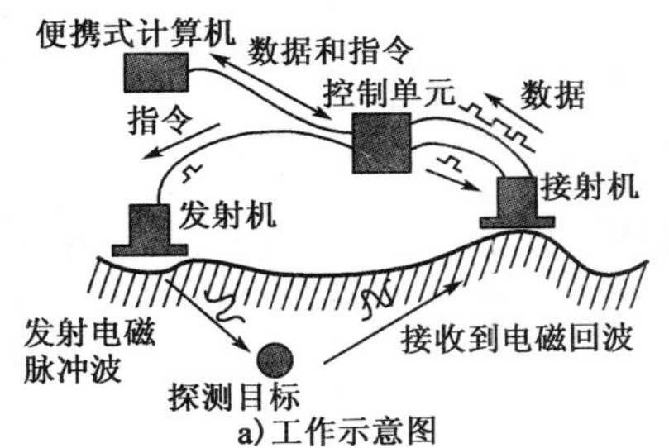

a) 工作示意图

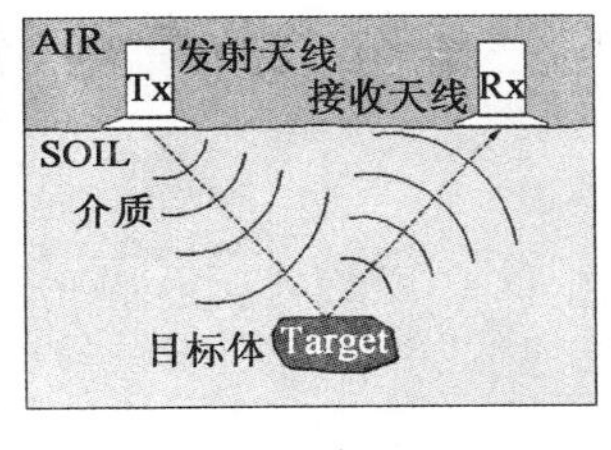

b) 工作机理

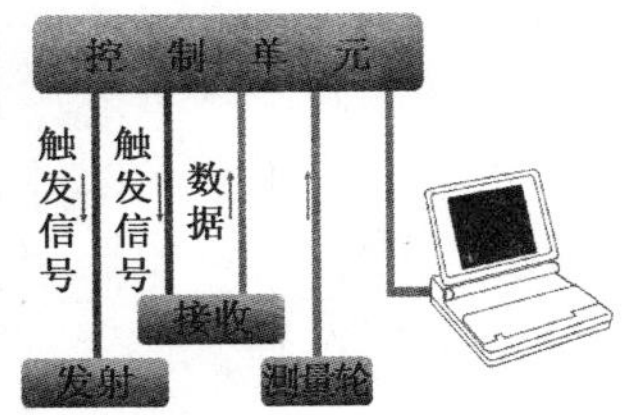

c) 基本组成

图 7-3　瑞典 MALA 地质雷达组成及工作原理

（4）地质雷达在隧道质量检测中的应用

地质雷达工作时，在雷达主机控制下，脉冲源产生周期性的毫微秒信号，并直接反馈给发射天线，经由发射天线耦合到支护（或衬砌）的信号在传播路径上遇到介质的非均匀体（孔洞、钢筋、钢拱架、裂缝等）时，产生反射信号。位于支护（或衬砌）表面上的接收天线在接收到支护（或衬砌）回波后，直接传输到接收机，信号在接收机经过整形和放大等处理后，经电缆传输到雷达主机，经处理后，传输到计算机。在计算机中对信号依照幅度大小进行编码，并以伪彩色电平图/灰色电平图或波形堆积图的方式显示出来，经事后处理，可用来检测支护（初次衬砌、二次衬砌）的施工质量（厚度、密实程度等），如图 7-4 所示。

2）地质雷达隧道质量检测流程

隧道工程结构是一个非常复杂的大系统，其质量也是由很多要素和施工阶段构成。同时，地质雷达天线频率又有一定的适应性。对隧道工程的检测应该根据隧道衬砌情况及施工的不同阶段确定检测的内容和方案。检测工作应在初次衬砌施工完毕后对初次衬砌的厚度及初次衬砌与围岩间接触情况进行检测。检测合格后方可进行下一步工序。最后才是对

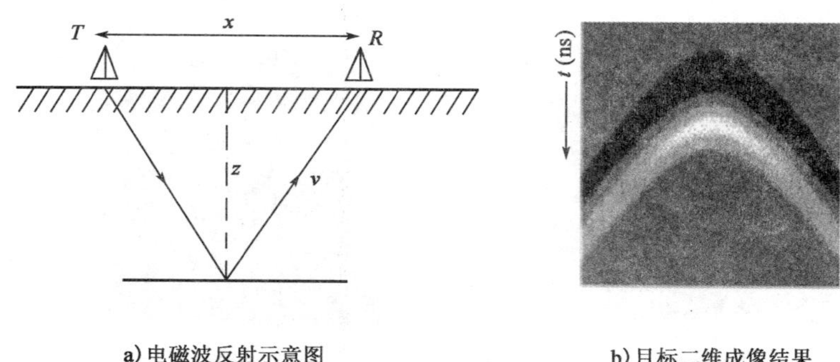


a) 电磁波反射示意图　　b) 目标二维成像结果

图 7-4　地质雷达质量检测目标原理

二次衬砌厚度的检测。每次检测若发现隧道结构缺陷，在缺陷处理后还必须进行复检。其检测流程如图 7-5 所示。

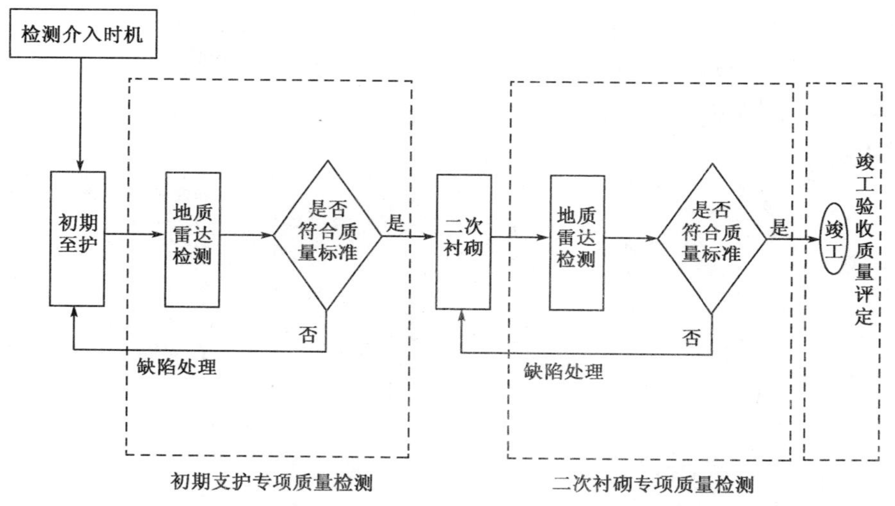


图 7-5　隧道质量检测流程

3）地质雷达现场质量检测技术步骤

隧道隧底混凝土厚度、二次衬砌厚度及密实度和脱空程度、初次衬砌厚度及衬砌背后空洞、钢拱架间距及数量检测可采用瑞典产 RAMAC Ⅱ型、美国劳雷 SIR-300 型等地质雷达配合高频天线（通常采用 500 ~ 900MHz 天线效果较好）进行检测。一般情况下，初次衬砌隧道质量检测以 30 ~ 50m 长度为检测单位，隧道二次衬砌以 200 ~ 300m 长度检测单位为宜。每座隧道沿隧道纵向布置 6 条测线，测线位置为：左边墙、左拱腰、拱顶、右拱腰、右边墙、隧底中线（仰拱）。试验严格依照《铁路隧道工程施工质量验收标准》（TB 10417—2003）、《铁路隧道衬砌质量无损检测规程》（TB 10223—2004）有关规定进行。

（1）雷达天线频率的选择及测线的布置

根据地质雷达检测的原理及工程实践经验，采用高频天线检测精度较高，但测量范围较小，采用低频天线检测精度较低，但测量范围较大。因此，要针对实际检测的内容，采用 500MHz 以上的雷达天线对隧道衬砌质量进行检测。地质雷达检测时测线布置在隧道左右边墙、左右拱腰、拱顶，这 5 条测线对衬砌混凝土厚度、衬砌背后密实和脱空程度进行检测；采用 250MHz 的雷达天线检测隧底混凝土厚度、混凝土不密实情况、仰拱回填质量等，现场检测的测线分布及检测情况，如图 7-6、图 7-7 所示。如图 7-7b）所示，在检测时利用工程检测车以小于 5km/h 的车速进行检测。对于有质量疑问处，要采用钻机钻取芯样进行破损检测。

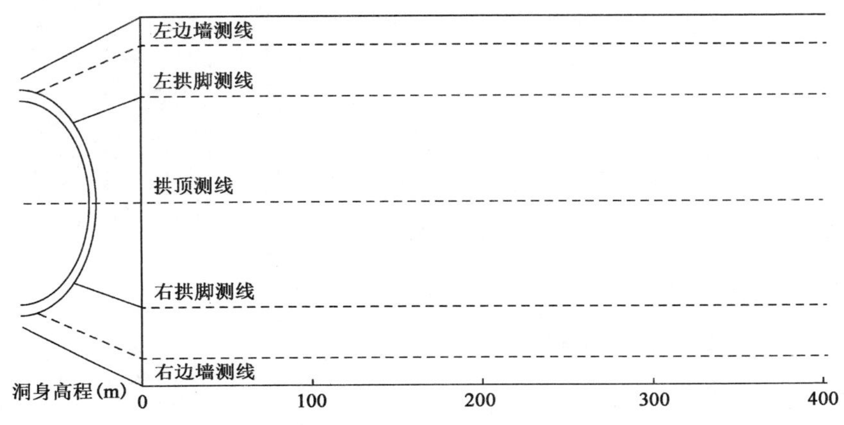


图 7-6　地质雷达测线纵断面布置图

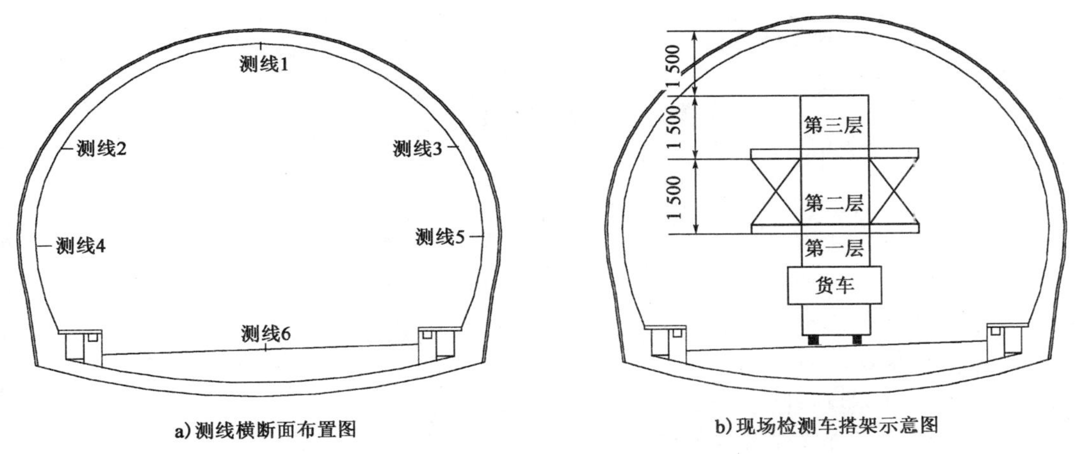


图 7-7　地质雷达质量检测工作图（尺寸单位：mm）

（2）地质雷达介质参数及波速的标定

①检测前应对衬砌混凝土的介电常数或电磁波速做现场标定，且每座隧道应不小于 1 处，每处实测不少于 3 次，取平均值作为该隧道的介电常数或电磁波速。

②标定可采用下列方法。

方法一：在已知厚度部位或材料与隧道相同的其他预制件上测量。

方法二：在洞口或洞内避车洞处使用双天线直达波法测量。

方法三：利用激光断面仪通过测量相同断面在衬砌施工前后断面的净空情况，从而测出衬砌厚度，用以标定雷达波速度，详见图 7-8、图 7-9。

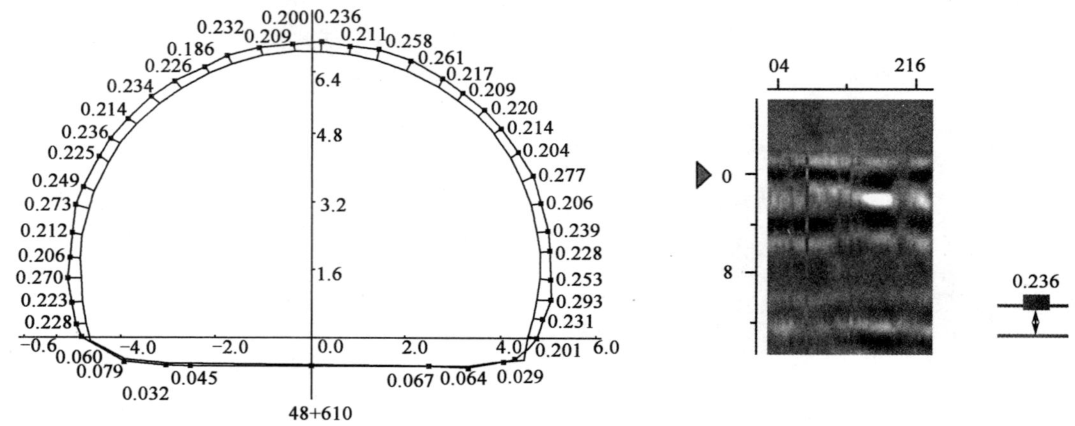


图 7-8　衬砌混凝土厚度

图 7-9　相同测线/测点处厚度及雷达图像示意图

方法四：钻孔实测。

③求取参数时应具备以下条件：

标定目标体的厚度一般不小于 15cm，且厚度已知；标定记录中界面反射信号应清晰、准确。

④标定结果应按下式计算：

$$\varepsilon_r = \left(\frac{0.3t}{2d}\right)^2 \tag{7-1}$$

$$v = \frac{2d}{t} \times 10^9 \tag{7-2}$$

式中：$\varepsilon_r$——相对介电常数；

$v$——电磁波速，m/s；

$t$——双程旅行时间，ns；

$d$——标定目标体厚度或距离，m。

（3）现场检测注意事项

地质雷达检测的现场实施也称为野外工作，工作目的就是采集有效的雷达回波图像。工作内容相对比较简单，但是也必须按照步骤按部就班地进行。检测工作现场操作应符合下列要求：

①测量前应检查主机、天线以及运行设备，均处于正常状态；

②测量时应确保天线与衬砌表面密实（空气耦合天线除外）；

③检测天线应移动平稳、速度均匀，移动速度宜为 3 ~ 5km/h；

④记录应包括记录测线号、方向、标记间隔以及天线类型等；

⑤当需要分段测量时，相邻测量段接头重复长度不应小于 1m；

⑥应随时记录可能对测量产生电磁影响的物体（如渗水、电缆、铁架等）及其位置；

⑦应准确标记测量位置。

如图 7-10 所示，现场检测工作除了需要地质雷达以外，隧道检测车也是一个很重要的设备。隧道检测车具有两大作用：一是保证雷达平稳匀速运动；二是为雷达密贴测线提供平台。

a）拱顶检测

b）边墙检测

图 7-10　地质雷达二次衬砌质量现场检测

（4）地质雷达现场检测技术要点

①测量拱顶和拱腰位置时，测量所用车辆须采用轮胎式机械，这样能够保证快速稳定地进行数据采集，防止上下颠簸，确保数据采集质量。尽可能不要采用履带式机械。

②在数据采集之前，要每间隔 5m 或 10m 的距离用明显的标记标明隧道里程数，数据采集时利用雷达设备自带的打标功能进行距离校准。因为测量轮与衬砌表面有时接触不实，雷达图像上显示的距离通常比实际距离短。为了精确定位缺陷位置，要把误差控制在可接受的范围内。

③采集拱顶和拱腰位置的数据时，其操作平台至少要能够容纳 3 人，有足够的活动空间。

④雷达图像文件的测量长度最好控制在 100～200m，因为测量轮的误差，10m 的里程在雷达图上显示的可能只有 8m。如果测量长度很大，会在无形中增大累计误差和分析数据的难度。

⑤一定要对协助测量的工人进行简单的现场培训，负责举天线的工人要保证天线在衬砌表面平稳前进，不要倾斜；负责固定测量轮的工人要保证测量轮与衬砌表面接触良好，能够正常计数；负责安全的工人一定要保证其他工作人员和自己的安全。

⑥测量拱顶和拱腰位置时，工作人员和天线都要用安全带或绳索与周边物体进行固定，防止工人高空作业时发生危险和天线滑落摔坏。

⑦数据采集时一定要做好记录，把文件号与测量的起止里程相对应。为以后的数据分析处理做好准备。

⑧当需要对小缺陷进行精确定位时，应该对缺陷区域进行二次测量，可采用多条测线加密采集，现场处理数据，精确定位缺陷位置。

4）地质雷达测试数据处理解释

（1）地质雷达测试数据的处理

由于雷达波在地下的传播过程十分复杂，各种噪声和杂波的干扰非常严重，正确识别各种杂波与噪声、提取有用信息是地质雷达记录解释的重要环节，其关键技术是对地质雷达记录进行各种数据处理。

地质雷达的噪声和杂波大致可归结为以下几类：

①系统噪声，主要源于发射和接收天线之间的耦合；

②多次波干扰；

③空中直接反射，非屏蔽干扰；

④来自电台、电视台、雷电放电、太阳活动等外部电磁干扰。

对系统噪声干扰可采用滤波和多次叠加压制；多次波干扰的问题一直是研究的热点和难点，提出的方法不少，但实际应用的效果都不是很理想。空中直接反射的干扰常常很强烈，易识别，但难以消除，一般使用屏蔽天线以尽量消除这种干扰。来自电台、电视台、雷电放电、太阳活动等外部的电磁干扰，可通过滤波技术进行有效压制。

电磁波在地下的传播形式与地震波十分相似，而且地质雷达数据剖面也类似于反射地震数据剖面，因此，反射地震数据处理的许多有效技术均可用于地质雷达的数据处理，但由于雷达波和地震波存在着动力学差异，例如强衰减性，雷达波在湿的地层中衰减比在干的情况下要大，而地震波却恰好相反；地质雷达的穿透深度比地震波要浅得多。所以单一地移植、借鉴地震资料处理技术是不够的。

常规的地质雷达模拟浅层地震资料处理技术有：滤波，道均衡，速度分析，多次叠加，单道多次测量平均，偏移，反褶积，复信号处理等。

下面以焦（作）至桐（柏）高速公路巩登段某隧道质量检测为例，简要说明地质雷达现场测试数据处理的过程。测试数据采用瑞典MALA公司地质雷达的Ground Vision采集处理软件进行处理，通常需要采用的滤波器有下面几种，如图7-11所示。

①DC removal：通常每道波形的振幅都存在一个常量的偏移，我们称之为直流偏移。这个滤波器将在数据中去除DC部分，每道波形的DC都将被单独的计算和去除掉。

②Subtract Mean Trace：这个滤波器通过减去一个所有道波形的平均值来在雷达图像上消除水平或近似水平的特征。

③Automatic Gain Control（AGC）：自动增益控制能够调整每道波形的增益，主要通过调整时间窗口内的平均振幅来实现。

④Band Pass：带通滤波器主要是在数据中去除不想要的频率，在低取舍点和高取舍点区间之外的频率成分都将被削弱。

⑤Running Average：这个滤波器通过对激活采样窗口内全部采样的平均值来替换每个采样值，这使雷达图像看起来更加平滑。

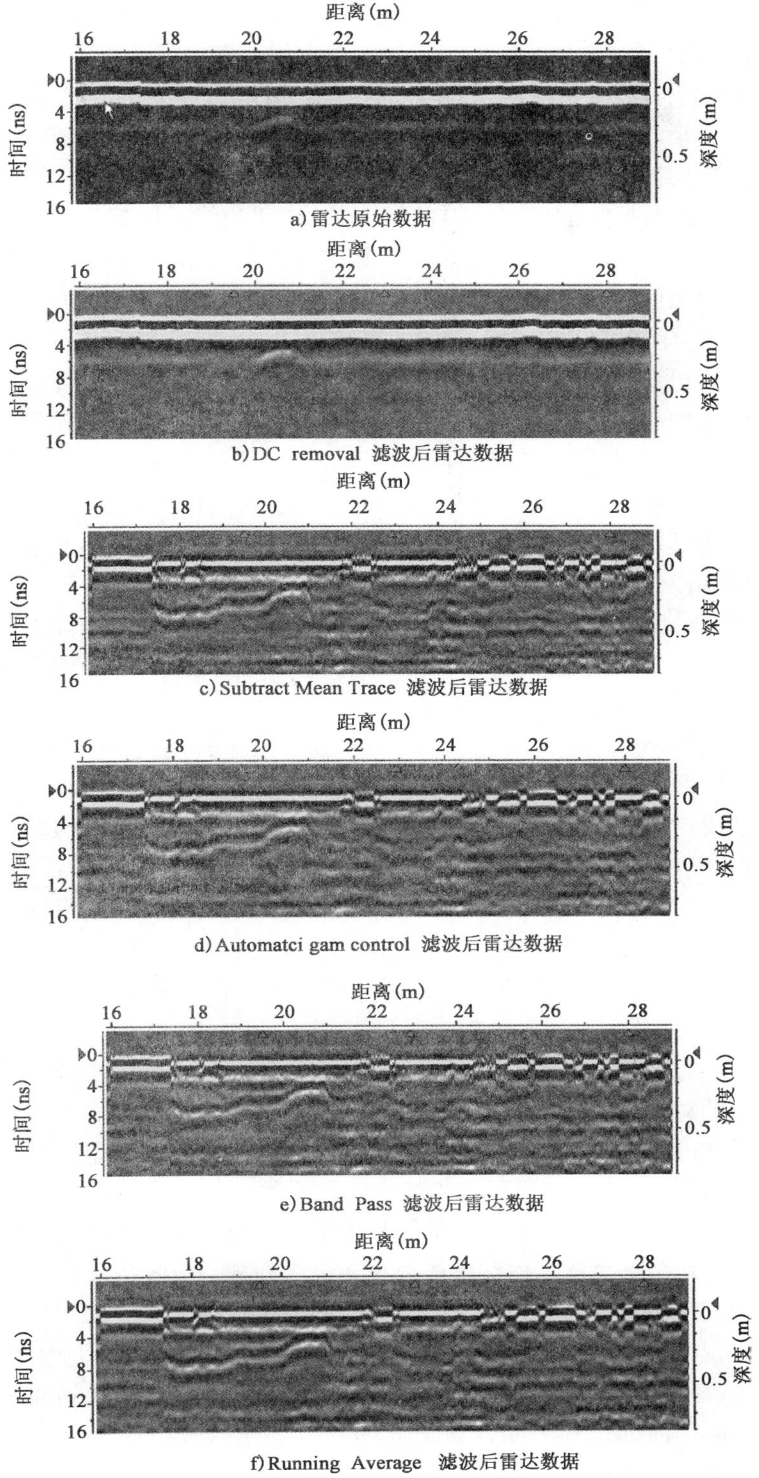


图 7-11　地质雷达采集数据及滤波

（2）地质雷达测试数据的解译

①反射层的提取

在雷达数据记录资料中，根据相邻道上反射波的对比，把不同道上同一连续界面反射波相同相位连接起来的对比线称为同向轴。同向轴的时间、形态、强弱、方向反正等特征是数据解释最重要的基础，而反射波组的同向性与相似性也为反射层面的追踪提供依据。同向轴的形态与探测目标物的形态并非完全一致，由于边缘反射效应的存在，使得目标物波形的边缘形态有很大差异。对于孤立的目标体，其反射波的同向轴为开口向下的抛物线，有限平板界面反射的同向轴中部为平板，两端为半支开口向下的抛物线。

地质雷达数据解释基础是拾取反射层。通常通过钻孔取芯与雷达图像对比，建立各层的反射波组特征。识别反射波组的标志为同相性、相似性与波形特征等。地质雷达图像剖面是数据解释的基础图件，只要介质中存在电性差异，就可以在雷达图像剖面中找到相应的反射波与之对应。根据相邻道上反射波的对比，把不同道上同一个反射波相同相位连接起来的对比称为同相轴。一般在无构造区，同一波组往往有一组光滑平行的同相轴与之对应，这一特征称为反射波组的同相性。地质雷达测量使用的点距很小，地下介质的变化在一般情况下比较缓慢，因此相邻记录道上同一反射波组的特征会保持不变，这一特征称为反射波形的相似性。同一层的电性特征接近，其反射波组的波形、振幅、周期及其包络线形态等有一定特征。确定具有一定特征的反射波组是反射层识别的基础，而反射波组的同相性与相似性为反射层的追踪提供了依据。

②时间剖面的解译

时间剖面的解释重点研究特征波的同相轴变化。特征波是指强振幅、能长距离连续追踪、波形稳定的反射波。它们一般是主要岩性分界面的有效波，特征明显，易于识别。时间剖面的主要特征表现如下。

雷达反射波同相轴发生明显错动：破碎带及大的风化裂缝、含水量变化大造成正常地层发生突变，两侧地层或土壤层性质发生变化，表现在地质雷达时间剖面上为反映地下地层界面上的雷达反射波同相轴明显错动，断层或土壤层性质发生变化越大，这一特征越明显。

雷达反射波同相轴局部缺失：地下裂缝、地下性质突变和风化发育情况和程度往往是不均衡的，由于其对雷达反射波的吸收和衰减作用，往往使得在裂缝、裂隙的发育位置造成可连续追踪对比的雷达反射波同相轴局部缺失，而缺失的范围与裂缝横向发育范围和土壤性质突变大有关系。

雷达反射波波形发生畸变：地下裂缝、裂隙等在地质雷达时间剖面上的另一表现特征为，由于裂缝、不均匀体对雷达波的电磁弛豫效应和衰减、吸收造成雷达反射波在局部发生波形畸变，畸变程度与裂缝、裂隙及不均匀体的规模有关。

雷达反射波频率发生变化：由于土壤各种成分含量及盐碱性质对于雷达波的电磁弛豫效应和衰减、吸收作用，往往对雷达波波形改变的同时造成雷达波在局部频率降低，这也是探地雷达在时间剖面上识别不同性质边界的一个重要标志。不同介质有不同的结构特征，内部反射波的高、低频率特征也明显不同，这可作为区分不同物质界面的依据。例如，混凝土与岩层相比，介质比较均匀，没有岩石构造复杂，因此，混凝土内部反射波较少，只是在有缺陷的地方才有反射，而围岩中反射波明显，特别是高频波较为丰富。如果围岩中含水较多，反射信号会出现低频高振幅的反射特征，易于识别。节理带、断裂带等结构破碎部位，内部反射和散射较多，在相应位置表现为高频密纹反射，但是，由于破碎带的散射和吸收作用，从其后部位反射回来的后继波能量变弱，信号振幅较为平坦。

雷达剖面的变形特征：

电磁波的反射系数 $R$ 和折射系数 $T$ 分别由式（7-3）、式（7-4）计算。

$$R = \frac{\sqrt{\varepsilon_1\mu_1} - \sqrt{\varepsilon_2\mu_2}}{\sqrt{\varepsilon_1\mu_1} + \sqrt{\varepsilon_2\mu_2}} \approx \frac{\sqrt{\varepsilon_1} - \sqrt{\varepsilon_2}}{\sqrt{\varepsilon_1} + \sqrt{\varepsilon_2}} \tag{7-3}$$

$$T = \frac{2\sqrt{\varepsilon_1\mu_1}}{\sqrt{\varepsilon_1\mu_1} + \sqrt{\varepsilon_2\mu_2}} \approx \frac{2\sqrt{\varepsilon_1}}{\sqrt{\varepsilon_1} + \sqrt{\varepsilon_2}} \tag{7-4}$$

式中：$R$——界面的电磁波反射系数；

$T$——界面的电磁波折射系数；

$\varepsilon_1$——第一层介质的相对介电常数；

$\varepsilon_2$——第二层介质的相对介电常数；

$\mu_1$——第一层介质的磁导率（绝对磁导率）；

$\mu_2$——第二层介质的磁导率（绝对磁导率）。

其中，当 $\varepsilon_1 > \varepsilon_2$ 时，$R$ 为正值；当 $\varepsilon_1 < \varepsilon_2$ 时，$R$ 为负值。$R$ 的正、负差别意味着相位相反（即相位变化为 $\pi$）。

从反射系数式（7-3）可以得出两个结论：界面两侧介质的电性质差异越大，反射波信号越强；电磁波从介电常数小的介质入射到介电常数大的介质时，即从高速介质进入到低速介质，反射系数为负，相位变化为 $\pi$，即反射振幅与入射波反向。反之，从介电常数大的介质入射到介电常数小的介质时，反射系数为正，反射波振幅与入射波同向。

如果从空气（$\varepsilon_{空} = 1$）入射到混凝土（$\varepsilon_{混凝土} = 6 \sim 10$）时，混凝土反射振幅反向，折射波不反向。从混凝土后边的脱空区再反射回来时，反射波不反向。因此，脱空区的反射方向与混凝土表面的反射方向正好相反。

如果混凝土后面充满水（$\varepsilon_{水} = 81$），电磁波在该界面的反射也将发生反向，与表面反射波同向，而且反射振幅较大。如果混凝土中有金属物体，例如钢筋（$\varepsilon_{钢筋} = \infty$），反射波反向，反射振幅特别强。

5）检测成果分析及质量评定

（1）地质雷达资料反映的是地下介质的电性分布，将其转化为地质体分布，必须把地质、施工、地质雷达等方面的资料有机结合起来，以此获得检测对象的整体图像。

（2）隧道衬砌中存有空洞的判析：处于围岩或混凝土空洞中的空气与模筑混凝土、喷射混凝土、围岩有明显的介电常数差异，因此在时间剖面图上，同相的雷达波错断并向上弯曲，并在空洞和混凝土、围岩之间有明显的界线。

（3）检查资料与被检查资料的雷达图像应具有良好的重复性、波形基本一致、没有明显异常位移。

（4）检查资料质量评定应符合下列规定：

衬砌背后回填密实度和空洞检查点的相对误差小于10%为合格，衬砌混凝土厚度检查点的相对误差小于15%为合格；合格的检查点数大于总检查点数量的90%为合格。

6）提交成果

提交的检测报告包括：衬砌厚度数据、背后空洞分布情况、围岩状况分析报告。及时向业主方及监理方提交检测结论及补救措施，以指导下一阶段的施工。

### 7.2.4 隧道工程衬砌质量检测与评定

1）隧道衬砌质量缺陷判别解释技术难点

（1）二次衬砌表面反射波及二次衬砌表面位置的确定

隧道衬砌健康状态检测中，首先要确定二次衬砌表面的反射波，二次衬砌表面的选择直接决定了探测衬砌厚度值、钢筋深度值等检测内容的准确性。

（2）电磁波在隧道衬砌中的传播速度

在地质雷达的时间深度剖面图上，深（厚）度值依赖于速度值或相对介电常数的选定。速度值根据试验室取样测定、现场测定或综合经验取值，这些方法都存在一定误差。不同的检测机构因参数选取差异而所产生的深度误差可能达到10%以上。

（3）电磁波在隧道衬砌中的散射、绕射

由于天线自身的原因，在隧道衬砌检测中，电磁波在衬砌中传播时绕射现象明显，成为影响探测精度提高的主要障碍之一。

（4）表层钢筋多次反射的影响

由于地质雷达质量检测采用高频电磁波，而高频电磁波具有光学特性，即当它遇到金属时会发生全反射，部分能量被接收天线所接收，部分又被反射到钢筋处，从而形成了电磁波在天线和钢筋之间的多次反射，在时间深度剖面图上，这严重影响了对钢筋背后钢筋、缺陷的判释，而按照现有的滤波方法，这种影响无法消除。但一般能分辨出有无第二层配筋或较大空洞，第二层钢筋数量难以分辨。

（5）衬砌厚度的确定及衬砌缺陷的判释

复合式衬砌按施工先后顺序分为初次衬砌喷射混凝土、中间防水卷材和二次衬砌模筑混凝土。如果两层衬砌间界面密贴，则在衬砌界面处的反射波很微弱，准确地判释衬砌厚度有一定难度；若两层衬砌之间有较大的脱空区，则在二次衬砌与脱空区界面处产生强反射，二次衬砌厚度较易确定，但由于脱空区内介质的不确定，脱空区的高度有一定误差。对衬砌中缺陷的判释很大程度上要依靠经验。

（6）衬砌缺陷主要判释特征

在时间深度剖面图上，蜂窝、离析等表现为波形杂乱，同相轴错断；空洞表现与钢筋相类似，但没有相位损失；脱空体表现为胶结面以下出现多次反射波，并与相邻道之间发生相位错位。

2）衬砌质量数据处理步骤

数据处理采用配套地质雷达处理解释软件。处理过程包括预处理和处理分析。

（1）预处理主要步骤

①修改文件头参数；

②标记和桩号校正；

③剖面翻转和道标准化；

④添加标题、标识等。

（2）处理分析的主要步骤

①浏览整个剖面，查找明显的异常；

②频谱分析；

③滤波去噪；

④振幅增强；

⑤异常特征和面层对应相位分析；

⑥剖面修饰等。

3）初期支护厚度、背后空洞（密实度）检测与判释

经过处理后的检测剖面中，不同的颜色对应不同的幅度强度，横轴代表桩号（单位为 m），纵轴表示电磁波传播的双程走时（单位为 ns）。通过对检测剖面进行解读，识别喷混凝土（衬砌）厚度、结构裂隙、密实程度、衬砌背后空洞等，如图 7-12 所示。

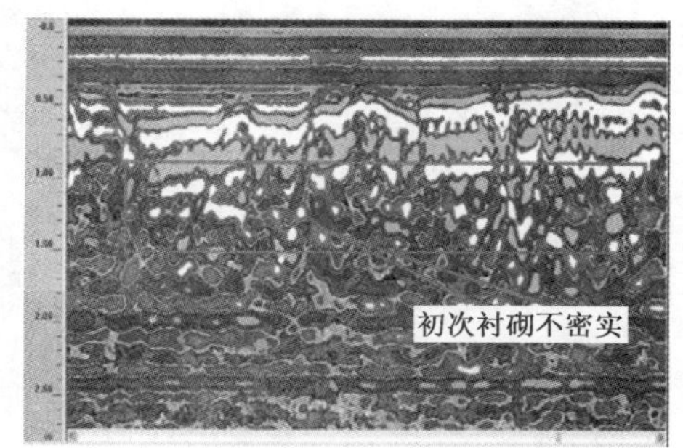


a）初次衬砌不密实

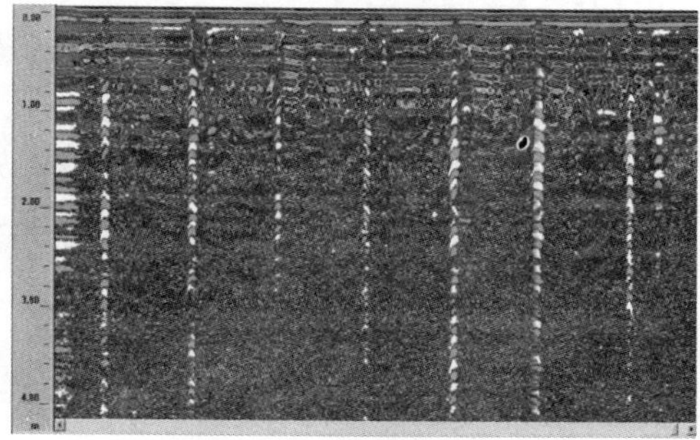

b）锚杆

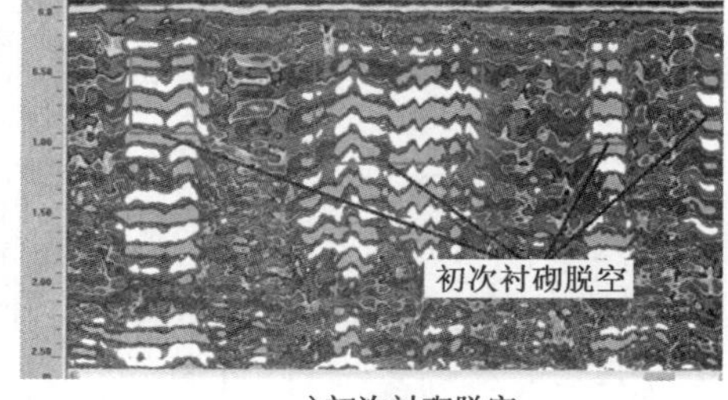


c）初次衬砌脱空

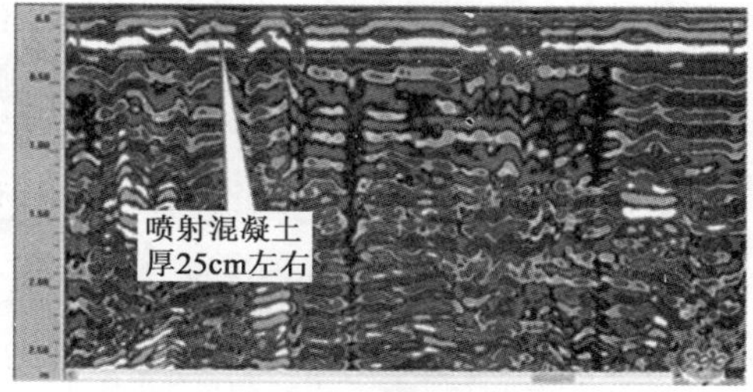


d）初次衬砌厚度不够

图 7-12　初次衬砌质量检测与判断

在喷混凝土内存在不密实及衬砌背后存在缺陷时，均可由地质雷达剖面图上所反映的信息进行判断。喷混凝土背后的缺陷形式主要有不密实及空洞两种情况。

喷混凝土及背后存在不密实：不密实的衬砌混凝土体及喷混凝土背后不密实的围岩在地质雷达剖面图上的波形杂乱，同相轴错断。

喷混凝土与围岩之间有空洞：由于空气与混凝土介电常数差别较大，电磁波在喷混凝土与空气之间将产生强反射信号。当空洞比较大时，围岩界面清晰可见，在地质雷达剖面图上主要表现为在喷混凝土层以下出现多次反射波，同相轴呈弧形，并与相邻道之间发生相位错位，且其能量明显增强。

测线布置及检测结果等相关内容详见7.2.3.3）地质雷达现场质量检测技术步骤。

4）初期支护钢支撑间距及数量检测与判断

在隧道中所使用的格栅或型钢拱架数量，也是隧道初期支护质量控制中所关心的问题。喷混凝土中存在格栅或型钢拱架支撑时，地质雷达剖面图中信号会有变化，可通过这些信号的变化读出隧道施工时所使用的格栅或型钢拱架支撑数量。钢材质量（包括锚杆）及加工质量可于施作前抽检来进行控制。

（1）钢格栅拱架

当混凝土中存在钢筋时，雷达剖面图中将产生连续点状强反射信号，当混凝土中有格栅拱架支撑时，靠得较近的两主筋将形成两个点状强反射信号，再由两个点状信号形成类似于字母倒M形状的反射信号，如图7-13 a）所示，每一个这样的雷达波信号就对应着一榀格栅拱架支撑，由此信号总数即可统计出整个隧道纵向的格栅拱架支撑数量。

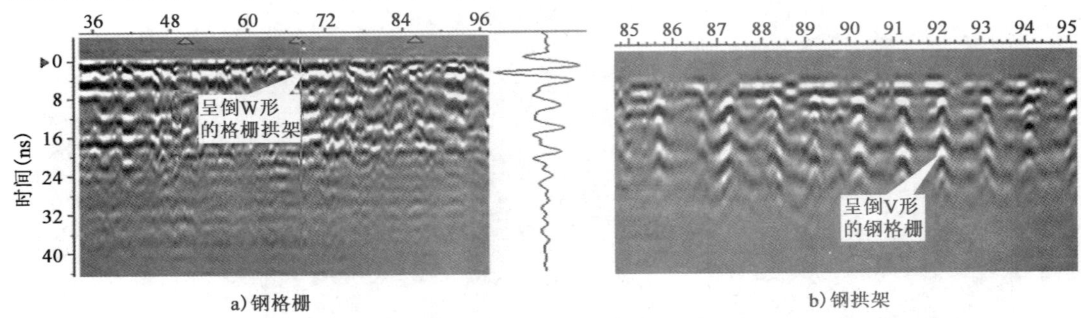


a）钢格栅　　b）钢拱架

图7-13　隧道初次衬砌钢支撑质量检测图

（2）初期支护型钢钢架

当混凝土中有型钢支撑时，雷达剖面图中将出现特别强的月牙形反射信号，如图7-13 b）所示，每一个这样的信号表示有一榀型钢拱架支撑，由此信号总数即可统计出整个隧道纵向的型钢拱架支撑数量。

5）二次衬砌厚度、衬砌背后空洞检测与判释

二次衬砌厚度、衬砌背后空洞检测步骤、判断与评定参见初次衬砌质量检测。

当电磁波从发射天线经二次衬砌混凝土传播至防水卷材时，由于防水卷材两侧介电常数差异较大，发生明显的反射而被地质雷达接收天线所接收，在时间深度剖面图中表现为多条连续的同相轴，根据这一主要原则从而对隧道二次衬砌厚度做出判释，如图7-14所示。

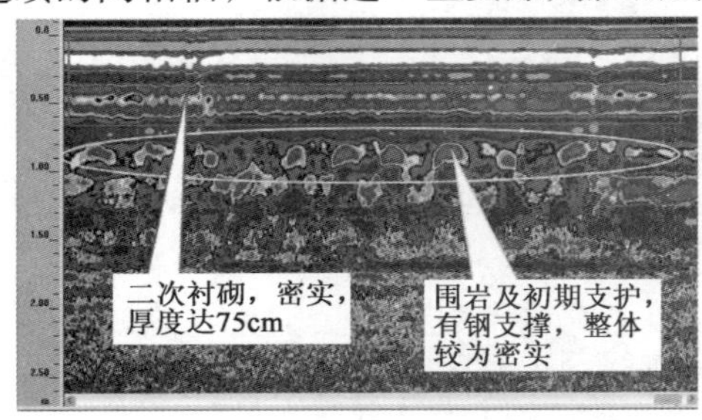


a）二次衬砌厚度等

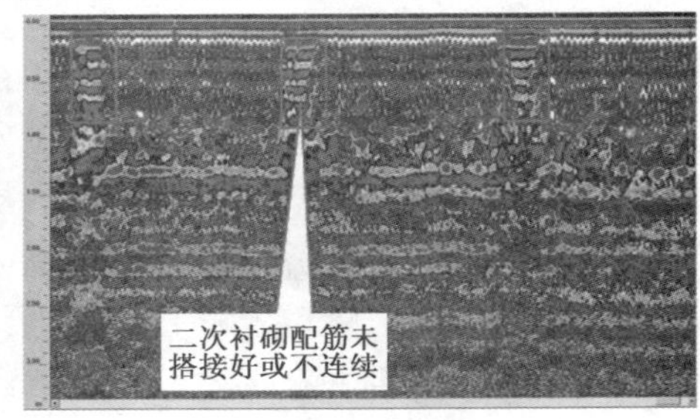


b）二次衬砌配筋搭接

图　7-14

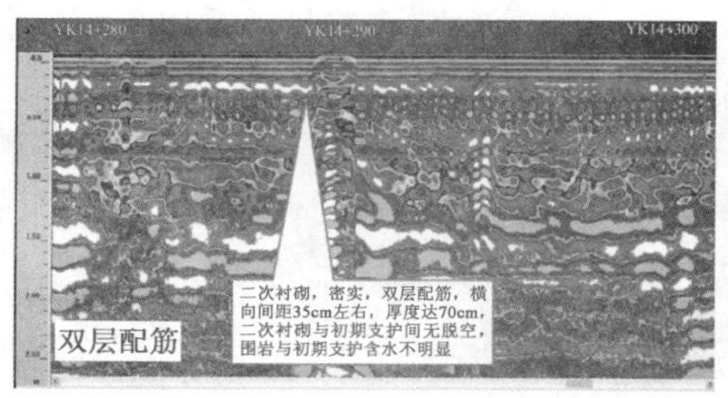


c) 二次衬砌双层配筋

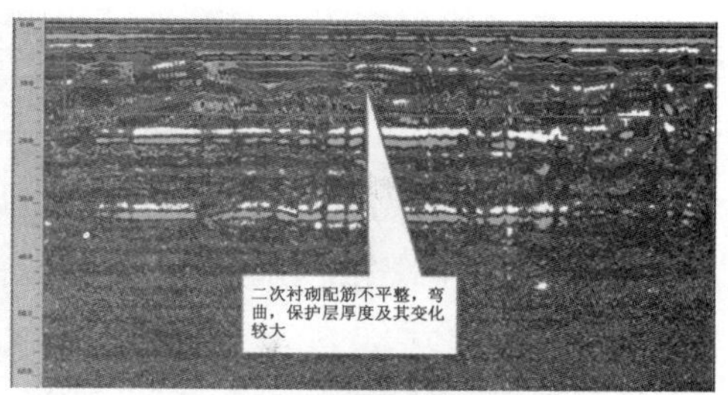


d) 二次衬砌配筋保护层

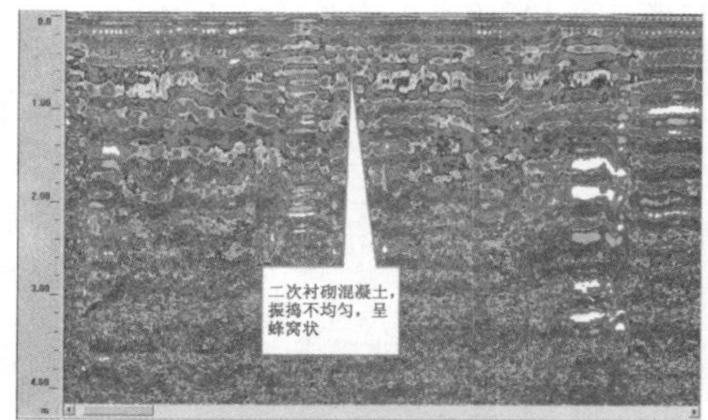


e) 二次衬砌混凝土不密实

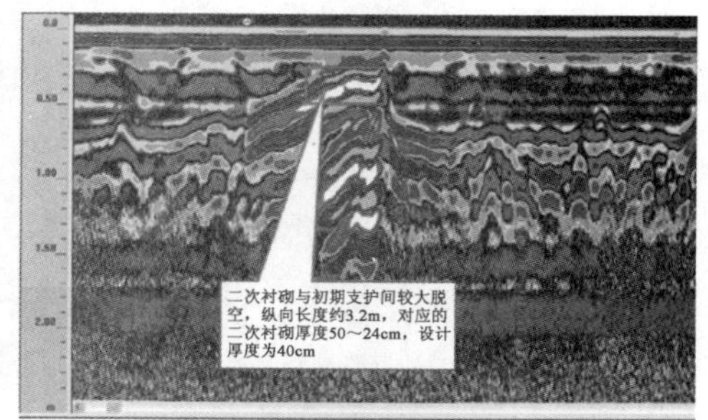


f) 二次衬砌混凝土背后空洞

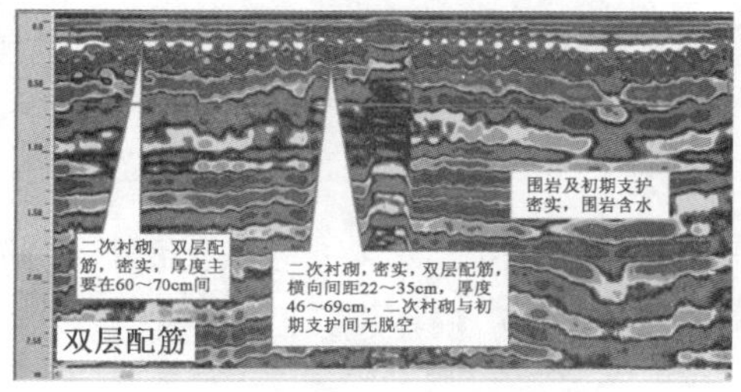


g) 复合式次衬砌整体质量（拱顶）

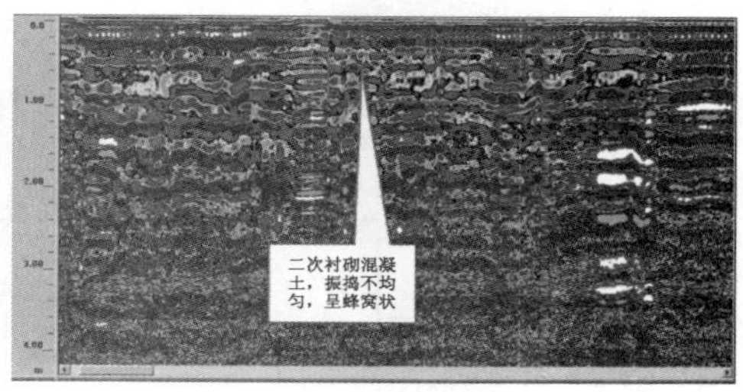


h) 二次衬砌混凝土（明洞）

i) 二次衬砌混凝土离析

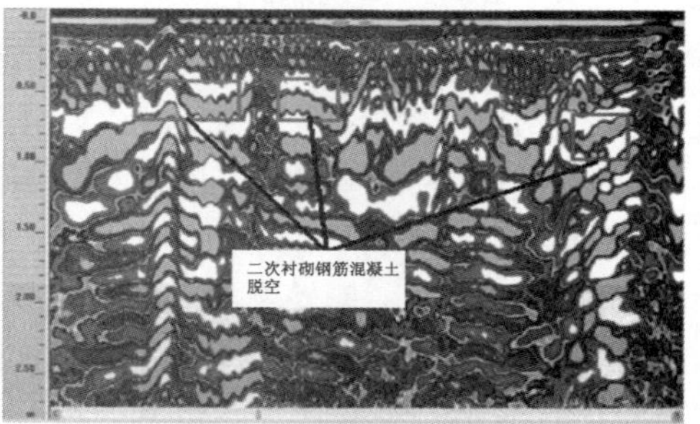


j) 二次衬砌钢筋混凝土脱空

图 7-14　隧道二次衬砌质量检测

6）隧道断面尺寸检测

（1）初次衬砌断面尺寸检测

激光断面仪（如国产 BJSD-2 型隧道限界检测仪）或全站仪对初次衬砌断面尺寸进行检测，如图 7-15 所示。检测中以隧道控制网坐标系统（中线及高程）为断面轮廓检测的坐标系统，隧道内每间隔一定距离（如20m）设置一个检测断面，每个检测断面上设置一定数量的测点。

在隧道初次衬砌完成后，将激光断面仪架设在检测横断面上对初次衬砌轮廓进行检测，对实测数据进行分析处理，得出隧道初次衬砌轮廓断面，以设计断面为标准曲线，通过与实测断面轮廓数据的比较，确定隧道初次衬砌断面是否满足设计要求。

a) BJSD-2型激光断面检测仪

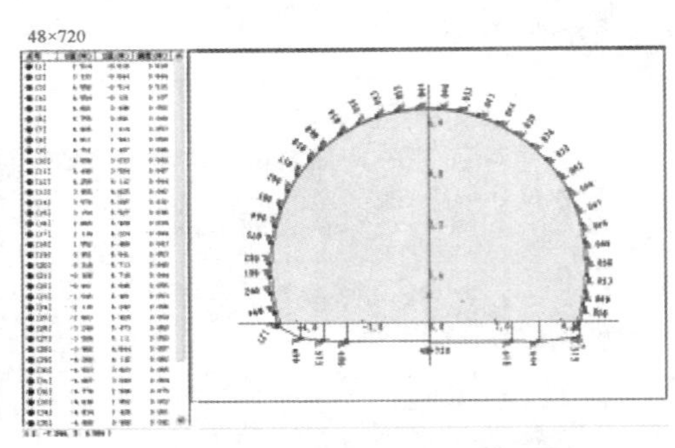


b) BJSD-2型激光断面检测仪专用软件界面

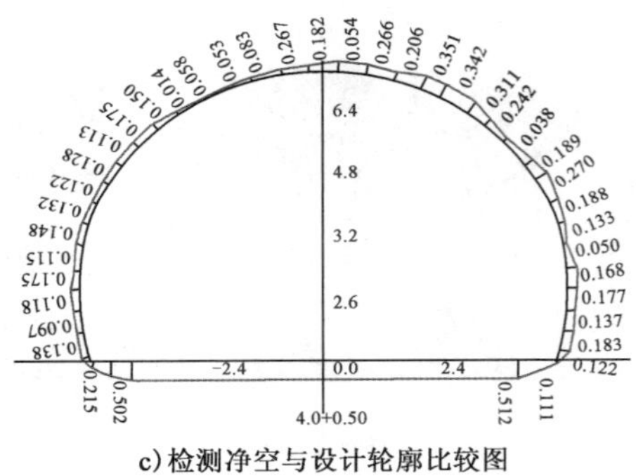


c) 检测净空与设计轮廓比较图

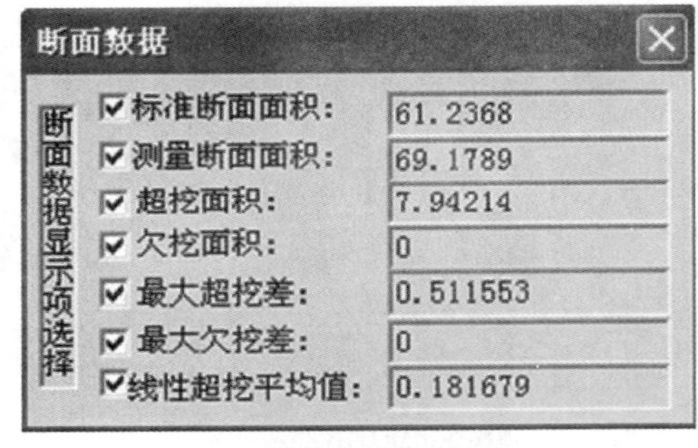


d) 检测断面数据统计

图7-15 隧道断面质量检测

（2）二次衬砌净空断面检测

对隧道二次衬砌净空状况的检测采用激光断面仪，检测方法及原理与初次衬砌断面尺寸的检测相同。

（3）隧道开挖断面轮廓检测

对隧道开挖断面轮廓的检测采用激光断面仪或全站仪进行，检测方法及原理与初次衬砌断面尺寸的检测相同。在隧道开挖后，将激光断面仪架设在检测横断面上对开挖轮廓进行检测，对实测数据进行分析处理，得出隧道开挖轮廓断面，与设计的开挖线相比较，可评价隧道开挖的超欠挖情况，对隧道的开挖质量进行评价。

（4）衬砌厚度检测

初期支护喷射混凝土厚度：在隧道开挖后，用激光断面仪对开挖断面进行测量，待初期支护喷射混凝土完成后在相同断面对初期支护施作后的净空断面进行测量，利用两次测量结果的差值，可得出该断面初期支护喷射混凝土厚度。

二次衬砌混凝土厚度：用激光断面仪先对初期支护进行断面测量，待二次衬砌完成后在相同断面对二次支护施作后的净空断面进行测量，利用两次测量结果的差值，可得出该断面二次衬砌混凝土厚度。

7）初期支护喷混凝土强度检测

根据喷混凝土强度表面特征，宜采用气压射钉枪无损检测方法进行检测，如图 7-16a）所示。气压射钉枪检测喷混凝土强度是在恒定空气压力下将经过特殊标定的射钉打入喷混凝土内，由其射入深度推算其强度（深度与强度的关系由实验标定）。气压射钉枪检测方法如下。

（1）准备

准备好射钉枪、数显空压表、空压管、空压机，确认安全后连接，接上电源准备试验。根据检定求得的空气压力调整空压机压力（调整范围为 ±0. 01MPa）。

（2）检测步骤

射钉枪与测定面成直角打入试验场所的喷混凝土面，检测点布置如图 7-16b）所示。

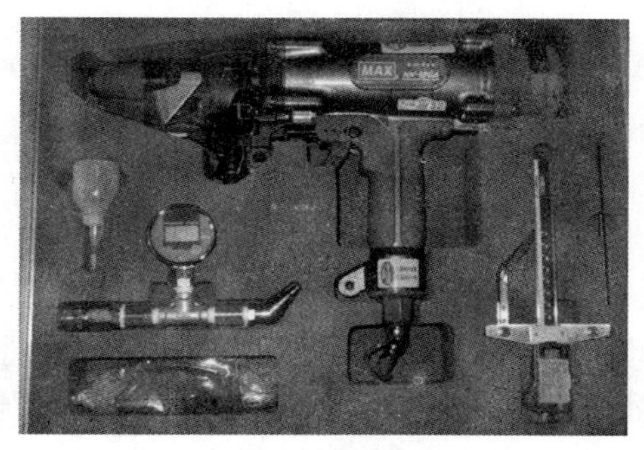


a) 气压射钉枪

○1　○2　○3

○4　○5　○6

○7　○8　○9

○10

b) 检测点位置示意图

图 7-16　初次衬砌喷混凝土强度检测

射钉打入 10 个点以上为标准，相互间隔 70mm 以上，每次打入时确认空气压力，不是所定压力时停止打入并调整压力。打入时尽量避开裂纹等欠缺部位。

用专用数显深度游标卡尺测定贯入深度，测定值读数精度为 0. 1mm，测定时，除明显认定为混凝土欠缺部分外，喷混凝土的凹凸部分不予考虑。游标卡尺以一定的方向测定。

打入时的反响声音和射钉折弯等，或者贯入深度测定值在该射钉贯入值的平均值 ±5mm以上被认为是值。除去这些异常值，测定值应补足所测定的数（10 点）。

（3）检测强度推算

在进行现场检测之前，利用施工现场试验室的试验设备，在室内恒定空气压力条件下建立射钉枪的射钉贯入深度与喷混凝土试件强度关系公式及关系曲线，见式（7-5）、图 7-17。

$$F = Ax^3 + Bx^2 + Cx + D \tag{7-5}$$

式中：$A$、$B$、$C$、$D$——常数，回归系数。

在现场检测后，整理数显深度游标卡尺测得的射钉贯入深度等检测数据，根据强度推算公式，推算出检测喷混凝土的强度（具体过程使用计算机统一处理）。该方法具有检测结果客观可靠、操作方便、省工省时等优点，在隧道初期支护喷混凝土强度检测中发挥了重要作用，取得了令人满意的结果。

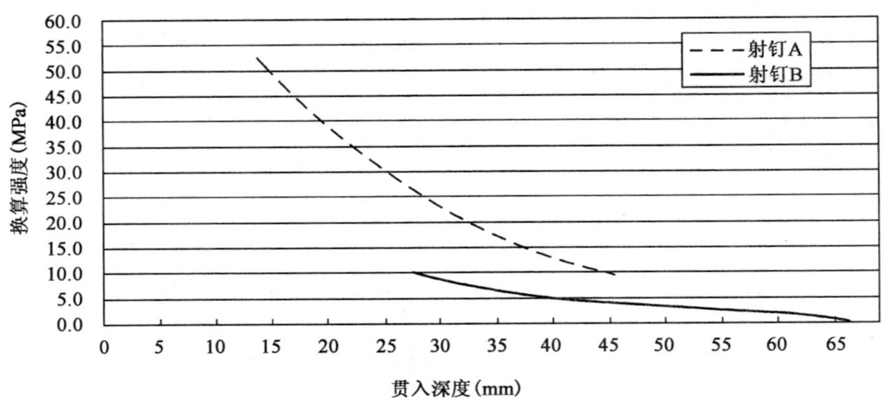


图 7-17　喷混凝土强度与射钉贯入深度的关系曲线

在检测中，可通过对喷混凝土早期强度及晚期强度进行大量的检测，由试验结果建立强度龄期成长曲线后，再通过检测早期强度预测晚期强度，反馈信息，及时调整施工方法及配合比参数，以确保初期支护喷混凝土的晚期强度满足要求。

8）二次衬砌混凝土强度检测

隧道衬砌强度采用超声回弹综合法配合钻芯取样法进行检测。在施工过程中隧道衬砌混凝土强度存在疑问时，采用超声波检测仪、混凝土回弹仪及金刚石钻机对其进行强度检测。试验严格依照《铁路工程结构混凝土强度检测规程》、《超声回弹综合法检测混凝土强度技术规程》有关规定进行。

（1）超声回弹综合法检测

检测步骤如下：在回弹仪、超声波检测仪内装上电池，并按要求连接好导线；在确定的测区位置，用超声回弹模子标出回弹的弹击点及超声声速值测点，在每个测区里用混凝土回弹仪测一组回弹值（16 个测点），用超声波检测仪测三个超声波波速值（最后取其平均值）；在检测的同时，专人记录回弹值、超声波波速值。

（2）钻芯取样检测

检测步骤如下：按钻机上底座位置，用冲气钻在取样位置钻孔，用膨胀螺栓将钻机固定在边墙上；将装有水的水桶挂在梯子上，并用颜料管将水引到钻机，最后钻取芯样（芯样尺寸为：$\phi100\times100$）；将钻取的芯样按里程桩号等用红油漆作上标记；芯样钻取后，在室内按规范养护后采用国产 NYL-60 型压力试验机对芯样进行抗压强度试验，得出芯样单轴抗压强度；最后，通过无损检测结合钻芯取样修正的方法得出隧道衬砌混凝土的强度，并将检测强度与设计强度进行比较分析，对隧道衬砌混凝土强度进行评价。

9）衬砌平整度检测

采用三米直尺量测法。由于采用人工操作，人为因素大、精度低、测试效率低，适用于对在建隧道衬砌混凝土施工过程进行质量控制。

三米直尺是由硬木或铝合金等材料制成，底面平直，长 3m。对隧道衬砌混凝土平整度的测试，一般选择隧道两侧边墙、拱顶共三条测线。在测试前将三米直尺放在隧道边墙、拱顶测线上，然后用自喷漆在边墙、拱顶作好起点标记。测试时，目测三米直尺底面与衬砌混凝土之间的最大间隙位置，用有高度标线的厚薄规塞进间隙处，量测最大间隙的高度 $h$（mm），要求准确至 0.2mm。按《公路工程质量检验评定标准》（JTG F80/1—2004）的规定，200m 测试两处，每处要求连续 10 尺，然后计算 10 个最大间隙的平均值、不合格尺数及合格率。

喷射混凝土基面平整度控制标准：边墙 $D/L \leqslant 1/6$，拱顶 $D/L \leqslant 1/8$。

### 7.2.5　隧道初期支护质量检测工程实例

1）隧道工程概况

2011 年 8 月 29 日对焦（作）至桐（柏）高速公路巩登段石嘴隧道左线初期支护混凝土厚度进行检测，里程桩号为 ZK33 + 650 ~ ZK33 + 690，长度 40m，检测区段围岩级别为Ⅳ级，衬砌级别为Ⅳ（Ⅰ），支护结构主要参数为初期支护喷混凝土 16cm。共布设 5 条测线，测线位置分别为左拱脚 L1、左拱腰 L2、右拱腰 R1、右拱脚 R2、拱顶 D，现场检测如图 7-18 所示。

a）边墙测线

b）拱顶测线

图 7-18　石嘴隧道左线衬砌质量现场检测

2）初次衬砌混凝土厚度检测结果评定

具体检测结果见表 7-1，混凝土厚度追踪示意图如图 7-19 所示。

**石嘴隧道左线初次衬砌混凝土厚度检测结果汇总表**　　表 7-1

| 起止里程 | 衬砌类型 | 测线位置 | 设计值（cm） | 检测平均值（cm） | 厚度判定结果 | 缺陷编号 |
|---|---|---|---|---|---|---|
| ZK33 + 650 ~ ZK33 + 690 | Ⅳ级（Ⅰ）支护 | 左拱脚（L1） | 16 | 17.8 | 合格 | |
| | | 左拱腰（L2） | 16 | 16.2 | 合格 | |
| | | 拱顶（D） | 16 | 16.7 | 合格 | |
| | | 右拱腰（R1） | 16 | 16.9 | 合格 | |
| | | 右拱脚（R2） | 16 | 16.5 | 合格 | |

3）隧道质量检测控制规避施工风险评估分析

地质雷达无损质量检测技术在焦桐高速巩登段隧道的质量控制中发挥了很大的作用，

规避了隧道施工质量风险。在对该高速公路在建的三座隧道（北庄隧道、御路岭隧道和石嘴山隧道）进行跟踪质量检测过程中发现，隧道初期支护厚度与二次衬砌厚度均符合设计要求，质量较好，仅在拱顶和拱腰处存在少量危害，程度轻微的小规模缺陷，缺陷类型主要为脱空和局部不密实，雷达检测图像如图 7-20 所示。

1.E:\巩登项目质检\5A\初支\左洞\5A-CR1-ZK33+690\PROCDATA\5A-CR1-ZK33+690.001.06T/traces:3101/sampes:182

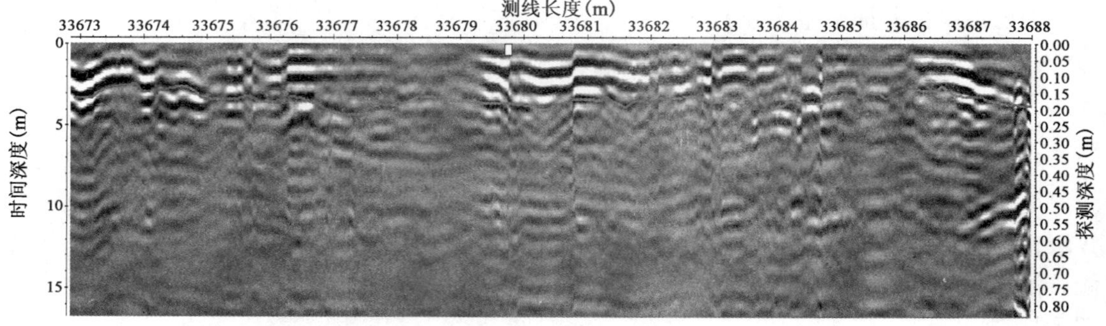


E:\巩登项目质检\5A\初支\左洞\5A-CR1-ZK33+690\LINEDATA\初衬厚度1. LAY

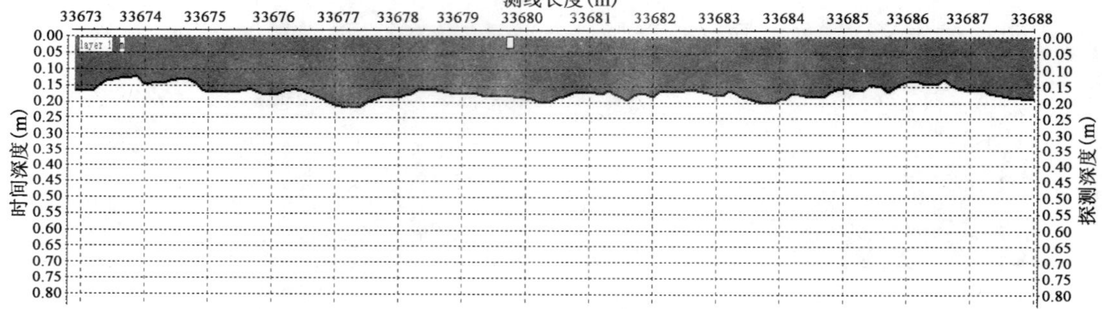


图 7-19 石嘴隧道左线初次衬砌厚度追踪示意图

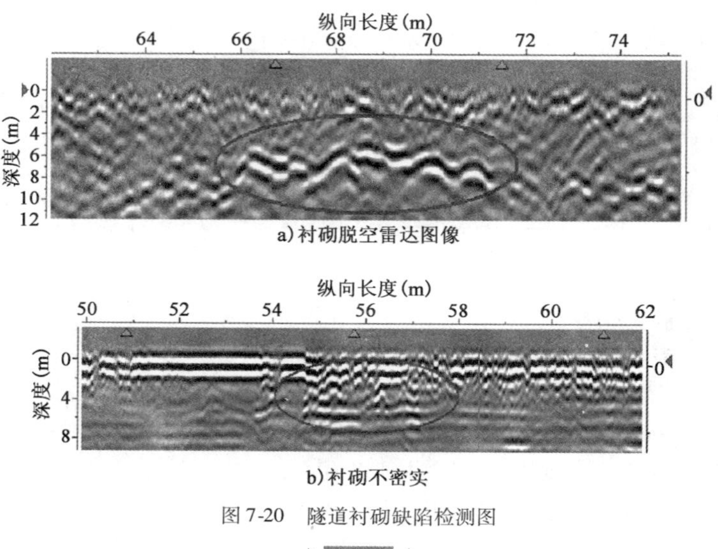


图 7-20 隧道衬砌缺陷检测图

隧道施工质量检测结果反馈到施工单位以后，对于缺陷部位，施工方及时进行了注浆处理。然后，第三方质量检测单位对其进行复检，确保缺陷完全处理后，施工单位才能进行二次衬砌施工。处理前后的雷达图像如图 7-21 所示。待二次衬砌施工完成后，再跟踪进行二次衬砌的质量检测工作。

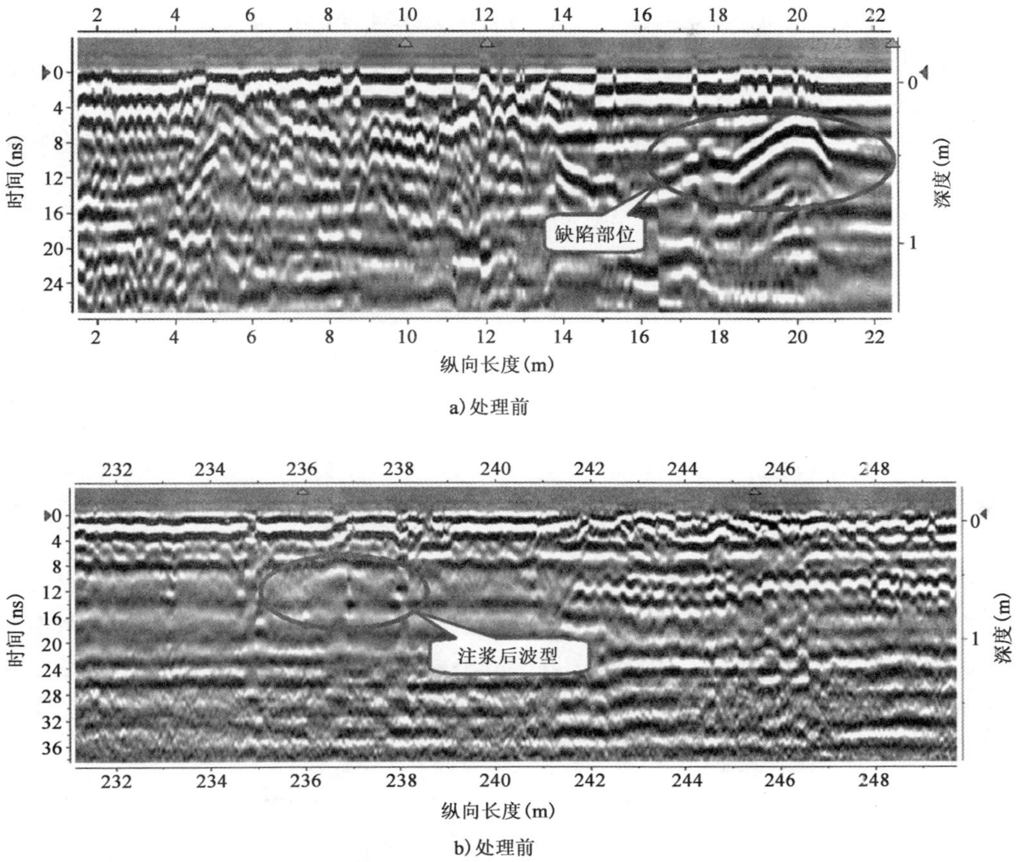

a) 处理前

b) 处理前

图 7-21　隧道衬砌缺陷处理前后雷达图像对比

## 7.3　隧道施工质量其他检测技术

### 7.3.1　锚杆质量检测

锚杆是将破碎或不稳定岩体（块）与牢固稳定的岩体连接在一起以提高整体稳定性的一种支护措施。当锚杆发挥作用时，锚杆不同部段的功能各不相同。锚杆内端处于牢固稳定岩体的部段，其锚固力主要起着固定锚杆的作用；而锚杆外端处于破碎或不稳定岩体的部段，其锚固力主要起着将该段岩体（块）与锚杆连接在一起的作用，如图 7-22 所示。要让锚杆能发挥设计的效果，

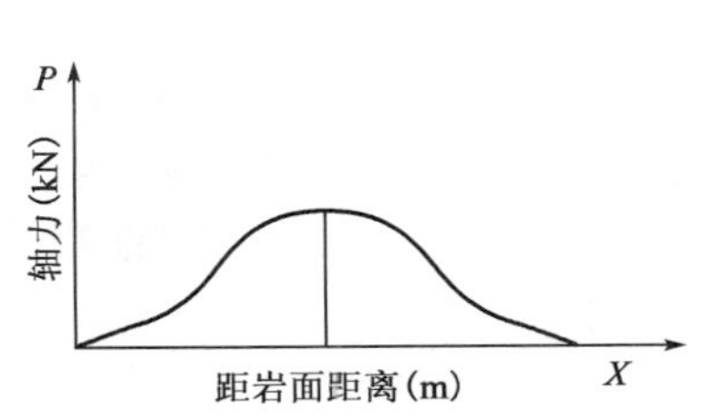


图 7-22　理想锚杆受力示意图

除保证锚杆的长度满足设计要求外，还要使各段都能均匀而有效地与岩体锚固在一起。除此之外，对锚杆质量影响较大的因素还有砂浆的强度，得有足够的握裹力才能保证锚杆的质量。

锚杆长度及注浆饱和度均采用应力反射波法检测。

1）锚杆长度检测

应力反射波法是一种无损检测方法，该方法的基本理论依据为一维杆件的弹性应力波反射理论。在锚杆顶部激发弹性应力波，当弹性应力波传播到锚杆底部时，由于锚杆和锚杆底部的岩石存在波阻抗差异，将产生反射波回到锚杆顶。根据反射波的走时和锚杆中的应力波传播速度就可用下式求出锚杆长度 $L$，锚杆中的应力波传播速度可在现场已知长度的锚杆上进行标定。

$$L = \frac{v_c \cdot t}{2} \tag{7-6}$$

式中：$v_c$——锚杆中应力波传播速度，m/s；

$t$——应力反射波的双程走时，s。

2）注浆饱和度检测

注浆饱和度检测通过测定锚杆不同方位，不同距离应力波的阻尼情况，即锚杆与围岩的耦合情况来判断注浆饱和度。由应力波在介质中的传播特性可知：应力波在坚硬完整的介质中传播速度大，衰减速度快，而在松散及不完整介质中应力波的传播速度小，衰减速度慢。

利用应力波这一传播特性来判断注浆饱和度情况。对于注浆饱满的，砂浆和岩石的耦合性好，可看成完整的介质，因此应力波的波形衰减快，近于指数衰减；对于注浆饱满程度差的则砂浆和岩石间的耦合性差，可看成松散不完整的介质，应力波的波形杂乱、衰减慢。根据不同方向、不同部位激振的应力波衰减曲线就可以对注浆饱和度作出判断，如图 7-23所示。

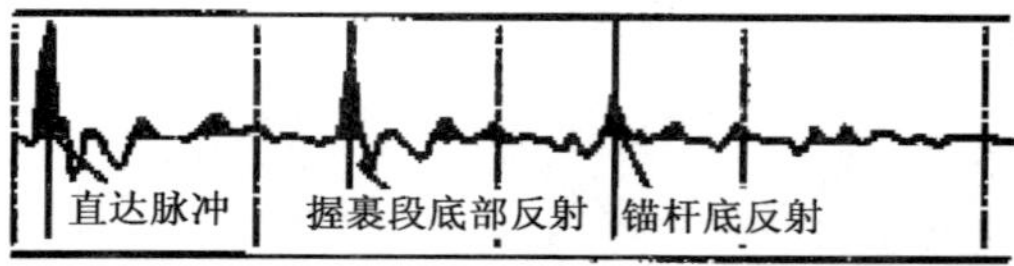


a）全长树脂锚杆锚固段长度为0.77m实测波形图

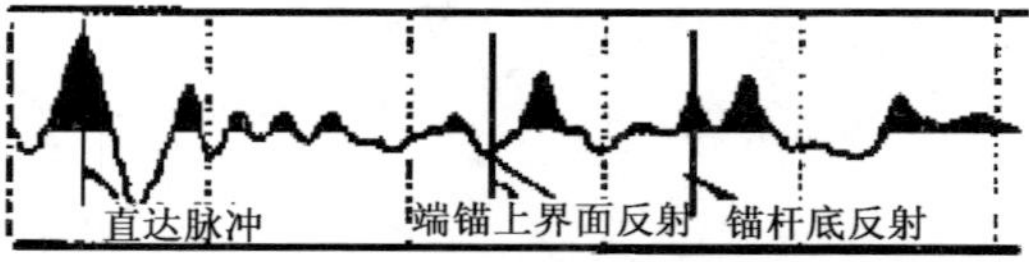


b）树脂端锚锚杆的实测波形图

图 7-23　锚杆长度及注浆饱和度检测波形图

3）锚杆拉拔力

锚杆拉拔力量测目的：测定锚杆的锚固力是否达到设计要求；判断所使用的锚杆长度是否适宜；检查锚杆安装质量。

锚杆抗拔力（亦称锚杆拉拔力）是指锚杆能够承受的最大拉力，它是锚杆材料、加工与施工安装质量优劣的综合反映。锚杆抗拔力的大小直接影响着锚杆的作用效果，如果抗拔力不足，会使锚杆起不到锚固围岩的作用，所以锚杆抗拔力的量测是检测锚杆质量的一项基本内容，是新奥法监控量测、锚杆质量检测的必测项目。

（1）锚杆抗拔力断面布置

锚杆拉拔力断面布置按照检验评定标准、质量检测要求执行。

（2）量测方法和步骤

直接量测法的量测装置如图7-24、图7-25所示，是直接量测施加给锚杆的荷载值和锚杆的变形量，然后根据所绘出的荷载—锚杆变形曲线求出锚杆抗拔力，量测时所采用的锚杆拉力计主要由千斤顶和油压泵以及相应的辅助配件组成。

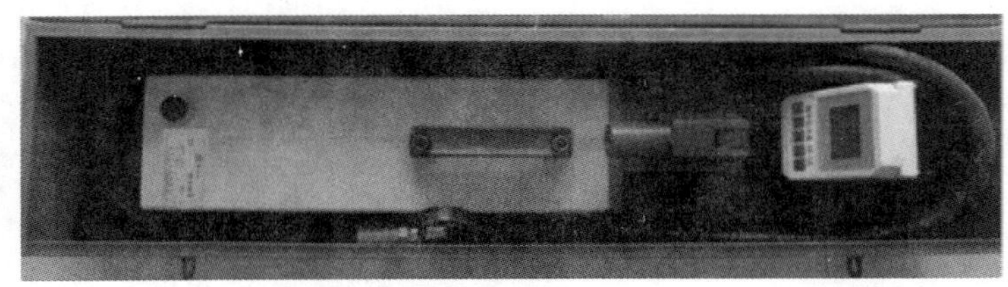

图7-24 锚杆拉拔仪

①量测时首先消除待测锚杆周围岩面上的喷射混凝土层，安装反力板，使反力板与锚杆轴线垂直。

②按照正常的安装工艺安装待测锚杆，用砂浆将锚杆孔口部抹平，以便支放承压垫板。

③量测装置安装完毕即可开始量测，量测时采用分级加载，每级荷载的增长值应在10kN以下，由于应变滞后于应力的关系，加载的时间间隔不应小于2min（一般为5min）总之加载量没有必要加到锚杆预计的极限强度，只加到预计极限强度的80%即可。

④每次加载后，记录千分表指示的锚杆尾部的变形量。

⑤画出荷载—锚杆变形曲线求抗拔力，具体求法如图7-26所示，把由线按斜率变化状态不同划分为$A$、$B$、$C$三个区段，$A$段是初期近似线性关系段，$B$段是中期非线性关系段，$C$段是后期近似线性关系段，然后分别作$A$段曲线和$C$段曲线的切线，两条切线的交点$D$所对应的荷载值就是锚杆的抗拔力。另外，抗拔力的大小也可通过破坏试验时，从油压表读取的油压值，再根据油压千斤顶活塞面积计算得出。

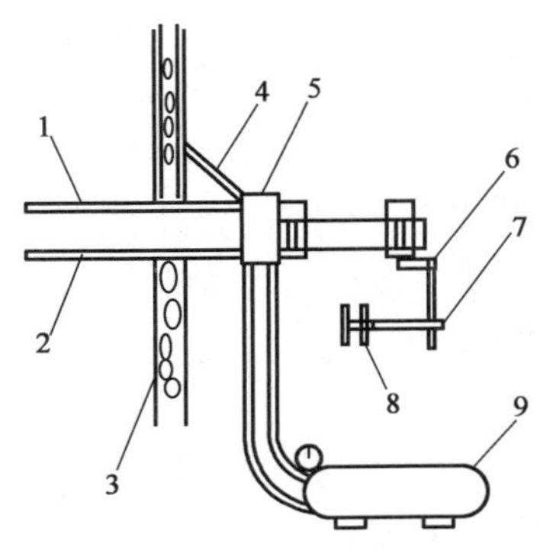


图7-25 锚杆抗拔力测试

1-锚杆；2-充填砂浆；3-喷射混凝土；4-反力板；5-油压千斤顶；6-千分表；7-固定梁；8-支座；9-油压泵

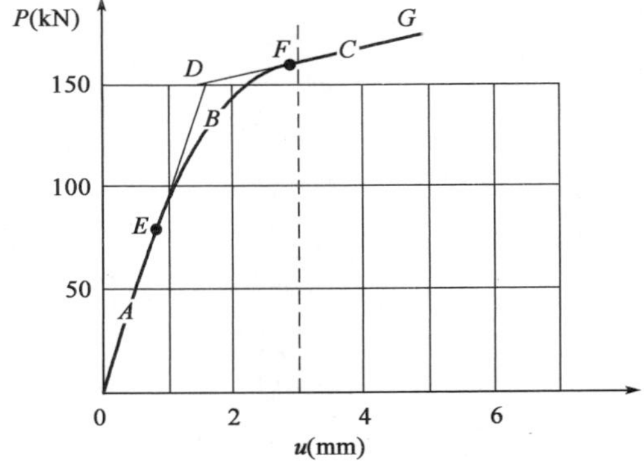


图7-26 图解法求抗拔力

4）锚杆数量检测

锚杆数量、位置、间距的检测实施方案和计划详见 7.3.2 3）锚杆数量检测步骤中详述。

### 7.3.2 隧道超前支护检测技术

1）超前支护的形式和作用

超前支护是保证隧道工程开挖工作面稳定而采取的超前于开挖的辅助措施的一种，主要形式如下：

（1）超前锚杆或超前小钢管

一般长 3 ~5m，用于锚固前方围岩。

（2）超前管棚

用于锚固前方围岩：适用于特殊困难地段，搭配钢架使用。

①短管棚超前支护：采用长度小于 10m 的小钢管。

②长（大）管棚超前支护：采用长度为 10 ~45m 且较粗的钢管。

③钢插板超前支护：采用长度小于 10m 钢插板的称为板棚预支护。

（3）注浆加固围岩和堵截水

①超前小导管注浆：沿开挖外轮廓线向前以一定角度打入管壁带有小孔的导管，且以一定压力向管内压注起胶结作用的浆液，待其硬化后岩体得到预加固。

②超前深孔围岩注浆：又叫深孔注浆，其目的是加固地层、封堵水源，适用于特殊困难地段。其机理是依靠浆液压力，将破碎围岩或黏土层压裂成缝，用浆液充填、固结，通过压密作用达到加固和堵水的作用。

2）钢筋探测仪检测原理

新奥法隧道设计和施工新理念的推广和普及，使得隧道内系统锚杆、喷混凝土“主动型”支护技术普遍采用，隧道修建技术取得了巨大的进步，锚杆在这种主动型支护技术中所起的作用非常关键；超前小导管注浆加固技术在隧道洞口段边仰坡加固和突破断层破碎带及岩溶充填物方面应用极为广泛。

（1）钢筋探测仪原理

钢筋探测仪是确定钢筋的位置、数量、直径及保护层厚度的一种普遍采用的探测仪器。它是利用电磁感应的检测装置，根据平行谐振电路的电压振幅减少的原理制作的。常用的探测仪、探头等计量仪器中的线圈，当交流电流通电后便产生磁场，在该磁场内有钢筋等磁性体存在时，这个磁性体便产生电流，有电流通过便形成新的反向磁场。由于这个新的磁场，计量仪器内的线圈产生反向电流，结果使线圈电压产生变化。线圈的电压变化随磁场内磁性体（钢筋）的特性及距离而变化，据此可测出混凝土中钢筋位置及保护层厚度。

（2）钢筋探测仪进行超前支护检测的可行性

如图 7-27 所示，钢筋探测仪是利用电磁感应原理探测钢筋混凝土构件内部布筋位置和钢筋保护层厚度的一种便携探测仪。与钢筋混凝土构件内部钢筋网相比，隧道初期支护背后锚杆和超前小导管的分布更为简单，尽管由于隧道初期支护混凝土喷层厚度和锚杆头外露（岩面外）长度不一及小导管端头位置前移致使混凝土喷层过厚可能给检测带来一定的困难，但通过试测合理选用探测主探头及备用加强型探头，采用钢筋探测仪可完成隧道初期支护背后系统锚杆和超前小导管数量及其分布位置的检测。

（3）钢筋探测仪探头的选择

钢筋探测仪配置的所有探头，可探测的钢筋直径为 6 ~ 40mm，但探测深度与设定的直径有关。钢筋直径越小可探测深度越小，钢筋直径越大探测深度越深。钢筋直径大而探测深度浅时，会发生磁饱和（由磁感应测试原理所决定）。中型探头基本满足一般性建筑测试要求。小型探头用于钢筋排列间隔小、保护层较浅的测试条件（密而浅）。大型探头用于钢筋排列间隔大、保护层较深的测试条件（疏而深）。表 7-2 为大型探头测试深度范围。

图 7-27　钢筋位置测定仪

**大型探头测试深度范围**　　表 7-2

| 探头直径（mm） | 探测深度下限（mm） | 探测深度上限（mm） |
|---|---|---|
| 6 ~ 16 | 30 ~ 40 | 80 ~ 100 |
| 16 ~ 28 | 40 ~ 50 | 100 ~ 120 |
| 28 ~ 40 | 60 ~ 80 | 120 ~ 200 |

加强探头根据用户测试要求定做，最大探测深度达 260mm 以上。隧道内锚杆间距一般在（80 × 80）cm ~（120 × 120）cm 之间，梅花形布置，直径一般在 20 ~ 32mm 之间；小导管间距一般在 0.3 ~ 0.5m 之间，直径 48mm。隧道初期支护厚度范围一般在 15 ~ 25cm 之间。根据隧道初期支护厚度选用大型或加强探头完全满足测试超前小导管数量的要求。因锚杆是径向排列且直径也比超前小导管要小，从理论上来说，测试起来比超前小导管要困难，但初期支护背后锚杆端头均伸出围岩，有些甚至在初期支护表面出露，因此，锚杆端头的保护层厚度实际上比初期支护混凝土厚度要小得多，用加强探头甚至大型探头可以达到良好的检测效果。

3）锚杆数量检测步骤

测定前，将初期支护段径向锚杆、超前支护锚杆的设计有关参数（锚杆直径、间距）输入到探测仪系统内。

（1）检测段确定

由于隧道初期支护背后锚杆数量检测工作量大，一般采取抽取检测断面检测的方法进行。

（2）试测确定检测探头

由于初期支护喷射混凝土厚度和锚杆头外露长度（岩面外长度）不一，为确保探测结果的完整性和准确性，需选择测试探头进行试测，以确定在大多数部位均能探测到锚杆位置的探头作为主测探头，在喷射混凝土较厚位置应更换加强探头进行探测。

（3）锚杆位置探测定位

将主测探头与钢筋探测仪连接，打开探测仪电源，进入探测状态，手持探头由边墙脚位置水平移动探头（在检测段范围内），根据探测显示的钢筋保护层厚度值变化情况确定锚杆位置（保护层厚度值最小处），遇保护层厚度值最小处时应将探头作上下移动，确认保护层厚度值最小处即为锚杆所在位置，标示锚杆所在位置，继续平移直至检测段终点，上移10cm后反向平移，直至另一侧边墙脚检测段终点，如图7-28所示为隧道锚杆数量检测工作原理，遇设计位置附近探测无反应时，应更换探头（加强探头）进行探测。

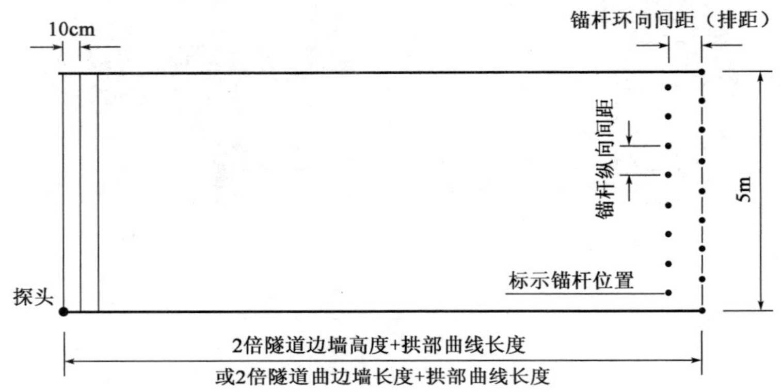


图7-28　隧道锚杆数量检测

（4）统计检测段锚杆数量按标示锚杆位置尺量锚杆间距，包括纵向间距及环向间距（排距），统计检测段锚杆数量。

4）超前小导管数量检测

测定前，将超前小导管的设计有关参数（超前小导管直径、间距）输入到探测仪系统内。

（1）检测段确定

超前小导管数量检测在超前小导管施作位置进行，施工段采用抽取检测断面检测的方法进行。

（2）试测确定检测探头

由于初期支护喷射混凝土厚度和超前小导管施作位置出入的原因，为确保探测结果的完整性和准确性，需选择测试探头进行试测，以确定在大多数部位均能探测到超前小导管位置的探头作为主测探头，在喷射混凝土较厚或超前小导管位置靠外（设计线外侧）处应更换加强探头进行探测。

（3）超前小导管位置探测定位

将主测探头与钢筋探测仪连接，打开探测仪电源，进入探测状态，手持探头由一侧超前小导管设置最低位置起向另一侧超前小导管设置最低位置作环向移动探头，根据探测显示的钢筋保护层厚度值变化情况确定超前小导管位置（保护层厚度值最小处），标示超前

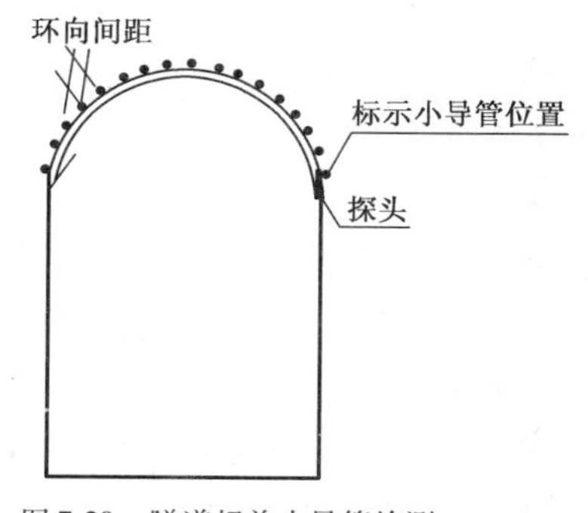


图 7-29 隧道超前小导管检测

小导管所在位置，遇设计布置位置无探测反应时更换探头（加强探头）进行探测，如图7-29 所示。

（4）按标示超前小导管位置尺量超前小导管间距（环向间距），统计检测超前小导管数量。

5）超前注浆密实度检测

超前注浆密实度检测方法与评定见 7. 3（2）注浆饱和度检测。

6）超前导管检测项目及评定

根据相关规范的要求，超前导管质量检测的项目及方法见表 7-3。

**超前导管质量检测项目表** 表 7-3

| 项　　次 | 检 查 项 目 | 规定值或允许偏差 | 检查方法和频率 |
|---|---|---|---|
| 1 | 长度（mm） | 不小于设计 | 尺量：检查 10% |
| 2 | 孔位（mm） | ±50 | 尺量：检查 10% |
| 3 | 钻孔深度（mm） | ±50 | 尺量：检查 10% |
| 4 | 孔径（mm） | 符合实际要求 | 尺量：检查 10% |

注：①钢管的型号、质量和规格等应符合设计和规范要求。
②超前钢管与钢架支撑配合使用时，应从钢架腹部穿过，尾端与钢架焊接。
③钢管插入孔内的长度不得短于设计长度的 95%。

7）超前支护检测注意事项

（1）锚杆数量检测段应以检测到第一根锚杆位置为起点，避免因起点位于两锚杆间而导致检测段锚杆数量统计出现偏少的情况。

（2）在设计锚杆位置，若采用主探头探测无反应，可能因为该位置喷射混凝土较厚或锚杆头外露（岩面外）较短甚至无外露所致，应更换加强探头进行探测，避免漏测。

（3）超前小导管探测位置应尽可能靠近超前小导管施工位置，以免因喷射混凝土过厚造成探测困难。

（4）在设计小导管位置，若采用主探头探测无反应，可能为该位置喷射混凝土较厚或小导管端部位于施工面前方，应将探头朝施工面前方作纵向前移探测或更换加强探头进行探测，避免漏测。

（5）现场检测中要选用性能好的磁感仪，同时应采用不同型号的探头进行试测对比，尽可能选用性能较好、抗干扰能力较强的探头作为检测主探头，同时还应有加强型探头作备用。

（6）现场检测人员应有丰富的检测经验，应了解隧道设计、施工过程，熟练掌握钢筋探测仪的各种探头使用选择范围。

### 7. 3. 3 防水、排水系统质量检测

公路隧道的防排水要求高，目前的公路隧道防排水系统多采用夹在二次衬砌与初期支护之间的高分子防水卷材防水层和沿隧道壁环向、纵向、横向设置的排水盲管，将渗水引排至纵向排水管集中排除。铁道系统已颁布了《铁路隧道防排水技术规范》（TB 10119—2000/J 72—2001），公路系统尚未出台专门的隧道防排水技术规范，公路隧道防排水系统

的质量控制根据有关标准规范中的规定进行。

1）防水系统质量控制要点

防水系统质量的控制主要包括防水措施施工质量和防水层质量两方面。

（1）防水系统施工质量控制措施

防水措施是在开挖或初期支护喷射混凝土后，对仍有渗、滴水的地段采用压浆措施，其施工质量控制重点是浆液的原材料质量和浆液配合比，压浆时要保证注浆压力和时间；局部出水严重的地点应安设引水盲沟，渗水量较大的地段应加密引水盲沟，盲沟与两侧排水沟连接妥当，安设后应进行专门的检查。防水层的质量控制包括材料质量与安装质量两部分。对于高分子防水卷材的质量要求主要是抵抗施工破坏的能力强、耐老化、耐酸碱、低温柔性好、寿命长等。施工中应对材料质量进行检测，包括长度、宽度和厚度检测，并需要按照规定的尺寸和形状裁出试件，进行拉伸强度、扯断伸长率、撕裂强度、耐老化检测和低温柔性试验等。

（2）防水系统防水层质量控制措施

防水层的安装质量包括防水层的接头质量与吊挂施工质量。

①防水层接头质量控制要点。

接头宽度应满足要求，采用粘接或焊接。采用热合机焊接时，搭接长度应不小于10cm，控制焊接温度和速度，避免漏焊和过焊。接头应牢固，强度不小于同质材料，不得有气泡、褶皱及空隙。焊缝宜采用双焊缝，中间留空腔以便充气检查。铺设防水层以前要清除初期支护表面外露的钢筋头、锚杆头和混凝土尖角，避免在施工时划破防水层。

②防水板吊挂施工质量控制要点。

防水板的吊挂固定点间距在拱部为0.5～0.7m，在墙部为1.0～1.2m。固定点间防水层不得绷紧，以便防水层在混凝土灌注后与喷射混凝土支护面密贴。施工中应加强目测观察，用手托起防水层，看是否与喷射混凝土密贴，在拱顶呈水平状或下垂的范围不得超过$1m^2$，并保证防水层无划破现象。

2）排水系统的质量控制要点

排水系统的质量控制主要包括材料质量、安装质量、优化设计三方面。

（1）排水系统材料质量控制

材料的质量主要是保证排水管材料的质量、规格满足设计要求。环向及纵向排水管多采用软式弹簧透水管，必须保证其直径与外部所包裹的滤布套紧，弹簧在横向压力下能够保持管径不变。横向排水管多采用硬质的PVC管，必须保证其直径、透水孔等规格，并检查其材料未出现老化变脆现象。中心排水管要保证管节预制质量满足设计要求。

（2）排水系统安装质量控制

环向排水管安装质量包括间距、排水管与围岩密贴程度、排水管安装的顺直度，以及与纵向排水管的衔接；纵向排水管的安装质量主要是保证安装的坡度、顺直度及防水卷材与管道的包裹衔接满足设计要求；隧道中心排水管施工质量主要是基础、管节安装质量，可参照管涵的施工质量标准控制。各种排水管要顺直连接。

（3）排水系统优化设计控制

对排水系统的设计要进行环向、纵向、横向优化设计，重视防水板背后的排水，在防水板背后每隔若干距离（如 5m）环向铺设弹簧透水管，使附近的渗水汇集到透水管并通过透水管排入纵向排水管内，以减少或避免压力水的形成。

3）仰拱的施工质量影响防排水系统质量

首先，仰拱防水以抗渗混凝土自防水为主，若防水混凝土施工质量不良，会造成仰拱混凝土产生裂缝而发生渗漏水。造成渗漏水的原因有：

（1）采用了泌水性较大的矿渣水泥，水分从混凝土中析出时形成了排水通道；或采用特细砂作为细集料，增加了水泥用量，导致混凝土出现干缩裂缝和因水化热量较大引起的内外温差收缩裂缝。

（2）用水量超过设计水灰比，也会出现因水分析出而形成的排水通道。混凝土拌制不均匀、振捣不良、模板变形和漏浆、施工缝处理不当等，都会使混凝土产生裂缝等缺陷。

（3）隧道洞口地段空气通风情况一般较好，拆模后混凝土表面水分蒸发较快，若养护不良严重失水将导致混凝土产生干缩裂缝。

（4）仰拱回填混凝土施工中要注意保证横向引水管和中心排水管安装质量。安装固定横向引水管时控制好其高程，进水口要暴露在混凝土外面，以便与纵向排水管顺利连接，出水口必须位于中心排水管上半部，且在混凝土浇筑过程中不得发生移位。中心排水管安装时必须保证其纵坡与隧道纵坡一致，使排水畅通；在浇筑仰拱回填混凝土时，每隔若干距离（如 100 m 左右）设一中心排水管检查井。

4）排水系统质量检测

（1）环向排水管检测

①外观检查内容。

检查弹簧管质量时，首先检查玻璃纤维布或塑料滤布是否套紧；其次检查弹簧涂塑层是否均匀，涂层有无老化；然后用直尺量测弹簧管的直径，检查其是否与设计尺寸一致；最后从轴向和横向用力压弹簧管，观察其是否有较大的塑性变形，孔径是否有异常变化。

②安装检查内容。

要按要求布设环向弹簧排水管，保证基本间距，局部涌水量大时还应适当加大其密度。

安装时弹簧排水管应尽量紧贴渗水岩壁，尽量减小地下水由围岩到弹簧排水管的阻力。

弹簧排水管布置时，沿环向应尽量圆顺，尤其在拱顶部位不得起伏不平。

弹簧排水管安装时，应先用钢卡等固定，再用喷射混凝土封闭。

应检查弹簧排水管与下部纵向排水盲管的连接，确保弹簧排水管下部排水畅通。

（2）纵向排水盲管检测

①外观检查内容：纵向排水盲管材质及规格检查；管身透水孔检查。

②安装检查内容：安装坡度检查；包裹安装检查；与上下排水管的连接检查。

（3）横向盲管检测

①检查接头应牢靠、密实，保证纵向盲管与中央排水管间水路畅通；严防接头处断裂，由纵向盲管排出的水在路面下漫流，造成路面翻浆冒水，影响行车安全。

②在横向盲管上部应有一定的缓冲层，以免路面荷载直接对横向盲管施压，造成横向

盲管破裂或变形，影响其正常的排水能力。

（4）中央排水管检测

①外观检查内容：预制管段的规整性；管壁的强度；检查混凝土强度是否满足设计与施工要求。

②施工检查内容：中央排水管基础检查，施工中应特别注意检查基础的坡度，不仅总体坡度应符合要求，而且局部的几个管段间也应符合要求；管段铺设检查，应逐段进行通水试验，发现漏水，及时处理。

5）防水系统质量检测

（1）喷射混凝土检测

①喷射混凝土基面平整度：边墙 $D/L \leqslant 1/6$，拱顶 $D/L \leqslant 1/8$。平整度用直尺检测。

②基面不得有钢筋、凸出的管件等尖锐突出物。

③隧道断面变化或转弯处的阴角应抹成 $R \geqslant 5$ cm 的圆弧。

④防水层施工时，基面不得有明水。

（2）防水卷材的检测与检查

①防水层焊缝质量检测。

用5号注射针与压力表相接，用打气筒充气（脚踏式或手动式皆可），充气时检查孔会鼓起来，当压力达0.1～0.15MPa时，停止充气。保持该压力时间不少于1min。

②防水层的检查内容。

防水层进场时检查：除按必要的工作程序进行取样检查外，还应检查防水板表面是否存在变色、皱纹（厚薄不均）、斑点、撕裂、刀痕、小孔等缺陷；存在质量缺陷时，应及时处理。

防水层铺设前对初期支护的检查和处理：防水层铺挂前，应先对初期支护喷射混凝土进行量测，对欠挖部位加以凿除，对喷射混凝土表面凹凸显著部位应分层喷射找平。外露的锚杆头及钢筋网头应齐根切除，并用水泥砂浆抹平，使混凝土表面平顺。

防水层铺设好后的检查和处理：防水层铺挂结束，对其焊接质量和防水层铺设质量进行检查。其检查方法有：用手托起防水板，看其是否能与喷射混凝土密贴。看防水板表面是否有被划破、扯破、扎破等破损现象。看焊接或黏结宽度（焊接时，搭接宽度为10cm，两侧焊缝宽度应不小于2.5cm；黏结时，搭接宽度为10cm，黏结宽度不小于5cm）是否符合要求，且有无漏焊、假焊、烤焦等现象。拱顶部及拱墙壁露的锚固点（钉子）是否有塑料片覆盖。每铺设20～30延长米，剪开焊缝2～3处，每处0.5m，看是否有假焊、漏焊现象。进行压水（气）试验，看其有无漏水（气）现象等，检查防水板铺挂质量。防水层破损的检查：补钉不得过小，离破坏孔边沿不得小于7cm。

止水带检测与检查：防水混凝土施工缝是衬砌防水混凝土间隙灌注施工造成的，对于施工缝的防排水处理，在复合式衬砌中，一般采用塑料止水带或橡胶止水带。

二次衬砌端部的检查与处理：浇筑二次衬砌混凝土前，可用钢丝刷将上层混凝土刷毛，或在衬砌混凝土浇筑完后4～12h，用高压水将混凝土表面冲洗干净，并检查止水带接头是否完好，止水带在混凝土浇筑过程中是否刺破，止水带是否发生偏移。如发现有割伤、破裂、接头松动及偏移现象，应及时修补和处理，以保证止水带防水功能。

止水带安装质量的检查与处理：检查是否有固定止水带和防止偏移的辅助设施、止水带接头宽度是否符合要求、止水带是否割伤破裂、止水带是否有卡环固定并伸入两端混凝土内等项目。

### 7.3.4　隧道施工环境质量检测技术

1）洞内CO浓度量测

（1）量测的目的

隧道施工通风检测：旨在将炮烟、运输车辆排放的废气以及施工过程中产生的粉尘排至洞外，为施工人员输送新鲜空气。对于施工隧道：CO一般情况下不大于30 $mg/m^3$；特殊情况下，施工人员必须进入工作面时，浓度可为100$mg/m^3$，但工作时间不得超过30min。采用仪器定期对隧道洞内CO、粉尘浓度进行量测，当有害气体或粉尘浓度超过安全值时，及时提醒施工、监理及建设单位，以防对施工人员造成伤害。

（2）量测方法

①CO测量仪检测。

检测时，应选择正常施工期，但应避开刚刚进行完爆破作业并未完全进行通风的时段。其是利用控制电位电化学原理来检测CO浓度的。被测量的CO通过传感器聚四氟乙烯薄膜扩散到工作电极W，W电极受到恒电位环节的控制作用，具有一个恒定的电位，CO在W电极上发生氧化作用，在C极上发生氧的还原反应，于是在传感器工作电极W和电极C之间，就产生了微电流，其大小与CO浓度成正比，该电流经放大后由电表指示出的浓度值，如图7-30所示。

图7-30　CO检测仪

②检知管法检测。

检测时，应选择正常施工期，但应避开刚刚进行完爆破作业并未完全进行通风的时段。此法有比色式和比长式两种。检知管是一支直径为4～6mm，长为150mm左右的密封玻璃管，管内装有易与CO发生反应的药品。使用时，将管封口打开，通过一定容积的吸气球，使一定量的被测气体通过检知管，吸入气体中的一氧化碳与药品作用，白色的药品颜色迅速变化，比色板上有与各种颜色相对应的CO的浓度，通过对比，找出与检知管颜色最接近的标准颜色，它所对应的浓度就是被测气样的CO的浓度。

（3）控制标准

将按照《公路隧道施工技术规范》（JTG F60—2009）中第13章中有关施工卫生与安全标准进行控制。

2）洞内粉尘浓度量测

（1）量测目的

隧道施工通风检测：旨在将炮烟、运输车辆排放的废气以及施工过程中产生的粉尘排至洞外，为施工人员输送新鲜空气。《公路隧道施工技术规范》（JTG F60—2009）中规定：隧道施工中含10%以上游离二氧化硅的粉尘，每立方米空气中不得大于2mg；含10%以下游离二氧化硅的矿物性粉尘，每立方米空气中不得大于4mg。

（2）量测方法

图 7-31　粉尘浓度检测仪

①快速测尘法。

可快速测出粉尘浓度，简化测尘过程，及时指导防尘工作。这些快速测尘仪器有光电测尘仪、静电测尘仪、β 射线测尘仪、全体粉尘采样器（由工人携带于身上，小流量长时间连续采样）等。可采用光电感应式烟雾探测仪对隧道内粉尘浓度进行检测，如图 7-31 所示。检测时应选择正常施工期，但应避开刚刚进行完爆破作业并未完全进行通风的时段。

②滤膜测尘法。

滤膜测尘法准确性较高，能较正确地反映粉尘状况，目前普遍采用，但操作程序多，时间较长，不能当时得出测定结果，因而不能起到及时指导现场防尘工作的作用，影响测尘工作的普遍开展。原理是用抽气装置抽取一定量的含尘空气，使其通过装有滤膜的采样器，滤膜将粉尘截留，然后根据滤膜所增加的质量和通过原空气量计算出粉尘浓度。

a. 主要器材。

滤膜：用超细合成纤维制成的网状薄膜。有直径 75mm 和 40mm 两种，当粉尘浓度高于 200mg/m$^3$ 时，用直径 75mm 的滤膜；当粉尘浓度低于 200mg/m$^3$ 时，用直径 40mm 的滤膜。

采样器：由采样滤斗和滤膜两部分构成。进行呼吸性粉尘浓度测定时，采用呼吸性粉尘采样器。在需要防爆的场所要采用防爆型采样器。

抽气装置：电动测尘仪是以微型电池或蓄电池为动力，采用密闭触点开关，带动小型电动抽气机抽取含尘空气，使其通过装有滤膜的采样器及流量计，进行粉尘测定。

b. 粉尘浓度测定过程。

准备滤膜：将待用滤膜置于玻璃干燥器中干燥，然后用镊子将其两面衬纸取下，置于分析天平或扭力天平上称量并记下初值，再把称好的滤膜装入滤膜夹（直径 40mm 的平铺夹紧，直径 75mm 的折成漏斗形夹紧）并编号放在样品盒内，以备采样。采样：掘进工作面可在风筒出口后面距工作面 4 ~ 6m 处采样，其他作业点一般在工作面上方采样。采样器进风口迎着风流，距地板高度为 1.3 ~ 1.5m。采样时间应在测点粉尘浓度稳定以后，一般在作业开始 30min 后进行，持续时间 15min 为宜。为保证测尘准确性以便对比，要求在同一测点相同的流量下采集两个样品。

c. 计算。

一般在干燥箱中放置 30min 后便可称重。每 30min 称一次，直到相邻两次质量差不超过 0.2mg 为止，计算公式见式（7-7）。

$$G = \frac{(m_2 - m_1)}{Q \cdot T} \tag{7-7}$$

式中：$G$——粉尘浓度，mg/m$^3$；

$m_1$——采样前滤膜质量，mg；

$m_2$——采样后滤膜质量，mg；

$Q$——流量计读数，$m^3/min$；

$T$——采样时间，min。

两个平行样品分别计算后，其偏差小于 20% 时，方属合格；若不小于 20%，则需重测。偏差值的计算公式见式（7-8）。

$$P = 2\Delta G \times \frac{100\%}{(G_1 + G_2)} \tag{7-8}$$

式中：$\Delta G$——平行样品计算结果之差，$mg/m^3$；

$G_1$、$G_2$——两个平行样品计算结果，$mg/m^3$。

（3）控制标准

按照《公路隧道施工技术规范》（JTG F60—2009）规定隧道施工空气中各类粉尘容许浓度进行控制，见《公路隧道施工技术规范》（JTG F60—2009）中第 13 章有关施工卫生与安全标准。

## 7.4　本章小结

（1）概述隧道施工质量检测分类、目的、意义，分析新奥法隧道结构组成特点、施工特点、隧道工程质量检测控制特点。

（2）分析隧道工程结构缺陷对隧道施工与运营安全的影响，论述隧道结构无损检测的内容方法、依据标准、技术要点，详细阐述地质雷达法进行无损检测的原理、检测流程、技术步骤、测试数据分析解释等技术要点。

（3）分析论述隧道初期支护与二次衬砌常见的质量缺陷判别解释技术难点和技术方法、隧道断面尺寸检测目的方法和适用范围、初次衬砌喷射混凝土与二次衬砌混凝土强度检测目的和方法，并佐以工程实例详细论述隧道初期支护质量检测技术方法与防范规避隧道施工风险的重要作用。

（4）详细阐述隧道施工质量其他检测技术的目的和意义、检测方法和原理、技术要点和注意事项，如锚杆长度与注浆饱和度、锚杆拉拔力和数量、超前支护（超前锚杆、超前小钢管、超前管棚等）、防排水系统质量检测与控制要点、隧道施工环境质量检测（CO 浓度、粉尘浓度）。

# 第8章　隧道施工风险爆破振动测试控制新技术

爆破是隧道开挖工程中不可缺少的重要环节之一，而爆破施工过程中产生的地震效应会影响或危害周围建（构）筑物及相关设施的安全，严重时会使建筑物受到破坏。因此，实施爆破振动安全监测技术是十分必要的。

## 8.1　隧道掘进爆破基本理论

### 8.1.1　岩石爆破机理

炸药的爆炸反应是一个高温、高压和高速的过程，能量的转化、释放、传递和做功过程也极为短促，只有几十微秒（μs）到几十毫秒（ms），岩石本身又具有各向异性和非均质性，炸药爆炸后产生的高温、高压爆轰气体和强大的冲击波，是岩石在爆破过程中遭受破坏的外力根源。炸药爆炸的瞬间，在一个极短时间内，炸药的能量以高温（3 000℃）和高压（10～100GPa）的冲击波和气体形式释放出来。当爆轰波阵面到达炸药和岩石的接触面时，高强度的爆轰波就传播进入了岩石，传输给岩石的能量取决于炸药和岩石特性，岩石中波的传播类型是球面波还是柱面波则取决于炸药的形状和药卷的起爆方式。在传播过程中，岩体中的冲击波能量将随传播距离的增大而衰减，波形也将相应地发生变化，大体可分为如下三个作用区。

1）冲击波作用区

即以径向和切向应力形式的冲击波传播进入岩石后，在炮孔孔壁附近，只要冲击波强度超过岩石的动力压缩强度，大部分能量就消耗于粉碎岩石。在距离爆源很小范围内，大致为3～7倍的药包半径（集中装药），或孔半径达到2～4倍的炮孔半径范围（柱状装药），该区域的冲击波强度很大，波峰压力大大超过岩石的抗压强度，使岩石产生熔化流动、塑性变形或粉碎，因而也称为粉碎区。

2）应力波作用区

由于冲击波随距离增加而很快衰减，其衰减速率取决于离开炮孔的距离和岩石种类。该区域内冲击波衰减为不具有陡峭波峰的压缩应力波后，波阵面上的物质参数变得平缓，波速等于介质的声速。当压缩应力波到达自由面或不连续面时，部分能量就反射回介质内，而部分则穿过不连续面而继续传播，这取决于两种介质的相对阻抗。如果其阻抗相同，则波的传播会越过边界而不会反射。如果是自由面（例如，空气作为其中某一介质时），那么大多数压缩应力将以拉伸应力被反射回来，这种拉伸波增强了自由面的剥落，只要其应力幅值大于岩石的动态拉伸强度，反射波就有可能延伸既有裂缝或产生新的裂缝。对大多数炸药，离开炮孔附近范围的径向冲击能量只有炸药总能量的5%～15%，该范围的岩石在应力波作用下产生应力和应变，可导致岩石破坏或残余变形，形成不同方向的节理裂隙，因而也称为裂隙区，其范围一般为120～150倍的药包半径。

3）弹性区

在药包半径 150 倍范围之外，应力波传播到该范围时已衰减为地震波，只能引起质点的弹性振动，而不能使岩石破坏。

### 8.1.2　岩石爆破破碎阶段划分

尽管有各种各样的理论，岩石破碎的动态过程目前还不能精确描述。诸如应力波或气体压力的确切作用、不连续岩体中炸药能量的分配、岩石的动力性质及其对吸收炸药能量的影响之类的不确定性，使得人们难以对破碎过程进行完整的数学或数值描述。根据现有的有关岩石破坏过程的知识和经验，对岩石爆破破碎的过程可推测出如下几个连贯的阶段。

阶段Ⅰ：冲击波剧烈作用在爆孔壁上时，爆孔周边一个薄环内的岩石完全屈服了，这个屈服或粉碎区的大小取决于压力的加载率（升压时间），升压时间受炸药类型和爆孔周围材料性质的影响。

阶段Ⅱ：从粉碎区产生的塑性波和弹性波导致围岩严重破裂，并形成了一个环绕粉碎区的非线性区域，这个区域的大小决定了后续气体对爆孔加压的有效半径。

阶段Ⅲ：在非线性区域内，塑性波几乎完全衰减；弹性波则继续向岩石外面传播并由于衰减而引起能量损失。当到达自由面时，弹性波以拉伸脉冲的形式被反射，由此造成了自由面的张裂缝和层裂。此外，爆孔周围由于波的作用还产生了几个主要的裂缝。

阶段Ⅳ：高压爆轰产生膨胀，并向外推动已经变形（轻微膨胀）的爆室，在这个阶段，气体膨胀和向裂缝中的穿透促进了进一步的破碎，荷载开始卸除。粉碎区材料可能渗透进新生裂缝里并封堵气体穿透路径。

阶段Ⅴ：气体全部进入岩体并形成了通向空气的路径。在这个阶段，破碎几乎已经完成，荷载完全卸除，碎块开始飞溅。由于碎块中储存的应变能释放、碎块之间的撞击和相互作用、碎块内聚力对高压气体产生的加速力和抗力等，还有可能导致碎块的附加破坏。表 8-1 给出了岩体中炸药能量用于岩石破碎的能量分配。

**岩体中炸药爆炸能量的分配**　　表 8-1

| 炸 药 能 量 | | | |
|---|---|---|---|
| 冲击波能量 | | | 爆生气体能量 |
| 径向 | 切向 | 环向 | 裂缝张开 |
| 炮孔粉碎、裂缝张开或延伸 | | | 裂缝生长或破碎 |
| 剥落能量和运动能量 | | | 块体位移 |
| 地震能量 | | | 运动能量 |
| 声波能量 | | | 碰撞或撞击 |

### 8.1.3　隧道掌子面爆破掏槽技术

掘进爆破就是要在保证安全的条件下，将岩石按规定的断面爆破下来，并尽可能不损坏隧道周围的岩石。首先必须在工作面上合理地布置不同种类的炮眼，然后合理地确定施工方式、爆破参数、装药结构、起爆方式和起爆顺序。在隧道中，按用途不同将工作面的炮眼分为三种，如图 8-1 所示。

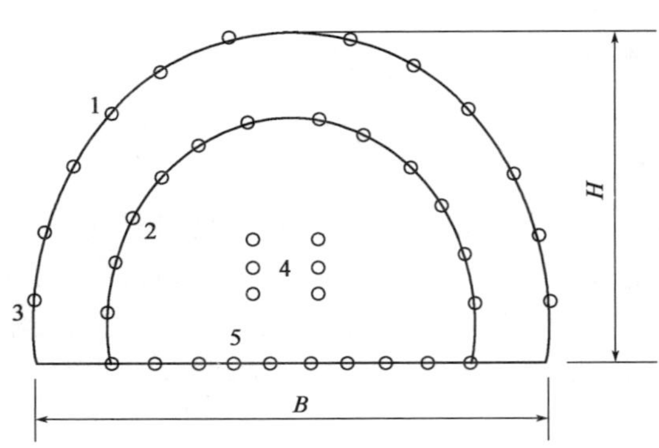


图 8-1 隧道中炮眼名称示意图

1-顶眼；2-崩落眼；3-帮眼；4-掏槽眼；5-底眼；$H$-掘进高度；$B$-掘进宽度

掏槽眼：用于爆出新的自由面，为其他后爆炮眼创造有利的爆破条件。

崩落眼：破碎岩石的主要炮眼。它利用掏槽眼和辅助眼爆破后创造的平行于炮眼的自由面，爆破条件大大改善，故能在该自由面方向上形成较大体积的破碎漏斗。

周边眼：控制爆破后的隧道断面形状、大小和轮廓，使之符合设计要求。隧道中的周边眼按其所在位置分为顶眼、帮眼和底眼。

在隧道掘进爆破中，一般只有一个自由面，爆破条件相对困难。为了创造第二个自由面，可以在掘进工作面的适当位置布置少量炮眼，爆破时首先起爆，在工作面形成一个槽口，为其余的爆破创造有利条件，这些首先起爆的少量炮眼就称为掏槽眼。因此，选择合理掏槽形式和确定正确的掏槽参数，是提高爆破效率的关键。按孔眼方向与隧道掘进方向交角来分，基本上可以分为斜眼掏槽和直眼掏槽两类。

1）斜眼掏槽

斜眼掏槽在隧道掘进中是一种常见的掏槽方法，其特点是掏槽眼与自由面（掘进工作面）倾斜成一定角度。斜眼掏槽有多种形式，各种掏槽形式的选择主要取决于围岩地质条件和迎头工作面大小。常用的主要有以下几种。

（1）单向掏槽

由数个炮眼向同一方向倾斜组成，适用于中硬以下具有层理或软夹层的岩石中。这种方法由于炸药集中程度低，在均质坚硬的岩石甚少使用，只是在有明显松软夹层时，才能取得良好的爆破效果。

（2）楔形掏槽

在隧道掘进爆破施工中，楔形掏槽应用最为广泛。由数对（一般为 2 ~ 4 对）对称的相向倾斜的炮眼组成，爆破后形成楔形的槽腔，见图 8-2a）。适用于各种岩层，特别是中硬以上的稳定岩层。使用这种掏槽方法，爆破力比较集中，爆破效果较好，槽腔体积较大。炮眼与工作面夹角大致为 60° ~ 75°，槽口宽度一般为 1.0 ~ 1.4m，掏槽的行距为 0.4 ~ 0.6m，各对槽眼应在同一水平面上，两眼底距离为 200mm 左右，眼深度比一般炮眼加深 200mm，这样能保证较好的爆破效果。当岩石特别坚硬、难爆破或眼深超 2m 时，可增加 2 ~ 3 对初始掏槽眼，形成双楔形，见图 8-2b）。

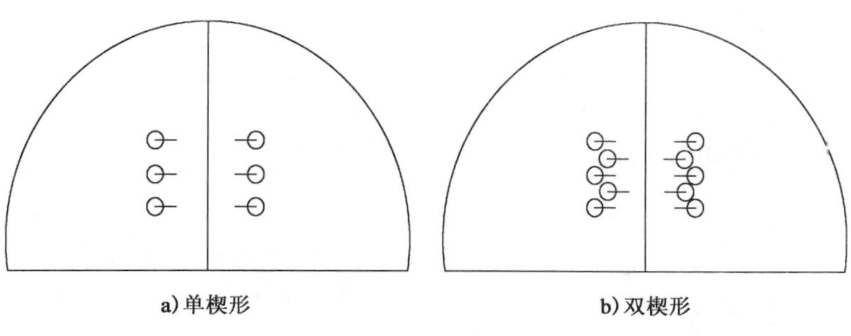


图 8-2　楔形掏槽

(3) 锥形掏槽

锥形掏槽由数个共同向中心倾斜的炮眼组成，所掏出的槽是一个锥体。由于炸药相对集中度高，只要严格掌握好钻眼质量，即使在坚硬的岩石中，也可以取得较好的爆破效果。掏槽眼数多采用 3 个或 4 个，该方法因钻眼深度受到限制，而且钻眼工作也很不方便。

(4) 扇形掏槽

扇形掏槽各掏槽眼的角度和深度不同，主要适用于煤层、半煤层或有软夹层的岩石中。需要多段延期雷管顺序起爆各掏槽眼，逐渐加深槽腔。

斜眼掏槽的优点是：适用于各种岩层并能获得较好的掏槽效果，同时所需掏槽眼数目较少，单位耗药量小于直眼掏槽，槽眼位置和倾角的精确度对掏槽效果的影响较小。对于钻眼工的技术水平要求比较高。

2) 直眼掏槽

直眼掏槽的优点是一般适用于中硬及坚硬岩石和断面较小的隧道掘进工程。由于炮孔垂直于工作面，所以炮孔深度不受开挖断面尺寸限制，适宜较深的炮孔以提高循环进尺；所有炮孔垂直于工作面，钻孔方向易于控制，可保证孔底均在同一垂直面上，所以钻孔精度较高；爆堆比较集中，抛渣距离较小，可以提高出渣效率；钻机之间干扰少，便于多台钻机同时作业，提高效率。

总之，直眼掏槽的破岩不是以工作面作为主要自由面，而是以眼作为附加自由面，基本上是利用爆破作用的破碎圈来破碎岩石。当装药眼起爆后，即对这些小空眼产生强力挤压爆破作用，致使槽腔内的岩石被破碎，然后借助爆生气体的余能将已破碎岩石从槽中抛出，达到掏槽目的。在地下隧道的爆破施工中，选择在某一施工条件下合理的掏槽形式，应考虑以下几方面的因素：地质条件的适应性、施工技术的可行性、爆破效果的可靠性和经济合理性等，以获得良好的掏槽效果。

直眼掏槽法可分为直线掏槽、角柱式掏槽和螺旋掏槽三种。

(1) 直线掏槽

掏槽眼布置在一条直线上且相互平行，隔眼装药所有炮孔同时起爆。爆破后，在整个炮眼深度范围内形成一条稍大于炮眼直径的条形槽口，为辅助眼创造自由面。这种掏槽法打眼质量要求高，否则就会影响掏槽效果；掏槽面积小，适用于中硬岩石的小断面隧道，尤其适用于工作面较软夹层或接触带相交的情况。炮眼间距视岩层性质而定，一般取 (1 ~ 2) $d$ ($d$ 为空眼直径)，装药长度一般不小于炮眼深度的 90%。在大多数情况下，装药眼与空眼直径相同。

（2）螺旋式掏槽

这种掏槽法是围绕空眼扩大槽腔，能形成较大的掏槽面积，用于中硬以上的岩石都会取得良好效果。在钻眼技术条件允许的情况下，空眼最好采用大直径（眼径一般为75～120mm），这样不易产生压实现象，而且空眼直径越大爆破越容易，掏槽效果也越可靠。

（3）角柱式掏槽

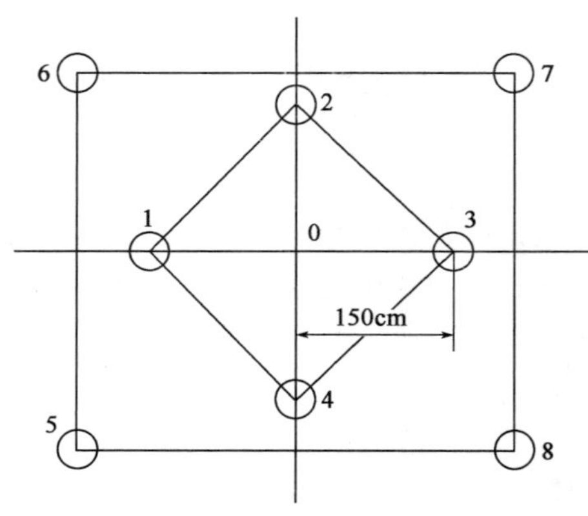

图8-3　复式四角柱直眼掏槽

这种掏槽方法形式很多，槽眼的布置多采用对称式，打眼不像螺旋掏槽那样变化，所用雷管段数较少，易于实现全断面一次起爆，在一般中硬岩石隧道中使用效果很好，故采用较多。眼深在2.0～2.5m时，经常采用的几种掏槽方式有三角柱掏槽、菱形掏槽和五星掏槽，如图8-3所示。

### 8.1.4　隧道光面爆破技术

光面爆破法是隧道掘进中的一种新爆破技术。这种方法首先在瑞典被采用，并在地下隧道与采石场等掘凿工程中被广泛用来控制超挖。采用该种方法爆破的特点是使开挖面光滑平整，围岩稳定性受爆破扰动而下降的程度较低。在光面爆破中，光面眼最后起爆，目的是为了能在彻底排除被崩落下来的岩石之后，为光面爆破形成最大限度的卸载。由于卸载的结果，光面前的预留层岩石可自由运动，于是就减少了隧道围岩的破裂。光面爆破只限于断面周边一层岩石（主要是顶部和两帮），所以有时也叫作轮廓爆破、周边爆破或者成型爆破（通常简称光爆）。光面爆破的实质是在隧道掘进设计断面的轮廓线上布置间距较小、相互平行的炮眼，控制每个炮眼的装药量，选用低密度和低爆速的炸药，采用不耦合装药，同时起爆，使炸药的爆炸作用刚好产生炮眼连线上的贯穿裂缝，并沿各炮眼的连线——隧道轮廓线，将岩石崩落下来。关于光面爆破的爆破机理，有不同的理论，众多的认识是应力波和爆生气体共同作用。即炸药爆炸瞬间形成的冲击波的动压作用，在炮孔壁形成初始裂纹，以及高温、高压的爆生气体的准静压和气楔作用，使炮孔沿其连心线形成贯通裂隙。

实现光面爆破的措施主要是：采用不耦合装药结构，减少装药量；使用低爆速低密度、爆生气体生成大量的炸药；适当加密光面炮眼，合理确定炮眼密集系数；同时起爆光面炮眼以及采取预留光面层爆破，以便获得好的爆破效果。光面爆破可以做到轮廓较精确，岩壁平整规则，围岩完整稳定等。光面爆破有以下几方面的优点：

（1）光面爆破可以使岩面平整，残留的孔壁痕迹清晰可见，孔壁不平整度在隧道中5～12cm，基本上可以按照设计要求来开挖，减少超挖，省工、省料，同时可提高工程质量和加快工程进度。

（2）使用光面爆破技术，可使围岩不受明显破坏，为隧道、洞室和其他开挖工程的维护和使用创造良好条件。

（3）在工作面上几乎不会出现松石，不会有落石的危险，为安全施工创造了良好条件，而且在围岩地质条件不良的地带施工，也不易触发冒顶、滑坡和塌方等事故。

（4）能减少岩壁上的应力集中现象，使岩石应力缓慢地释放，这对地下深部隧道防止岩爆危害起到重要作用，能明显降低爆破地震效应，以及飞石、空气冲击波的危害等。

## 8.2　爆破地震波的产生和传播特征

### 8.2.1　隧道掘进爆破岩石破坏特征

炸药在炮孔中起爆后，岩石将发生以下破碎过程：其一，强大的冲击波压应力使炮孔周围围岩石受压破碎，在瞬间形成压缩破碎和初始裂隙。其二，环向拉应力及应力波发射拉应力使岩石中的裂隙扩展，引起岩石进一步破裂，包括初始裂缝的扩展和二次裂缝的形成。其三，爆生气体膨胀作用使岩石中的裂隙贯穿形成破碎块度，碎胀体积增加，岩石成块或片运动，形成爆堆及爆破漏斗。整个爆破过程在炮孔周围的岩石将形成三个区域。

（1）爆破近区（粉碎区）

由于靠近炮孔周围的爆破脉冲压力大大超过了岩石的抗压强度，且在爆生气体的高温高压作用下，岩石产生强烈的压缩破坏，岩石表现出流体性质，在爆炸冲击波的作用下，岩石质点获得速度沿径向位移，炮孔孔腔扩大，形成一个爆破空腔。爆破近区的破坏过程可以采用经典的流体动力学方法来求解。因为压碎区内冲击波衰减很快，所以它的区域较小，一般不大于 2 ~ 3 倍的炮孔直径。

（2）爆破中区（裂隙区）

爆破中区是岩石破碎的主要区域。冲击波压力在该区靠近炮孔周围的部分超过岩石强度，该处仍可发生岩石的进一步破坏，但比爆破近区的爆破破碎程度要轻微。当爆破冲击波的压力小于岩石的抗压强度时，在岩石中将不会产生压缩破坏，但由于在径向压应力的作用下，岩石将在环向上产生拉应力。切向拉应力此时虽只有径向压应力的一半，但由于岩石的抗拉强度只有其抗压强度的十几分之一，所以仍可产生拉伸破坏，形成径向裂纹。而切向拉应力随着距炮孔的距离的增加而迅速衰减，因此这样产生的径向裂纹仅限于炮孔直径的 2 ~ 6 倍范围。裂隙圈的范围可由爆破应力波的环向拉应力等于岩石的动抗拉强度来确定，一般可达到岩石装药半径的几十倍。

（3）爆破远区（振动区）

在远离炮孔的位置，应力波已经衰减得很小，不足于形成裂隙。应力波呈现出弹性波的形态，在介质中传播到很远。其外部效应表现为地震波的形式。岩石不产生任何破坏和损伤，只产生弹性振动。

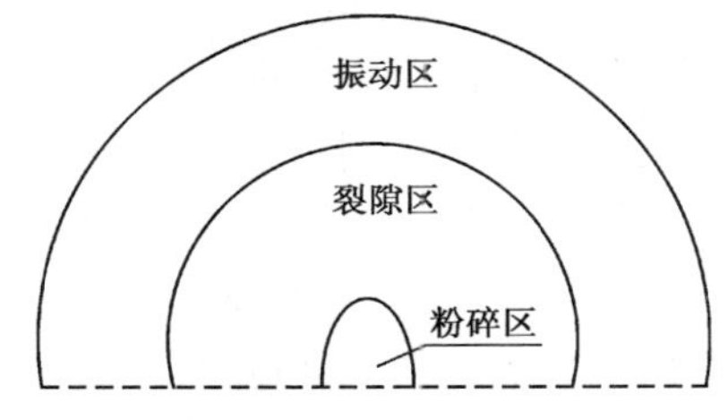

图 8-4　爆破作用范围示意图

如图 8-4 所示，这三个区域里，爆破近区和中区（粉碎区和裂隙区）是爆破作用的有效破坏区。在隧道掘进中粉碎区的岩石完全破碎抛出；而中区和远区是裂缝扩展所能到达的范围，也就是隧道围岩松动圈的范围。

### 8.2.2　爆破地震波的产生和分类

1）爆破地震波的产生及特征

爆破近区（压缩粉碎区）、中区（裂隙区）以外的区域称为爆破远区，该区的应力波已大大衰减，渐趋于正弦波性质的小振幅振动，仍具有一定强度，可以使岩石轻微破坏。当这种波衰减到不能破坏岩石时，只能引起岩石质点作弹性振动，形成地震波，它的能量仅占爆炸总能量的很小部分，为2%～6%。爆破地震波有如下主要特征：

（1）近距离的振动波形比较简单，基本上是一个脉冲，脉冲的时间长度随药量而增加。

（2）随着距离的增加，振动波形趋于复杂，而且最大振幅由出现在振动初期逐渐向后推移。

（3）存在着相似关系，即试验数据（例如水平或垂直的最大振动速度）如果按参数 $\sqrt[3]{Q}/R$ 来整理时，在对数坐标中基本上落在一条直线上。

2）爆破地震波的分类

爆破地震波作为一种弱应力波，包括在介质内部传播的体波和在介质表面传播的面波。

（1）体波

体波包括纵波（P 波）和横波（S 波），这两种波是从震源出发，向外传播到介质中。纵波是纵向运动，质点的振动方向与波的前进方向一致，使介质压缩和膨胀。所以纵波又称压缩波、疏密波、无旋波或 P 波。它一般表现为周期短、振幅小。横波则是横向运动，质点的振动方向与波的前进方向相垂直，引起介质的剪切型波动。所以横波又称等体积波、旋转波、剪切波或 S 波。S 波在分界面上分为 SV 波和 SH 波两个分量。其中，使介质质点在包含传播方向的垂直平面内运动的为 SV 波，它的运动平面垂直于分界面；而水平偏振波为 SH 波，它的运动平面平行于分界面。横波一般表现为周期较长，振幅较大。

当弹性波遇到弹性不同的岩石的交界面或边界时，将发生反射和折射，并具有波型转换的特点。入射的 P 波或 SV 波，都能产生反射的 P 波和 SV 波以及折射的 P 波和 SV 波。而 SH 波没有垂直于分界面的分量，入射的 SH 波只产生反射和折射的 SH 波，不产生 P 波。

在流体中，由于剪切模量 $G=0$，所以在流体中不存在剪切波。横波只能在固体里传播，而纵波在固体和液体里都能传播。

（2）表面波

表面波一般认为是体波经地层界面多次反射形成的次生波，是在地表或结构体表面及结构层面传播的波。它的两种基本形式是瑞利波（Rayleigh 波）和勒夫波（Love 波）。

瑞利波在传播时，质点在波的传播方向和表面层法向组成的平面内作逆进的椭圆运动，而在与该平面相垂直的水平方向上，没有横向分量的运动。瑞利波只在弹性体的表面传播，并不深入弹性体内部。瑞利波波速比横波稍慢一点。瑞利波使介质体产生膨胀与剪切变形。勒夫波传播时，质点在与波的传播方向相垂直的水平横向内作剪切型振动，没有垂直分量的运动。只有在半无限空间上至少覆盖有一低速度的地表层时，勒夫波才会出现。勒夫波在层状介质中的传播速度介于最上层横波速度和最下层横波速度之间。

研究发现，以上各种波中，纵波的传播速度最快，横波和瑞利波次之，勒夫波最慢。正是传播速度的不同，在远区，体波与面波在时空上彼此分开。但是，就其携带的能量来说，以面波中的瑞利波最多，其次是横波和纵波，所以瑞利波是造成表面建筑物破坏的主要原因，瑞利波在研究岩石内裂隙发展机理时，有着重大意义。裂隙在其尖端集中应力作用下，能够发展的极限速度是瑞利波速度。裂隙发展速度超过瑞利波速度时，裂隙的扩展将弯曲或分叉，反而使其增长速度下降。瑞利波沿自由面传播时衰减很慢，振幅很大，周期和扰动持续时间很长，故对地面建筑物和地下隧道的围岩稳定性危害很大。对于勒夫波，其在层状岩石内沿层面传播，层面两侧被不同性质岩土体厚度限制，勒夫波不会穿过界面。只有覆盖层剪切波速小于半无限体剪切波速时勒夫波才可能出现，同时勒夫波携带的能量很小，它不是引起建筑（构筑）物破坏的主要因素。随着爆破规模和爆破方式的不同，爆破所产生的地震效应差异甚大。在矿山爆破地震效应的观测中，一般仅记录爆破地震速度值，并以此作为判别地震效应大小的依据。

3）爆破地震波的分析

爆破地震波对地表振动情况的完整描述，应该同时测量质点围岩位移（$x$），或者速度（$v$）或加速度（$a$）的三个正交分量，并记录成时间函数形式。这个函数的三要素是：幅值、频率和持续时间。

通常情况下，地震振动的振幅是变化的，是时间的函数，振动的最大值是关注的一个重要指标。为了得出实际的运动面貌，应将同一质点的三向振动波形（水平纵向 $L$、横向 $T$ 和垂直向 $Z$）上的振幅分别读出，并做矢量相加，即：$\sqrt{L^2+Z^2+T^2}$。由于每条波形的最大振幅可能出现在地震波形图上的不同位置，即发生于振动过程的不同时刻，这就需要在一条或几条波形上呈现波峰的地方分别进行矢量相加，以比较确定整个振动过程中出现最大振幅的大小和时刻。为了简便，我国爆破安全规程规定以地表质点峰值振动速度作为爆破地震安全判据的主要物理指标。

爆破地震作用的持续时间较短，一般为 0.4 ~2.0s，随介质性质和与震源距离的不同而异。其中，前震段持续时间（或称振动上升时间）为 0 ~0.6s，主震段持续时间为 0.15 ~0.8s，尾震段持续时间为 0.2 ~0.8s。观测表明：随着远离震源，爆破地震波的最大幅值逐步衰减，振动频率亦有所下降，而振动作用时间在一定范围内则有所增加。

### 8.2.3　岩体中爆破地震波传播规律

1）爆破地震波的传播

爆破地震波在岩石中的传播和衰减，既取决于爆源（震源）条件，又受岩石性质、地质构造和地形地貌的影响。炸药在地面爆炸时，爆破地震波向四周传播后，由于空气冲击波撞击地面使岩土质点产生爆破冲击压缩波。冲击压缩地震波是高频波，然后就以地震波的形式向四周传播，如果岩土层厚度不大，其持续时间与空气冲击波的持续时间相等，它与爆破地震波的间隔时间由式（8-1）计算。

$$t=\left(\frac{R}{C_1}\right)-\left(\frac{R}{C_p}\right) \tag{8-1}$$

式中：$t$——爆破冲击压缩地震波与爆破地震波的间隔时间，s；

$R$——爆源至测点距离，m；

$C_1$——空气冲击波波面速度，m/s；

$C_p$——岩石弹性纵波速度，m/s。

2）地形对地震波传播的影响

局部地形的变化对爆破地震效应的影响是明显的。当出现河沟、山谷、巷道、采空区时，地震效应减弱；当出现山坡、岩柱时，地震效应增强。但是不论地形多么复杂，地形的变化可以用高程的变化（高程差）近似表示。当高程差值为 25～100m 时，岩石中水平方向的质点加速度增大 1.23～3.04 倍，垂直方向增大 3.26～3.30 倍。在地表土中，水平方向增大 1.18～1.53 倍，垂直方向增大 1.32～1.79 倍。

3）岩体中爆破应力波的衰减

爆破以冲击载荷的形式作用于岩石，它在微秒级的时间内，突然升到极高的有限值，然后衰减下来。这种载荷作为一个扰动在岩体中传播时，根据距爆源的远近、岩体的性质及构造等因素，必然相继出现几种不同形式的波（在爆破近区，主要为冲击波；在中区和远区，为应力波和地震波）。随着冲击波离开爆源向外传播，岩体中的应力波随传播距离的增加而减小。冲击波的波阵面遭到破坏，变成倾斜的形状，波的正压作用时间随着波传播距离的增加而增加，当离开爆破中心的距离大于 10～15 倍药包半径时，波的传播速度就和岩石中声波的传播速度一样，此时冲击波就变成应力波。当离爆破中心的距离大于 400～500 倍药包半径时，波虽然在幅值上大大衰减，但是它的作用时间加长，由应力波产生的移动，会导致构造裂隙加宽，使岩体的一部分对另一部分发生明显的移动，这种作用主要表现在岩体的表面，这时的波称为地震波。

绝大多数情况下，岩石中爆破采用柱状装药或延长装药，在岩石中传播的爆破应力波为柱面波。耦合装药条件下，在药室附近岩石中形成冲击波，随着冲击波的向外传播，应力幅值不断衰减，波速不断降低，最后演变成应力波，应力波的进一步传播、衰减，又演变成地震波。引起爆炸应力波衰减的原因有：波阵面的扩大，导致单位波阵面上能量密度的降低；传播介质（岩石）质点运动引起的内摩擦能量耗散；爆破应力波传播过程中的追赶卸载。

在均匀岩石中，对于不耦合装药时初始径向应力峰值 $p_r$ 由式（8-2）计算得到。

$$p_r = \frac{1}{8} \cdot \rho_0 \cdot D^2 \left(\frac{r_c}{r_b}\right)^6 \cdot n \tag{8-2}$$

式中：$p_r$——初始径向应力峰值，Pa；

$D$——冲击波传输速度，m/s；

$\rho_0$——炸药密度，$kg/m^3$；

$r_c$——装药半径，m；

$r_b$——炮眼半径，m；

$n$——压力增大倍数。

随距离的增大应力峰值不断衰减，在距离爆源中心 $r$ 处的应力波峰值 $\sigma_{rmax}$ 见式(8-3)。

$$p = \sigma_{rmax} = p_r \bar{r}^{-\alpha} \tag{8-3}$$

$$\alpha = -4.11 \times 10^{-7} \rho_m c_p \text{ 或 } \alpha = 2 - \left[\frac{\mu}{(1-\mu)}\right] \tag{8-4}$$

式中：$\sigma_{rmax}$——被爆岩石中点的爆破应力波径向应力峰值，Pa；

$\bar{r}$——比距离，其中，$\bar{r} = \frac{r}{r_b}$，$r$ 为距装药中心的距离；

$\alpha$——岩石介质中爆破应力波峰值随距离的衰减指数，适于冲击波；

$\mu$——泊松比；

$\rho_m$——岩石介质的密度，kg/m$^3$；

$c_p$——纵波波速，m/s。

4）岩体中地震波传播的影响因素

爆破地震波在产生和传播过程中，受到多种复杂因素的影响。其中，药量、距离、传播介质的特性以及测点处土质条件的影响更为显著，因此，国内外在根据实测数据寻找爆破地震波衰减规律的经验公式时，一般采用式（8-5）计算得到。

$$\chi = KQ^m R^n \tag{8-5}$$

式中：$\chi$——地面运动物理量（速度、加速度、位移或其他参数）；

$Q$——药量，kg；

$R$——距震源的距离，h；

$K$、$m$、$n$——待定常数，代表传播介质特性及测点处土质条件、药量、距离的影响因素。

在我国，通常采用式（8-6）计算一次爆破的最大允许用药量。

$$Q_{max} = R^3\left(\frac{v_{KP}}{K}\right)^{\frac{3}{a}} \tag{8-6}$$

式中：$R$——爆破振动安全允许距离，m；

$Q_{max}$——炸药量，kg；齐发爆破为总药量；延迟爆破为最大一段药量；

$v_{KP}$——保护对象所在地质点振动安全允许速度，cm/s；

$K$、$a$——与爆破点至计算保护对象间的地形、地质条件有关的系数和衰减指数，可按表 8-2 选取，或通过现场试验测定。

**K、a 值与岩性的关系**　　表 8-2

| 岩性 | K | a |
|---|---|---|
| 坚硬岩石 | 50～150 | 1.3～1.5 |
| 中硬岩石 | 150～250 | 1.5～1.8 |
| 软岩石 | 250～350 | 1.8～2.0 |

### 8.2.4　爆破地震波强度影响因素分析

1）描述爆破振动强度的物理量

爆破地震强度可用介质质点运动的各物理量衡量，如位移、加速度、速度等，目前较多的采用质点峰值振动速度（主要是垂直振动速度）作为破坏判据。然而众多的工程实践和爆破振动监测结果表明，单一的质点峰值振动速度作为安全标准的判据是不全面的，爆破振动安全判据中应该考虑爆破振动主频接近建筑物的自振频率而产生共振造成的危害。这在《爆破安全规程》（GB 6722—2003）中也有说明，对于地面建筑物的爆破振动判据采用保护对象所在地质点峰值振动速度和主振频率两个指标。同时，国外评判标准的趋势已发展到不只以单一参数作为判据，如瑞典的评判标准综合考虑了振动速度、频率、位移和加速度等多项指标，美国矿务局、德国和芬兰的判据引入振动速度和频率两个指标。现在大多数人认为，振动速度和频率两项指标作为判据是必要的。从物理意义分析，振动速度可以代表振动幅值，幅值和频率是描述振动的最基本物理量。从振动响应方面分析，不同地基和结构物有不同的固有频率，考虑到共振效应，振动响应应包括频率参数。

2）爆破地震波强度的影响因素

爆破地震参数的大小主要依赖于爆破参数和地形地质特征，其影响因素也很多，如总装药量、单响装药量、分段数、距爆破点的距离、高程差、破孔网参数（孔距、排距、孔深、孔径、不耦合系数、堵塞长度、装药结构）和起爆方法等。

（1）炸药类型的影响

炸药的性质对岩石中冲击波的衰减有很大影响，若采用炸药所产生的冲击波压力超过岩石抗压强度的10倍以上，在大多数情况下会造成冲击波的能量损失，使冲击波急剧衰减。实验表明：炸药的波阻抗值越接近岩石波阻抗值，炸药的爆炸能量传播效率越高，因而在岩石中引起的应变值越大，即引起的爆破振动也越大。因而在有爆破振动要求的爆破工程中，选择炸药波阻抗与岩石的波阻抗差别较大的炸药。当然，从地震波产生方面看，还要选择低爆速、低猛度的炸药。

炸药量对爆破振动有决定性的作用，它的影响已在许多经验公式中体现，一般为 $Q^m$ 形式。式中：$Q$ 为药量，$m$ 为系数。值得注意的是：单位炸药消耗量过大会使爆破振动过大，而单位炸药消耗量过小，也会由于减小了从自由面反射回来的拉伸波效应，可能使爆破振动增大。因此，炸药耗药量并不是越小越安全，爆破时必须选择合理的装药量。

（2）爆破段数的影响

段数的影响主要表现在微差时间和爆破地震波的延时长度上。合理间隔时间，使先后起爆所产生的地震能量在时间上和空间上错开，特别是错开地震波的主振相，从而大大降低了地震效应的幅值。实践表明：微破比普通爆破可降低振速30%～50%，但同时使爆破地震波的持续时间越长，又大大增加了结构破坏的可能性，这也是微差间隔时间存在最佳延时的原因。

（3）炮孔直径的影响

不同孔径的炮孔爆破时，即使爆破的药量相同，由于场地系数和衰减系数的不同，大炮孔直径的爆破振动强度仍然是较大的。有研究表明：孔径为310mm炮孔的振速相比孔径为250mm炮孔的振速，在垂直方向的振速大24%～44%，径向的振速大27%左右；孔径为250mm炮孔的振速比孔径为170～200mm炮孔的振速平均大50%左右。可见，炮孔直径对爆破振动的影响也是一个不可忽视的因素。

（4）起爆方法对爆破振动的影响

长沙矿冶研究院的高晓初等人比较了相同爆破条件下，斜线和V形起爆方案，发现前者比后者的爆破振动强度平均小44%。究其原因，可能是前者改变了起爆方向，充分利用了自由面减振作用，减少了抵抗线，扩大了炮孔临近系数，从而提高了岩石受拉伸的强度。使向自由面传播的能量多用于岩石的破碎与抛掷，提高了爆炸能的利用率，减少了产生振动的能量。边坡爆破与梯段爆破相比，一般采用V形起爆方案，因此相同条件下得到的振动也较大，就是因为最小抵抗线较大增加了爆破振动作用。

（5）最小抵抗线的影响

由爆破理论知，减小最小抵抗线，使炸药爆炸能在较短时间内得以释放，能量中有更多部分形成空气冲击波，转化为爆破地震波的能量相对减少，震强随之减弱。根据应力波传播理论，当抵抗线较小时，在抵抗线小的一侧形成破碎带，向最小抵抗线方向传播的应力波转化为破碎岩体的能量，难再反射回来增加爆破振动强度。该条件下最小抵抗线方向的地震波速小，相反方向最大。当抵抗线较大时，爆破作用不能破坏自由面附近的岩体，则向最小抵抗线方向传播的应力波反射与原有的应力波叠加，从而增加自由面反向的爆破振动强度。研究发现：爆破作用指数 $n = 1.5$ 的飞散爆破与 $n = 0.81$ 的松动爆破相比，其地震强度平均可降低 4% ~22%。

## 8.3　隧道施工爆破振动测试与控制技术

### 8.3.1　隧道爆破振动测试概述

随着我国交通建设的发展，城市化进程的加快，城市公路隧道工程的建设也进入一个新的高潮。由于城市公路隧道施工地点多在城市中心地带，人口众多，周围建（构）筑物密集，使得施工难度增大，施工过程中会对周围环境的安全产生影响。城市公路隧道工程施工对周围环境安全的影响主要是爆破振动影响和开挖引起围岩应力重分布影响。而对于初期施工，主要的影响为爆破振动对周围建（构）筑物的影响。因此，在隧道开挖施工时，为了保证施工安全和施工质量以及地面建（构）筑物的安全，必须对隧道开挖爆破引起的爆破振动进行信息化施工监测，以此来指导隧道工程爆破参数的设计和后续施工。

为了有效地了解和控制爆破振动对隧道周边建（构）筑物的危害，对每次大爆破振动进行准确的测试是关键的一步，通过爆破振动测试，可以分析和掌握爆破地震波的特征、传播规律以及对周边建筑物的影响和破坏机理等，确定回归预报参数，改善爆破振动预测模型，根据测量结果及时调整爆破参数和施工方法，指导爆破安全作业，从而有效地控制爆破地震效应，同时给予因爆破振动引起的民事纠纷以科学的判断依据，减少公司的损失。怎样正确认识爆破地震强度及相关影响因素，利用爆破测试技术，对爆区附近被保护建筑物进行爆破振动测试，并通过采取各种控制爆破振动的措施，来控制爆破规模及危害，以选择最佳爆破方案来保证建筑物的安全，显得非常重要。

《爆破安全规程》第 8.2、8.3 条明文规定，“一般建筑物和构筑物的爆破地震安全性应满足安全振动速度的要求”，“在特殊建（构）筑物附近或爆破条件复杂地区进行爆破时，必须进行必要的爆破地震效应的监测和专门试验，以确保被保护物的安全性”。爆破地震效应的测试工作，已在工程中广泛开展，测试系统和测试技术将成为爆破专业队伍的生存手段。当前，国内外测试技术的主要应用范畴是：

（1）通过小型爆破试验进行测振，以了解爆破地震波的时程曲线特征，然后利用数模或经验公式，计算拟采用爆破方案的地震效应，预报爆破地震强度及评价建筑物的安全，进而对爆破方案进行修改、限制和优化。

（2）在扩建、改造工程中，对爆区附近建筑物和正在运行的设备基础进行地震监测，以控制一次爆破规模。在工期较小的爆破工程中，使某些特定位置的地震强度受到监控，以保证建筑物和运行设备的安全。

（3）在实施爆破工程时，对特殊建筑物、可能引起民事纠纷的地段或建筑物进行地震监测，为工程验收和可能发生的司法程序提供依据。

（4）在建筑物上进行测振，研究建筑物对爆破地震的反应谱，为计算建筑物受力状态提供荷载条件。

爆破测试主要包括两个方面的内容：一是研究爆破过程中地震波的衰减规律，地质构造及地形条件对它的影响，地震波参数和爆破方式的关系；另一方面是研究建（构）筑物对爆破振动的响应特征，这一响应特征和爆破方式、构筑物结构特点的关系。就具体内容而言，爆破振动测试的内容包括：地表质点振动速度、振动位移、振动加速度测试；结构、建筑物的反应谱测试。目前又发展了岩体介质反应谱测试，如岩体边坡爆破振动反应谱测试。

### 8.3.2 爆破振动测试实施技术要点

1）爆破振动测试原理

隧道开挖通常采用的是爆破方式，但爆破就会产生能量，其能量就会以地震波的方式向外传播，当传播到有建筑物的地面时，建筑物就会随之产生振动，振动幅值过大时则造成建筑物的破坏。所以重要的工程项目需要采用爆破时，必须进行爆破振动监测。

监测的基本原理是：当爆破时，根据影响建筑物的范围，布置专用的地震仪器在不同位置进行观测，一般情况下采用多台（5 台）等间距布置，这样可以得到地面运动速度值，同时还可以确定影响范围。观测时将仪器与地面紧密接触并调整到正常状态，采用草图方式确定测点位置及坐标，炸药量须按正常施工时药量安放，爆破方式等不变，起爆时产生的地震波则由起爆点向四周传播，这时在地面放置地震仪器就会将地震波记录下来。地震波在传播时由于地层的滤波作用，高频部分很快就会被吸收掉，低频部分则会传播到很远处。当地震波传播到建筑物时，其破坏性最大的是剪切波（也称横波或 S 波），其振动形式呈水平振动，而纵波由于能量小通常情况下不考虑。利用记录到的横波最大振幅则可计算出地面运动速度最大值，此值则是考虑破坏作用的重要技术指标，与规范指标进行对比，即可分析出其影响作用。

2）试验仪器及监测方法

振动监测可采用进口设备，采集系统可采用美国生产的 REFTEK130B 型地震仪，地震计（也称为检波器或拾震器）可采用英国生产的 GURALP 三分量地震计。进口设备的特点是精度高、轻便灵活、性能稳定、采集数据可靠，为重要科研单位进行野外观测的首选设备。采用 $X$、$Y$、$Z$ 三个方向的三分量检波器，其中 $X$ 和 $Y$ 为水平分量，两个分量呈相互垂直状，这样即保证了任何方向传播波形的正常接收。GURALP 三分量地震计有单端输出和差分输出两种。差分振动监测地震计将爆破振动能量转换为内部磁芯的位移量，并将磁芯位移量变成了对应的电压信号值输出。进而，将振动能量产生的振动波形的幅度值对应成电压值。将地震仪采集到的爆破振动原始数据输入计算机保存。然后在室内采用专用数据处理软件在微机上对这些数据进行处理分析。监测流程如图 8-5 所示。

图 8-5　爆破振动测试系统流程图

3）爆破振动监测点布置原则

爆破振动测量工作是围绕着某一特定目的进行的。例如为了爆破时确保建筑物的安全作爆震危险区区划，就需测定爆破地强烈的区域以及地振动强度随爆心距变化的规律；为了作某些建筑物的抗爆震验算或拟建工程结构物的抗爆震设计，就需测定爆破地面运动特征和工程结构的动力反应；为了在爆区内选择建设场地，就需在特定的地形地质条件下，测定爆破地震动的衰减规律。总之，不同的目的，就有不同的测试方案。一旦测试方案确定了，应在测试现场进行周密的踏勘，了解场地的地质、地形和局部土质条件，然后按测试目的和现场条件，选定测点的数目和测点的位置。按需要测量地震动的参数和设置测点的数目，选择仪器的类型和数量。

在爆破振动监测工作中，测点的布置占有极其重要的地位，它直接影响爆破振动测量的效果和观测数据的应用价值。影响爆破地震动的主要因素是爆破的药量和爆心距。药量越大，转化为地震波的能量越多，地面振动越强烈；距爆心的距离越远，振动衰减越大。可根据这一特点选取观测点的位置。为了使得到的观测数据能较好地描述地震动的变化规律，测点的定位和比尺距值（即爆心距与药量立方根的比值）的选取应考虑以下几点：

（1）测点要足够多，一般不少于 6 个测点，当药量给定即可根据经验选取各测点到爆心的距离。

（2）爆心距的选取应使各测点的比尺距之间有一定的差距。在测试现场可能的条件下，第一个测点要尽量靠近爆心，最后一个测点可根据爆破地震动对建筑物的破坏程度适当选取。

（3）为避免试验数据密集在某一个区域内，相邻两测点比尺距倒数的对数值之差宜选为常数。

（4）为了深入研究爆破时建筑物的地震效应和确定安全区域，在地震效应较大的范围内，测点应适当加密。

（5）为研究爆破地震时建筑物的动力反应，除在建筑物邻近和建筑物地面布置测点外，还需对应于地面测点位置沿结构物不同高度布置若干测点。

（6）爆破时地震波具有波及面小、振动衰减快的特点，因而爆破引起建筑物的破坏仅发生在离爆心较近的范围。竖向振动强度接近于水平方向，所以除观测爆破地震动的水平向分量外，还应观测地震动的竖向分量。

测得的爆破地震动强度值的误差，很大程度上取决于测试仪器的精度，目前一般使用的爆破测试仪器的精度为 5% ~10%，与此相应的爆心距测量误差则可控制在 5% 以内。在一般情况下，观测点的布置和测点至爆心的距离可直接在比例尺为 1∶ 1 000 的地形图上量取。

### 8.3.3　爆破振动安全允许标准

爆破地震的破坏判据，对于估计爆破地震作用下建筑物、构筑物的破坏程度，具有实际意义。

由于爆破地震不同于天然地震，它的震源在地表浅层发生，能量衰减较快，地震持续时间短，振动频率较高，在爆破区近区竖向振动较显著等，故爆破地震的破坏判据也与天然地震不同。

目前，国内外有采用能量比作为爆破地震的破坏判据时。这些物理量都能反映爆破振动对工程结构的破坏作用。在我国目前通常采用地面垂直最大振动速度作为破坏判据。我国爆破安全规程规定：地面建筑物的爆破振动判据，采用保护对象所在地质点峰值振动速度和主振频率；水工隧道、交通隧道、矿山隧道、电站（厂）中心控制室设备、新浇筑大体积混凝土的爆破振动判据，采用保护对象所在地质点峰值振动速度。爆破振动安全允许标准见表8-3。

**爆破振动安全允许标准** 表8-3

| 序号 | 保护对象类别 | 安全允许振速（cm/s） | | |
|---|---|---|---|---|
| | | <10Hz | 10~50Hz | 50~100Hz |
| 1 | 土窑洞、土坯房、毛石房屋① | 0.5~1.0 | 0.7~1.2 | 1.1~1.5 |
| 2 | 一般砖房、非抗震的大型砌块建筑物① | 2.0~2.5 | 2.3~2.8 | 2.7~3.0 |
| 3 | 钢筋混凝土结构房屋① | 3.0~4.0 | 3.5~4.5 | 4.2~5.0 |
| 4 | 一般古建筑与古迹② | 0.1~0.3 | 0.2~0.4 | 0.3~0.5 |
| 5 | 水工隧道③ | 7~15 | | |
| 6 | 交通隧道③ | 10~20 | | |
| 7 | 矿山巷道③ | 15~30 | | |
| 8 | 水电站及发电厂中心控制室制备 | 0.5 | | |
| 9 | 新浇大体积混凝土④：<br>龄期：初凝~3d<br>龄期：3d~7d<br>龄期：7d~28d | 2.0~3.0<br>3.0~7.0<br>7.0~12 | | |

注：1. 表列频率为主振频率，系指最大振幅所对应波的频率。
2. 频率范围可根据类似工程或现场实测波形选取。选取频率时亦可参考下列数据：洞室爆破<20Hz；深孔爆破10~60Hz；浅孔爆破40~100Hz。
①选取建筑物安全允许振速时，应综合考虑建筑物的重要性、建筑质量、新旧程度、自振频率、地基条件等因素。
②省级以上（含省级）重点保护古建筑与古迹的安全允许振速，应经专家论证选取，并报相应文物管理部门批准。
③选取隧道、水工安全允许振速时，应综合考虑构筑物的重要性、围岩状况、断面大小、深埋大小、爆源方向、地震振动频率等因素。
④非挡水新浇筑大体积混凝土的安全允许振速，可按本表给出的上限选取。

### 8.3.4 爆破振动测试数据回归分析

1）回归分析理论基础

由于各种原因，位移量测所取得的数据带有一定的误差。例如，对于被看作黏弹性位移反分析基础的位移—时间曲线，与测值相应的点将因量测误差而出现不同程度的上下波动。当测值的误差较大致使相应的波动也较大时，反分析的取值将变得比较困难，所以在反分析前必须对量测数据进行适当处理。同时，由于施工现场环境复杂或安装技术方面的原因，有可能导致测点（反光片）安装的失败，在这种情况下，必须去除那些根本不能用于反分析的数据。若有因监测者的误读而记录的误差太大的数据，也必须去除。

此外，还需对监测数据进行回归分析，找出测试数据随时间变化的规律，并推算出测试数据的极值，为监控设计提供重要信息。回归分析是研究变量间相关关系的一种统计方法，其目的是在大量量测数据的基础上，找出变量之间在统计上的回归关系。有关回归关系的计算方法和理论称为回归分析。

2）一元线性回归方程

$$y = a + bt \tag{8-7}$$

$$y = bt \tag{8-8}$$

求回归系数 $a$、$b$ 的方法有选点法、图解法、平均法和最小二乘法等。最小二乘法原理：观测值的改正数的代数和恒为零，即：

$$\sum (y_i - y_{回}) = 0 \tag{8-9}$$

观测值的改正数之平方和为最小，即：

$$\sum (y_i - y_{回})^2 = \min \tag{8-10}$$

即有：

$$\sum (y - a - bt)^2 = \min \tag{8-11}$$

根据微分学中求解极限值的原理，要使上式达到最小值，则分别对回归系数 $a$、$b$ 进行偏微分，求其偏微分并令其等于零，即：

$$\frac{\partial (y - a - bt)^2}{\partial a} = 0 \tag{8-12}$$

$$\frac{\partial (y - a - bt)^2}{\partial b} = 0 \tag{8-13}$$

解上式得：

$$a = \bar{y} - b\bar{t} \tag{8-14}$$

$$b = \frac{\sum (y - \bar{y})(t - \bar{t})}{\sum (t - \bar{t})^2} \tag{8-15}$$

式中：$\bar{y} = \frac{1}{n}\sum_{i=1}^{n} y_i$，$\bar{t} = \frac{1}{n}\sum_{i=1}^{n} t_i$

$n$——量测次数；

$y_i$——量测值；

$t_i$——量测时间。

回归精度由式（8-16）求得：

$$S = \sqrt{\frac{1}{n-1}\sum_{i=1}^{n} (y_i - bt_i)^2} \quad （剩余标准离差） \tag{8-16}$$

3）一元非线性回归方程

一元非线性回归分析步骤：

（1）选择能代表变量 $x$ 与 $y$ 之间内在关系的函数类型。

（2）求出变量 $x$ 与 $y$ 相关函数的未知量。

（3）经过剩余标准差分析，计算精度不够理想时，则可另选一种曲线函数按照上述步骤再进行重新分析。

在隧道工程中常用的一元非线性回归方程有如下几种。

对数方程：

$$y = a \cdot \lg(1 + t) \tag{8-17}$$

$$y = a \cdot \lg\left(1 + \frac{t}{b}\right) \tag{8-18}$$

$$y = a + b \cdot \lg t \tag{8-19}$$

$$y = a + b \cdot \lg(1 + t) \tag{8-20}$$

说明：以上方程是以 10 为底的对数方程，这些方程也可以是以 e 为底的自然对数方程形式，比如 $y = a \cdot \lg(1 + t)$ 式（8-17）同样可以改写成 $y = a \cdot L_n(1 + t)$ 形式。

指数方程：

$$y = a \cdot e^{-\frac{b}{t}} \tag{8-21}$$

$$y = a(1 - e^{-bt}) \tag{8-22}$$

$$y = a(1 - e^{-t^2}) \tag{8-23}$$

双曲线方程：

$$y = \frac{t}{a + bt} \tag{8-24}$$

$$y = a\left(1 - \frac{1}{1 + bt}\right)^2 \tag{8-25}$$

幂函数方程：

$$y = a \cdot t^b \tag{8-26}$$

4）求解回归系数 $a$、$b$ 的方法

（1）化成直线型的变量代换法

将一元非线性回归方程作适当的变量代换后，对新的变量作线性回归，然后再还原到原来的变量。例如对对数方程 $y = a \cdot \lg(1 + t)$ 进行变量代换，设 $t' = \lg(1 + t)$，则 $y = at'$。回归系数 $a = \frac{\sum yt'}{\sum t'^2}$，当 $a$ 求出后，对数方程即可确定。

（2）单因素优选法

原理：逐渐选取回归系数 $a$、$b$ 值，用回归精度控制，当达到最高回归精度时，其相应的回归系数即为所求系数。例如：$y = a \cdot e^{-\frac{b}{t}}$，令 $b = b_0 = 1$，则 $y' = e^{-\frac{b_0}{t}}$，那么 $y = ay'$ 是线性方程。

①在方程 $y = f(a, b, t)$ 中，令 $b = b_0$（$b_0$ 为初始值，可取任意值，一般取 $b_0 = 1$），并令 $y' = \phi(b_0, t)$，则 $y = f(a_0, y')$ 为线性方程。

②计算 $a_0 = \frac{\sum yy'}{\sum y^2}$，则回归方程为 $y = f(a_0, b_0, t)$，回归精度 $S_0 = \sqrt{\frac{1}{n-2}\sum (y - y_{回})^2}$（剩余标准离差）。

③再令 $b_1 = b_0 + \Delta b$（$\Delta b$ 为步长系数，可取 $\Delta b = \pm 0.1, \pm 0.01, \pm 0.001$），计算 $a_1$、$S_1$。

④同理可求得 $b_2$，$a_2$，$S_2$，…，$b_i$，$a_i$，$S_i$，…，$b_n$，$a_n$，$S_n$。若其中 $S_i = S_{min}$，则相

应的 $b_i$、$a_i$ 即为所求的回归系数值。

5）拟合函数的选择

对一组量测数据进行回归分析时，通常选取几个（一般为三个）适当的回归方程分别对它进行拟合，通过对比相关系数 $r$ 值的大小来选取与散点图拟合得最佳的回归方程，即相关系数 $r$ 越接近1时，回归效果越佳，回归方程与量测数值的拟和程度也就越好。相关系数 $r$ 用下式计算：

$$r=\sqrt{\frac{\sum(y_{回}-\bar{y})^2}{\sum(y-\bar{y})^2}} \tag{8-27}$$

6）测试数据的回归分析

在隧道某断面处设置位移量测点，通过记录同一量测点的初期坐标以及后续坐标值，综合考虑隧道曲线走向，得到围岩竖向、水平收敛值。根据现场拱顶和拱腰部位监控量测收敛数据，用MATLAB数学软件对数据进行曲线拟合，预测最终位移值。在用MAILAB软件进行隧道量测数据的回归分析时，需要选取非线性函数作为拟合函数。这里选取在隧道中常用的几种函数：对数函数 $y=a\cdot\ln\left(1+\frac{t}{b}\right)$、幂函数 $y=a\cdot t^b$、指数函数 $y=a\left(1-e^{-bt}\right)$ 和双曲线函数 $y=a\left(1-\frac{1}{1+bt}\right)^2$。但在该软件中只有线性函数和多项式曲线函数有现成的调用格式，对于以上的几种非线性函数需要结合变量代换和单因素优选法编制命令流。

（1）对数函数曲线拟合

命令流：

定义非线性函数的M文件：nihehanshu.m

```
function yy = model (beta0, x)
a = beta0 (1);
b = beta0 (2);
yy = a * log (1 + x/b)                    % 该方程为自然对数
```

曲线拟合：

```
beta0 = [2.051 2.102];
betafit = nlinfit (dt, dz,'nihehanshu', beta0)
xi = linspace (min (dt), max (dt), 1000);
yy = betafit (1) * log (1 + xi/betafit (2)); % 根据拟合所得系数写出方程
plot (dt, dz,'o', xi, yy,'k:', dt, dz,'b')
```

求拟合函数的相关系数：

```
yy = betafit (1) * log (1 + xi/betafit (2));
u = mean (dz);
si = size (dz);
n = si (2);
i = 1: n;
r = (sum((yy(i) - u).^2)/sum((dz(i) - u).^2))^0.5
```

预测最终位移值：

```
syms x
y = betafit (1) * log (1 + x/betafit (2));
y1 = diff (y);                    %求导数
y2 = solve (y1 - 0.0002);
y2 = eval (y2);
y3 = betafit (1) * log (1 + y2/betafit (2))    %将 y2 作为因变量代入函数得到最终位移值，例如：y3 = f (y2)，y3 为最终位移值。
```

(2) 幂函数曲线拟合

命令流：

定义非线性函数的 M 文件：nihehanshu. m

```
function yy = model (beta0, x)
a = beta0 (1);
b = beta0 (2);
yy = a * x. ^b;
```

曲线拟合：

```
beta0 = [0.051 -0.102];
betafit = nlinfit (dt, dz,'nihehanshu', beta0)
xi = linspace (min (dt), max (dt), 1000);
yy = betafit (1) * xi. ^betafit (2) plot (dt, dz,'o', xi, yy,'k:', dt, dz,'b')
```

求拟合函数的相关系数：

```
yy = betafit (1) * dt. ^betafit (2);
u = mean (dz);
si = size (dz);
n = si (2);
i = 1: n;
r = (sum((yy(i) - u). ^2)/sum((dz(i) - u). ^2))^0.5
```

预测最终位移值：

```
syms x
y = betafit (1) * x^betafit (2);
y1 = diff (y);
y2 = solve (y1 - 0.0002);
y2 = eval (y2)
y3 = betafit (1) * y2^betafit (2)
```

(3) 指数函数曲线拟合

命令流：

定义非线性函数的 M 文件：nihehanshu. m

```
function yy = model (beta0, x)
```

```
a = beta0 (1)
b = beta0 (2)
yy = a * (1 - exp (b * x))
```

曲线拟合：

```
beta0 = [0.051  -0.001];
betafit = nlinfit (dt, dz,'nihehanshu', beta0)
xi = linspace (min (dt), max (dt), 1000);
yy = betafit (1) * (1 - exp (betafit (2) * xi));
plot(dt,dz,'o',xi,yy,'k:',dt,dz,'b')
```

求拟合函数的相关系数：

```
yy = betafit (1) * (1 - exp (betafit (2) * dt));
u = mean (dz);
si = size (dz);
n = si (2);
i = 1: n;
r = (sum((yy(i) - u).^2)/sum((dz(i) - u).^2))^0.5
```

预测最终位移值：

```
syms x
y = betafit (1) * (1 - exp (betafit (2) * x))
y1 = diff (y) ;
y2 = solve (y1 - 0.0002) ;
y2 = eval (y2)
y3 = betafit(1) * (1 - exp(betafit(2) * y2))
```

（4）双曲线函数拟合

在前面提到，选取在回归分析时隧道中常用的几种非线性函数时，双曲线函数的形式为 $y=a\left(1-\frac{1}{1+bt}\right)^{2}$，而在实际拟合时，采用双曲线函数的形式为 $y=\frac{a}{\left(b+\frac{1}{t}\right)^{2}}$。具体变化过程如下：

$$y = a\left(1-\frac{1}{1+bt}\right)^{2} \Rightarrow y = \left(\frac{1+bt}{a^{\frac{1}{2}}bt}\right)^{-2} \Rightarrow y = \left(\frac{1}{a^{\frac{1}{2}}}+\frac{1}{a^{\frac{1}{2}}bt}\right)^{-2}$$

$$\Rightarrow y = \left[\frac{1}{a^{\frac{1}{2}}b}\left(b+\frac{1}{t}\right)\right]^{-2} \Rightarrow y = \left(\frac{1}{a^{\frac{1}{2}}b}\right)^{-2}\cdot\left(b+\frac{1}{t}\right)^{-2}$$

令 $\left(\frac{1}{a^{\frac{1}{2}}}\right)^{-2} = a$

$$y = \frac{a}{\left(b+\frac{1}{t}\right)^{2}} \tag{8-28}$$

命令流：

定义非线性函数的 M 文件：nihehanshu. m

```
function yy = model (beta0, x)
a = beta0 (1)
b = beta0 (2)
yy = a * (x + b) .^ -2
```

曲线拟合：

```
t = dt.^-1;
beta0 = [0.051 1];
betafit = nlinfit (t, dz,'nihehanshu', beta0)
xi = linspace (min (dt), max (dt), 1000);
yy = betafit (1) * (betafit (2) + xi.^-1) .^-2;
plot (dt, dz,'o', xi, yy,'k:', dt, dz,'b')
```

求拟合函数的相关系数：

```
yy = betafit (1) * (betafit (2) + dt.^-1) .^-2
u = mean (dz);
si = size (dz);
n = si (2);
i = 1: n;
r = (sum ((yy (i) - u) .^2) /sum ((dz (i) - u) .^2)) ^0.5
```

预测最终位移值：

```
y = betafit (1) * (betafit (2) + 1e50^-1) ^-2
```

用 MATLAB 数学软件对数据进行几种曲线函数的拟合，用相关系数 $r$ 值来进行对比，选取与散点图（量测数据散点图）拟合得最佳的回归方程，即当相关系数 $r$ 越接近 1 时，回归效果越佳，回归方程与散点图的拟和程度也就越好。最后利用拟合效果最好的拟合曲线求得监测断面位移量测数据的预测最终位移值 $y_1$、$y_2$，将作为仿真输入数据，即仿真输入矢量 $P_1 = [y_1;\ y_2]$。

### 8.3.5 隧道爆破振动安全监测与施工风险关系

在隧道施工爆破振动安全性监测的基础上，根据降低爆破振动影响的控制措施，可有效地控制爆破振动对隧址区上方建筑物的破坏，预防了风险事故的发生，减少了财产损失和人员伤亡。

（1）爆破振动监测是安全管理的一个必要组成部分：我国的安全生产方针是“安全第一，预防为主”，隧道爆破振动技术的应用有效地预防了事故的发生，并对施工单位更合理地施工进行了正确指导。

（2）爆破振动监测不仅确认系统的危险性，而且进一步预测危险性发展为事故的可能性及事故造成损失的严重程度，并以此说明系统危险可能造成负效益的大小，合理地选择控制措施，确定安全措施投资的数目，从而使安全投入和可能减少的负效益达到合理的平衡。

（3）爆破振动监测使施工单位安全管理从事后处理变为事先预测、预防。传统安全管理方法的特点是凭经验进行管理，多为振动扰动民房等事故发生后再进行处理。通过工程振动安全评价，可以预先识别系统的危险性，分析施工单位的安全状况，全面地评价系统及各部分的危险程度和安全管理状况，促使施工单位达到规定的安全要求。

爆破振动监测使施工单位安全管理由纵向单一管理变为全面系统管理。安全评价使施工单位所有部门都能按照要求认真评价本系统的安全状况，将安全管理范围扩大到施工单位各个部门、各个环节，使施工单位的安全管理实现全员、全方位、全过程、全天候的系统化管理。

爆破振动监测使施工单位安全管理从经验管理变为目标管理。工程振动的安全评价可以使各部门、全体职工明确各自的安全目标，在明确的目标下，统一步调、分头进行，从而使安全管理工作做到科学化、统一化、标准化。

（4）隧道爆破振动技术的应用提高了施工单位的安全生产水平，安全管理水平的提高也带来经济效益的提高，使施工单位真正实现安全生产和经济效益的同步增长。

## 8.4　爆破振动对既有构筑物安全影响的工程实例

### 8.4.1　爆破振动测试实施概况

1）北庄隧道工程概况

巩登高速北庄隧道位于河南省巩义市涉村镇南庄村中部山区，隧道隧址所处位置地形复杂，地势起伏较大，地质主要为风化灰岩，围岩自稳性较差，且埋深较浅，隧道中心线位置顶部覆盖层厚度为 30 ~ 50m，易产生坍塌。北庄隧道上行穿越北庄村，穿越段长度为 450m，穿越北庄村段隧道顶部地表建筑物集中，房屋多为砖石结构、土坯结构，抗震能力较差。仅该段地表（隧道顶部范围）房屋共计 67 处，人口密度较大，分布范围较广。

北庄隧道设计为分离式单向双车道高速公路隧道，隧道有效净宽 10. 75 m，净高 7. 10 m，为单心圆断面，设计行车速度为 100km/h，全隧采用新奥法原理施工。左洞进口起讫里程为 ZK20 + 130 ~ ZK21 + 385，全长 1 255 m。右洞进口起讫里程为 YK20 + 085 ~ YK21 + 385，全长 1 300m。

隧道区主要为上更新统冲洪积粉质黏土、碎石土及奥陶系灰岩。地下水属裂隙含水层，岩石中裂隙较发育，仅在风化带中见裂隙水，水量较小，水质相对纯净，不具腐蚀性。属大陆性半干旱季风气候，一般降雨集中在六、七、八三个月。根据《中国地震动参数区划分图》（GB 18306—2001）隧址区地震动峰值加速度为 0. 10$g$，对应的地震基本烈度为Ⅶ度。在本地区发生破坏性地震的可能性不大，主要受周边的地震影响较大。北庄隧道地表植被较发育，山体尚未受到人类工程活动的较大破坏，大部分坡体现状稳定。

针对隧址区上方建筑物的特点及村民的要求，选择两户两层砖混小楼（较新建筑）和两户一层砖拱窑结构房（较老建筑）进行宏观考察，其结果为村民的房屋基础基本上是埋深在深约 50cm 处，坐落在较为坚硬的砾石层上，应该说持力层选择没有任何问题。两户砖结构房屋有些部位出现裂缝或开裂，基本呈垂向或斜裂，有的部位呈水平裂缝，没有明显的规律性。两户砖拱窑结构房屋个别部位出现顶部开裂，有些门窗角处出现 20 ~ 50cm 的短裂缝，没有明显的规律。

2）测点布置

依据规范要求及根据现场情况，在北庄隧道左右洞隧道中心线附近，左右洞隧道中心各布置5个监测点，如图8-6所示。各监测点的间距从25～50m不等，详细监测点情况见表8-4、表8-5。左线主洞隧道（爆破里程ZK20+470，用药量54kg）及左线人行横洞（爆破里程ZK20+400，用药量9kg）相对各监测点里程及空间距离对应关系如表8-6所示；右线主洞隧道（爆破里程YK20+510，用药量54kg）及右线人行横洞（爆破里程YK20+415，用药量9kg）相对各监测点里程及空间距离对应关系如表8-5所示。

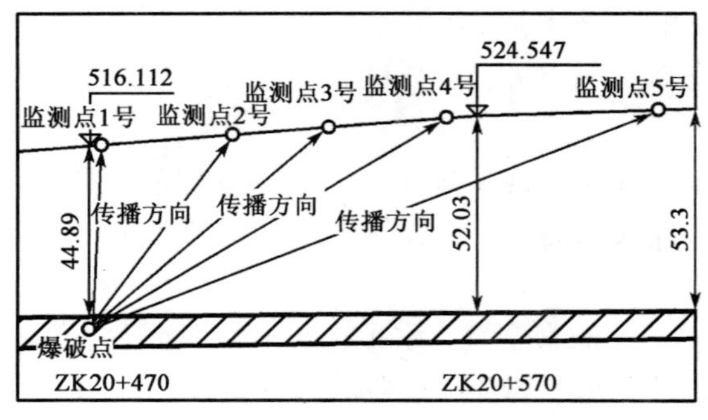


图8-6　爆破振动现场监测示意图

北庄隧道左线主洞及左线人行横洞与各监测点距离对应关系表　　表8-4

| 监测点编号 | Z1号 | Z2号 | Z3号 | Z4号 | Z5号 |
|---|---|---|---|---|---|
| 监测点里程 | ZK20+472 | ZK20+507 | ZK20+532 | ZK20+562 | ZK20+617 |
| 监测点水平间距（m） | 0 | 35 | 25 | 30 | 55 |
| 距炮点（左线主洞ZK20+470）水平距离（m） | 2 | 37 | 62 | 92 | 147 |
| 距炮点（左线主洞ZK20+470）空间距离（m） | 44.969 3 | 60.186 | 80.485 8 | 107.009 4 | 157.642 8 |
| 距炮点（左线人行横洞ZK20+400）空间距离（m） | 85.480 5 | 117.160 3 | 141.002 9 | 170.853 8 | 224.130 4 |

北庄隧道右线主洞及右线人行横洞与各监测点距离对应关系表　　表8-5

| 监测点编号 | Y1号 | Y2号 | Y3号 | Y4号 | Y5号 |
|---|---|---|---|---|---|
| 监测点里程 | YK20+505 | YK20+535 | YK20+565 | YK20+595 | YK20+645 |
| 监测点水平间距（m） | 0 | 30 | 30 | 30 | 50 |
| 距炮点（右线主洞YK20+510）水平距离（m） | 5 | 25 | 55 | 85 | 135 |
| 距炮点（右线主洞YK20+510）空间距离（m） | 43.818 7 | 51.637 9 | 72.651 6 | 98.165 3 | 144.274 9 |
| 距炮点（右线人行横洞YK20+415）空间距离（m） | 101.177 9 | 129.418 5 | 157.897 6 | 187.108 1 | 236.312 8 |

3）爆破参数

北庄隧道穿过北庄村段采用短进尺弱爆破方式进行，起爆方式采用非电毫秒雷管起爆，雷管段数1～15跳段使用。

炸药类别：2号岩石硝铵炸药。

用药量：主洞54kg，人行横洞9kg。

炮眼布设参数：炮眼布设及爆破参数见表8-6。

爆破点里程位置及对应药量：

（1）工况 Z54：主洞隧道左线爆破里程 ZK20 + 470；用药量 54kg；

（2）工况 Y54：主洞隧道右线爆破里程 YK20 + 510；用药量 54kg；

（3）工况 Z9：左洞人行横洞爆破里程 ZK20 + 400；用药量 9kg；

（4）工况 Y9：右洞人行横洞爆破里程 YK20 + 415；用药量 9kg。

爆破参数见表 8-6。

**爆破参数表**　　表 8-6

| 炮眼种类 | 个数 | 孔深（m） | 毫秒雷管段位 | 装药集中度（kg/m） | 单眼装药量（kg） | 装药量（kg） |
|---|---|---|---|---|---|---|
| 掏槽眼 | 10 | 2 | 1 | 0.45 | 0.9 | 7.65 |
| 掏槽辅助眼 | 4 | 2 | 8 | 0.45 | 0.9 | 3.06 |
| 压炮眼 | 9 | 1.5 | 9 | 0.3 | 0.45 | 3.24 |
| 辅助眼 | 20 | 1.5 | 5、7、9 | 0.3 | 0.45 | 7.2 |
| 周边辅助眼 | 25 | 1.5 | 11 | 0.3 | 0.45 | 9 |
| 周边眼 | 49 | 1.5 | 13 | 0.3 | 0.45 | 17.64 |
| 底板眼 | 13 | 1.5 | 15 | 0.3 | 0.45 | 4.68 |
| 合计 | 130 | | | | | 52.47 |

### 8.4.2　爆破振动测试成果分析

1）最大振幅值及监测点最大速度值

将所有爆破振动记录的原始数据输入到计算机中，经过对这些数据的处理分析，得到各监测点的振动波形最大振幅值，详细见表 8-7、表 8-8。

**北庄隧道（左幅）爆破监测最大振幅值**　　表 8-7

| 工况编号 | 药量 $Q$（kg） | 放炮序号（时间） | 最大振幅值 | | | | |
|---|---|---|---|---|---|---|---|
| | | | Z1 号 | Z2 号 | Z3 号 | Z4 号 | Z5 号 |
| Z54 | 54 | 1（12:49） | 27.322 685 | 26.247 91 | 23.436 759 | 20.250 057 19 | 2.837 08 |
| Z9 | 9 | 2（12:54） | 6.066 942 0 | 3.213 071 | 2.077 041 | 2.040 155 | 0.382 477 |
| Y54 | 54 | 3（17:39） | 27.346 111 | 20.863 77 | 20.680 073 | 19.262 727 | 2.230 043 |
| Y9 | 9 | 4（17:57） | 10.169 239 | 7.752 094 8 | 8.248 931 | 4.452 303 | 0.685 397 |

**北庄隧道（右幅）爆破监测最大振幅值**　　表 8-8

| 工况编号 | 药量 $Q$（kg） | 放炮序号（时间） | 最大振幅值 | | | | |
|---|---|---|---|---|---|---|---|
| | | | Y1 号 | Y2 号 | Y3 号 | Y4 号 | Y5 号 |
| Z54 | 54 | 1（12:49） | 24.720 417 | 22.862 074 | 14.700 459 | 7.031 911 | 1.357 749 |
| Z9 | 9 | 2（12:54） | 5.546 317 | 3.449 945 | 3.224 621 | 1.060 536 | 0.318 478 |
| Y54 | 54 | 3（17:39） | 23.480 383 | 23.304 270 | 22.484 286 | 13.153 936 | 1.756 60 |
| Y9 | 9 | 4（17:57） | 11.217 246 | 9.175 744 | 7.719 833 | 2.636 370 | 0.560 473 |

根据计算式（8-29）计算爆破最大速度值。

$$v_{max} = A_{max}/S \tag{8-29}$$

式中：$v_{max}$——监测点对应的最大速度值，cm/s；

$A_{max}$——监测点对应的最大振幅值，V；

$S$——地震计的灵敏度，V·s/m，本次监测中的地震计属于差分输出，灵敏度值取 2 000（V·s/m）。

将表 8-7、表 8-8 中最大振幅值代入以上公式，经数据处理，计算出各监测点在 54kg 及 9kg 炸药下的振动速度的最大值。各监测点的地面振动速度最大值详细见表 8-9、表 8-10。

**北庄隧道左右隧道主洞炮点**（炸药为 54kg）**对应监测点速度值表** 表 8-9

| 监 测 点 号 | 仪 器 编 号 | 空间距离（m） | $v_{max}$（cm/s） |
|---|---|---|---|
| Z1 号 | 9B70 | 44.969 3 | 1.366 |
| Z2 号 | 9B0B | 60.186 | 1.312 |
| Z3 号 | 9C04 | 80.485 8 | 1.172 |
| Z4 号 | 9B53 | 107.009 4 | 1.000 |
| Z5 号 | 9B60 | 157.642 8 | 0.142 |
| Y1 号 | 9B51 | 43.818 7 | 1.236 |
| Y2 号 | 9A85 | 51.637 9 | 1.174 |
| Y3 号 | 9A21 | 72.651 6 | 1.165 |
| Y4 号 | 9C00 | 98.165 3 | 0.658 |
| Y5 号 | 9A21 | 144.274 9 | 0.088 |

**北庄隧道左右隧道人行横洞炮点**（炸药为 9kg）**对应监测点速度值表** 表 8-10

| 监 测 点 号 | 仪 器 编 号 | 空 间 距 离（m） | $v_{max}$（cm/s） |
|---|---|---|---|
| Z1 号 | 9B70 | 85.480 5 | 0.508 |
| Z2 号 | 9B0B | 117.160 3 | 0.388 |
| Z3 号 | 9C04 | 141.002 9 | 0.412 |
| Z4 号 | 9B53 | 170.853 8 | 0.223 |
| Z5 号 | 9B60 | 157.642 8 | 0.034 |
| Y1 号 | 9B51 | 101.177 9 | 0.561 |
| Y2 号 | 9A85 | 129.418 5 | 0.459 |
| Y3 号 | 9A21 | 157.897 6 | 0.388 |
| Y4 号 | 9C00 | 187.108 1 | 0.132 |
| Y5 号 | 9A21 | 236.312 8 | 0.028 |

2）爆破振动速度衰减规律

将表 8-9、表 8-10 的空间距离（m）和 $v_{max}$（cm/s）分别以 $X$ 轴和 $Y$ 轴坐标连接起来，就形成了爆破振动监测点的衰减曲线，如图 8-7 所示。

从表 8-9、表 8-10 可以看出：

（1）当药量为 54kg 时，左侧隧道各监测点的地面振动速度最大值从 1 号点的 $V_{max}$ = 1.366cm/s 逐渐衰减到 5 号点的 $v_{max}$ = 0.142cm/s；右侧隧道各监测点的地面振动速度最大值从 1 号点的 $v_{max}$ = 1.236cm/s 逐渐衰减到 5 号点的 $v_{max}$ = 0.088cm/s。

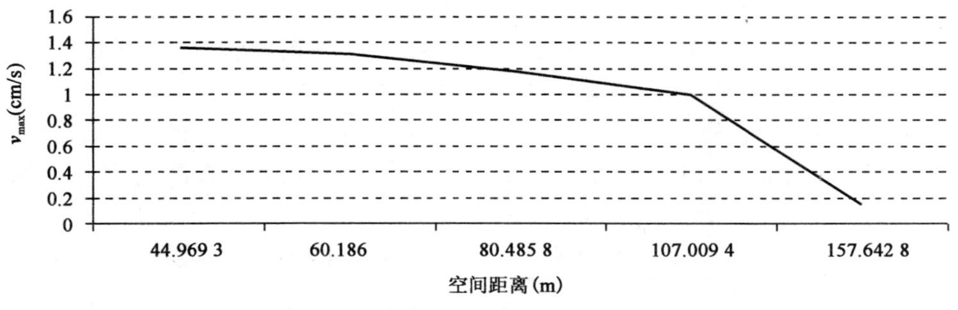


a) 左隧道主洞炮点对应测点速度值（炸药量54kg）

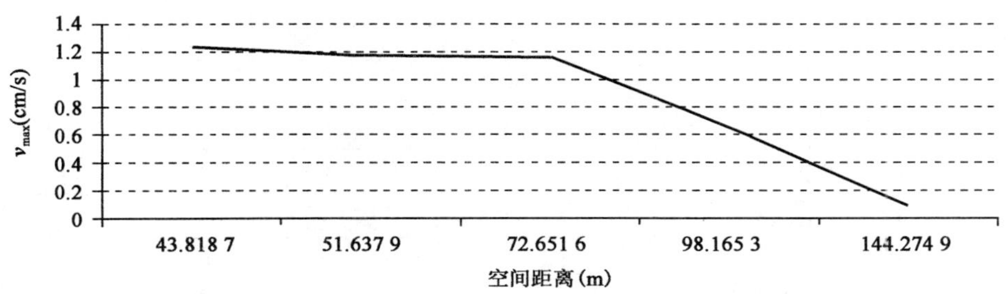


b) 右隧道主洞炮点对应测点速度值（炸药量54kg）

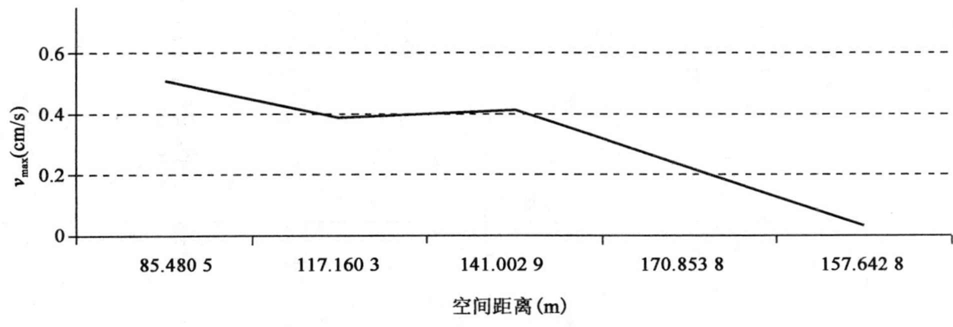


c) 左隧道人行横洞炮点对应测点速度值（炸药量9kg）

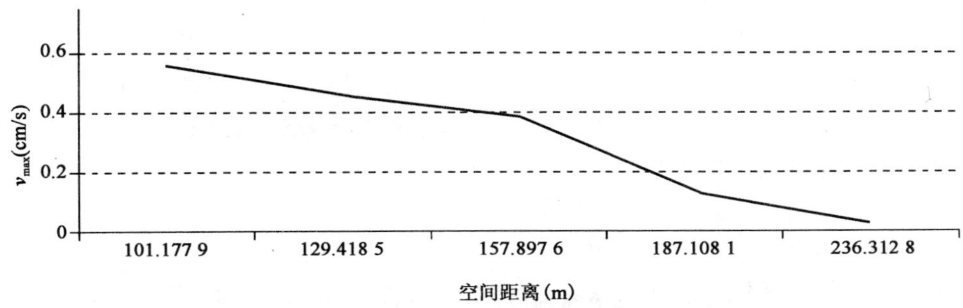


d) 右隧道人行横洞炮点对应测点速度值（炸药量9kg）

图 8-7　北庄隧道监测点衰减曲线图

（2）当药量为9kg时，左侧隧道各监测点的地面振动速度最大值从1号点的$v_{max}$=0.508cm/s逐渐衰减到5号点的$v_{max}$=0.034cm/s；右侧隧道各监测点的地面振动速度最大值从1号点的$v_{max}$=0.561cm/s逐渐衰减到5号点的$v_{max}$=0.028cm/s。

将采集到的各个监测点波形曲线，经专业软件快速（傅立叶变换）分析处理，得到爆破振动频谱图，进而得到振动波形的主频率值。频谱分析得到的监测点Z1号～Y5号的主频率值分别如表8-11所示。

**北庄隧道左右主洞炮点（炸药为54kg）对应监测点振动主频值** 表8-11

| 监测点号 | 仪器编号 | F（Hz） |
|---|---|---|
| Z1号 | 9B70 | 3.3 |
| Z2号 | 9B0B | 4.0 |
| Z3号 | 9C04 | 4.0 |
| Z4号 | 9B53 | 2.8 |
| Z5号 | 9B60 | 5.0 |
| Y1号 | 9B51 | 4.0 |
| Y2号 | 9A85 | 3.3 |
| Y3号 | 9A21 | 2.8 |
| Y4号 | 9C00 | 5.0 |
| Y5号 | 9A21 | 4.0 |

从频谱图中可以看出，各监测点爆破主振频率主要分布在2.8～5.0Hz范围。

3）岩石$K$、$\alpha$值的确定

参照《爆破安全规程》（GB 6722—2003）给出的爆区不同岩性的$K$、$\alpha$参考范围值表8-12，爆破地震效应所引起的周围介质振动速度，可用下面的公式表示：

**爆区不同岩性的$K$、$\alpha$值** 表8-12

| 岩性 | $K$ | $\alpha$ |
|---|---|---|
| 坚硬岩石 | 50～150 | 1.3～1.5 |
| 中硬岩石 | 150～250 | 1.5～1.8 |
| 软岩石 | 250～350 | 1.8～2.0 |

$$v = K\left(\frac{Q^m}{R}\right)^\alpha \tag{8-30}$$

式中：$v$——质点振动速度，cm/s；

$Q$——炸药药量，齐发爆破为总药量，延时爆破为最大一段药量，kg；

$R$——质点到爆心的距离，m；

$m$——装药指数，井下装药采用1/3；

$K$——与爆破场地有关的系数；

$\alpha$——与地质条件有关的指数。

这次爆破为微差起爆，药量约54kg，即按$Q$=54kg取值，并将各监测点的振动速度值和有关监测点到爆心的距离分别代入式（8-30）得到：

$$v_1 = K\left(\frac{Q^m}{R_1}\right)^{\alpha}$$

$$v_2 = K\left(\frac{Q^m}{R_2}\right)^{\alpha}$$

$$v_3 = K\left(\frac{Q^m}{R_3}\right)^{\alpha}$$

$$\vdots$$

$$v_n = K\left(\frac{Q^m}{R_n}\right)^{\alpha}$$

这是一组以 $K$、$\alpha$ 为未知数的二元指数方程组，解此联立方程组，最终取值为：$K=250$，$\alpha=2.0$。

4）爆破振动安全临界距离的确定

参照《爆破安全规程》（GB 6722—2003）给出的爆破振动安全允许距离，可按式（8-31）计算确定。

$$R = \left(\frac{K}{v}\right)^{\frac{1}{\alpha}} \cdot Q^{\frac{1}{3}} \tag{8-31}$$

式中：$R$ ——爆破振动安全允许距离，m；

$Q$——炸药量，齐发爆破为总药量，延时爆破为最大一段药量，kg；

$v$——保护对象所在地质点振动安全允许速度，cm/s；

$K$、$\alpha$ 分别取值为 250 和 2.0。

根据《爆破安全规程》（GB 6722—2003）所规定的，一般砖房在小于 10Hz 范围内，爆破振动速度安全允许值为 2.0～2.5cm/s。最后算出在 54kg 炸药量下，爆破振动速度安全允许值取 2.0cm/s 时，振动安全距离为 42.26m。

### 8.4.3　爆破施工风险对建筑物影响的防范措施

1）降低爆破振动对建筑物影响的途径

爆破振动效应的破坏作用是工程爆破产生的主要危害之一。在爆破过程中，如何采用有效措施降低爆破振动强度，减轻爆破施工对周围结构物的破坏影响是研究爆破问题的重要任务之一。结合工程实际和以往的研究经验，对降低爆破振动的危害所采取的措施主要有以下三大类：

（1）针对爆源所采取的控制措施。

（2）针对受控对象所采用的控制措施。

（3）针对爆源应力波传播过程中所采取的措施。

在巩登高速隧道爆破振动安全性监测的基础上，根据降低爆破振动影响的控制措施，北庄隧道施工中有效地控制了爆破振动对隧址区上方建筑物的破坏，预防了事故的发生，减少了财产损失和人员伤亡。在巩登高速项目，根据爆破监测结果，并结合以往的工程经验，主要从控制爆源方面来降低爆破振动对建筑物的影响。

2）降低爆破振动对周边建筑物影响的具体控制措施

（1）改善掏槽方案，减小夹制作用

在所有炮眼中，掏槽眼爆破的临空面最差，只有一个掌子面作为它的临空面，掏槽眼是在较大的夹制作用下的强抛掷爆破。夹制爆破使更多的爆破波能向岩体内部传播。因此，掏槽眼振动比其他炮孔强烈，对支护的影响最大。为降低掏槽眼爆破振动危害，在中间布置空眼，增加爆破临空面，从而减少向岩体内部传播的波能，降低掏槽眼的爆破振动影响。

（2）合理的微差时间

根据对北庄隧道爆破监测的数据分析发现，爆破过程存在先后起爆的岩体爆炸应力波在时间和空间上相互干扰和叠加的现象。这是由于延时时间不够或延时误差造成的。当应力波波峰与波峰相加，爆破振动加强，对建筑物的破坏作用加大；当波峰与波谷相加，爆破振动减弱，对建筑物的破坏作用减小。这就造成一定的不确定性，极有可能会危害隧道施工的安全，因此，选取合理的爆破微差时间，能够降低爆破振动对建筑物的影响。

（3）应用预裂爆破

预裂爆破能事先沿着隧道开挖轮廓线炸出一条裂缝，使爆破岩体与保留岩体在爆破体爆破之前隔离开来，阻隔爆破岩体爆破时的应力波向保留岩体内部传播，从而达到减振的效果。

（4）爆破器材的选用

炸药和雷管等爆破器材也是影响爆破振动的因素。根据爆轰理论，炸药爆轰速度直接影响质点的振动速度。因此，爆破中选择小直径药卷和低爆速炸药，采用毫秒微差雷管有序起爆。对于光面爆破的周边眼，更是采用低爆速、低密度、低猛度、小直径、传爆性能好的炸药，爆破时选择分段多、起爆同时性好的毫秒雷管或导爆索等起爆法。

## 8.5 爆破振动对既有隧道运营安全影响的工程实例

### 8.5.1 爆破振动测试实施概况

1）隧道工程概况

杭金衢高速公路是沪昆高速浙江省境内的重要路段，新岭隧道路段拓宽工程为整个杭金衢高速公路拓宽工程的一部分，也是目前拥堵情况最为严重的一段。

既有新岭隧道设计采用双向四车道的标准设计，左洞长 1 413m，右洞长 1 432.5m，单洞行车道宽 2 ×3.75m，单个隧道宽 10.75m，净高 5.0m，隧道轴线走向 160°，隧道最大埋深 156m，设计行车速度 120km/h，新岭隧道为上、下行独立分离式隧道，两隧道轴线间距为 41.3m，隧道洞门杭州端为倒削竹式洞门，衢州端为端墙式，洞门端墙采用现浇片石混凝土，绿色涂料饰面，拱圈帽石白色涂料饰面，隧道于 2003 年建成通车。

隧道出口地质概况：隧址区位于丘陵斜坡，地表植被发育，地层浅部覆盖层岩性为可塑含碎石粉质黏土，结构松散，易坍塌。以下为风化基岩，岩性为粉砂岩、泥质粉砂岩、砂岩等，灰色、砖红色，节理裂隙极发育，岩体破碎，呈碎石、碎块状，$Kv=0.3\sim0.41$，围岩体节理裂隙极发育，纵横杂乱分布，风化强烈。该段地下水主要为基岩裂隙水和松散岩潜水，该段冲沟发育，地形缓坡，有利于地表水入渗，围岩体破碎，裂隙密集，可能有滴水、淋水现象。

2）既有隧道安全监测目的

本项目隧道依据岩体之间相互作用的一般规律，鉴于隧道地质构造及地层岩性复杂，为了保证既有隧道的安全和新建隧道的快速施工，掌握新建隧道对既有隧道影响的一般特性，在既有隧道内进行监控量测；主要在不良地质、突水、洞口浅埋等以及有特殊要求地段和有衬砌开裂的地方进行全面、系统的监控量测。

（1）了解新建隧道爆破施工过程中既有隧道裂缝病害发展程度，判断既有隧道的稳定性，确保既有隧道的运营安全，为既有隧道加固及应急措施提供合理的实施时机。

（2）掌握新建隧道爆破施工对既有隧道的影响程度，用以修改新建隧道爆破参数和施工方法，保证既有隧道结构安全；为新建隧道施工方案、爆破设计优化及安全施工提供依据。

（3）为解除封道、恢复既有隧道运营提供依据。

3）监测方法与内容

（1）既有隧道洞内观测

监测方法：每次新建隧道爆破完成后，对爆破掌子面对应既有新岭隧道断面前后各不小于 50m 范围进行检查，通过强光手电筒观察和摄影技术记录出现的新裂缝以及隧道衬砌裂缝开展、机电设备、二次衬砌外观等情况。

监测内容：既有隧道二次衬砌表面及裂缝状况的描述和记录，掌握裂缝开展情况，有无延展、错台、掉块等；隧道内风机、灯具等机电设备有无松动和掉落现象，有无新的裂缝出现。

（2）既有隧道重点裂缝监测

监测方法：在爆破掌子面对应既有新岭隧道断面前后各不小于 30m 范围内，选择代表性裂缝，采用裂缝变形计进行连续观测。

监测内容：既有重点裂缝监测；新出现的裂缝监测。

（3）既有隧道振动速度监测

监测方法：在爆破掌子面对应既有新岭隧道断面前后共 3～5 个断面上，布设 TC-4850N 无线网络测振仪，爆破完成后自动记录三维空间方向上的爆破振动速度。

### 8.5.2　爆破振动对既有隧道运营安全的动态监测

1）爆破振动测试仪器设备

既有新岭隧道振动速度监测主要采用成都中科测控生产的 TC-4850N 无线网络测振仪，该仪器主要用于有 3G/GPRS 等手机信号覆盖的野外，对无人值守的振动现场进行长时间智能远程数据采集、现场处理并无线传输至指定的测控中心形成物联网络。系统利用 3G/GPRS 技术将无线通信与国际互联网等多媒体通信手段相结合来实现超远距离爆破振动监测，完成遥测、遥控、高速无线数据传输。该系统特别适用于测试环境复杂、复线施工等需要长期监测爆破振动的项目，如图 8-8 所示。

该仪器的主要参数如下：

采样率：100sps～100Ksps 可调。

采集通道：4 通道并行采集。

频响范围：三向振动速度传感器 $X$、$Y$、$Z$：5～300Hz。

AD 分辨率：16Bit。

触发模式：内触发（高电平、低电平、上升沿、下降沿、绝对值电平触发等）、外触发（逻辑高电平、低电平、上升沿、下降沿触发），并支持触发同步输出，以实现多台仪器并行采集。

读数精度：1‰。

网络系统：100Mbps 高速以太网，支持有线网络、无线网络、3G 网络；支持手机、掌上电脑等移动设备客户端；支持手机短信报警、短信远程设置、远程控制功能。

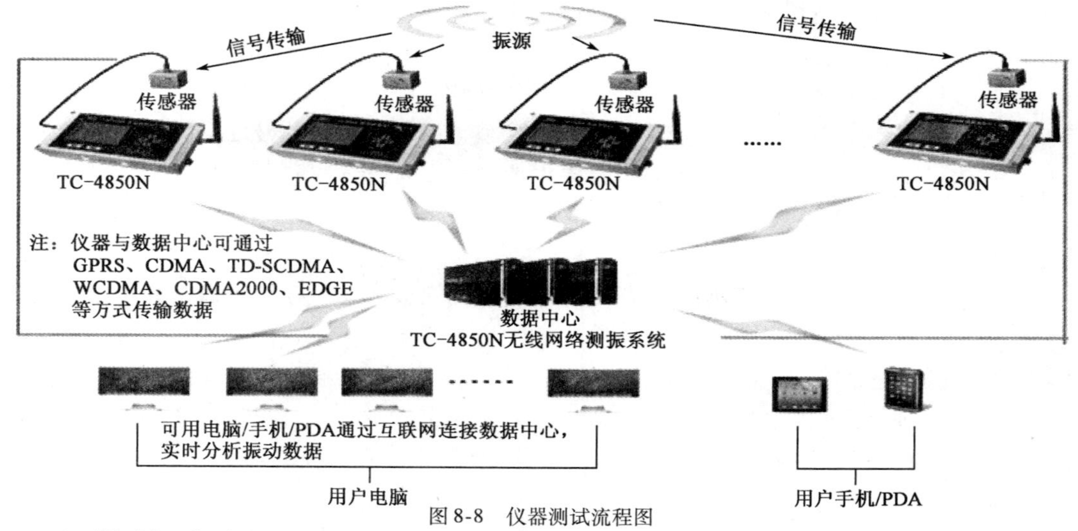


图 8-8　仪器测试流程图

2）爆破振动测试原理

山岭隧道开挖通常采用的是爆破方式，爆破产生的能量会以地震波的方式向外传播，当传播遇到建（构）筑物时，建筑物就会随之产生振动，振动幅值过大时就会造成建（构）筑物的破坏。所以重要的工程项目采用爆破施工时，必须进行爆破振动监测。

监测的基本原理：根据新建隧道的爆破断面位置，初步估计对既有隧道的爆破影响范围，并在对应断面边墙处安设专用的爆破振动测试仪器，一般情况下采用多台（3～5 台）等间距布置，这样可以得到衬砌爆破振动速度值，同时还可以确定影响范围。观测时将仪器调整到采集状态，起爆时产生的地震波由起爆点向四周传播，这时在衬砌边墙上安置的爆破振动仪就会将振动波记录下来。振动波在传播时，由于地层的滤波作用，高频部分很快就会被吸收掉，低频部分则会传播到很远处。当地震波传播到衬砌边墙时，其破坏性最大的是剪切波（也称横波或 S 波），其振动形式呈水平振动，而纵波由于能量小通常情况下不予考虑。利用记录到的横波最大振幅则可计算出爆破引起的振动速度最大值，此值是考虑破坏作用的重要技术指标，根据规范和施工设计指标进行对比，即可分析出其影响作用。在已知装药量和爆破距离及多次测试得到的多组振速值的情况下，按照萨道夫斯基公式通过最小二乘法进行回归分析，可以得到爆破振动影响的大致规律。

3）爆破振动测试方案设计

在临近新建隧道侧的既有隧道边墙上每个断面布置 1 个能同时监测到水平速度和垂直速度的监测点；Ⅴ级围岩每隔 10m 设一个断面，Ⅳ级围岩每隔 15m 布置 1 个监测断面。Ⅲ级围岩每隔 20m 布置 1 个监测断面。每次起爆时，对爆破面前后共 3～5 个断面进行监测，如图 8-9、图 8-10 所示。

4）隧道施工爆破技术参数

（1）爆破技术参数

根据查阅施工单位《新岭隧道常态化爆破施工组织方案》、施工现场炮工材料出

（入）库登记表与现场实际调查，最大爆破规模和单响爆破药量出现在Ⅲ类围岩爆破施工中，断面总药量 147kg，其中一级掏槽 8 个炮眼，炮眼深度 2.475m，每孔装药量 1.2kg，一级掏槽药量共计 9.6kg；二级掏槽 12 个炮眼，炮眼深度 4.33m，每孔装药量 1.95kg，二级掏槽药量共计 23.4kg。

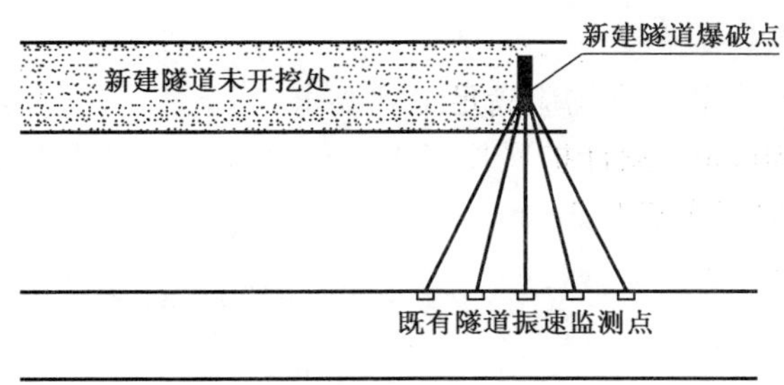


图 8-9　爆破振动速度监测示意图

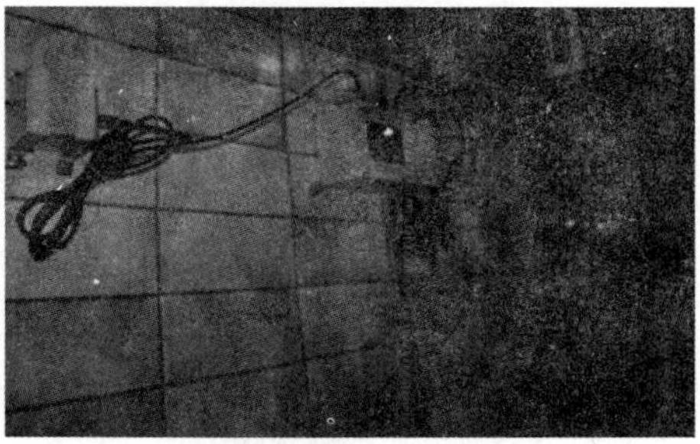

图 8-10　TC-4850N 无线测振仪系统布设图

（2）爆破振动影响距离

根据现场平面图和现场实际量测结果，新建隧道掌子面爆破中心点距离既有新岭隧道衬砌壁的最近距离为 45.58m，测点与爆破面的中心点在同一水平面上。爆破中心点至测点的距离分别为 56.22m、49.18m、45.76m、50.92m。

5）隧道裂缝监测原理与实施方案

（1）裂缝监测原理

当被测结构物发生变化时，将通过裂缝变形应变计的锚头带动测杆，测杆拉动位移计产生位移变形，变形传递给振弦式位移计转变成振弦应力的变化，从而改变振弦的振动频率。电磁线圈激振振弦并测量其振动频率，频率信号经电缆传输至读数装置，即可计算出被测结构物的变形量。采用式（8-32）计算。

$$L = \frac{K(f_i^2 - f_0^2)}{1\,000} \tag{8-32}$$

式中：$L$——应变计位移值，mm；

$K$——应变计的最小读数，mm/Hz$^2$；

$f_0$——应变计钢丝的自振频率，Hz；

$f_i$——应变计实时测量的频率值，Hz。

（2）裂缝监测实施方案设计

测点布置：重点监测范围为对应新建隧道爆破面前后各不小于 30m。

①对于单条纵向裂缝，当宽度≥0.3mm 且长度 >3m，或 0.1mm≤宽度 <0.3mm 且长度 >5m 时，应作为重点裂缝监测。当前后各 30m 范围内有多条裂缝满足上述要求时，测点布置一般可按不多于 3 处进行。

②对于网状裂缝区域，重点监测裂缝数应不少于总裂缝数的 30%，其中纵斜向裂缝与环向裂缝各不少于 3 条，并偏重选择拱顶位置裂缝与长度长的纵斜向裂缝。

③对于新建隧道爆破施工过程中产生的新裂缝，裂缝产生后立刻进行标记，并作为重点监测裂缝。

（3）测试频率

确定为监测裂缝的应进行连续监测。距开挖工作面30m以内的监测裂缝，应在新建隧道爆破后立即进行，监测频率为1～2次/d。监测裂缝距新建隧道工作面30m以外时，应按如下频率进行继续监测：距离新建隧道开挖工作面以外3个月内为1次/周，3个月以后为1次/月。

（4）监测数据处理与应用

既有隧道衬砌裂缝变形扩展速度或累计扩展长度均应满足下列要求：

①单条裂缝每次爆破扩展长度不大于50mm，累计扩展长度不大于50cm，且满足图8-11的变化规律；连续两次爆破裂缝宽度扩展不大于0.3mm。

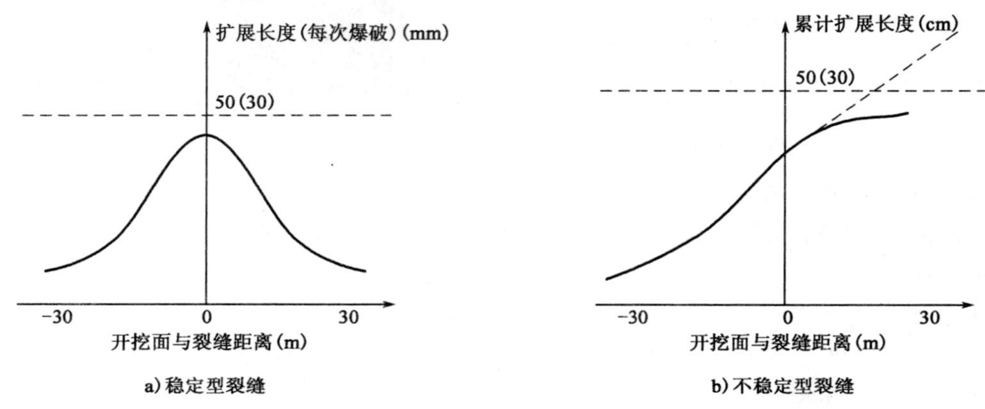


图8-11　裂缝开展变化规律图

②网状裂缝区域重点监测裂缝单次爆破平均扩展长度不大于30mm，对个别裂缝参照单条裂缝控制标准。

③爆破施工过程中产生的新裂缝，标记后每次爆破扩展长度不大于30mm，累计扩展长度不大于30cm。

④爆破影响范围外的裂缝继续扩展累计长度不大于50cm，裂缝继续扩展宽度不大于0.3mm/月，继续扩展宽度累计不大于3mm。

### 8.5.3　爆破振动测试成果的分析预测

1）实测爆破振速值

爆破振动测试过程中，现场实测4测点的爆破振速值见表8-13和爆破波形图见图8-12。

**实测爆破振速值**　　表8-13

| 测点编号 | 通道 | 最大振速值（cm/s） | 主频（Hz） | 备注 |
|---|---|---|---|---|
| 1 | $X$轴（CH1） | 2.2074 | 125.0 | 指向震源方向（水平纵向波） |
| | $Y$轴（CH2） | 1.5993 | 142.9 | 指向隧道方向（横向波） |
| | $Z$轴（CH3） | 1.6197 | 142.9 | 垂直于隧道方向 |

续上表

| 测点编号 | 通　道 | 最大振速值（cm/s） | 主频（Hz） | 备　注 |
|---|---|---|---|---|
| 2 | X 轴（CH1） | 3.009 4 | 111.1 | 指向震源方向（水平纵向波） |
| | Y 轴（CH2） | 1.570 5 | 111.1 | 指向隧道方向（横向波） |
| | Z 轴（CH3） | 1.269 9 | 125.0 | 垂直于隧道方向 |
| 3 | X 轴（CH1） | 9.517 8 | 142.9 | 指向震源方向（水平纵向波） |
| | Y 轴（CH2） | 2.685 7 | 104.0 | 指向隧道方向（横向波） |
| | Z 轴（CH3） | 1.963 9 | 142.9 | 垂直于隧道方向 |
| 4 | X 轴（CH1） | 3.583 6 | 111.1 | 指向震源方向（水平纵向波） |
| | Y 轴（CH2） | 3.213 3 | 125.0 | 指向隧道方向（横向波） |
| | Z 轴（CH3） | 4.121 9 | 111.1 | 垂直于隧道方向 |

注：X 轴—指向振源方向（水平纵向波）；Y 轴—指向隧道方向（横向波）；Z 轴—垂直于隧道方向。

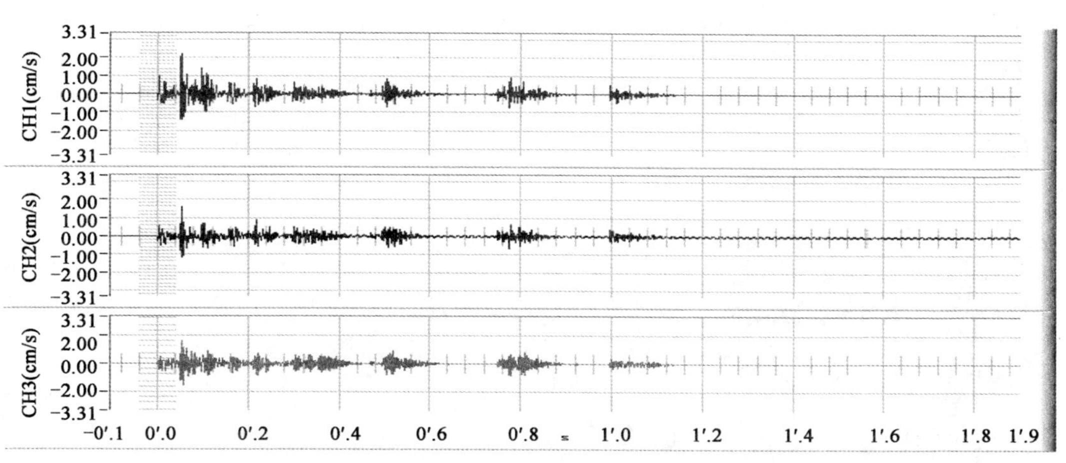


a) 测点1

图　8-12

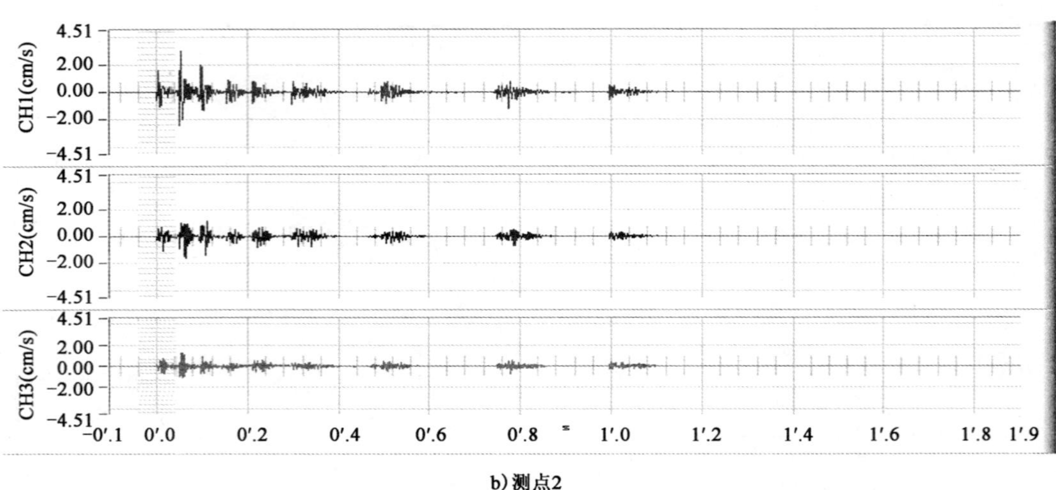


b) 测点2

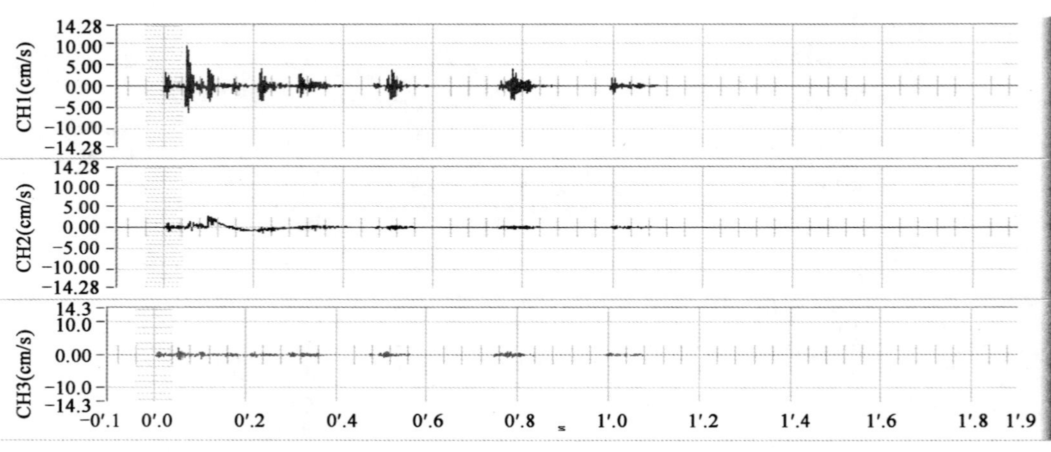


c) 测点3

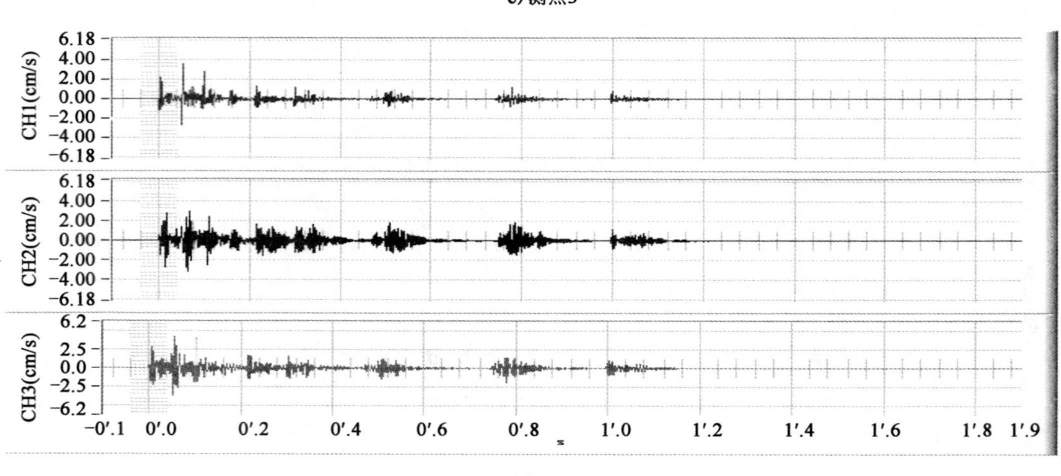


d) 测点4

图 8-12　四测点三维方向爆破振速波形图

2）爆破振动速度测试成果的回归分析

对隧道 AZⅠ区段、AZⅡ区段的爆破施工进行实时动态监测，并对监测数据成果进行回归分析与预测，其中 AZⅠ区段里程桩号 AZK47 + 841 ~ AZK47 + 878、AZⅡ区段里程桩号 AZK47 + 816.5 ~ AZK47 + 837。

（1）AZⅠ区段

截至 2013 年 6 月 23 日，隧道爆破施工已进行 21 次，洞内爆破 17 次，已有监测数据 17 组，该段洞内围岩较为破碎，掌子面围岩地质情况如图 8-13、图 8-14 所示，监测数据见表 8-14。

图 8-13　AZK47 + 875 掌子面围岩地质

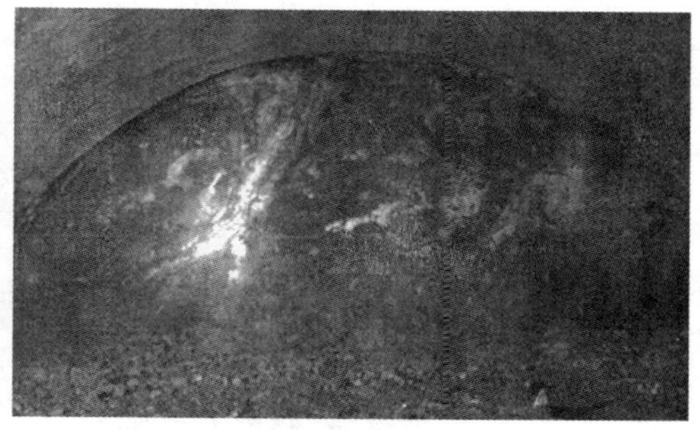

图 8-14　AZK47 + 816.5 掌子面围岩地质

**AZⅠ区段爆破振动速度统计表**　　表 8-14

| 爆破桩号 | 炸药量（kg） | 测点桩号 | 爆破距离（m） | 爆破振速（cm/s） | | | 爆破参数 |
|---|---|---|---|---|---|---|---|
| | | | | *X* | *Y* | *Z* | |
| AZK47 + 878 | 4.15 | ZK47 + 920 | 60.02 | 0.295 6 | 0.252 8 | 0.252 7 | 总药量 4.15kg，单次爆破最大药量 3kg |
| | | ZK47 + 910 | 53.23 | 0.379 9 | 0.516 4 | 0.740 3 | |
| | | ZK47 + 900 | 47.47 | 0.503 5 | 0.462 8 | 1.384 1 | |
| | | ZK47 + 890 | 43.39 | 0.768 2 | 1.464 8 | 0.662 8 | |
| | | ZK47 + 880 | 41.26 | 0.746 1 | 0.554 | 1.186 7 | |
| AZK47 + 877 | 7.65 | ZK47 + 920 | 68.2 | 0.168 1 | 0.150 3 | 0.179 6 | 单次爆破最大药量 3.6kg |
| | | ZK47 + 910 | 61.8 | 0.219 2 | 0.398 2 | 0.480 1 | |
| | | ZK47 + 900 | 56.73 | 0.295 7 | 0.303 7 | 0.706 4 | |
| | | ZK47 + 890 | 53.11 | 0.467 2 | 0.959 4 | 0.572 4 | |
| | | ZK47 + 880 | 51.23 | 0.705 8 | 0.303 3 | 0.739 6 | |
| AZK47 + 876 | 24 | ZK47 + 920 | 64.86 | 0.601 6 | 0.332 7 | 0.392 4 | 单次爆破最大药量 5kg |
| | | ZK47 + 910 | 58.59 | 0.526 4 | 1.153 3 | 1.021 | |
| | | ZK47 + 900 | 53.09 | 0.796 8 | 0.582 3 | 1.300 1 | |
| | | ZK47 + 890 | 48.97 | 0.817 4 | 1.811 | 0.566 6 | |
| | | ZK47 + 880 | 46.65 | 1.411 5 | 0.800 1 | 0.954 3 | |

续上表

| 爆破桩号 | 炸药量(kg) | 测点桩号 | 爆破距离(m) | 爆破振速(cm/s) | | | 爆破参数 |
|---|---|---|---|---|---|---|---|
| | | | | X | Y | Z | |
| AZK47+875 | 13.6 | ZK47+900 | 51.09 | 0.4976 | 0.3408 | 0.8744 | 单次爆破最大药量4kg |
| | | ZK47+890 | 46.61 | 0.7319 | 1.7104 | 0.5666 | |
| | | ZK47+880 | 44.01 | 0.838 | 0.4396 | 0.6985 | |
| AZK47+859 | 42 | ZK47+880 | 50.51 | 0.7705 | 0.9581 | 0.842 | 单次爆破最大药量6kg |
| | | ZK47+870 | 47.29 | 1.3281 | 0.5581 | 0.6628 | |
| | | ZK47+860 | 45.96 | 0.8641 | 0.5613 | 0.5725 | |
| | | ZK47+850 | 47 | 0.9583 | 0.855 | 0.894 | |
| | | ZK47+840 | 49.99 | 1.568 | 0.9714 | 1.3233 | |
| AZK47+858 | 21.9 | ZK47+880 | 50.85 | 0.6948 | 0.6513 | 0.684 | 单次爆破最大药量3kg |
| | | ZK47+870 | 47.45 | 0.6765 | 0.356 | 0.4245 | |
| | | ZK47+860 | 45.9 | 0.5534 | 0.4148 | 0.3258 | |
| | | ZK47+850 | 46.72 | 0.8657 | 0.4353 | 0.2577 | |
| | | ZK47+840 | 49.52 | 0.6558 | 0.5366 | 0.3434 | |
| AZK47+857 | 39 | ZK47+880 | 38.62 | 2.0135 | 1.3336 | 1.635 | 单次爆破最大药量10kg |
| | | ZK47+870 | 36.77 | 2.6141 | 0.613 | 1.1151 | |
| | | ZK47+860 | 37.94 | 0.986 | 0.4715 | 0.9432 | |
| | | ZK47+850 | 38.3 | 0.7279 | 0.9602 | 1.0229 | |
| | | ZK47+840 | 41.4 | 0.8888 | 0.8444 | 1.0154 | |
| AZK47+850 | 26 | ZK47+880 | 50.67 | 0.3663 | 0.5426 | 0.5528 | 单次爆破最大药量10kg |
| | | ZK47+870 | 45.16 | 0.8578 | 0.4937 | 0.3181 | |
| | | ZK47+860 | 41.58 | 0.5076 | 0.4715 | 0.3817 | |
| | | ZK47+850 | 39.78 | 0.6781 | 0.7175 | 0.3107 | |
| | | ZK47+840 | 41.14 | 1.6675 | 0.8312 | 1.2958 | |
| AZK47+849 | 63 | ZK47+880 | 47.14 | 1.1634 | 1.06 | 1.1221 | 单次爆破最大药量16kg |
| | | ZK47+870 | 45.48 | 1.6499 | 0.5915 | 0.5742 | |
| | | ZK47+860 | 47.95 | 0.9942 | 0.4502 | 0.5616 | |
| | | ZK47+850 | 49.96 | 0.8348 | 0.6146 | 0.4901 | |
| | | ZK47+840 | 50.59 | 1.2565 | 0.7294 | 0.8917 | |
| AZK47+848 | 30 | ZK47+880 | 58.89 | 0.4811 | 0.4544 | 0.4594 | 单次爆破最大药量10kg |
| | | ZK47+870 | 54.62 | 0.5412 | 0.3876 | 0.2439 | |
| | | ZK47+860 | 51.48 | 0.4103 | 0.4148 | 0.3914 | |
| | | ZK47+850 | 50.38 | 0.5261 | 0.5249 | 0.2485 | |
| | | ZK47+840 | 51.98 | 0.9005 | 0.6168 | 0.6548 | |

续上表

| 爆破桩号 | 炸药量（kg） | 测点桩号 | 爆破距离（m） | 爆破振速（cm/s） | | | 爆 破 参 数 |
|---|---|---|---|---|---|---|---|
| | | | | X | Y | Z | |
| AZK47 +847 | 42 | ZK47 +880 | 50. 02 | 1. 031 8 | 1. 276 3 | 1. 111 1 | 单次爆破最大药量 12kg。掌子面的两脚处 |
| | | ZK47 +870 | 44. 35 | 1. 778 7 | 0. 828 8 | 0. 842 4 | |
| | | ZK47 +860 | 39. 83 | 1. 027 | 0. 856 7 | 1. 227 7 | |
| | | ZK47 +850 | 38. 29 | 1. 339 5 | 1. 418 2 | 1. 345 | |
| | | ZK47 +840 | 38. 46 | 1. 941 5 | 1. 352 2 | 2. 058 2 | |
| AZK47 +846 | 48 | ZK47 +870 | 52. 07 | 0. 930 1 | 0. 388 8 | 0. 446 7 | 单次爆破最大药量 15kg。爆源在掌子面处，比较分散 |
| | | ZK47 +860 | 48. 19 | 0. 540 5 | 0. 366 3 | 0. 427 9 | |
| | | ZK47 +850 | 46. 23 | 0. 600 9 | 0. 459 2 | 0. 329 1 | |
| | | ZK47 +840 | 46. 06 | 0. 763 5 | 0. 649 2 | 0. 702 9 | |
| | | ZK47 +830 | 49. 05 | 0. 628 8 | 0. 421 2 | 0. 721 8 | |
| AZK47 +845 | 32 | ZK47 +870 | 52. 53 | 0. 459 8 | 0. 369 7 | 0. 474 4 | 单次爆破最大药量 7kg。分 5 个段位 |
| | | ZK47 +860 | 48. 5 | 0. 415 | 0. 447 9 | 0. 525 1 | |
| | | ZK47 +850 | 46. 8 | 0. 556 9 | 0. 614 6 | 0. 440 7 | |
| | | ZK47 +830 | 48. 66 | 0. 738 7 | 0. 514 | 0. 303 6 | |
| AZK47 +844 | 36. 45 | ZK47 +870 | 53. 48 | 0. 526 8 | 0. 372 1 | 0. 201 7 | 单次爆破最大药量 10kg |
| | | ZK47 +860 | 48. 83 | 0. 377 5 | 0. 333 2 | 0. 537 3 | |
| | | ZK47 +850 | 46. 4 | 0. 564 1 | 0. 541 7 | 0. 273 8 | |
| | | ZK47 +840 | 46. 35 | 0. 813 8 | 0. 528 2 | 0. 663 9 | |
| | | ZK47 +880 | 48. 29 | 0. 686 2 | 0. 453 3 | 0. 274 7 | |
| AZK47 +843 | 42. 3 | ZK47 +870 | 46. 65 | 1. 137 6 | 0. 551 | 0. 410 1 | 单次爆破最大药量 12kg。两拱角处 |
| | | ZK47 +860 | 41. 37 | 0. 707 | 0. 548 3 | 0. 708 7 | |
| | | ZK47 +850 | 38. 32 | 0. 774 2 | 0. 623 | 1. 055 1 | |
| | | ZK47 +840 | 37. 96 | 1. 079 7 | 0. 760 6 | 1. 053 2 | |
| | | ZK47 +830 | 40. 9 | 0. 781 5 | 0. 741 8 | 0. 328 1 | |
| AZK47 +842 | 27 | ZK47 +860 | 41. 8 | 0. 277 9 | 0. 255 2 | 0. 087 5 | 单次爆破最大药量 7kg。两拱角处 |
| | | ZK47 +850 | 38. 52 | 0. 412 1 | 0. 44 | 0. 110 5 | |
| | | ZK47 +830 | 39. 79 | 0. 525 | 0. 399 5 | 0. 259 1 | |
| AZK47 +841 | 72 | ZK47 +870 | 46. 65 | 1. 137 6 | 0. 551 | 0. 410 1 | 单次爆破最大药量 20kg。整个掌子面处 |
| | | ZK47 +860 | 41. 37 | 0. 707 | 0. 548 3 | 0. 708 7 | |
| | | ZK47 +850 | 38. 32 | 0. 774 2 | 0. 623 | 1. 055 1 | |
| | | ZK47 +840 | 37. 96 | 1. 079 7 | 0. 760 6 | 1. 053 2 | |
| | | ZK47 +830 | 40. 9 | 0. 781 5 | 0. 741 8 | 0. 328 1 | |

如图 8-15 所示，是杭金衢高速新岭隧道在 AZ Ⅰ 区段的三维方向（径向、竖向、切向）爆破振速值曲线图，经过对测试数据回归分析，可以得到径向、竖向、切向爆破振速值的回归曲线方程分别为式（8-33）、式（8-34）、式（8-35）。表 8-15 为震源距离测点 37.85m 时的振速预测值。

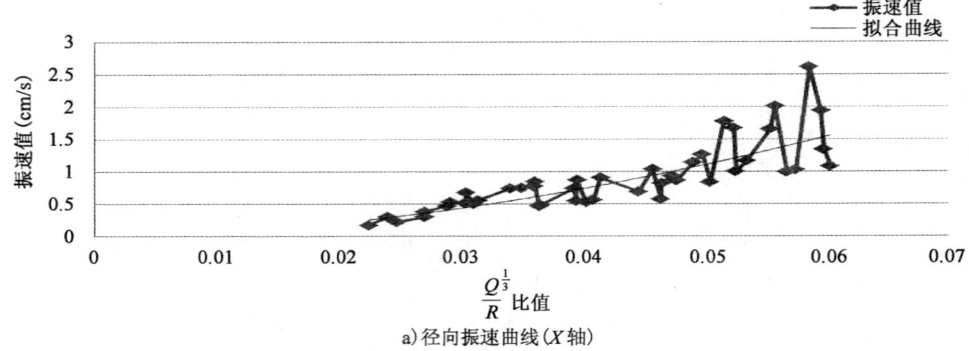


a) 径向振速曲线（X 轴）

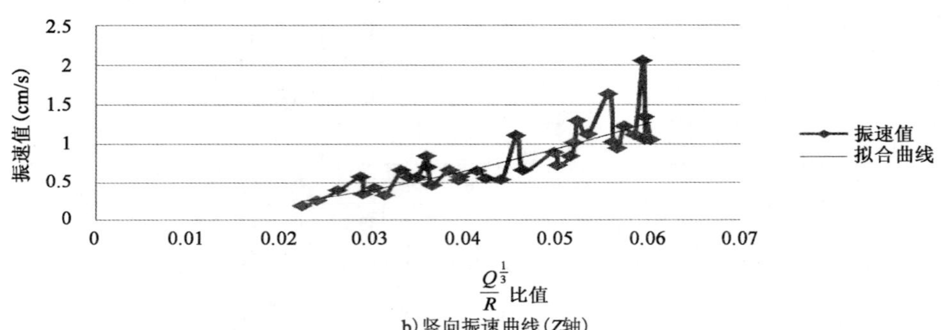


b) 竖向振速曲线（Z 轴）

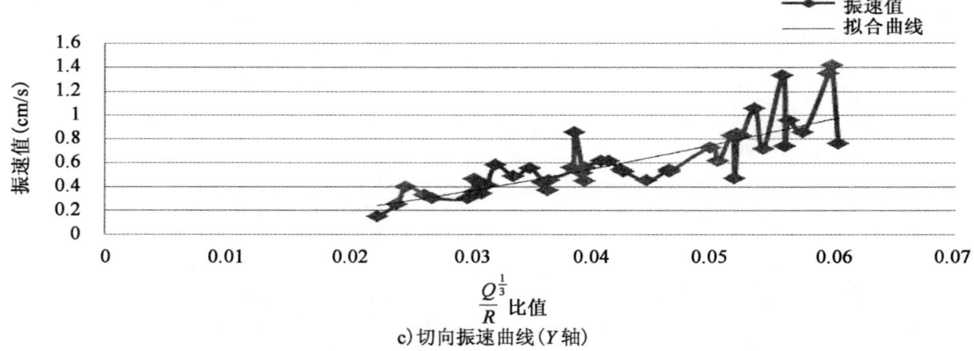


c) 切向振速曲线（Y 轴）

图 8-15　AZ Ⅰ 区段爆破振动测试三维方向振速回归曲线

$$v_{径} = 271.29 \cdot \left(\frac{Q^{\frac{1}{3}}}{R}\right)^{1.8382}, r = 0.88 \tag{8-33}$$

$$v_{竖} = 132.32 \cdot \left(\frac{Q^{\frac{1}{3}}}{R}\right)^{1.6526}, r = 0.8942 \tag{8-34}$$

$$v_{切} = 52.388 \cdot \left(\frac{Q^{\frac{1}{3}}}{R}\right)^{1.417}, r = 0.8626 \tag{8-35}$$

式中：$v$——振动速度，cm/s；

$Q$——单段起爆的最大药量，kg；

$R$——震源距离测点距离，m；

$r$——相关系数。

**震源距离测点为 37.83m 时的振速预测值**　　表 8-15

| 装药量（kg） | $\frac{Q^{\frac{1}{3}}}{R}$ | $X$ 轴振速值（cm/s） | $Z$ 轴振速值（cm/s） | $Y$ 轴振速值（cm/s） |
|---|---|---|---|---|
| 1 | 0.026 434 | 0.341 236 | 0.326 658 | 0.304 395 |
| 2 | 0.033 305 | 0.521 802 | 0.478 543 | 0.422 303 |
| 3 | 0.038 124 | 0.668 965 | 0.598 306 | 0.511 444 |
| 4 | 0.038 124 | 0.668 965 | 0.598 306 | 0.511 444 |
| 5 | 0.045 202 | 0.914 823 | 0.792 743 | 0.651 005 |
| 6 | 0.048 034 | 1.022 95 | 0.876 498 | 0.709 552 |
| 7 | 0.050 567 | 1.124 281 | 0.954 178 | 0.763 143 |
| 10 | 0.056 95 | 1.398 905 | 1.161 341 | 0.903 173 |
| 15 | 0.065 192 | 1.793 434 | 1.451 987 | 1.093 817 |
| 20 | 0.071 753 | 2.139 141 | 1.701 325 | 1.253 019 |
| 30 | 0.082 137 | 2.742 436 | 2.127 11 | 1.517 509 |
| 40 | 0.090 403 | 3.271 076 | 2.492 382 | 1.738 377 |
| 50 | 0.097 384 | 3.750 339 | 2.818 377 | 1.931 603 |
| 70 | 0.108 942 | 4.609 015 | 3.392 315 | 2.264 326 |
| 100 | 0.122 696 | 5.734 845 | 4.128 825 | 2.679 812 |

注：$\frac{Q^{\frac{1}{3}}}{R}$在工程上被称作“比例距离”。

（2）AZⅡ区段

该段洞内围岩整体性较好，掌子面围岩地质情况如图 8-14 所示，监测数据见表 8-16。

**AZⅡ区段爆破振动速度统计表**　　表 8-16

| 爆破桩号 | 炸药量（kg） | 测点桩号 | 爆破距离（m） | 爆破振速（cm/s） | | | 爆破参数 |
|---|---|---|---|---|---|---|---|
| | | | | $X$ | $Y$ | $Z$ | |
| AZK47 +837 | 57 | ZK47 +870 | 50.75 | 0.675 2 | 0.607 | 0.350 3 | 单次爆破最大药量 15kg。上断面掌子面处 |
| | | ZK47 +860 | 44.46 | 0.589 7 | 0.785 8 | 0.196 9 | |
| | | ZK47 +850 | 40 | 0.754 1 | 0.846 6 | 0.266 9 | |
| | | ZK47 +840 | 38.03 | 1.477 8 | 0.764 2 | 1.041 7 | |
| | | ZK47 +830 | 38.54 | 1.257 7 | 0.799 | 1.213 4 | |
| AZK47 +836 | 24 | ZK47 +870 | 51.44 | 1.320 2 | 0.751 3 | 0.742 6 | 分 3 个段位，单次爆破最大药量 9kg。上断面两拱角处 |
| | | ZK47 +860 | 45.01 | 0.641 3 | 0.744 5 | 0.980 9 | |
| | | ZK47 +850 | 40.35 | 0.729 1 | 0.835 8 | 0.574 1 | |
| | | ZK47 +840 | 38.14 | 0.769 4 | 0.695 9 | 1.047 4 | |
| | | ZK47 +830 | 38.43 | 0.780 2 | 0.557 5 | 1.381 4 | |

续上表

| 爆破桩号 | 炸药量（kg） | 测点桩号 | 爆破距离（m） | 爆破振速（cm/s） | | | 爆破参数 |
|---|---|---|---|---|---|---|---|
| | | | | X | Y | Z | |
| AZK47 +836 | 36 | ZK47 +870 | 58.16 | 0.894 6 | 0.546 2 | 0.486 6 | 分5个段位，单次爆破最大药量8kg。上断面两拱角处 |
| | | ZK47 +860 | 52.07 | 0.602 6 | 0.469 1 | 0.282 | |
| | | ZK47 +850 | 48.7 | 0.619 9 | 0.629 | 0.520 1 | |
| | | ZK47 +840 | 46.93 | 1.171 | 0.609 6 | 0.950 1 | |
| | | ZK47 +830 | 47.19 | 0.720 4 | 0.423 5 | 0.769 7 | |
| AZK47 +835 | 44 | ZK47 +870 | 52.13 | 0.604 3 | 0.374 5 | 0.248 3 | 分5个段位，单次爆破最大药量10kg。掌子面处 |
| | | ZK47 +860 | 45.57 | 0.461 9 | 0.541 2 | 0.107 | |
| | | ZK47 +850 | 40.71 | 0.704 2 | 0.644 5 | 0.334 8 | |
| | | ZK47 +840 | 38.28 | 1.056 2 | 0.609 6 | 0.976 5 | |
| | | ZK47 +830 | 38.31 | 1.029 3 | 0.562 | 1.314 7 | |
| AZK47 +835 | 44 | ZK47 +870 | 52.13 | 0.604 3 | 0.374 5 | 0.248 3 | 分5个段位，单次爆破最大药量10kg。掌子面处 |
| | | ZK47 +860 | 45.57 | 0.461 9 | 0.541 2 | 0.107 | |
| | | ZK47 +850 | 40.71 | 0.704 2 | 0.644 5 | 0.334 8 | |
| | | ZK47 +840 | 38.28 | 1.056 2 | 0.609 6 | 0.976 5 | |
| | | ZK47 +830 | 38.31 | 1.029 3 | 0.562 | 1.314 7 | |
| AZK47 +833 | 60 | ZK47 +870 | 59.76 | 1.095 6 | 0.596 3 | 0.692 8 | 分5个段位，单次爆破最大药量13kg。掌子面处 |
| | | ZK47 +850 | 49.34 | 0.763 6 | 0.743 8 | 0.935 4 | |
| | | ZK47 +840 | 46.97 | 1.153 4 | 1.067 2 | 0.892 9 | |
| | | ZK47 +830 | 46.59 | 1.117 2 | 0.746 3 | 1.746 2 | |
| AZK47 +831 | 67 | ZK47 +850 | 49.69 | 0.490 4 | 0.431 7 | 0.285 3 | 分6个段位，单次爆破最大药量12kg。掌子面处 |
| | | ZK47 +840 | 47.14 | 0.717 8 | 0.661 2 | 0.485 4 | |
| | | ZK47 +830 | 46.52 | 0.952 4 | 0.560 9 | 1.577 1 | |
| | | ZK47 +820 | 48.09 | 0.710 7 | 0.537 8 | 0.696 1 | |
| AZK47 +830 | 40 | ZK47 +850 | 50.43 | 0.378 8 | 0.480 7 | 0.153 | 分5个段位，单次爆破最大药量9kg。掌子面处 |
| | | ZK47 +840 | 47.49 | 0.583 2 | 0.579 7 | 0.554 1 | |
| | | ZK47 +830 | 46.5 | 0.666 7 | 0.527 7 | 1.761 8 | |
| | | ZK47 +820 | 47.67 | 0.911 7 | 0.484 2 | 0.702 7 | |
| AZK47 +827.5 | 76 | ZK47 +860 | 39.71 | 0.608 | 0.571 6 | 0.453 3 | 围岩整体性较好，分5个段位，单次爆破最大药量16kg。掌子面处 |
| | | ZK47 +850 | 38.12 | 0.652 3 | 0.717 4 | 1.021 1 | |
| | | ZK47 +840 | 39.03 | 1.991 5 | 0.849 4 | 2.481 4 | |
| | | ZK47 +830 | 42.42 | 1.341 2 | 0.489 | 0.560 9 | |
| AZK47 +826 | 96 | ZK47 +850 | 40.18 | 0.976 1 | 1.13 | 1.341 6 | 围岩整体性较好，分6个段位，单次爆破最大药量20kg。掌子面处 |
| | | ZK47 +840 | 38.5 | 1.132 4 | 1.570 2 | 2.192 2 | |
| | | ZK47 +830 | 38.73 | 1.991 5 | 0.849 4 | 2.481 4 | |
| | | ZK47 +820 | 41.74 | 1.695 9 | 0.7 | 2.682 4 | |

续上表

| 爆破桩号 | 炸药量(kg) | 测点桩号 | 爆破距离(m) | 爆破振速(cm/s) | | | 爆破参数 |
|---|---|---|---|---|---|---|---|
| | | | | X | Y | Z | |
| AZK47+825 | 96 | ZK47+850 | 44.55 | 0.644 8 | 0.718 7 | 0.308 4 | 围岩整体性较好，分6个段位，单次爆破最大药量22kg。掌子面处 |
| | | ZK47+840 | 42.56 | 0.899 3 | 0.973 8 | 0.744 1 | |
| | | ZK47+830 | 42.8 | 1.493 3 | 0.809 3 | 3.241 | |
| | | ZK47+820 | 45.38 | 1.540 9 | 0.667 8 | 1.903 1 | |
| AZK47+824 | 96 | ZK47+850 | 43.37 | 0.945 2 | 1.144 3 | 1.494 6 | 围岩整体性较好，分5个段位，单次爆破最大药量24kg。掌子面下部 |
| | | ZK47+840 | 40.87 | 1.482 5 | 1.249 2 | 1.910 6 | |
| | | ZK47+830 | 40.63 | 1.918 2 | 0.926 1 | 2.658 2 | |
| | | ZK47+820 | 43.1 | 2.029 6 | 0.843 1 | 2.446 3 | |
| AZK47+822 | 166.05 | ZK47+850 | 41.32 | 1.011 7 | 1.045 1 | 0.722 6 | 围岩整体性较好，分8个段位，单次爆破最大药量30kg。掌子面处 |
| | | ZK47+840 | 38.81 | 1.763 5 | 1.287 6 | 1.228 3 | |
| | | ZK47+830 | 38.34 | 2.365 1 | 1.104 6 | 3.144 3 | |
| | | ZK47+820 | 40.41 | 2.808 6 | 0.963 6 | 1.968 5 | |
| AZK47+820 | 146.25 | ZK47+850 | 50.32 | 0.922 7 | 0.960 2 | 0.597 1 | 围岩整体性较好，分5个段位，单次爆破最大药量27kg。整个上断面 |
| | | ZK47+840 | 47.64 | 1.367 7 | 1.057 6 | 0.800 2 | |
| | | ZK47+830 | 44.67 | 2.158 8 | 0.958 1 | 3.106 5 | |
| | | ZK47+820 | 48.02 | 3.024 | 1.127 | 1.745 8 | |
| AZK47+819 | 74 | ZK47+850 | 48.37 | 0.336 1 | 0.480 7 | 0.197 9 | 围岩整体性较好，分7个段位，单次爆破最大药量12kg。掌子面处 |
| | | ZK47+840 | 45.78 | 0.435 6 | 0.713 9 | 0.554 1 | |
| | | ZK47+830 | 46.74 | 0.716 7 | 0.455 6 | 1.857 4 | |
| | | ZK47+820 | 45.88 | 0.532 | 0.332 7 | 0.518 7 | |
| AZK47+818 | 97.2 | ZK47+850 | 49.28 | 0.638 9 | 0.570 4 | 0.485 5 | 围岩整体性较好，分6个段位，单次爆破最大药量18kg。掌子面处 |
| | | ZK47+840 | 46.04 | 0.719 | 0.970 2 | 0.740 6 | |
| | | ZK47+830 | 44.77 | 1.627 6 | 0.528 8 | 2.607 1 | |
| | | ZK47+820 | 45.71 | 1.794 4 | 0.778 7 | 1.801 2 | |
| AZK47+817 | 38.7 | ZK47+850 | 48.28 | 0.214 9 | 0.266 7 | 0.111 6 | 围岩整体性较好，分4个段位，单次爆破最大药量10kg |
| | | ZK47+840 | 47.04 | 0.357 2 | 0.379 7 | 0.255 3 | |
| | | ZK47+830 | 42.77 | 0.486 | 0.323 9 | 0.577 2 | |
| | | ZK47+820 | 43.71 | 0.591 1 | 0.350 6 | 0.804 7 | |
| AZK47+816.5 | 118 | ZK47+850 | 51.2 | 0.920 3 | 1.012 8 | 0.477 5 | 围岩整体性较好，分8个段位，单次爆破最大药量15kg |
| | | ZK47+840 | 48.64 | 1.325 6 | 1.291 2 | 1.144 7 | |
| | | ZK47+830 | 46.85 | 1.691 1 | 1.114 9 | 1.286 8 | |
| | | ZK47+820 | 47.45 | 1.885 1 | 0.892 | 2.110 4 | |

图 8-16 为杭金衢高速新岭隧道在 AZⅡ区段径向、竖向、切向的爆破振速值曲线图，经过对测试数据回归分析，可以得到三维方向（径向、竖向、切向）爆破振速值的回归曲线方程分别为式（8-36）、式（8-37）、式（8-38）。表 8-17 为震源距离测点 38.2m 时的振动速度预测值。

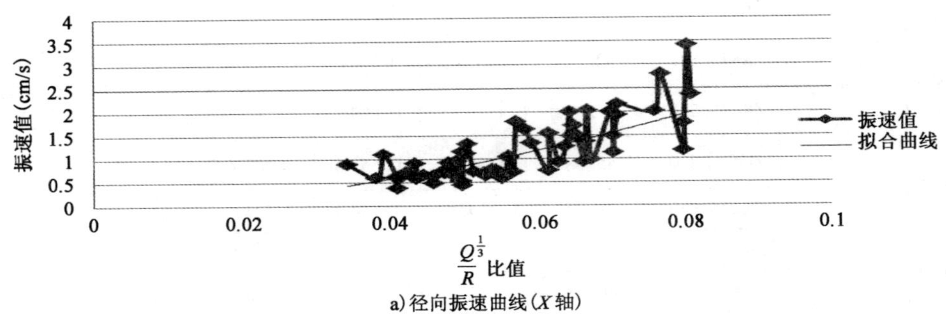

a) 径向振速曲线（$X$ 轴）

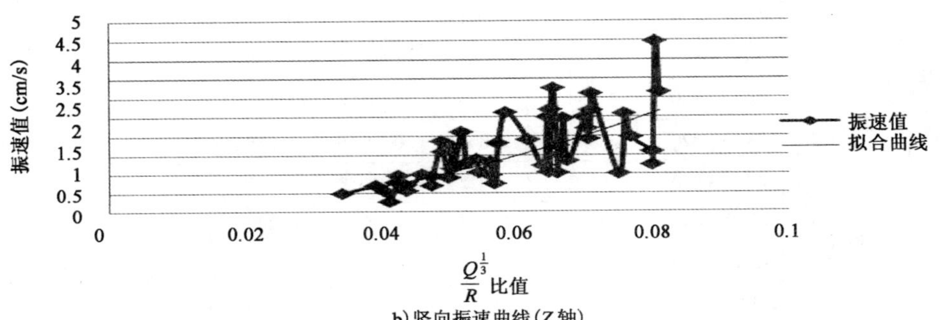

b) 竖向振速曲线（$Z$ 轴）

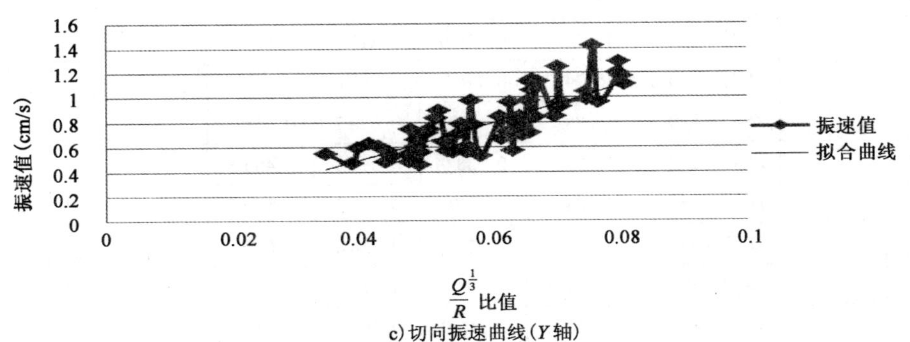

c) 切向振速曲线（$Y$ 轴）

图 8-16 AZⅡ区段爆破振动测试三维方向振速回归曲线

$$v_{径} = 165.7 \cdot \left(\frac{Q^{\frac{1}{3}}}{R}\right)^{1.7609}, r = 0.755 \tag{8-36}$$

$$v_{竖} = 116.73 \cdot \left(\frac{Q^{\frac{1}{3}}}{R}\right)^{1.5799}, r = 0.724 \tag{8-37}$$

$$v_{切} = 18.911 \cdot \left(\frac{Q^{\frac{1}{3}}}{R}\right)^{1.1279}, r = 0.799 \tag{8-38}$$

式中：$v$——振动速度，cm；

$Q$——单段起爆的最大药量，kg；

$R$——震源距离测点距离，m；

$r$——相关系数。

**震源距离为 38.2m 时的振动速度预测值**　　表 8-17

| 装药量（kg） | $\frac{Q^{\frac{1}{3}}}{R}$ | X 轴振速值（cm/s） | Z 轴振速值（cm/s） | Y 轴振速值（cm/s） |
|---|---|---|---|---|
| 1 | 0.026 178 01 | 0.271 310 832 | 0.369 556 273 | 0.310 657 8 |
| 2 | 0.032 982 23 | 0.407 531 991 | 0.532 369 307 | 0.403 143 355 |
| 3 | 0.037 755 22 | 0.517 036 741 | 0.659 095 786 | 0.469 530 652 |
| 4 | 0.041 555 | 0.612 147 78 | 0.766 911 833 | 0.523 162 673 |
| 5 | 0.044 763 77 | 0.697 813 274 | 0.862 544 443 | 0.568 946 833 |
| 10 | 0.056 398 81 | 1.048 175 005 | 1.242 550 109 | 0.738 327 303 |
| 20 | 0.071 058 05 | 1.574 448 184 | 1.789 972 43 | 0.958 133 825 |
| 30 | 0.081 341 17 | 1.997 505 905 | 2.216 061 805 | 1.115 913 717 |
| 40 | 0.089 527 54 | 2.364 955 349 | 2.578 569 087 | 1.243 378 681 |
| 50 | 0.096 440 62 | 2.695 913 124 | 2.900 112 299 | 1.352 191 966 |
| 60 | 0.102 483 45 | 3.000 424 099 | 3.192 377 922 | 1.448 131 032 |
| 70 | 0.107 887 05 | 3.284 567 406 | 3.462 347 944 | 1.534 537 909 |
| 80 | 0.112 797 63 | 3.552 364 478 | 3.714 592 709 | 1.613 543 435 |
| 90 | 0.117 314 26 | 3.806 644 711 | 3.952 299 299 | 1.686 600 808 |
| 100 | 0.121 507 56 | 4.049 491 26 | 4.177 796 148 | 1.754 751 39 |

### 8.5.4　爆破振动对既有隧道安全性影响评价

1）爆破对岩体及结构体破坏区域标准的划分

确定爆破破坏范围的标准，对于指导工程爆破设计、评价工程爆破质量、提出满足工程要求的相应补救措施，是有意义的。随着工程性质不同，以及爆破类型和地质条件的区别，其标准也不一致，国内虽然许多单位做了破坏区域划分，但尚无统一的划分标准，所得结果也有很大的差别和局限性。张志毅、王中黔主编的《交通土建工程爆破工程师手册》对地表破坏的范围进行了如下划分。

破裂区：指爆炸作用使岩体破碎、抛掷、形成可见漏斗及其四周被拉裂成大块的岩体，破裂区内岩体的整体性完全被破坏。

破坏区：岩层被抬动，产生新的裂缝，老裂缝明显张开和错动（相对错动值大于 5mm）。相应地表垂直向质点振动速度大于 19cm/s。

轻微破坏区：老裂缝有张开（大于 0.1mm），无错动，更无新的裂缝产生，相应地表质点振动速度值为 13 ~ 19cm/s。

非破坏区：岩土未受破坏，或者原有裂缝有微小张开，其值小于 0.1mm。相应地表质点振动速度值小于 13cm/s。

2）既有新岭隧道裂缝监测及洞内观测情况统计

通过对既有新岭隧道裂缝、洞内情况的数月监测和洞内观察，得到统计表 8-18。

**裂缝监测及洞内观测统计表** 表 8-18

| 日　期 | 测 点 位 置 | 单次爆破变形（mm） | 洞 内 观 测 |
|---|---|---|---|
| 4 月 1 日 | ZK47 +880 | 实测最大变形量 $2.91\times10^{-4}$ | 洞内观测无异常 |
| 4 月 11 日 | 变形在误差范围内 | | 震感明显，有轻微的粉渣震落，声音较大 |
| 4 月 13 日 | 数据无变化 | | 无异常情况，震感较为明显 |
| 5 月 14 日 | 数据无变化 | | 洞内观测无异常 |
| 5 月 15 日 | 数据无变化 | | 洞内观测无异常 |
| 5 月 16 日 | 数据无变化 | | 洞内观测无异常 |
| 5 月 17 日 | 数据无变化 | | 洞内观测无异常 |
| 5 月 22 日 | 数据无变化 | | 洞内观测无异常 |
| 5 月 28 日 | 数据无变化 | | 洞内观测无异常 |
| 6 月 3 日 | 数据无变化 | | 洞内观测无异常 |
| 6 月 4 日 | 数据无变化 | | 洞内观测无异常 |
| 6 月 10 日 | 数据无变化 | | 洞内观测无异常 |
| 6 月 13 日 | 数据无变化 | | 洞内观测无异常 |
| 6 月 14 日 | 数据无变化 | | 洞内观测无异常 |
| 6 月 15 日 | 数据无变化 | | 洞内观测无异常 |
| 6 月 16 日 | 数据无变化 | | 洞内观测无异常 |
| 6 月 17 日 | 数据无变化 | | 洞内观测无异常 |
| 6 月 19 日 | 数据无变化 | | 洞内观测无异常 |
| 6 月 20 日 | 数据无变化 | | 洞内观测无异常 |
| 6 月 21 日 | 数据无变化 | | 洞内观测无异常 |
| 6 月 22 日 | 数据无变化 | | 洞内观测无异常 |
| 6 月 23 日 | 数据无变化 | | 洞内观测无异常 |
| 6 月 24 日 | 数据无变化 | | 洞内观测无异常 |
| 6 月 25 日 | 数据无变化 | | 洞内观测无异常 |
| 6 月 26 日 | 数据无变化 | | 洞内观测无异常 |
| 6 月 27 日 | 数据无变化 | | 洞内观测无异常 |
| 6 月 28 日 | 数据无变化 | | 洞内观测无异常 |
| 6 月 29 日 | 数据无变化 | | 洞内观测无异常 |
| 6 月 30 日 | 数据无变化 | | 洞内观测无异常 |
| 7 月 2 日 | 数据无变化 | | 洞内观测无异常 |
| 7 月 3 日 | 数据无变化 | | 洞内观测无异常 |
| 7 月 4 日 | 数据无变化 | | 洞内观测无异常 |

续上表

| 日　期 | 测点位置 | 单次爆破变形（mm） | 洞内观测 |
|---|---|---|---|
| 7 月 5 日 | 数据无变化 | | 洞内观测无异常 |
| 7 月 6 日 | 数据无变化 | | 洞内观测无异常 |
| 7 月 7 日 | 数据无变化 | | 洞内观测无异常 |
| 7 月 8 日 | 数据无变化 | | 洞内观测无异常 |
| 7 月 9 日 | 数据无变化 | | 洞内观测无异常 |
| 7 月 10 日 | 数据无变化 | | 洞内观测无异常 |
| 7 月 11 日 | 数据无变化 | | 洞内观测无异常 |
| 7 月 12 日 | 数据无变化 | | 洞内观测无异常 |
| 7 月 13 日 | 数据无变化 | | 洞内观测无异常 |
| 7 月 14 日 | 数据无变化 | | 洞内观测无异常 |
| 7 月 15 日 | 数据无变化 | | 洞内观测无异常 |
| 7 月 16 日 | 数据无变化 | | 洞内观测无异常 |
| 7 月 17 日 | 数据无变化 | | 洞内观测无异常 |

3）既有隧道内安全监测结果

通过现场实测和现场观察，得到的爆破振动速度监测数据、重点裂缝变形监测结果和既有隧道洞内观测的现象如下：

在振速 0～1cm/s 时，既有隧道洞内震感不明显，灯具、风机等机电设施振动不明显。

在振速 1～3cm/s 时，既有隧道洞内震感不太明显，灯具、风机等机电设施有轻微的振动。

在振速 3～5cm/s 时，既有隧道洞内震感不太明显，未发现粉尘脱落，裂缝无变形，灯具、风机等机电设施有轻微的振动。

在振速 5～10cm/s 时，既有隧道洞内震感比较明显，衬砌裂缝无变形，灯具、风机等机电设施有稍微明显的振动，

在振速接近 10cm/s 时，同时会伴有微小粉渣脱落，测得裂缝变形值为 $1.09\times10^{-4}$mm，根据单条裂缝控制标准：连续两次爆破裂缝宽度扩展不大于 0.3mm，此变形值不会对隧道安全造成影响。

4）爆破振动监测结论建议

（1）根据现场监测结果，依据《爆破振动安全规程》（GB 6722—2011）和《交通土建工程爆破工程师手册》（张志毅等主编）得出：在振动速度小于 10cm/s 时，新建隧道的爆破施工不会对既有隧道的结构安全造成明显影响和破坏。

（2）施工方在新建隧道每次爆破之前，要根据监测方反馈的爆破振动参数，制定详细的爆破设计方案，并把详细的爆破设计方案通知或提供给既有隧道监测方。

（3）新建隧道施工方要严格按照爆破振动设计方案来进行爆破作业，并严格控制爆破用药量。

（4）每次新建隧道爆破施工时，监测方要加强对既有隧道的监控，并及时把监测结果反馈给业主、监理及施工方，为爆破设计提供参考。

## 8.6 本章小结

（1）论述隧道掘进爆破的基础知识、岩石爆破机理以及岩石破碎阶段划分、隧道掌子面爆破掏槽技术、隧道光面爆破技术等方面的理论基础和技术方法要点。

（2）重点阐述隧道掘进过程中爆破岩石的破坏特征、岩石爆破引发地震波的产生机理和地震波的分类，分析了岩体中爆破地震波传播影响因素：药量、距离、传播介质的特性以及测点处土质条件等，重点探讨了爆破地震波强度的影响因素：总装药量、单响装药量、分段数、距爆破点的距离、高程差、破孔网参数（孔距、排距、孔深、孔径、不耦合系数、堵塞长度、装药结构）和起爆方法等。

（3）主要阐述隧道爆破振动测试的意义、应用范畴、测试原理、测试仪器和测试方法等技术要点，爆破振动对工程结构影响的破坏判据，安全允许振速标准，提出爆破振动测试数据回归分析理论和方法，分析隧道爆破振动安全监测是规避和防范隧道施工动态风险的重要途径之一。

（4）通过依托工程爆破振动测试工程实例，详细探讨爆破振动测试在既有构筑物安全评价、既有运营隧道安全评价中的具体实施方案、技术要点等，提出规避隧道施工动态风险方案和具体措施。

# 第9章　隧道施工风险可视化监控新技术

## 9.1　隧道施工无线视频监控技术概述

### 9.1.1　隧道施工可视化监控意义

1）安全可视工程概念

安全工程是以人类生产、生活活动中发生的各种事故为主要研究对象，综合运用自然科学、技术科学和管理科学等方面的有关知识和成就，辨识和预测生产、生活活动中存在的不安全因素，并采取有效的控制措施防止事故发生或减轻事故损失的工程领域。在安全工程定义的基础上，提出安全可视工程概念，即通过无线视频技术实时辨识和预测生产、生活活动中存在的不安全因素，并采取有效的控制措施防止事故发生或减轻事故损失的工程领域。在安全可视工程中，首次将对安全风险源的实时可视化监控作为安全风险控制的必备条件，在已有安全风险监控理论与技术的基础上，通过运用信息化技术，极大地提高了安全控制效率与精度。

2）隧道无线视频监控的意义

近几年来，随着国家加强对基础设施建设的投入，我国交通建设事业取得了迅猛发展，隧道特别是长大隧道建设与科研都取得了长足的进步与发展。目前，我国已经成为世界上隧道工程数量最多、最复杂、发展最快的国家。中国公路网正在向中西部延伸，将使中国中西部成为世界公路界关注的焦点，中国中西部特殊的地域条件决定了公路隧道建设也将进入一个新的发展时期，一大批特长隧道将逐步开工建设，将把我国修建公路隧道的技术水平推向一个新的高度。

但是目前一方面以现有的技术条件，工程技术人员仍无法完全认识隧址区的地质环境，如岩体的非均质各向异性、局部的软弱夹层分布、岩体内部节理密集带位置和涌流通道等。相当多不利于工程的不可预见因素要留待施工时才得以发现和处理。当隧道位于岩土体的介质结构和赋存环境较为复杂区域时，这种情形尤其明显。而另一方面，由于隧道隐蔽工程多，施工工序复杂，且因施工环境恶劣而导致施工监管较为薄弱，容易引起施工质量事故，甚至出现“偷梁换柱”、偷工减料等恶意质量问题，从而导致隧道安全事故发生，并对隧道长期稳定性与耐久性带来严重安全隐患。

隧道施工不同于其他生产形式，兼顾建设施工和矿山施工的生产特点，并具有其自身独特的安全生产特征。在现有的施工技术条件下，没有完善的隧道施工安全生产风险监控手段，没有明确的隧道施工风险监控管理制度，没有清晰的隧道施工安全风险预警理念。因此，在交通运输部2010～2020年《公路、水运交通主要技术政策》中，已将交通基础设施建设项目安全风险评价列为重点研究课题。作为该重点研究课题的子课题之一，基于信息化技术的隧道无线视频监控技术的研究和推广应用非常有必要开展。

3）隧道视频监控的内容和作用

利用以无线远程视频图像实时传输技术为代表的信息化技术组建隧道施工全过程质量风险监控系统，通过对风险源远程识别、风险预防预测、风险控制与响应等方面的工作对隧道施工过程中各类风险进行有效监控，最终使工程管理、质量监督等单位能够对隧道工程进行高效、准确、全面的质量控制。

所谓隧道视频监控，就是在作业的掌子面（即工作面）上安装摄像头，将施工画面实时传送到地上的监控室，监控施工质量和施工安全。隧道施工视频监控管理系统包括隧道施工质量无线监控视频管理子系统和隧道施工安全考勤定位子系统，它是在第二代无线视频（RFID）识别技术、无线视频监控技术的基础上，结合先进的通信、计算机及网络技术成功研发的综合管理平台。系统是集施工现场视频监控、隧道施工人员考勤、区域定位、安全预警、灾后急救、日常管理等功能于一体，也是国内技术领先、运行稳定、设计专业化的隧道施工现场监测系统。

通过视频质量监控系统对工程质量进行更为严格、可靠和细致的监控：洞内作业人员作业是否规范，施工人员钢筋安装的间距及焊接质量是否符合要求，防水材料的铺设是否符合设计要求，以及洞内施工环境等都可以随时通过监控掌握。通过安全考勤定位系统，依靠洞口和隧道内的识别器读取进出隧道人员佩戴在安全帽或身上或设备钥匙上的信息芯片，将人员经过的路段、时间、工作情况以及当前所在的施工场点等详细资料通过传输网络记录到工控机进行数据处理，并显示在洞口的大屏幕显示屏上，系统检测到没有佩戴信息芯片的人员进入隧道时将发出告警，芯片事先录入佩戴人员的详细信息。遇到紧急情况时，监控系统和定位系统为救援人员提供准确的实时第一手数据、图形，使救援人员迅速了解有关人员的位置情况，及时采取相应的救援措施，提高应急救援工作的效率。所有的监控和考勤定位信息在控制系统里保留足够时间（视存储设备的大小而定），为安全生产提供宝贵的资料。

隧道施工视频监控系统的实现，将为隧道建设现场质量控制、安全生产以及日常管理再上新台阶提供有力保障。

### 9.1.2 无线视频监控系统功能

无线视频监控技术是安全可视工程的核心技术之一，其原理是通过微波、WLAN、GPRS、CDMA 等无线通信技术将视频信号传输至远方的接收端。无线视频监控系统主要由视频采集前端系统、信号传输系统、监控分析后端系统等部分组成，如图 9-1 所示。

1）系统功能

（1）对隧道进出洞口、开挖台车、二次衬砌台车等关键部位进行全天候实时检测和记录。

（2）监测内容包括：人员、材料、机械进出洞情况，隧道开挖台车作业工作情况，隧道二次衬砌台车作业工作情况等。

（3）对监控图像进行存储与记录。

（4）对于违规作业图像进行抓拍与记录。

（5）上述记录应包括报警事件的全过程，存储时间不少于两个月，可采取循环记录的方式。

(6) 前端设备应可安装在隧道内外等任何环境下，具有全天候、防振动、防噪声功能，可通过各种传输方式回传监测数据。

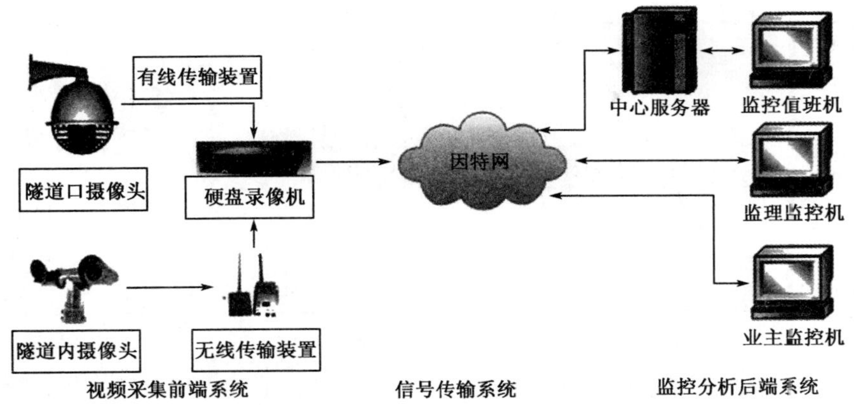


图 9-1　无线视频监控技术系统组成示意图

(7) 上端系统具有未来与综合监测系统平台通信的标准通信接口。

2) 系统特性

(1) 实时摄像机（彩色或黑白）的图像范围可通过远端控制进行自由调整。

(2) 视频图像免设置可自动进行事件事故检测，即插即用。

(3) 系统能实时自动检测的事件、事故包括：人员进出洞、停电等。

(4) 全天候检测功能：不管昼、夜、雨、雪、雾，在各种气候条件下，在各种施工环境下，前端系统均能提供稳定可靠的图像。

(5) 数字化的视频信息存储在硬盘。

(6) 系统可以直接存储来自摄像机的实时图像到本地网络。

(7) 系统可以选择事故发生时进行视频录像，也可人工设置任意摄像机、任意时间段录像。

(8) 系统具有自诊断和报警功能，可自诊断如下故障：视频信号丢失、系统设备故障、网络通信故障。

(9) 图像分析处理单元有图像采集和分析处理软、硬件，视频信号数字化系统以及通信卡。

### 9.1.3　视频监控设备构成

1) 视频采集前端系统

摄像部分的主体是摄像机，其性能及其安装方式是决定系统质量的重要因素。其主要性能及技术参数由色彩、清晰度、照度、自动增益、自动白平衡、电子亮度控制、逆光补偿等参数决定。目前主要为电荷耦合器件，简称 CCD 摄像机，其主要性能参数要求见表 9-1。

2) 信号传输系统

由于隧道施工的特点是工作环境恶劣、作业面移动、作业空间小等，使得在进行视频监控信号传输时，如采用有线方式不但会影响正常施工作业，而且无法避免地会发生因施工误操作导致传输线路中断等缺点。为此，选择采用无线传输技术用于隧道施工监控视频信号的传输。

**摄像机主要参数表**　　表 9-1

| 项目名称 | 规　格 | 项目名称 | 规　格 |
|---|---|---|---|
| 成像器件 | 1/3 | 信噪比 | More than 50db |
| 像素 | 704×576 | 最低照度 | Day：1Lux Night：0.01Lux |
| 信号系统 | 支持网络传输及本地保存 | 防护等级 | IP66/IP67 |
| 水平清晰度 | 540 线 | 防爆标志 | Exd Ⅱ BT6 /DIP A20 TA，T6 |
| 镜头 | 40 倍 ZOOM | 材质 | 304 不锈钢 |
| 快门速度 | 1～1/10 000s　22 等级 | 其他要求 | 配备长寿命低热量聚光灯 |

（1）无线传输技术优点

简约而不简单，灵活方便：不受线缆的束缚，灵活自如地上网，桌面更简洁。

施工周期短：仅针对重点区域实施安装调试即可对周边区域实施覆盖。施工迅速，节约大量时间与施工费用，快速投入使用。

节约资金：能够节约大量的网线。由于成本是固定的，不受人员增减而产生新的费用，实现一次投入，永久使用，不存在其他额外费用支出。

维护简便：不用担心线缆接触不良造成的常见故障，省心、简单、易于维护。坐在机房通过一台电脑就能进行故障排查，迅速找出故障点。

灵活多变：对于人员数量的变化无须调整网络配置，不存在重新铺设线缆的问题。

便于扩充新点：随时可以增设新的覆盖基站，实施起来简单、高效。

扩容方便：对提高带宽而言，只需增设几台设备即可，立即提高内部网络带宽。

抗干扰强：不受手机等无线设备的影响，稳定可靠。

稳定可靠；由于属于电信级设备，奠定了高性能基础。

应用领域广：凡是铺设线缆不方便或无法铺设的地方，都可以使用微波进行联网。

（2）传输设备

选择的主要传输设备主要有以下两种。

①24dBi 定向天线。

24dBi 切割栅状抛物面天线是为扩频通信系统设计生产的。其口面切割与馈源照射方向图相适应，保证天线工作于最佳状态。此天线的特点是：增益高，作用距离远，结构轻巧，架设方便，风阻小。天线出厂前都经过美国 HP 网络分析仪的严格检定，主要参数如下。

频率范围：2 400～2 483MHz。

带宽：83MHz。

增益：24dBi。

波瓣宽度：E 面 14°；H 面 10°。

电压驻波比：≤1.5。

标称阻抗：50Ω。

极化：垂直或水平。

最大功率：100W。

接头型号：N母座。

前后比：≥31dB。

口面尺寸：0.6×0.9（m）。

质量：2.5kg。

抗风强度：60m/s。

②无线网桥。

无线网桥顾名思义就是无线网络的桥接，它可在两个或多个网络之间搭起通信的桥梁（无线网桥亦是无线AP的一种分支）。

无线网桥工作在2.4G或5.8G的免申请无线执照的频段，因而比其他有线网络设备更方便部署。无线网桥传输标准常采用802.11b或802.11g、802.11a标准，802.11b标准的数据速率是11Mbps，在保持足够的数据传输带宽的前提下，802.11b通常能够提供4～6Mbps的实际数据速率，而802.11g、802.11a标准的无线网桥都具备54Mbps的传输带宽，其实际数据速率可达802.11b的5倍左右。这些独立的网络段通常位于不同的建筑内，相距几百米到几十公里。所以说它可以广泛应用在不同建筑物间的互联。同时，根据协议不同，无线网桥又可以分为2.4GHz频段的802.11b或802.11G以及采用5.8GHz频段的802.11a无线网桥。

无线网桥有四种工作方式：无线覆盖，点对点，一点对多点，中继连接，特别适用于城市中的近距离、远距离通信。它有两种接入方式，IP接口接入，IP+E1双接口接入。

在无高大障碍（山峰或建筑）的条件下，一对速组网和野外作业的临时组网。其作用距离取决于环境和天线，现7km的点对点微波互连。一对27dBi的定向天线可以实现10km的点对点微波互连。12dBi的定向天线可以实现2km的点对点微波互连；一对只实现到链路层功能的无线网桥是透明网桥，而具有路由等网络层功能，在网络24dBi的定向天线可以实现异种网络互联的设备叫无线路由器，也可作为第三层网桥使用。无线网桥的主要功能参数如下。

物理接口：1个10/100Mbps局域网端口，1个外置2.4G天线接口或1个5.8G天线接口。

无线频率：无线网桥5.260G～5.825GHz，无线接入点2.412G～2.462GHz。

输出功率：2.4G为100mW，600mW，1 100mW，2 100mW，5.8G为100mW。

功能：点对点无线以太网桥，无线接入点，802.1q VLAN，基于VLAN的安全认证策略。

管理维护：基于SNMP、Web的管理，软件远程升级。

环境要求：工作温度－33～＋70℃，保存温度－40～＋80℃，工作湿度0～95%。

电源要求：802.3af以太网供电（PoE），48V直流电。

## 9.2　隧道施工无线视频监控技术实施要点

### 9.2.1　隧道无线视频监控的设计依据

1）视频监控设计依据

《工业电视系统工程设计规范》（GB 50115—2009）；

《中华人民共和国公共安全行业标准》（GA 241.9—2000）；
《民用建筑电气设计规范》（JGJ 16—2008）；
《安全防范工程程序与要求》（GA/T 75—1994）；
《电气装置安装工程施工及验收规范》（GB 50245～GB 50257—1996）；
《民用工业建筑电气设计规范》（JGJ 16—2008）；
《电视系统视频指标》（CCTR RECOMMENDATION 472—3）；
《民用闭路监视电视系统工程技术规范》（GB 50198—2001）；
《安全防范系统通用图形符号》（GA/T 74—2000）；
《安全防范工程费用概预算编制办法》（GA/T 70—2004）；
《安全防范系统验收规则》（GA 308—2001）；
《视频安防监控系统技术要求》（GA/T 367—2001）；
《彩色电视图像质量主观评价方法》（GB/T 7401—1987）；
《视频安防监控系统技术要求》（GA/T 367—2001）；
《信息技术设备的安全》（GB 4943—2001）；
《以太网标准（802.3ab/802.3u/802.3z 等）》（IEEE 802.3）；
《介质存取控制桥标准》（IEEE 802.1d）；
《社会公共场所安全防范工种设计规范》；
《软件工程国家标准》。

2）视频监控设计原则

方案设计遵循技术先进、功能先进、性能稳定的原则，综合考虑施工、维护及操作因素，并为今后的发展、扩建、改造等留有扩充的余地。设计内容是系统的、完整的、全面的；设计方案具有科学性、合理性、可操作性，具体原则如下。

（1）先进性与适用性

系统的技术性能和质量指标应达到国际领先水平；同时，系统的安装调试、软件编程和操作使用应简便易行，容易掌握，适合中国国情和本项目特点。

（2）可靠性与安全性

系统设计应具有较高的可靠性，在系统故障或事故造成中断后，能确保数据的准确性、完整性和一致性，并具备迅速恢复的功能，同时系统具有一整套完整的管理策略，可保证系统的运行安全。

（3）开放性

以现有成熟的产品为对象设计，同时考虑周边信息通信环境的现状和技术的发展趋势，具有 RJ-45 网络通信口，可实现远程控制。

（4）可扩充性

系统设计中考虑到今后技术的发展和使用的需要，具有更新、扩充和升级的可能，并根据今后该项目工程的实际要求扩展系统功能，同时，本方案在设计中留冗余，以满足今后的发展要求。

（5）提高监控力度与综合管理水平

系统设备控制需要高效率、准确及可靠。系统通过中央控制系统对各个子系统运行情况进行综合监控，实时动态掌握监视及报警情况。另外，系统的综合统筹管理可使设备按最优组合运行，在最佳情况下运行，既可节能，又可大大减少设备损耗，减少设备维修费用，从而提高监管力度与综合管理水平。

### 9.2.2　隧道施工无线视频监控管理系统

隧道施工无线视频监控管理系统包括：隧道施工视频管理子系统和隧道施工安全考勤定位子系统。

1）隧道施工质量无线监控视频管理子系统

（1）监控点，其中前端设计 1 ~5 个监控点，前端点比较集中，采用有线传输方式将几路视频信号集中到某一高点，将多路视频信号输入到视频编码服务器，然后输出到无线网桥，通过无线方式将视频信号传输到隧道口，到洞口之后把所有信号集中到控制柜里面，通过 3G 发射器（或者互联网）中转传输到终端（如业主、监理、施工单位、监测中心等）。

（2）隧道内施工现场环境较复杂，大型、重型机械较多，施工时会造成大量干扰信号，且隧道内不断有大型运输车来回行驶，多种因素都会对信号传输造成影响。当遇到隧道处拐弯影响信号质量或信号不稳定时，可以采用加中继，实现跨越式传输。

（3）传输途径的选择。根据隧道施工现场到项目经理部的距离，选择的传输途径有 3G 无线传输或者利用施工现场附近村庄的 ADSL 传输。

（4）设备的安装位置确定。隧道内的摄像机是根据施工流程来进行安装的，掌子面现场、支护面现场、养护面现场各安装 1 个，二次衬砌工作面现场安装 2 个，摄像机根据施工进度的开展而移动，因此把摄像机安装在工作台车上；隧道内的设备供电从施工现场取用；无线网桥接收端、3G 发射器、交换机等都安装在洞口设备柜里面，洞口再设置一个配电柜，用来给这些设备供电。

（5）施工现场监控摄像机的安装位置。

①掌子面摄像机安装在挖掘台车上，安装位置不影响台车施工，并固定在台车上。要加固好，防止摄像机因台车工作时的振动造成摄像机图像不稳定。

②二次衬砌工作面摄像机和养护面摄像机都安装在二次衬砌工作台车上，安装位置不影响台车施工，并固定在台车上。要加固好，防止摄像机因台车工作时的振动造成摄像机图像不稳定。

③支护面的摄像机需要立柱安装，并且立柱可以移动，跟随施工的进度迁移。

④为保证设备运行的稳定性和安全性，在隧道里面安装一个设备柜，用来保护视频服务器的安全，设备线缆都套管保护。

根据实际情况，整体系统采用前端数字监控、无线网络传输，拓扑图见 9-2、图 9-3。前端的设备根据不同的场所和要求，可安装枪式摄像机，或者带云台的球形摄像机，经过编码器编码后，传给无线客户端网桥。前端安装效果图如图 9-4 所示。

（6）传输部分。由于监控区域较大、监控点分布广泛、有线传输施工复杂、造价高、后期维护成本大等因素，所以采用现代高新技术，视频压缩与无线传输。将前端转换好的网络信号全部汇集到监控中心，是传输部分的主要任务。中心点汇集示意图如图 9-5。大型的无线传输采用一个中心点是不够的，各中心点到监控中心用无线网桥传输。

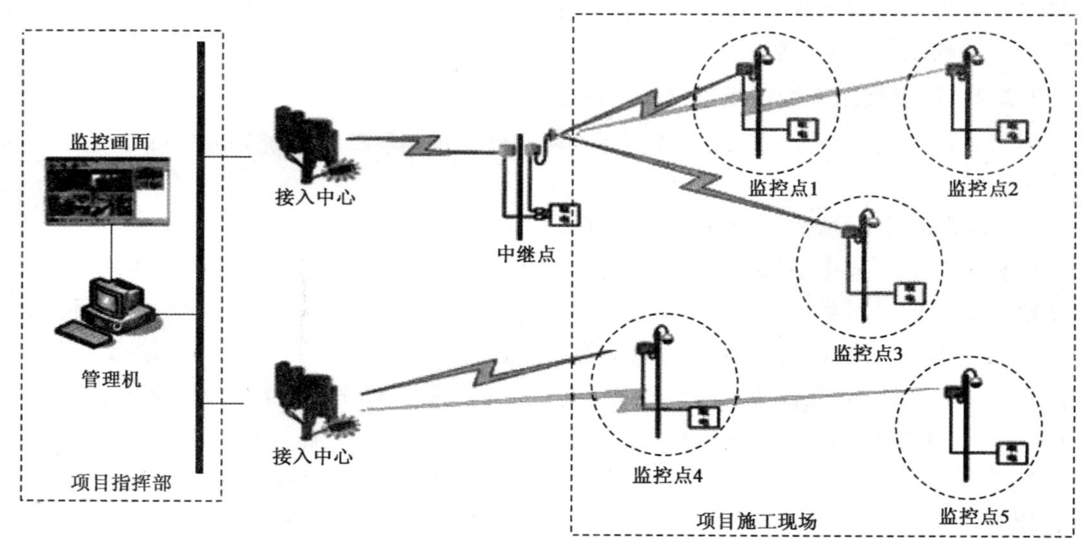


图 9-2 无线视频监控系统拓扑图（单个项目）

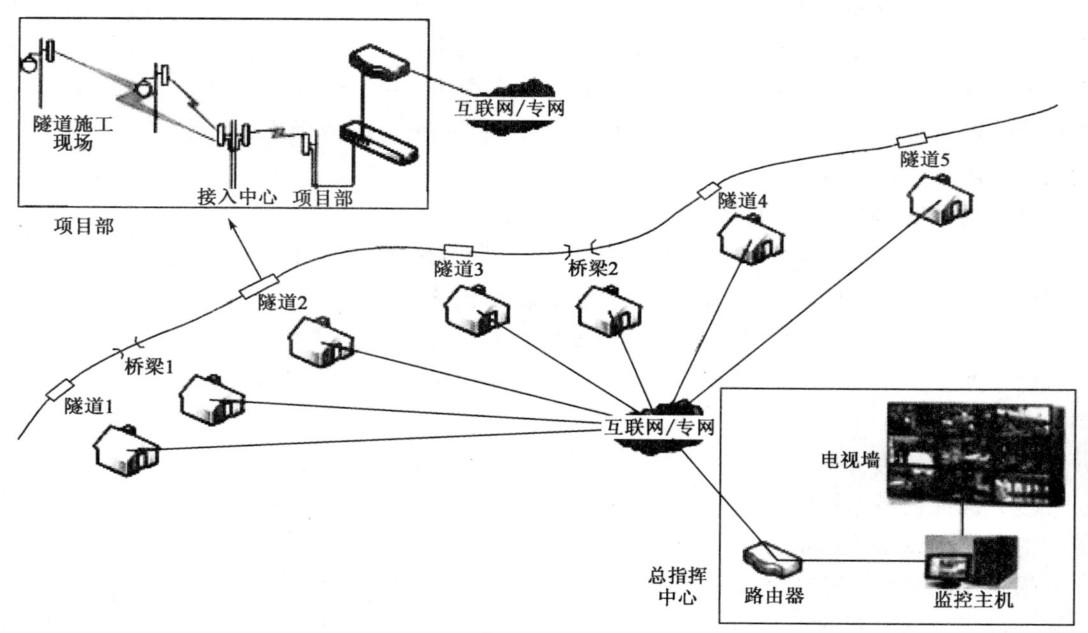


图 9-3 无线视频监控系统总体拓扑图

（7）监控中心。主监控室采用1台网络视频录像机来显示前端监控图像。将经过无线传回的信号接入网络视频录像机，录像机接一台显示器，将图像直接输出，从而实现网络视频录像机对每路图像的实时录像并实时监控。另外，可配一台管理主机，加上NVR网络版软件后，可随时查看、管理任何一路视频。

图 9-4　前端摄像机安装效果图

图 9-5　监控中心汇集示意图

2）隧道施工安全考勤定位子系统

隧道施工安全考勤定位子系统的效果如图 9-6 所示。

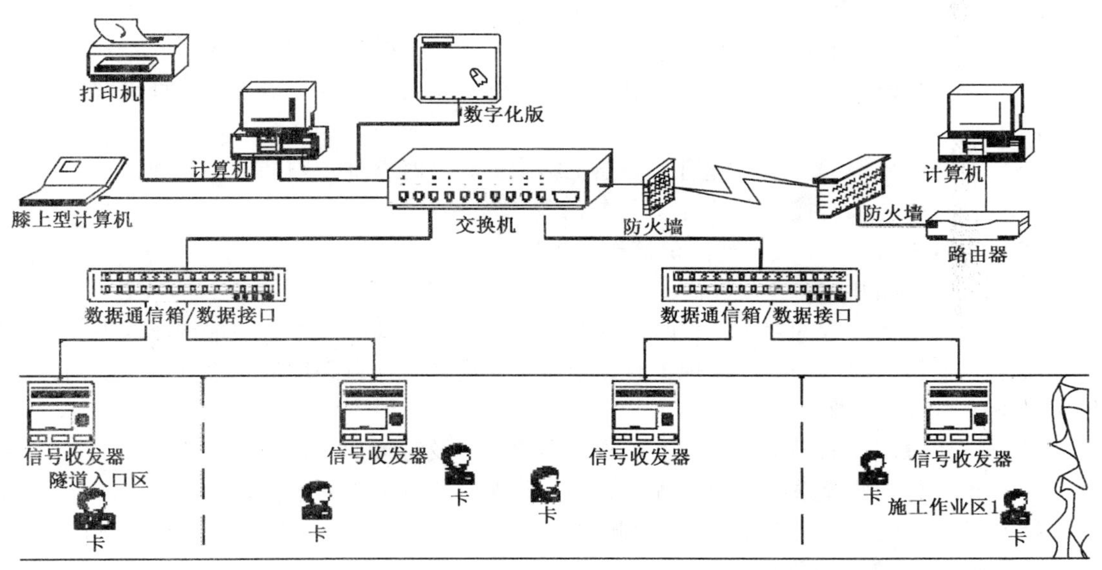


图 9-6　隧道施工安全考勤定位子系统示意图

（1）系统对准许进入隧道的人员和班组实行“一人一卡”制，该标识卡可视为“上岗凭证”或“隧道准入证”。

（2）隧道施工单位在隧道中安装一定数量的信号收发器，具体位置根据现场情况而定，以满足区域定位为准。

（3）隧道施工单位向有关人员统一配发并装备无线标识卡，无线标识卡安装在安全帽的合适位置。每张无限标识卡具有唯一卡号，卡号对应员工的基本信息，包括姓名、年龄、性别、所属班组、所属工种、职务、本人照片、家属信息等并初始化到系统数据库中。

（4）进入隧道的人员必须佩戴装有无线标识卡的安全帽。当此人经过隧道的信号收发器时，立即被系统识别，并通过系统网络的信息交换，将此人通过的路段、时间等信息传输至安全监控中心记录，并可同时在地理信息大屏幕墙上出现提示信息，显示通过人员的姓名等。

### 9.2.3 隧道施工视频监控机构职责

1）建设单位的职责

（1）对隧道施工现场的操作程序进行检查，发现有违规现象督促监理和施工单位及时整改。

（2）对隧道的施工质量进行检查，发现有质量问题时及时督促监理和施工单位进行整改。

（3）对隧道施工安全进行检查，发现安全隐患苗头时及时督促监理和施工单位进行整改。

（4）建设单位质量监督处每月 25 日整理各个隧道的质量控制情况汇报材料，向上呈报。

2）监理单位的职责

（1）根据承包人监控人员和驻地现场监理的通知，及时开启监控系统。

（2）在监控时段发现有违规现象时，及时通知驻地现场监理，以便及时处理解决有关问题。

（3）按照总监办的要求将隧道工程施工影像资料及时整理、归档。

（4）督查承包人监控人员的各项工作。

（5）每月 10 日、25 日报送隧道监控报告。

3）施工单位的职责

（1）根据监控内容的要求，及时启动监控设施，并通知总监办、驻地现场监理。

（2）在监控时段发现有违规现象时，及时书面通知本项目经理部质检等相关部门，以便及时整改和纠正违规行为。

（3）按照总监办的要求将隧道工程施工影像资料及时整理、归档。

（4）检查处理监控系统出现的各种故障，确保监控系统正常运行。

（5）每月 10 日、25 日报送隧道检测报告。

4）视频监测单位的职责

（1）完成对视频监控设备的安装和移动工作。

（2）完成对视频监控的组网工作，实现远程操作。

（3）配合监理完成对监控内容的录像及视频资料的保存工作。

（4）与监理共同完成视频监控资料的整理及归档工作。

（5）对视频监控系统进行维护。

5）隧道视频监控资料的采集与整理

（1）视频监控资料采集

在无线视频监管系统中监控图像可通过因特网传输到任何指定位置，这样使得对视频资料的采集变得非常容易，即只要能够连接因特网，在获得相应的管理权限下就可以实时对视频资料进行采集与保存。在实际应用过程中，为了有效管理各类视频信息，宜采取由监理单位设立视频监控办公室，由该办公室负责对视频资料的统一收集、存储与汇总。

（2）视频监控资料整理

如图 9-7 所示，对视频监控资料整理与汇总后，可形成一系列报告与存档资料。目前在工程中常用的报告形式有以下几种。

a）隧道施工视频监控月报

b）隧道施工安全与质量监管报告

c）隧道施工关键工序图片资料

d）隧道施工自检/抽检资料

图 9-7　视频监控资料

①隧道施工视频监控月报。

②隧道施工关键工序图片资料。

③隧道施工自检/抽检图片资料。

④隧道施工安全与质量监控报告。

### 9.2.4　隧道视频监控与风险规避关系分析

1）隧道视频监控的风险源

隧道施工安全风险源中，大部分为人为因素所致。如果能够采用无线视频监控的手段对这些人为因素进行防范与规避，将有效降低安全风险的发生概率。

（1）塌方和崩塌

利用视频监控系统实时对开挖掌子面围岩情况进行监控，在发现围岩出现开裂、掉块、突水等异常情况时，及时通知施工单位停止施工，并根据围岩实际情况，变更支护设计或进行加固设计，以确保围岩稳定，防范塌方和崩塌发生。同时，监督施工单位是否按照要求进行施工监控量测等预防工作。

(2) 岩爆

对于岩爆的监控主要是通过视频系统监督施工人员进行喷水减压，同时监控施工单位是否严格按照施工工序进行施工，将岩爆对人、机伤害概率降低至最低。

(3) 突水突泥和高地温

监控施工单位是否按要求进行超前地质预报或超前钻孔等预报预测工作，同时监督施工单位是否按劳动安全要求配置救生设施及劳保防护用品。

(4) 瓦斯爆炸和煤与瓦斯突出

通过视频系统严格禁止施工单位在高瓦斯地段时使用明火作业，同时监督施工单位是否按劳动安全要求配置救生设施及劳保防护用品。

(5) 冒顶和片帮与掉块风险

监控施工单位是否及时支护，支护材料是否合格足量，施工工序及工法是否按照要求执行。

(6) 其他风险

①针对有害气体风险，通过视频系统监督施工单位是否严格进行隧道通风，以及是否配置防毒设备。

②针对炸药爆炸风险，可通过视频系统监督施工单位是否严格按照防爆要求进行炸药、雷管的管理与存放，特别是对安装炸药前，炸药与雷管的摆放监控，可有效防范意外事故发生。

③针对火灾风险，主要监控作业现场各类电路是否符合要求，易燃易爆物品是否按要求存放，现场用火用电是否符合要求，以及是否配备了消防设施等。

④针对机电事故风险，主要监控施工现场车辆是否符合要求，机械使用是否符合规定等。

2) 隧道施工视频监控的内容

隧道施工视频监控目的主要是监控施工人员是否执行安全技术操作规程，是否执行施工技术规范，监控管理人员、技术人员是否有违章指挥现象，是否按照规范的频率及时自检抽检，以保证隧道施工的安全生产和工程质量。隧道施工视频监控主要包括隧道施工安全监控、隧道施工质量监控、隧道施工工法监控等。

(1) 施工安全监控

①对进出隧道人员记录情况监控；

②对施工人员的安全操作情况进行监控。

(2) 施工质量监控

①对钢拱架的安装监控：对钢拱架间距、锁脚锚杆的规格及长度、钢筋网片等承包人自检、监理抽检的过程监控。

②对锚杆的监控：对锚杆的规格、长度等进洞后承包人自检、监理抽检的过程监控；对锚杆的安装位置、角度的过程监控；对锚杆抗拔力试验情况（自检、抽检）监控。

③对喷射混凝土及超挖回填和欠挖处理过程的监控。

④对横向及纵向透水管、排水管、防水板等的安装情况（自检、抽检）监控。

⑤对二次衬砌钢筋施工、检验（自检、抽检）的过程监控。

⑥对二次衬砌混凝土施工过程的监控。

⑦对仰拱的拱架安装、钢筋安装、混凝土施工的过程（自检、抽检）情况监控。

⑧对仰拱拱顶填料的施工过程情况监控。

（3）施工工法监控

洞口段施工—超前支护—洞身开挖（视频监控1）—洞身支护（视频监控2）—喷射混凝土（视频监控3）—防水层处理（视频监控4）—衬砌钢筋施工（视频监控5）—衬砌混凝土施工—洞底开挖—仰拱施工（视频监控6）—仰拱填料施工—洞内混凝土路面及附属工程。

3）视频监控与风险的关系分析

隧道施工视频监控对施工工序、施工质量和施工安全进行实时监控，同时它也在风险管理中起着重要的作用，主要表现在以下几个方面。

（1）规避风险

①通过对施工工序的视频监控，可以避免施工工序中风险的发生，对施工中存在的技术风险进行监控，能够及时对施工中存在的技术问题进行修正。

②通过对施工质量的视频监控，可以规范隧道施工，对材料的质量进行监督，控制一定的材料设备风险。

③通过对施工安全的视频监控，监督隧道人员的工作状态，能够控制施工中潜在的人员风险，无形中提高人员的素质、效率和责任感。

（2）及时建立风险应急措施

隧道施工现场一旦发生重大风险事故发生，通过视频监控系统可以及时了解事故发生地点和状况，通过安全考勤定位子系统可以准确掌握事故发生现场人员数量，风险应急小组便可针对视频监控中获取的信息，建立有效的风险应急措施，实施救援。

## 9.3　隧道施工风险视频监控系统工程实例

### 9.3.1　隧道工程设计概况

焦作至桐柏高速公路是河南省规划的“686”高速公路网中南北纵向中重要的一条。焦桐高速巩义至登封段项目位于郑州市西部，可连接郑少洛高速、登封至许昌、连霍高速、国道310等交通主干线，路线全长43.267km。全线按双向四车道高速公路标准设计，路基宽26m，设计时速度100km/h。全线共设隧道3座，隧道工程设计概况如下。

1）隧道工程总体设计

（1）主要技术标准

道路等级：双向四车道高速公路。

设计车速度：行车速度为100km/h。

行车道宽度：2×3.75m（单洞）。

隧道建筑界限：2×3.75m（车行道宽度）、0.5m（左侧向宽度）、1.0m（右侧向宽度）、净宽0.75m（左检修道宽度）、1.0m（右侧检修道宽度）、净高5m。

人行横洞建筑界限：净宽2.0m，净高2.5m。

车行横洞建筑界限：净宽4.5m，净高5.0m。

路面设计荷载：公路Ⅰ级。

（2）隧道设计概况

隧道防排水设计：按照以排为主、防排相结合的原则进行防排水设计。

①防水措施：二次模注衬砌采用C25防水混凝土，抗渗等级不低于S6；在初期支护和二次衬砌之间铺设HDPE防排水板＋无纺土工布；沉降缝采用中埋式橡胶止水带，施工缝处采用带注浆管的橡胶止水条。

②排水措施：有环向排水管、纵横向排水管、中心排水沟、路缘排水沟与洞外天沟、排水沟、截水沟形成完整的排水系统。在隧道环向铺设半圆管将水引入边墙两侧$\phi$100PE双壁打孔波纹管集水，然后通过$\phi$100PE横向排水管将水引入中心排水沟，经中心排水沟排出洞外；路面清洗水通过路缘间隙式排水沟排出洞外，汇入洞外路基边沟后流入蒸发池；洞外明洞开挖线刷坡线外5.0m左右设置洞顶截水沟，汇集大气降水排走，防止冲刷仰坡；另外，沿隧道纵向两侧每50m施作纵向管检查井。

③路面排水：隧道路面两侧设边沟，以便排除路面水，使污水和衬砌围岩水分开排除，将水引至洞外经处理后排放。

（3）隧道结构设计

衬砌设计分为洞口抗震段整体式衬砌和洞身段复合式衬砌两类，按不同的围岩类别设计。隧道洞身段的初期支护结构按新奥法原理，采用复合式支护体系的结构形式，初期支护以锚杆、湿喷混凝土（钢筋挂网）、钢拱架等组成联合支护体系。二次衬砌采用模筑钢筋混凝土结构，初期支护与二次支护之间设“防水＋排水”夹层。另外，大管棚、超前注浆小导管、超前锚杆等为施工辅助措施，充分调动和发挥围岩自承能力，在监控量测信息指导下施作初期支护和二次模筑衬砌。

（4）隧道路面设计

隧道主洞路面采用沥青复合式路面，总厚度达51cm。路面结构形式：上面层4cm厚SMA-13，下面层6cm厚Sup-20，黏结层为橡胶沥青同步碎石（刻槽＋喷砂处理混凝土面板），基层为26cm厚水泥混凝土面板，调平层为15cm厚C20贫混凝土（土质或无仰拱路段设置24cm厚贫混凝土）。

（5）洞口设计

根据洞口地形地质条件，结合工程施工安全、环境保护及美观要求，采用削竹式洞门、直墙式洞门等。

2）隧道工程概况

（1）北庄隧道

采用分离式双洞设计形式，左线全长2 505m，里程桩号ZK20＋130～ZK22＋635；右线全长2 530m，里程桩号ZK20＋085～ZK22＋615。

地形地貌：北庄隧道隧址区属伏牛山山系嵩山山脉，地势险峻，地形起伏较大沟谷切割较深，属山地地貌单元。

气象条件：属大陆性半干旱季风气候，春季多风，降温升温急剧，夏季炎热多雨，秋季降温急降水少，冬季寒冷干燥。多年降雨量在400～786mm，年均降雨量在562mm。

水文地质条件：隧址区为基岩出露的贫水区，地层岩性为奥陶系灰岩，属裂隙含水层，岩石裂隙较发育，仅在风化带中见裂隙水，水量较小，水质相对纯净。据区域水质分析资料，依据《公路工程地质勘察规范》（JTJ 064—98）、《岩土工程勘察规范》（GB 50021—2001）判定，不具腐蚀性。

地层岩性和地震裂度：地层为上更新统冲洪粉质黏土、碎石土和奥陶系灰岩。根据《中国地震动参数区划图》（GB 18306—2001），隧址区地震动峰值加速度为0.10$g$，对应地震基本烈度为Ⅶ度。

隧道稳定性评价：隧道进口处为厚15～26m的第四系碎石土，稳定性较差，需要采取支护措施。出口处岩性为奥陶系灰岩，微晶结构，块状构造，强风化，岩石完整性较差，BQ指标为225，围岩分级为Ⅴ级，稳定性较差，需要采取支护措施。隧址区洞身，岩土体工程地质性一般，中风化灰岩，岩全完整程度较破碎，BQ指标为286.5，围岩分级为Ⅳ级，需要采取支护措施。

（2）石嘴隧道

采用分离式双洞形式设计，左线全长1 011m，里程桩号ZK33+439～ZK34+450；右线全长1 074.3m，里程桩号YK33+408.7～YK34+483。

地形地貌：石嘴隧道隧址区属伏牛山山系嵩山山脉，地势险峻，地形起伏较大沟谷切割较深，属山地地貌单元。

气象条件：属大陆性半干旱季风气候，春季多风，降温升温急剧，夏季炎热多雨，秋季降温急降水气少，冬季寒冷干燥。多年降雨量在400～786mm，年均降雨量在562mm。

水文地质条件：隧址区为基岩出露的贫水区，地层岩性为奥陶系灰岩，属裂隙含水层，岩石裂隙较发育，仅在风化带中见裂隙水，水量较小，水质相对纯净。据区域水质分析资料，依据《公路工程地质勘察规范》（JTG C20—2011）、《岩土工程勘察规范》（GB 50021—2001）判定，不具腐蚀性。

地层岩性和地震裂度：地层为第四系松散堆积层、下元古界嵩山群千枚状绢云母片岩、厚层石英岩、辉绿岩。根据《中国地震动参数区划图》（GB 18306—2001），隧址区地震动峰值加速度为0.10$g$，对应地震基本烈度为Ⅶ度。

隧道稳定性评价：进口处，隧道起止点之间未发现断层。两线进口处均为中密碎石土和强风化石英岩，易坍塌，洞口稳定性较差，应采取支护措施。出口处，岩性为全风化强风化片岩，全风化呈土状，强风化呈碎裂结构，岩石破坏，稳定性较差，应采取支护措施。隧址区洞身地段位于华北中段坳陷和嵩箕中台隆交界部位，该单元为相对稳定地块，无深大断裂或隐伏断裂直接通过隧道区。隧址区岩土体工程地质性质较差。洞身范围内微风化辉绿岩岩体完整性为较完整，石英岩、绢云母片岩和中风化辉绿岩岩体完整程度为破碎—较破碎，洞身稳定性较差，应采取支护措施。

### 9.3.2　隧道施工动态风险视频监控设计方案

1）洞口视频监控（安全及质量）

如图9-8所示，洞口视频监控的主要内容是以下几个方面：

（1）隧道人员进出情况的监控与统计。

（2）施工人员安全防护用品使用情况的监管。

（3）通风、供水、供气等设备运行情况的监控。

（4）隧道施工原材料进出洞情况的监控，同时配合现场质检进行影像资料留存。

（5）施工现场环保措施执行情况的监管。

2）二次衬砌台车处视频监控（安全及质量）

如图 9-9 所示，二次衬砌台车视频监控的主要内容有以下两个方面。

（1）二次衬砌施工工序的监控：主要包括防水板施工、钢筋绑扎施工、预埋管线施工以及混凝土浇筑施工等。

（2）二次衬砌施工质量的监控：主要包括二次衬砌钢筋施工、检验（自检、抽检）过程监控；对仰拱的拱架安装、钢筋安装、混凝土施工的过程（自检、抽检）情况监控等方面。

图 9-8　隧道洞口视频监控设备

图 9-9　隧道二次衬砌台车视频监控设备

3）掌子面台车处视频监控（安全及质量）

如图 9-10 所示，掌子面台车视频监控的主要内容有以下几个方面。

（1）对钢拱架安装监控：对钢拱架间距、锁脚锚杆的规格及长度、钢筋网片等承包人自检、监理抽检的过程监控。

（2）对锚杆的监控：对锚杆的规格、长度等进洞后承包人自检、监理抽检的过程监控；对锚杆的安装位置、角度的过程监控；对锚杆抗拔力试验情况（自检、抽检）监控。

（3）对喷射混凝土及超挖回填和欠挖处理过程的监控。

（4）对施工单位进行危石除险、监控量测等方面的监控。

图 9-10　隧道掌子面台车视频监控设备

**9.3.3　隧道施工安全风险视频监控控制**

1）隧道施工安全风险监控的要求

（1）施工现场必须设置警示牌和配备一名佩戴袖标的工地值班安全员，进入现场人员必须遵守隧道的劳动纪律和作业纪律。

（2）进洞人员必须佩戴必要的防护用品，如安全帽、口罩、防护眼镜、绝缘鞋、绝缘手套等。

（3）照明设施应符合安全要求。

（4）施工中的通风应符合交通运输部现行公路隧道设计和施工规范的要求。

（5）装药时严禁携带火种，不得吸烟，并且无关人员、设备均应撤离至安全地带。

（6）爆破后必须通风排烟，检查顶端危石（浮石）清理情况，有无瞎炮及有无异常现象，确定正常后方可进洞施工。

（7）在起拱线以上的端墙施工时，应设安全网，防止人员、工具和材料坠落。

（8）当发现监控数据及结果（如水平收敛、地表沉降、拱顶沉降等）有突变或异常时，应于量测后 1h 内通知现场负责人，并立即采取应急措施或通知施工人员暂时撤离危险地段。

2）隧道施工安全风险监控

如图 9-11 所示，是焦作至桐柏高速公路巩登段隧道施工安全风险可视化监控部分图片资料。

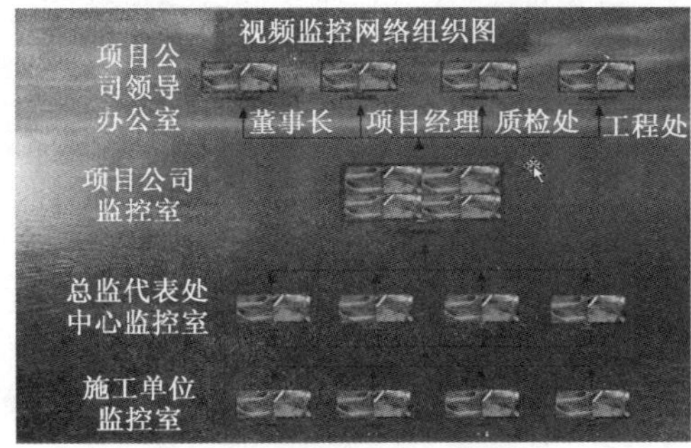


a）视频监控网络组织图

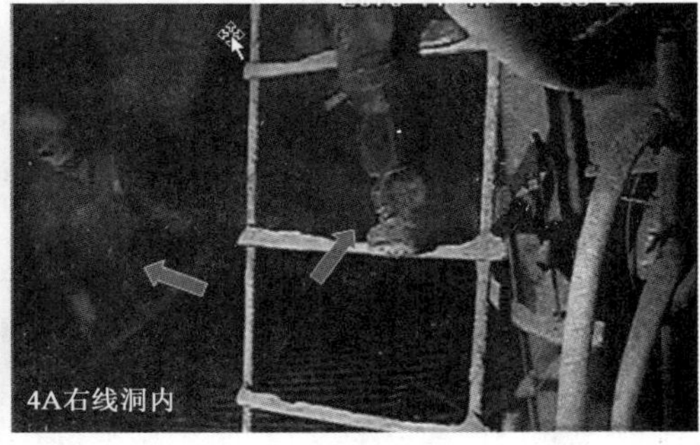


b）安全防护情况

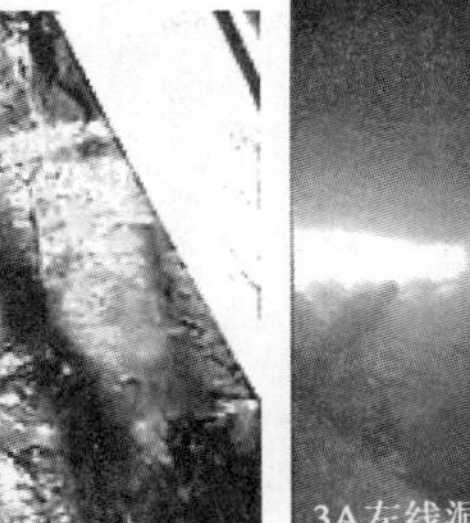


c）存在明火隐患

d）照明设施情况

e）洞口停车场地安全

f）安全标志牌是否齐全

图　9-11

g)通风设施是否合乎要求

h)爆破作业是否统一指挥

i)掌子面爆破后除险情况

j)信息化施工监测情况

k)用电是否符合要求

l)地表沉降监测情况

图9-11　隧道施工安全风险监控图片

### 9.3.4　隧道施工质量视频监控控制

1）隧道施工质量检测内容

（1）洞口施工检测内容

①检测内容：外观、端墙和翼墙的混凝土强度和砂浆强度、基底处理情况、平面位置、顶面高程、表面平整度、断面尺寸和地面高程等。

②检测方法：目测和尺量。

③评价指标。外观鉴定，混凝土表面平整密实、无蜂窝麻面；砌石材料无水锈；砂浆饱满、砌缝横平竖直、表面平整；洞门轮廓线直顺、清晰、美观；泄水孔泄水良好，伸缩缝、沉降缝位置适当，墙背回填密实。

混凝土和砂浆强度，符合标准规范。

位置、平整度、高程和断面，见表 9-2。

洞口施工质量实测项目　　表 9-2

| 检测项目 | | 规定值或允许偏差 | 检测项目 | | 规定值或允许偏差 |
|---|---|---|---|---|---|
| 平面位置（mm） | 浆砌 | 50 | 表面平整度（mm） | 块石 | 20 |
| | 混凝土 | 30 | | 片石 | 30 |
| 顶面高程（mm） | 浆砌 | ±20 | | 混凝土 | 10 |
| | 混凝土 | ±10 | 断面尺寸（mm） | | 符合要求 |
| 底面高程（mm） | | ±50 | | | |

（2）明洞施工检测内容

①检测内容：开挖回填情况、回填劣势情况，外观等。

②检测方法：目测和尺量。

③评价指标：符合设计要求。

（3）洞身开挖检测内容

隧道开挖质量直接影响隧道的稳定性。开挖表面不平整将导致局部围岩应力集中，并且影响防水层和二次衬砌施工，形成存水空洞；若超挖过多，不但会增加出渣和回填工程量，并且容易出现由于回填质量差而不能确保支护与围岩紧密贴合形成一体的现象，造成影响隧道稳定性的隐患；若发生欠挖，则会影响隧道净空或减小二次衬砌厚度，影响工程质量和安全。

①基本要求。

不良地质段开挖前应做好预加固、预支护。

当前方地质出现变化迹象或接近围岩分界线时，必须用地质雷达、超前小导坑、超前探孔等方法先探明隧道的工程地质和水文地质情况，方可进行开挖。

应严格控制欠挖。当石质坚硬完整且岩石抗压强度大于 30MPa 并确认不影响衬砌结构稳定和强度时，允许岩石个别凸出部分（每 $1m^2$ 不大于 $0.1m^2$）凸入衬砌断面，锚喷支护时凸入不大于 30mm，衬砌时不大于 50mm，拱脚、墙脚以上 1m 内严禁欠挖。

开挖轮廓要预留支撑沉落量及变形量，并利用量测反馈信息及时调整。

隧道爆破开挖时应严格控制爆破振动。

洞身开挖在清除浮石后应及时进行初喷支护。

②实测项目。

洞身开挖的实测项目见表 9-3 所示。

（4）锚杆支护检测内容

①基本要求。

锚杆的材质、类型、质量、规格、数量和性能必须符合设计和规范的要求。

锚杆插入孔内的长度不得短于设计长度的 95%。

砂浆锚杆和注浆锚杆的灌浆强度应不小于设计和规范要求，锚杆孔内灌浆密实饱满。

锚杆垫片应满足设计要求，垫片应紧贴围岩，围岩不平整时要用 M10 砂浆填平。

锚杆应垂直于开挖轮廓线布设。对沉积岩，锚杆应尽量垂直于岩层面。

洞身开挖实测项目 表 9-3

| 检 查 项 目 | | 规定值或允许偏差 |
|---|---|---|
| 拱部超挖（mm） | 破碎岩、土（Ⅴ、Ⅵ类围岩） | 平均 100，最大 150 |
| | 中硬岩、软岩（Ⅱ、Ⅲ、Ⅳ类围岩） | 平均 150，最大 250 |
| | 硬岩（Ⅰ类围岩） | 平均 100，最大 250 |
| 边墙超挖（mm） | 每侧 | +100，-0 |
| | 全宽 | +200，-0 |
| 仰拱、隧底超挖（mm） | | 平均 100，最大 250 |

②实测项目。

锚杆支护的实测项目见表 9-4 所示。

锚杆支护实测项目 表 9-4

| 检 查 项 目 | 规定值或允许偏差 |
|---|---|
| 锚杆数量（根） | 不少于设计 |
| 锚杆拔力（kN） | 28d 拔力平均值≥设计值，最小拔力≥0.9 设计值 |
| 孔位（mm） | ±50 |
| 钻孔深度（mm） | ±50 |
| 孔径（mm） | 符合设计要求 |

（5）喷射混凝土支护检测内容

①基本要求。

材料必须满足规范和设计要求。

喷射前要检查开挖断面的质量，处理好超欠挖。

喷射前，岩面必须清洁。

喷射混凝土支护应与围岩紧密黏接，结合牢固，喷层厚度应符合要求，不能有空洞，喷层内不容许添加片石和木板等杂物，必要时应进行黏结力测试。喷射混凝土严禁挂模喷射，受喷面必须是原岩面。

支护前应做好排水措施，对渗漏水孔洞、缝隙应采取引排、堵水措施，保证喷射混凝土质量。

采用钢纤维喷射混凝土时，钢纤维抗拉强度不得低于 380MPa，且不得有油渍及明显锈蚀。

②实测项目。

喷射混凝土支护实测项目如表 9-5 所示。

（钢纤维）喷射混凝土支护实测项目 表 9-5

| 检 查 项 目 | 规定值或允许偏差 |
|---|---|
| 喷射混凝土强度（MPa） | 在合格标准内 |
| 喷层厚度（mm） | 平均厚度≥设计厚度；检查点的 60% ≥设计厚度；最小厚度≥0.5 倍设计厚度，且≥50 |
| 空洞检测 | 无空洞，无杂物 |

（6）钢筋网支护检测内容

①基本要求。

所用材料的质量和规格应符合设计要求。

采用双层钢筋网时，第二层钢筋网应在第一层钢筋网被混凝土覆盖后铺设。

②实测项目。

钢筋网支护实测项目如表 9-6 所示。

**钢筋网支护实测项目**　　表 9-6

| 检 查 项 目 | 规定值或允许偏差 |
|---|---|
| 网格尺寸 | ±10 |
| 钢筋保护层厚 | ≥10 |
| 与受喷岩面的间隙 | ≤30 |
| 网的长、宽 | ±10 |

（7）仰拱施工检测内容

①基本要求。

仰拱应结合拱墙施工及时进行，使支护结构尽快封闭。仰拱浇筑前应清除积水、杂物、虚渣等。仰拱超挖严禁用虚土、虚渣回填。

②实测项目。

仰拱实测项目如表 9-7 所示。

**仰 拱 实 测 项 目**　　表 9-7

| 检 查 项 目 | 规定值或允许偏差 |
|---|---|
| 喷射混凝土强度（MPa） | 在合格标准内 |
| 仰拱厚度（mm） | 不小于设计 |
| 钢筋保护层厚度（mm） | ≥50 |

（8）混凝土衬砌检测内容

①基本要求。

所用材料的质量和规格必须满足规范和设计要求。

防水混凝土必须满足设计和规范的要求。

防水混凝土粗集料尺寸不应超过规定值。

基底承载力应满足设计要求，对基底承载力有怀疑时应做承载力试验。

拱墙背后的空隙必须回填密实。因严重超挖和塌方产生的空洞要制定具体处理方案经批准后实施。

②实测项目。

混凝土衬砌实测项目如表 9-8 所示。

（9）钢支撑支护检测内容

①基本要求。

钢支撑的形式、制作和架设应符合设计和规范要求。

钢支撑之间必须用纵向钢筋连接，拱脚必须放在牢固的基础上。

混凝土衬砌实测项目 表 9-8

| 检 查 项 目 | 规定值或允许偏差 |
|---|---|
| 喷射混凝土强度（MPa） | 在合格标准内 |
| 衬砌厚度（mm） | 不小于设计值 |
| 墙面平整度（mm） | 20 |

拱脚高程不足时，不得用块石、碎石砌垫，而应设置钢板进行调整，或用混凝土浇筑，混凝土强度不小于 C20。

钢支撑应靠紧围岩，其与围岩的间隙，不得用片石回填，而应用喷射混凝土填实。

②实测项目。

钢支撑支护实测项目如表 9-9 所示。

钢支撑支护实测项目 表 9-9

| 检 查 项 目 | | 规定值或允许偏差 |
|---|---|---|
| 安装间距（mm） | | 50 |
| 保护层厚度（mm） | | ≥20 |
| 倾斜度（°） | | ±2 |
| 安装偏差（mm） | 横向 | ±50 |
| | 竖向 | 不低于设计高程 |
| 拼装偏差（mm） | ±3 | |

2）隧道施工质量风险监控要求

（1）隧道施工质量风险监控要求

由于隧道施工中，自批材料的进场对质量起着关键作用，在材料的检测上要重视每一个环节，要落实自批材料的合格率，确保工程材料的进场检测以及施工过程中的自检抽检，各施工过程中质量控制要点如下。

①进洞原材料的监控，包括超前小导管、锚杆、钢筋网片、钢支撑、钢格栅、防水板、水泥、外加剂等。

钢拱架、工字钢：原材料钢拱架进场必须由施工方和监理进行监控，对钢拱架的数量、规格、外观进行监控。

钢筋网片：原材料进场必须由施工方和监理进行监控，对钢筋网片的规格、数量、间距、尺寸、外观进行监控。

超前小导管、锚杆：原材料进场必须由施工方和监理进行监控，对超前小导管、锚杆的数量、长度、规格、外观进行监控。

混凝土原材料检测：对级配石料、水泥、外加剂进行监控。在混凝土拌制过程中，应先将集料搅拌均匀后，再加水并将其搅拌成砂浆，再向搅拌机投入粗集料，充分搅拌后再投入外加剂搅拌均匀。混凝土的拌制要满足不间断施工需要，并对混凝土进行坍落度检测。

②自检、抽检工作监控：在隧道施工过程中，监控施工单位、监理单位是否按照规范规定的频率及时进行自检、抽检工作。

开挖断面尺寸监控、开挖方法、开挖进尺必须由现场监理严格检测，抽检率从以前的20% 提升为 45% 。

喷混凝土、立钢拱架前的监控：检测钢筋网片是否以 1 ~ 2 个网格进行搭接，在Ⅴ级围岩和Ⅵ围岩是否采用 I18 型和 I20 型工字钢，间距是否按照设计 60cm 的间距进行安装，然后采用 $\phi20$ 钢筋连接，钢拱架之间铺挂钢筋网后进行自检，合格后报监理抽检。

防排水的监控：在初期支护表面设环向透水管，在隧道衬砌背后拱部及边墙设 1. 2mmEVA 防水板（防水板为 $350g/m^3$），在衬砌背后、边墙两侧底部设纵向 100HDPE 双壁单侧打孔波纹管，通过横向排水管将水引入中心排水沟，地下水经中心排水沟排出，并进行自检，达到设计要求后报监理抽检。

监控二次衬砌钢筋：由施工方自检钢筋的规格、型号。钢筋为绑扎式焊接，焊缝必须满足设计要求；相邻主筋搭接要错开，箍筋连接交叉处必须绑扎或焊接。

3）隧道施工质量风险监控内容截图

如图 9-12 所示为焦作至桐柏高速公路巩登段隧道施工质量风险可视化监控部分图片资料。

a) 超前小导管质量监测

b) 锚杆质量检测

c) 钢筋网片质量检测

d) 钢支撑质量检测

图　9-12

e)防水板质量检测

f)仰拱厚度、预留排水沟宽度

g)隧道断面超欠挖抽检

h)隧道断面超欠挖自检

i)混凝土坍落度试验

j)水泥外加剂检测

k)防水板延厚度、伸长度检测

l)拱顶沉降观测抽检

图 9-12

m)初期支护断面质量检测

n)初期支护混凝土强度抽检

o)锚杆抗拔力试验

p)防水板搭接质量抽检

q)环向排水管质检

r)二次衬砌钢筋质检

s)二次衬砌混凝土保护层厚度抽检

t)中央排水系统抽检

图 9-12

u）三通排水管检测

v）仰拱钢筋保护层厚度检测

图 9-12 隧道施工质量风险监控图片

### 9.3.5 隧道施工动态风险视频监控控制

1）隧道施工过程中风险监控要求

对隧道施工过程的监控，主要针对各个施工工艺、施工工序的施工安装过程是否按照隧道施工技术规范的相关规定进行施工和执行。监控内容主要包括：掌子面爆破，初期支护如锚杆、钢筋网片、钢支撑、钢格栅、初期支护喷射混凝土、纵横向排水管、防水板、二次衬砌钢筋安装，混凝土浇筑、矮边墙、中央排水沟、边沟、仰拱回填等。对钢拱架、锚杆、二次衬砌钢筋施工过程的要求如下。

（1）钢拱架安装过程

①钢拱架间距要求为 60cm，钢拱架拱脚须放在牢固的基础上，基础脚底应清除干净，脚底超挖部分应喷射混凝土填实。

②钢拱架分阶段安装，各阶段之间应按设计要求连接，连接钢板平面应与钢拱架轴线垂直，两块钢板连接采用螺栓和焊接连接，螺栓不少于 6 颗。

③相邻两榀钢拱架之间，必须采用纵向钢筋连接，连接钢筋直径不应小于 18mm，连接钢筋间距不大于 1m。

④钢架应垂直于隧道中线，竖向不允许倾斜，平面部位允许错位，不允许扭曲，上下左右允许偏差为 ±50mm，钢支撑倾斜度应不大于允许偏差 ±2°。

（2）锚杆安装过程

①在安装锚杆时，钻孔机应根据锚杆的类型、规格及围岩情况选择。

②孔位允许偏差为 ±150mm，钻孔数量应符合设计要求。

③水泥砂浆锚杆直径应大于锚杆直径 15mm。

④钻孔深度不应小于锚杆有效长度，深度超长值不应大于 100mm。锚杆材料型号、规格、品种应符合设计要求，配件应配套。锚杆孔位、孔径、孔深及布置形式应满足设计要求。孔内应无积水，岩粉清理干净，杆体应调直、除锈，清除油污。

（3）二次衬砌初期排水钢筋施工过程

①二次衬砌前、初期支护后调整排水系统。

②隧道环向铺设半圆管，将水引入两侧双臂波纹管，通过横向排水管引向中心排水沟。

③洞外明洞开挖刷坡线外 5.0m 设置截水沟，降水汇流后截排走，防止冲刷边仰坡。

④隧道纵向两侧 50m 作一个纵向检查井，以便纵向排水沟堵塞时检修、疏通使用。

2）隧道施工过程中风险监控内容截图

如图 9-13 所示，是焦作至桐柏高速公路巩登段隧道施工动态风险可视化监控部分图片资料。

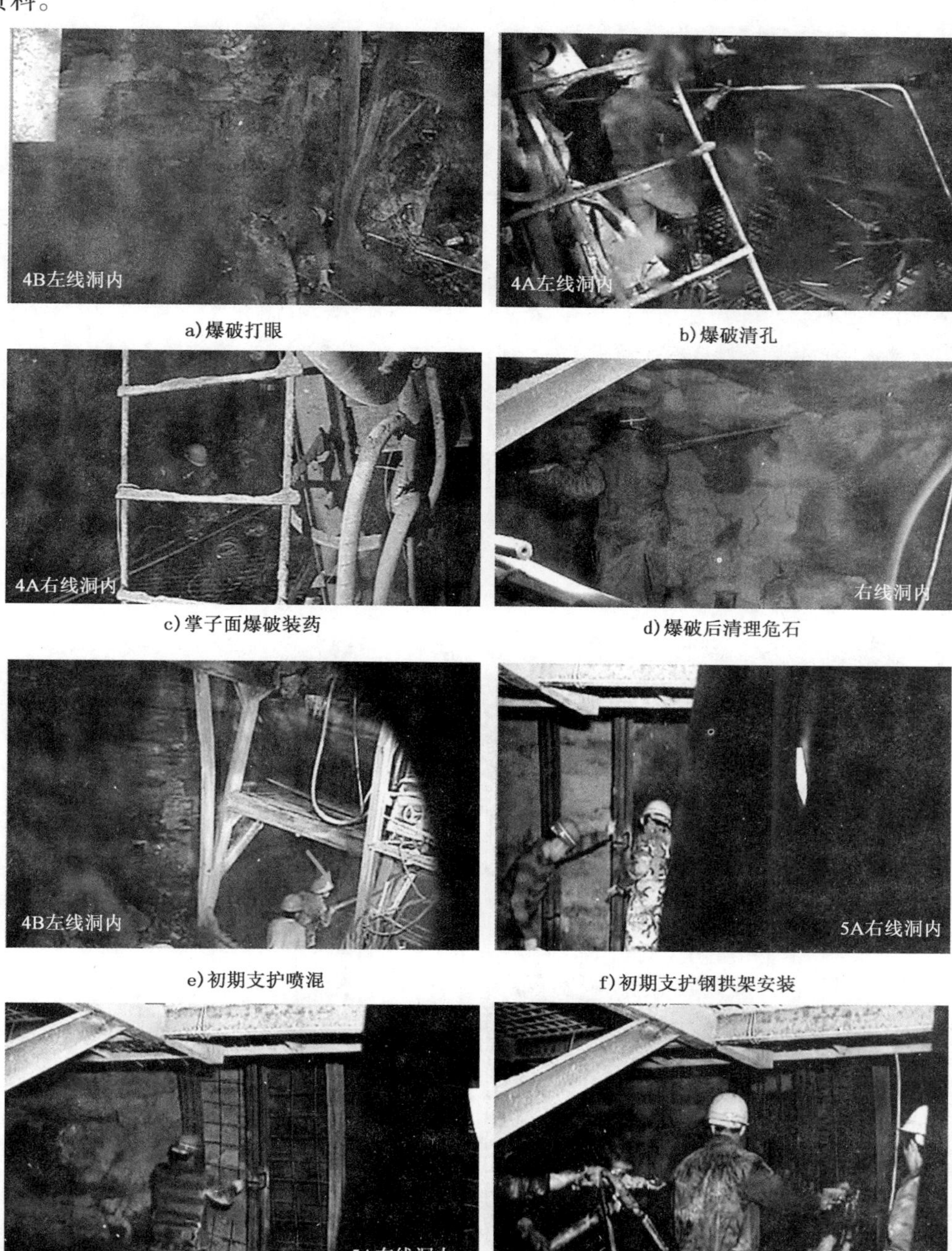


a）爆破打眼　b）爆破清孔　c）掌子面爆破装药　d）爆破后清理危石　e）初期支护喷混　f）初期支护钢拱架安装　g）钢筋网片安装　h）钻孔安装锚杆

图　9-13

i)安装中空锚杆过程

j)铺设仰拱钢筋

k)仰拱混凝土浇筑

l)中央排水沟施工

m)环向排水管施工

n)防水板安装

o)防水板搭接

p)明洞二次衬砌钢筋安装

图 9-13

q）明洞二次衬砌立模

r）明洞二次衬砌浇筑

s）隧道二次衬砌钢筋网片安装

t）二次衬砌浇筑

u）矮边墙钢筋安装

v）电缆槽施工

图 9-13　隧道施工动态风险监控图片

### 9.3.6　视频监控规避隧道施工风险工程案例

1）隧道视频监控管理规定

（1）施工单位的自检视频监控资料应作为报验材料的附件，否则监理不予抽检。

（2）监控各方的工作质量将纳入月履约考核项目。

（3）凡未经视频监控擅自进洞的原材料，要求重新检验并处予 5 千 ~ 1 万元/次的罚款。

（4）未按照施工技术规范进行组织施工时，处予 5 千 ~ 1 万元/次的罚款。对于恶意偷工减料等违规行为，要求返工重做，并 5 万 ~ 10 万元/次的罚款，情节严重者，招见单位法人，驱逐施工队伍，解除施工合同。

（5）由于施工单位人员人为因素造成监控设备损坏或网络中断，处予5千～1万元/次的罚款，并照价全额赔偿。

（6）如果视频信号中断，施工单位应立即组织人工录像，确保监控连续，并报告监理代表处监控中心。如果由于施工单位的原因造成视频信号中断，处予3万～5万元/次的罚款。

2）监控发现问题的处理办法及程序

（1）立即通知现场监理和施工单位，要求立即停止违规行为并整改。

（2）项目部视频监控人员填报“项目部视频监控报告”，并报请项目部有关领导按规定处理。

（3）代表处监控中心视频监控人员填报“代表处视频监控报告”，并报请代表处有关领导按规定处理。

（4）监控报验过程、检测过程，监控施工单位是否及时报验并认真检测，监控监理单位是否及时认真抽检。

隧道视频监控发现问题后，具体处理办法与程序文件见图9-14视频监控规避施工风险案例。

以案例7为例进行典型说明：通过视频监控发现该标段在初期支护喷射混凝土时有偷工减料现象发生（见图片①），及时通知该标段监控人员；监控人员接到通知后，及时遏止了该现象（见图片②），并令其整改；整改完毕经现场监理人员确认合格后，继续下一道工序（见图片③）；总监办和项目公司质检处在次日对该段进行了检测（见图片④），同时对其他施工段落进行了全面检测（见图片⑤），检测结果合格。

3）隧道视频监控规避风险的成效

在河南省焦作至桐柏高速公路巩登段隧道群施工中，通过采用隧道无线视频监控技术的实际应用，对隧道施工安全与质量监控取得了较为丰富的成果。通过无线视频监管，一定程度上消除了部分安全隐患，降低了安全事故发生的概率，同时有效掌握了隧道施工各主要工序的施工质量，特别是对隐蔽工程实现了施工图像的全过程记录，从而有效地提高了隧道施工整体质量，主要表现如下。

（1）消除安全隐患

通过使用无线视频监管技术对隧道施工安全的监控，项目总监办公室及时发现安全隐患，并反馈给施工单位进行排查与整改。

案例：2010年11月26日，通过无线视频监控系统发现隧道土建××标段有施工人员不佩戴规定的安全防护器具进出隧道，如图9-15所示。随后总监办发出要求施工单位进行整改排查的通知，施工单位采取对相关人员进行批评教育并对责任人进行经济处罚的形式完成整改，最后施工单位将整改成果反馈给总监办。

案例：2010年11月23日，通过无线视频监控系统发现隧道土建××标段有施工人员在隧道内施工时违规使用明火作业，如图9-16所示。随后总监办发出要求施工单位进行整改排查的通知，施工单位采取对相关人员进行批评教育并对责任人进行经济处罚的形式完成整改，最后施工单位将整改成果反馈给总监办。

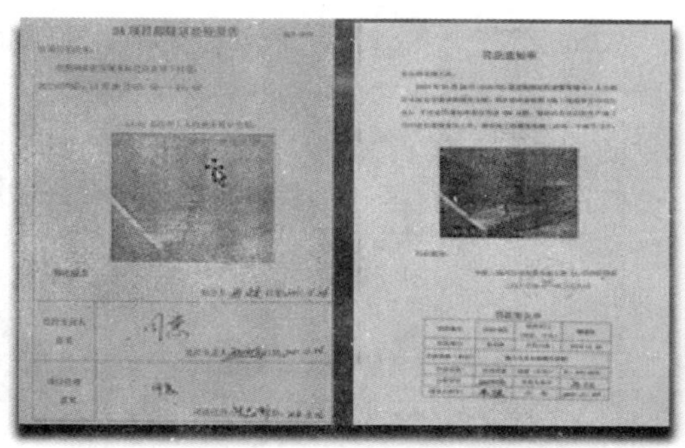

a)案例1××标段人员安全违规的处罚

b)案例2××标段施工安全违规的处罚

c)案例3××标段损坏视频设施的处罚

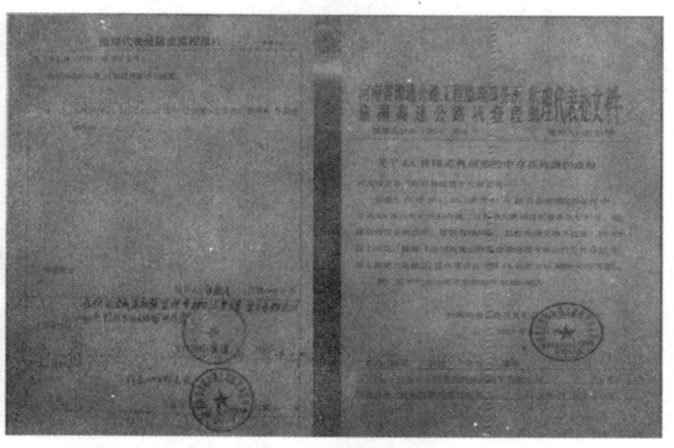

d)案例4××标段导致视频监控中断的处罚

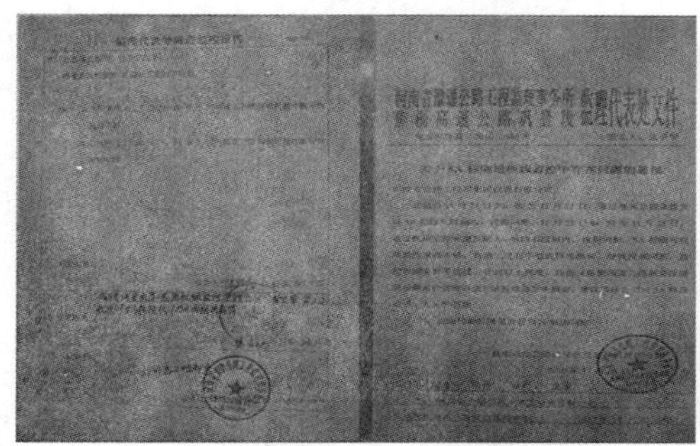

e)案例5××标段导致视频监控中断的处罚

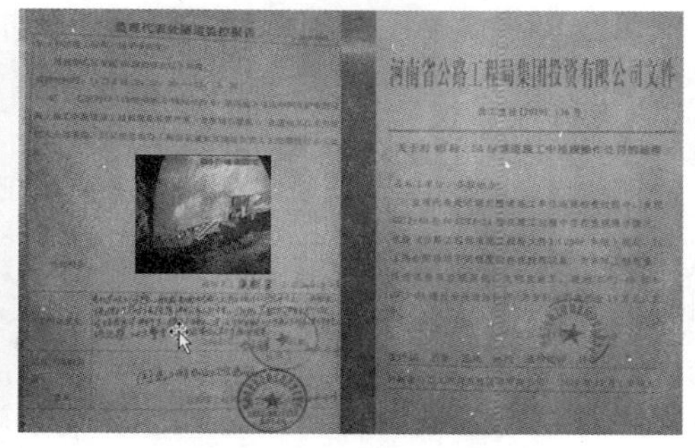

河南省公路工程局集团投资有限公司文件

f)案例6××标段施工违规的处罚

g)案例7××标段初期支护施工违规操作整改

h)案例8××标段二次衬砌施工违规操作的整改

图9-14　视频监控规避施工风险案例

图 9-15　作业人员未佩戴安全器具进出隧道

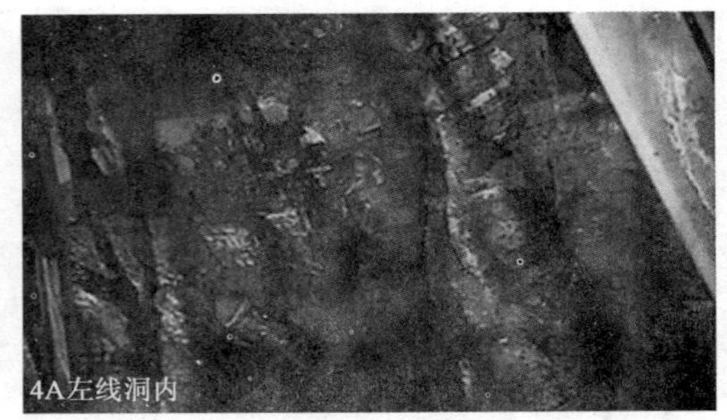


图 9-16　作业人员在隧道内违规使用明火

（2）消除质量隐患

质量是公路隧道建设的关键，涉及公路的使用功能和社会功能，直接影响其使用期限，甚至可能危及人民的生命财产。通过无线视频监管技术有效地对隧道施工质量进行监控，特别是对夜间施工、隐蔽工程施工等容易发生安全监管漏洞的工程实现了实时的图像记录，从而使隧道施工质量管理又有新的提高。

案例：2010 年 11 月 2 日，通过无线视频监控系统发现隧道土建 × ×标段在进行隧道初期支护施工时采用碎渣回填超挖洞段，如图 9-17 所示。在发现该质量隐患后，总监办视频监控室立即电话通知现场监理进行制止并记录，如图 9-18 所示。施工单位按照监理要求进行整改，整改完成后经现场监理确认，然后进行下一工序施工，如图 9-19 所示。次日项目公司质检部门会同监理、设计、施工等单位对发生质量隐患的隧道再次进行质检排查，如图 9-20、图 9-21 所示。通过视频监控技术成功地制止了一次夜间隐蔽工程施工质量事故的发生，有效地对隧道施工质量进行了控制。

案例：2011 年 11 月 18 日，通过无线视频监控系统发现隧道土建 × ×标段在进行夜间隧道仰拱混凝土浇筑施工时，使用装载机运输混凝土，如图 9-22 所示。随即总监办立即通知现场监理人员，在监理人员监督下对该违规行为进行整改。

（3）规避施工风险的工作成效

通过对隧道无线视频监管技术的开发与应用，主要可解决以下隧道施工安全与质量监控问题：

①通过对各种安全生产风险源的监控，有效地降低了隧道施工安全事故发生的概率。

②通过视频监控系统能够远程对现场施工情况进行实时监控，避免了因人为原因隧道施工质量监管不到位造成的质量事故。

③在夜间施工、冬季施工以及危险区域施工时，可减少相应的现场监理人员，提高了质量监督工作效率，降低了人员工作强度，改善了监理人员工作环境。

④通过视频记录与存档，以及监管人员与施工人员不直接接触等措施，可最大限度地避免因个别监管人员与施工人员勾结，造成质量问题包庇与渎职现象发生。

⑤通过视频监控技术还能够保留隧道施工全过程的影像资料，同时也能完整记录隧道围岩施工全过程，为改进隧道施工工法，完善隧道设计理论、设计方法积累了大量宝贵资料。

图 9-17　发现隧道支护施工质量隐患

图 9-18　现场监理进行制止和记录

图 9-19　确认合格后进行下一工序

图 9-20　项目公司次日进行质检复查

图 9-21　对其他洞段进行质检抽查

图 9-22　发现仰拱混凝土浇筑施工违规

## 9.4　隧道视频监控系统实施指南

1）隧道视频监控系统的必要性

隧道施工由于隧道的自身特点，在施工中不能有效地对出现的各种情况进行有效预防和反应，对施工质量和安全存在相当大的隐患。隧道施工全程视频监控系统是通过沿线的外场设施及时、准确、完整地收集并预告隧道内现场施工的各类信息，通过监视设备直观了解现场施工的状况。对现场施工人员能有效地进行监督管理，保证施工质量和消除安全隐患。在发生异常情况时，能及时确定事故位置和事故原因，以便管理人员及时迅速地采取相应的补救措施。

为保证隧道施工过程中施工单位施工的规范性，防止各种偷工减料现象的发生，保证工程质量，同时为了防止各种安全事故的发生，采用视频监控手段对隧道施工进行全天24h 视频监控。

2）隧道视频监控内容

（1）施工工序的监控。

（2）施工质量的监控。

（3）施工安全的监控。

3）隧道视频监控系统功能特点

（1）监控系统功能

①实现各种遥控信号。

云台控制：上、下、左、右。

镜头控制：变焦、聚集、光圈。

录像控制：定点录像、时序录像。

防护罩控制：雨刷、除霜。

②对视频信号进行时序、定点切换、编程。

③察看和记录图像，应有字符区分别作时间的显示。

④实现同步切换：电源同步或外同步。

⑤内外通信联系：网络通信，信号电缆通信，中短距无线通信（<2km）。

⑥电源控制。

（2）系统的主要特点

①MJPEG 算法压缩技术

MJPEG 是指 Motion JPEG，即动态 JPEG，按照25 帧/s 速度使用 JPEG 算法压缩视频信号，完成动态视频的压缩，通常可达到6:1 的压缩率。该技术的优点是画质比较清晰，缺点是压缩率低，占用带宽很大。一般单路占用带宽 2Mb/s 左右。

②H. 264 压缩技术

H. 264 视频编码标准是专为中高质量运动图像压缩所设计的低码率图像压缩标准。H. 264 采用运动视频编码中常见的编码方法，将编码过程分为帧内编码和帧间编码两个部分。H. 264 标准压缩率较高，CIF 格式全实时模式下单路占用带宽一般在几百左右，具体占用带宽视画面运动量多少而不同。缺点是画质相对差一些，占用带宽随画面运动的复杂而大幅变化。

③MPEG-4 压缩技术

MPEG-4 是低码率运动图像和语言的压缩标准，它不仅是针对一定比特率下的视频、音频编码，更加注重多媒体系统的交互性和灵活性。MPEG-4 的特点是其更适于交互 AV 服务以及远程监控。此外，MPEG-4 标准的占用带宽可调，占用带宽与图像的清晰度成正比，以目前的技术，一般占用带宽大致在几百 K 左右。

4）隧道视频监控方案设计

根据设计原则、设计规范和国际国内标准，并根据用户的需求，以及所提供的图纸及相关资料，并结合项目的实际情况及未来的发展趋势，对该项目的视频监控进行方案设计。

（1）系统构成及原理

视频监控系统分别由前端系统、传输系统、控制系统、显示系统四个部分构成，还具有对图像信号的分配切换、存储、处理、还原等功能。其原理如图9-1所示。

（2）前端系统分布

根据公路隧道设计及施工的要求与特点，以及视频监控系统相关产品的性能等因素，建议对公路隧道项目摄像头分布进行优化布置，具体位置及数量见表9-10。

**摄像头布置统计表**　　表9-10

| 编　号 | 位置分布 | 需求分类 | 数　量 | 备　注 |
|---|---|---|---|---|
| Z1 | 隧道左线出口洞口 | 彩色日夜通用一体摄像机 | 1 | |
| Z2 | 隧道左线二次衬砌台车 | 防爆低照度高清云台一体摄像机 | 1 | 带雨刷 |
| Z3 | 隧道左线开挖台车 | 防爆低照度高清云台一体摄像机 | 2 | 带雨刷 |
| Y1 | 隧道右线出口洞口 | 彩色日夜通用一体摄像机 | 1 | |
| Y2 | 隧道右线二次衬砌台车 | 防爆低照度高清云台一体摄像机 | 1 | 带雨刷 |
| Y3 | 隧道右线开挖台车 | 防爆低照度高清云台一体摄像机 | 2 | 带雨刷 |

（3）实施方案设备选型及配置

①摄像机的选择。

摄像部分的主体是摄像机，其功能为观察、收集信息。摄像机的性能及其安装方式是决定系统质量的重要因素。目前主要为电荷耦合器件，简称CCD摄像机．其主要性能及技术参数要求如下。

色彩：摄像机有黑白和彩色两种，通常黑白摄像机的水平清晰度比彩色的高，且黑白摄像机比彩色灵敏，更适用于光线不足的地方和夜间灯光较暗的场所。

清晰度：有水平清晰度和垂直清晰度两种。垂直方向的清晰度受电视制式的限制，有一个最高的限度，所以摄像机的清晰度一般是用水平清晰度表示。水平清晰度表示人眼对电视图像水平细节清晰度的量度，用电视线TVL表示。目前，黑白摄像机水平清晰度一般应要求大于500线，彩色摄像机应大于400线。

照度：单位被照面积上接收到的光通量称为照度，lx是标称光亮度（流明）的光束均匀射在$1m^2$面积上的照度。摄像机的灵敏度以最低照度来表示，这是摄像机以特定的测试卡为摄取标，在镜头光圈为0.4时，调节光源照度，用示波器测其输出端的视频信号幅度为额定值的10%，此时测得的测试卡照度为摄像机的最低照度。目前，一般选用黑白摄像机的最低照度，当相对孔径为F/1.4时，最低照度要求选用0.1lx；选用彩色摄像机的最低照度，当相对孔径为F/1.4时，最低照度要求选用0.2lx。

自动增益控制（AGC）：在低亮度的情况下，自动增益功能可以提高图像信号的强度以获得清晰的图像。

自动白平衡：当彩色摄像机的白平衡正常时，才能真实还原被摄物体的色彩。

电子亮度控制：有些CCD摄像机可以根据射入光线的亮度，利用电子快门调节CCD

图像传感器的曝光时间，从而在光线变化较大时可以不用自动光圈镜头。使用电子亮度控制时，被摄景物的景深要比使用自动光圈镜头时小。

逆光补偿：在只能逆光安装的情况下采用普通摄像机时，被摄物体的图像会发黑，应选用具有逆光补偿的摄像机才能获得较为清晰的图像。

②传输系统。

从监视现场到控制中心需要图像信号传输，同时从控制中心的控制信号要传送到现场，所以传输系统包括视频信号和控制信号传输两部分。

视频信号传输：根据隧道工程项目的特点，建议视频及控制信号在隧道内部传输时使用无线微波定向方式，并在洞口设置接收基站，从接收基站到控制室，信号采用同轴电缆传输。

控制信号传输：控制信号采用编码控制方式，即将全部控制命令数字化（调制）后，再传输到控制设备，再解调还原成直接控制量。

管槽敷设：为防止电磁干扰和外电源干扰，电缆应敷设在接地良好的金属管或金属桥架上，同时保护线缆。此外，还要安装视频信号防雷器，防止露天设备被雷击。

③数字硬盘录像系统。

数字硬盘录像系统是集计算机网络化、多媒体智能化与监控电视为一体，以数字化的方式和全新的理念构造出的新一代监控图像硬盘录像系统。系统在实现本地数字图像监控管理的同时，又能实现监控图像画面的远程传送，加强了整体安全管理。在系统中，所有图像均以数字形式保存，数据传输更可靠，速度更快。

④显示系统。

由于监控系统需要长期稳定的显示系统，建议选择液晶显示器作为监控系统终端显示系统。

5）隧道视频监控系统维护措施

（1）监控室及监控采集与传输设备

①监控室。

施工单位应按照要求在隧道施工现场搭建视频监控室。监控室应坚固可靠，能够抵御风雨冰雪，并具有防火、防盗等设施。

监控室应安装照明灯及220V稳定交流电源，并且不得无故切断电源。

施工单位应对监控室内进出入人员进行管理，无关人员未经总监办允许不得进入监控室。

监控室内需按照总监办要求悬挂或张贴有关管理制度及警示标牌。

②监控采集与传输设备。

监控采集与传输设备的操作与维护人员必须经过培训方可上岗。

监控采集与传输设备应设置开机密码、登陆密码，并每月修改一次。

监控采集与传输设备应在机箱后盖黏贴加盖封条，以防止非法开启。

操作与维护人员不得使用监控采集与传输设备从事与隧道施工视频监控工作无关的事情。

（2）摄像设备

①洞外摄像设备。

严禁对洞外摄像设备进行任何破坏，严禁悬挂任何物品。

当工程施工可能会对摄像设备造成破坏时，施工单位必须立即停止施工并向总监办汇报，在采取相关措施后，方可进行施工。

施工单位应注意保护视频设备连接线路，不得在线路经过处开沟挖槽。

②洞内摄像设备。

严禁对洞内摄像设备进行任何破坏，严禁无关人员触碰摄像设备。

在进行爆破前，必须将开挖台车移至离掌子面50m以上距离，并在摄像设备前加盖防护钢板。

在进行喷射混凝土作业前，必须在摄像设备前加盖防护钢板，并且不得使用喷浆设备对摄像设备进行喷射。

施工人员应注意对监控设备供电线路的保护，不得在该项电路上再连接其他设备。

未经允许不得打开仪器设备箱。

当因施工失误或工程事故造成视频设备损坏时，应立即拍摄现场照片，保护事故现场，并向视频监控管理部门进行汇报。

视频监控系统的日常管理与维护由各施工单位负责。应及时对所属区域内的视频镜头灰尘、杂物进行清理，保持视频图像清晰。

严格按照仪器规定操作步骤操作，密切注意监控设备运行状况，不得无故中断监控。视频中断应及时通知视频监控管理部门，并附电子版报告一份，写明原因。中断监控的隧道应及时采取手工录像的方式保存施工原始资料。对于人为原因造成视频中断的将进行罚款。

6）隧道视频监控资料整理与归档

隧道视频监控应按要求建立视频监控档案按如下方式整理、存档。

（1）照片档案

钢支撑、锚杆及钢筋网片的安装：对钢支撑、锚杆及钢筋网片安装过程的全部视频资料进行提交，包括每个循环进尺所安装钢支撑的间距，钢支撑的拼（焊）接过程，所安装锚杆的数量、布置位置和角度，锚固剂的安放情况，所使用钢筋网片的规格尺寸、安置部位以及钢支撑与锚杆、钢筋网片的连接情况，并进行文字说明。

超欠挖处理：对超欠挖处理后的情况，截取图片保存，并附文字说明。

喷射混凝土检测：对喷射混凝土现场取样情况，截取图片保存，并附文字说明。

二次衬砌：对二次衬砌的钢筋安装、混凝土浇筑时间、是否连续浇筑以及拆摸时间的情况，截取图片保存，并附文字说明。

现场安全操作：对不符合安全要求的情况截取图片，并告知现场安全人员。

统一照片尺寸，照片编号按日期格式编写。

（2）视频监控资料的提交

对视频监控资料的整理情况，及时向业主、监理方汇报。

对视频监控资料的整理结果，以刻录DVD光盘的方式和周报的方式提交，每周提交一次。

## 9.5 本章小结

（1）分析隧道施工可视化视频监控的意义、内容、作用，介绍无线视频监控系统的功能、系统特性、视频监控设备构成、以及设计依据和设计原则。提出隧道施工动态风险可视化视频监控设计方案、具体实施方案、视频监控机构各方职责。

（2）分析隧道视频监控在隧道施工动态风险管理中所起的重要作用：规避风险和及时建立风险应急措施。

（3）通过焦作至桐柏高速公路巩登段隧道施工安全风险可视化监控工程实例，重点说明了隧道视频监控系统在规避和防范隧道施工安全风险、施工质量控制风险、施工工法控制风险等方面的重要作用，并辅以规避和防范隧道施工动态风险工程案例详细说明。

（4）隧道视频监控系统是规避防范隧道施工动态风险的重要途径之一，在隧道施工动态风险管理中具有重要地位，提出了隧道施工配备视频监控系统的使用指南。

# 附　表

世界上已建成的隧道列表中所包含的隧道类型包括：公路、铁路、地铁、输水、灌溉、水力发电、电力输送、粒子加速器等。在世界隧道列表中（已完成、建设中、规划中三类）仅列出长度超过 12km 的隧道。

## 附表1　世界上已建成的隧道与地下工程列表

| 隧道名称 | 地　点 | 长度(m) | 类型 | 完成年份 | 备　注 |
|---|---|---|---|---|---|
| 德拉瓦输水隧道 | 美国纽约 | 137 000 | 输水 | 1945 | 纽约的主要供水隧道 |
| 派亚特海梅输水隧道 | 芬兰南芬兰省 | 120 000 | 输水 | 1982 | 横截面 $16m^2$ |
| 大伙房输水工程引水隧道 | 中国辽宁，桓仁—新宾 | 85 320 | 输水 | 2009 | 浑江—苏子河，亚洲最长的隧道；直径 8m |
| 奥兰治河—大鱼河隧道 | 南非叙尔山 | 82 800 | 灌溉 | 1975 | 南半球最长的连续封闭输水隧道，横截面 $22.5m^2$ |
| 博尔门输水隧道 | 瑞典克鲁努贝里省斯科纳省 | 82 000 | 输水 | 1987 | 横截面 $8m^2$ |
| 广州地铁 3 号线 | 中国广州 | 64 410 | 地铁 | 2010 | 机场南/天河客运站—体育西路—番禺广场；世界最长地铁隧道 |
| 北京地铁 10 号线 | 中国北京 | 57 100 | 地铁 | 2013 | 环线 |
| 青函隧道 | 日本津轻海峡 | 53 850 | 铁路 | 1988 | 世界最长海底铁路（窄轨）隧道、横截面积 $74m^2$ |
| 热列夫卡输水隧道 | 捷克中波希米亚州 | 51 075 | 输水 | 1972 | 横截面积 $5m^2$ |
| 英法海底隧道 | 英国—法国，英吉利海峡 | 50 450 | 铁路 | 1994 | 世界水下部分最长海底隧道，最长的国际隧道，最长的标准轨道铁路隧道，横截面：$2\times45m^2+1\times18m^2$ |
| 首尔地铁 5 号线 | 韩国首尔 | 47 600 | 地铁 | 1995 | 傍花—马川 |
| 莱索托高地调水工程输水隧道 | 莱索托 | 45 000 | 输水 | 1997 | 卡齐坝—姆埃拉坝 |

续上表

| 隧道名称 | 地点 | 长度（m） | 类型 | 完成年份 | 备注 |
| --- | --- | --- | --- | --- | --- |
| 引黄入晋工程北干线一号隧洞 | 中国山西朔州平鲁 | 43 670 | 输水 | 2011 | 2010年11月11日贯通 |
| 引黄入晋工程南干线七号隧洞 | 中国山西神池—宁武 | 43 500 | 输水 | 2002 | 2001年4月18日贯通 |
| 莫斯科地铁谢尔普霍夫—季米里亚泽夫线（9号线） | 俄罗斯莫斯科 | 41 500 | 地铁 | 2002 | 阿尔图菲耶沃—德米特里顿斯科伊大马路 |
| 马德里地铁12号（南支线） | 西班牙马德里 | 40 960 | 地铁 | 2003 | 环形线路 |
| 都营地下铁大江户线 | 日本东京 | 40 700 | 地铁 | 2000 | 都厅前—汐留—光丘 |
| 上海轨道交通7号线 | 中国上海 | 40 200 | 地铁 | 2011 | 潘广路—花木路 |
| 卡拉努卡尔水电站引水隧道 | 冰岛东部区 | 39 700 | 水力发电 | 2007 | 直径7.2~7.7m，总长72km隧道群的一部分 |
| 魁宾输水道 | 美国马萨诸塞州 | 39 600 | 输水 | 1905 | |
| 莫斯科地铁卡卢加—里加线（6号线） | 俄罗斯莫斯科 | 37 600 | 地铁 | 1990 | 梅德韦德克沃—新亚先涅沃 |
| 深圳地铁1号线 | 中国深圳 | 37 479 | 地铁 | 2011 | 罗湖—固戍 |
| 莱索托高地调水工程配水隧道 | 莱索托南非 | 37 000 | 输水 | 1998 | 内径4.5m，分为南段和北段，南段15km，姆埃拉坝—莱索托/南非边境；北段：22km，莱索托/南非边境—阿什河 |
| 深圳地铁2号线 | 中国深圳 | 36 164 | 地铁 | 2011 | 赤湾—新秀 |
| 牛栏江—滇池补水工程大五山隧洞 | 中国云南昆明 | 36 036 | 输水 | 2013 | |
| 上海轨道交通10线 | 中国上海 | 36 000 | 地铁 | 2010 | 虹桥火车站—新江湾城 |
| 新加坡地铁环线 | 新加坡 | 35 700 | 地铁 | 2011 | 多美歌—港湾 |
| 首尔地铁6号线 | 韩国首尔 | 35 100 | 地铁 | 2001 | 鹰岩—烽火山 |
| 勒奇山基线隧道 | 瑞士伯尔尼兹阿尔卑斯山 | 34 577 | 铁路 | 2007 | 世界最长的山底隧道，其中22km为单线铁路，其余为双线铁路 |
| 泰恩—蒂斯隧道 | 英国达勒姆郡 | 34 000 | 输水 | | 弗罗斯特利—埃格尔顿 |
| 马德里地铁7号线 | 西班牙马德里 | 32 919 | 地铁 | 2007 | 埃纳雷斯医院皮提斯 |
| 莱索托高地调水工程互通隧道 | 莱索托 | 32 000 | 输水 | 2004 | 莫哈莱坝—卡齐坝 |

续上表

| 隧道名称 | 地　点 | 长度(m) | 类型 | 完成年份 | 备　注 |
| --- | --- | --- | --- | --- | --- |
| 广州地铁2号线 | 中国广州 | 32 000 | 地铁 | 2010 | 广州南站—嘉禾望岗 |
| 柏林地铁U7线 | 德国柏林 | 31 760 | 地铁 | 1984 | 施班道市政厅—鲁道 |
| 台北捷运橘线 | 中国台湾台北—新北 | 31 500 | 地铁 | 2013 | 芦洲/回龙—大桥头—南势角 |
| 北京地铁4号线—大兴线 | 中国北京 | 30 950 | 地铁 | 2010 | 安河桥北—公益西桥—新宫 |
| 蒙特利尔地铁2号线(橙线) | 加拿大蒙特利尔 | 30 798 | 地铁 | 2007 | 禾度岭—蒙莫伦斯 |
| 上海轨道交通2号线 | 中国上海 | 30 187 | 地铁 | 2000 | 徐泾东—龙阳路 |
| 圣彼得堡地铁莫斯科—彼得格勒线(2号线) | 俄罗斯圣彼得堡 | 30 100 | 地铁 | 2006 | 帕尔纳斯—库普辛诺 |
| 广州地铁5号线 | 中国广州 | 29 900 | 地铁 | 2009 | 坦尾东—文冲 |
| 上海轨道交通8号线 | 中国上海 | 29 650 | 地铁 | 2009 | 市光路—芦恒路 |
| 阿尔帕—塞凡2号隧道 | 亚美尼亚 | 29 600 | 输水 | 1981 | 阿尔帕河—塞凡湖 |
| 对彼得堡地铁基洛夫—维堡线(1号线) | 俄罗斯对彼得堡 | 29 600 | 地铁 | 1978 | 老将大道—杰维亚特金诺 |
| 埃维诺斯—莫尔诺斯隧道 | 希腊埃托利亚—阿卡纳尼亚州 | 29 357 | 输水 | 1995 | |
| 赫尔特曼输水道 | 美国马萨诸塞州 | 28 640 | 输水 | 1939 | 直径：3.5～4.3m |
| 北京地铁1号线 | 中国北京 | 28 530 | 地铁 | 2000 | 苹果园—大望路 |
| 瓜达拉马隧道 | 西班牙瓜达拉马山 | 28 418 | 铁路 | 2007 | 高速铁道马德里—巴利亚多利德线，双洞单线，东线28 418m；西线28 407m |
| 都市西供水隧道 | 美国马萨诸塞州 | 28 300 | 输水 | 2003 | 直径：4.3m |
| 台北捷运蓝线 | 中国台湾台北—新北 | 28 200 | 地铁 | 2008 | 永宁—南港展览馆 |
| 武汉地铁2号线 | 中国武汉 | 27 985 | 铁路 | 2012 | 金银潭—光谷广场 |
| 太行山隧道 | 中国太行山，石太客专 | 27 848 | 铁路 | 2007 | 双洞单线；左线27 839m，右线27 848m |
| 伦敦地铁北线 | 英国伦敦 | 27 800 | 地铁 | 1940 | 莫顿—东芬奇利 |
| 沈阳地铁1号线 | 中国沈阳 | 27 800 | 地铁 | 2010 | 十三号街—黎明广场 |
| 牛栏江—滇池补水工程大公山隧道 | 中国云南寻甸 | 27 229 | 输水 | 2013 | |
| 大阪地铁谷町线 | 日本大阪 | 27 100 | 地铁 | 1983 | 大日—长原 |
| 曼谷地铁蓝线 | 泰国曼谷 | 27 000 | 地铁 | 2004 | |

续上表

| 隧道名称 | 地点 | 长度（m） | 类型 | 完成年份 | 备注 |
|---|---|---|---|---|---|
| 大型正负电子对撞机隧道 | 瑞士—法国，欧洲核子研究组织 | 26 659 | 粒子加速器 | 1989 | 横断面：11.3 ~ 15.9m，圆环形隧道，现已用于大型强子对撞机 |
| 伊斯坦布尔地铁 M4 线 | 土耳其，伊斯坦布尔 | 26 500 | 地铁 | 2012 | |
| 八甲田隧道 | 日本八甲田山，东北新干线 | 26 455 | 铁路 | 2010 | 横截面：64 ~ 74$m^2$ |
| 名古屋地铁名城线 | 日本名古屋 | 26 400 | 地铁 | 2004 | 环线，金山—名古屋巨蛋前矢田—金山 |
| 尚勒乌尔法灌溉隧道 | 土耳其尚勒乌尔法省 | 26 400 | 灌溉 | 2005 | |
| 上海轨道交通 9 号线 | 中国上海 | 26 263 | 地铁 | 2010 | 杨高中路—九亭 |
| 吉格吉贝二号水电站引水隧道 | 衣索比亚奥罗米亚州—南方各族州 | 26 000 | 水力发电 | 2009 | 吉格吉贝河—奥莫河 |
| 引黄入晋工程南干线五号隧洞 | 中国山西 | 26 000 | 输水 | 2002 | |
| 岩手一户隧道 | 日本奥羽山，东北新干线 | 25 810 | 铁路 | 2002 | |
| 萨德伯里输水道 | 美国马萨诸塞州 | 25 750 | 输水 | 1878 | 现仅作为应急备用 |
| 苏州轨道交通 1 号线 | 中国苏州 | 25 739 | 地铁 | 2011 | 木渎—钟南街，其中金鸡湖底部分隧道是中国最长的湖底地铁隧道 |
| 莫斯科地铁柳布林诺—德米特罗夫线（10 号线） | 俄罗斯莫斯科 | 24 700 | 地铁 | 2010 | 玛利亚灌林—贾布利科沃 |
| 东京地下铁有乐町线（8 号线） | 日本东京都 | 24 600 | 地铁 | 1988 | 地下铁成增—辰巳 |
| 洛达尔隧道 | 挪威洛达尔—艾于兰 | 24 510 | 公路 | 2000 | 世界最长公路隧道 |
| 慕尼黑地铁 U2 线 | 德国慕尼黑 | 24 400 | 地铁 | 2009 | 费尔德莫兴—博览城东 |
| 德里地铁黄线 | 印度德里 | 24 000 | 地铁 | 2010 | 古鲁．泰格．巴哈德．纳加尔—顾特卜塔；印度最长隧道 |
| 马德里地铁 1 号线 | 西班牙马德里 | 23 876 | 地铁 | 2007 | 巴尔德卡罗斯—皮纳．查马丁 |
| 莱因泽—维也纳森林隧道 | 奥地利维也纳 | 23 844 | 铁路 | 2012 | 维也纳—圣帕尔滕，2007 年 9 月 3 日贯通 |

续上表

| 隧道名称 | 地　点 | 长度(m) | 类型 | 完成年份 | 备　注 |
|---|---|---|---|---|---|
| 雪山工程尤坎本—斯诺伊隧道 | 澳大利亚新南威尔士州 | 23 500 | 输水 | 1965 | 尤坎本湖—艾兰本德蓄水池 |
| 马德里地铁6号线 | 西班牙马德里 | 23 472 | 地铁 | 2007 | 环线 |
| 首尔地铁9号线 | 韩国首尔 | 23 400 | 地铁 | 2009 | 金浦机场—新论岘 |
| 蒙特利尔地铁1号线(绿线) | 加拿大蒙特利尔 | 23 262 | 地铁 | 2007 | 安基翁—安诺希．波格朗 |
| 台北铁路地下化隧道 | 中国台湾，台北台铁纵贯线 | 23 108 | 铁路 | 2008 | 汐科—树林 |
| 北京地铁2号线 | 中国北京 | 23 100 | 地铁 | 1987 | 环线，西直门—北京站—西直门 |
| 华沙地铁1号线 | 波兰华沙 | 23 100 | 地铁 | 2008 | 卡巴迪—真茨尼 |
| 纽约地铁独立地铁系统第八大道线 | 美国纽约 | 23 000 | 地铁 | 1933 | 因伍德—207号大街—高街—布鲁克林桥 |
| 新马水电站引水隧洞 | 中国四川德昌 | 22 975 | 水力发电 | 2009 | 直径8.6m |
| 大清水隧道 | 日本谷川岳，上越新干线 | 22 221 | 铁路 | 1982 | |
| 雪山工程尤坎本—蒂默特隧道 | 澳大利亚新南威尔士州 | 22 200 | 输水 | 1959 | 尤坎本湖—蒂默特．旁德水库 |
| 青云山隧道 | 中国戴云山，永莆铁路 | 22 175 | 铁路 | 2013 | 福建永泰—莆田，双洞单线，左线22 175m；右线21 837m |
| 塔拉水电站引水隧道 | 不丹楚卡宗 | 22 000 | 水力发电 | 2006 | |
| 都营地下铁三田线 | 日本东京都 | 21 100 | 地铁 | 2000 | 目黑—志村坂上 |
| 伦敦地铁维多利亚线 | 英国伦敦 | 21 000 | 地铁 | 1971 | 沃森斯托中心—布里克斯顿 |
| UNK质子加速器 | 俄罗斯普罗特维诺 | 21 000 | 粒子加速器 | 1994 | 环线主隧道完成后已停止建设，前景不明 |
| 基辅地铁库列尼夫卡—红军线 | 乌克兰基辅 | 20 950 | 地铁 | 2013 | 第聂伯英雄—特列姆基 |
| 广佛地铁 | 中国广州—佛山 | 20 900 | 地铁 | 2010 | 魁奇路—西朗 |
| 吕梁山隧道 | 中国吕梁山，太中银铁路 | 20 740 | 铁路 | 2011 | 双洞单线，左线20 785m；右线20 738m |

续上表

| 隧 道 名 称 | 地　　点 | 长度（m） | 类型 | 完成年份 | 备　　注 |
|---|---|---|---|---|---|
| 上海轨道交通4号线 | 中国上海 | 20 740 | 地铁 | 2007 | 海伦路—蓝村路—大木桥路—宜山路 |
| 巴塞罗那地铁1号线 | 西班牙巴塞罗那 | 20 700 | 地铁 | 1992 | 贝尔维治医院—方多 |
| 西安地铁2号线 | 中国西安 | 20 500 | 地铁 | 2011 | 北客站—会展中心 |
| 南京地铁2号线 | 中国南京 | 20 380 | 地铁 | 2010 | 雨润大街—马群西 |
| 上海轨道交通6号线 | 中国上海 | 20 336 | 地铁 | 2007 | 博兴路—东方体育中心 |
| 金井隧道 | 韩国，京釜高速铁路 | 20 323 | 铁路 | 2010 | |
| 札幌地铁东西线 | 日本札幌 | 20 100 | 地铁 | 1999 | 宫之泽—新札幌 |
| 乌鞘岭隧道 | 中国乌鞘岭，兰新铁路复线 | 20 060 | 铁路 | 2006 | 双洞单线，左线20 060m；右线20 050m |
| 马德里地铁5号线 | 西班牙马德里 | 20 005 | 地铁 | 2006 | 阿拉梅达—德·奥苏纳—恩帕尔梅 |
| 伦敦国家电缆网隧道 | 英国伦敦 | 20 000 | 输电 | 2005 | 埃尔斯特里—圣约翰伍德；直径3m，400kV电缆隧道 |
| 新加坡地铁东北线 | 新加坡 | 20 000 | 地铁 | 2003 | 港湾—榜鹅 |
| 辛普朗隧道 | 瑞士—意大利利旁廷阿尔卑斯山 | 19 824 | 铁路 | 1922/1906 | 双洞单线，Ⅱ号19 824m；Ⅰ号19 803m |
| 巴黎地铁9号线 | 法国巴黎 | 19 600 | 地铁 | 1937 | 塞夫尔桥—蒙特勒伊镇 |
| 旧金山湾区捷运系统 | 美国旧金山 | 19 500 | 地铁 | 1973 | 巴波亚公园—西奥克兰 |
| 莫斯科地铁环状线（5号线） | 俄罗斯莫斯科 | 19 400 | 地铁 | 1954 | 文化公园—库尔斯克—白俄罗斯—文化公园 |
| 慕尼黑地铁U3线 | 德国慕尼黑 | 19 400 | 地铁 | 2009 | |
| 福堂水电站引水隧洞 | 中国四川汶川 | 19 319 | 水力发电 | 2003 | |
| 大阪地铁御堂筋线 | 日本大阪 | 19 100 | 地铁 | 1987 | 中津—中百舌鸟 |
| 费尔艾那隧道 | 瑞士阿尔卑斯山 | 19 058 | 铁路 | 1999 | 克洛斯特斯—苏施，世界最长的米轨铁路隧道 |
| 新关门隧道 | 日本关门海峡，山阳新干线 | 18 713 | 铁路 | 1975 | |
| 狮子坪水电站引水隧洞 | 中国四川理县 | 18 713 | 水力发电 | 2009 | |
| 瓦利亚隧道 | 意大利亚平宁山 | 18 711 | 铁路 | 2009 | 博洛尼亚—佛罗伦萨高速铁路 |

续上表

| 隧道名称 | 地　点 | 长度(m) | 类型 | 完成年份 | 备　注 |
|---|---|---|---|---|---|
| 阿尔帕—塞凡1号隧道 | 亚美尼亚 | 18 700 | 输水 | 1981 | 阿尔帕河—塞凡湖 |
| 墨西哥城地铁3号线 | 墨西哥墨西哥城 | 18 700 | 地铁 | 1983 | 种族—大学 |
| 巴黎地铁7号线 | 法国巴黎 | 18 600 | 地铁 | 1987 | 新庭—犹太城—路易·阿拉贡 |
| 亚平宁隧道 | 意大利 | 18 507 | 铁路 | 1934 | 托斯坎—艾米利安亚平宁山，博洛尼亚—佛罗伦萨 |
| 成都地铁1号线 | 中国成都 | 18 500 | 地铁 | 2010 | 升仙湖—世纪城 |
| 北京地铁8号线 | 中国北京 | 18 500 | 地铁 | 2012 | 回龙观东大街—鼓楼大街 |
| 秦岭隧道 | 中国秦岭，西康铁路 | 18 460 | 铁路 | 2000 | 双洞单线，左线18 460m，右线18 456m |
| 上海轨道交通1号线 | 中国上海 | 18 110 | 地铁 | 1995 | 上海南站—上海马戏城 |
| 明斯克地铁汽车厂线 | 白俄罗斯明斯克 | 18 100 | 地铁 | 1990 | |
| 宝兴水电站引水隧洞 | 中国四川宝兴 | 18 053 | 水力发电 | 2009 | |
| 秦岭终南山隧道 | 中国秦岭，西康高速公路 | 18 040 | 公路 | 2007 | 西安—柞水；中国最长的公路隧道，世界最长的双洞公路隧道 |
| 布拉格地铁B线 | 捷克布拉格 | 18 000 | 地铁 | 1998 | 天堂花园—霍尔卡 |
| 雅典地铁2号线 | 希腊雅典 | 17 900 | 地铁 | 2013 | 安松波利—埃利尼科 |
| 雪峰山隧道 | 中国雪峰山，昌福铁路 | 17 842 | 铁路 | 2013 | 福建将乐—沙县，双洞单线，左线17 842m，右线17 826m |
| 北京地铁5号线 | 中国北京 | 17 825 | 地铁 | 1987 | 惠新西街北口—宋家庄 |
| 华盛顿地铁红线 | 美国华盛顿 | 17 800 | 地铁 | 1984 | 联合车站—医疗中心 |
| 雅典地铁3号线 | 希腊雅典 | 17 800 | 地铁 | 2013 | 阿吉亚.玛丽娜—皮亚琴察公爵夫人 |
| 高盖山隧道 | 中国高盖山，昌福铁路 | 17 612 | 铁路 | 2013 | 福建泰宁，双洞单线，左线17 594m，右线17 612m |
| 金康水电电站引水隧洞 | 中国四川康定 | 17 557.5 | 水力发电 | 2006 | 主洞长16 489.7m。副洞长1 068m，合计总长17 557.5m |

续上表

| 隧 道 名 称 | 地　　点 | 长度（m） | 类型 | 完成年份 | 备　　注 |
|---|---|---|---|---|---|
| 锦屏山隧道 | 中国锦屏山，锦屏一级水电站—锦屏二级水电站 | 17 504 | 公路 | 2011 | 双洞（A 线 17 485.07m，B 线 17 504.245m）；最大埋深 2 375m，中国第一，世界第二埋深的交通隧道 |
| 深圳地铁 3 号线 | 中国深圳 | 17 333 | 地铁 | 2011 | 水贝—益田 |
| 哈尔科夫地铁 1 号线 | 乌克兰哈尔科夫 | 17 300 | 地铁 | 1975 | |
| 苏鲁奇引水隧道 | 土耳其尚勒乌尔法省苏鲁奇 | 17 185 | 灌溉 | 2014 | |
| 永寿梁隧道 | 中国永寿梁，西平铁路 | 17 161 | 铁路 | 2013 | 陕西永寿—彬县，双洞单线，左线 17 160.76m，右线 17 154.92m |
| 蓝色隧道 | 土耳其格克苏河—科尼亚省 | 17 034 | 灌溉 | 2012 | 2011 年 11 月 23 日建成 |
| 东京地下铁东西线（5 号线） | 日本东京都 | 17 000 | 地铁 | 1969 | 中野—南砂町 |
| 圣哥达公路隧道 | 瑞士利旁廷阿尔卑斯山 | 16 918 | 公路 | 1980 | 乌里州—提契诺州 |
| 广州地铁 4 号线 | 中国广州 | 16 790 | 地铁 | 2005 | 新造—黄村 |
| 锦屏二级水电站引水隧洞 | 中国四川凉山彝族自治州 | 16 700 | 水力发电 | 2012 | 共计四条引水隧洞，洞径 12.4 ~ 13m，最大埋深约 2 525m，世界埋深最大的引水隧洞工程，2011 年 12 月 8 日贯通 |
| 巴塞罗那地铁 4 号线 | 西班牙巴塞罗那 | 16 700 | 地铁 | 1999 | 新三一—和平 |
| 墨西哥城地铁 1 号线 | 墨西哥墨西哥城 | 16 654 | 地铁 | 1984 | 天文台—潘提特兰 |
| 雪山工程马兰比吉—尤坎本隧道 | 澳大利亚新南威尔士州 | 16 640 | 输水 | 1961 | 坦坦加拉水库—尤坎本湖 |
| 巴塞罗那地铁 3 号线 | 西班牙巴塞罗那 | 16 600 | 地铁 | 2001 | 大学区—新三一 |
| 巴塞罗那地铁 5 号线 | 西班牙巴塞罗那 | 16 600 | 地铁 | 1983 | 科尔内利亚中心—瓦尔德希伯伦 |
| 北京地铁 9 号线 | 中国北京 | 16 500 | 地铁 | 2012 | 国家图书馆—郭公庄 |

续上表

| 隧道名称 | 地 点 | 长度(m) | 类型 | 完成年份 | 备 注 |
|---|---|---|---|---|---|
| 马德里地铁8号线 | 西班牙马德里 | 16 467 | 地铁 | 2007 | 新部—巴拉哈斯机场四号航站楼 |
| 广州地铁1号线 | 中国广州 | 16 449 | 地铁 | 1997 | 花地湾—广州东站 |
| 马德里地铁3号线 | 西班牙马德里 | 16 424 | 地铁 | 2007 | 蒙克洛亚—比利亚韦德．奥托 |
| 六甲隧道 | 日本六甲山，山阳新干线 | 16 250 | 铁路 | 1972 | |
| 率安隧道 | 韩国江原道，岭东线 | 16 240 | 铁路 | 2012 | 东柏山—道溪；单洞单线，2006年12月贯通 |
| 新武界及栗栖引水隧道 | 中国台湾南投，浊水溪/栗栖溪—日月潭 | 16 228 | 输水 | 2006 | 其中新武界引水隧道主体长13 943.1m，另于浊水溪支流栗栖修建栗栖引水隧道长2 285.5m至新武界引水隧道，合计总长16 228.6m |
| 基辅地铁西菲阿托瞬—波咯伐尔线 | 乌克兰基辅 | 16 000 | 地铁 | 2003 | 学院城—第聂伯 |
| 马德里地铁4号线 | 西班牙马德里 | 16 000 | 地铁 | 2007 | 阿圭列斯—皮纳尔．德．查马要 |
| 象山隧道 | 中国博平岭，龙厦铁路 | 15 917 | 铁路 | 2012 | 福建龙岩，双洞单线，左线15 898m，右线15 917m |
| 亨德森隧道 | 美国弗兰特山科罗拉多州 | 15 800 | 铁路/输送带 | 1976 | 仅有一个出口，亨德森钼矿用于运输矿石，曾铺设窄轨铁路，于1999年更换为输送带 |
| 引大入秦工程盘道岭隧洞 | 中国甘肃永登 | 15 723 | 输水 | 1994 | |
| 戴云山隧道 | 中国戴云山，昌福铁路 | 15 623 | 铁路 | 2013 | 福建尤溪—永泰，入口695m为单洞双线，其余为双洞单线；左线15 623m，右线15 605m |
| 富尔卡基线隧道 | 瑞士乌里阿尔卑斯山，富尔卡—上阿尔卑线 | 15 442 | 铁路 | 1982 | 上瓦尔德—雷阿尔卑；单洞单线，米轨铁路隧道 |
| 天津地铁1号线 | 中国天津 | 15 378 | 地铁 | 2006 | 勤俭道—土城 |
| 引额济乌工程顶山隧洞 | 中国新疆阿勒泰 | 15 351 | 输水 | 2005 | |
| 榛名隧道 | 日本榛名山，上越新干线 | 15 350 | 铁路 | 1982 | |

续上表

| 隧道名称 | 地点 | 长度（m） | 类型 | 完成年份 | 备注 |
|---|---|---|---|---|---|
| 北穆亚山隧道 | 俄罗斯北穆亚山 | 15 343 | 铁路 | 2003 | 贝加尔—阿穆尔铁路 |
| 鹿岛污水处理厂排水隧道 | 美国波士顿 | 15 290 | 汙水处理 | 2000 | 直径7.3m；将污水处理后的尾水排入大西洋 |
| 菲伦佐拉隧道 | 意大利亚宁山 | 15 285 | 铁路 | 2009 | 博洛尼亚—佛罗伦萨高速铁路 |
| 上海轨道交通2号线 | 中国上海 | 15 274 | 地铁 | 2000 | 张江高科—凌空路 |
| 牛栏江—滇池补水工程金奎地隧洞 | 中国云南寻甸 | 15 220 | 输水 | 2013 | |
| 基辅地铁斯若之—佩尺尔斯克线 | 乌克兰基辅 | 15 220 | 地铁 | 2004 | 斯若之—南桥 |
| 宝坛水电站引水隧洞 | 中国广西罗城 | 15 200 | 水力发电 | 2010 | |
| 五里峰隧道 | 日本赤石山，北陆新干线 | 15 175 | 铁路 | 1997 | 高崎—长野 |
| 薛城水电站引水隧洞 | 中国四川理县 | 15 174 | 水力发电 | 2007 | |
| 多诺水电站引水隧洞 | 中国四川九寨沟 | 15 161 | 水力发电 | 2013 | 2011年9月19日贯通 |
| 圣马科山隧道 | 意大利锡拉山 | 15 040 | 铁路 | 1987 | 保拉—科森扎 |
| 圣哥达铁路隧道 | 瑞士利旁廷阿尔卑斯山 | 15 003 | 铁路 | 1882 | 乌里州—提契诺州，格舍嫩—艾罗洛 |
| 冒天山隧道 | 中国冒天山 | 14 915 | 铁路 | 2011 | 包西铁路增建二线，陕西子长—蟠龙镇，单洞单线 |
| 俄公堡水电站引水隧洞 | 中国四川木里 | 14 880.9 | 水力发电 | 2013 | |
| 中山隧道 | 日本群马县，上越新干线 | 14 857 | 铁路 | 1982 | |
| 艾尔萨亨托4号隧道 | 秘鲁，南方铜业公司 | 14 724 | 铁路 | 1975 | 伊洛—托克帕拉/夸霍内工业铁路 |

续上表

| 隧道名称 | 地　点 | 长度（m） | 类型 | 完成年份 | 备　注 |
|---|---|---|---|---|---|
| 麦克唐纳山隧道 | 加拿大落基山，大平洋铁路 | 14 723 | 铁路 | 1989 | 穿越冰川国家公园 |
| 武夷山隧道 | 中国武夷山 | 14 659 | 铁路 | 2013 | 昌福铁路，江西黎川—福建建宁，单洞双线 |
| 勒奇山隧道 | 瑞士伯恩兹阿尔卑斯山 | 14 612 | 铁路 | 1913 | 坎德施泰格—戈彭施泰因 |
| 曹娥江引水工程输水隧洞 | 中国浙江绍兴 | 14 600 | 输水 | 2011 | 上虞—绍兴，2010 年 5 月贯通 |
| 鲁默里克隧道 | 挪威，加勒穆恩线 | 14 580 | 铁路 | 1999 | 奥斯陆—利勒斯特罗姆 |
| 吉沙水电站引水隧洞 | 中国云南香格里拉 | 14 467 | 水力发电 | 2007 | |
| 雪山工程斯诺伊—吉黑隧道 | 澳大利亚新南威尔士州 | 14 430 | 输水 | 1966 | 艾兰本德蓄水池—吉黑水库 |
| 引黄入晋工程南干线六号隧洞 | 中国山西神池 | 14 400 | 输水 | 2002 | |
| 阿拉山口供水与生态建设工程输水隧洞 | 中国新疆博尔塔拉 | 14 346 | 输水 | 2010 | 2008 年 10 月 15 日贯通 |
| 斯德哥尔摩地铁 10 号线 | 瑞典斯德哥尔摩 | 14 300 | 地铁 | 1977 | 国王花园—尤斯达 |
| 雪山工程图马—蒂默特隧道 | 澳大利亚新南威尔士州 | 14 300 | 输水 | 1961 | 图马水库—蒂默特．旁德水库 |
| 大瑶山隧道 | 中国南岭，京广铁路 | 14 295 | 铁路 | 1987 | 坪石—乐昌，单洞双线 |
| 广州地铁 8 号线 | 中国广州 | 14 200 | 地铁 | 2010 | 凤凰新村—万胜围 |
| 金瓜山隧道 | 中国，昌福铁路 | 14 097 | 铁路 | 2013 | 单洞双线，2012 年 1 月 4 日贯通 |
| 马德里地铁 2 号线 | 西班牙马德里 | 14 031 | 地铁 | 2011 | 拉斯．罗萨斯—夸特罗．卡米诺斯 |
| 里斯本地铁蓝线（海鸥线） | 葡萄牙里斯本 | 14 000 | 地铁 | 2007 | |

续上表

| 隧 道 名 称 | 地 点 | 长度（m） | 类型 | 完成年份 | 备 注 |
|---|---|---|---|---|---|
| 阿尔贝格公路隧道 | 奥地利阿尔贝格山 | 13 972 | 公路 | 1978 | 福拉尔贝格州—蒂罗尔州 |
| 掌鸠河引水工程上公山隧洞 | 中国云南禄劝 | 13 941 | 输水 | 2007 | 2006 年 11 月 28 日贯通 |
| 大盈江四级水电站引水隧洞 | 中国云南盈江 | 13 932 | 水力发电 | 2009 | 直径 8.5m，2008 年 12 月 5 日贯通 |
| 巴黎地铁 12 号线 | 法国巴黎 | 13 900 | 地铁 | 1934 | 小教堂门—伊西镇 |
| 北陆隧道 | 日本福井县，北陆本线 | 13 870 | 铁路 | 1962 | |
| 野三关隧道 | 中国湖北巴东，宜万铁路 | 13 838 | 铁路 | 2010 | 双洞单线，Ⅰ线 13 838m，Ⅱ线 13 796m |
| 西山隧道 | 中国石千峰山，太古高速公路 | 13 654 | 公路 | 2012 | 山西太原—古交；双洞，左线 13 654m，右线 13 570m |
| 弗雷瑞斯铁路隧道 | 法国—意大利阿尔卑斯山 | 13 636 | 铁路 | 1871 | 又称：赛尼山隧道 |
| 北天山隧道 | 中国博罗科努山，精伊霍铁路 | 13 610 | 铁路 | 2009 | 精河—伊宁，单洞单线 |
| 马尔马雷隧道 | 土耳其博斯普鲁斯海峡伊斯坦布尔 | 13 600 | 铁路 | 2013 | 于斯屈达尔—锡尔凯吉；连接欧亚大陆的洲际海底隧道 |
| 悉尼城市铁路埃平—查茨伍德线 | 澳大利亚悉尼 | 13 500 | 地铁 | 2009 | 埃平—查茨伍德，2009 年已归并入北岸线 |
| 珊溪水利枢纽平苍引水工程隧洞 | 中国浙江平阳—苍南 | 13 500 | 输水 | 2013 | 2011 年 9 月 27 日贯通 |
| 新清水隧道 | 日本谷川岳，上越线 | 13 500 | 铁路 | 1967 | |
| 萨维奥铁路隧道 | 芬兰凯拉瓦—乌萨里 | 13 500 | 铁路 | 2008 | |
| 万寿山隧道 | 中国，渝利铁路 | 13 468 | 铁路 | 2013 | 重庆石柱，单洞双线；2011 年 8 月 18 日贯通 |
| 海克斯河谷隧道 | 南非西开普省 | 13 400 | 铁路 | 1989 | 比勒陀利亚—开普敦 |

续上表

| 隧道名称 | 地点 | 长度(m) | 类型 | 完成年份 | 备注 |
|---|---|---|---|---|---|
| 长洪岭隧道 | 中国长洪岭，渝利铁路 | 13 299 | 铁路 | 2013 | 重庆丰都，单洞双线，2011年4月29日贯通 |
| 元晓隧道 | 韩国，京釜高速线 | 13 270 | 铁路 | 2010 | |
| 大别山隧道 | 中国大别山，合武铁路 | 13 256 | 铁路 | 2008 | 湖北麻城，单洞双线，2007年6月28日贯通 |
| 秀宁隧道 | 中国，成昆铁路广昆复线 | 13 187 | 铁路 | 2013 | 云南禄丰，单洞双线 |
| 施勒恩隧道 | 意大利阿尔卑斯山 | 13 159 | 铁路 | 1993 | 维罗纳—布伦内罗 |
| 卡波内罗—佛得角隧道 | 意大利热那亚—文蒂米利亚 | 13 135 | 铁路 | 2001 | |
| 虹梯关隧道 | 中国太行山，长平高速公路 | 13 122 | 公路 | 2013 | 山西平顺，双洞，左线13 122m，右线13 098m，2012年9月12日贯通 |
| 巴塞罗那地铁2号线 | 西班牙巴塞罗那 | 13 100 | 地铁 | 1997 | |
| 霞浦隧道 | 中国太姥山，温福铁路 | 13 099 | 铁路 | 2009 | 福建霞浦．单洞双线，2008年1月12日贯通 |
| 安芸隧道 | 日本广岛，山阳新干线 | 13 030 | 铁路 | 1975 | |
| 尤溪隧道 | 中国，昌福铁路 | 12 974 | 铁路 | 2013 | 福建沙县—尤溪，单洞双线，2011年5月26日贯通 |
| 雪山隧道 | 中国台湾雪山，蒋渭水高速公路 | 12 942 | 公路 | 2006 | 新北—宜兰 |
| 弗雷瑞斯公路隧道 | 法国—意大利科蒂安阿尔卑斯山 | 12 895 | 公路 | 1980 | 莫达讷—巴多内基亚 |
| 玉田水电站引水隧洞 | 中国四川甘洛 | 12 805 | 水力发电 | 2012 | 2011年9月23日贯通 |
| 长梁山隧道 | 中国长梁山，朔黄铁路 | 12 784 | 铁路 | 2000 | 单洞双线 |
| 大南山隧道 | 中国大南山，厦深铁路 | 12 697 | 铁路 | 2013 | 广东普宁—惠来，单洞双线；2009年12月29日贯通 |
| 西四环暗涵 | 中国北京，南水北调中线总干渠 | 12 640 | 输水 | 2009 | 2008年完工，2009年通水 |

续上表

| 隧道名称 | 地点 | 长度(m) | 类型 | 完成年份 | 备注 |
| --- | --- | --- | --- | --- | --- |
| 松江河梯级水电站松山引水工程隧洞 | 中国吉林抚松 | 12 631 | 输水 | 2002 | 漫江—小山水库 |
| 新喀斯喀特隧道 | 美国喀斯喀特山，大北铁路 | 12 537 | 铁路 | 1929 | 华盛顿州，单洞单线 |
| 新华波波娜水电站引水隧洞 | 中国新疆和田 | 12 396 | 水力发电 | 2011 | 2009 年 11 月 26 日贯通 |
| 吴堡隧道 | 中国黄土高原，太中银铁路 | 12 310 | 铁路 | 2011 | 陕西吴堡—绥德，单洞双线 |
| 麦积山隧道 | 中国麦积山，连霍高速公路 | 12 290 | 公路 | 2009 | 陕西宝鸡—甘肃天水，双洞，左线 12 286m，右线 12 290m |
| 东秦岭隧道 | 中国秦岭，宁西铁路 | 12 268 | 铁路 | 2004 | 陕西商州—蓝田，单洞双线 |
| 乌蒙山二号隧道 | 中国乌蒙山，沪昆铁路六沾复线 | 12 260 | 铁路 | 2012 | 贵州六盘水—云南宣威，单洞双线，其中 538m 米扒挪块站四线隧道，跨度 28.4m，是世界上最大单跨铁路隧道，2011 年 7 月 16 日贯通 |
| 三联隧道 | 中国乌蒙山，沪昆铁路六沾复线 | 12 214 | 铁路 | 2012 | 云南宣威，单洞双线，2012 年 4 月 26 日贯通 |
| 新库兹涅茨基隧道 | 俄罗斯，西伯利亚铁路 | 12 200 | 铁路 | 1957 | |

## 附表2　世界上建设中的隧道与地下工程列表

| 建设中隧道名称 | 地　点 | 长度（m） | 类型 | 预计完成 | 备　注 |
|---|---|---|---|---|---|
| 南水北调中线天津干线 | 中国天津 | 155 352 | 输水 | 2014 | 输水箱涵，3孔4.4m×4.4m |
| 纽约第三供水隧道 | 美国纽约州 | 98 560 | 输水 | 2020 | 一期工程于1998年投入使用，长约22km |
| 引汉济渭工程秦岭隧洞 | 中国陕西佛坪—周至 | 81 625 | 输水 | | 三河口水库—黑河水库 |
| 东区排水隧道 | 墨西哥墨西哥城 | 62 500 | 污水处理 | 2014 | |
| 圣哥达基线隧道 | 瑞士利旁廷阿尔卑斯山 | 57 104 | 铁路 | 2016 | 双洞单线，东线57 104m（2010年贯通），西线57 017m（2011年贯通） |
| 布雷纳基线隧道 | 奥地利—意大利斯杜拜阿尔卑斯山 | 55 392 | 铁路 | 2025 | 双洞单线，另一条隧道长54 753m |
| 巴塞罗那地铁9号线—10号线 | 西班牙巴塞罗那 | 43 710 | 地铁 | 2016 | 全长47.8km，其中地下段长43.71km，高架段长4.09km |
| 科尔山隧道 | 奥地利科尔山 | 32 900 | 铁路 | 2022 | 格拉茨—克拉根福，双洞单线 |
| 新关角隧道 | 中国关角山，青藏铁路西格复线 | 32 645 | 铁路 | 2014 | 青海天峻—乌兰，双洞单线，海拔高度3 323.58～3 380.97m |
| 尼鲁姆—杰勒姆水电站引水隧道 | 巴基斯坦自由克什米尔穆扎法拉巴德县 | 28 550 | 水力发电 | 2016 | |
| 平安隧道 | 中国龙门山，成兰铁路 | 28 398 | 铁路 | 2017 | 四川茂县 |
| 西秦岭隧道 | 中国秦岭，兰渝铁路 | 28 238 | 铁路 | 2015 | 甘肃文县，双洞单线 |
| 马兰奇供水隧道 | 尼泊尔喜马拉雅山巴格马蒂专区 | 26 670 | 输水 | 2014 | 马兰奇—加德满都 |
| 深圳地铁9号线 | 中国深圳 | 25 380 | 地铁 | 2016 | 红树湾—文锦 |
| 茂实隧道 | 韩国中央线 | 25 080 | 铁路 | 2018 | 原州—堤川 |
| 岷山隧道 | 中国岷山，成兰铁路 | 25 047 | 铁路 | 2017 | 四川九寨沟 |
| 科卡科多—辛克雷水电站引水隧洞 | 厄瓜多尔纳波省—苏昆比奥斯省 | 24 823 | 水力发电 | | |

续上表

| 建设中隧道名称 | 地　点 | 长度(m) | 类型 | 预计完成 | 备　注 |
|---|---|---|---|---|---|
| 帕哈雷斯基线隧道 | 西班牙坎塔布连山 | 24 667 | 铁路 | 2016 | 西班牙高速铁道，巴利亚多利德—希洪线，双洞单线，东线 24 648m，西线 24 667m |
| 引大济湟工程达坂山隧洞 | 中国青海门源—大通 | 24 166 | 输水 |  | 石头峡水利枢纽—黑泉水库，直径 5m |
| 香山隧道 | 中国，包兰铁路银兰二线 | 23 970 | 铁路 |  | 宁夏中卫，双洞单线 |
| 南吕梁山隧道 | 中国吕梁山，山西中南部铁路 | 23 470 | 铁路 | 2014 | 山西蒲县—尧都/洪洞；双洞单线，左线 23 440m，右线 23 470m，2013 年贯通 |
| 青天寺隧道 | 中国，包兰铁路银兰二线 | 23 075 | 铁路 |  | 甘肃白银，双洞单线 |
| 中天山隧道 | 中国天山，南疆铁路吐库二线 | 22 467 | 铁路 | 2014 | 新疆托克逊—和硕，双洞单线，左线 22 449m，右线 22 467m，2013 年贯通 |
| 饭山隧道 | 日本长野县，北陆新干线 | 22 225 | 铁路 | 2015 | 长野—金泽，2007 年 12 月 3 日贯通 |
| 上通坝水电站引水隧洞 | 中国四川理塘—木里 | 21 746. 3 | 水力发电 | 2014 |  |
| 燕山隧道 | 中国燕山，张唐铁路 | 21 154 | 铁路 |  | 河北赤城—宣化，单洞双线 |
| 栖茉山基线隧道 | 瑞士栖茉山 | 19 700 | 铁路 | 2019 | 苏黎世—楚格，单洞双线，瑞士阿尔卑斯枢纽计划的一部分 |
| 塞默灵基线隧道 | 奥地利北莱姆斯通阿尔卑斯山 | 19 200 | 铁路 | 2024 |  |
| 木寨岭隧道 | 中国木寨岭，兰渝铁路 | 19 068 | 铁路 | 2015 | 甘肃漳县—岷县，双洞单线，左线 19 050m，右线 19 068m |
| 引洮工程总干渠九号隧洞 | 中国甘肃渭源—定西 | 18 275 | 输水 | 2014 | 2011 年 10 月 26 日贯通 |
| 石林隧道 | 中国，云桂铁路 | 18 208 | 铁路 | 2017 | 云南弥勒—石林，单洞双线 |
| 南太行山隧道 | 中国太行山，山西中南部铁路 | 18 125 | 铁路 | 2014 | 山西平顺—河南林州，双洞单线，左线 18 125m，右线 18 108m |

续上表

| 建设中隧道名称 | 地　　点 | 长度（m） | 类型 | 预计完成 | 备　　注 |
| --- | --- | --- | --- | --- | --- |
| 关州水电站引水隧洞 | 中国四川丹巴 | 17 727 | 水力发电 | 2014 | 2013 年 9 月 9 日贯通 |
| 石羊山隧道 | 中国石羊山，大瑞铁路 | 17 590 | 铁路 | 2017 | 云南漾濞 |
| 引洮工程总干渠七号隧洞 | 中国甘肃渭源—临洮 | 17 286 | 输水 | 2014 | |
| 六盘山隧道 | 中国六盘山，天平铁路 | 16 719 | 铁路 | 2013 | 甘肃华亭，单洞双线（其中进口端 574m 为莲花台车站双线） |
| 立洲水电站引水隧洞 | 中国四川木里 | 16 622 | 水力发电 | | 洞径 8.2m |
| 哈达铺隧道 | 中国岷山，兰渝铁路 | 16 600 | 铁路 | 2015 | 甘肃宕昌，双洞单线，左线 16 590m，右线 16 600m |
| 太岳山隧道 | 中国太岳山，山西中南部铁路 | 16 194 | 铁路 | 2014 | 山西古县—安泽，单洞双线 |
| 大坂山隧道 | 中国大坂山，兰新铁路第二双线 | 15 897 | 铁路 | 2014 | 青海大通—门源，单洞双线 |
| 二青山隧道 | 中国吕梁山，太兴铁路 | 15 851 | 铁路 | 2014 | 山西太原—兴县，单洞单线 |
| 黑山隧道 | 中国，兰渝铁路 | 15 764 | 铁路 | 2015 | 甘肃定西 |
| 关山隧道 | 中国，天平铁路 | 15 634 | 铁路 | 2014 | 甘肃张家川—华亭 |
| 切内里基线隧道 | 瑞士利旁廷阿尔卑斯山 | 15 400 | 铁路 | 2019 | 贝林佐纳—卢加诺；双洞单线，瑞士阿尔卑斯枢纽计划的一部分 |
| 六狼山隧道 | 中国管涔，准朔铁路 | 15 175 | 铁路 | 2014 | 山西朔州，单洞单线，2011 年 12 月 25 日贯通 |
| 引洮工程总干渠六号隧洞 | 中国甘肃渭源 | 15 142 | 输水 | 2014 | 2011 年 12 月 30 日贯通 |
| 赤城隧道 | 中国燕山，张唐铁路 | 15 053 | 铁路 | | 河北赤城，单洞双线 |
| 上漳隧道 | 中国岷山，成兰铁路 | 14 992 | 铁路 | 2017 | 甘肃舟曲—宕昌 |
| 朱家山隧道 | 中国大神仙梁，宝兰客专 | 14 949 | 铁路 | 2017 | 甘肃秦安 |

续上表

| 建设中隧道名称 | 地　点 | 长度(m) | 类型 | 预计完成 | 备　注 |
|---|---|---|---|---|---|
| 壁板坡隧道 | 中国老黑山，沪昆客专 | 14 756 | 铁路 | 2015 | 贵州盘县—云南富源 |
| 笔架山隧道 | 中国秦岭，宝兰客专 | 14 751 | 铁路 | 2017 | 甘肃天水 |
| 欧维特山隧道 | 土耳其欧维特山，土耳其 D925 国道 | 14 700 | 公路 | 2015 | 埃尔祖鲁姆省—里泽省，2012 年动工 |
| 岩山隧道 | 中国，贵广客专 | 14 693 | 铁路 | 2014 | 贵州榕江—从江，2012 年 8 月 25 日贯通 |
| 北武夷山隧道 | 中国武夷山，合福客专 | 14 646 | 铁路 | 2014 | 江西上饶—福建武夷山，单洞双线，2013 年 7 月 1 日贯通 |
| 三都隧道 | 中国苗岭，贵广客专 | 14 637 | 铁路 | 2014 | 贵州三都，单洞双线，2013 年 2 月 26 日贯通 |
| 红石岩隧道 | 中国，云桂铁路 | 14 580 | 铁路 |  | 云南富宁—广南 |
| 发鸠山隧道 | 中国发鸠山，山西中南部铁路 | 14 573 | 铁路 | 2014 | 山西长子县，2013 年 8 月 26 日贯通 |
| 天池坪隧道 | 中国秦岭，兰渝铁路 | 14 528 | 铁路 | 2015 | 甘肃宕昌 |
| 大柱山隧道 | 中国在柱山，大瑞铁路 | 14 484 | 铁路 | 2017 | 云南保山，单洞单线 |
| 大坡岭隧道 | 中国大坡岭，大瑞铁路 | 14 465 | 铁路 | 2017 | 云南永平 |
| 索巴克隧道 | 挪威罗加兰郡，挪威 13 号国道 | 14 300 | 公路 | 2018 | 海底隧道，斯塔万格—斯特兰，2012 年动工 |
| 雁门关隧道 | 中国恒山，北同蒲铁路取直线 | 14 085 | 铁路 | 2014 | 山西山阴—代县，单洞双线，2013 年 4 月 30 日贯通 |
| 天平山隧道 | 中国天平山，贵广客专 | 14 012 | 铁路 | 2014 | 广西临桂，单洞双线，2013 年 1 月 18 日贯通 |
| 麦积山隧道 | 中国秦岭，宝兰客专 | 13 932 | 铁路 | 2017 | 甘肃天水 |
| 同马山隧道 | 中国苗岭，贵广客专 | 13 929 | 铁路 | 2014 | 贵州三都，2012 年 11 月 16 日贯通 |
| 米仓山隧道 | 中国米仓山，巴陕高速公路 | 13 833 | 公路 | 2018 | 四川巴中—陕西汉中，双洞，左线 13 833m，右线 13 792m |

续上表

| 建设中隧道名称 | 地　　点 | 长度（m） | 类型 | 预计完成 | 备　　注 |
|---|---|---|---|---|---|
| 梅花岭隧道 | 中国玳瑁山，赣龙铁路 | 13 778 | 铁路 | 2014 | 福建连城，单洞双线 |
| 富宁隧道 | 中国六诏山，云桂铁路 | 13 748 | 铁路 | 2016 | 云南富宁 |
| 宝峰山隧道 | 中国宝峰山，贵广客专 | 13 708 | 铁路 | 2014 | 广西阳朔—恭城，单洞双线 |
| 胡麻岭隧道 | 中国胡麻岭，兰渝铁路 | 13 608 | 铁路 | 2015 | 甘肃榆中—定西，单洞双线 |
| 二郎山隧道 | 中国二郎山，雅康高速公路 | 13 433 | 公路 | 2017 | 四川天全—泸定，双洞，左线 13 433m，右线 13 381m |
| 杉阳隧道 | 中国大坡岭，大瑞铁路 | 13 390 | 铁路 | 2017 | 云南永平 |
| 引洮工程总干渠三号隧洞 | 中国甘肃卓尼—渭源 | 13 325 | 输水 | 2014 | 2011 年 12 月 30 日贯通 |
| 新莲隧道 | 中国，云桂铁路 | 12 930 | 铁路 | 2015 | 云南橙江—昆明，单洞双线 |
| 树木岭隧道 | 中国，长株潭城际铁路 | 12 860 | 铁路 | 2014 | 湖南长沙 |
| 两安隧道 | 中国，贵广客专 | 12 668 | 铁路 | 2014 | 广西钟山，单洞双线，2012 年 7 月 31 日贯通 |
| 长寿山隧道 | 中国甘肃兰州，兰渝铁路 | 12 625 | 铁路 | 2015 | 单洞双线，2011 年 7 月 31 日贯通 |
| 化马隧道 | 中国甘肃宕昌，兰渝铁路 | 12 580 | 铁路 | 2015 | 单洞双线 |
| 北岭山隧道 | 中国广东肇庆，南广铁路 | 12 438 | 铁路 | 2014 | 单洞双线 |
| 霍尔默斯特兰隧道 | 挪威西福尔线 | 12 300 | 铁路 | 2015 | 单洞双线，其中霍尔默斯特兰地下车站为四线 |
| 五指山隧道 | 中国，南广铁路 | 12 208 | 铁路 | 2014 | 广东云浮—高要，单洞双线，2012 年 8 月 31 日贯通 |
| 枫相院隧道 | 中国，兰渝铁路 | 12 129 | 铁路 | 2015 | 甘肃陇南武都，单洞双线 |
| 泽雅隧道 | 中国雁荡山，金丽温铁路 | 12 030 | 铁路 | | 浙江青田—温州 |

# 附表3　世界上规划中的世界隧道与地下工程列表

| 建设中隧道名称 | 地　　点 | 长度（m） | 类型 | 预计完成 | 备　　注 |
|---|---|---|---|---|---|
| 渤海海峡隧道 | 中国渤海海峡，跨海通道 | 123 000 | 铁路 | | 山东蓬莱—辽宁大连 |
| 赫塔海底隧道 | 芬兰—爱沙尼亚芬兰湾 | 105 000 | 铁路 | | 海底隧道，赫尔辛基—维姆斯 |
| 阳糯雪山隧道 | 中国阳糯雪山，成昆铁路复线 | 54 000 | 铁路 | | 四川凉山 |
| 昂班山基线隧道 | 法国—意大利科蒂安阿尔卑斯山脉 | 52 110 | 铁路 | 2020 ~ 2023 | 里昂—都灵 |
| 直布罗陀隧道 | 摩洛哥—西班牙直布罗陀海峡 | 38 700 | 铁路 | 2025 | 海底隧道 |
| 高黎贡山隧道 | 中国高黎贡山，大瑞铁路 | 34 531 | 铁路 | 2017 | 云南保山—瑞丽 |
| 雅典地铁4号线 | 希腊雅典 | 33 000 | 地铁 | 2015 ~ 2025 | |
| 罗加兰隧道 | 挪威博肯峡湾，欧洲E39公路 | 25 000 | 公路 | 2022 | 海底隧道，罗加兰郡，兰达贝格—博肯 |
| 巴兰多夫隧道 | 捷克布拉格—贝龙 | 24 700 | 铁路 | 晚于2018 | 项目搁置 |
| 插岗梁隧道 | 中国甘肃舟曲，平绵高速公路 | 22 600 | 公路 | | |
| 百丽东隧道 | 法国多芬阿尔卑斯山 | 20 000 | 铁路 | 2012 ~ 2015 | 里昂—都灵 |
| 查尔特勒隧道 | 法国查尔特勒山 | 20 000 | 铁路 | 2012 ~ 2015 | 里昂—都灵 |
| 弗洛线隧道 | 挪威，弗洛线 | 19 000 | 铁路 | 2013 ~ 2018 | 奥斯陆—希 |
| 斯德哥尔摩绕城公路隧道 | 瑞典斯德哥尔摩 | 18 000 | 公路 | 2023 | 尤斯达—昆根斯库瓦 |
| 哀牢山隧道 | 中国云南新平—镇沅，天猴高速公路 | 17 850 | 公路 | | |
| 费马恩海峡隧道 | 德国—丹麦 | 17 600 | 公/铁路 | 2014 ~ 2020 | 海底隧道，费马恩岛—洛兰岛 |

续上表

| 建设中隧道名称 | 地 点 | 长度（m） | 类型 | 预计完成 | 备 注 |
|---|---|---|---|---|---|
| 克雷斯纳峡谷隧道 | 保加利亚克雷斯纳 | 15 000 | 公路 | 2020～2023 | 斯特鲁马高速公路 |
| 奇恰里亚隧道 | 克罗埃西亚狄那里克阿尔卑斯山 | 14 400 | 铁路 | | 里耶卡—的里雅斯特 |
| 吕菲尔克隧道 | 挪威斯塔万格—斯特蓝，13 号国道 | 14 300 | 公路 | 2018 | 海底隧道 |
| 卡佩拉三号隧道 | 克罗埃西亚大卡佩拉山 | 14 000 | 铁路 | | 奥古林—里耶卡 |
| 保山隧道 | 中国猎户山，大瑞铁路 | 13 140 | 铁路 | | 云南保山 |
| 黄土梁隧道 | 中国四川平武—九寨沟 | 13 010 | 公路 | | 平绵高速公路 |
| 小高山隧道 | 中国四川盐源 | 12 985 | 公路 | | 都香高速公路 |

# 参考文献

[1] 王梦恕，等．中国隧道及地下工程修建技术［M］．北京：人民交通出版社，2010.
[2] 孙钧．地下工程设计理论与实践［M］．上海：上海科学技术出版社，1988.
[3] 于九如．投资项目风险分析［M］．北京：机械工业出版社，1997.
[4] 姜青舫，陈方正．风险度量原理［M］．上海：同济大学出版社，2000.
[5] 朱永全．隧道工程［M］．2 版．北京：中国铁道出版社，2007.
[6] 郭仲伟．风险分析与决策［M］．北京：机械工业出版社，1987.
[7] 洪锡熙．风险管理［M］．广州：暨南大学出版社，1999.
[8] 许树柏．层次分析法原理［M］．天津：天津大学出版社，1998.
[9] 王卓甫．工程项目风险管理——理论、方法与应用［M］．北京：中国水利水电出版社，2003.
[10] 沈建明．项目风险管理［M］．北京：机械工业出版社，2004.
[11] 胡宣达，沈厚才．风险管理学基础——数理方法［M］．南京：东南大学出版社，2001.
[12] 罗积玉，等．经济统计分析方法及预测［M］．北京：清华大学出版社，1987.
[13] 史定华，王松瑞．故障树分析技术方法和理论［M］．北京：北京师范大学出版社，1993.
[14] 徐钟济．蒙特卡罗方法［M］．上海：上海科学技术出版社，1985.
[15] 张乃尧，阎平凡．神经网络与模糊控制［M］．北京：清华大学出版社，1998.
[16] 关宝树．隧道工程施工要点集［M］．北京：人民交通出版社，2003.
[17] 李洪兴．工程模糊数学方法及应用［M］．天津：天津科学技术出版社，1993.
[18] 王毅才．隧道工程［M］．2 版．北京：人民交通出版社，2006.
[19] 中华人民共和国建设部．地铁与地下工程建设风险管理指南［M］．北京：中国建筑工业出版社，2007.
[20] 邱苑华．管理决策与应用熵学［M］．北京：机械工业出版社，2002.
[21] 李献民．公路膨胀土加筋设计与施工新技术［M］．北京：中国建筑工业出版社，2012.
[22] 于学馥，郑颖人，刘怀恒，等．地下工程围岩稳定分析［M］．北京：煤炭工业出版社，1983.
[23] 中华人民共和国行业标准．JTG F60—2009　公路隧道施工技术规范［S］．北京：人民交通出版社，2009.
[24] 中华人民共和国行业标准．JTG F80/1—2004　公路工程质量检验评定标准 第一册 土建工程［S］．北京：人民交通出版社，2004.
[25] 中华人民共和国行业标准．JTG D70—2004　公路隧道设计规范［S］．北京：人民交通出版社，2004.
[26] 中华人民共和国行业标准．JTG/T F60—2009　公路隧道施工技术细则［S］．北京：

人民交通出版社，2009.

[27] 中华人民共和国行业标准. JTJ 026.1—1999 公路隧道通风照明设计规范［S］. 北京：人民交通出版社，2009.

[28] 中华人民共和国行业标准. JTG C20—2011 公路工程地质勘察规范［S］. 北京：人民交通出版社，2011.

[29] 中华人民共和国国家标准. GB 50021—2001 岩土工程勘察规范（2009年版）［S］. 北京：中国建筑工业出版社，2009.

[30] 中华人民共和国国家标准. GB 50086—2001 锚杆喷射混凝土支护技术规范［S］. 北京：中国计划出版社，2001.

[31] 中华人民共和国行业标准. TB 10223—2004 铁路隧道衬砌质量无损检测规程［S］. 北京：中国铁道出版社，2004.

[32] 中华人民共和国行业标准. TB 10121—2007 铁路隧道监控量测技术规程［S］. 北京：中国铁道出版社，2007.

[33] 中华人民共和国行业标准. 铁路隧道超前地质预报技术指南（铁建设［2008］105号）［S］. 北京：中国铁道出版社，2008.

[34] 中华人民共和国行业标准. TB 10120—2002 铁路瓦斯隧道技术规范［S］. 北京：中国铁道出版社，2002.

[35] 中华人民共和国行业标准. TB 10003—2005 铁路隧道设计规范［S］. 北京：中国铁道出版社，2005.

[36] 中华人民共和国行业标准. JGJ/T 23—2011 回弹法检测混凝土抗压强度技术规程［S］. 北京：中国建筑工业出版社，2011.

[37] 李献民. 高速公路隧道施工动态风险监控与评估关键技术研究［R］. 北京：北京交通大学，2014.

[38] 中隧集团联合体. 武汉长江隧道工程风险评估及对策措施专题研究报告［R］. 洛阳：中国中铁隧道集团有限公司，2004.

[39] 中铁第四勘察设计院. 上海至南通铁路越江隧道方案风险分析研究报告［R］. 武汉：中铁第四勘察设计院，2002.

[40] 李锋. 翔安隧道强风化层施工的风险管理［D］. 上海：同济大学，2007.

[41] 阮欣. 桥梁工程风险评估体系及关键问题研究［D］. 上海：同济大学，2006.

[42] 朱振权. 水电工程项目风险管理研究［D］. 北京：华北电力大学，2005.

[43] 刘金兰. 大型工程建设项目风险分析认知影响图方法［D］. 天津：天津大学，1994.

[44] 盛继亮. 建设工程项目风险与保险研究［D］. 武汉：武汉大学，2003.

[45] 宋先锋. 大型土木工程国际投资风险研究［D］. 天津：天津大学，2003.

[46] 华薇. 公路隧道开挖围岩稳定性数值模拟研究［D］. 长春：吉林大学，2007.

[47] 刘运. 高速公路下穿隧道施工仿真分析［D］. 武汉：武汉理工大学，2010.

[48] 李献民. 高速铁路加筋过渡段静动力学特性数值分析及试验研究［D］. 长沙：中南大学，2004.

[49] 王梦恕．北京地铁浅埋暗挖法施工［J］．铁道工程学报，1998，12（4）：7-12.

[50] 李献民，梁艳慧，王梦恕．高速铁路无砟轨道隧——隧过渡段路基的动力不平顺及动力响应分析［J］．土木工程学报，2013，46（12）：90-96.

[51] 李献民，梁艳慧，王梦恕．隧道洞口围岩稳定型变形的非线性回归分析［J］．隧道建设，2010，30（5）：535-539，568.

[52] 梁艳慧，李献民．公路隧道软岩非线性变形影响因素及支护设计对策分析［J］．现代隧道技术，2010 增刊：72-75.

[53] 李林，李树丞，王道平．基于风险分析的项目工期的估算方法研究［J］．系统工程，2001（9）：77-81.

[54] 边亦海，黄宏伟，高军．可靠度理论在确定隧道衬砌合理参数中的应用［J］．地下空间与工程学报，2005，1（1）：129-132.

[55] 蒋树屏，李建军．公路隧道前置式洞口工法与工程实践［J］．现代隧道技术，2005，42（2）：49-52，59.

[56] 蒋树屏．我国公路隧道工程技术的现状及展望［J］．公路交通技术，1999（2）：32-41.

[57] 柳新华，刘良忠．跨海通道与日本经济［J］．现代日本经济，2006（5）：56-60.

[58] Bigga・A，王华．丹麦大海峡隧道完工后的启示［J］．隧道及地下工程，2000，21（1）：27-30，43.

[59] 魏江川．厄勒海峡隧道设计和施工总合同的成功典范［J］．隧道及地下工程，2000，21（3）：6-20.

[60] 孙钧．海底隧道工程设计施工若干关键技术的商榷［J］．岩石力学与工程学报，2006，25（8）：1513-1521.

[61] 先明其，译．隧道工程灾害事例调查报告［J］．隧道译丛，1994（5）：63-67.

[62] 王卓甫，陈登星．水利水电施工进度计划的风险分析［J］．河海大学学报，1999，27（4）：83-87.

[63] 蒋树屏，刘元雪，黄伦海，等．环保型傍山隧道结构研究［J］．中国公路学报，2006，19（1）：80-83，103.

[64] 蒋树屏，李建军．公路隧道前置式洞口工法的三维数值分析［J］．岩土工程学报，2007，29（4）：484-489.

[65] 汪晶．风险评价技术的原理与进展［J］．环境科学，1998，19（3）：95-96.

[66] 赵代英．大型工程项目灾难性事件风险评价模型研究［J］．沈阳：沈阳航空工业学院，2004.

[67] 侯学渊，廖少明．盾构隧道沉降预估［J］．地下工程与隧道．1993，3（4）：24-32.

[68] 杨兰蓉，许志端，张金隆．工程项目投标报价风险分析［J］．科研管理，2000（1）：47-49.

[69] 龙爱翔．工程项目投标的报价策略［J］．系统工程，1994. 11：39-41.

[70] 邱菀华，杨敏．信息—决策分析法的改进［J］．控制与决策，1997，12（4）：353-356.

[71] 张敏，胡帆．隧道围岩弹性波测试技术浅析［J］．公路工程，2008，33（3）：125-127.

[72] 杨小礼，李亮，刘宝琛．偏压隧道结构稳定性评价的信息优化分析［J］．岩石力学与工程学报，2002，21（4）：484-488.

[73] 李志勇，晏莉，阳军生．浅埋偏压连拱隧道中导洞坍方数值分析与处治［J］．岩土力学，2007，28（1）：102-106.

[74] 潘洪科，杨林德，黄慷．公路隧道偏压效应与衬砌裂缝的研究［J］．岩石力学与工程学报，2005，24（18）：3311-3315.

[75] 朱正国，乔春生，高保彬．浅埋偏压连拱隧道的施工优化及支护受力特征分析［J］．岩土力学，2008，29（10），2747-2752.

[76] 谢荣清，胡学兵．下穿建筑物的梧村山浅埋大跨连拱隧道设计与施工技术研究［J］．公路交通技术，2010（1）：102-106.

[77] 丁浩，李勇，程崇国，等．拍盘分分岔式特长隧道土建工程设计［J］．公路交通技术，2009（6）：102-105.

[78] 韩常领，缪怀甫．二郎山隧道设计介绍［J］．公路，2000（12）：13-17.

[79] 何华武．中国铁路隧道建设技术的发展［J］．铁道经济研究，2006（6）：8-16.

[80] 夏永旭，等．现代公路隧道发展概述［J］．交通建设与管理，2006（12）：66-69.

[81] 钟开斌．风险管理研究：历史与现状［J］．中国应急管理，2007（11）：20-25.

[82] 查兴．施工企业项目风险管理［J］．建筑，2001（8）：26-29.

[83] 李献民，梁艳慧，王梦恕．高速铁路过渡段动态响应试验与仿真对比分析［J］．铁道工程学报，2014（3）：39-45，81.

[84] 胡金海．八车道连拱隧道围岩内部位移监测分析［J］．施工技术，2012，41（356）：95-98.

[85] 百度文库．公路隧道［DB/OL］. http：//baike. baidu. com/view/9235671. htm#2，2014-06-11.

[86] 道客巴巴．爆破振动控制［DB/OL］. http：//www. doc88. com/p-778897501945. html，2014-06-28.

[87] 维基百科．世界隧道列表［DB/OL］. http：//zh. wikipedia. org/zh/% E4% B8% 96% E7% 95% 8C% E9% 9A% A7% E9% 81% 93% E5% 88% 97% E8% A1% A8，2014-6-25.

[88] 百度文库．范明坤隧道监控量测技术应用［DB/OL］. http：//wenku. baidu. com/view/7b07c096dd88d0d233d46aea. html，2014-6-22.

[89] 道客巴巴．现代公路隧道设计与施工技术［DB/OL］. http：//www. doc88. com/p-69510563503. html，2014-6-27.

[90] 豆丁网．隧道工程施工管理需要理念更新［DB/OL］. http：//www. docin. com/p-8585740. html，2014-6-25.

[91] 豆丁网．隧道地质超前预报与施工监控量测实施方案［DB/OL］. http：//www. docin. com/p－616079823. html，2014-6-20.

[92] 百度文库．隧道工程现状与发展趋势［DB/OL］. http：//wenku. baidu. com/view/ab651b5e312b3169a451a4b1. html，2014-06-19.

[93] 百度文库．中国公路隧道技术的现状与发展［DB/OL］. http：//wenku. baidu. com/view/3153743323968011c9219. html，2014-06-18.

[94] Xianmin Li，Mengshu Wang，et al. Growth-curve Characteristic of Tunnel Wall Rock Stable Deformation［C］. 2011 International Conference on Remote Sensing，Environment and Transportation Engineering，2011：4087～4091.

[95] Xianmin Li，Mengshu Wang. Mechanical Deformation Characteristic and Optimization Controlling Support Key Technology of Tunnel Soft-rock［C］. 2012 International Conference on Remote Sensing，Environment and Transportation Engineering，2012：1615-1618.

[96] R J Mair，R N Taylor. Subsurface settlement profiles above tunnels in clays［J］. Geotechnique，1993，43（2）：315-320.

[97] Jim Bannister. How to Management Risk［M］. Legal & Business Publishing Division，1997.

[98] B-Nilsen，A-palmstrom，H-stille. Quality control of a sub-sea tunnel projeet in complex-ground conditions［J］. Challenges for the 21st century，1992，137-145.

[99] R Stuzk，L Olsson，U Uohansson. Risk and Decision Analysis for Large Underground Projects，as Applied to the Stockholm Ring Road Tunnels［J］. Tunnelling and Underground Space Technology 1996，11（2）：157-164.

[100] Burland J B，Houlsby G T，Augarde C E，et al. Modeling tunneling-induced settlement of masonry buildings［J］. Institution of Civil Engineer and Geotechnical Engineering，2000：17-29.

[101] Burland J B，Wroth CP. Settlements on building sand associated damage［C］. In：Proceedings of Conference on Settlement of structures，1974：611-654.

[102] C N Haas. Importance of Distributional Form in Characterizing Inputs to Monte Carlo Risk Assessment［J］. Risk Analysis，1997，17（1），107-113.

[103] Einstein H H & Vick S q. Geological model for tunnel cost model［C］. Proc Rapid Excavation and Tunneling Conf，2nd，1974：1701-1720.

[104] Einstein H H. Risk and risk analysis in rock engineering［J］. Tunneling & Underground Space Technology，1996：141-155.

[105] Einstein H H，Xu S，Grasso P，et al. Decision Aids in Tunneling［J］. World Tunneling April，1998：157-159.

[106] Heinz Duddeck. Challenges to Tunneling Engineers［J］. Tunneling and Underground Space Technology，1996，11（1）：5-10.